Johannes-Dieter Steinert
Kevelaer

Vielen Dank für Ihre
Mühen.

Osnabrück, 7. 3. 94

J-D Steinert

Johannes-Dieter Steinert

Kevelaer

Eine niederrheinische Region
zwischen Kaiserreich und Drittem Reich

Verlag Butzon & Bercker Kevelaer

CIP-Titelaufnahme der Deutschen Bibliothek

Steinert, Johannes-Dieter:
Kevelaer : e. niederrhein. Region zwischen Kaiserreich u. Drittem Reich / Johannes-Dieter Steinert. – Kevelaer : Butzon u. Bercker, 1988
  ISBN 3-7666-9611-4 Pb.
  ISBN 3-7666-9612-2 Gewebe

ISBN 3-7666-9611-4 Paperback
ISBN 3-7666-9612-2 Leinen

© 1988 Verlag Butzon & Bercker D-4178 Kevelaer 1.
Alle Rechte vorbehalten.
Herstellung: Bercker Graphischer Betrieb GmbH Kevelaer.

Geleitwort

Mit dieser Veröffentlichung geht für die Stadt Kevelaer ein lange gehegter Wunsch in Erfüllung. Seit Jahren verfolgen wir das Ziel, die Geschichte der ehemaligen Bürgermeistereien Kevelaer und Kervenheim wissenschaftlich aufarbeiten zu lassen.

In einer kritischen Darstellung hat Herr Dr. Johannes-Dieter Steinert die Entwicklung unserer Stadt, der durch die Wallfahrt seit Jahrhunderten eine herausragende Rolle zukommt, vom ausgehenden 19. Jahrhundert bis zum Ende des Zweiten Weltkrieges analysiert, wobei die gesellschaftlichen Veränderungen in der Zeit des Nationalsozialismus eine besondere Gewichtung fanden.

Hunger und Entbehrungen blieben unseren Gemeinden nicht erspart, aber dennoch ist das vorliegende Werk keineswegs die Darstellung einer von Ängsten und Problemen heimgesuchten Region, die hilflos den wirtschaftlichen und politischen Wirren erlegen war. Falsch wäre es auch, hierin eine Wallfahrtsgeschichte zu vermuten. Es ist vielmehr der geschichtliche Abriß über das Kevelaer, das Wallfahrer wie Bürger zwischen Kaiserreich und Drittem Reich erlebten.

Die Stadt Kevelaer dankt an dieser Stelle allen Beteiligten, die bei der Suche nach geschichtlichen Quellen und der Realisierung dieses Buches geholfen haben. Ein besonderer Dank gilt dem wissenschaftlichen Begleiter, Herrn Professor Dr. Peter Hüttenberger, Inhaber des Lehrstuhls für Neueste Geschichte an der Universität Düsseldorf.

    Karl Dingermann   Heinz Paal
      Bürgermeister   Stadtdirektor

Inhaltsverzeichnis

Vorwort (9)

Urgroßvaters Welt: Im Kaiserreich

Moderne Zeiten (11) – Von Krankheiten und Epidemien (24) – Neues Wissen (32) – Wirtschaft im Umbruch (35) – Arbeiter und Prinzipale (58) – Von Borstenvieh und Schweinespeck (75) – Die Welt zu Gast in Kevelaer (87) – Drei Klassen, zwei Bürgermeister (97)

Hungern für Kaiser und Vaterland: Der Erste Weltkrieg

August 1914 (107) – Betten frei! (111) – Der Schweinemord (123) – Steckrübenwinter (128)

Was Besseres kommt nicht nach: Jahre zwischen den Kriegen

Rote Fahnen (143) – Le Cantonnement de Kevelaer (149) – Wohnraum – Mangelware! (165) – Krisenwirtschaft (168) – Schüppe und Spaten (201) – Blut und Boden (220) – Der Teller wird nicht richtig voll (235)

Die Reihen schließen sich: Nationalsozialismus auf dem Lande

Eine Burg bröckelt (251) – März 1933 (259) – Wege zur Macht (274) – Gesprächsstoffe (286) – Durchdringung, Überwachung und Protest (292) – Das Ende der höheren Töchterschule (313) – Hirtenworte und Wallfahrtsboom (317)

Et Quatt häwe se ons halde lôte:
Der Zweite Weltkrieg

Kriegsjubiläum (341) – Siegreiche Jahre (346) – Die fremden Arbeiter (354) – Hungern wie anno dazumal? (365) – Auflösung und Festigung (368) – Bombenkrieg und Rindertrecks (372) – Vom Kampf der Frauen (387) – Andreaskreuz und Ahornblatt (390)

Schlußwort (395)

Anmerkungen (396)

Archive und Bestände (424)

Literaturverzeichnis (425)

Abkürzungen (431)

Vorwort

Gewöhnlich beginnen Stadt-, Orts- oder Regionalgeschichten mit einer geographischen Beschreibung ihres Gegenstandes, nennen Breiten- und Längengrade, Hauptverkehrsstraßen, Flüsse oder Berge. Hierauf soll kurzerhand verzichtet werden, da die meisten Leser sehr genau wissen, von welchem Raum die Rede ist, und die übrigen sich rasch anhand einer Karte orientieren können. Nur soviel sei vorangestellt, daß die beiden niederrheinischen Bürgermeistereien Kevelaer und Kervenheim politisch in den Kreis Geldern, in den Regierungsbezirk Düsseldorf, in die Rheinprovinz und in den preußischen Staat eingebunden waren. Heute gehört die Stadt Kevelaer, die nunmehr dieses Gebiet umfaßt, zum Kreis Kleve, zum Regierungsbezirk Düsseldorf, zum Land Nordrhein-Westfalen und sie grenzt – wie ehedem – im Südwesten an die Niederlande.
Von den sieben Gemeinden der beiden Bürgermeistereien ist und war der Wallfahrtsort Kevelaer, den seit 1642 viele Millionen Pilger besucht haben, die bekannteste. Liebhaber religiöser Literatur, einfach gehaltener oder reich verzierter Gebet- oder Gesangbücher verbinden mit Kevelaer häufig die dort ansässigen Verlage und Buchbindereien. Kruzifixe und Rosenkränze, Fahnen und Paramente, Meßkelche, holzgeschnitzte Figuren, kunstvoll gestaltete Kirchenfenster und vieles andere mehr traten vom Niederrhein aus ihren mitunter weiten Weg in Kirchen, Klöster oder Wohnstuben in vielen Ländern der Welt an. Weniger bekannt sind die übrigen Orte, nicht etwa weil in ihnen nichts produziert wurde, sondern weil Käufer oder Verbraucher meist kaum auf den Herkunftsort achteten oder achten konnten.
Der Niederrhein war nie ein abgeschiedenes, für sich lebendes Gebiet. Er war stets eingebunden in Handelsbeziehungen und Wirtschaftsgeflechte, politisch mitunter umstritten und in kriegerische Auseinandersetzungen einbezogen. Stets kamen Fremde, die entweder wieder weggingen wie die Pilger aus allen Teilen Deutschlands, Hollands oder Belgiens oder auch blieben und heimisch wurden wie niederländische Landarbeiter und ihre Familien. Manche wurden auch gezwungen zu kommen: Kriegsgefangene in beiden Weltkriegen, polnische oder ukrainische Zwangsarbeiter. Daneben erschienen plündernde deutsche Soldaten, belgische Besatzungstruppen, Schieberbanden, Schmuggler, Frauen, Männer und Kinder auf Hamsterfahrt, Bischöfe, Politiker, Notstandsarbeiter aus dem Ruhrgebiet, Hitlerjungen aus Duisburg und anderen Städten, denen am Ende des letzten Krieges die Rindertrecks anvertraut waren ... Aber auch Einheimische verließen ihre Heimat – entweder als Soldaten oder weil

ihnen ihre Dörfer keine Arbeit mehr boten und jenseits des Rheins die Verdienstmöglichkeiten besser waren.

Der Zeitraum, über den die Geschichte der Menschen in diesem Raum verfolgt werden soll, erstreckt sich vom ausgehenden 19. Jahrhundert bis zum Ende des Zweiten Weltkrieges. Die Komplexität der Vergangenheit läßt sich nicht auf geduldiges Papier bannen, läßt sich nicht schwarz auf weiß nach Hause tragen, getrost schon gar nicht. Wer sich mit Geschichte befaßt, muß Fragen stellen, die immer subjektiv bleiben, muß versuchen, Antworten zu geben, muß auswählen, muß das eine heranziehen und das andere vernachlässigen.

Grundlage dieser Darstellung bilden die Akten der Bürgermeistereien Kevelaer und Kervenheim, des Gelderner Landrats und des Düsseldorfer Regierungspräsidenten. Mehr oder weniger vollständig haben sie den Zweiten Weltkrieg überdauert. Relativ gut erhalten sind die Kommunalakten. Von der ehemaligen Registratur des Landratsamtes findet sich hingegen im Kreisarchiv Geldern nur noch wenig. Glücklicherweise wurden aber bereits in den 1930er Jahren u. a. alle mit der belgischen Besatzung zusammenhängenden Schriftstücke an das Staatsarchiv Düsseldorf abgegeben, wo sie dem Benutzer zur Verfügung stehen. Neben weiteren Beständen staatlicher Archive, des Bundesarchivs in Koblenz oder des Zentralen Staatsarchivs der DDR in Merseburg, konnten die Pfarrarchive in Kervenheim und in Wetten eingesehen werden. Leider war es trotz intensiven Bemühens nicht möglich, die Tür zum Archiv des Priesterhauses in Kevelaer mit seinen Akten über die Wallfahrt, die Kirchengemeinde und das katholische Vereinswesen zu öffnen. Selbst ein Blick in die Pfarrchronik blieb dem Bearbeiter verwehrt. Diese Entscheidung ist zu bedauern; sie verstellt indes nicht den Blick auf die Kevelaerer Geschichte in der ersten Hälfte unseres Jahrhunderts.

Urgroßvaters Welt: Im Kaiserreich

Moderne Zeiten

Die Bürgermeistereien Kevelaer und Kervenheim umfaßten sieben selbständige Gemeinden: Kevelaer, Wetten, Twisteden und Kleinkevelaer sowie Kervenheim, Kervendonk und Winnekendonk. Ihre Grenzen blieben, sieht man von geringfügigen Änderungen einmal ab, über den gesamten Zeitraum, der hier betrachtet werden wird, unverändert, was nicht selbstverständlich war, da es doch hin und wieder Überlegungen und gelegentlich auch sehr konkrete Pläne gab, einzelne Teile des Kreises Geldern neu zu ordnen.
Wirtschaftlich waren die Gemeinden recht unterschiedlich geprägt. Jede hatte ihre Eigenarten, Voraussetzungen und Traditionen. Dabei nahm Kevelaer nicht nur in diesem engeren Raum, sondern im gesamten Kreis Geldern eine besondere Stellung ein. Sie beruhte einerseits auf der Wallfahrt, die bis zum Beginn des Ersten Weltkrieges kräftig anstieg und in der eigentlichen Wallfahrtszeit vom 29. Juni bis zum 1. November eine Fülle von Arbeitsplätzen bereitstellte. Andererseits hatte sich aber gerade hier, verstärkt seit der Mitte des 19. Jahrhunderts, eine Vielzahl von Handwerkern und Gewerbetreibenden niedergelassen, die zwar vorwiegend Artikel für den religiösen Gebrauch oder Bücher herstellten bzw. verlegten, die ihre Erzeugnisse aber nur zu einem geringen Teil im Ort selbst verkaufen konnten und sowohl auf den innerdeutschen Handel als auch auf den Export in den europäischen und sogar in den überseeischen Raum angewiesen waren.
Der Kevelaerer Arbeitsmarkt zog ständig neue Arbeitskräfte an, die häufig ansässig wurden und deren Kinder hier auch einen Ausbildungs- oder Arbeitsplatz finden konnten. Das Dorf wuchs von Jahr zu Jahr und gewann bereits vor der Jahrhundertwende einen durchaus städtischen Charakter.
Hatte Kevelaer bei der Volkszählung von 1871 noch 3171 Einwohner, so verdoppelte sich die Bevölkerung bis zur Jahrhundertwende und erreichte 1914 einen damaligen Höchststand von 8429. Diese enormen Steigerungsraten wurden in den nachfolgenden Jahrzehnten nicht mehr erreicht. Ein entsprechendes Bild vermitteln die Angaben über Wohnhäuser und selbständige Haushaltungen, die ebenfalls bei den Volkszählungen abgefragt wurden. 1871 hatte die Gemeinde 553 Wohnhäuser mit 635 Haushalten, 1900 waren es bereits 1018 bzw. 1161, zehn Jahre darauf sogar 1338 bzw. 1457. Die Angaben weisen auf die Kevelaerer Wohnverhältnisse hin, die in den übrigen Gemeinden in ganz ähnlicher

Weise anzutreffen waren. Bevorzugt war das Einfamilienhaus, Mietwohnungen waren seltener anzutreffen.

Bevölkerungsentwicklung in der Bürgermeisterei Kevelaer:[1]

Jahr	Kevelaer	Wetten	Twisteden	Kleinkevelaer
1871	3171	1522	538	71
1875	3466	1483	572	73
1880	3661	1523	560	64
1885	3993	1540	565	71
1890	4507	1572	564	70
1895	5268	1658	565	79
1900	6175	1747	577	85
1905	7047	1733	555	78
1910	7798	1768	619	75
1914	8429	1789	674	80

Bevölkerungsentwicklung in der Bürgermeisterei Kervenheim:

Jahr	Kervenheim	Kervendonk	Winnekendonk
1871	554	654	1815
1875	572	650	1770
1880	594	704	1848
1885	640	684	1867
1890	650	686	1859
1895	698	717	1817
1900	717	741	1740
1905	665	745	1772
1910	595	783	1922

Den enormen Bevölkerungsanstieg des Wallfahrtsortes teilten die übrigen Gemeinden nicht. Hier gab es lediglich geringfügige Steigerungen, bisweilen sogar rückläufige Bewegungen. Aus Mangel an Arbeitsplätzen verließen vor allem jüngere Leute ihre Heimatdörfer und suchten sich z. B. im nahen Ruhrgebiet neue Existenzmöglichkeiten. Die geringe Zunahme bzw. die Abnahme der Bevölkerung überrascht in den überwiegend landwirtschaftlich geprägten Orten Wetten, Twisteden, Kleinkevelaer, Winnekendonk und Kervendonk keines-

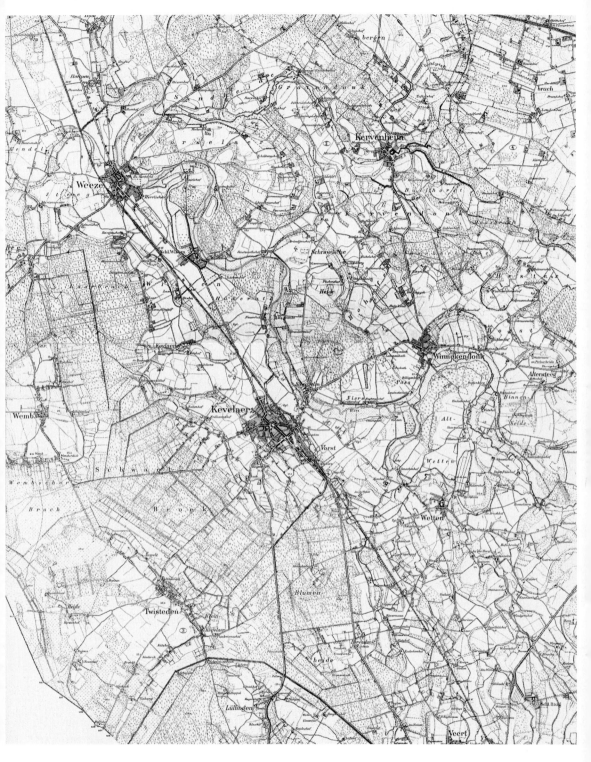

Königlich Preußische Landes-Aufnahmen aus dem Jahre 1892 mit Ergänzungen von 1901 bzw. 1902 (Meßtischblätter 2425, 2498)

wegs, setzte doch das in der Landwirtschaft praktizierte Erbrecht der geschlossenen Hofübergabe in jeder Generation neue Arbeitskräfte frei. Sieht man von einigen kleineren Handwerksbetrieben und Schuhfabrikationsstätten ab, so boten die Gemeinden nicht in dem Umfang Arbeitsplätze an, wie nötig gewesen wäre, um eine Abwanderung zu verhindern. Selbst Kervenheim, dessen Bewohner in erster Linie von der Schuhherstellung lebten, konnte nur bis zur Jahrhundertwende einen leichten Bevölkerungsanstieg von 554 Einwohnern im Jahre 1871 auf 717 verzeichnen, danach nahm die Abwanderung hier wesentlich stärkere Formen an als beispielsweise in Kervendonk, das, obwohl fast rein landwirtschaftlich ausgerichtet, einen leichten, durch natürliche Vermehrung bedingten Anstieg hatte.
Kevelaer verlor in der zweiten Hälfte des vorigen Jahrhunderts seinen ehemals dörflichen Charakter und entwickelte sich nach der Jahrhundertwende zu einer mit modernen Einrichtungen ausgestatteten Kommune, die in Hinblick auf die Lebensqualität, die Hygiene, die sanitären Einrichtungen, den Straßenbau usw. nicht hinter den links- oder rechtsrheinischen Städten zurückstand. Der Ort dehnte sich vor allem entlang der von Nordwesten nach Südosten verlaufenden Eisenbahnlinie um den zunächst etwas außerhalb des Ortskerns errichteten Bahnhof aus. Neben dem Ausbau alter und der Erschließung neuer Straßen und Wohngebiete schloß man bis 1914 die noch vorhandenen innerörtlichen Baulükken mit einer solchen Geschwindigkeit, daß es im Gemeinderat oder in der örtlichen Zeitung, dem Kevelaerer Volksblatt, trotz der sich ständig mehrenden Bevölkerung zu keinerlei Klagen über Wohnungsmangel kam.
Mit knappen Worten beschrieb das Protokoll einer im Dezember 1903 durch den Kreisarzt Dr. Brand aus Geldern, Bürgermeister Marx und einige Mitglieder der kommunalen Gesundheitskommission vorgenommenen Ortsbesichtigung die baulichen Gegebenheiten: „Die Wohnhäuser im Ort Kevelaer sind zwei- und dreistöckig, massive Ziegelbauten. Ein großer Teil ist für die Wallfahrtszeit zum Logieren der Pilger eingerichtet. Die übrigen sind Einfamilienhäuser, meistens mit Hausgarten." Kritisch äußerte sich der Bericht allerdings über den Zustand einiger Mietwohnungen: „Von den heute besuchten Mietswohnungen zeigten [...] [einige] hinsichtlich ihrer Raumverhältnisse bezw. Abborte, Belichtung und dergl. gesundheitswidrige Verhältnisse, deren Abstellung immer noch nicht trotz ergangener Aufforderung geschehen ist. Eine baldige Beseitigung in der bei der Besichtigung besprochenen Weise ist dringend notwendig."[2]
Die für den niederrheinischen Raum außergewöhnlich rege Bautätigkeit – im Jahre 1900 wurden beispielsweise für Neubauten und Umbauten an Wohnhäusern und gewerblichen Gebäuden 120 Baugesuche eingereicht, 1906 waren es gar 208, und 1913, im letzten Friedensjahr, erteilte die Baubehörde 188 Genehmigungen[3] – führte bereits im März 1904 zur Anstellung eines eigenen Gemein-

*Kevelaer um 1910
(HStAD, RWB 2150)*

*Das neue Kevelaerer
Rathaus 1903,
Postkartenausschnitt
(NMVK)*

Rheinland und Westfalen.

Kevelaer, 25. Juli. Am vergangenen Mittwoch Morgen fand an dem Rathhausneubau die Grundsteinlegung statt. Die Feier war keine öffentliche im eigentlichen Sinne des Wortes, sondern vollzog sich in aller Stille nur im Beisein der Gemeindeverordneten. Der Bauplatz war mit Grün und Fahnen geziert. Herr Bürgermeister Marx richtete vor der Grundsteinlegung folgende Ansprache an die Versammlung:

Verehrte Herren Beigeordnete und Gemeindeverordnete! Ich habe Sie eingeladen, an dieser Stelle heute mit mir den Act der Grundsteinlegung des neuen Rathhauses zu vollziehen. Da wir die Benutzung des neuen Hauses im nächsten Frühjahre in festlicher Weise begehen wollen, so haben wir von jeder Einladung abgesehen; wir beschränken uns darauf, im engsten Kreise unter bloßer Hinzuziehung des Herrn Baumeisters, des Herrn Bauleiters, der Herren Bauunternehmer und ihrer Bauarbeiter den Act zu thätigen. Der über die Grundsteinlegung aufgenommenen Urkunde wollen wir vor ihrer Niederlegung in den Stein ein Exemplar des neuesten Kevelaerer Volksblattes und der Geldern'schen Zeitungen, einige Geldmünzen der Gegenwart, ein Bild der „Trösterin der Betrübten", ein Büchlein über die Wallfahrt sowie einzelne Ansichtskarten von Kevelaer beifügen. Es ist sonst gebräuchlich, daß die Theilnehmer die 3 Hammerschläge mit einem entsprechenden Spruche begleiten. Ich habe mir erlaubt, unser Aller Wünsche zu vereinigen und in die Urkunde niederzulegen.

Hierauf wurde die Zinkbüchse in den Stein hineingelegt und letzterer von allen Anwesenden vermauert. Damit war die Feier der Grundsteinlegung beendet.

Die Urkunde hat nachstehenden Wortlaut:

Im Jahre des Heils 1902, unter der Regierung Seiner Majestät Wilhelm II., als deutscher Kaiser und König von Preußen, wurde heute vom Bürgermeister Marx, im Beisein der drei Beigeordneten Opwis, Klümpen, van Aerßen, der mitunterzeichneten Gemeindeverordneten von Kevelaer, des Baumeisters Architekt Pickel zu Düsseldorf sowie des Bauleiters van Aaken in Kevelaer der Grundstein zum neuen Rathause hierselbst gelegt. Möge der hiermit begonnene Bau ohne jeden Unfall unter dem Schutze Gottes und seiner heiligen Mutter, der „Trösterin der Betrübten", rüstig voranschreiten und nach seiner Vollendung zur Ehre und Zierde unserer Gemeinde gereichen, möge ferner diese Stätte allzeit in Wahrheit das sein, was sie sein soll: ein Rathaus, wo Rat sich holt, wer des Rates bedarf, wo ohne Ansehn der Person möglichste Hülfe zu teil wird jedem Hülfsbedürftigen, wo das Wohl der Gemeinde beraten und beschlossen wird.

Möge endlich der Bau in dem Orte, der von der Vorsehung auserwählt wurde, eine Gnadenstätte zu werden, auf Jahrhunderte hinaus Zeuge bleiben von der Vermehrung der Andacht der Gläubigen zur Gottesmutter, der allerseligsten Jungfrau Maria.

So geschehen zu Kevelaer am 23. Juli 1902 unter der Amtsthätigkeit des Bürgermeisters Mathias Marx, des katholischen Pfarrers, Hausprälaten Seiner Heiligkeit des Papstes und Dechanten Joseph van Ackeren, der Beigeordneten Hubert Opwis, Arnold Klümpen, Heinrich van Aerßen, der Gemeinde-Verordneten Joseph van Ackeren, Leonard Aengenheyster, Peter van Betteray, Johann Brür, Heinrich Gevers, Otto Hünnekens, Gerhard Hünnekes, Georg Iding, Mathias Jacobs, Anton Janson, Gerhard Leukers, Johann Looschelders, Peter Risbroeck, Friedrich Wilhelm Rütter, Hermann Tauwel, Lambert Thum, Herm. Tombergs, Heinrich van den Wyenbergh.

(Es folgen die Unterschriften.)

Die Grundsteinlegung zum neuen Rathaus in Kevelaer.
Kevelaerer Volksblatt 26. 7. 1902

debaumeisters, der fortan für Koordination und Planung der öffentlichen und privaten Bauten zuständig war.

Im ersten Jahrzehnt dieses Jahrhunderts wurden die Kanalisation und die Wasserversorgung als kommunale Großprojekte in Angriff genommen. Die Gemeinde hatte zwar bereits kurz zuvor mit der Errichtung eines eigenen Elektrizitätswerks, eines Krankenhauses sowie eines neuen Rathauses einen gewissen Modernisierungsschub erlebt, der der expandierenden heimischen Wirtschaft Rechnung trug, doch lagen bei den sanitären Einrichtungen noch manche Mißstände vor, die nun beseitigt werden sollten.

Klagen über die unzulängliche Abwässerentsorgung waren seit der Jahrhundertwende immer wieder laut geworden. Die ungeklärt in die Dondert und Niers geleiteten Abwässer riefen einen derartig üblen Geruch hervor und beherbergten eine solche Fülle von Krankheitserregern, daß sich die Gesundheitskommission im Juli 1901 entschloß, ein Gutachten über ein Wasserleitungs- und Kanalisationsprojekt einzuholen. Eine nicht unerhebliche Rolle spielte dabei die Furcht vor Epidemien, die den Pilgerverkehr und damit eine der wirtschaftlichen Grundlagen der Gemeinde beeinträchtigen konnten.[4] Bereits wenige Wochen später besichtigte der Vorsteher der Königlichen Versuchs- und Prüfungsanstalt für Wasserversorgung und Abwässerbeseitigung in Berlin den Ort, um ein Gutachten zu erstellen.[5]

Das Vorhaben scheint die Gemeinde jedoch zum damaligen Zeitpunkt finanziell überfordert zu haben, so daß man mit seiner Verwirklichung erst einige Jahre später begann, wenngleich die Kanalisierung, wie dies die Ortsbesichtigung vor Augen geführt hatte, bereits 1901 durchaus angebracht gewesen wäre: „Die Schmutzwässer gelangen in Rinnsteine, die zur Dondert bezw. zu einem Wassergraben führen, der, wie der Dondertbach in die Niers mündet. Die Entwässerung der Gelderner Straße, eines Teils der Hauptstraße und der Bahnstraße zur Dondert in der Nähe des Krankenhauses hat zu erheblichen gesundheitlichen Mißständen geführt, so daß zur Vermeidung der im Sommer besonders stark hervortretenden Verpestung der Luft in der unmittelbaren Umgebung des Krankenhauses Abhülfe dringend notwendig ist. Die Kanalisation der Gelderner und der Bahnstraße bis zur Dondert ist deshalb beschlossen und soll in allernächster Zeit ausgeführt werden. Auch die Ableitung der Schmutzwässer aus dem nördl. Teile des Ortes in die Dondert bedarf ebenso einer gründlichen Regelung, um den auch heute bemerkbaren Gestank für die Folge zu beseitigen."

Und zur Wasserversorgung hatte der Bericht festgehalten: „Fast alle Häuser haben eigene Brunnen. Mehrere öffentliche Pumpen sind auf dem Kapellenplatz und in einigen Straßen sowie vor der Volksschule am Marktplatz aufgestellt. Davon sind 4 geschlossen, lediglich auf Grund einer chemischen Untersuchung des Wassers. Da die Anlage eines centralen Wasserwerks in Aussicht genommen ist, sobald die schon begonnenen Bohrversuche nach gutem Trinkwasser zu einem befriedigenden Ergebnis geführt haben, so soll vorläufig nur eine Verbesserung der bestehenden öffentlichen Brunnen hinsichtlich der Dichtigkeit ihrer Wandungen und Abdeckung vorgenommen und da, wo es notwendig ist, ein neuer Kesselbrunnen statt der Bohrbrunnen angelegt werden. [...] Eine regelmäßige Kontrolle der Trinkbrunnen findet nicht statt und wird nur dann ausgeführt, wenn sich an ihnen Übelstände zeigen."[6]

Am 4. August 1904 genehmigte der Gemeinderat den Bau einer zentralen Wasserversorgungsanlage[7], deren Kosten, zunächst mit 135 000 Mark veranschlagt, letztlich doch 215 000 Mark betrugen.[8] Im April des folgenden Jahres wurden die Arbeiten für den Wasserturm vergeben, und wenig später begann eine polnische Arbeitertruppe mit der Verlegung des Rohrnetzes und der Installation der Hausanschlüsse, was den Ortskern für einige Wochen regelrecht in eine Baustelle verwandelte. Zunächst war der Anschluß an das Wassernetz, bei dem auf die Hausbesitzer nicht unerhebliche Kosten zukamen, freiwillig. Doch bereits Ende Juli 1905 schrieb eine kommunale Polizeiverordnung den Zwangsanschluß vor, mit Ausnahme jener Hausgrundstücke, bei denen „durch einen auf demselben befindlichen Brunnen für die ausreichende Beschaffung von dauernd gutem Trinkwasser gesorgt ist".[9]

Fast genau ein Jahr nach Beginn der Bauarbeiten am Wasserturm konnte das Wassernetz im April 1906 in Betrieb genommen werden. Mit einer Länge von 11 km umfaßte es sämtliche Straßen des geschlossenen Ortes. Aus zwei 10 m tiefen Brunnen im Keylaerer Feld förderten elektrische Pumpen das Trinkwasser in den 55 m hohen Wasserturm.[10]

Die Kosten des Wasseranschlusses riefen bei einigen Hausbesitzern spürbaren Ärger hervor. 76 Eigentümer richteten 1906 eine Beschwerde über den nun drohenden Zwangsanschluß an den Geldener Landrat, die dieser aber zurückwies.[11] Auch weitere Klagen und Beschwerden beim Oberverwaltungsgericht, beim Justizminister und sogar beim Kaiser wurden 1908 abgelehnt.[12]

Weniger Widerstand zeigte sich beim Kanalisationsprojekt. Zwar gab es 1906, als sich der Düsseldorfer Regierungspräsident nicht mit einer einfachen Kanalisation zufrieden gab, sondern zudem noch eine Kläranlage forderte, einigen Unmut über die zu erwartenden Kosten[13], doch beklagten oder beschwerten sich die Bürger über die drei Jahre danach begonnenen Arbeiten dann doch nicht. Offensichtlich war die unterirdische Ableitung der übelriechenden, den Wallfahrtsbetrieb störenden und dazu noch gesundheitsgefährdenden Abwässer leichter durchzusetzen als die bessere Trinkwasserversorgung zuvor. Die Arbeiten begannen im April 1909 und wurden hauptsächlich durch spezialisierte italienische Bauarbeiter ausgeführt.[14] Wieder verwandelte sich der Ortskern in eine Baustelle.

„Die Kanalisationsarbeiten schreiten rüstig voran", meldete das Kevelaerer Volksblatt im Mai 1909. „Mit den Arbeiten sind etwa 80 Personen in zwei

Die Kevelaerer Hauptstraße im Jahre 1908. Rechts und links der gepflasterten Straße sind die Abflußrinnen gut erkennbar. (NMVK)

Gruppen beschäftigt. Die Markt-, Rhein- und Amsterdamerstraße sind bereits mit den Abzugsrohren versehen. Gegenwärtig ist man mit dem Legen der Rohre in der Bahn- und Hauptstraße beschäftigt. Wie wir vernehmen, haben sich die Anwohner der letzteren Straße bis auf wenige Ausnahmen für die Herstellung eines Asphaltpflasters erklärt. Hoffentlich folgen die bis jetzt noch Säumigen dem schönen Beispiele ihrer Nachbarn und erklären sich durch ihre Unterschrift zur Uebernahme eines Drittels der Kosten bereit. Die Gemeinde und die Provinzial-Verwaltung zahlen bekanntlich ebenfalls je ein Drittel der Kosten. Der Gemeinderat wird, wie wohl anzunehmen ist, sich mit den jährlichen Unterhaltungskosten auf Konto des Wegebau-Etats einverstanden erklären. Die Hauptursache ist fürerst die, daß *alle* Adjazenten der Hauptstraße sich *für* Legung des Asphaltpflasters erklären. Die Vorzüge eines solchen einem Steinpflaster gegenüber sind ja anerkannt große; kleinliche Gegengründe, meistens persönlicher Natur sind eben nicht stichhaltig."[15]

Mit der Asphaltierung der Hauptstraße wurde im Juni 1910 begonnen. Damit hielt wieder eine Neuerung in Kevelaer Einzug. Das moderne Asphaltpflaster löste das bis dahin gebräuchliche Steinpflaster ab, mit dem die innerörtlichen Straßen befestigt und in der Zeit vor dem Kanalisationsbau auch die Abwässer in seitlichen Rinnen abgeführt worden waren. Einen Eindruck über die Straßenbauten dieser Jahre vermittelt der Verwaltungsbericht 1901–1907[16]: 1904 wurden an der Geldernerstraße (Provinzialstraße Geldern–Emmerich) neue Kopfsteinrinnen an Stelle der alten Chausseegräben, in denen die Hausabwässer „stagnierten", angelegt. Man befestigte die Antonius-, Bahn-, Kroaten- sowie Teile der Amsterdamer- und der Venloerstraße und vermehrte die innerörtlichen Bürgersteige.

Der Ausbau des Ortes, der von der Finanzkraft der niederrheinischen Gemeinde zeugte, diente dem Komfort der Einwohner und nicht zuletzt der Pilger, trug aber auch den Bedürfnissen der heimischen Wirtschaftsbetriebe nach einer funktionierenden Infrastruktur Rechnung. Zu diesen müssen auch die „Stadtfernsprecheinrichtung"[17], die elektrische Straßenbeleuchtung sowie die 1901 dem Verkehr übergebene Teilstrecke der Gelderner Kreisbahn (Straelen – Auwel-Holt – Walbeck – Lüllingen/Twisteden – Kevelaer), die im Jahr darauf weiter nach Kempen führte, gerechnet werden.[18] Diese Schmalspurbahn beförderte bis 1930[19] nicht nur Reisende und Pilger, sondern war auch dazu gedacht, landwirtschaftliche und andere Erzeugnisse auf den florierenden Kevelaerer Markt zu bringen. Sie ergänzte die in nord-südlicher Richtung verlaufende Eisenbahnstrecke von Kleve nach Geldern, Krefeld, Köln usw. Zu einem weiteren Ausbau der Kleinbahn von Kevelaer über Winnekendonk, Kervenheim, Uedem und Kalkar mit Anschluß an das rechtsrheinische Eisenbahnnetz kam es allerdings nicht mehr, obgleich hieran auch der Gemeinderat Winnekendonk sehr interessiert war: „Gemeinderath bittet den Herrn Landrath, zur Hebung der Winnekendonker Verhältnisse durch Beschleunigung des Kleinbahnprojekts Kevelaer – Winnekendonk – Kervenheim mit Anschluß an den Kreis Cleve beizutragen, da die hiesige Gemeinde, wie auch die ganze Bürgermeisterei, die im äußersten Winkel des Kreises liegt und nach keiner Seite hin Eisenbahnverbindung hat, vom Verkehr vollständig abgeschlossen ist."[20] Ein wenig ausgeglichen wurde der unzureichende Anschluß an das Verkehrsnetz erst 1925 mit der Errichtung einer Post-Omnibus-Linie von Kalkar über Kevelaer nach Wetten.[21]

Entsprechend ihrer im Vergleich zu Kevelaer geringen Finanzkraft waren die ortsbaulichen Veränderungen und die kommunalen Versorgungseinrichtungen in den übrigen Gemeinden sehr bescheiden; die Standortnachteile machten sich deutlich bemerkbar. Unter „Modernisierungszwang" gesetzt war man hier allerdings bei der Belieferung mit Strom, wobei jedoch nicht an den Bau eines eigenen Kraftwerks zu denken war. Vielmehr wurden Verträge mit dem Rheinisch-Westfälischen Elektrizitätswerk (RWE) abgeschlossen, so 1910 von den Gemeinderäten der Bürgermeisterei Kervenheim. Einheitlich war auch hier die Installation einer elektrischen Straßenbeleuchtung, zu der man zwei Jahre später schritt. Die Kosten trugen dabei die Gemeinden.[22] Eines eigenen Gemeinderatsbeschlusses bedurfte die elektrische Beleuchtung der Dienstwohnung des Bürgermeisters in Winnekendonk.[23]

Auch bei der Wasserversorgung und Abwässerbeseitigung konnten die übrigen Gemeinden ihren Einwohnern nicht den Kevelaerer Komfort bieten. Um die Jahrhundertwende begann man aber auch hier mit Arbeiten zur Verbesserung des Abflusses, allerdings nicht durch eine unterirdische Kanalisation, sondern durch freiliegende, auszementierte Rinnen. Diese empfand die Bevölkerung zur damaligen Zeit durchaus als angenehme Neuerung, verminderte sich doch mit dem besseren Abfluß die Geruchsbelästigung spürbar. So herrschte in Kervenheim 1901 „ein Gefühl des Wohlbehagens" darüber, daß die Abwässergräben, im Volksmund „blaue Donau und Vogelsangsgraben" genannt, endlich zugeschüttet wurden. „Der schlammige Grund", hieß es im Kevelaerer Volksblatt, „hätte bei ausbrechenden Epidemien leicht die Quelle aller möglichen Krankheiten werden können. Die genannten Gräben wurden in hübsche, mit gutem Gefälle versehene Cementrinnen umgewandelt. Die daran angebrachten praktischen Schlammfänge lassen jetzt die Reinigung mit der geringsten Mühe bewerkstelligen, während früher an eine solche gar nicht zu denken war."[24] Ähnliche Zustände, wie die hier geschilderten, hielten auch in Winnekendonk bis in die Mitte der 1920er Jahre an. Dann erst begann man mit dem Bau einer Kanalisation, zunächst unter der Haupt- und der Sonsbeckerstraße, dann unter der Marktstraße und dem Markt.[25]

Bei der Wasserversorgung blieben die Orte noch jahrzehntelang hinter dem damals technisch möglichen Standard zurück. Beschlüsse der Gemeinderäte von Wetten und Kervenheim über die Verlegung von Wasserleitungen wurden bei-

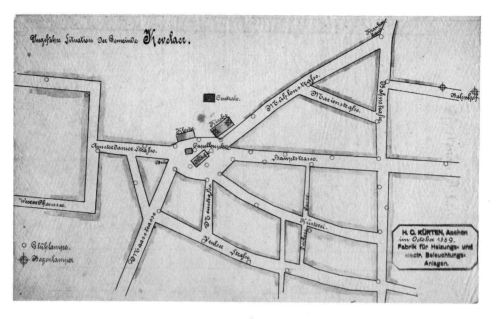

Plan der Kevelaerer Straßenbeleuchtung 1889 (K 81–3)

Die letzte Postkutsche in Winnekendonk 1910 (NMVK)

☐ **Kevelaer,** 2. Aug. Mit dem gestrigen Tage sind die Postwagenfahrten der Kaiserlich Deutschen Reichspost zwischen hier und Kervenheim eingestellt. Der Postwagen war anläßlich seiner letzten Fahrt am Sonntag abend mit Blumen und Birkenzweigen bekränzt worden — also es war einmal. Mit dem Aufhören der Postwagen-Fahrten ist wiederum ein Stück aus der guten alten Zeit zu Grabe getragen. Um der Nachwelt ein Bild von diesem Verkehrsmittel zu erhalten, ist seitens des Herrn Photographen Koch eine Aufnahme des Wagens mit dem Postillon, sowie den Beamten der in Betracht kommenden Postämter Kevelaer, Winnekendonk und Kervenheim gemacht worden.

Abschied von der Postkutsche. Kevelaer Volksblatt 3. 8. 1910

Kervenheim um die Jahrhundertwende (KG)

spielsweise 1941 gefaßt, die Arbeiten erst nach dem Zweiten Weltkrieg vollendet. Eine im Kreis Geldern 1907 durchgeführte Befragung der Gemeinden über die Art ihrer Trinkwasserversorgung ergab für die Bürgermeisterei Kevelaer in Kleinkevelaer 12, in Twisteden 116, in Wetten 292 und in Kevelaer noch 231 Brunnen.[26]

Über die Wohnverhältnisse in den Gemeinden soll an dieser Stelle nur soviel gesagt werden, daß in den geschlossenen Orten die meist ein- bis eineinhalbstöckigen, kellerlosen oder nur teilunterkellerten ländlichen Ziegelbauten vorherrschten. Lediglich in Kervenheim kam es um die Jahrhundertwende, als die Zahl der Einwohner noch zunahm, zu einem zeitweiligen Wohnungsmangel, dem Bürgermeister Janssen durch den Bau von Arbeiterwohnungen oder aber durch den Beitritt der Gemeinde zu einer zu gründenden Baugenossenschaft abhelfen wollte, doch scheiterten diese Absichten am Finanzetat.[27] Bis zum Ausbruch des Ersten Weltkrieges hatte sich dann, bei rückläufiger Bevölkerungsbewegung, die Situation weitgehend entspannt. 1914 berichtete der Bürgermeister dem Landrat, daß in seinem Bezirk kein Mangel an Wohnraum herrsche. Die Familien bewohnten fast ausschließlich Einfamilienhäuser, die sie zum größten Teil als Eigentum besaßen.[28]

Von Krankheiten und Epidemien

Auch bei der medizinischen Versorgung der Bevölkerung nahm Kevelaer im Vergleich zu den übrigen Orten des Kreises Geldern einen herausragenden Platz ein. Dies ist einmal aus der bloßen Größe der Gemeinde verständlich, deren Einwohnerzahl bis 1914 auf über 8000 stieg, zum anderen mußten aber auch für die medizinische oder medikamentöse Versorgung der ständig steigenden, mehrere hunderttausende pro Jahr umfassenden Pilgerzahl Einrichtungen bereitstehen. Ansteckende Krankheiten, die vom Wallfahrtsort her ihren Ausgang nahmen oder von dort übertragen wurden, konnte sich die Gemeinde nicht leisten. Die medizinischen Einrichtungen Kevelaers, seine Ärzte und Apotheken kamen auch den umliegenden Gemeinden zugute.

Zwar stellte die kommunale Sanitätskommission im Jahre 1894 der Gemeinde Kevelaer kein schlechtes Zeugnis aus, indem sie feststellte, daß es bezüglich der Wohnungen und Abortanlagen keine Beanstandungen gebe, daß die öffentlichen Brunnen über gutes Trinkwasser verfügten, daß die Straßen und Abwasserrinnen regelmäßig gesäubert würden und daß man schließlich außerhalb des Ortes eine Holzbaracke mit einem Desinfektionsofen besitze[29], doch steht dieser Befund in einigem Widerspruch zu den periodischen Berichten des Bürgermeisters an den Landrat über den allgemeinen Gesundheitszustand der Bevölkerung.[30] So beobachtete er im Herbst 1895 „außergewöhnlich viele Erkrankun-

Winnekendonk um 1910 (KG)

Polizeiverordnung
über den Verkehr von Hundefuhrwerken auf öffentlichen Straßen, Wegen und Plätzen.

Auf Grund der §§ 6, 12 und 15 des Gesetzes über die Polizeiverwaltung vom 11. März 1850 (G. S. S. 265) und des § 137 des Gesetzes über die allgemeine Landesverwaltung vom 30. Juli 1883 (G. S. S. 195) wird unter Aufhebung der Polizeiverordnung vom 13. April 1897 (Amtsblatt Seite 145) mit Zustimmung des Bezirksausschusses im Interesse der Ordnung, Sicherheit und Leichtigkeit des Verkehrs folgende Polizeiverordnung erlassen.

§ 1.
Zum Ziehen von Wagen oder Karren dürfen auf öffentlichen Straßen, Wegen und Plätzen nur solche Hunde verwendet werden, welche in jeder Beziehung dazu geeignet, insbesondere kräftig genug sind.

§ 2.
Hunde, welche vorübergehend zum Ziehen untauglich sind, z. B. hitzige, hochträchtige und säugende Hündinnen, dürfen während der Dauer der Untauglichkeit nicht eingespannt werden.

§ 3.
Das Gewicht des Fuhrwerks und der Ladung darf nur so groß sein, daß der Hund es leicht und sicher fortbewegen kann.

Die Benutzung zweirädriger Hundefuhrwerke ist nur unter der Bedingung gestattet, daß die Hunde lediglich zum Ziehen gebraucht, aber sonst in keiner Weise belastet werden.

§ 4.
Weder der Führer noch andere Personen dürfen auf dem Hundefuhrwerk Platz nehmen. Der Führer muß neben dem Hunde gehen und ihn an einer Leine führen oder die Deichsel in der Hand halten.

Sobald der Führer das Fuhrwerk während des Haltens verläßt, ist der Hund abzusträngen und in solcher Weise zu befestigen, daß er sich weder losmachen noch das Fuhrwerk fortbewegen kann.

§ 5.
Auf jedem Hundefuhrwerke muß sich ein Trinkgefäß befinden, mit welchem dem Hunde in ausreichender Weise Gelegenheit zum Saufen reinen Wassers zu geben ist.

Während der Zeit vom 1. Oktober bis 1. April muß sich ferner auf dem Fuhrwerke für jeden Hund eine Unterlage und eine Decke zum Auflegen befinden, welche während des Stillhaltens zu benutzen sind.

§ 6.
Der Führer eines Hundefuhrwerks ist verpflichtet, eine über das Vorliegen der Voraussetzungen des § 1 ausgestellte polizeiliche Bescheinigung, die eine kurze Beschreibung des betreffenden Hundes und eine Angabe des höchsten Gewichtes enthält, zu dessen Fortschaffung er gebraucht werden darf (§ 3), bei sich zu tragen und den Polizeibeamten auf Verlangen vorzuzeigen.

Diese Bescheinigungen werden von der Polizeibehörde des Wohnorts der Besitzer der Hunde oder, falls der Besitzer nicht im Regierungsbezirk Düsseldorf wohnt, von einer Polizeibehörde dieses Bezirks, deren Wahl ihm freisteht, mit Gültigkeit bis zum Jahresschluß erteilt und alsdann alljährlich auf ein Jahr verlängert. Die Besitzer haben die Ausstellung oder Verlängerung der Bescheinigungen jedesmal unter Vorführung der Hunde selbst oder durch einen Beauftragten zu beantragen.

§ 7.
Die über den Verkehr der Fuhrwerke auf öffentlichen Straßen, Wegen und Plätzen erlassenen allgemeinen Vorschriften, zur Zeit insbesondere die Polizeiverordnung vom 25. November 1904 (Amtsblatt Seite 403) finden auch auf die Hundefuhrwerke Anwendung.

Die im § 2 dieser Polizeiverordnung vom 25. November 1904 für die mit Hunde bespannten Karren gemachte Ausnahme wird aufgehoben, diese Karren sind daher ebenso wie alle anderen Fuhrwerke zu beleuchten.

§ 8.
Wer vorstehenden Vorschriften als Besitzer oder Führer eines Ziehhundes zuwiderhandelt, wird mit Geldstrafe bis zu sechzig Mark, an deren Stelle im Unvermögensfalle entsprechende Haftstrafe tritt, bestraft, sofern nicht nach den allgemeinen Strafgesetzen eine härtere Strafe verwirkt ist.

§ 9.
Vorstehende Polizeiverordnung tritt sofort in Kraft.

Düsseldorf, den 8. Februar 1911.

1 C 686.   Der Regierungs-Präsident.
                                   gez.: Kruse.

Eine Verordnung über Hunde im Straßenverkehr (Bürgerbuch, S. 80–82)

gen und Todesfälle bei kleinen Kindern an Brechruhr", die auch im Winter „ihren Fortgang" nahmen, sowie „eine ganze Reihe Masernfälle" und eine Erkrankung an Diphterie mit tödlichem Ausgang. Anfang 1896 waren dann die Masern „gewöhnlich" mit Diphterie und Lungenentzündungen verbunden und endeten vielfach tödlich. Auch in den folgenden Jahren traten Fälle von Diphterie auf. Von April bis Juni 1901 grassierte die Influenza, zehn Erkrankungen an Diphterie und sechs an Scharlach, der sich bis zum Herbst weiter ausbreitete, wurden festgestellt. Im Winter 1901/02 hatten weit über 100 Kinder Masern, einige starben; Scharlach und Diphterie hielten weiter an.

Die ansteckenden Krankheiten trafen stets die Kinder besonders hart, was sicherlich an den sanitären Zuständen lag, aber auch an der nicht immer ausreichenden Ernährung. Die 1906 in den beiden Volksschulen Kevelaers erstmals durchgeführten Schulkinderuntersuchungen bescheinigten 666 der 842 Kinder eine gute „allgemeine Körperbeschaffenheit", 158 eine „mittlere" und 18 eine „schlechte".[31] Unmißverständlich lautete die Schlußbemerkung: „Die Ergebnisse dieser ersten ärztlichen Untersuchung haben den klaren Bedarf der Notwendigkeit derselben geliefert." Dieses keineswegs befriedigende Resultat führte schon vor den Notzeiten des Ersten Weltkrieges zur Einrichtung von Mittagstischen für Schülerinnen und Schüler, die einen weiten Schulweg hatten und somit mittags nicht zu Hause essen konnten.[32] Ferner fanden die Visiten des Schularztes nun häufiger auf Gemeindekosten statt.

Das Verlangen nach einer besseren medizinischen Versorgung zeigte sich auch anhand der Pläne für neue Kranken- und Siechenhausbauten, deren Größe und Ausstattung dann je nach Finanzlage unterschiedlich ausfielen, die aber generell ohne kirchliche Unterstützung und die Arbeit der Ordensschwestern nicht hätten aufrecht erhalten werden können. Das 1903 in Wetten als Krankenhaus geplante, dann aber nur als Siechenhaus genehmigte und eingerichtete Gebäude leiteten Dominikanerinnen.[33] Es diente zur Pflege von „unheilbar chronisch kranken, einer ärztlichen Behandlung nicht bedürftigen Personen". Dem Haus angeschlossen waren eine Kinderbewahr- und eine Handarbeitsschule. 1922 wurde es dann auch als Erholungsheim genutzt, „in dem 20–25 Kinder aus dem Kreise Geldern, die tuberkulös, unterernährt oder aus anderen Gründen der Erholung bedürfen, in Kursen von 6–8 Wochen das ganze Jahr untergebracht" waren.[34] Das Siechenhaus in Winnekendonk wurde in den Jahren 1904/05 auf Initiative des Ortspfarrers gebaut. Auch hier ließen sich Dominikanerinnen nieder, die der Einrichtung ebenfalls eine Bewahr- und eine Handarbeitsschule angliederten.[35]

Wesentlich älter war das Marienhospital in Kevelaer, das neben dem Krankenhaus in Geldern für die medizinische Versorgung der näheren Umgebung zuständig war. Bereits 1872 hatte der damalige Dechant van Ackeren die Erlaubnis für eine Krankenanstalt erhalten, die zunächst im Haus der „Pinder'schen Stif-

Klassenfoto, Kevelaer 1903 (NMVK)

Abschrift.   Gesundheitsregeln für die Schulkinder.
----

1. Wir dürfen nur reingewaschen, ordentlich gekämmt und in sauberer Kleidung zur Schule kommen. Deshalb müssen wir täglich
    a) unseren Körper, namentlich Gesicht, Ohren, Hals und Brust mindestens einmal mit Seife waschen, die Hände aber mehrmals und dabei auch die Fingernägel säubern,
    b) unser Haar ordentlich kämmen,
    c) unsere Kleidung täglich tüchtig ausklopfen und ausbürsten sowie auf Löcher, Risse und andere Schäden nachsehen, damit sie ausgebessert werden können,
    d) unser Schuhwerk auf etwaige Schäden nachsehen und jedesmal ehe wir zur Schule gehen ordentlich putzen.

2. Wir müssen uns mindestens des Morgens und des Abends den Mund ausspülen und die Zähne reinigen.
3. Wir sollen zum Putzen der Nase stets ein Taschentuch benutzen.
4. Wir sollen vor dem Schuleingang den Schmutz von unserm Schuhwerk abtreten sowohl beim Kommen zur Schule, als auch nach den Zwischenpausen, wenn wir draussen waren.
5. Wir müssen unsere Mäntel und Mützen (Hüte etc.) in der Schule ablegen und dürfen auch nicht mit dicken Halstüchern im warmen Zimmer sitzen.
6. Wir sollen die Zwischenpausen im Freien zubringen; ist es kaltes oder nasses Wetter, so müssen wir zuvor unsere Mäntel anziehen.
7. Wir müssen stets in den Spucknapf ausspeien und niemals auf den Fussboden.
8. Wir dürfen weder Papier, noch Frühstücksreste oder andere Dinge in das Schulzimmer, auf die Flure oder auf den Schulhof werfen.
9. Wir müssen unsere Schiefertafeln mit einem feuchten Lappen oder Schwamm abwischen. Stahlfedern, Bleistifte und Griffel dürfen wir nicht in den Mund nehmen; Stahlfedern und Tintenkleckse dürfen wir nicht ablecken.
10. Wir dürfen keine Trinkgefässe benutzen, bevor wir sie gründlich aus- und abgespült haben.
11. Wir sollen kein kaltes Wasser trinken, wenn wir erhitzt sind und niemals unreifes Obst essen.
12. Wir müssen uns beim Gehen, Stehen und beim Sitzen gerade halten.
13. Wir dürfen beim Lesen, beim Schreiben und beim Zeichnen den Oberkörper nicht vornüberbiegen oder seitwärts hängen lassen. Wir müssen uns bei diesen Arbeiten vor grellem Sonnenlicht schützen und stets so setzen, dass das Licht von der linken Seite kommt; auch dürfen wir sie nicht bei Dämmerlicht vornehmen.
14. Wir müssen es dem Lehrer melden, wenn wir auf unserm Platz unbequem sitzen, nicht gut hören oder sehen können, oder wenn es an unserm Platz zu heiss oder zu kalt ist.
15. Wir müssen es dem Lehrer melden, wenn wir uns krank fühlen oder wenn in unserer Familie oder in unserem Hause eine ansteckende Krankheit herrscht.

Gesundheitsregeln für die Schulkinder (ca. 1905) (K 51–20)

Absolventinnen der Haushaltsschule Kevelaer (NMVK)

Das Marienhospital Kevelaer im Jahre 1901 (NMVK)

tung" untergebracht war, ehe Anfang der 1880er Jahre mit dem Neubau begonnen wurde.[36]

Medizinische Fragen gewannen in Kevelaer immer dann an Aktualität, wenn zur Wallfahrtszeit oder in der Zeit davor ansteckende Krankheiten in der näheren oder weiteren Umgebung auftraten. In seinem „Zeitungsbericht" über das zweite Quartal des Jahres 1904 vermerkte der Bürgermeister: „Die in benachbarten Orten [Weeze und Winnekendonk] aufgetretenen Pockenfälle beunruhigten die Gemüter insofern, als bei der bevorstehenden Wallfahrtszeit eine [...] Herabminderung des Fremdenverkehrs befürchtet wurde. Nunmehr ist jedoch allgemein wieder eine ruhige Stimmung wahrzunehmen."[37]

Dramatische Formen hatte die Angst vor den Pocken zwölf Jahre zuvor, während der Vorbereitungen des 250jährigen Wallfahrtsjubiläums, angenommen. Da weite Teile Belgiens und Hollands im Frühjahr 1892 von einer Epidemie heimgesucht wurden, schienen die Feierlichkeiten in Kevelaer zwar nicht grundsätzlich gefährdet, doch hätte ein Ausbleiben der traditionellen Wallfahrten aus den Nachbarländern, die meist mehrere Tage in Kevelaer blieben, zu empfindlichen finanziellen Einbußen geführt. Der Regierungspräsident in Düsseldorf forderte in diesen Monaten von den konsularischen Vertretungen in beiden Ländern ausführliche Situationsberichte an.[38]

Am 18. Mai 1892 tagte die Sanitätskommission Kevelaers, um über vorbeugende Maßnahmen und eventuell zu erteilende medizinische Hilfe zu beraten. Sie beschloß dabei: „Den Gast- und Logiewirthen ist einzuschärfen, unter Hinweis auf die bestehenden Bestimmungen, jeden Fall von Erkrankung an den Pocken sofort der Polizeibehörde anzuzeigen sowie unverzüglich einen Arzt zu Rathe zu ziehen. Den Wirthen ist zur Pflicht zu machen, die Bettwäsche, welche etwa von Pockenkranken benutzt worden ist, sofort einer gründlichen Reinigung mittels einer heißen Sodawasserlösung zu unterziehen." Schließlich sollte noch eine „Tragbahre" beschafft, mit dem Bau von Isolierbaracken begonnen und die Impfung bei den Kindern überprüft werden.[39] Wenige Tage später, am 22. Mai 1892, trafen ein Vertreter der Düsseldorfer Regierung und der Landrat in Kevelaer ein, um mit dem Bürgermeister und dem Kreisarzt die Lage zu erörtern.[40] Die Ergebnisse veröffentlichte der Landrat in einer allgemeinen Bekanntmachung, die in jedem Gasthaus ausgehängt werden mußte:

„*Bekanntmachung*
Zeitungsnachrichten zu Folge ist die Pocken-Epidemie im benachbarten Holland noch nicht erloschen.
Behufs Vermeidung der Verschleppung der Seuche während der bevorstehenden Wallfahrtszeit sind folgende Maßregeln zu treffen:
1.) Die Zimmer und Aborte der Gasthäuser und Herbergen sind täglich mit einer heißen Sodalösung aufzuwaschen.

Festlicher Schmuck der Mühlenstraße im Jubiläumsjahr 1892 (NMVK)

2.) Die Bettwäsche der Fremden ist täglich durch Eintauchen in eine heiße Sodalösung zu reinigen.
3.) Die Straßen und deren Rinnen sind täglich und zwar thunlichst durch Abspülung zu reinigen; das Gleiche gilt für die Bedürfnisanstalten auf öffentlichen Plätzen.
4.) Eine allgemeine Impfung wird dringend empfohlen.
5.) Es wird darauf hingewiesen, daß nach § 44 des sanitätspolizeilichen Regulativs vom 8. August 1835 bezw. § 1 und 8 der Bezirkspolizeiverordnung vom 1. August 1887 alle Familienhäupter, Gast-, Haus- und Quartierwirthe, Haushaltungsvorstände, Pensionshalter sowie Ärzte und andere Personen, welche sich mit der Ausübung der Heilkunst befassen, verpflichtet sind, bei Vermeidung von Geld- oder Haftstrafen, jeden in ihrer Familie, ihrem Hause, ihrer Wirthschaft und ihrem Hausstand oder bei Ausübung der Heilkunst vorkommenden Fall von Pocken ungesäumt der Ortspolizeibehörde anzuzeigen.
Durch Polizeiverordnung [...] ist ferner diese Anzeigepflicht für Personen, welche aus dem Beherbergen von Fremden ein Gewerbe machen, hinsichtlich jeder Fiebererscheinung bei einem ihrer Hausgenossen oder Beherbergten gleichfalls bei Vermeidung von Geld- bezw. Haftstrafe für die Dauer der diesjährigen Wallfahrtszeit angeordnet."[41]

Weiterhin informierte man die Leiter der ausländischen Prozessionen über Verhaltensmaßregeln und die örtlichen Sicherheitsvorkehrungen. Dennoch blieb die Angst vor einer Pockenansteckung, zu der sich dann auch noch die Sorge vor einer Ausbreitung der in Hamburg grassierenden Cholera gesellte, nicht ohne Wirkungen. 1892 trat zwar eine deutliche Steigerung des Wallfahrtsverkehrs ein (allein die Personenbeförderung durch die Eisenbahn stieg um 100 000 auf insgesamt 250 000 im Vergleich zum Vorjahr), aber dennoch stellte der Bürgermeister in seinem abschließenden Bericht fest, daß die Gemeinde durch die Epidemien in „Mitleidenschaft" gezogen worden sei.[42]

Neues Wissen

Ähnlich wie im Gesundheitswesen wirkten auch im Bildungsbereich Kirchen und Gemeinden sehr eng zusammen. Drei Schularten können im Kevelaerer-Kervenheimer Raum unterschieden werden: die katholischen Elementarschulen, auch Volksschulen genannt, die höheren Lehranstalten und die Fortbildungsschulen.
Katholische Elementarschulen bestanden mit Ausnahme Kervendonks in allen Gemeinden. Um die Jahrhundertwende unterrichteten in der Bürgermeisterei Kevelaer 17 Lehrer und Lehrerinnen, zwölf davon im Wallfahrtsort. In der Bür-

germeisterei Kervenheim waren es neun. Als weitere Lehrkräfte kamen noch die Pfarrer und Kapläne hinzu.[43] Der Unterricht bestand, wie der Name der Schulform schon andeutet, in der Vermittlung elementarer Kenntnisse: Lesen und Schreiben, die vier Grundrechenarten, ein wenig vaterländische Geschichte und vor allem Religionsunterricht mit biblischer Geschichte, Katechismus und Auswendiglernen von Kirchenliedern.

Aufgrund des enormen Bevölkerungsanstiegs Kevelaers konnte es nicht ausbleiben, daß sich die am Markt gelegene Schule allmählich für die größer werdende Schülerzahl als zu klein erwies und mit der Zeit auch renovierungsbedürftig wurde. „In den Herbstferien 1901 wurde das ganze Schulgebäude einer gründlichen Instandsetzung unterzogen, sowohl von innen als auch von außen, sodaß der Aufenthalt in demselben für die Kinder nicht mehr gesundheitsschädlich wirken konnte. Gleichzeitig wurden die zum Teil längst unbrauchbaren Oefen durch neue ersetzt. [...] Um eine bessere Durchlüftung der Klassenräume zu ermöglichen, wurden die gußeisernen Fenster, die nicht geöffnet werden konnten, zum Teil durch neue ersetzt."[44]

Im selben Jahr erhielt Kevelaer eine zweite Elementarschule. Die alte Marktschule war längst an die äußerste Grenze ihrer Aufnahmekapazität gelangt. In der neuen Schule an der Hubertusstraße gab es zunächst zwei Klassen, 1906 zählte man bereits sechs. Entsprechend stieg auch die Zahl der Lehrkräfte von zwölf im Jahre 1900 auf immerhin 18 Ende 1906. In den anderen Gemeinden änderten sich die Schulverhältnisse kaum.

Die in den Elementarschulen vermittelten Kenntnisse reichten schon Ende des 19. Jahrhunderts bei weitem nicht mehr aus, um den Anforderungen einer sich zunehmend technisierenden Arbeitswelt zu genügen. Um einen qualifizierten Nachwuchs in den gewerblichen, handwerklichen, künstlerischen und industriellen Betrieben des Ortes zu erhalten, konnte die Ausbildung der Lehrlinge nicht mehr ausschließlich nur in den einzelnen Betrieben erfolgen. Obgleich sich die Handwerksmeister wohl schon seit Beginn der 1890er Jahre über die dringende Notwendigkeit einer Fortbildungsschule verständigt hatten, fehlte es letztlich doch an der entscheidenden Initiative zur Durchführung des Planes, was sicherlich auch daran lag, daß damals Handwerksinnungen noch fehlten, die als Träger der Schule in Frage kommen konnten.[45] Erst Kaplan Jordans, der 1894 von Geldern nach Kevelaer versetzt wurde und bereits an der 1889 errichteten Gelderner Fortbildungsschule unterrichtet hatte, forcierte die Kevelaerer Gründung. Der erste Unterricht wurde noch 1894 erteilt. Die praktische Ausbildung der Lehrlinge konnte nun, zunächst auf freiwilliger Basis, durch eine Vertiefung des theoretischen Wissens ergänzt werden. Gelehrt wurde deutsche Sprache, einfache Buchführung, Rechnen, Raumlehre, Zeichnen und Religion. Die Handwerksmeister nahmen die fachliche Unterweisung zunächst selbst in die Hand: „Für die konstruierenden Berufe die Herren Voß und Peter Tebartz,

für die Goldschmiede Herr Bausch, für die schmückenden Berufe Herr Kunstmaler Holtmann." Einige der örtlichen Lehrer und der jeweilige, die Schule auch leitende Kaplan vermittelten die theoretischen Fächer.
In der Anfangszeit brachten die Betriebe die erforderlichen Geldmittel direkt auf. Nach 1895 übernahm dann die in diesem Jahr gegründete „Vereinigte Handwerkerinnung" die Trägerschaft. Bis 1927 blieb die Fortbildungsschule unter geistlicher Leitung; erst 1929 ernannte die Gemeinde einen Gewerbeoberlehrer. Nun bekam sie auch eigene Räumlichkeiten zugewiesen, während man vorher die Klassenzimmer der Rektoratsschule bzw. der Volksschulen benutzt hatte.
Um die kaufmännische Ausbildung zu heben, gründete der katholische Verein „Unitas" 1909 die „Kaufmännische Fortbildungsschule zu Kevelaer".[46] Ihr Ziel war, „jungen Leuten, die sich dem Kaufmannsstande oder der Beamtenlaufbahn widmen [wollten], Gelegenheit zu geben, sich eine hierzu geeignete Vorbildung zu verschaffen". Lehrlinge ab dem 14. Lebensjahr aus Kevelaer und Umgebung konnten aufgenommen werden. Der dreijährige Unterricht umfaßte Religion, kaufmännisches Rechnen, Deutsch und Handelskorrespondenz, einfache und doppelte Buchführung, Handels- und Wechsellehre sowie Stenographie. Als weitere zukünftige Fächer sahen die Statuten bereits vor: „Französisch mit besonderer Berücksichtigung des kaufmännischen Gesprächsstoffes und Briefwechsels, Maschinenschreiben, Stenographie." Der Unterricht fand mittwochs und samstags von 13–15 Uhr und sonntags von 11.30–13 Uhr statt. Das Schulgeld betrug zunächst 30 Mark und wurde von den „Prinzipalen" garantiert, die sich daran in den ersten beiden Schuljahren zur Hälfte, im letzten mit einem Drittel beteiligten. Die Schülerzahl war natürlich geringer als diejenige der gewerblichen Fortbildungsschule: 1913 z.B. waren es 26 gegenüber 70 Schülern.[47]
Im Unterschied zu den gewerblichen bzw. kaufmännischen Weiterbildungsschulen, deren Fortbestehen nur während des Ersten Weltkrieges gefährdet war, entwickelten sich die in den Bürgermeistereien für die landwirtschaftlichen Berufe eingerichteten Schulen in Twisteden und Achterhoek nicht kontinuierlich. Sie wurden mehrmals geschlossen, da sich entweder zu wenig Schüler zum Unterricht angemeldet hatten oder die Finanzen der Gemeinden keinen Zuschuß mehr erlaubten. Über die 1901 in Twisteden eröffnete Schule berichtete der Bürgermeister im darauffolgenden Jahr an den Landrat: „Außer der am 1. November v.Js. eröffneten ländlichen Fortbildungsschule zu Twisteden bestehen im diesseitigen Bezirke keine weiteren Schulen dieser Art. Der Unterricht, welcher daselbst nur während der Zeit vom 1. November bis Ende März stattfindet, wird von den dortigen Volksschullehrern während 3 Stunden wöchentlich gegen eine Vergütung von 2 M pro 1½ Stunde ertheilt. Die Schule wird von 19 Schülern besucht, welche vorwiegend im Rechnen, in der Anfertigung von

Geschäfts- pp. Aufsätzen und der landwirtschaftlichen Buchführung unterrichtet werden. Die Gesamtunterhaltungskosten der Schule trägt die Gemeinde."[48]

Erwähnt werden sollen noch die beiden höheren Lehranstalten der Gemeinde Kevelaer, die in einem späteren Kapitel über die nationalsozialistische Schulpolitik stärkere Beachtung finden werden. Zum einen war dies die 1893 auf Initiative des Kaplans Rickermann gegründete Rektoratsschule, die die unteren drei Klassen eines Realgymnasiums umfaßte. Sie war bis 1922 Privatschule, dann wurde sie von der Gemeinde übernommen.[49] Zum anderen errichteten 1902 die „Schwestern von der göttlichen Vorsehung" eine höhere Mädchenschule[50], die sich aus bescheidenen Anfängen, aber in einem eigenen Gebäude untergebracht, kontinuierlich fortentwickelte: zunächst war sie einklassig, 1913 zweiklassig und ab 1921 dreiklassig. 1917 erhielt hier die erste weltliche Lehrerin eine Anstellung.

Wirtschaft im Umbruch

Ein 1913 in der Reihe „Soziale Studienfahrten" veröffentlichter Reisebericht von Friedrich Brücker – „Der deutsche Niederrhein als Wirtschaftsgebiet" – umfaßt ganze 29 Zeilen über den Kreis Geldern. Darin werden das „aufstrebende Handwerk", die Webereien und Tabakfabriken sowie eine Metallwarenfabrik in Geldern, ferner eine Großölmühle in Straelen erwähnt, ehe es dann etwas ausführlicher heißt: „Von Geldern wandern wir nach Kevelaer, dem berühmten Wallfahrtsort. Kevelaer ist ein Dorf, macht aber einen durchaus städtischen Eindruck. Fast jedes Haus ist Herberge und Verkaufshaus zugleich. Die große Zahl der Pilger, die an der Gnadenstätte zusammenströmen, haben dem Kaufmann einen ergiebigen Markt geschaffen. Einen großen Umfang besitzt der Handel mit religiösen Gegenständen, Fahnen, Paramenten, Gebetbüchern und Devotionalien. Glasmalereien, Malateliers, Polychromieanstalten versenden ihre Erzeugnisse in alle Welt. Kunst und Kunsthandwerk, Gold- und Silberschmiede weisen namhafte Künstler auf. Bücher und Schriften, meist religiösen Inhalts, werden durch bedeutende Verlagshandlungen vertrieben. Alteingesessen ist die Leder- und Schuhwarenindustrie."[51]

In dieser kurzen Passage – wie auch in der mittlerweile schon älteren, aber immer noch lesens- und beachtenswerten Schrift von Adolf Marx „Kevelaer. Wallfahrt und Wirtschaft" aus dem Jahre 1922 – werden Wallfahrt und wirtschaftliche Verhältnisse in einem engen Zusammenhang gesehen, der auch heute noch kaum geleugnet werden kann. Es wäre aber nicht richtig, behaupten zu wollen, daß die Wirtschaft des Ortes ausschließlich von den Einnahmen aus dem Pilgergeschäft abhing. Dieses war sicherlich für eine Gruppe von Geschäftsleuten von

ausschlaggebender Bedeutung, doch dürfen diejenigen Handwerks- und Gewerbebetriebe, die ihre Erzeugnisse nur zu einem geringen Teil im Ort selbst absetzten und auf den Export angewiesen waren, aufgrund ihrer an die Gemeinde abgeführten Steuern und der von ihnen bereitgestellten Arbeitsplätze nicht zu gering eingeschätzt werden. Letztere waren auch weniger von Schwankungen der Wallfahrt betroffen, sondern bei ihnen machten sich z. B. Krisenerscheinungen im Ruhrgebiet oder Änderungen bei den Zoll- oder Devisenbestimmungen wesentlich stärker bemerkbar.
Für das Wirtschaftsleben des Ortes Kevelaer waren im 19. Jahrhundert zwei Ereignisse wegbereitend: zum einen der Übergang des Devotionalienhandels an die Bewohner gleich zu Beginn des Jahrhunderts im Gefolge der Säkularisation[52] und zum anderen der Bau der zunächst eingleisigen, 1907 auf zwei Gleise erweiterten Eisenbahnstrecke mit Bahnhöfen in Kevelaer und später auch in Wetten. Der Bahnhof Kevelaer kam dem Wallfahrtsverkehr zugute und schuf die Voraussetzung für seinen gewaltigen Anstieg. Er trug aber auch wesentlich dazu bei, Kevelaer als Standort für Handel und Gewerbe attraktiv zu machen, konnten doch nun schnell und preiswert Materialien oder Halbfertigprodukte an- sowie Erzeugnisse aller Art ausgeliefert werden. Erst durch diesen verbesserten Anschluß an die in- und ausländischen Wirtschaftsmärkte erreichte der Wallfahrtsort die eingangs geschilderte Expansion, wie auch allgemein festzustellen ist, daß sich Handel und Gewerbe in jenen Orten des linken Niederrheins gut entwickeln konnten, die an die Eisenbahnlinie angeschlossen waren: Kempen, Aldekerk, Nieukerk, Geldern, Kevelaer usw. In diesem Zusammenhang wird das Interesse der Gemeinden Kervenheim und Winnekendonk an einem Weiterbau der Schmalspurbahnlinie von Kevelaer in Richtung Industriegebiet noch einmal deutlich, da insbesondere die Fertigung von Arbeitsschuhen in Kervenheim von der Abnahme im Revier abhing und auch landwirtschaftliche Produkte kostenmindernd hätten vermarktet werden können.
Über die Wirtschaftsentwicklung Kevelaers vor dem Ersten Weltkrieg kann, nicht zuletzt auf Grund der Arbeit von Adolf Marx, ein recht umfassendes Bild nachgezeichnet werden. Faßt man die von ihm im Anhang aufgelisteten Berufsstatistiken zusammen, so erhält man eine Tabelle, in der einige Veränderungen sofort erkennbar sind.

Der Jahrgang 1882 vor der Marktschule (NMVK)

Der Kevelaerer Bahnhof um 1890 (NMVK)

Berufsgliederung Kevelaer[53]
a) Absolute Zahlen:

	1820	1843	1864	1895	1913
Landwirtschaft	204	256	242	279	226
Fremdenindustrie	26	22	27	29	57
Nahrung	10	22	27	91	126
Textil	13	37	29	9	25
Bekleidung	15	46	30	74	119
Leder	25	92	132	293	230
Holz	12	56	38	101	117
Metall	6	26	23	61	124
Öle	1			1	
Papier		12	8	52	428
Bau	2	15	23	64	102
Reinigung	2		4	9	15
Handel	29	17	27	75	258
Transport				10	24
Freie Berufe	18	30	59	113	231
Künstler	2	9	10	86	174
Ohne Beruf/Pensionäre	16	9	39	99	442

b) Prozentzahlen:

	1820	1843	1864	1895	1913
Landwirtschaft	53,5	39,4	33,7	19,3	8,4
Fremdenindustrie	6,8	3,4	3,8	2,0	2,1
Nahrung	2,6	3,4	3,8	6,3	4,7
Textil	3,4	5,7	4,0	0,6	0,9
Bekleidung	3,9	7,1	4,2	5,1	4,4
Leder	6,6	14,2	18,4	20,3	8,5
Holz	3,1	8,6	5,3	7,0	4,3
Metall	1,6	4,0	3,2	4,2	4,6
Öle	0,3			0,1	
Papier		1,8	1,1	3,6	15,9
Bau	0,5	2,3	3,2	4,4	3,8
Reinigung	0,5		0,6	0,6	0,6
Handel	7,6	2,6	3,8	5,2	9,6
Transport				0,7	0,9
Freie Berufe	4,7	4,6	8,2	7,8	8,6
Künstler	0,5	1,4	1,4	5,9	6,4
Ohne Beruf/Pensionäre	4,2	1,4	5,4	6,8	16,4

Auffällig, aber im Zuge der zunehmenden Handwerks- und Gewerbeansiedlung nicht weiter verwunderlich, ist der relative Rückgang der in der Landwirtschaft als Selbständige oder als Tagelöhner Tätigen im Verhältnis zur Gesamtzahl der Beschäftigten. Betrug ihr Anteil 1820 noch über 50%, so fiel er bis 1913 auf 8,4% zurück. Die landwirtschaftlichen Betriebe wurden mehr und mehr aus dem sich schließenden Ortskern herausgedrängt, der so schon vor dem Ersten Weltkrieg einen durchaus städtischen Charakter annahm.

Zur „Fremdenindustrie" rechnete Marx die selbständigen Gast- und Schankwirte, deren prozentualer Anteil zwar zurückging, deren absolute Zahl sich aber in der Zeit zwischen 1895 und 1913 sprunghaft von 29 auf 57 erhöhte. Leider sagen diese Angaben nichts über die Saisonarbeitskräfte aus, die in der Gastronomie während der Wallfahrtsperiode eingestellt wurden, da die anfallende Arbeit nicht allein von den Wirten und mithelfenden Familienangehörigen geleistet werden konnte. Gerade in dieser Branche war der Ort für die nähere Umgebung von einigem Interesse, was eine noch stärkere Abwanderung in das rechtsrheinische Gebiet verhindern half.

In den Sparten „Nahrung" (Nahrungs- und Genußmittel), „Handel" und „Künstler" (Künstlerische Berufe) finden sich diejenigen Handwerker und Gewerbetreibenden, die mit ihren Erzeugnissen und Geschäften dem Ortskern seine typische Gestalt gaben und für das leibliche Wohl der Pilger sowie der wachsenden einheimischen Bevölkerung sorgten: 1913 gab es zehn Fleischermeister, 28 Bäcker, fünf Konditormeister, zwei Delikatessen-, fünf Obst-, drei Milch- und einen Weinhändler, drei Brauer, zwei Bierhändler, einen Müller, drei Zigarrenfabrikanten, drei Destillateure und eine Selterswasserfabrik. Hinzu kamen 47 Kaufleute, 13 Klein- und acht Kohlenhändler, 14 Devotionalienfabriken bzw. -händler, eine Wachswarenfabrik sowie 21 Goldschmiede, 18 Maler, 17 Bild- und fünf Steinhauer, 37 Polychromeure, ferner Figuristen, Modelleure, Orgelbauer, Photographen, Uhrmacher, Stickerinnen sowie zahlreiche Lehrlinge, Gesellen und Gehilfen.

Zu erwähnen sind auch die Steigerungen in der Holz- und Baubranche, zu denen die Schreiner, Zimmerer, Maurer, Stukkateure, Pliesterer, Anstreicher und Dachdecker zählten, die für den Ausbau des Ortes benötigt wurden. Auffällig ist ferner der Anteil der in der Lederbranche beschäftigten Personen, ihr Anstieg auf 20,3% im Jahr 1895 und Rückgang auf 8,5% im Jahr 1913 bei einer gleichzeitigen Verminderung der absoluten Beschäftigtenzahlen von 293 auf 230. Ein ähnliches Absinken ist sonst nur im landwirtschaftlichen Bereich festzustellen. Diese Zahlen weisen auf die vor dem Ersten Weltkrieg begonnene Umstellung der Produktionsweise von der hausindustriellen Fertigung auf die mechanisierte oder teilmechanisierte Fabrikationsweise hin.

Im Gegensatz dazu nahm die Papierbranche, hier vor allem die Buchbinderei, in der Zeit von 1895 bis 1913 außerordentlich stark von 52 auf 428 Beschäftigte zu und erreichte einen Anteil von 15,9 %, der nur noch von der Gruppe der Berufslosen und der Pensionäre übertroffen wurde.

Die Veränderungen in der Berufsstruktur verschaffen einen ersten Eindruck vom Kevelaerer Wirtschaftsleben. Es müssen aber noch weitere wichtige Entwicklungsmomente der Vorkriegszeit genannt werden. In den zwei Jahrzehnten vor dem Ersten Weltkrieg wandelte sich die vormals bestimmende handwerklich-gewerbliche, in einigen Zweigen hausindustrielle Wirtschaftsform zwar nicht vollständig, aber immerhin doch erkennbar. Auf der einen Seite hielt die Ausdehnung der handwerklichen und gewerblichen Betriebe bis zum Kriegsausbruch unvermindert an, auf der anderen Seite bildeten sich bei der Devotionalienfertigung und der Schuhherstellung sowie in der Papierbranche größere, arbeitsplatzintensive Betriebe heraus, in denen mehr und mehr lohnabhängige Arbeiterinnen und Arbeiter Beschäftigung fanden. Die mit Hilfe von Dampfenergie oder elektrischer Kraft mechanisierte Herstellungsweise drängte die kaum noch konkurrenzfähige hausindustrielle Fertigung immer weiter zurück, konzentrierte die Produktion auf wenige Betriebe und verschaffte den Beschäftigten überdies noch ein vergleichsweise höheres Einkommen. Die Berufszählung von 1913 verzeichnet bereits 59 Fabrikschuster sowie 400 Arbeiterinnen und Arbeiter in der Papierindustrie. Die Gesamtzahl der in Kevelaerer Betrieben lohnabhängig Beschäftigten dürfte wohl noch etwas höher gewesen sein, da hier auch Arbeiter aus den Nachbargemeinden tätig waren, die bei der Zählung unberücksichtigt blieben. Mit der Herausbildung eines kleinen, aber in seiner Bedeutung nicht zu unterschätzenden Arbeiterstandes, der sich, wie noch zu zeigen sein wird, ab etwa der Jahrhundertwende zu organisieren begann und zum Teil sehr heftige Arbeitskämpfe führte, unterschied sich Kevelaer von den meisten übrigen Gemeinden, die mit Ausnahme von Kervenheim doch überwiegend landwirtschaftlich-handwerklich orientiert blieben und nur sehr wenige mechanisierte Betriebe besaßen.

Zum größten Teil handelte es sich bei der Kevelaerer Bevölkerung aber nicht um Arbeiter oder Arbeiterinnen. Im äußeren Erscheinungsbild wie in der Erwerbsstruktur dominierten eindeutig die vielen kleineren, mitunter spezialisierten Familienbetriebe, die Geschäfte und Gaststätten. Diese gaben dem Wallfahrtsort sein typisches Flair, machten ihn unverwechselbar, prägten nicht nur den Ortskern um die Gnadenkapelle, sondern auch die Menschen, die in ihm lebten. Die Betrachtung wirtschaftlicher Daten zwingt zu einer gewissen Nüchternheit und läßt die weniger rational erscheinenden Momente, die wirtschaftliche Entwicklung fördern oder auch hemmen können, oftmals vergessen. Ein solches Moment der Kevelaerer Wirtschaft war die Wallfahrt. Sie bildete, oftmals im Widerspruch zu den tatsächlichen Gegebenheiten, den subjektiven Gradmesser für Aufschwung, Stagnation oder Niedergang und konnte so durchaus die Investitionsbereitschaft oder den Entschluß beeinflussen, sich selbständig zu machen, zu bleiben oder abzuwandern. Die Wallfahrt als subjektiver

(NMVK)

Briefköpfe der Jahrhundertwende

Gradmesser wurzelte nicht nur in der Bevölkerung tief, sondern auch im Gemeinderat, in der Verwaltung und beim Bürgermeister.

Doch nun noch einmal zurück zu nüchternen Daten. Die Gewerbesteuerrolle für das Jahr 1911[54] vermittelt einen weiteren detaillierten Einblick in die Wirtschaftslage der Bürgermeisterei. Gewerbesteuerpflichtig waren in Kevelaer 298 Betriebe mit einem Steuerbetrag von 8520 Mark, in Wetten 39 Betriebe mit 428 Mark und in Twisteden sieben mit 80 Mark.

Zunächst zu Kevelaer: 1911 war das Unternehmen Butzon & Bercker (Buchbinderei und Verlagsbuchhandlung) mit 444 Mark größter Gewerbesteuerzahler des Ortes und hatte damit die Paramenten- und Fahnenfabrik J. W. van den Wyenbergh übertroffen, die im Veranlagungsjahr 1907/08 noch diese Position eingenommen hatte.[55] Als einziges Unternehmen gehörte es zur Steuerklasse II. Die Klasse III umfaßte 43 Betriebe, die zusammen 3516 Mark aufbrachten. Hierzu zählten Schuhfabriken, größere Warenhandlungen wie der „Cölner Consum" am Marktplatz, Buchbindereien, einige metallverarbeitende Betriebe, Devotionalienhandlungen sowie Gastronomie- und Beherbergungsunternehmen. Ferner sind zu nennen das Elektrizitätswerk, die Brauerei „Kevelaerer Bürgerbräu", eine Likör- und Essigfabrik, eine Destillerie, einige kunstgewerbliche Betriebe und eine Zigarrenfabrik.

Hauptmasse der Steuerzahler bildeten aber die in Klasse IV eingestuften 254 kleineren Geschäfte, Gaststätten, Handwerker usw., die das Steueraufkommen der Klassen II und III mit 4560 Mark noch übertrafen, und die damit den größeren Unternehmen an Steueraufkommen nicht nachstanden. Es fällt auf, daß die Steuerrolle für die meisten Gewerbetreibenden der Klasse IV nicht nur ein Gewerbe, sondern eine Kombination verschiedener Berufe oder Tätigkeiten verzeichnete. Etwa die Hälfte der 254 Gewerbebetreibenden gab eine temporär betriebene Gast- bzw. Schankwirtschaft oder einen Handel mit Devotionalien, oftmals auch beides zusammen, als Erwerbsgrundlage an:

Schuhfabrik/Schuhladen,
Sattlerei/Polsterei/Handlung,
Metzgerei/temporäre Wirtschaft/Devotionalien,
Gärtnerei/Devotionalien,
Gastwirt/Bäckerei/Kolonialwaren/Devotionalien,
Schneiderei/Eisenhandlung/temporäre Gastwirtschaft,
Schuhlieferant/temporärer Gastwirt,
Gastwirtschaft/Devotionalien/Fuhrgeschäft ...

Somit läßt sich zusammenfassend für Kevelaer eine wirtschaftliche Entwicklung feststellen, in der sich die Beschäftigungsstrukturen der verschiedenen Wirtschaftszweige bis 1913 prozentual annäherten. Die Landwirtschaft wurde stetig

Verkaufsstände an der Hauptstraße um 1910 (NMVK)

Bis zum Ersten Weltkrieg war das Fest-Essen zu Ehren des Kaisers ein gesellschaftliches Ereignis im Wallfahrtsort. (NMVK)

zurückgedrängt, während Handel, Leder-, Holz- und Papierverarbeitung ein stärkeres Gewicht erhielten. Obwohl die Zahl der lohnabhängig Beschäftigten vor allem in der Schuh- und Papierbranche bis zum Weltkrieg wuchs, blieb die Wirtschaftsstruktur des Ortes doch weitgehend von den klein- und mittelständischen Handwerks- und Gewerbeunternehmen sowie von ständig oder zeitweilig betriebenen Gastronomie- und Beherbergungsbetrieben geprägt. Gerade diese 1911 in der Steuerklasse IV eingestuften, oft mehreren Gewerben nachgehenden Selbständigen bezogen einen beträchtlichen Teil ihres Jahreseinkommens aus dem Wallfahrtsgeschäft, während die größeren Unternehmen auf den Verkauf ihrer Produkte außerhalb des Ortes angewiesen waren.

Aus der bisherigen Darstellung mag der Eindruck entstehen, daß es sich beim bürgerlichen Mittelstand Kevelaers – Handwerker, Wirte und Händler – um einen recht wohlhabenden Bevölkerungsteil gehandelt hat. Nimmt man die umliegenden ländlichen Gemeinden des linken Niederrheins als Maßstab, so ist dem wohl zuzustimmen. Andererseits scheint der Nebenerwerb im Wallfahrtsgeschäft für viele Familien wegen der außerordentlich hohen und wachsenden Konkurrenz in Handwerk und Handel dringend notwendig gewesen zu sein. Ähnlich dem Beherbergungs- und Gastronomiegeschäft war auch der Kevelaerer Handels- und Handwerkermarkt bereits im Kaiserreich hart umkämpft.[56]

„Eine starke Stütze im wirtschaftlichen Kampfe"[57] erhoffte man sich im ausgehenden 19. Jahrhundert von den Innungen, deren rechtliche Grundlage die Innungsgesetze von 1881 und 1897 bildeten. Diese konnten auf freiwilliger Basis geschaffen werden, es konnten aber auch Zwangsinnungen entstehen, wenn die Mehrheit der Handwerker im Innungsgebiet dies wünschte. In Kevelaer kam es 1895, zwei Jahre vor dem Beitritt des Kreises Geldern zur Handelskammer Krefeld, zur Bildung der „Vereinigten Handwerker-Innung", der aber nur ein geringer Teil der ortsansässigen Handwerker beitrat. 1898 waren von 826 Handwerkern der „wichtigsten" Zweige nur 65 Mitglied der Innung. Ein Jahr später wurden dann einzelne Zwangsinnungen gegründet[58], denen nun jeder beitreten mußte, der ein stehendes Gewerbe selbständig betrieb – mit Ausnahme allerdings derjenigen, die es „fabrikmäßig" ausübten.

Innungen und Mitglieder in Kevelaer, September 1899:[59]

Vereinigte Handwerker	52
Bau	24
Bau- & Möbelschreiner	
Holzbildhauer & Drechsler	37
Schmiede, Kupferschmiede & Schlosser	18
Schneider & Kappenmacher	23
Schuhmacher	20

Zu den Pflichtaufgaben der Innungen gehörten die „Pflege des Gemeingeistes sowie die Aufrechterhaltung und Stärkung der Standesehre [...], die Förderung eines gedeihlichen Verhältnisses zwischen Meistern und Gesellen [...], die nähere Regelung des Lehrlingswesens und die Fürsorge für die technische, gewerbliche und sittliche Ausbildung der Lehrlinge [...], die Entscheidung von Streitigkeiten [...] zwischen den Innungsmitgliedern und ihren Lehrlingen".[60] Daneben konnten sie freiwillig weitere Aufgaben übernehmen, so die Unterstützung von Schulen oder den Aufbau von Unterstützungskassen, wozu z.B. die seit 1899 bestehende „Sterbekasse der Vereinigten Handwerker-Innung" zählte.[61]

Die Gründungen von Zwangsinnungen ließen die Mitgliederzahlen naturgemäß sprunghaft anwachsen, was u.a. zur Folge hatte, daß die gewerbliche Fortbildungsschule nun durch die Beiträge und einen Gemeindezuschuß finanziert werden konnte und somit auf einer soliden finanziellen Basis stand. Durch den rechtlichen Status der Zwangsinnung, die im Gegensatz zu einer freien Innung keine gemeinschaftlichen Geschäftsbetriebe errichten und auch ihre Mitglieder „in der Annahme von Kunden und in der Festsetzung von Preisen für ihre Waren und Leistungen" nicht beschränken durfte[62], wurde allerdings einer der Grundgedanken des Innungswesens von vornherein beträchtlich eingeengt: der Gedanke einer gemeinsamen Hebung der wirtschaftlichen Lage des Standes durch Begrenzung der Konkurrenzverhältnisse.

1912 fällte dann auch Bürgermeister Marx ein vernichtendes Urteil über die Wirksamkeit der Kevelaerer Innungen. Gelegenheit dazu bot ein Bericht an den Landrat[63], in dem Marx zunächst auf die nicht „besonders günstigen" Erfahrungen in der Zusammenarbeit zwischen Gemeinde und Innungen in den Jahren 1906 und 1907 hinwies, bei der es um die Lieferung von Uniformen für die Feuerwehr und um die „Herstellung sämtlicher in das Fach einschlagender Schreinerarbeiten für den Neubau des Wallfahrtsgebäudes" gegangen war:

„Nach meinem Dafürhalten ist jedoch die Förderung des Handwerks auf genossenschaftlichem Wege eher zu erzielen als durch die bedingungslose Übertragung der Arbeiten an die Innungen. Hierdurch soll bekanntlich in erster Linie die Preisdrückerei gesteuert werden, was zweckmäßiger durch die Gründung von Handwerker-Vereinigungen geschehen kann, welche die Festlegung der Preise bezw. die Ausarbeitung eines Preistarifs zum Zwecke haben, wie dieses in mehreren Städten des Ruhrgebiets mit gutem Erfolge vorgenommen worden ist. Den Innungen steht bekanntlich dieses Recht nicht zu. Durch die Handwerker-Vereinigungen wird ein Fundamentalfehler, der dem Handwerk täglich neue Wunden schlägt, wenn nicht beseitigt, so doch bedeutend verbessert. Dieser besteht nämlich darin, daß die einzelnen Handwerksmeister unter sich nicht einig sind, sich nicht als Kollegen und Mitarbeiter zur Hebung eines großen Standes betrachten, sondern sich gegenseitig als Konkurrenten bekämpfen, nicht dulden können, wenn ein anderer Meister ein gut bezahltes Stück Arbeit herstellt, sich gegenseitig die Arbeit durch Preisdrückerei abjagen, so daß zugutertletzt nicht nur kein Geld mehr verdient, sondern zugesetzt werden muß. Nunmehr ist die Vorbedingung zum Pfuschen gegeben, womit alle möglichen Unannehmlichkeiten und Schädigungen für den einzelnen Handwerker sowohl, wie für den gesamten Handwerkerstand verbunden sind. Die Festsetzung von Normalpreisen kann hier helfend wirken. Weiter läßt sich die notwendige Konkurrenzfähigkeit, neben gründlicher Schulung in Spezialfächern, durch die Schaffung von Bezug- und Betriebsverbunden mit Kredit-Genossenschaften heben. Hierdurch werden dem Handwerker große Vorteile erwachsen, weil bei den kleineren Geschäften nur ganz vereinzelte vorhanden sind, welche geringe Quantitäten Waren auf Lager haben. Die Mehrzahl muß bei Herstellung jeder kleineren Arbeit sich zuerst die Materialien vom Detailhändler beschaffen, welcher selbst noch durch eine dritte Person bezieht. Somit muß die Ware dreimal einen Verdienst abgeben, bevor sie an den produzierenden Handwerker gelangt. Daß nun der betr. Handwerksmeister seinen Kunden keine wirtschaftlichen Vorteile bieten kann, im Gegenteil mit einer bedeutend teueren Ware rechnen muß als derjenige, welcher aus erster Hand kaufen kann, leuchtet ohne weiteres ein. Wenn man von dem kaufenden Publikum verlangt, daß es Qualitätsware und keine zusammengeschlagene Fabrikware kaufen soll, so muß man vom Handwerker in erster Linie verlangen, daß er Qualitätsware herstellt, was leider vielfach nicht der Fall ist."

Bürgermeister Marx wies weiter auf den latenten Geldmangel im Handwerk und auf die Möglichkeiten kommunaler Wirtschaftsförderung hin (Garantieübernahme bei Inanspruchnahme von Krediten und Bereitstellung eigener Kredite für die Anschaffung von Maschinen und Motoren sowie Unterstützung von Betriebsgenossenschaften), ehe er anschließend die oft mangelnden kaufmännischen Fähigkeiten und die häufig nicht vorhandene Buchführung kritisierte. Eine allgemeine Hebung des Handwerkerstandes konnte seiner Meinung nach nur auf genossenschaftlichem Wege erfolgen:

„Zum Schlusse möchte ich noch erwähnen, wie segensreich und wirtschaftlich vorteilhaft eine gut geleitete Genossenschaft wirkt, wie an der hier am Platze bestehende Einkaufsgenossenschaft der Bäckermeister zu ersehen ist. Leider sind von den 40 selbständigen Bäckermeistern der Genossenschaft nur 19 angegliedert. Trotzdem ist den Mitgliedern durch Gewährung eines billigen Kredits ein großer Vorteil erwachsen, weil bei einem Umsatze von rund 90 000 Mark der Genossenschaft Kosten in Höhe von nur 318 Mark 60 Pfg. = 0,32 % entstanden sind. Ebenso hat der im vorigen Jahre gegründete Rabattverein den Detailhändlern und Käufern bis jetzt schon außerordentliche, auf wirtschaftlicher Grundlage beruhende Vorteile gebracht. In ca. 11 Monaten wurden rund 1 Million Marken im Werte von 10 000 Mark an Käufer in Gestalt von 4 % Rabatt bei sofortiger Zahlung gewährt. Dieses hat zur Folge gehabt, daß das Borgunwesen vollständig beseitigt ist. Die Detailhändler können daher ihre Rechnung bar begleichen und die 4 %, die sie dem Käufer gewähren, durch Nutzbarmachung des Skontos und der Verlustzinsen wieder ausgleichen, was eine große Verbesserung im Geschäftsverkehr bedeutet."

Die Einschätzung des Bürgermeisters verweist auf das örtliche Überangebot an Handwerksbetrieben, die u. a. durch Preisnachlässe versuchten, existenzfähig zu bleiben, und die zum Teil eben auf einen „Nebenerwerb" angewiesen waren. Jede Minderung der Wallfahrt bedeutete für sie nicht Einbußen bei zusätzlichen Einnahmen, sondern oftmals eine Gefährdung des notwendigen Jahreseinkommens.

Grundsätzlich verschieden von der Kevelaerer Wirtschaftslage verhielt es sich in den übrigen Gemeinden, von denen Kleinkevelaer, Twisteden und Kervendonk fast rein landwirtschaftlich geprägt waren. Sie besaßen lediglich eine bescheidene, ihren Bedürfnissen angepaßte Zahl an Handwerkern. So gab es in Twisteden 1911 eine Stellmacherei, eine Mühle mit angeschlossener Bäckerei, eine Bauschreinerei sowie vier Wirtschaften, von denen zwei auch Manufakturwaren anboten. Winnekendonk und Wetten wiesen eine größere Handwerkerzahl auf. In beiden Orten wurden zudem Schuhe gefertigt, zunächst hausindustriell, später auch in mechanisierten Betrieben. Ein Ort mit Schuhmachertradition war Kervenheim, dessen Bewohner fast ausschließlich in der Anfang der 1890er Jahre erbauten Schuhfabrik arbeiteten. Auch in diesen Gemeinden bezogen die Handwerker ihr Gesamteinkommen in der Regel nicht aus einer einzigen Tätigkeit. Die meisten betrieben noch eine Nebenerwerbs-Landwirtschaft, eine Warenhandlung, eine Schankwirtschaft, oder sie verdingten sich zeitweilig als Lohnarbeiter.[64]

Auch in den Orten der Bürgermeisterei Kervenheim stellte sich gegen Ende des 19. Jahrhunderts die Frage, welche Art von Innung man errichten wollte. In Winnekendonk wurde 1897 eine Freie Innung gebildet, der sämtliche Handwerker freiwillig angehörten. Im darauffolgenden Jahr entschied man sich auch in Kervenheim für eine Freie Innung, obwohl Pfarrer Büscher sich öffentlich für eine Zwangsinnung ausgesprochen hatte.[65]

Da die nichtselbständig Tätigen, die Gesellen, Gehilfen und Arbeiter, die Kommunen in den Jahrzehnten nach Kriegsausbruch immer wieder vor größere Probleme stellten, die bis an die Grenzen der kommunalen Finanzkraft gingen, soll auf diese Gruppe noch einmal besonders eingegangen werden, wobei auch hier örtliche Differenzierungen notwendig sind.

Beschäftigte in der Bürgermeisterei Kevelaer 1908: [66]

	Landwirt-schaft	Gewerbe/ Industrie	Hausindustrielle Schuhmacher
Kevelaer	275	823	240
Keylaer	38	29	
Wetten	168	80	40
Berendonk	25	4	4
Twisteden	60	25	25
Kleinkevelaer	8		

Für die Orte und Wohnplätze der Bürgermeisterei Kevelaer bietet die in der Tabelle wiedergegebene Verteilung nach den bisherigen Ausführungen keine Überraschungen. Absolut und relativ dominierten in Kevelaer die in Gewerbe und Industrie Tätigen vor denen in der Landwirtschaft. In den anderen Orten war das Gegenteil der Fall, wobei allenfalls Wetten ins Auge fällt, wo immerhin 80 Arbeiter und Arbeiterinnen vornehmlich mit der Schuhfertigung beschäftigt waren und noch weitere 40 Schuhmacher in althergebrachter Weise daheim arbeiteten. Auch hier zeigt sich, daß die Umstellung der Produktionsweise begonnen hatte, die Entwicklung aber noch keineswegs abgeschlossen war.

Den Stand in der Bürgermeisterei Kervenheim unmittelbar vor Kriegsbeginn gibt ein Fragebogen wieder, der zwar leider nicht nach einzelnen Gemeinden, wohl aber nach Branchen differenziert. Zudem führt er auch die beschäftigten Ausländer auf, die in der späteren Darstellung über die Landwirtschaft von besonderem Interesse sein werden. In der Bürgermeisterei Kervenheim dominierte eindeutig die Landwirtschaft, gefolgt von der Lederverarbeitung in Kervenheim und zum Teil auch in Winnekendonk sowie dem Baugewerbe, das einerseits von den in der Landwirtschaft notwendigen Neu- oder Erweiterungsbauten, andererseits aber auch vom Ausbau des Ortes Kevelaer profitierte (z. B. Ziegelherstellung).

In beiden Bürgermeistereien gab es, so verschieden auch die wirtschaftlichen Entwicklungen in den einzelnen Orten verliefen, einige Gemeinsamkeiten. Im Unterschied zu späteren Jahren war die Arbeitslosigkeit gering, und die Arbeitsplätze befanden sich fast ausschließlich am Wohnort oder in der näheren Umgebung. Das nach dem Ersten Weltkrieg vermehrt zu beobachtende, mitunter Stunden erfordernde tägliche Pendeln zwischen Wohn- und Arbeitsplatz bildete im Kaiserreich eher die Ausnahme.

Beschäftigte in der Bürgermeisterei Kervenheim 1914:[67]

	Gesamtzahl	Davon Ausländer
Land-/Forstwirtschaft	458	160
Metallverarbeitung	12	3
Lederindustrie	121	
Holzgewerbe	7	
Nahrungs-/Genußmittel	54	6
Bekleidungsgewerbe	3	
Baugewerbe	87	11
Verkehrsgewerbe	5	
Häusliche Dienste	14	1
Wechselnde Lohnarbeit	68	5
Kaufmännische Angestellte	9	1
Büroangestellte	3	

Doch selbst in dem expandierenden Wallfahrtsort Kevelaer konnte man sich einer ungetrübten wirtschaftlichen Entwicklung nicht gewiß sein. Unter Hinweis auf die hohe Arbeitslosigkeit im Deutschen Reich – auf 100 offene Stellen kamen damals über 2000 Arbeitsuchende – schrieb das Kevelaerer Volksblatt im Dezember 1901: „Daß wir hier von diesen Erscheinungen im Allgemeinen weniger berührt worden sind [...] wie in den großen Industriebezirken, [...] können wir nur von Glück sagen, haben aber keine Garantie für die Zukunft."[68] Der Schreiber sollte mit seinen Befürchtungen Recht behalten, denn in den folgenden Monaten des Jahres 1902 spürte man allzu deutlich die an Rhein und Ruhr anhaltende Wirtschaftskrise. Die Aufträge für Arbeiterschuhe blieben aus, der Absatz, und damit auch das Einkommen vieler Familien, ging zurück und zwang „manche Arbeiterfamilie zu bedeutenden Einschränkungen an ihrem Lebensunterhalte".[69]

Das Phänomen der Arbeitslosigkeit trat aber im Kaiserreich in beiden Bürgermeistereien nur vereinzelt und lediglich für kurze Zeiträume in Erscheinung. Es bedrohte den sozialen Frieden noch nicht. Doch hatte dies seinen Grund nicht darin, daß in den Gemeinden zu jeder Zeit in ausreichender Menge Arbeitsmöglichkeiten zur Verfügung gestanden hätten, sondern die Probleme lösten sich weitgehend durch Abwanderung von Arbeitskräften aus dem gesamten ländlichen Raum (Kevelaer bildete hier, wie bereits beschrieben, eine Ausnahme, da dorthin sogar eine Zuwanderung erfolgte), was natürlich die heimische Wirtschaft keineswegs vorwärts brachte und darüber hinaus zu einem dauernden Arbeitskräftemangel in der Landwirtschaft führte, der nur durch die Beschäftigung ausländischer Arbeitnehmer, in der Regel Niederländer, gemildert werden konnte. Die Abwanderung wurde von den Gemeinden keineswegs begrüßt,

denn sie hatten ja ihrerseits ein Interesse an einer Entwicklung der örtlichen Wirtschaft, und sie ließen die jungen, unter finanziellen Aufwendungen mit Bildung und Fertigkeiten ausgestatteten Frauen und Männer nur äußerst ungern in die besser zahlenden auswärtigen Betriebe ziehen.
In einem handschriftlichen, wohl zur Veröffentlichung bestimmten Manuskript mit dem Titel „Die natürliche und soziale Bevölkerungsbewegung der Landbürgermeisterei Kervenheim, Kreis Geldern, 1860–1910"[70] setzte sich Bürgermeister Janssen mit der Landflucht auseinander, die seit den 1880er Jahren ständig zugenommen hatte und sich, so der Bürgermeister, seit 1900 etwas vermindere. Für die eingetretene Besserung machte er die Intensivierung der Landwirtschaft verantwortlich, durch die Arbeitsplätze im Baugewerbe geschaffen worden seien, sowie eine Erhöhung des Arbeitsplatzangebotes in Kevelaer. An der Peripherie der Bürgermeisterei errichtete man deshalb Arbeiterwohnungen.
Gemeinsam war allen Gemeinden darüber hinaus nicht nur die Hoffnung auf einen regen Absatz der landwirtschaftlichen oder gewerblichen Produkte im Industriegebiet, sondern auch der Wunsch eines Übergreifens der Industrialisierung auf den linksrheinischen Raum. Anlaß dazu gaben zahlreiche Bohrungen nach Kohlevorkommen, die zum Teil recht erfolgversprechend verliefen und bei denen man 1905 in der Nähe des Wallfahrtsortes unerwartet auf eine Solequelle stieß.[71] Einem namentlich nicht gekennzeichneten Aufsatz aus jüngerer Zeit folgend, soll diese Quelle, wie „alteingesessene Bürger berichteten", auf Aufforderung des damaligen Dechanten zubetoniert worden sein, um Kevelaers Eigenart als Wallfahrtsort zu erhalten.[72] Aber auch in späteren Jahren wurde gelegentlich die Möglichkeit diskutiert, die Wirtschaftskraft des Ortes durch ein Heilbad zu vergrößern.
Charakteristisch für den im Kaiserreich ungebrochenen Fortschrittsglauben an die industrielle Entwicklung ist eine Passage aus dem Kevelaerer Volksblatt vom 4. Juni 1910, mit dem der allgemeine Teil der Betrachtung schließen soll: „Die industrielle Entwicklung am linken Niederrhein greift immer weiter um sich. Es wird nicht mehr Jahrzehnte dauern, so ist aus der ganzen Gegend von Moers, Rheinberg, Geldern, Xanten bis zur holländischen Grenze ein neues Industriegebiet erstanden."

Schuhfabrikation

Adolf Marx erzählt in seiner Ortsgeschichte[73] die Episode vom holländischen Schustergesellen Thomas Schellen, der gegen Ende des 18. Jahrhunderts während seiner Wanderjahre auch in Paris weilte, ehe er in Amsterdam die „Jungfrau Sibilla Nielen aus Kevelaer" kennenlernte und mit ihr dann in ihren Heimatort zog. Bei der napoleonischen Besetzung sei er der einzige im Dorf gewesen, der sich mit den Franzosen verständigen und dem Offizier der Wache ein

Paar Schuhe „zufriedenstellend" anfertigen konnte, was ihm gleich einen französischen Lieferauftrag eingetragen und die Schuhmacherei am Orte zur Entfaltung gebracht habe.
Die ebenfalls von Marx wiedergegebene Tabelle über die berufliche Gliederung der Einwohner im Jahre 1770 weist jedoch bereits zwei Schuhmacher aus, womit diese schöne Geschichte doch ein wenig relativiert wird. Als ihren Kern kann man aber ausmachen, daß bereits am Anfang des vergangenen Jahrhunderts in Kevelaer mehr Schuhe hergestellt werden konnten und wohl auch wurden, als dies für den Eigenbedarf des Dorfes notwendig war. Anfänglich erfolgte die Fertigung in Heimarbeit („hausindustriell"), der Verkauf zunächst durch die Hersteller selbst auf den umliegenden Märkten, später durch Verleger, die die Verteilung der benötigten Materialien und den Vertrieb der Produkte an sich zogen. Der einzelne Schuhmacher geriet in persönliche Abhängigkeit von seinem Verleger, bezog von diesem die Häute und lieferte an ihn die fertigen Schuhe ab.
Die niederrheinische Schuhherstellung – in unserem Gebiet hauptsächlich schwere Arbeiterschuhe und Stiefel – erlebte mit dem industriellen Wachstum des rechtsrheinischen Ruhrgebiets ihren Höhepunkt: „Aufkäufer aus dem Ruhrgebiet, wo bei rapide gesteigertem Zuzug industrieller Bevölkerung Warenmangel herrschte, kamen nach Kevelaer, klimperten mit den Goldstücken und schufen der Schuhfabrikation den goldenen Boden."[74]
Schon gegen Ende des 19. Jahrhunderts begann die Umstellung zu einer zunächst noch gemischten Form hausindustrieller und mechanisierter Fertigung, der im Laufe des 20. Jahrhunderts die rein mechanisierte Produktionsweise folgte. Dieser Wandlungsprozeß war allerdings vor dem Ersten Weltkrieg noch nicht abgeschlossen. Mit ihm reagierten einige der am Niederrhein tätigen Verleger auf die bereits mechanisiert herstellende und damit preisgünstiger anbietende Konkurrenz in Erfurt, Gotha oder Pirmasens.[75] Nach der Jahrhundertwende ließen die steigenden Lohnkosten und Rohstoffpreise dann kaum noch eine andere Wahl.
1892 berichtete der Kevelaerer Bürgermeister über die „Lage der Industrie: In hiesiger Bürgermeisterei sind hauptsächlich folgende Industriezweige vertreten: [...] die hausindustrielle Schusterei mit 340 Arbeitern in Kevelaer, 61 Arbeitern in Wetten, 14 Arbeitern in Twisteden. [...] Der Geschäftsgang der hiesigen Industrie war im verflossenen Jahr ein leidlicher. Nur die hausindustrielle Schusterei hat immer mehr unter dem Drucke der mechanischen Fabrikation zu leiden, weshalb die Löhne sehr gedrückt sind. In der letzten Zeit ist auch am hiesigen Platze eine der Schuhfabriken mit mechanischem Betrieb eingerichtet worden, worin gegenwärtig etwa 15 Arbeiter thätig sind."[76]
Für Kevelaer nennt Marx als frühe mechanisierte Betriebe die von Verbeeck und Terhoeven sowie Cleve, Tebartz, Bergmann und Hünnekes. Letzterer hatte bei-

spielsweise im Jahre 1895 35 Beschäftigte, 1900 waren es 39. In Wetten wurden noch kleinere Betriebe gegründet, in Winnekendonk blieb es hingegen bis nach dem Ersten Weltkrieg beim althergebrachten Verlagssystem. Der mit Abstand größte Betrieb, die ebenfalls Anfang der 1890er Jahre gegründete Niederrheinische Schuhfabrik Kervenheim, wies in den Zeiten der Hochkonjunktur über 100 Beschäftigte auf.

Die Umstellung der Produktionsweise brachte einerseits für die nun in diesen Betrieben beschäftigten Schuhmacher ein größeres Einkommen und eine arbeitsrechtliche Absicherung, die nicht hoch genug eingeschätzt werden kann, andererseits bewirkte sie aber bei denjenigen Handwerkern, die dort keinen Arbeitsplatz fanden, eine Minderung ihres Einkommens und ihrer Konkurrenzfähigkeit, denn Mechanisierung bedeutete auch Rationalisierung und setzte Arbeitskräfte frei. Hatte die Zahl der in der Schuhbranche hausindustriell Tätigen bis gegen Ende des 19. Jahrhunderts noch zugenommen, so war nun, wie im vorigen Abschnitt gezeigt, ein rückläufiger Trend festzustellen. Die schwindende Beschäftigungsmöglichkeit war sicherlich einer der Gründe für die Abwanderung insbesondere von Jugendlichen, die vormals durch die im Verhältnis zur Landwirtschaft in der Lederbranche gezahlten höheren Löhne in gewissem Maße gebremst werden konnte.

Mechanisierung allein garantierte aber noch keinen Absatz und noch nicht automatisch Konkurrenzfähigkeit auf dem hart umstrittenen Markt des Ruhrgebiets. „In der Schuhfabrikation", hieß es in einem Jahresbericht der Handelskammer, „wurden in den Kreisen Cleve, Geldern und Moers im Jahre 1898 ca. 2000 Personen beschäftigt, von denen ca. ⅓ in mechanischen Betrieben und der Rest im Handbetriebe thätig war. Im allgemeinen war der Absatz der Fabrikate befriedigend. Dagegen war der Verdienst verhältnismäßig gering, was zum größten Teile auf Ueberproduktion zurückzuführen ist."[77]

Das neue Jahrhundert begann für die Schuhbranche sogleich mit einer Krise, die noch einmal einen kräftigen Mechanisierungs- und Rationalisierungsschub auslöste. War noch das Geschäftsjahr 1900 am Niederrhein im allgemeinen „nicht schlecht", so klagten die Fabrikanten doch schon am Ende des Jahres über die mangelnde Auftragslage für das kommende Frühjahr.[78] Die Krise an Rhein und Ruhr wirkte sich mit nur wenigen Wochen Verzögerung auf die niederrheinische Wirtschaft aus – ein Phänomen, das in den nächsten Jahrzehnten noch häufiger auftreten sollte. 1901 erfolgten in den Kreisen Kleve und Geldern die ersten Entlassungen und Arbeitszeiteinschränkungen[79], wobei die mechanisierten Betriebe die sich bis etwa 1905/06 hinziehende Krise besser überstanden als die hausindustriellen Schuhmacher. Verschärfend hinzu gesellte sich noch eine auf den deutschen Markt drängende Überproduktion aus den USA, gegen die 1902 die „Schuhfabrikanten am Niederrhein" eine mit 100 Unterschriften versehene Petition für höhere Schutzzölle an den Reichstag richteten.[80]

Erst gegen Ende des Jahres 1906 belebte sich das Geschäft wieder. „Die Niederrheinische Schuhfabrik Joh. Micheel Kervenheim", berichtete Bürgermeister Janssen, „die in den letzten Jahren mit Zahlungsschwierigkeiten zu kämpfen hatte, stellte Oktober/November für ca. 3 Wochen die Arbeit ein. Zum Teil fanden die Arbeiter in den Nachbarorten Beschäftigung, andere beschäftigten sich mit landw. Arbeiten. Seit Monatsfrist ist der Fabrikbetrieb wieder teilweise im Gang."[81] Die Konjunktur hielt dann bis auf zeitweilige Einbrüche in den Jahren 1908/09 und 1912/13, in denen man sich der massiven Einfuhr holländischer Schuhe erwehren mußte, trotz steigender Lohn- und Rohstoffpreise bis zum Ersten Weltkrieg an.[82] 1914 erreichte die Niederrheinische Schuhfabrik Kervenheim mit 100–120 Beschäftigten ihren höchsten Vorkriegsstand.[83] Die jährliche Vorkriegsproduktion lag allein in Kevelaer bei 300 000 Paar, in Kervenheim dürfte sie noch höher gelegen haben; am gesamten Niederrhein betrug sie 1913 etwa drei Millionen Paar.[84]

Buchbindereien und Verlagswesen

Das Kevelaerer Buchgewerbe entwickelte sich bis zum Ersten Weltkrieg zu einer der tragenden Säulen der örtlichen Wirtschaft und sein Arbeitsplatzangebot übertraf alle anderen Zweige. Als Begründer im Wallfahrtsort nennt Marx den Buchbindermeister Wilhelm van den Wyenbergh, der bereits vor 1843 eine Werkstatt eröffnet hatte und seine Erzeugnisse zunächst in einer „Krambude auf dem Kapellenplatz" verkaufte[85], also noch ausschließlich für den örtlichen Wallfahrtsverkehr produzierte. 1843 gab es bereits vier Meister und acht Gesellen, 1864 vier Meister und vier Gesellen, darunter Bernhard Bercker, Anton Schellen und Marian van den Wyenbergh. Bedingt durch den günstigen Standort Kevelaers an der Eisenbahnlinie und die nach dem Deutsch-Französischen Krieg allgemein gestiegene Investitionsbereitschaft der Unternehmer – durch die französischen Reparationszahlungen waren Kredite günstig zu erhalten – konnten sich aus kleinen Werkstätten rasch umsatzkräftige Betriebe entwickeln. Auch die Buchbindermeister van den Wyenbergh und Joseph Thum vergrößerten ihre Werkstätten. Sie erhielten ab 1870 Konkurrenz durch Franz Hermann Bercker, der sein Handwerk in Kevelaer, Köln und Düsseldorf erlernt hatte.[86] 1890 gründeten die Gebrüder van Danwitz, 1907 Jansen & Derricks weitere Buchbindereien. Zunächst nur gebunden, später auch eigenständig verlegt wurden Gebetbücher in deutscher, englischer, französischer, holländischer, lateinischer, polnischer, portugiesischer, spanischer und tschechischer Sprache[87], ferner Andachts- sowie katholische Erbauungs- und Unterhaltungsliteratur. Die Rohdrucke bezog man aus Münster, Köln, Leipzig, Paderborn, Berlin oder Frankfurt, aber auch aus Paris, Prag, Zürich oder St. Etienne[88]. Sie kamen mit der Eisenbahn nach Kevelaer, wo sie gebunden und, je nach Wunsch der Kunden, mit zum Teil sehr kostbaren gold- oder elfenbeinverzierten Einbänden versehen wurden, ehe sie über eigene Verlagsbuchhandlungen oder durch Wiederverkäufer vertrieben wurden.

1895 betrug die Jahresproduktion 700 000 Gebetbücher, 1913 zwei Millionen. Mit der steigenden Herstellung verschoben sich auch die Absatzgebiete. Konnten 1895 noch 10% im Ort selbst verkauft werden, 85% im Deutschen Reich und 5% im Ausland, so betrugen die Anteile 1913: Kevelaer 5%, Inland 63%, Ausland 32%. Hinter diesen nüchternen Zahlen verbarg sich indes eine beträchtliche Steigerung des örtlichen Absatzes von 70 000 (1895) auf 100 000 (1913).

Obwohl Buchbinder und Käufer stolz auf die ledergebundenen, kostbaren Bücher sein durften, zeigte gerade dieses Material einige spürbare Nachteile. Zum einen war es recht teuer und kam somit für eine Massenproduktion kaum in Frage, zum anderen verdarb es recht schnell, wenn es mit Feuchtigkeit in Berührung kam, beispielsweise beim Transport auf Flüssen, Kanälen oder nach Übersee. Als Ersatz bot sich bereits in den 1870er Jahren Zelluloid an. So verwundert es nicht, daß der Kevelaerer Buchbinder Franz Hermann Bercker den Mönchengladbacher Zelluloid-Fabrikanten Hermann Butzon 1874 zum Teilhaber seines Geschäfts machte und es in Butzon & Bercker umbenannte.[89] Bei diesem Namen blieb es auch, als Butzon 1891 wieder aus den Geschäftsverbindungen austrat. Mit der Verwendung von Zelluloid hatte man einen wichtigen Schritt in Richtung Konkurrenzfähigkeit auf den in- und ausländischen Buchmärkten getan, und hierdurch wurde auch erst das expandierende Auslandsgeschäft möglich. Weiter sei angemerkt, daß sich im Ort auch eine Zelluloidwarenfabrik (Joh. Arns) niederließ, die 1890 63 Beschäftigte hatte.[90]

Als Beispiel für die Konkurrenz auf dem Buchmarkt der Jahrhundertwende mag folgender Abschnitt aus dem Jahresbericht der Handelskammer für 1899 stehen: „Ueber die Buchbinderei zu Kevelaer wird uns berichtet, daß sich der Umfang der Produktion im vergangenen Jahre vergrößert hat. Die Ware wurde zu mindestens 8/10 im Inlande abgesetzt. Die Preise waren sehr gedrückt bei gleichzeitiger Erhöhung der Herstellungskosten. Eine zollfreie Ausfuhr gebundener Bücher nach Frankreich, Oesterreich und Amerika würde für das Geschäft umsomehr von Nutzen sein, als durch die zollfreie Einfuhr verzierter Gebetbücher von Böhmen aus Konkurrenz gemacht wird."[91]

Exakte Angaben über die in den einzelnen Buchbindereien Beschäftigten (Meister, Gesellen, Lehrlinge, Angestellte, angelernte Arbeiter usw.) liegen nur vereinzelt vor, und das mit Schwerpunkt in den 1890er Jahren.[92] Bei Marian van den Wyenbergh wuchs die Belegschaft, wenn auch mit einigen Schwankungen, von 37 im Jahre 1892 auf 65 in 1900. Auch Joseph Thum vergrößerte seinen Betrieb bis 1900 auf 51 Arbeiter (39 im Jahre 1895). Die auffälligste Steigerung hatte Butzon & Bercker: 1892 64 Beschäftigte, 1898 etwa 100, vor Kriegsausbruch ca. 250. Diese zum Teil sehr beachtlichen Steigerungen hingen wesentlich mit Modernisierungen im Herstellungsverfahren zusammen, die nach dem Bau des örtlichen Elektrizitätswerkes 1898 möglich wurden – erst jetzt konnten modernste Apparaturen und Maschinen genutzt werden.

Die Verdienstmöglichkeiten in diesem Wirtschaftszweig waren vergleichsweise günstig, so daß die Kevelaerer Buchbindereien nicht nur für die Bevölkerung im Ort oder in der näheren Umgebung von Bedeutung waren, sondern auch über die Grenzen des Niederrheins hinaus lukrativ erschienen. Marx verweist in diesem Zusammenhang auf einen starken Zuzug Arbeitsloser aus dem Ruhrgebiet in den Krisenjahren ab 1902.

Durchschnittsverdienste in Kevelaer 1895:[93]

Hausindustrielle Schuhmacher	1,70 Mark,
Mechanische Schuhfabrik	2,00 Mark,
Buchbinderei	2,70 Mark,
Zinngießerei	1,80 Mark,
Celluloidwarenfabrik	2,00 Mark.

Devotionalien und sakrale Kunst

Während des gesamten 19. Jahrhunderts bot das Rosenkranzketteln in Heimarbeit eine – wenn auch bescheidene – Verdienstmöglichkeit. Die hierzu benötigten Materialien wurden nicht am Ort erzeugt, sondern aus Süddeutschland und Italien eingeführt. Auch in der Devotionalienherstellung gab es gegen Ende des Jahrhunderts einige Neuerungen.[94] 1899 stellte Fritz Iding, der bislang zinnerne Hausgeräte produziert hatte, seinen Betrieb auf religiöse Artikel (Kruzifixe, Weihwasserkessel, Leuchter usw.) um. Im selben Jahr gründete Heinrich Hoss ein ähnliches Unternehmen, 1899 kam noch Joseph Vorfeld hinzu. 1900 boten die Betriebe Iding und Hoss 53 bzw. 29 Arbeitern eine Erwerbsgrundlage[95], 1913 waren in der gesamten Metallwarenindustrie 75 Arbeiter beschäftigt, was einen geringen Rückgang bedeutete.

Auch diese Produkte wurden nur zu einem geringeren Teil am Ort selber abgesetzt. Märkte boten sich im In- und Ausland, wobei die Konkurrenzfähigkeit im Ausland nicht zuletzt von den jeweils geltenden Zollbestimmungen abhing. So vermerkte der Jahresbericht der Handelskammer für 1898: „Auch die Geschäftslage der Kevelaerer Kruzifixfabrikation war eine befriedigende. Der Absatz der Fabrikate, die zum großen Teil ins Ausland (nach Belgien, Holland, Frankreich, Spanien, der Schweiz, Rußland und Amerika) gehen, hat sich im Vergleich zu den früheren Jahren gehoben. [...] Der Absatz nach Frankreich und Amerika wird durch die hohen Eingangszölle erschwert."[96] Für 1902 stellte die Handels-

Franz Hermann Bercker mit seiner Belegschaft um 1874 (NMVK)

Der Polychromeur Peter Janssen und seine Mitarbeiter (Kevelaer, Jahrhundertwende) (NMVK)

kammer fest, daß die meisten Fabrikate im Inland blieben bzw. in die Niederlande und nach Belgien gelangten. 1904 war nur noch ein bescheidener Export möglich, ehe die Auslandsnachfrage ab 1909 wieder anzog und dann bis Kriegsbeginn anhielt.[97]

Einige der Buchbindereien beteiligten sich ebenfalls am Devotionaliengeschäft, einmal um die bei der Buchherstellung abfallenden Produkte zu nutzen, z. B. Lederreste für Rosenkranzetuis, zum anderen aber auch wohl, um die einmal geknüpften Geschäftsverbindungen im In- und Ausland optimal auszunutzen und sich so ein weiteres wirtschaftliches Standbein zu schaffen. 1906 unterbreitete Butzon & Bercker seinen Kunden in einem Spezialkatalog sein Devotionalienangebot:

Rosenkränze, Rosenkranzetuis,
Heiligenbilder in Glas, Metall, Papier,
Polychromierte Figuren, Steh- und Hängekreuze,
Sterbekreuze in Messing und Nickel,
Skapuliere,
Medaillen, Lesezeichen,
Weihwasserkessel in Metall und Porzellan,
Leuchter, Ampeln.[98]

Nicht unerwähnt bleiben sollen in diesem Zusammenhang die Paramentenfabriken J. W. van den Wyenbergh und Leo Peters, die zahlreichen Gold- und Silberschmiede, Bildhauer und Orgelbauer sowie die weit über den Ort hinaus berühmte Malerschule von Friedrich Stummel.

Arbeiter und Prinzipale

Im Gefolge der mechanisierten Betriebe trat eine bislang nicht gekannte Gruppe von Beschäftigten in Erscheinung – Arbeiterinnen und Arbeiter – die sich in einem anderen Beschäftigungsverhältnis zu ihren Arbeitgebern befanden als z. B. Gesellen, Gehilfen, hausindustrielle Schuhmacher oder Rosenkranzkettlerinnen. Heute uns selbstverständliche arbeitsrechtliche Bestimmungen – der Arbeitsschutz oder das Recht, einen Betriebsrat zu wählen, in Gewerkschaften oder Vereine einzutreten – sowie das „soziale Netz" mit Kranken-, Unfall- oder Arbeitslosenversicherung sind Errungenschaften, die im 19. und 20. Jahrhundert schrittweise erkämpft, ausgehandelt und in gesetzliche Formen gebracht wurden. Auf die in den 1880er Jahren eingeführten, „bis heute tragenden Zweige der deutschen Sozialversicherung"[99], die Krankenversicherung (1883), die Unfallversicherung (1884) sowie die Alters- und Invalidenversicherung (1889) sei hier nur am Rande hingewiesen, ebenso auf ein ungelöstes Problem des Deutschen Kaiserreichs, den „Schutz vor den wirtschaftlichen Folgen der Arbeitslosigkeit" durch eine Arbeitslosenversicherung.[100]

Am 1. Juni 1891 schrieb eine Novelle zur Gewerbeordnung, das sogenannte Arbeiterschutzgesetz, die Einführung von Arbeitsordnungen in allen Fabriken vor, die 20 Arbeiter oder mehr beschäftigten. „Die Arbeits- oder Fabrikordnung", bemerkte Friedrich Syrup, „deren Erlaß für die großen gewerblichen Anlagen schon jetzt als Regel angesehen werden kann, verfolgt einen doppelten Zweck. Sie stellt ein- für allemal diejenigen Bedingungen auf, welche der Arbeitgeber den bei ihm Beschäftigung suchenden Arbeitern anbietet, und denen sich daher jeder Arbeiter, der in die Beschäftigung eintreten will, unterwerfen muß. Sie erleichtert damit den Abschluß des Arbeitsvertrages mit dem einzelnen Arbeiter. Daneben enthält sie Vorschriften, die zur Aufrechterhaltung der technischen und wirtschaftlichen Ordnung des Betriebes dienen sollen und sichert ihre Befolgung durch Strafbestimmungen, denen sich der Arbeiter durch Eingehung des Arbeitsverhältnisses unterwirft. Die gesetzliche Regelung des Erlasses der Arbeitsordnung findet ihre Rechtfertigung in der Erwägung, daß eine bestimmte und klare Kundgebung der Bedingungen des Arbeitsvertrages, aus der jeder Arbeiter sich über seine Rechte und Pflichten zu jeder Zeit unterrichten kann, die zahlreichen Streitigkeiten, die erfahrungsgemäß aus der Unvollständigkeit und Unklarheit der Arbeitsverträge entstehen, abschneidet und somit zur Erhaltung eines friedlichen Verhältnisses zwischen Arbeitgeber und Arbeitnehmern beizutragen geeignet ist."[101]

Dem neuen Gesetz folgend, hingen in den Fabriken Kevelaers und in Kervenheim ab April 1892 Arbeitsordnungen aus.[102] Hinsichtlich der Arbeitszeit und des Arbeitsbeginns gab es einige Unterschiede.

Sommerarbeitszeit 1892:[103]

	Beginn	Ende	Arbeitsstunden
Fritz Iding	6.15	19.00	11
Johann Arns	6.00	19.00	10½
M. v. d. Wyenbergh	6.00	19.00	10½
Butzon & Bercker	7.00	19.00	9¾
Micheel, Kervenheim	6.00	19.00	11

Arbeits-Ordnung
der Universal-Wäsche-Fabrik von Johann Arns zu Kevelaer.

Mit dem ersten April tritt nachstehende Arbeits-Ordnung in Wirksamkeit und ist dieselbe für alle Arbeiter der Fabrik rechtsverbindlich.

§ 1.

Jeder Arbeiter, welcher in der Fabrik in Arbeit treten will, ist gehalten, sein Arbeitsbuch oder Entlassungsschein seines letzten Arbeitsgebers, sowie die Quittungskarte über die an die Invaliditätsversicherung gezahlten Beiträge vorzulegen.

§ 2.

Die Arbeitszeit beginnt im Sommer des Morgens um 6 Uhr und dauert bis Abends 7 Uhr, unterbrochen durch nachstehende Pausen: Morgens von 1/29 bis 9 Uhr; Mittags von 12 bis 1/22 und Nachmittags von 4 bis 1/25 Uhr.

Im Winter beginnt die Arbeitszeit um 1/28 Uhr Morgens und dauert bis 8 Uhr Abends, mit Pause von 9 bis 1/210 Uhr Morgens, von 12 bis 1 Uhr Mittags, von 4 bis 1/25 Uhr Nachmittags.

Kleine Abänderungen mit Beginn der Arbeit, je wie die Jahreszeit es erfordert, werden vorbehalten, in allen Fällen bleibt jedoch eine Arbeitszeit von 10 1/2 Stunden bestehen.

Jugendliche Arbeiter werden nur 10 Stunden beschäftigt und solche unter 14 Jahren nur 6 Stunden mit den gesetzlich vorgeschriebenen Pausen.

§ 3.

Die Auszahlung der Tagelöhne erfolgt jeden Samstag Abend, Accordlöhne werden jedoch nur am Schlusse eines jeden Monats verrechnet, indeß werden an jedem Samstage Vorschüsse in Höhe des zugestandenen Tagelohnes gewährt.

§ 4.

Die Aufkündigungsfrist ist 14 Tage und kann nur an Samstagen bei der Löhnung erfolgen.

Arbeiter, die den Gehorsam weigern oder sich sonst gegen ihre Vorgesetzten beharrlich auflehnen, die in muthwilliger Weise Material und Maschinen verderben oder in ihren Arbeiten trotz vorangegangener Ermahnung unausgesetzt nachlässig sind, können ohne Aufkündigung entlassen werden.

§ 5.

Kleinere Geldstrafen bis zur Höhe von 25 Pfg. für ungebührliches Betragen und Nachlässigkeit in der Arbeit können von dem Fabrikvorsteher verhängt werden, die Auferlegung größerer Geldstrafen bei groben Vergehen behält sich der Fabrikherr oder dessen Stellvertreter vor.

Die Strafgelder werden bei der Wochenlöhnung gekürzt und wird über diese Gelder eine besondere Liste geführt. Die Aufbewahrung geschieht zu Gunsten der Arbeiter.

Am Jahresschluß findet eine Vertheilung resp. Verloosung dieser Gelder unter den Arbeitern statt.

§ 6.

Das Rauchen in sämmtlichen Räumen der Fabrik sowie das Mitbringen von Streichhölzern ist strengstens untersagt. Auch dürfen Pfeifen und Cigarren nicht innerhalb des Hofraumes angezündet werden.

§ 7.

Erfordert es das Geschäft, daß Ueberstunden gemacht werden, so hat jeder Arbeiter über 16 Jahren sich dieser zu unterziehen. Ueberstunden werden den jeweiligen Tagelöhnen des Arbeiters entsprechend bezahlt. Für weibliche Arbeiter soll die Arbeitszeit niemals 11 Stunden pro Tag übersteigen.

§ 8.

Das Verlassen der Fabrik hat in Ruhe und Ordnung zu geschehen. Des Abends verlassen die Arbeiterinnen die Fabrik 5 Minuten eher als die Arbeiter und haben sich ohne unnöthigen Aufenthalt auf der Straße in ruhiger Weise nach Hause zu begeben. Wer dieser Anordnung zuwider handelt, hat die Aufkündigung zu erwarten.

§ 9.

An Samstagen und an Vortagen der Festtage wird nur eine 10 stündige Arbeitszeit geleistet und zwar so, daß der Schluß der Arbeit um 5 1/2 Uhr Nachmittags erfolgt.

Kevelaer, den 1. April 1892.

Johann Arns.

Vorstehende Arbeits-Ordnung ist von dem ständigen Arbeiter-Ausschuß, der von den Arbeitern der Fabrik eigens hierzu gewählt, in allen Theilen geprüft und Bedenken dagegen nicht erhoben worden.

Der Arbeiter-Ausschuß:

gez. H. J. Hoffmanns.
„ G. Penn.
„ Kuypers.

(K 72-2-7)

Photographie von Hubert Koch.   Kevelaer 1909.

Zur Erinnerung

an den ersten Präses des kath. Arbeitervereins Kevelaer

1904   **Clemens Mönchemeier**   1909

(NMVK)

Winterarbeitszeit 1892:

	Beginn	Ende	Arbeits-stunden
Fritz Iding	7.00	19.45	11
Johann Arns	7.30	20.00	10 ½
M. v. d. Wyenbergh	7.00	19.30	10 ½
Butzon & Bercker	7.30	20.00	10 ¾
Micheel, Kervenheim	7.00	20.00	11

Ihren Lohn erhielten die Arbeiterinnen und Arbeiter wöchentlich ausbezahlt. Die Kündigungsfrist, ebenfalls Bestandteil der Arbeitsordnung, betrug 14 Tage. Allerdings gab es Ausnahmen: „Arbeiter, die den Gehorsam weigern oder sich sonst gegen ihre Vorgesetzten beharrlich auflehnen, die in muthwilliger Weise Material und Maschinen verderben oder in ihren Arbeiten, trotz vorangegangener Ermahnung, unausgesetzt nachlässig sind, können ohne Aufkündigung entlassen werden." Sodann gab es die Möglichkeit, Geldstrafen zu verhängen: bis zu 25 Pfennig „für ungebührliches Betragen und Nachlässigkeit in der Arbeit" durch den Fabrikvorsteher, höhere Geldstrafen konnten der Fabrikherr oder sein Stellvertreter aussprechen. Die gesammelten Beträge wurden am Jahresende unter der Belegschaft verteilt oder verlost. Weitere Bestimmungen regelten die Überstunden und die Samstagsarbeit.

Der Erlaß der Fabrikordnungen war kein einseitiger Akt, der allein von den „Prinzipalen", wie sich die örtlichen Fabrikbesitzer nannten, vorgenommen werden konnte. Sie bedurften der Zustimmung der Arbeiter, da sie Bestandteil der arbeitsvertraglichen Bindungen waren. In der Cruzifix-Fabrik Fritz Iding wurde sie „sämmtlichen Arbeitern zur Durchsicht vorgelegt, von diesen in allen Theilen geprüft und wurden Bedenken dagegen von diesen nicht erhoben"[104]. In den anderen Kevelaerer Betrieben zeichnete jeweils ein eigens hierzu von den Arbeitern gewählter Ausschuß gegen.

Im Unterschied zum zaghaften Beginn innerbetrieblicher „Interessenvertretungen" der Arbeiter liegen die Anfänge und vor allem die Entwicklungen der katholischen Arbeitervereine und christlichen Gewerkschaften in unserem Gebiet zum Teil sehr im Dunkeln. Über die Arbeitervereine ist meist nur das Gründungsjahr bekannt, so 1897 für Geldern.[105] Ähnlich verhält es sich für Kervenheim. In seinem Bericht für das letzte Quartal des Jahres 1901 stellte Bürgermeister Janssen fest: „In Kervenheim ist ein Kath. Arbeiterverein in der Bildung begriffen."[106] Im November 1904 forcierte dann der „Volksverein für das katholische Deutschland" den Aufbau eines katholischen Arbeitervereins in Kevelaer.[107]

Der seit 1890 bestehende Volksverein verstand sich als ein gegen die Sozialdemokraten gerichteter Verteidiger der christlichen Gesellschaftsordnung. Er wollte seine Mitglieder sozialpolitisch schulen und sie mit Informationen über die Fortschritte in der Sozialreform versorgen. Dazu dienten Vorträge, Kurse oder der Versand von Schriften. Auf Ortsebene leitete gewöhnlich ein Geistlicher den Verein.[108]

1894 traten die christlichen Gewerkschaftsorganisationen erstmals in Erscheinung. Auch sie betrachteten sich als gegen die Sozialdemokraten und vor allem gegen die Freien Gewerkschaften gerichtet und wurden deshalb vom Volksverein im allgemeinen vorbehaltlos unterstützt.[109] Ihre stärkste Konzentration hatten sie in den preußischen Provinzen Rheinland und Westfalen und hier wiederum vor allem in den Regierungsbezirken Arnsberg und Düsseldorf. Es gelang ihnen zwar nicht in dem beabsichtigten Umfang, „eine Ausbreitung der Freien Gewerkschaften zu verhindern; vielmehr wird man umgekehrt sagen können, daß sie vielfach geradezu eine ‚Pionierfunktion' hatten, in Gebieten, die vor allem dank der konfessionellen Struktur, d.h. des Überwiegens des katholischen Volksteils, gewerkschaftlich kaum bzw. schwer zu erschließen waren".[110] Die Gewerkschaftsorganisation unterteilte sich in verschiedene, nach Berufsgruppen ausgerichtete Verbände, z. B. für Bauarbeiter, Holzarbeiter oder Lederarbeiter. Besonders soll hier der „Zentralverband der christlichen Arbeiter und Arbeiterinnen in den graphischen Gewerben und in der Papierbranche" genannt werden, da an seiner Gründung in Köln die bereits bestehende Kevelaerer Lokalabteilung teilnahm. Die weiteren Delegierten kamen aus München, Aachen, Köln und Nürnberg.[111]

Die christliche Gewerkschaftsbewegung am Niederrhein begann wohl um die Jahrhundertwende mit dem Aufbau des Verbandes christlicher Schuh- und Lederarbeiter. Eine Zahlstelle befand sich in Goch, und bereits im Laufe des Jahres 1901 fand in Kervenheim eine Versammlung statt, in der ein Anschluß der Kervenheimer Arbeiter an den Gocher Verband diskutiert wurde.[112] Doch scheint dabei keine Einigung erzielt worden zu sein, wie sie offenbar auch ein Jahr später bei einer Versammlung in Winnekendonk ausblieb[113], denn noch für Ende 1907 schrieb Bürgermeister Janssen: „In Kheim fand Verslg. [Versammlung] des kath. Lederarbeiterverbandes der Zahlstelle Goch statt, die die Hausschuster, dann aber auch die Fabr. Arb. [Fabrikarbeiter] zu organisieren versuchten. Eine Einigung wurde nicht erzielt. Sozialdemokraten, die angekündigt waren, blieben aus. 8 Tage vorher waren sozialdem. Kalender Hausfreund verteilt worden."[114]

Erfolgreicher waren die Gründungsanstrengungen jedoch in anderen Orten. Zu einer Versammlung im Juni 1904 lud ein „Verband christlicher Schuh- und Lederarbeiter am Niederrhein" im Kevelaerer Volksblatt ein: „Vier Jahre sind bereits verflossen, seit die christl. Gewerkschaftsbewegung der Schuhmacher in der hiesigen Gegend einsetzte und nach verschiedenen Schwankungen wenn auch keine verhältnismäßig hohen Mitgliederzahlen aufweist, so doch einen Stamm von Mitgliedern herangebildet hat. An diesen liegt es nun, den christl. Gewerkschaftsgedanken immer in weitere Kreise der Arbeiter hineinzutragen, sie von der Notwendigkeit der christl. Berufsorganisation zu überzeugen. Zahlreich sind die Schäden und Mängel, die das niederrheinische Schuhgewerbe aufweist, und eine Besserung der Lohn- und Arbeitsbedingungen ist überall geboten. Eng damit zusammen hängen die Gefahren der Heimarbeit. Um über all dieses eine Aussprache herbeizuführen, ist schon seit längerem der Plan erwogen worden, *eine große Versammlung aller niederrheinischen Schuhmacher* zu veranstalten und auf derselben eventuell auch weitere Schritte zu beschließen. Dieselbe ist, nachdem die nötigen Vorarbeiten erledigt, auf *Sonntag den 19. Juni, nachm. 4½ Uhr, im Saale der Witwe Arns zu Weeze*, festgelegt. Weeze liegt so ziemlich im Mittelpunkt der Schuhindustrie und eignet sich deshalb ganz besonders zu einer derartigen Versammlung. Als Tages-Ordnung ist vorgesehen: ‚Was wollen die niederrheinischen Schuhmacher?' Referent ist: Herr Rienecker, Sekretär des christl. Schuhmacher-Verbandes in Düsseldorf. An den niederrheinischen Schuhmachern liegt es nun, zu zeigen, daß sie ihren Berufs- und Standesfragen Interesse entgegenbringen, daß sie zahlreich auch aus den entferntesten Orten zur Versammlung kommen. Weeze muß am 19. Juni der Sammelpunkt aller niederrheinischen Schuhmacher sein, dort sollen auch die Wünsche der Gesamtheit zum Ausdruck kommen."[115]

Überhaupt war 1904 ein wichtiges Jahr für die christliche Gewerkschaftsbewegung am Niederrhein. Bereits zwei Monate vor dem Weezer Schuhmachertreffen fand in Kevelaer eine „Große Arbeiter-Versammlung" statt, die, einem Bericht der Ortszeitung folgend[116], „äußerst zahlreich" besucht war. Bereits zuvor „hatten sich eine Anzahl hiesiger Arbeiter in christlichen Gewerkschaften zusammengeschlossen. Zweck der Versammlung war nun, die breite Oeffentlichkeit aufzuklären über die vielfach mißverstandenen Ziele der christlichen Gewerkschaftsbewegung." Das Hauptreferat hielt Arbeitersekretär Giesbertz aus Mönchengladbach, der allerdings mehr über Fragen der allgemeinen Sozialpolitik und die Lage der Arbeiterschaft sprach, als daß er konkrete örtliche Verbesserungen vorschlug oder Mißstände aufzeigte. Vielmehr versuchte er, die Arbeitgeber zu beruhigen, und beklagte das mangelnde Verständnis in der breiten Öffentlichkeit:

„Hätte ein *Arbeiterverein* mit Unterrichtskursen bestanden", so Giesbertz, „die Sache würde ohne jedes Aufsehen einen ruhigen Verlauf genommen haben. Daß diese Organisationen fehlen, hat nicht darin seinen Grund, daß die maßgebenden Kreise sie für unnötig halten oder gar den Arbeitern feindlich gegenüberstehen. Kevelaer ist als ein frommer Ort weit über Deutschlands Grenzen bekannt, dessen Bewohner in einem gewissen patriarchalischen Verhältnis mit-

einander leben und man glaubte, daß das gute Verhältnis auch fernerhin bestehen bleiben würde. Man entdeckte nicht, daß Kevelaer im gewissen Sinne Industrieort geworden ist. Nun aber ist es heute überall, wo Lohnarbeiter auftreten, wo Industrie ist, unbedingt erforderlich, daß Institutionen geschaffen werden, in denen die Arbeiter ihre Interessen vertreten können, Einrichtungen, welche die Arbeiter schulen, sie aufklären über die Tragweite und Wichtigkeit ihrer Bestrebungen, aufklären vor allen Dingen über die Gefährlichkeit der sozialistischen Ideen. In vielen Städten am Niederrhein ist das schon geschehen, auch im benachbarten Geldern. Das Fehlen genannter Einrichtungen hier am Platze ist die Ursache, daß die Bewegung mit einer Kinderkrankheit ins Leben tritt. Sie können versichert sein, meine Herren, die Arbeiter führen nichts Böses im Schilde; sie wollen ihre Interessen in christlichem Sinne, auf legalem Boden vertreten; sie sind bereit, Lehren anzunehmen, Schulung sich anzueignen."
Giesbertz betonte weiter, daß die Berichte, die er von Kevelaerer Arbeitern erhalten hätte, keine Klagen über Lohnverhältnisse enthielten. Bei der Gründung der Gewerkschaften gehe es allein um ein prinzipielles Recht der Arbeitnehmer. Ausdrücklich sprach er sich gegen Agitationen am Arbeitsplatz aus.
Den Beteuerungen des Gewerkschaftssekretärs, daß sich eine Gewerkschaftsorganisation sehr wohl vereinbaren lasse mit einem „patriarchalischen Verhältnis" zwischen Arbeitgebern und Arbeitnehmern, schenkten die Kevelaerer Prinzipale kaum Vertrauen. Es kann kein Zufall sein, daß wenige Monate nach den Versammlungen in Kevelaer und Weeze gerade der Punkt der Koalitionsfreiheit in einem Streik auf die Bewährungsprobe gestellt werden mußte. Da es sich um den ersten Arbeitskampf dieser Art in Kevelaer gehandelt hat, sollen die vorhandenen Quellen ausführlich wiedergegeben werden:

14. Oktober 1904 Bürgermeister Marx an den Landrat:
„Gestern Morgen stellten 25 Arbeiter der Cruzifixfabrik von Fritz Iding hierselbst ihre Arbeit ein und traten in den Ausstand, ohne einen Versuch zum Vergleich mit ihrem Arbeitgeber angebahnt zu haben. Nach Mitteilung des Geschäftsführers stellte ein Komitee der Arbeiter im Auftrag derselben vor einigen Tagen bei Iding den Antrag auf Verkürzung der Arbeitszeit auf 10 Stunden pro Tag. Dieser ließ ihnen durch das Komitee sagen, sie möchten sich noch 14 Tage gedulden, er müsse sich die Sache erst überlegen, womit sie sich denn auch zufrieden stellten. Gestern Morgen nun blieben 25 Arbeiter vor der Fabrik stehen, ohne ihre Arbeit anzutreten und ohne ein Wort über den Grund ihrer Arbeitseinstellung verlauten zu lassen. Kurz nachdem die anderen Arbeiter ihre Beschäftigung aufgenommen hatten, verließen sie den Platz, sodaß also an einen Vergleich nicht zu denken war. Dem Vernehmen nach sollen durch aufgestellte Posten die Arbeitswilligen zurückgehalten und diese Bestrebungen von Abgesandten d.c.s.M.V. [des christlich-sozialen Metallarbeiter-Verbandes] unter-

stützt worden sein. Tatsächlich ist es heute vorgekommen, daß verschiedene Leute von der Arbeit zurückgehalten wurden und ebenfalls in den Ausstand traten, sodaß die Zahl der Streikenden jetzt auf 29 gestiegen ist. Auch traten mehrere Arbeiter, welche gestern Arbeit angenommen hatten, heute wieder zurück und nehme ich an, daß auch diese von den Ausständigen beeinflusst wurden. Mit Rücksicht hierauf habe ich die Polizeibeamten und den hiesigen Gendarmen angewiesen, das Streikpostenstehen zu verbieten, in jedem einzelnen Falle jedoch nach ihrem Ermessen zu handeln. Gestern Abend fand die Löhnung der ausgetretenen Arbeiter statt, welche dann auch gleichzeitig ihre Entlassung erhielten. Streitigkeiten oder sonstige Ausschreitungen sind hierbei sowie während der übrigen Zeit nicht vorgekommen und ist bisher alles ruhig verlaufen. Die Streikenden haben nach beiliegender Aufforderung auf heute Abend 8½ Uhr im Saale des Heinrich Aengenheyster hierselbst, Hauptstraße 3, eine öffentliche Versammlung anberaumt und ist es nicht ausgeschlossen, daß auch die übrigen Arbeiter, welche bisher ihrem Fabrikherrn treu geblieben sind, in den Ausstand treten. Ich werde der Versammlung beiwohnen und über den Verlauf derselben und des Streiks demnächst Bericht erstatten. Da der Iding gestern verreist war, so habe ich heute Nachmittag 4 Uhr bei mir Termin anberaumt, um zwischen ihm und den Ausständigen zu vermitteln."[117]

15. Oktober 1904 Bürgermeister Marx an den Landrat:
„Im Anschlusse an meinen gestrigen Bericht Nr. 6947 zeige ich hiermit an, daß es mir gestern Nachmittag nach einer Verhandlung von 3 Stunden gelungen ist, zwischen dem Fabrikanten Fritz Iding hierselbst und seinen ausständigen Arbeitern eine Einigung zu erzielen. Iding erklärte sich mit der Zugehörigkeit der Arbeiter zu den christlich-sozialen Arbeiter-Verbänden bedingungsweise einverstanden und nahm die vermeindlichen diesbezüglichen Arbeits-Entlassungen zurück. Ferner ermäßigte er vom 17. d. Mts. ab versuchsweise auf 6 Monate die Arbeitszeit von 11 auf 10½ Stunden. Die Arbeiter haben heute Früh sämtlich die Arbeit wieder aufgenommen, so daß die Angelegenheit als erledigt betrachtet werden kann."[118]

Der für den Abend des 15. Oktober 1904 einberufenen „Volks-Versammlung" war mit der erfolgten Schlichtung bereits die Brisanz genommen. Dennoch, „der große Saal des Herrn Aengenheyster war brechend voll lange vor Beginn der Verhandlung".[119] Die Bedeutung dieses kurzen lokalen Streiks läßt sich erst vollends erahnen, wenn man bedenkt, daß der Hauptredner des Abends, der Zentralvorsitzende des christlich-sozialen Metallarbeiter-Verbandes, Franz Wieber, eigens dazu aus Duisburg angereist war. Außerdem entstand erst nach diesem Streik in Kevelaer ein katholischer Arbeiterverein, dessen Gründung man ebenfalls während der Versammlung besprochen hatte.[120]

Die einzelnen Schritte dieses Arbeitskampfes können auch bei den folgenden Auseinandersetzungen nachvollzogen werden. Zu Beginn stand die Forderung nach einer Verbesserung der Arbeitsbedingungen. Spätestens zu diesem Zeitpunkt dürften die örtlichen Gewerkschafter Kontakt zum Zentralverband aufgenommen haben, wenn man nicht gar das gesamte Vorgehen schon vorher miteinander abgestimmt hatte. Der Betriebsinhaber lehnte die gestellte Forderung nicht sogleich ab, sondern bat um Bedenkzeit, dies sicherlich auch, um der aufgetretenen Erregung die Spitze zu nehmen. Danach traten zunächst 25, später 29 der insgesamt 67 Beschäftigten in den Ausstand, stellten Streikposten auf – und wurden entlassen. Nun schaltete sich der Bürgermeister in zweifacher Weise ein. Als Ortspolizeibehörde setzte er die Polizeibeamten gegen die Streikposten ein, Polizisten besetzten die Wege und Zugänge zur Fabrik und meldeten einzelne Streikposten der Staatsanwaltschaft.[121] Hierzu sei angemerkt, daß im Januar 1905 ein Arbeiter, „welcher bei dem Streik in der rheinischen Kruzifix-Fabrik Fritz Iding hierselbst im Oktober v.J. den Fabrikarbeiter Heinr. B. unter Drohworten von der Arbeit abzuhalten versuchte, [...] zu einer Geldstrafe von 20 Mk. eventl. 4 Tagen Gefängnis in die Kosten verurteilt" wurde.[122]

Die zweite Tätigkeit des Bürgermeisters bestand in der Schlichtung, und gerade dieser Punkt unterscheidet die Arbeitskämpfe der Kaiserzeit von denen späterer Jahre. Zwar gab es schon vor 1914 Ansätze eines Schlichtungswesens[123], doch waren dies noch Bruchstücke, eher ein „Torso"[124] als ein System. Genauso wie es im landwirtschaftlichen Bereich selbstverständlich war, bei Streitigkeiten zwischen Dienstherren und Gesinde den Bürgermeister als Schlichter anzurufen, ergriff er nun die Initiative und wurde von beiden Seiten akzeptiert. Diesem Umstand ist es zu verdanken, daß die Arbeitskämpfe vor dem Ersten Weltkrieg im Kommunalarchiv wesentlich umfangreicher dokumentiert sind als die der Weimarer Zeit, in der die Schlichtung einheitlich geregelt wurde, und der Bürgermeister diese Funktion nicht mehr wahrzunehmen brauchte.

Auf den Arbeitskampf von 1904 reagierte der Gemeinderat Kevelaer mit der Einrichtung einer „sozialen Kommission", bestehend aus Gemeinderatsmitgliedern, zu deren Sitzungen auch „Elemente aus dem Bürgerstande, besonders aus dem Handwerker- und Arbeiterstande hinzugezogen werden können, die manchmal in der Gemeindevertretung nicht genügend vertreten sind".[125] Hierdurch wollte die Gemeindevertretung die Beteiligung der Arbeiter an kommunalen Beratungen fördern, die in dem nach preußischem Dreiklassenwahlrecht gebildeten Gemeinderat deutlich unterrepräsentiert waren. Aufgabe der Kommission sollte es auch sein, bei Arbeitskämpfen zu vermitteln, wenn beide Seiten sie anriefen. Sie sollte ferner allgemein „die Verhältnisse der Gemeindearbeiter, die Vergebung von Arbeiten, besonders bei Submissionen, die Wohnungs-, Bau- und Mietverhältnisse, die Frage der Fortbildungsschulen, Wohlfahrtseinrichtungen usw." prüfen und eventuell Verbesserungsvorschläge machen.

Doch noch einmal zurück zum Streikverlauf. Der Umstand, daß es bei dieser Auseinandersetzung nicht nur um eine Verkürzung der Arbeitszeit ging, sondern auch um die Anerkennung der Gewerkschaftsorganisation bzw. um das Recht der Arbeiter, einer solchen anzugehören, wurde von diesen offenbar erst nach den Entlassungen artikuliert. Als Fritz Iding dann vor Weihnachten die Arbeitszeit wieder auf den ursprünglichen Umfang erhöhte und vier organisierte Arbeiter entließ, schlugen die Wellen der Empörung erneut hoch, zu einem Streik kam es allerdings nicht mehr. Wiederum lud die Gewerkschaft zu einer Versammlung ein, auf der prominente Gewerkschaftsvertreter, u.a. erneut der Zentralvorsitzende Wieber, sprachen. Die Anwesenden verabschiedeten eine Resolution, die inhaltlich über den vermeintlichen Vertragsbruch und die Entlassungen hinausging:

„*Resolution*
Die heute im Locale des Herrn Aengenheyster in Kevelaer tagende, von über 500 Bürgern und Arbeitern besuchte öffentliche Volks-Versammlung protestiert auf das entschiedenste gegen die von dem Kruzifix-Fabrikanten F. I. vorgenommenen Maßregeln organisierter Arbeiter wegen ihrer Zugehörigkeit zu den christlichen Gewerkschaften und verurteilt ebenso entschieden den von Herrn Iding begangenen Vertragsbruch, indem derselbe einseitig die vertraglich festgelegte Arbeitszeit um eine halbe Stunde täglich verlängert hat. Da die Bestrebungen des Herrn Iding sowie noch verschiedener anderer hiesiger Fabrikanten nur darauf gerichtet sind, die hier am Orte bestehenden Zahlstellen der christl. Gewerkschaften zu vernichten, so verspricht die Versammlung, mit allen Kräften für den weiteren Ausbau der christl. Gewerkschaften Sorge zu tragen, denn nur so ist es möglich, ihre gefährdeten Rechte zu wahren."[126]

Wie verhärtet die Gegensätze zwischen Gewerkschaften und Arbeitgebern zur damaligen Zeit waren, zeigte sich noch einmal deutlich im Dezember 1905, als ein Streit zwischen dem Ortskartell der christlichen Arbeiter für das graphische Gewerbe, unterstützt vom Kölner Zentralvorstand, und Butzon & Bercker mit großem publizistischem Eifer in der lokalen und überregionalen Presse ausgetragen wurde.[127] Die vermeintlichen Hintergründe für diese Auseinandersetzung reichten in den Oktober 1905 zurück, als die Unternehmensleitung neue Akkordsätze festgelegt und darüber auch mit der Gewerkschaft Einvernehmen erzielt hatte. Dann lancierte letztere, wie der Arbeitgeber meinte, bewußt Fehlinterpretationen in die Presse, mußte sie aber anschließend recht unwillig wieder zurücknehmen. Nach Meinung der Gebrüder Bercker diente die Auseinandersetzung im Dezember, ausgelöst durch die Entlassung des Vertrauensmannes des graphischen Ortskartells, dazu, die zwei Monate zuvor erlittene „Schlappe" wieder wettzumachen. Die Gewerkschaft ihrerseits sah in der Ent-

Einladungsplakat zur Protest-Versammlung am 4. Januar 1905 (K 12–1–32)

lassung einen gegen die Organisation gerichteten Vorstoß. Es kam zu erregten Versammlungen, Resolutionen, Presseerklärungen, Briefwechseln und schließlich zu einer Klage des Entlassenen auf Schadenersatz beim Gewerbegericht in Geldern. Die Gerichtsverhandlung brachte indes keinen Vergleich, dem Betroffenen blieb es überlassen, ein ordentliches Gericht anzurufen, wovon er allerdings Abstand nahm.

Noch dramatischer entwickelten sich 1907 die Tarifauseinandersetzungen zwischen den im örtlichen Zentralverband christlicher Bauhandwerker organisierten Maurern und Bauhilfsarbeitern und den in der Bauinnung zusammengeschlossenen Arbeitgebern.[128] Da der zwei Jahre zuvor zwischen beiden Gruppen geschlossene Tarifvertrag[129] am 1. April 1907 auslief, hatten sich die Arbeitnehmer bereits im Februar auf ihre Hauptforderungen bei der neuen Lohnrunde verständigt und sie der Innung unterbreitet. Sie beinhalteten u. a. eine Verkürzung der täglichen Arbeitszeit auf 10 ½ Stunden sowie Lohnerhöhungen von 37 auf 45 Pfennig pro Stunde für Maurer und von 27 auf 35 Pfennig für Bauhilfsarbeiter. Zu ersten Gesprächen traf man sich im März, die Arbeitgeber boten 40 bzw. 30 Pfennig, die Arbeitnehmer schlugen nun 42 bzw. 32 Pfennig vor. Die Firmeninhaber brachen daraufhin die Verhandlungen ab.

Die Fronten verhärteten sich. Die Zeit für einen termingerechten Abschluß verstrich, und als dieser auch während des gesamten Monats April nicht in Sicht war, kündigten etwa 30 Arbeiter zum 25. Mai 1907 unter Wahrung der vierzehntägigen Frist (Arbeitsordnung) – 10 von 30 Arbeitern bei den Gebr. Tebartz, 20 von 30 bei Hoymann & Hoyer. Unterstützung fanden sie durch die Gewerkschaftssekretäre Schwarz aus Krefeld und Pfeffer aus Oberhausen. Die übrigen fünf kleineren Firmen mit zusammen 38 Beschäftigten blieben von diesem Arbeitskampf unberührt.

Die Arbeitgeber reagierten in schroffer Form auf die Kündigungen. Am 18. Mai, eine Woche vor Ablauf der Frist, richteten sie ein Schreiben an die Bauunternehmen der Umgebung, in dem sie ihre Kollegen baten, „von Kevelaer aus zugereiste Maurer und Bauhilfsarbeiter nicht in Arbeit [zu] nehmen, oder falls dies aus Unkenntnis der Sachlage bereits geschehen sein sollte, dieselben schleunigst wieder zu entlassen, damit die Lohnbewegung keine grösseren Kreise zieh[e] und nicht auch auf die übrigen Bauhandwerker übergreif[e]". Die Gewerkschaft konterte mit einem Aufruf, sich nicht als Streikbrecher nach Kevelaer anwerben zu lassen. Als es dann den Arbeitgebern gelang, in den Niederlanden Maurer und Handlanger anzuwerben, spitzte sich die Lage weiter zu. Den Verlauf aus Sicht der Arbeitgeber vermittelt das Protokoll der Innungsverhandlung vom 29. Mai 1907:

„*Tagesordg. Bericht über den seit Montag den 27. 5. inscenierten teilweisen Maurer- und Handlangeraufstand in Kevelaer.*
Ptr. Tebartz und Hoymann schilderten in kurzen Zügen das übrigens den Anwesenden schon bekannte Vorgehen u. Verhalten einiger streikender Maurer u. Handlanger während der letztvergangenen 3 Tagen an den und bei den Baustellen, unter Anführung des Krefelder Agitator Schwarz. Besonders das heutige Bedrängen der arbeitenden, arbeitswilligen Maurer und Handlanger, deren man nur eben habhaft werden konnte, hat alles Maß überstiegen. Auf der Amsterdamerstraße, an welcher das neue Wallfahrtshaus im Bau ist, patrouillierten fast ständig die Streikenden, meist von Schwarz begleitet. Etliche wenige Minuten vor Beginn der nachmittägigen Arbeitszeit, 1½ Uhr, kam Joh. Tebartz zum Bau, sah vor dem Bauportal neben Hünnekens Haus den Schwarz und die Hauprädelsführer der Streikenden dicht vor dem Gerüst stehen vor der Straßenrinne und zu den unter dem Gerüst stehenden arbeitswilligen Maurern und Handlangern eifrig gestikulieren u. den Letzteren zuredend. Dort angekommen, hörte noch Joh. Tebartz, wie Schwarz zu den Arbeitswilligen sprach: ‚Wir weisen Euch Arbeit an, Ihr kriegt Reisegeld und alles. Ja, sehen Sie, das [Arbeiten] hat wirklich keinen Wert. Wenn Ihr nachher alt seid und habt nichts mehr, wenn Ihr nicht mehr arbeiten könnt, dann gibt der Unternehmer Euch nichts mehr, das ist doch klar.' [...] Währendem der Handlanger Laurenzen das Steinbrett belud, trat kurz nach 6 Uhr (den 29. 5.) nachmittags Schwarz dicht auf ihn zu auf der Straße, stand vor ihm still und redete ihn an, er solle doch zu arbeiten aufhören, Schwarz gäbe ihm 3 Mark, wenn er das täte etc. Joh. Tebartz trat an Schwarz heran u. sagte zu ihm, er solle den Arbeiter nicht aufhalten; Schwarz erwiderte nichts. Am 28. 5. suchten Schwarz, P. Lenssen u. noch ein Streikender die neu angeworbenen Maurer und Handlanger, aus Holland gekommen den 27. 5. mit dem Zuge 12.52, beizukommen in deren Kosthaus auf der Maasstraße bei Gerh. Loschelders. Dieser ließ das aber nicht zu. Kaum daß am 29. 5. Abends 7 Uhr der Handlanger Senders die Arbeit verlassen hatte, war (nach H. Drissen) Schwarz wieder bei ihm. Ptr. Tebartz erbat den 29. 5. Nachmittags kurz nach 1½ Uhr polizeilichen Schutz an der Baustelle am neuen Wallfahrtshause von der Polizeibehörde. Fast den ganzen Nachmittag war ein Gendarm abwechselnd und zusammen mit einem Polizeidiener zur Stelle. Alle Einzelheiten und alles widrige Gebahren kann nicht verzeichnet werden; auf jede Weise suchte man den Arbeitswilligen beizukommen und sie zur Niederlegung der Arbeit zu veranlassen. Die Arbeitswilligen haben indessen an allen 3 vergangenen Tagen Stand gehalten, obschon ihnen die ungemeine Belästigung sichtlich höchst unangenehm und peinlich ist."

Als schließlich in der Nacht vom 2. zum 3. Juni an einem Baugerüst einige Seile durchgeschnitten wurden, wobei es umstritten blieb, ob diese tragende Funktion gehabt hatten oder ob es sich nur um Hilfsbefestigungen beim Aufbau gehandelt hatte, entstand zunächst der Verdacht, daß damit streikbrechende Niederländer vom Gerüst gestürzt werden sollten. Gewerkschaftssekretär Schwarz wurde verhaftet und wegen Anstiftung zum Mordversuch angeklagt, schließlich aber freigesprochen. Auch für Sekretär Pfeffer gab es noch ein juristisches Nachspiel. Er hatte in einem Kevelaerer Lokal den – nicht anwesenden – Bürgermeister Marx beleidigt, worauf dieser ihn anzeigte. Das Königliche Schöffengericht in Geldern verurteilte Pfeffer zu einer Geldstrafe von 100 Mark oder 10 Tagen Gefängnis.

Nach mehreren Verhandlungsrunden und öffentlichen Versammlungen einigten sich die Tarifpartner, unterstützt von Vertretern der Sozialen Kommission, auf einen neuen Tarifvertrag. „Die Arbeitnehmer nahmen", so das Kevelaerer Volksblatt, „den von den Unternehmern schon seit dem 1. April d. J. erhöhten Stundenlohn von 40 Pfg. an. Vom 1. April nächsten Jahres wird der Stundenlohn bei 10½stündiger Arbeitszeit 43 Pfg. betragen. Die ausständigen Arbeiter sollen bis auf wenige Ausnahmen wieder eingestellt werden."[130]

Fünf Jahre später, im Jahr 1912, stellten einige Arbeitgeber die gewerkschaftlichen Organisationen als Tarifpartner noch einmal grundsätzlich in Frage, als die Schreinergesellen und Gehilfen eine Anhebung der Lohnsätze und eine Verkürzung der Arbeitszeit forderten. Die Handwerksmeister nahmen anfänglich den Standpunkt ein, nur mit dem Gesellenausschuß der Innung verhandeln zu wollen, nicht aber mit dem Zentralverband christlicher Holzarbeiter.[131] Der Gesellenausschuß hätte allerdings keine Möglichkeit gehabt, den Arbeitnehmern die Einhaltung der Vereinbarungen zu garantieren. Da eine Einigung nicht zustande kam, legten am 13. Mai 1912 25 Gesellen und Gehilfen in einigen Schreinereien und Dachdeckereien nach vorheriger Kündigung die Arbeit nieder und traten in den Ausstand.[132] Etwa die Hälfte von ihnen begab sich sogleich auf Wanderschaft und wartete den Ausgang des Konfliktes erst gar nicht mehr am Orte ab. Der Streik der übrigen endete mehr als zwei Monate später am 26. Juli 1912. Zwischen Arbeitgebern und Gewerkschaften hatten zuvor Bürgermeister Marx und die Soziale Kommission ergebnislos zu vermitteln versucht, so daß eine Einigung erst beim Kreisgewerbegericht in Geldern möglich wurde. Diese sah eine Verkürzung der Arbeitszeit von bislang 10½–11 Stunden auf nunmehr 10 Stunden „mit gleichbleibendem Tagesverdienst" vor, was einer Erhöhung des durchschnittlichen Stundenlohns von 34 auf 39 Pfg. gleichkam, sowie gesonderte Regelungen für Akkordarbeiten.

Der heute noch bekannteste Konflikt im Kevelaerer Raum war der Streik der Buchbinder im Winter 1912/13, der seinerzeit sogar den vom Verband christlicher Lederarbeiter im Februar 1913 in Kervenheim wegen Lohnreduzierungen versuchten Streik in den Hintergrund drängte.[133] Er soll nicht mehr in allen Einzelheiten dargestellt, sondern lediglich grob skizziert werden.

Den Beginn der Auseinandersetzungen im graphischen Gewerbe bildeten vier Entlassungen zum 15. Dezember 1912 im Betrieb von Joseph Thum, der später selbst eine der Kündigungen mit fortgesetzter Agitation für den Graphischen Verband begründete.[134] 36 organisierte Arbeiter des Unternehmens erblickten hierin einen Angriff gegen die Organisation und reichten zum 15. Januar 1913 ihre Kündigung ein. Die übrigen Unternehmer, insbesondere Butzon & Bercker, unterstützten Thum wirtschaftlich, d. h. sie ließen in ihren Betrieben Überstunden machen, so daß Thum seine Liefertermine einhalten konnte. Als daraufhin die organisierten Arbeiter der übrigen Betriebe von den Unternehmern eine Erklärung verlangten, keine „Streikarbeiten von der bestreikten Firma selbst, oder von einer Mittelperson überwiesen, anzufertigen, oder fertige Bücher oder Halbfabrikate an die Firma Thum und deren Mittelpersonen zu verkaufen"[135], lehnten diese ab. Nun traten etwa 180 weitere Arbeiter bei Butzon & Bercker, van Danwitz, Jansen & Derricks und Marian van den Wyenbergh in den Ausstand.[136]

Einzelne Ausschreitungen beschrieb Joseph Bercker in seiner Schrift „Eine Taktik, wie sie nicht sein soll": „Die Arbeitswilligen sind sowohl belästigt, beschimpft und geschlagen worden, als auch deren Frauen sollten eingeschüchtert werden durch die Drohung, bei späterer Wiedereinstellung der organisierten Arbeiter würden diese nicht eher ruhen und rasten, bis sie die jetzt Arbeitswilligen aus den Betrieben herausgeekelt hätten. Die Polizei mußte Aufläufe der Organisierten auseinandertreiben, die gegen die Arbeitswilligen Kundgebungen veranstalteten, Fenster wurden nachts eingeworfen, sogar Menschenkot wurde einem Werkführer in die Rocktasche getan."[137]

Die Arbeitgeber versuchten, durch tägliche Änderung des Arbeitsbeginns die Streikposten zu „täuschen" und so den Arbeitswilligen den ungestörten Zutritt zum Betrieb zu ermöglichen. Auch Bürgermeister Marx reagierte als Leiter der Ortspolizeibehörde auf die Zusammenkünfte der streikenden Arbeiter in den Straßen Kevelaers. Am 17. Februar gestattete er den Zutritt zur Neustraße „bis auf weiteres nur solchen Personen [...], die in derselben wohnen oder beschäftigt sind beziehungsweise aus familiären oder geschäftlichen Gründen das eine oder andere Haus aufsuchen müssen".[138]

Die Arbeiter organisierten Versammlungen, die auch überregionales Aufsehen erregten: Am 4. Januar 1913 kamen etwa 400 Personen in den Saal Eickelbosch, am 25. Januar waren es sogar gegen 700. Bürgermeister und Soziale Kommission versuchten zu schlichten, was allerdings zunächst mißlang, da der Graphische Verband dieser kommunalen Einrichtung skeptisch gegenüberstand und sich zudem deren Vorsitzender, der Schuhfabrikant Theodor Bergmann, das Mißfallen seiner Unternehmerkollegen zugezogen hatte, als er einige Behauptungen Joseph Thums im Kevelaerer Volksblatt rundweg als falsch bezeichnete.[139] Der Verhandlungsdurchbruch gelang am 18. Februar in direkten Gesprächen zwischen Firmeninhabern und „Arbeiter-Abordnungen der einzelnen Betriebe", die sich auf Einladung des Bürgermeisters im Rathaus eingefunden hatten. Den hier vorbereiteten Kompromiß nahm zwei Tage später eine erweiterte Gesprächsrunde an, an der die fünf Firmeninhaber, zwei Vertreter der Zentrale des Graphischen Verbandes, drei örtliche Vertreter der Gewerkschaft sowie als Unparteiische Bürgermeister Marx, Pfarrer Kempkens und vom Volksverein für das katholische Deutschland Direktor Brauns aus Mönchengladbach teilnahmen:

„1. Die Gewerkschaften erkennen an, daß die Unternehmer nach ihrem Ermessen Arbeiter einstellen und kündigen können, insoweit sich diese Maßnahmen nicht grundsätzlich gegen die gewerkschaftliche Organisation richten.
2. Jede Agitation für oder gegen die Gewerkschaft im Betriebe ist unstatthaft.
3. Die Fabrikanten erklären, daß ihnen eine Ablehnung der Organisation als solcher ferngelegen hat und erkennen die Gewerkschaft an.
4. Die Fabrikanten erklären, daß die Lohnfrage ausscheiden muß, weil sie infolge des wirtschaftlichen Kampfes nicht in der Lage sind, die Löhne zu steigern. Die Fabrikanten sind indessen grundsätzlich bereit, innerhalb etwa eines Jahres, aber nicht vor Ablauf eines halben Jahres einen Tarif mit der Gewerkschaft abzuschließen, der die technischen und wirtschaftlichen Besonderheiten der Kevelaerer Buchbinderei entsprechend berücksichtigt; dabei wird ein Ausgleich der Löhne und nach der Lage des Gewerbes und der Konjunktur eine entsprechende Erhöhung eintreten.
5. Der Arbeiter-Ausschuß des einzelnen Betriebes ist für die Behandlung der Spezialitäten des Betriebes in diesem Vertrage die zunächst zuständige Instanz.
6. Jeder Betrieb erhält vor dem 1. Juli dss. Js. einen Arbeiter-Ausschuß, der in freier Wahl der großjährigen Arbeiter gewählt wird. Wählbar sind nur Arbeiter, die außerdem wenigstens zwei Jahre im Betrieb beschäftigt sind. Diese Bestimmungen hinsichtlich der Wählbarkeit gelten nur für die Betriebe, in denen zur Zeit der Wahl die genügende Auswahl von Arbeitern vorhanden ist.
7. Die Einstellung der in Ausstand befindlichen Arbeiter und Arbeiterinnen erfolgt zum größten Teil am Montag den 24. Februar dss. Mts., der übrigen Arbeiter in 8–14 Tagen."[140]

Dieser Kompromiß bildete den Abschluß der Arbeitskämpfe vor dem Ersten Weltkrieg; die Gewerkschaften waren nunmehr im Wallfahrtsort endgültig anerkannt. Der Streik wurde im gesamten organisierten graphischen Gewerbe aufmerksam beobachtet, das wiederholt mit einem Boykott Kevelaerer Gebetbücher sowie der Wallfahrt durch christlich organisierte Arbeitnehmer gedroht hatte.

Die Arbeitskämpfe der Vorkriegszeit, deren Anlässe zumeist Forderungen nach Verbesserung der Arbeitsverhältnisse und der Tarife waren, verweisen auf tiefgreifende Veränderungen, den Umbruch des wirtschaftlichen und sozialen Lebens. Sie verdeutlichen, wie sich mit der beginnenden Umstellung in der Produktionsweise auch die herkömmliche, handwerklich-kleingewerblich organisierte Gesellschaft wandelte. Hier agierten nicht Sozialdemokraten, sondern christliche Gewerkschafter und christliche Organisationen, die sich ausdrücklich als gegen die Sozialdemokraten gerichtet sahen. Die Auseinandersetzungen waren aber dennoch nicht weniger erbittert. Führt man sich die Konflikte vor Augen, so ist unverkennbar, wie wenig der Satz Alfred Krupps aus dem Jahre 1872 noch galt: *„Nichts, keine Folge der Ereignisse wird mich veranlassen, mir irgend etwas abtrotzen zu lassen – mit der Versicherung, daß ich in meinem Hause wie auf meinem Boden Herr sein und bleiben will".* [141]

Von Borstenvieh und Schweinespeck

Nicht minder große Wandlungen wie in der gewerblichen Wirtschaft traten in der Landwirtschaft in den Jahrzehnten vor dem Ersten Weltkrieg ein. Es wurde bereits darauf hingewiesen, daß die Gemeinden Kervenheim und Kevelaer nicht nur in den beiden Bürgermeistereien, sondern im gesamten Kreis Geldern eine besondere Stellung innehatten. Die übrigen Orte und auch Kevelaer außerhalb des geschlossenen Kerns um die Gnadenkapelle waren landwirtschaftlich geprägt. Einen ersten Überblick über den Umfang der bäuerlichen Betriebe bieten die bei den Berufs- und Betriebszählungen ausgefüllten Landwirtschaftskarten.

Landwirtschaftliche Betriebe 1895 und 1907:[142]

	1895	1907
Kervenheim	135	131
Kervendonk	119	124
Winnekendonk	325	314
Kevelaer	796	486
Wetten	279	271
Twisteden	107	114
Kleinkevelaer	12	13

Bei diesen Zahlen ist allerdings zu berücksichtigen, daß die Karten von allen ausgefüllt werden mußten, die einen landwirtschaftlichen Betrieb im weitesten Sinne besaßen, ganz gleich, ob dies ein großer Hof war, ob lediglich ein Stück Land im Nebenerwerb bestellt wurde oder man sich ein paar Stück Vieh für die eigene Versorgung hielt. Diese Zählpraxis erschwert die Interpretation, doch wird man mit Sicherheit sagen können, daß in Kervenheim fast ausschließlich Nebenerwerbslandwirte bzw. viehhaltende Haushalte anzutreffen waren und diese auch in den anderen Gemeinden die Zahlen kräftig erhöhten. Ferner ist der Rückgang in Kevelaer bemerkenswert, der zum einen das Ergebnis der sich schließenden, immer mehr gewerblich-gastronomisch bestimmten Ortsmitte war, zum anderen aber auch auf eine geänderte Lebensweise, auf einen Platz greifenden Verzicht auf eigenes Vieh hinweist.

Im Jahre 1909 ermittelte Bürgermeister Janssen für die Bürgermeisterei Kervenheim die Hektargrößen der landwirtschaftlichen Betriebe:

Landwirtschaftliche Betriebe in der Bürgermeisterei Kervenheim nach Hektargrößen im Jahr 1909:[143]

Bis	2	399 Parzellenbetriebe
2 –	5	38 Kleinbäuerliche Betriebe
5 –	20	64 Mittelbäuerliche Betriebe
20 –	100	78 Großbäuerliche Betriebe
Über 100		1 Großbetrieb

Diese Verteilung war keineswegs typisch für den Kreis Geldern, der 1907 prozentual einen wesentlich höheren Anteil mittelbäuerlicher Existenzen aufwies: 923 Betriebe mit 2 bis 5 Hektar, 1568 mit 5 bis 20 und 355 über 20 Hektar.[144] Hierin spiegeln sich die unterschiedlichen Wirtschaftsformen wider, die die Böden des Kreises bedingten: Sandböden entlang der niederländischen Grenze, bereits vor dem Ersten Weltkrieg für einen arbeitsintensiven Gemüsebau in Kleinbetrieben genutzt, und schwerere Böden in den übrigen Gebieten des Kreises, die eine Vieh-, Acker- und Weidewirtschaft gestatteten.[145] Die in beiden Bürgermeistereien bis zum Krieg enorm gestiegene Produktion tierischer Veredelungsprodukte soll nun näher betrachtet werden.

Die folgenden Tabellen zeigen einen Anstieg der Rindviehzahlen sowie einen beträchtlichen Zuwachs des Schweinebestandes. Zum Verständnis dieser „Aufstallung" ist es notwendig, in das vorige Jahrhundert zurückzugreifen.

Bis weit in das 19. Jahrhundert hinein wurde in den deutschen Ländern nicht nur Getreide für den eigenen Bedarf produziert, sondern auch ins Ausland exportiert. Erst mit dem zunehmenden Wachstum der Bevölkerung konnte der Inlandsbedarf nicht mehr gedeckt werden, es trat ein Wandel vom Export zum Import ein: bei der Gerste 1867, beim Hafer 1871 und schließlich beim Weizen 1873.[147] Die zunehmenden Einfuhren von Getreide, pflanzlichen Ölen, Baumwolle usw. wurden durch die verbesserten Verkehrsbedingungen einschließlich der Hochseeschiffahrt ermöglicht. Ende der 1870er Jahre gerieten die deutschen Getreidepreise durch die jetzt massiv auf den Markt geworfenen Exporte aus den USA und dem zaristischen Rußland unter zunehmenden Preisdruck.

Viehbestand (Dezember) in der Bürgermeisterei Kervenheim:[146]

	Pferde	Rindvieh	Schweine	Ziegen	Federvieh
1892	414	1772	2198	503	
1897	435	2062	3187	503	8282
1900	475	2271	3872	447	8853
1902	496	2186	4244		
1904	479	2310	4294	384	
1906	473	2544	5003		
1907	497	2634	4928	393	9609
1908	503	2619	4291		
1909	518	2551	4450		
1910	534	2626	5237		
1911	544	2625	5465		
1912	544	2734	4608	412	11050
1913	543	2876	5123	431	
1914	499	3089	5680	425	

Viehbestand (Dezember) in der Bürgermeisterei Kevelaer:

	Pferde	Rindvieh	Schweine	Ziegen	Federvieh
1892	370	2208	2599	716	
1897	408	2506	3738	744	11762
1900	444	2648	4528	658	13351
1902	469	2621	4918		
1904	486	2599	4958	661	
1906	518	2885	6420		
1907	551	3084	5805	627	16183
1908	561	3049	5383		
1909	586	2918	5676		16078
1910	601	3064	6575	572	
1911	642	3025	6897	602	
1912	646	3137	6327	649	17077
1913	673	3286	7898	574	

Als Abwehrversuch errichtete das Deutsche Reich ab 1879 Schutzzölle für Getreideeinfuhren, die dann 1891 unter dem neuen Reichskanzler Caprivi vermindert wurden, der, beraten von dem Nationalökonomen Johannes Conrad, „jede Rücksichtnahme auf den Gedanken einer ernährungswirtschaftlichen Selbstversorgung moderner Industriestaaten grundsätzlich als einen Rückfall gegenüber der fortschreitenden weltwirtschaftlichen Arbeitsteilung ablehnte. Die unter Caprivi neu abgeschlossenen Handelsverträge begünstigten die Getreideeinfuhren, so daß der internationale Marktautomatismus sich innerhalb weniger Jahre auf den deutschen Getreidemärkten voll auswirkte."[148] Erneut fielen die Getreidepreise. Hatte der Durchschnittspreis pro Tonne Weizen 1889–1893 noch 190,93 Mark betragen, so konnten 1894–1898 lediglich 144,28 Mark erzielt werden.

Auch am Niederrhein wurde es jetzt gänzlich unrentabel, weiterhin im bisher gewohnten Umfang Getreide, Öl- und Faserpflanzen anzubauen. Statt dessen stellte man auf lukrativere Veredelungsprodukte um. Die selbst angebauten Futtermittel ergänzten die niederrheinischen Landwirte durch ausländische Importe: Gerste aus Rußland, Mais aus den USA. Als dann 1902 auf Druck vor allem der agrarischen ostdeutschen Provinzen neue Schutzzölle erhoben wurden, blieben aber die Futtermitteleinfuhren, gemessen an den Erlösen der Veredelungsprodukte, für die man im nahen Ruhrgebiet einen wachsenden Markt besaß, immer noch rentabel. So waren die Landwirte nicht erneut vor die Probleme einer Umstrukturierung gestellt. Die Agrarkrisen der 1870er und 1890er Jahre hatten ihnen gezeigt, daß mit Veredelungsprodukten bessere Gewinne zu erzielen waren als mit Getreide. Die damals noch nicht entwickelte Gefriertechnik erlaubte zudem noch keine größere Einfuhr von Fleisch. Ferner kamen die im Laufe der Zeit geänderten Ernährungsgewohnheiten hinzu. So stieg der Fleischverbrauch pro Kopf der Bevölkerung von 29,5 kg im Jahre 1873 auf 53 kg 1912.[149] Zur Befriedigung der steigenden Nachfrage bot sich die Schweinehaltung an, denn das Schwein kann in einem vergleichsweise hohen Grad aus pflanzlichen Kohlehydraten Fette bilden, es wächst schnell heran, und das Futter konnte neben den Getreideimporten auch aus dem heimischen Kartoffelanbau sowie aus Abfallprodukten der Zuckerherstellung aus Rüben und der Buttererzeugung (Molke, Magermilch) gedeckt werden.[150] Gegenüber dem Schweinebestand fielen die Steigerungen bei der Rindviehhaltung geringer aus, doch ist dabei zu bedenken, daß sich hier durch die Verbesserungen in der Zucht das Schlachtgewicht und die Milcherzeugung wesentlich erhöhten.

Bei der Umstellung auf Veredelungsprodukte verließen sich die Landwirte nicht allein auf die Futtermitteleinfuhren, sondern sie änderten auch ihren eigenen Pflanzenanbau, dessen Erträge sie jetzt durch künstliche Dünger (u. a. Salpeter aus Chile) steigerten. Sie mußten, um möglichst rentabel zu wirtschaften, den eigenen Futtermittelanbau spätestens nach dem Erlaß erhöhter Schutzzölle ausdehnen. Offenbar genügten in der Vorkriegszeit die heimischen Ressourcen in Verbindung mit den Getreideimporten, um die Produktionszahlen in die Höhe zu treiben. Eine Kultivierung der im Kreis Geldern 1913 vorhandenen über 12 000 ha Öd- und Sumpfland, die immerhin 22,4 % der Gesamtfläche ausmachten (in Preußen waren es lediglich 2,9 %), erschien vor dem Krieg noch nicht so notwendig wie in der Zeit danach.[151]

Anbauflächen (Hektar) im Kreis Geldern:[152]

	1893	1913	Veränderung
Weizen	2551,1	1682,0	− 869,1
Roggen	7006,9	7800,0	+ 793,1
Wintergerste	8,5	136,0	+ 127,5
Sommergerste	761,0	221,0	− 540,0
Hafer	4271,7	5153,0	+ 881,3
Kartoffeln	3518,2	3670,0	+ 151,8
Futterrüben	515,3	2387,0	+ 1871,7
Raps/Rübsen	19,4	–	− 19,4
Flachs	7,9	–	− 7,9
Klee	2717,9	3128,0	+ 410,1

Deutlich erkennbar ist die Ausdehnung der Anbauflächen für Pflanzen, die für die Tierhaltung wichtig waren. Die Weizen- und Gerstenflächen hingegen waren in Reaktion auf die Importe aus den USA und Rußland zurückgegangen. Die Öl- und Fasergewächse – Raps, Rübsen, Flachs – verschwanden bis 1913 vollständig aus dem Anbauprogramm der Landwirte; sie mußten den ausländischen Ölen und der Baumwolle weichen.

Die Landwirtschaft nahm in den Berichten und Akten der kommunalen Verwaltungen nicht den Raum ein wie die gewerbliche Wirtschaft. Deshalb ist es nicht möglich, die allgemeine Entwicklung durchgängig auf lokaler Ebene zu beschreiben. Dennoch gibt es einige Quellen, die das bisher Ausgeführte anschaulich und ortsbezogen verdeutlichen. Im September 1885, zur Zeit der Bismarckschen Schutzzölle, verfaßte der Kevelaerer Bürgermeister einen seiner zahlreichen Berichte an den Gelderner Landrat[153]: Zwar seien in den letzten zehn Jahren keine Höfe mehr durch „Wucherer" ruiniert worden, doch sei die Landwirtschaft im allgemeinen durch Hypotheken und ungünstige Ernteerträge schwer belastet. Ausländische Händler würden große Mengen Getreide zu „gedrückten" Preisen auf den Markt werfen, wodurch die heimischen Landwirte für ihre Erzeugnisse nur noch „billige Preise" erhielten. Die Erträge reichten kaum aus, um die Zinsen zu zahlen, so daß neue Anleihen unausweichlich seien.

Die Schutzzölle waren demnach für den Niederrhein nicht das geeignete Mittel zur Aufrechterhaltung der Landwirtschaft, konnte man doch die Dumpingpreise der ausländischen Händler nicht verhindern. Andererseits bestand zu dieser Zeit bereits eine hohe Abhängigkeit von ausländischem Getreide. In ihrem Geschäftsbericht für das Jahr 1889 stellte die Handelskammer Krefeld fest: „Rußland, unsere Kornkammer, hatte im verflossenen Jahre eine vollständige Mißernte aufzuweisen. [...] Ein großes Glück war es, daß Rußland im vorhergehenden Jahre eine überreiche Ernte gehabt hatte, wovon soviel übrig blieb, daß für die neue schlechte Ernte genügender Ertrag da war."[154]

Eine zukunftsorientierte Gestaltung der niederrheinischen Landwirtschaft mit einem relativ gesicherten Gewinn konnte nur durch Produktionsumstellungen erreicht werden: Gemüseanbau auf den sandigen Böden entlang der niederländischen Grenze bzw. Schweinehaltung und Rindviehzucht in den Gebieten mit schwereren Böden. Daß es dazu vieler Jahre bedurfte, bedarf keiner weiteren Erläuterung. Betrachtet man den Schweinebestand beider Bürgermeistereien in den wiedergegebenen Tabellen, so erkennt man, daß dieser sich nicht geradlinig entwickelte, sondern Schwankungen aufwies. Die Gründe hierfür waren vielfältiger Natur: Seuchen, vor allem die Maul- und Klauenseuche, Mißernten bei eigener Futtermittelproduktion oder Erhöhung der Importpreise. Negativ wirkten sich auch Wirtschaftskrisen im Ruhrgebiet aus, in denen die Verbraucher mehr Kartoffeln und Brot und weniger Fleisch oder Eier kauften.

Da statistische Angaben bis in das 20. Jahrhundert hinein nicht lückenlos vorliegen, läßt sich nur schwer abschätzen, inwieweit sich z. B. die witterungsbedingte Futter- und Streumittelnot der Jahre 1893/94 und 1901/02 auf die Viehhaltung ausgewirkt hat.[155] Für die relativ geringen Steigerungen von 1902–1904 dürfte aber weniger die Mißernte von 1901 verantwortlich gewesen sein als die nun wieder erhöhten Zölle und die Wirtschaftskrise an Rhein und Ruhr, die den Absatz verminderte. Der dann beträchtlichen Vermehrung des Schweinebestandes im Jahre 1906 folgte eine Dezimierung bis einschließlich 1909, dem letzten Jahr der zweiten Wirtschaftskrise. Danach allerdings konnte nur noch das Dürrejahr 1911[156], dessen Auswirkungen sich 1912 zeigten, die Aufstallung bis Kriegsbeginn unterbrechen. Es war sicherlich kein Zufall, daß sich die Handelskammer gerade 1911 um eine Beseitigung des Maiszolls bemühte[157], um so die Importe spürbar zu verbilligen.

1914 erreichte die Landwirtschaft nicht nur in diesen beiden Bürgermeistereien eine Hochphase. Sie profitierte von den ausländischen Einfuhren, war damit allerdings auch von diesen abhängig geworden. Beispielsweise verfütterten die Bauern der Bürgermeisterei Kervenheim das Dreifache der eigenen Getreideernte.[158] Und im nahen Ruhrgebiet besaß man einen Absatzmarkt, der trotz der Krisen zu Beginn des Jahrhunderts einen lohnenden Verdienst auch künftig zu garantieren schien.

Gartenbauausstellung 1907 im „Heidelberger Faß", Kevelaer (NMVK)

Getreideernte (NMVK)

Mit der Umstellung der Produktion und den Verschiebungen im Anbau gingen weitere Veränderungen einher. Diese drückten sich aus in den Gründungen und der raschen Entwicklung lokaler und regionaler Zucht- und Viehversicherungsvereine, Spar- und Darlehnskassen sowie von Genossenschaften, die auf ein gewandeltes Bezugs-, Absatz- und Verwertungsverhalten hindeuteten. Allein in den Orten der Bürgermeisterei Kevelaer existierten 1908 fünfzehn landwirtschaftliche Vereinigungen.[159] Zu den Bezugsgenossenschaften zählte der 1898 gegründete „Consum-Verein" in Winnekendonk mit 40 Mitgliedern, der z.B. im Jahre 1899 Leinmehl, Kleie, Baumwollsaatmehl, Mais, Chilesalpeter, Thomasmehl und Kohlen in einem Gesamtwert von knapp 50 000 Mark bezog. Futtermittel erhielt man ferner über die Molkereigenossenschaften.[160] Stand um die Jahrhundertwende noch der verbilligte Einkauf im Vordergrund des Interesses, so setzte sich schon vor Kriegsbeginn die Erkenntnis durch, daß der gemeinsame Absatz von Erzeugnissen die Konkurrenzfähigkeit heben konnte. Die 1913 gegründete „Landwirtschaftliche Bezugs- und Absatzvereinigung für Kevelaer und Umgebung" drückte dies bereits in ihrem Namen aus.[161]

Die genossenschaftliche Verwertung der Milch ging auf das Ende des 19. Jahrhunderts zurück. In Winnekendonk wurde 1894, in Wetten 1896 eine Molkerei gegründet. 1913 lieferten die 67 Mitglieder der Winnekendonker Molkerei ungefähr 1,9 Millionen Kilogramm Milch. Pro Kilogramm erhielten die Genossenschaftsmitglieder im Jahresdurchschnitt 8,9 Pfg. sowie 81% Mager- und 8% Buttermilch[162], die teilweise wieder verfüttert wurden. Mit den Genossenschaftsgründungen lagen die niederrheinischen Landwirte im Trend der Zeit. 1890 existierten im gesamten Reichsgebiet 3006 Genossenschaften, 1900 waren es 13 636 und 1910 schon 23 751.[163]

Neuerungen vermittelten die Winter-, Fortbildungs- und Wanderhaushaltsschulen sowie die in fast allen Gemeinden bestehenden Organisationen des Rheinischen Bauernvereins (Ortsgruppe) und des Landwirtschaftlichen Vereins für Rheinpreußen (Kasino), denen die Landwirte „vielfach" gleichzeitig angehörten.[164] In ihnen wurde über Experimente mit der Verfütterung von Palmkern, Kokos oder amerikanischem Maizena informiert[165], oder man erfuhr die neuesten Forschungsergebnisse von Prof. Ramm, daß am Niederrhein z.B. „mit Kraftfuttermitteln eine kolossale Verschwendung getrieben würde".[166]

Seit Ende des 19. Jahrhunderts erleichterten neue Maschinen die Arbeit. „Der fortschrittliche deutsche Bauernhof", so der Agrarhistoriker Heinz Haushofer, „besaß durchweg die Mähmaschine (und zwar als Grasmähmaschine und zum Teil als Bindemäher), Heuerntemaschinen (Pferderechen und Heuwender), Drillmaschinen, die ersten Düngerstreumaschinen und verfügte über entweder eigene oder genossenschaftliche oder von Unternehmern bereitgestellte Dreschmaschinen."[167] Eigene Maschinen konnten sich allerdings in der Regel nur die größeren Betriebe leisten.

Maschinen in den landwirtschaftlichen Betrieben des Kreises Geldern 1895 nach Hektargrößen:[168]

Hektar	0–2	2–5	5–20	über 20
Zahl der Betriebe	5904	1018	1511	362
Sämaschinen	14	20	76	67
Mähmaschinen	1		16	58
Düngerstreuer			10	25
Dampf-Dreschmaschinen			1	2
Andere Dreschmaschinen	3	21	866	312

Ein Blick auf die Entwicklung des landwirtschaftlichen Arbeitsmarktes soll diesen Abschnitt beenden. Drei Momente griffen hierbei ineinander: Erstens entstand bei der seit den 1890er Jahren mehr und mehr greifenden Intensivierung der Agrarproduktion ein saisonal erhöhter Arbeitskräftebedarf, der zweitens durch die Abwanderung einheimischer landwirtschaftlicher Arbeitskräfte verstärkt wurde, und der drittens durch den Einsatz von Maschinen nicht vollständig ausgeglichen werden konnte. Die neu entstandenen und die freiwerdenden Arbeitsplätze konnten auf Dauer nur mit ausländischen landwirtschaftlichen Arbeitern, überwiegend mit Niederländern, besetzt werden. Alle anderen Versuche, wie Nachbarschaftshilfe, Erntehilfen von Soldaten usw.[169], schlossen lediglich kurzfristig die entstandenen Lücken, beseitigten das Problem aber nicht grundsätzlich.

Folgt man den Berichten des Kevelaerer Bürgermeisters, so trat der Arbeitskräftemangel in der Landwirtschaft spürbar erstmals 1897 auf, also kurz nach dem Ende der seit 1873 anhaltenden industriewirtschaftlichen Wachstumsstörung und dem Beginn der, von zwei kurzen Unterbrechungen abgesehen, langen Hochkonjunkturphase, die bis zum Vorabend des Ersten Weltkrieges anhielt. In den Jahren von 1894–1896 konnte der Bürgermeister noch stets gleichlautend formulieren: „Eine Neigung der landwirthschaftlichen Arbeiter, sich der Industrie oder den größeren Städten zuzuwenden, ist hier nicht bemerkbar geworden. Auch ist weder ein Ueberfluß noch ein Mangel an landwirthschaftlichen Arbeitern hier hervorgetreten. Im uebrigen sind die Lohnverhältnisse befriedigende und Wohnungen sind in genügender und passender Weise vorhanden."[170] Im August 1897 dagegen schrieb er: „Im hiesigen Bezirke macht sich der Mangel an preussischen landwirthschaftlichen Arbeitern immer mehr bemerkbar. Der Grund ist namentlich darin zu suchen, daß die hiesigen Arbeiter sich meistens dem Industriegebiete zuwenden oder in den hiesigen Fabriken Arbeit finden. In Folge dessen sind die hiesigen Landwirthe gezwungen, holländisches Dienstpersonal anzunehmen."[171]

Die Gruppe der Abwanderer setzte sich zusammen aus einfachen Tagelöhnern sowie aus solchen, die zudem noch eine Katstelle bewirtschaftet und dort auch mit ihren Familien gewohnt hatten, ferner, bei der vorherrschenden Sitte der geschlossenen Hofübergabe, aus den ausbezahlten Geschwistern des Hoferben.

Das Lohngefälle zwischen Landwirtschaft und Industrie förderte die Wanderung. Zwar stiegen auch in der Landwirtschaft die Löhne allgemein von 1900–1913 um etwa 33%, jedoch war hier die Lohnausgangslage wesentlich ungünstiger, so daß sie weiterhin beträchtlich hinter den Industrielöhnen zurückblieben.[172] Ein Gemeindearbeiter verdiente 1907 einen Tageslohn von 2,60 Mark bei 300 Arbeitstagen im Jahr, zusätzlich zahlte die Gemeinde die Krankenkassenbeiträge. Demgegenüber erhielten in Kevelaer und Wetten 16–20jährige landwirtschaftliche Dienstboten bei freier Beköstigung 200–300 Mark pro Jahr, Arbeiter über 20 Jahre 300–400 Mark bei freier Kost und Wohnung, ein Tagelöhner schließlich 2,50–3,00 Mark pro Arbeitstag. In Twisteden lagen die Jahresverdienste noch 30–50 Mark niedriger, ein Tagelöhner erhielt dort 2,30–2,70 Mark pro Tag, bei Kost und Wohnung zog man ihm etwa 1 Mark ab.[173]

Das jeweilige Arbeitsplatzangebot in der Industrie der näheren oder auch weiteren Umgebung steuerte die Abwanderung. Betrug diese beispielsweise in der Bürgermeisterei Kervenheim in den vier Jahrzehnten zwischen 1872 und 1912 insgesamt über die Hälfte des natürlichen Bevölkerungswachstums[174], so gab es dennoch auch Zeiten verminderten Fortzugs. Zu Beginn dieses Jahrhunderts konstatierten beide Bürgermeister einen Rückgang der Abwanderung[175], was eindeutig eine Folge der damals im Ruhrgebiet herrschenden Arbeitslosigkeit war.

Die Abwanderung der niederländischen Arbeitskräfte ihrerseits wurde gefördert durch den Bevölkerungsanstieg im Nachbarland und die dortige Naturalteilung der landwirtschaftlichen Betriebe. Bei den Niederländern, die an den Niederrhein kamen, muß unterschieden werden zwischen den Saisonarbeitern und den ganzjährig vertraglich gebundenen Arbeitskräften. Die Zahl der Saisonarbeiter konnte je nach Bedarf und einheimischem Arbeitskräfteangebot recht unterschiedlich ausfallen, sie ist kaum exakt zu ermitteln. In der Bürgermeisterei Kevelaer sollen 1901 etwa 150 Niederländer und 400 Deutsche saisonal, 1905 lediglich dreizehn Niederländer als „Sommerarbeitskräfte" bei insgesamt sechs Landwirten beschäftigt gewesen sein.[176] Aufschlußreicher erscheinen die Angaben über vertraglich gebundene Arbeiter in der Bürgermeisterei Kervenheim, von denen viele in die von Einheimischen verlassenen Katstellen der größeren Höfe nachrückten und seßhaft wurden. Bei ihnen handelte es sich nun nicht mehr um Arbeitswanderer, die eine Zeitlang Geld verdienen wollten, um danach in ihr Heimatland zurückzukehren, sondern um Arbeiter und Familien, die am Niederrhein durchaus in einer Einwanderungssituation lebten. Ihre fortschreitende Integration verminderte einige der negativen Begleitersche-

Getreideernte (NMVK)

Niederrheinische Katstelle (NMVK)

nungen, die anfänglich zu Tage getreten waren: „dem Trunke ergebene" Viehwärter, Kontraktbrüche vor Beginn der Feldarbeit im Frühjahr, Arbeitsunwilligkeit usw.[177]
Anschaulich faßte Bürgermeister Janssen die Beschäftigung und beginnende Eingliederung der niederländischen Arbeiter zusammen:
„An Hand der Melderegister und der beigebrachten Heimatscheine [. . .] habe ich s. Zt. festgestellt, dass im hiesigen Bezirk im Jahre 1900 aus 26 benachbarten holländischen Dörfern 92 Knechte, Mägde und Tagelöhner stammen. 1912 kamen 51 Orte mit 167 Arbeitskräften in Betracht. Dazu traten noch 36 Viehwärter. Das Gesinde entstammt meist den Provinzen Nordbrabant und Limburger Gemeinden: Cuyk, Offelt, Mill, Boxmeer, Sambeck, Vierlingsbeck, Bergen, Zeeland und Uden, bezw. Limburg-Bergen, Ottersum, Wansum, Gennep und Meerloo. Grösstenteils liegen diese Orte an der sogenannten ‚Maaskant' zwischen Venlo und Nymegen. Allein aus der Gemeinde Bergen stammten 48 Knechte und Mägde. Die Zahl der Viehwärter, die aus Friesland kamen, betrug: 1900 5, 1913 45 und der kontraktlich gebundenen verh. Tagelöhner 1900 13, 1913 39.
Gerade durch die letzteren, die auf den zu den Höfen gehörigen Katstellen kinderreiche Familien unterhalten, bekommt das holländische Gesinde besonderen Halt. Die Tagelöhnerfrauen helfen zur Erntezeit und wenn sich sonst die Arbeiten drängen, die Tagelöhner-Kinder vermieten sich als Gesinde auf den Höfen der Dienstherrschaften ihrer Eltern. Im Bürgermeistereibezirk sind Höfe, die, der Reihe nach, sämmtliche Glieder von holländischen Arbeiterfamilien im Laufe der Jahre als Gesinde beschäftigt haben. Auch die vertragliche Bevölkerung hierselbst und die plattdeutsche Umgangssprache, die sich kaum von der platthölländischen des Gesindes unterscheidet, sowie die gleiche Konfession – katholisch – tragen zum Zug der holländischen Arbeitskräfte nach hier besonders bei.
Die ständigen Abwanderungen der einheimischen Arbeitskräfte, 90 % der natürlichen Vermehrung wandert ständig ab, und die Festsetzung der holländischen Elemente haben bewirkt, dass zahlreiche Ehen zwischen Holländern und Preussinnen, und umgekehrt, geschlossen wurden. Was die starke Durchsetzung der hiesigen Arbeiterbevölkerung mit holländischen Elementen anlangt, habe ich festgestellt, dass nach der Personenstandsaufnahme 1913 im hiesigen Bezirke 79 Ehen zwischen Holländern und Preussinnen, und umgekehrt, mit zusammen 225 Kindern bestanden. Einschliesslich des Gesindes war 1913 hier jede 10te Person Holländer."[178]

Die Welt zu Gast in Kevelaer

Mit der Wallfahrt nach Kevelaer lassen sich viele Fragestellungen verknüpfen, jedoch können in dieser Regionalgeschichte nicht Themen wie die „Marienverehrung", die „Volksfrömmigkeit" oder die Wallfahrt *nach* Kevelaer im Mittelpunkt stehen, sondern nur solche, die sich auf innerörtliche Gegebenheiten oder Entwicklungen beziehen, die also die Wallfahrt *in* Kevelaer berücksichtigen. Hierzu zählen auch Fragen nach den politischen Rahmenbedingungen, die diese förderten, beschränkten oder gar verhinderten und damit Auswirkungen auf den Ort selbst hatten. Genaue Zahlen über den jährlichen Wallfahrtsverkehr in der hier betrachteten Zeit gibt es nicht. Es existieren zwar Schätzungen, die auf den Sonderzugverkehr und auf die am Kevelaerer Bahnhof verkauften Fahrkarten beruhen, die aber die Fußpilger, die Radfahrer oder die Reisenden in fahrplanmäßig verkehrenden Zügen nicht berücksichtigen. Sämtliche Zahlenangaben müssen daher mit einiger Skepsis betrachtet werden, was allerdings nichts an den grundsätzlichen Trends ändert. Eine Minderzahl von Pilgern kam einzeln oder mit Familienangehörigen, Verwandten oder Bekannten mit der Eisenbahn, dem Fahrrad oder zu Fuß während des gesamten Jahres zur Gnadenkapelle, die übrigen erschienen in geschlossenen, mit der Wallfahrtsleitung im Priesterhaus abgesprochenen Prozessionen während der damaligen Wallfahrtszeit vom 29. Juni (Peter und Paul) bis zum 1. November.

Wallfahrtsbesuch und Reisende mit Sonderzügen 1900–1921:[179]

	Pilgerzahl	Reisende in Sonderzügen
1900	348 000	219 000
1901	350 000	220 000
1902	357 000	228 000
1903	378 000	250 000
1904	384 000	255 000
1905	388 000	233 600
1906	390 000	244 180
1907	453 000	256 670
1908	487 000	305 100
1909	529 000	347 540
1910	436 000	354 240
1911	544 000	360 000
1912	563 000	365 000
1913	635 000	417 000
1914	250 000	100 660

Aufnahme des Kapellenplatzes um 1910 (NMVK)

Der Bau der Eisenbahn in den 1860er Jahren hatte die Massenwallfahrt ermöglicht und gleichzeitig die ursprüngliche Form der Fußprozession zurückgedrängt, ohne diese jedoch gänzlich zu beseitigen. 1913 gingen immerhin noch 82 von insgesamt 576 organisierten Prozessionen zu Fuß.[180] Die Eisenbahn vergrößerte auch das Einzugsgebiet weit in das Ruhrgebiet und den Köln-Aachener Raum hinein sowie in die gesamten Niederlande und Belgien bis nach Amsterdam und Antwerpen. Im Jubiläumsjahr 1892 kamen – trotz der Seuchengefahr – 64 niederländische Prozessionen aus Tilburg und Eindhoven, Amsterdam und Helmond, aus Nymegen, Leyden, Haarlem, Arnheim, Utrecht und vielen anderen Orten sowie drei aus Belgien.[181] Vor dem Krieg waren es dann 93 niederländische und sieben belgische Prozessionen.[182]

Die ausländischen Gruppen waren für die Kevelaerer Hotels und Gasthöfe von außerordentlicher Wichtigkeit, da sie meist mehrere Tage am Orte blieben und nicht, wie beispielsweise die Arbeiter aus dem Ruhrgebiet, am selben Tag wieder abreisten. „Der grösste Prozentsatz der Prozessionsteilnehmer", so Marx, „besonders der deutschen, gehörte der minderbemittelten Bevölkerung an. Dieses seelische Moment, das die Arbeiterklasse zu einer Wallfahrt ansporntе, wurde nun auch noch dadurch unterstützt, dass die Prozessionen an Sonntagen früh morgens kamen, nachmittags wieder heimkehrten, dabei das Fahrgeld ermäßigt war. Die Bessergestellten wollten nicht in überfüllten Eisenbahnwagen fahren, sie kamen lieber an Wochentagen und blieben auch 1–2 Tage. Die Holländer nahmen sich mehr Zeit. Ihre Prozessionen blieben in der Regel 3 Tage mitten in der Woche."[183]

Den länger bleibenden Besuchern standen 1895 im Ort 960 Betten in 29 hauptgewerblichen, 27 nebengewerblichen und 70 temporären Gastronomie- bzw. Beherbergungsunternehmen zur Verfügung. 1913 gab es bereits 5000 Betten in 57 Betrieben und 85 temporären Wirtschaften sowie weitere 500 in Privatquartieren.[184] Auf der Basis der 1911 erschienenen Untersuchung von Karl Heinrich Janssen „Das Wirtsgewerbe im Kreise Geldern" lassen sich Umfang und Verdienst der Kevelaerer Gastronomie mit denen in „normalen" niederrheinischen Dörfern vergleichen.

Über den Konkurrenzdruck der Wirte in der Vorkriegszeit liegen keine Berichte vor. Die jährlich steigenden Pilgerzahlen dürften diesem Erwerbszweig eine grundsätzliche Konkurrenzsituation zwar nicht erspart haben, doch scheinen, vor allem durch die Vermehrung der niederländischen Prozessionen, genügend Einnahmemöglichkeiten vorhanden gewesen zu sein, die einen harten Kampf untereinander noch in Grenzen hielten. Gleichwohl sprachen die Wirte 1907 in der fünf Jahre zuvor gegründeten Wirtevereinigung die Preise untereinander ab. Dazu unterteilten sie die Beherbergungs- und Gastronomiebetriebe in drei Klassen, denen sie 12, 39 bzw. 69 Betriebe zuordneten. In der ersten Klasse kostete eine „Nachtlogis mit garniertem Frühstück" in einem „besseren" Zimmer

Entwurf eines Erinnerungsblattes zum Wallfahrtsjubiläum 1892 (NMVK)

2,50 Mark, ohne Frühstück 1,50 Mark, in der zweiten – ohne Frühstück – 1,20 Mark und in der dritten Klasse jedes Bett 80 Pfennig.[186] Zum Vergleich: Ein Gemeindearbeiter verdiente in Kevelaer 2,60 Mark pro Tag. Mit dieser Vereinbarung kamen die Wirte sicherlich den Wünschen der Besucher nach vergleichbaren Preisen entgegen. Die Preisabsprachen hatten aber andererseits auch das Ziel einer Kontrolle untereinander und sollten ein sich gegenseitiges Unterbieten verhindern.

Ständige Gast- und Schankwirtschaften und Verdienste der Wirte 1909:[185]

	Insgesamt	Davon Gastw.	Einkommen (in Mark)
Kevelaer	57	48	221 209
Wetten	10	1	17 800
Twisteden	6	3	11 541
Kervenheim	8	1	15 628
Kervendonk	3	–	6 732
Winnekendonk	11	4	18 955
Stadt Geldern	38	11	110 338
Kreis Geldern	440	145	1 028 166

Von der Hauptmasse der Wallfahrer profitierten jedoch die Beherbergungsunternehmen und vornehmen Gasthöfe weniger, da diese Pilger nur für einige Stunden, meist an Sonn- oder Feiertagen, die Gnadenkapelle besuchten – in der Wallfahrtsperiode waren es mitunter bis zu 30 000 am Tag.[187] Diese Gruppen kehrten wohl eher, wenn überhaupt, in den preiswerteren Gast- und Schankwirtschaften ein. Einkaufsmöglichkeiten boten die Devotionalienläden und die bis in die nationalsozialistische Zeit bestehenden Buden auf dem Kapellenplatz, die von der Gemeinde oder von der Kirche an Händler vermietet wurden. Im Ortskern galt die sonst vorgeschriebene Sonntagsruhe nicht. Allen behördlichen Versuchen, dieses Privileg zu beschränken, traten zu allen Zeiten die Bürgermeister stets entgegen.
„Die meisten Prozessionen", so Bürgermeister Marx 1908, „weilen nur Sonntags hier, weil der überwiegende Teil der Pilger der geringeren Bevölkerungsklasse angehört und dieser gezwungen ist, um nicht Zeit und Verdienst zu versäumen, die Sonn- und Feiertage zur Wallfahrt zu benutzen. Bei dieser Gelegenheit pflegen die Pilger Erinnerungszeichen und Wallfahrtsartikel in Kevelaer einzukaufen und mit nach ihrer Heimat zu nehmen. Viele Geschäftshäuser – über 100 – führen nur Wallfahrtsartikel und sind ausschließlich auf den Erwerb aus denselben angewiesen. Eine weitere Einschränkung der Sonntagsruhe wür-

Niederländische Wallfahrtsgruppe 1902 (NMVK)

Speisesaal des Hotels „Heidelberger Faß" (NMVK)

Hotel „Zum Weissen Kreuz" 1911 (NMVK)

de deshalb für diese Gewerbetreibende sowie für den ganzen Ort unberechenbare Folgen nach sich ziehen."[188]
Bei allem Geschäftssinn, den die Kevelaerer Bürger entwickelten, wurden ihnen jedoch hin und wieder Beschränkungen durch die örtliche Geistlichkeit auferlegt. „Im inneren Leben des Ortes wurde ängstlich alles ferngehalten, was die religiöse Betätigung und die Andacht der Pilger irgendwie stören konnte. Weltliche Vergnügen gab's und gibt's auch heute nicht während der Wallfahrtszeit, und der Einfluss der Geistlichkeit auf die Einwohner ging soweit, dass auch in der pilgerfreien Zeit, 8 Monate des Jahres, keine Tanzvergnügungen stattfinden, eine Tatsache, die Walter Riehl auch als ein ‚Wunder' bezeichnete."[189]
Einschränkungen oder Behinderungen der Wallfahrt oder einzelner Wallfahrtsgruppen waren keine primären Erscheinungen der nationalsozialistischen Zeit oder des Zweiten Weltkriegs. Sie kamen vor in der Napoleonischen Besatzungszeit, während des Kulturkampfes und sogar zu Beginn des 20. Jahrhunderts, damals jedoch kaum bemerkt von der Kevelaerer Bevölkerung. Letztere richteten sich gegen eine kleine Gruppe, die sich der Marienverehrung besonders verbunden fühlte: auf die Wallfahrten der sogenannten Ruhrpolen und ihrer Vereine, die schon vor der Jahrhundertwende begonnen hatten. Die Ruhrpolen kamen nicht jährlich, da sie in den übrigen Jahren nach Neviges oder Werl gingen. Pilgerten sie jedoch an den Niederrhein, so konnte darüber durchaus ein kurzer Hinweis in der lokalen Presse erscheinen. Am 2. Juli 1902 berichtete das Kevelaerer Volksblatt über den Verlauf der traditionellen Arbeiterwallfahrten zu Peter und Paul und teilte seinen Lesern mit, daß „auch Pilger polnischer Nationalität in reichlicher Anzahl" vertreten gewesen seien. Auch für Bürgermeister Marx, der 1901 sein Amt angetreten hatte, bedeuteten die Polenprozessionen zunächst keinen Anlaß, in irgendeiner Weise tätig zu werden.
1908 erinnerte sich dann die Düsseldorfer Regierung an eine mehr als 30 Jahre alte Verfügung, nach der diese Prozessionen einer gesonderten Genehmigung bedurften. Dies geschah nicht von ungefähr, sondern man fürchtete nun offenbar eine Ausnutzung der Wallfahrten für nationalpolnische Demonstrationen. Bürgermeister Marx konnte derlei Verdächtigungen überhaupt nicht bestätigen. Im allgemeinen kämen die Polen im Rahmen der Prozessionen ihrer Wohnorte, Ausnahmen bildeten alle drei Jahre einige Sonderprozessionen aus Bochum, Essen und Oberhausen. „In allen Fällen ist es aber nach meiner jahrelangen persönlichen Beobachtung ausgeschlossen, daß die Polen bezwecken, die religiöse Feier zu einer politischen Demonstration zu machen. [...] Sie tragen bei den Prozessionen keinerlei polnische Abzeichen und nur religiöse Fahnen. Nationaltracht legen sie nicht an, hin und wieder sieht man einen Fahnenträger mit einer Polenmütze."[190]

Szenen aus dem Wallfahrtsleben um 1910 (HStAD, RWB 2150)

KEVELAER Gnadenkapelle, Typen aus dem Wallfahrtsleben

Szenen aus dem Wallfahrtsleben um 1910 (HStAD, RWB 2150)

KEVELAER Kerzen-Verkäuferinnen auf dem Kapellenplatz

Ungewöhnlich heftig reagierte der Gelderner Landrat, der wohl schneller verstand, worauf die Anfrage der Regierung zielte. Den von Düsseldorf über seine Dienststelle in Kevelaer angeforderten Bericht versah er mit der handschriftlichen Randbemerkung: „Das Verhalten des Bürgermeisters Marx den polnischen Prozessionen gegenüber ist ungesetzlich und instruktionswidrig. Derselbe hätte die Rundverfügung vom 3. Februar 1875 durchlesen müssen und sich nicht mit der Erklärung seiner Amtsvorgänger begnügen dürfen."[191]

In der Folgezeit mußten die polnischen Vereine, wollten sie den Wallfahrtsort in einer geschlossenen Prozession besuchen, Genehmigungsanträge an die Ortspolizeibehörde in Kevelaer richten, die jedoch – in Absprache mit dem Landratsamt und der Düsseldorfer Regierung – stets abgelehnt wurden. Hieran änderten auch Eingaben polnischer Vereine beim Regierungspräsidenten und eine Audienz des Vorsitzenden des Katholischen Polenvereins von Oberhausen und Umgebung, Danielewisz, beim Oberpräsidenten der preußischen Rheinprovinz in Koblenz nichts. Im August 1908 kamen die Oberpräsidenten von Westfalen und der Rheinprovinz sogar überein, sich beim preußischen Innenministerium für ein generelles Verbot einzusetzen.[192] Ziel all dieser Bemühungen war es, keine Sonderprozessionen mehr zuzulassen, Gesang, Gebet und Predigten in polnischer Sprache zu unterbinden und die polnischen Katholiken in die allgemeinen Wallfahrten ihrer Wohnorte einzugliedern. Allerdings mußten selbst diese jetzt von der Ortspolizei beobachtet und überwacht werden.

„*Kevelaer, 29. Oktober 1908*
Die beiden Polizeisergeanten Gerritzen und Grootens hatten sich allgemeiner Instruktion zufolge am 23. August zum Bahnhof begeben, um die eintreffenden Prozessionen zu controlieren. Die Prozession Hamborn traf in 2 Zügen ein. Auf Befragen der Polizeisergeanten erklärte der Pfarrer D. Laakmann von Hamborn, den noch 4 Kapläne aus Hamborn begleiteten, daß er der Führer der Hamborner Prozession sei und daß die Polen zu seinen Pfarrkindern gehörten. Sämtliche Insassen beider Pilgerzüge zogen in einer geschlossenen Prozession in Kevelaer ein, die Polen waren durch die ganze Prozession verteilt. Sie wurden bezüglich des Tragens national-polnischer Abzeichen oder sonstiger polnischer Demonstrationen überwacht."[193]

Drei Klassen, zwei Bürgermeister

Den Handlungsspielraum der kommunalen Politik zwischen dem für die einzelnen Gemeinden investiv „Wünschenswerten" und dem unvermeidbar „Notwendigen" bestimmte der jeweilige Finanzetat. In allen Gemeinden gleichermaßen notwendig war ein Mindestmaß an Verwaltung, an Erhaltung bzw. Ausbau der Infrastruktur (Brücken, Wege), an kommunaler Fürsorge (Armenpflege), an schulischen Einrichtungen usw. Wünschenswert war z. B. eine deutliche Verbesserung der Infrastruktur und damit des wirtschaftlichen Standorts (Ausbau des Eisenbahnnetzes), der Wasserversorgung und Wasserentsorgung (Wasserleitung, Kanalisation, Kläranlagen), des Gesundheits- und des Schulwesens oder sonstiger kommunaler Einrichtungen (Sportplätze, Badeanstalten). Obwohl es für die Gemeinden in der Kaiserzeit durchaus möglich war, Kredite aufzunehmen, sich also zu verschulden, blieben dennoch die finanziellen Folgelasten in einem hohen Maße berechen- und verantwortbar. Sie nahmen noch keineswegs so bedrohliche Formen an wie in der Zeit nach Beginn des Ersten Weltkrieges, als sich die kommunale Politik verstärkt, mitunter fast ausschließlich, mit Problemen individueller oder gemeinschaftlicher Vorsorge (z. B. Ernährung) oder einer – gesetzlich festgeschriebenen – Beteiligung an der Fürsorge (z. B. Unterstützung von Arbeitslosen) beschäftigte und bisweilen Verschuldungen aufgenommen wurden bzw. aufgenommen werden mußten, die ihre finanziellen Möglichkeiten mitunter weit überschritten.

Welche Modernisierungen sich die einzelnen Gemeinden bis 1914 durch eigene Investitionen leisten konnten, wurde in den vorangegangenen Abschnitten erwähnt. Dabei hatten sich erhebliche Unterschiede zwischen dem „wirtschafts- und finanzmächtigen" Kevelaer und den „normalen" niederrheinischen Gemeinden herausgestellt, die nur bedingt an den Arbeitsplätzen des Wallfahrtsortes teilhaben konnten. Bei allen Unterschieden gab es aber auch Gemeinsamkeiten. In allen Gemeinden kam es z. B. nicht zur Ausbildung von politischen Parteien, die ihrerseits Mitwirkung am öffentlichen Leben hätten anstreben können. Das politische Leben wurde so weniger durch organisierte Interessen bestimmt als durch das Wirken von Einzelpersönlichkeiten.

In den Bürgermeistereien Kevelaer und Kervenheim – mit ihren Verwaltungssitzen in Kevelaer und Winnekendonk – waren vier bzw. drei selbständige Gemeinden zu Verwaltungs- und politischen Einheiten zusammengefaßt, an deren Spitze jeweils ein beamteter Bürgermeister stand. Die allgemeine verfassungsrechtliche Stellung der Gemeinden war durch die „Rheinische Gemeindeordnung" von 1845 bestimmt, die in der hier betrachteten Zeit in der revidierten Fassung von 1856 Gültigkeit besaß.[194] Sie regelte die Stellung der Bürgermeistereien und ihre Beziehungen untereinander, die Rechte und Pflichten der Bürgermeister, der Gemeinde- und Bürgermeistereiräte, das Wahlverfahren und unterschied zwischen „Mitgliedern" der Gemeinden (Bürgern) und bloßen Einwohnern.

Der Bürgermeister unseres Raumes besaß im Kaiserreich und auch noch in den folgenden Jahrzehnten eine wesentlich gewichtigere Stellung, als ihm die nach dem Zweiten Weltkrieg in der Britischen Besatzungszone revidierte Deutsche Gemeindeordnung einräumte. Er war nicht nur die „Spitze" der Verwaltung,

dem Landrat dienstrechtlich unterstellt, führte nicht nur die Beschlüsse der Gemeinderäte bzw. des Bürgermeistereirates aus, sondern hatte auch im allgemeinen den Vorsitz in diesen Räten inne, berief deren Sitzungen ein und konnte bei Stimmengleichheit den Ausschlag geben. Es war ihm fernerhin freigestellt, in den einzelnen Kommissionen die Leitung zu übernehmen. Als Aufgaben oblagen ihm ferner die „Polizeiobrigkeit" (Ortspolizeibehörde) in seinem Bezirk sowie die Verpflichtung, „die bestehenden Landesgesetze und Vorschriften gehörig" zu beobachten.[195]
Die Bürgermeister wurden nicht von den kommunalen Vertretungen gewählt, sondern von der Regierung auf Vorschlag des Landrates ernannt, der in der Regel die Wünsche des jeweiligen Bürgermeistereirates einholte, die allerdings keine bindende Kraft hatten. Somit war der Bürgermeister unabhängig von Wahlentscheidungen. Er besaß aber gleichwohl die Möglichkeit, in die kommunalpolitischen Entscheidungen durch sein Stimmrecht gelegentlich einzugreifen bzw. diese durch seinen Vorsitz in den Räten und Ausschüssen zu beeinflussen. Im überschaubaren ländlichen Raum war er über seine verfassungsrechtliche Stellung hinaus eine Autoritätsperson, dessen Meinung gehört, dessen Rat eingeholt wurde, der bei Streitigkeiten schlichtete. Beiden Bürgermeistern, die im folgenden vorgestellt werden sollen, war neben ihrer gründlichen Fachbildung gemeinsam, daß sie über Jahrzehnte hinweg in ihren Bürgermeistereien tätig waren, lange vor Beginn des Ersten Weltkriegs ihre Amtsgeschäfte aufgenommen und sich somit bereits vor den Notjahren ab 1914 eine Position aufgebaut hatten, die ihnen bei der Bewältigung der Krisen half. Beide kamen, wie damals üblich, von auswärts und konnten, soweit dies überhaupt möglich war, den örtlichen Gegebenheiten unparteiisch gegenübertreten.

Karl Heinrich Janssen[196], von 1896–1933 Bürgermeister der Bürgermeisterei (ab 1927 des Amtes) Kervenheim, wurde 1870 in Krefeld geboren. Nach einem volkswirtschaftlichen Studium an der Universität Münster war er zunächst Verwaltungsvolontär im Landratsamt Krefeld-Land, wechselte dann zu den Bürgermeisterämtern Langenlonsheim an der Nahe, Anrath, Fischeln und Osterrath, wurde anschließend Regierungssupernumerar in Essen und Düsseldorf. Bereits mit 26 Jahren trat er 1896 die Nachfolge des verstorbenen Bürgermeisters August Remmets[197] in Winnekendonk/Kervenheim an. Karl Heinrich Janssen veröffentlichte einige ortsgeschichtliche und wirtschaftswissenschaftliche Publikationen. Er präsentierte seine Bürgermeisterei bei der Jahrtausendausstellung der Rheinlande 1925 in Köln und 1926 auf der Gesolei (Gesundheitspflege, soziale Fürsorge und Leibesübungen) in Düsseldorf.[198] Seine unbestreitbare Loyalität gegenüber dem preußischen Staat ging einher mit einer fundierten Kenntnis des niederrheinischen Raumes, seines Amtsbezirks und der dort lebenden Menschen. Dieses Wissen erlaubte ihm mehr als einmal, gegenüber dem Landrat oder der Regierung in Düsseldorf mit deutlichen Worten Kritik an Vorhaben oder Entscheidungen der ihm vorgesetzten Stellen zu üben oder auf mögliche Folgewirkungen politischer Entscheidungen bereits im Vorfeld aufmerksam zu machen.

Matthias Christian Stephan Marx[199], von 1901–1924 Bürgermeister in Kevelaer, wurde 1853 in Aachen geboren. Seine erste Stelle als Bürgermeister trat er mit 25 Jahren in Schoenecken im Regierungsbezirk Trier an. Vorausgegangen waren eine Verwaltungsausbildung sowie eine Tätigkeit als Supernumerar bei der Regierung in Trier. Nach 23 Amtsjahren verließ er 1901 Schoenecken und löste in Kevelaer den in Ruhestand getretenen Bürgermeister Leeuw ab. An der Umgestaltung Kevelaers von „einem Dorf in eine Gemeinde mit städtischem Ansehen"[200] hatte Matthias Marx prägenden Einfluß. Bei ihm hervorzuheben ist sein Verhandlungstalent, das er, wie beschrieben, in den Arbeitskämpfen unter Beweis stellte. Sein „tragisches Schicksal" 1923 während der belgischen Besatzungszeit wird noch von Interesse sein.

Die Beratungen und Entscheidungen über die Angelegenheiten der Gemeinden und Bürgermeistereien erfolgten in den Kommunalvertretungen, zu deren wichtigsten Aufgaben die jährliche Verabschiedung der Haushalte, die Festsetzung der Steuerzuschläge, die Höhe der Gebühren, die Verwaltung des Gemeindevermögens und die Verteilung der für die Gemeinden zu leistenden Dienste, z. B. im Wegebau, gehörten. In allen Angelegenheiten, in denen die Gemeinden gegenüber dem Staat verpflichtet waren, hatten die Gemeinderatsbeschlüsse lediglich den Stellenwert von Gutachten. Hierzu zählten die „Anlage und Unterhaltung von Polizei- und Armenanstalten, Angelegenheiten der Kirchen, der Schulen, der frommen Stiftungen usw."[201]
Die Rheinische Gemeindeordnung legte grundsätzlich fest, wer das Wahlrecht ausüben durfte und wer in die Gemeindevertretungen gewählt werden konnte. Die „Gemeinderechte" besaßen bei weitem nicht alle Einwohner, sondern nur die männlichen Bürger (Meistbeerbte), „welche das 24ste Lebensjahr zurückgelegt [hatten], Preußische Unterthanen und unbescholten" waren.[202] Ferner mußten sie entweder Grund- oder Hausbesitzer sein, einen bestimmten Steuerbetrag entrichten, keine Armenunterstützung empfangen, ihre Steuern bezahlt haben und die bürgerlichen Ehrenrechte besitzen. In Gemeinden mit weniger als 1000 Einwohnern waren sechs Verordnete zu wählen, in denen von 1000–3000 zwölf und schließlich 18 in Kommunen bis 10 000 Einwohnern. Die Hälfte dieser Verordneten mußten Grundeigentum besitzen. Zu den Gewählten traten vermögende Grundbesitzer hinzu, die ganz ohne Wahl einen Platz im Gemeinderat besaßen. Auch wählte man nicht alle Verordneten gleichzeitig, sondern immer nur einen Teil, so daß eine gewisse Kontinuität erhalten blieb.

Gewählte und geborene Mitglieder der Gemeinderäte:[203]

	Gewählte Mitglieder	Zuzüglich Grundbesitzer
Kevelaer	18	4
Wetten	12	1
Twisteden	6	–
Kleinkevelaer	6	–
Kervenheim	6	–
Kervendonk	6	7
Winnekendonk	12	16

Gewählt wurde getrennt in drei Klassen. Um diese Klassen zu bestimmen, teilte man das Steueraufkommen der Wahlberechtigten in drei gleich große Gruppen. Jede der so gebildeten Klassen konnte nun eine gleich große Anzahl von Verordneten wählen, wobei es nicht Bedingung war, daß der zu Wählende selbst dieser Klasse angehörte. Ein Fabrikbesitzer konnte so auch in der dritten Klasse aufgestellt und gewählt werden. Für die Gemeinde Kevelaer ergab sich beispielsweise 1906, daß von den knapp über 7000 Einwohnern lediglich 1066 wahlberechtigt waren, davon 42 in der ersten Klasse (Steueraufkommen 413,20–2338,80 Mark), 129 in der zweiten (150,40–412,90 Mark) und 895 in der dritten (8,60–150,– Mark). Jede Abteilung wählte drei Vertreter.[204]
Schließlich muß noch ein weiterer Unterschied zum heutigen Wahlverfahren genannt werden. Die Wahl erfolgte keineswegs schriftlich und geheim, sondern: „Jeder Wähler muß dem Wahlvorsteher mündlich und laut zu Protokoll erklären, wem er seine Stimme geben will. Er hat so viele Personen zu bezeichnen, als zu wählen sind."[205]
„Das kommunale Selbstverwaltungsrecht hat", wie der Historiker Hein Hoebink bemerkt, „politischen Einfluß und politische Mitgestaltungskompetenz schematisch an den Nachweis wirtschaftlicher Leistungsfähigkeit geknüpft und dabei die strukturellen Veränderungen der deutschen Wirtschaft, insbesondere den Wechsel einer Agrar- in eine Industriegesellschaft nur mit auffälliger Verzögerung berücksichtigt. [...] Die Orientierung des kommunalen Wahlrechts in Preußen [...] an wirtschaftlichen Erfolgsmaßstäben gab den Kommunalparlamenten den Charakter von Aktionärsversammlungen, bei denen den Aktionären jeweils mindestens soviel politisches Gewicht zufiel, wie sie selbst oder wie die sie delegierenden Wähler Anteil am Gemeindevermögen erworben hatten."[206]
Ein wesentlicher Grund für die geringe Wahlbeteiligung bei Kommunalwahlen – in Kevelaer betrug sie 1906 in der dritten Klasse 27,7 % – lag im Wahlsystem,

das der Hauptmasse der überhaupt Wahlberechtigten nur relativ geringe Einflußmöglichkeiten bot und darüber hinaus weite Teile der Bevölkerung von vornherein ausschloß. Bemerkenswert ist ferner, daß sich die Wähler gewöhnlich schon vor der eigentlichen Wahl in Versammlungen auf eine Liste einigten. Meist wurden die ausscheidenden Gemeinderatsmitglieder einfach erneut nominiert. Zu Gegenkandidaturen kam es nur gelegentlich in der zweiten oder dritten Klasse.

Kandidaten mit parteipolitischer Anbindung traten allerdings bei den ohne Klasseneinteilungen durchgeführten Reichstagswahlen auf. Der langjährige Kandidat des Zentrums, Dr. Marcour, besaß in beiden Bürgermeistereien einen festen Wählerstamm. Dies änderte sich auch nur unwesentlich, als 1903 der Gutsbesitzer Hönnekes (Rheinischer Bauern-Verein) aus Kervendonk kandidierte. Selbst in seinem Heimatdorf erhielt er nur 31 Stimmen, auf Marcour entfielen 91.[207]

In der niederrheinischen Zentrums-Hochburg hatten es andere Parteien, insbesondere die Sozialdemokraten, sehr schwer, Fuß zu fassen. Dies kann kaum verwundern, da es dem gegen die Sozialdemokraten gerichteten Katholischen Arbeiterverein und den christlichen Gewerkschaften schnell gelungen war, die Arbeiterschaft an sich zu binden. Die wenigen örtlichen Sozialdemokraten blieben isoliert und konnten auch innerhalb der vorhandenen Gewerkschaften nicht politisch wirksam werden. Wie gering das sozialdemokratische Wählerpotential in diesen Gemeinden war, zeigt das Ergebnis der Reichstagswahl von 1912.

Ergebnisse der Reichstagswahl von 1912:[208]

	Zentrum Marcour	SPD Lewerentz	Zentrumsanteil, %
Kevelaer	1371	98	93,3
Wetten	363	–	100,0
Twisteden	154	1	99,4
Winnekendonk	392	2	99,5
Kervendonk	130	2	98,5
Kervenheim	143	1	99,3

Obwohl es sich in der Kaiserzeit bei den Sozialdemokraten bzw. bei der sozialdemokratischen Wählerschicht nur um eine kleine Gruppe handelte, sollen doch im Hinblick auf die Zeit nach dem Ersten Weltkrieg und speziell auf das Jahr 1933 die Anfänge der Sozialdemokratie in dieser Region festgehalten werden. Generell wurde die SPD von der zentrumsorientierten örtlichen Presse, von den Bürgermeistern, Räten und Unternehmern stets als eine Gefahr betrachtet, deren Entwicklung man mit Besorgnis beobachtete und durch die Polizei überwachen ließ. 1895 schrieb Bürgermeister Leeuw (Kevelaer) in seinem Zeitungsbericht: „Ein von auswärts zugezogener socialdemokratischer Agitator, welcher bereits seit mehreren Jahren im hiesigen Bezirke Parteigenossen suchte, ohne jedoch nennenswerthe Erfolge erzielt zu haben, verließ Anfangs dieses Jahres Kevelaer, um ein seinen Bestrebungen ergiebigeres Feld aufzusuchen. Schon dieser Wegzug zeugt davon, daß von einem Aufkommen der Socialdemokratie im hies. Verwaltungsbezirke nicht die Rede sein kann, wie solches auch mit der streng katholischen Gesinnung der Bevölkerung unvereinbar ist." Und weiter unten fuhr er fort: „Handel und Industrie stehen gegenwärtig in schönster Blüthe; der Besitzer der hier bestehenden Celluloid-Fabrik, J. Arns beabsichtigt, seine Fabrik in nächster Zeit zu vergrößern, resp. die in Crefeld bestehende Fabrik nach hier zu verlegen. Durch dieses Unternehmen wird allerdings den ärmeren Klassen eine neue Erwerbsquelle geboten, doch kann andererseits nicht verkannt werden, daß dadurch manche Uebelstände veranlaßt werden. Neue Fabriken ziehen zweifellos auch von auswärts Arbeiter und Familien herbei, welche vielleicht hier Unterstützungswohnsitz erwerben, schließlich der Armenkasse zur Last fallen. Auch ist es sehr gut möglich, daß durch solche zuziehenden Arbeiter der socialdemokratische Geist übertragen wird und auch auf hiesige Arbeiter seinen verderblichen Einfluß ausübt."[209]

Erfolglos verlief anscheinend auch der Versuch einiger Sozialdemokraten im Oktober 1896, in der Kervenheimer Schuhfabrik Fuß zu fassen: „Zu Anfang des Quartals beabsichtigte der Sohn Ferdinand des früheren Ortsvorstehers, jetzigen Auktionators, von Kervenheim, Wehren zu Winnekendonk, mit ca. 15 Arbeitern, die aus Waldheim [...] kommen und der sozialdemokratischen Partei angehörten, in die Niederrheinische Schuhfabrik von Joh. Micheel in Kervenheim einzutreten, um so auf dem Lande Propaganda für die sozialdemokr. Partei zu machen. Dieselben wurden mit ihrem Gesuch um Arbeit abgewiesen."[210]

Die sozialdemokratische Minderheit stand unter ständiger örtlicher Beobachtung, im Falle eines Ortswechsels wurde zudem der jeweilige Bürgermeister informiert. Bemerkbar machten sie sich, unterstützt von einigen Genossen aus Goch[211], später auch aus Geldern, mit Flugblättern und Stimmzetteln bei den Reichstagswahlen, die das Kevelaerer Volksblatt am liebsten verbrannt sehen wollte.[212] Dem zunächst bestehenden „Socialdemokratischen Organisationskomitee für den Niederrhein" gelang es erst 1908, in Geldern einen „Sozialdemokratischen Verein" (Wahlverein für Cleve-Geldern) ins Leben zu rufen.[213] In den Jahren zuvor hatten sich bereits einige Einwohner Kevelaers der Partei angeschlossen, worüber Bürgermeister Leeuw erstmals 1896 berichtete. Nach der Gelderner Vereinsgründung dürften noch einige weitere hinzugekommen sein, doch ist es fraglich, ob sich bereits vor dem Ersten Weltkrieg eine Ortsgruppe in

Kevelaer gebildet hat. Dies erfolgte wahrscheinlich erst zu Beginn der Weimarer Republik, als ein neues Wahlrecht das bislang personenkonzentrierte Wahlverhalten zugunsten einer stärkeren parteipolitischen Ausrichtung veränderte.

Die erste Gemeinderatssitzung im neuen Kevelaerer Rathaus 1903; dritter von links Bürgermeister Marx (NMVK)

Die Sozialdemokraten am Niederrhein.

Geldern, 15. Juli 1908.

Bekanntlich haben die Sozialdemokraten wie die Liberalen seit einer Reihe von Jahren den Versuch gemacht, auch am linken Niederrhein, namentlich in den größeren Orten und Städten, festen Fuß zu fassen. Bei den Krankenkassenwahlen traten sie hier und dort mehrfach nicht erfolglos auf, und bei den politischen Wahlen brachten sie ihre wenigen Anhänger regelmäßig auf die Beine. Am linken Niederrhein wird ihnen ja niemals das Glück lächeln, zumal da allenthalben die Aufklärungsarbeit streng geregelt ist und dafür gesorgt wird, daß die sozialdemokratischen Märchen und Utopien den gesunden Sinn unseres starken, niederrheinischen, durch und durch christlichen Volksschlages nicht ankränkeln und vergiften können. Die Sozialdemokraten genießen aber den beneidenswerten Ruf, daß sie da, wo sie einmal in etwa Boden gewonnen haben, nicht mehr locker lassen, und so werden wir mit ihnen andauernd zu rechnen haben. Am 5. Juli dieses Jahres ist in Geldern ein „**Sozialdemokratischer Verein**" (Wahlverein für Cleve-Geldern) gegründet worden, und wir sind heute in der Lage, die Satzungen dieser bemerkenswerten politischen Neugründung der Oeffentlichkeit mitteilen zu können. Das Schriftstück hat folgenden Wortlaut:

„Statut des Sozialdemokratischen Vereins für den Wahlkreis Cleve und Geldern. 1. Der Verein führt den Namen Sozialdemokratischer Verein Cleve-Geldern und erstreckt sich über den Reichstagswahlkreis Cleve-Geldern. 2. Der Verein bezweckt die geistige und gesellschaftliche Hebung und politische Schulung der Bevölkerung auf der Grundlage des sozialdemokratischen Parteiprogramms durch: Förderung der sozialdemokratischen Parteipresse, Gründung und Erhaltung einer Vereinsbibliothek, Einwirkung auf öffentliche und politische Angelegenheiten. 3. Mitglied des Vereins kann jeder im Reichstagswahlkreise Cleve-Geldern wohnende Einwohner werden, der das sozialdemokratische Parteiprogramm anerkennt und dessen Aufnahme keine gesetzlichen Hindernisse im Wege stehen. 4. Die Geschäfte des Vereins werden von einem aus drei Personen bestehenden Vorstande verwaltet. Derselbe wird in der alljährlich stattfindenden Generalversammlung gewählt und muß dieser über seine Geschäftsführung Rechenschaft geben. Zur Kontrolle des Vorstandes werden drei Revisoren gewählt. 5. Der Beitrag beträgt pro Woche 10 Pfg., das Eintrittsgeld 30 Pfg."

Daß die sozialdemokratischen Hoffnungen und Wünsche in unserem Bezirke nur ein tristes Dasein fristen werden, ist selbstverständlich. Wir machen aber alle Kreise, namentlich unsere Parteifreunde, auf den neuesten Vorstoß eines entschlossenen Gegners immerhin nachdrücklichst aufmerksam und empfehlen noch einmal, und immer wieder, allerorts vorzubauen und durch Schulung in Versammlungen, durch Agitation für unsere Korporationen, durch erhöhte Werbearbeit für die katholische Presse und nicht zuletzt oder in erster Linie für den „Volksverein für das katholische Deutschland" Alles zu tun, was die Stunde gebieterisch heischt. Gerade in den sogenannten „bombensicheren" Wahlkreisen haben wir hinreichenden Grund, nach jeder Front hin uns zu wappnen bis an die Zähne und mit den scharfgeschliffenen Waffen des Geistes unseren Besitzstand zu verteidigen, zu kräftigen und von neuem zu befestigen, ehe auch nur ein Einziger irre werden kann an unseren gemeinsamen Idealen, an der Sache von Wahrheit, Recht und Freiheit. Mögen also diese wenigen Zeilen ihre Wirkung nicht verfehlen.

Kevelaerer Volksblatt
18. 7. 1908

Hungern für Kaiser und Vaterland: Der Erste Weltkrieg

Am 1. August 1914 erklärte das Deutsche Kaiserreich dem zaristischen Rußland den Krieg. Mitten hinein in eine zum Teil überschäumende Begeisterung erging der Befehl zur allgemeinen Mobilmachung. Das Deutsche Reich begann diesen Krieg, ohne genügende innere Vorkehrungen getroffen zu haben. Fest überzeugt von zeitlich begrenzten, siegreichen militärischen Operationen waren kaum Lebensmittelvorräte angelegt und keine Bewirtschaftungsstellen aufgebaut worden. Mit dem sich bald abzeichnenden Stellungs- und Abnutzungskrieg traten die Fehler der unzulänglichen Politik immer drastischer und verheerender in Erscheinung. Für die Bevölkerung bedeutete dies Einschränkungen, Hunger und Not.
Die kommunalen wirtschaftlichen Strukturverbesserungen – bis dahin in Kevelaer zügig vorangetrieben, in den übrigen Gemeinden nur ansatzweise begonnen – erlitten einen Einbruch, der in den „goldenen zwanziger Jahren", die am Niederrhein eher Notjahre waren, und im Zuge der nationalsozialistischen Autarkiebestrebungen lediglich für kurze Zeitspannen unterbrochen wurde, letztlich aber erst vier Jahrzehnte später, im „Wirtschaftswunder" der 1950er Jahre, überwunden werden konnte. Der Ausbau der Orte, die Verbesserung der Infrastruktur, die in Friedenszeiten als zukunftsorientierte, freiwillige Investitionen erfolgt waren, wurden gestoppt und konnten lediglich im Zuge der Notstandsarbeiten ansatzweise weitergeführt werden. Betroffen war auch der Ausbau des Schulwesens und der medizinischen Versorgung, betroffen auch Wallfahrt und Landwirtschaft. Angesichts des Hungers, der Armut und der Arbeitslosigkeit befaßten sich Gemeinderäte, Bürgermeister und Verwaltungen in den folgenden Jahren neben ihren traditionellen und den zusätzlichen, kriegsbedingten Aufgaben vor allem mit Fragen der sozialen Vor- und Fürsorge. Kommunalpolitik nach 1914 trug den Charakter eines Krisenmanagements.

August 1914

Auf den Beginn des Krieges reagierte ein Teil der Bevölkerung mit patriotischer Begeisterung. Die freiwilligen Meldungen schnellten in die Höhe und stellten, nach Meinung des Kevelaerer Volksblattes, „den tapferen, vaterlandstreuen

Söhnen des Niederrheins das glänzendste Zeugnis aus".[1] Freude herrschte wohl auch bei den Schülern der Volksschulen, deren Unterricht erst wieder Mitte September begann. Von ihnen erwartete man allerdings, „daß sie sich als Erntearbeiter zur Verfügung stellten, um auch zu ihrem Teil in dieser entscheidenden Stunde für die nationale Sache ein Opfer zu bringen".[2]

In diese Woge nationaler Hochstimmung mischten sich persönliche Besorgnisse, denn, obwohl fast alle einen kurzen Krieg erwarteten, der spätestens Weihnachten zu Ende sein sollte, erschien es doch ratsam, die eigenen Vorräte aufzufüllen. Dazu boten die Geschäfte in den einzelnen Gemeinden und vermehrt diejenigen in Kevelaer Gelegenheit. Die Kunden drängten, offenbar wenig beeindruckt von den sofort einsetzenden Preissteigerungen, in einer solchen Zahl in die Geschäfte, daß einige Lebensmittelläden zeitweilig wegen Überfüllung schließen mußten.[3]

Aus Sorge um die eingerückten Väter und Söhne, Verwandten und Bekannten, Freunde und Nachbarn füllten sich die Kirchen mehr als sonst, so die Marienkirche zu einem feierlichen Bittamt „zur Erflehung des göttlichen Beistandes in den unserem Vaterlande bevorstehenden Kämpfen".[4]

Mit Kriegsausbruch wuchsen auch die Aufgaben der örtlichen Feuerwehren. Sie sollten nach feindlichen Spionen Ausschau halten und standen zum Teil wochenlang Tag und Nacht an den Hauptverkehrsstraßen Wache.[5] Die Vorkehrungen in Winnekendonk schilderte Carl Schumacher in einer Weise, die die ganze Unbekümmertheit der damaligen Zeit festhielt:

„Deutlich in Erinnerung ist mir der Einsatz der Freiwilligen Feuerwehr Winnekendonk bei Kriegsausbruch im August 1914. Kommandant war der Klempnermeister Gerhard van Meegen. Man war der Meinung, die Franzosen könnten durch Belgien und Holland direkt nach Winnekendonk einmarschieren. Also beschloß man, die Ortsdurchfahrt mit einer Pferdekarre von Kobes Klümpen, dem Betreuer der Spar- und Darlehnskasse, zu sperren. Umgehungsstraße und Heiligenweg waren noch nicht ausgebaut, der böse Feind mußte also zwischen Post und Ingenstau (heute: Provinzial-Versicherung) hindurch. In diese Engstelle schob die Feuerwehr nun Klümpens Karre. Papa van Meegen begab sich zur Inspektion zur Post; Flock, der Hund von van Meegen, weiß, rundlich und von unbestimmter Rasse, zockelte hinterdrein. Auf dem Kriegsschauplatz angekommen, faßte man den Entschluß, daß die Karre zur Erhöhung der Sicherheit bewacht werden müßte. Dazu wurde vor allem Theodor Martzeller, Tetz genannt, auserkoren; denn er hatte in jungen Jahren als Gärtner in Paris gearbeitet, wußte also, daß ‚Guten Tag' auf französisch ‚bon jour' hieß. Außerdem war er Junggeselle, mithin zu Hause am ehesten entbehrlich. Tetz Martzeller eilte also zu den Waffen, d.h. er zog die grünliche Feuerwehrbluse an, schnallte um, setzte den Helm auf und ließ schnell noch sein Feuerwehrbeil vom Schmied Heinrich Fleurkens – Flören Hänn – schärfen. An der Post drückte Papa van

Meegen ihm ein Gewehr in die Hand, das von 1870 übrig geblieben war, und sagte streng: ‚Makt mej bloss gän Rutte kapott!' Als Tetz sich dann voller Tatendrang vor die Karre begab, ereignete sich ein Zwischenfall. Er stolperte über Flock und rief: ‚Dän Hond mott weg; dä löpt mej tössen de Been, wänn ek schiete mott!' So mußte Flock das Feld räumen. Endlich schien der Feind anzurücken, und Tetz legte an. Aber es war nur der Tierarzt Kallenbach aus Kevelaer, der eine kranke Kuh besuchen wollte. Als sich dann bis zum Abend nichts mehr rührte, schickte Tetz mich zu seinem Kommandanten, wie der Krieg denn nun weiterzuführen sei. Papa van Meegen, nach des Tages Last und Mühe schon zu Bett gegangen, gab den weisen Befehl: ‚Tetz sall mär na Hüss gohn!' So nahm der erste Kriegstag in Winnekendonk ein friedliches Ende."[6]

Ähnlich wie in Winnekendonk empfand man allerorten den Krieg als eine patriotische Aufgabe, an der man durch freiwillige Meldung oder Pflichterfüllung an der „Heimatfront" teilhaben wollte. Die Presse, ob überregional oder örtlich, unterstützte diese nationale Stimmung. Sie übte bis Kriegsende kaum einmal Kritik und forderte die Bevölkerung selbst in den schlimmsten Hungerjahren zum Durchhalten im Sinne eben dieser Pflichterfüllung auf.

Beweise der vaterländischen Gesinnung und Opferbereitschaft konnte der einzelne nicht nur durch seine freiwillige Meldung zum Militär, durch Wachestehen oder, was bei Jugendlichen beliebt war, durch vormilitärische Übungen in den eilig gebildeten Jugendwehren erbringen[7], sondern auch durch Spendenfreudigkeit bei den sofort einsetzenden Sammlungen von „Liebesgaben", später auch von Kleidungsstücken, Metallen usw., oder durch Zeichnen von Kriegsanleihen.

Gleich nach Kriegsbeginn bildete sich für die Gemeinden Kervenheim und Kervendonk ein Ortskomitee, bestehend aus den beiden Ortsvorstehern, dem Schuhfabrikanten Krug und Pfarrer Jordans, das die Verteilung der gesammelten „Liebesgaben" organisierte; den Versand übernahm die Schuhfabrik. Von der äußerst regen Betriebsamkeit zeugen über 1500 Abschriften danksagender Feldpostbriefe in der Kervenheimer Pfarrchronik.

Ihren Höhepunkt erlebten die Sammlungen in den ersten Kriegsmonaten. Sie ließen jedoch schon im ersten Kriegswinter etwas nach, versiegten aber nie vollständig. Gesammelt, gestrickt oder genäht wurde von den Vaterländischen Frauenvereinen, den Jungfrauenkongregationen, den Schülerinnen und Schülern. Über die Erfolge berichtete die Ortszeitung ausführlich.

„Liebesgaben für unsere Truppen! Zwei große Kisten mit Liebesgaben konnten heute von den beiden Schulen abgeschickt werden. In denselben waren enthalten: 110 Paar Strümpfe, 80 Paar Stauchen, Ohrwärmer und Leibbinden, 1000 Zigarren, mehrere hundert Zigaretten, 50 Paketchen Tabak, verschiedene Schachteln mit Pfefferminzrollen, viele Platten Schokolade, Streichhölzer, Schreibpapier, eine Reihe Kleinigkeiten, die man draußen nicht gern entbehrt.

Straßensperre in Winnekendonk am 3. Mobilmachungstag (Vor 25 Jahren, S. 44)

„Liebesgaben für die Front" (NMVK)

[...] Die Mädchen beider Schulsysteme haben unermüdet die fleißigen Hände geregt, um die warmen Bekleidungsstücke anzufertigen."[8]

Betten frei!

Die erste, fast in jeder Familie spürbare Folge des Krieges war neben den Einberufungen und freiwilligen Meldungen die sogleich einsetzende Arbeitslosigkeit. Im gesamten Reich stieg die Quote von 2,9 % im Juli auf 22,4 % im August 1914. Sie nahm dann kontinuierlich ab und erreichte im April 1915 wieder den Juli-Stand des vorangegangenen Jahres.[9] Der Anstieg der Arbeitslosigkeit hing zum einen zusammen mit der praktischen Durchführung der Einberufungen, die in den ersten Monaten auf berufliche Stellungen (z. B. Facharbeiter) kaum Rücksicht nahm, so daß die Produktion zum Teil ganz zum Erliegen kam. Zum anderen konnte es aber auch vorkommen, daß ein Betrieb so viele Arbeitskräfte verloren hatte, daß eine Fortführung der Arbeit nicht mehr möglich war. Drittens behinderte die Nutzung der Eisenbahnen durch das Militär den inländischen Warenverkehr, und schließlich war der Waren- und Rohstoffhandel mit dem Ausland erheblich eingeschränkt, durch die britische Seeblockade später sogar vollkommen unterbunden.

In Kevelaer traf die Arbeitslosigkeit das Baugewerbe und alle Betriebe, die für den Export produzierten, z. B. die Devotionalienfabriken und die Buchbindereien. Bereits am 20. August 1914 verabschiedete der Gemeinderat nach Vorgesprächen mit der Gemeinde Kleinkevelaer ein Beschäftigungsprogramm. Sechs bis acht Wochen lang sollten ca. 40 Kevelaerer Arbeitslose Gemeindeland für den Gemüsebau kultivieren, d. h. in erster Linie entwässern. Die Kosten trug Kleinkevelaer. Allerdings bestritt die Gemeindekasse Kevelaer alle nicht gedeckten Kosten aus ihren Rücklagen.[10] Zwei Wochen später arbeiteten bereits 120 Arbeitslose in Kleinkevelaer, was die ursprüngliche Planung bei weitem übertraf.[11]

Konnten auf diese Weise männliche Arbeitslose beschäftigt werden, so waren die Beschäftigungsmöglichkeiten arbeitslos gewordener Frauen und Mädchen zunächst weitaus geringer. Da sich dieses Problem offenbar im gesamten Kreis stellte, wandte sich der Gelderner Landrat auf Antrag des Vaterländischen Frauenvereins mit Erfolg an das Bekleidungsamt des VII. Armeekorps in Münster. Bis Mitte März 1915 nahm das Amt den Vereinen gestrickte Wollsocken „in unbegrenzter Höhe" ab. Nach einer öffentlichen Bekanntmachung dieser Vereinbarung meldeten sich Frauen und Mädchen aus allen Orten des Kreises, darunter neun aus Kervenheim und Kervendonk.[12] Weitere Verdienstmöglichkeiten bot das Nähen von Sandsäcken oder Uniformteilen. In einem Bericht an die Düsseldorfer Regierung über die „Einwirkung des Krieges auf das Wirtschaft-

Die Kevelaerer Nähstube im ersten Kriegsjahr (NMVK)

Verwundete Soldaten in Kevelaer 1914 (NMVK)

leben" ging Landrat von Kesseler im Dezember 1914 ausführlich auf die Frauenarbeit und die Tätigkeit des „Roten Kreuz-Vereins" ein:
„An dieser Stelle möchte ich noch besonders eine Organisation erwähnen, die sich hier besonders bewährt und dazu beigetragen hat, manche Härte des Krieges zu mildern: Das ist die Uebertragung grosser Militärlieferungen in Wäsche und wollenem Unterzeug an den Verein vom Roten Kreuz und die Verteilung dieser Arbeiten an die Frauen und Angehörigen unserer Krieger sowie an sonstige bedürftige Arbeiterinnen in allen Gemeinden des Kreises. Nach Ueberwindung anfänglicher Schwierigkeiten ist es dem Verein gelungen, Lieferungsaufträge im Gesamtbetrage von annähernd 500 000 Mk. vom Kriegsbekleidungsamt des VII. Armee-Korps zu erlangen. In allen Gemeinden wurden von den Mitgliedern des Roten Kreuz-Vereins und des Vaterländischen Frauenvereins Ausschüsse gebildet, welche unter dankenswerter Mithülfe der Lehrerschaft, die Verteilung und Kontrolle der Arbeiten sowie ihre gehörige Ablieferung nach hier besorgen. Um die tatsächliche Auszahlung der Akkordlöhne an die Arbeiterinnen zu sichern, müssen überall Lohnlisten geführt werden. Unter anderen sind 80 000 Stück Soldatenhemden zu liefern, welche meist hier geschnitten und dann zum Nähen in die einzelnen Gemeinden verschickt werden. Die Akkordlöhne sind so bemessen, dass die einzelne Arbeiterin im Tage, je nach Fleiss und Geschick, 2 Mk., 2,50 Mk. bis 3 Mk verdienen kann. Zur Beschaffung des grossen Arbeitsmaterials – allein für die Hemden sind mehr wie 240 000 Meter Biberstoff erforderlich – hat die Militär-Verwaltung dem Verein in entgegenkommender Weise erhebliche Vorschüsse an Geld zur Verfügung gestellt. Von den ärmeren Bevölkerungsklassen wird diese Verdienstmöglichkeit ausserordentlich dankbar empfunden und ist der Rote Kreuz-Verein dadurch recht volkstümlich geworden."[13]
In dieser Zeit der Arbeitslosigkeit fand die schon zuvor gelegentlich von der Regierung gegebene Anregung zur Errichtung örtlicher Arbeitsnachweise in den Gemeinderäten Beachtung, bei den Arbeitgebern indes wenig Anklang. In Kevelaer wurde ein solcher Nachweis erst im April 1917 eingerichtet[14], nachdem sich die Lage auf dem Arbeitsmarkt in das Gegenteil verkehrt hatte: Aus dem Überschuß an Arbeitskräften war ein Mangel geworden.
Die Spitze der Arbeitslosigkeit lag, wie im Reichsdurchschnitt, auch in Kevelaer im August 1914 und nahm dann rasch ab. Für zwei im November dieses Jahres begonnene Kultivierungs- bzw. Meliorationsprojekte in der Hülmer Heide und bei Vorselaer in der Bürgermeisterei Kervenheim meldeten sich lediglich noch 40 bis 50 Arbeiter aus Kevelaer und Umgebung anstelle der bei der Planung erwarteten 200.[15] Das Arbeitslosenproblem hatte sich bereits deutlich entspannt. Bis Kriegsende herrschte dann Vollbeschäftigung, genauer gesagt sogar Arbeitskräftemangel, hervorgerufen durch die sich mehrenden Stellungsbefehle und durch Abwanderungen in die Rüstungsbetriebe des Ruhrgebietes. Diese Ent-

wicklung hatte zwei Folgen: Zum einen konnten einige kleinere Betriebe ihre Produktion nicht mehr aufrechterhalten und wurden stillgelegt[16], zum anderen verringerte sich in den übrigen Betrieben die Belegschaftsstärke, begleitet von einer nur geringen Erhöhung des Anteils beschäftigter Frauen, wie dies die nachstehende Tabelle über die Beschäftigtenzahlen in der Bürgermeisterei Kervenheim zeigt.

Beschäftigte in der Bürgermeisterei Kervenheim in der Vorkriegszeit und am 15. August 1917:[17]

	Vorkriegszeit			August 1917		
	Männer	Frauen	Gesamt	Männer	Frauen	Gesamt
Kervenheim	126	37	163	86	40	126
Kervendonk	21	3	24	14	5	19
Winnekendonk	185	42	227	82	47	129
Bürgermeisterei	332	82	414	182	92	274

Von den anfänglichen Kriegsfolgen weniger betroffen waren die mechanisierten Schuhbetriebe und die hausindustriellen Schuhmacher. Das Ruhrgebiet benötigte weiterhin schwere Arbeiterschuhe und Stiefel, ferner gingen bereits 1914 die ersten Militäraufträge für das VII. Armeekorps in Münster ein.[18] Als glücklich erwies sich die Einberufung des zum Hauptmann beförderten Kervenheimer Bürgermeisters Janssen zum Bekleidungsamt des Armeekorps, war doch seine Dienststelle zuständig für: „Organisation und Vergebung von Militärarbeiten als Notstandsarbeit für das Kleinhandwerk und Heimwerk, Lederfreigabe für die Zivilbevölkerung, Verhandlungen mit Handwerkskammern, Innungen und Wohlfahrtsverbänden, Fabrikrevision für Militärarbeit."[19] Zunächst versuchte Janssen mit seinen Bürgermeisterkollegen, mit Handwerkern, Fabrikbesitzern und Verlegern direkt zu verhandeln. Der Kevelaerer Bürgermeister Marx zeigte Ende September 1914 dem Landrat eine Dienstreise nach Münster an, um „einer dringenden Einladung des Herrn Kollegen Janssen entsprechend, [. . .] mit mehreren Handwerkern und Geschäftsleuten aus Kevelaer [. . .] Lieferungsaufträge für die Garnisonsverwaltung in Münster zu vermitteln".[20] Da diese Vorgehensweise aber wohl nicht die notwendige Effizienz zeigte, machte sich Janssen in den Wintermonaten 1914/15 daran, die Schuhheimarbeiter des gesamten Armeekorps in 36 Verbänden zu organisieren. Dies gelang ihm bis etwa April 1915.

Die Schuhheimarbeiter-Verbände des linken Niederrheins (Kevelaer, Winnekendonk, Kervenheim, Geldern, Walbeck und Hinsbeck), zusammengefaßt im „Niederrheinischen Schuhheimarbeiterverband", erhielten zwischen Mai 1915 und Oktober 1918 Aufträge für ca. 240 000 Paar Schnürschuhe und Militärstiefel.[21] Die erforderlichen Materialien lieferte das Kriegsbekleidungsamt mit Ausnahme von Werkzeugen, Steppgarn, Pechdraht, Holzpinnen, Eisenstifte und Stiefeleisennägel.[22] Die Zugehörigkeit zum Verband war nicht schematisch an den Wohnort gebunden, sie war vielmehr freiwillig, so daß z. B. dem Winnekendonker Verband auch Handwerker aus Capellen, Sonsbeck, Kevelaer oder Kervenheim angehörten.[23]

Im Unterschied zu den durch die Militäraufträge gut gestellten Herstellern von schwerem Schuhwerk kam die „Privatschuhindustrie", die ohnehin mehr im Kreis Kleve betrieben wurde, schon im zweiten Kriegsjahr fast vollständig zum Erliegen, was an den außerordentlichen Preissteigerungen, den Kontingentierungen und schließlich dem Mangel an Leder lag.[24] An den Militärlieferungen konnte indes so gut verdient werden, daß nach Kriegsende in Winnekendonk die ersten mechanischen Schuhfabriken ihre Tore öffneten.[25]

Auf eine wiederum andere Weise machte sich der Krieg im Kevelaerer Gastronomie- und Beherbergungswesen bemerkbar, das ja nicht unerheblich auf die ausländischen Prozessionen angewiesen war. Bis Kriegsbeginn trafen 167 Prozessionen ein, nach dem 1. August lediglich noch 62, wobei davon auszugehen ist, daß die lukrativen niederländischen Gruppen nunmehr ganz ausblieben. Insgesamt gingen die Pilgerzahlen drastisch von etwa 635 000 auf 250 000 zurück.

Die Wallfahrt im Ersten Weltkrieg:[26]

	Pilgerzahl	Pilger in Sonderzügen	Prozessionen
1913	635 000	417 000	576
1914	250 000	100 660	239
1915	549 000	255 840	383
1916	546 000	326 790	423
1917	242 000	49 530	115
1918	302 000	96 690	180

Auf den Einbruch im Wallfahrtsverkehr von 1913 auf 1914 wirkten sich die allgemeine Unsicherheit wie auch der Ausfall von Sonderzügen aus. Danach stieg der Besuch 1915 und 1916 stark an, erreichte indes nicht mehr den Höchststand des letzten Friedensjahres. Erst die Hungerjahre ab Winter 1916/17, begleitet von Einschränkungen im zivilen Reiseverkehr bis hin zu einer Verkehrssperre zwischen den rechts- und linksrheinischen Gebieten, brachten einen erneuten Rückgang[27], der dann allerdings nicht mehr so wie im Jahre 1914 durch andere Einnahmequellen ausgeglichen werden konnte.

Eine Möglichkeit, die rückläufigen Einnahmen anzuheben und dabei auch noch der „vaterländischen Pflicht" nachzukommen, schien sich in den Wochen nach Kriegsbeginn durch die Aufnahme und Pflege verwundeter Soldaten zu bieten. Es bestand im Ort von Anfang an darüber Gewißheit, daß Kevelaer auf Grund seiner verkehrsgünstigen Lage und seines Krankenhauses ohnehin Verwundete würde aufnehmen müssen. In dieser Erwartung wurden bereits in den Augustwochen Krankenhemden und andere Kleidungsstücke in der Kinderbewahrschule „unter Leitung der Schwestern" hergestellt und die Frauen und Mädchen des Ortes aufgefordert, hierbei unentgeltlich zu helfen.[28] Für die Betreuung und Versorgung der Verwundeten standen Ärzte, der Vaterländische Frauenverein und die 1911 gegründete Sanitätskolonne bereit.

Angesichts der ungenutzten Betten des Wallfahrtsortes wollte man sich jedoch mit einer bloßen Belegung des Krankenhauses keineswegs zufrieden geben. Anfang September bemühte sich Bürgermeister Marx in Absprache mit den Wirten bei der Intendantur in Münster um die Einrichtung eines Lazaretts. Diese forderte telegraphisch einen ausführlichen Bericht an, den der Bürgermeister postwendend erstattete.

„Der Ort Kevelaer am Niederrhein ist ein seit Jahrhunderten besuchter Wallfahrtsort. Er zählt 8400 Einwohner und [...] alljährlich [...] während der Wallfahrtszeit [...] den Besuch von 800 000 Pilgern, die in rd. 150 Gasthöfen beherbergt und bewirtet werden. Die Gasthöfe sind mit den angenehmsten Aufenthalts- und Schlafräumen und diese wiederum mit [...] Ausstattungen versehen, wie sie dem Aufenthalts- und Ruhebedürfnisse der Pilger entsprechen müssen. In sanitärer Beziehung hat die Gemeindeverwaltung alle Einrichtungen getroffen, welche gefordert werden können. So erfreut sich die Gemeinde einer den neuesten Errungenschaften entsprechenden zentralen Wasserleitung, die sich über den ganzen Ort erstreckt. Das Wasser ist ausgezeichnet und füge ich zum Beweise eine Abschrift des [...] Untersuchungsergebnisses bei. Die Beseitigung der Abwässer erfolgt durch eine zentrale unterirdische Entwässerungsanlage, [...] welche die Abwässer der Kläranlage zuführt. [...] Die Reinigung der asphaltierten Straßen liegt der Gemeinde ob.

Da die Wallfahrt durch den Kriegszustand ganz erheblich eingeschränkt ist, so stehen die Schlafstätten meist zur Verfügung und eignet sich der Ort [...] zur Aufnahme von Verwundeten wie kein zweiter. Zum Beweise möchte ich anführen, daß im Manöver 1909 [...] 300 Offiziere und 7000 Soldaten einquartiert waren, die alle in Betten schliefen und [...] noch heute an die gute Aufnahme in Kevelaer denken. Tausend Verwundete können hier bequem untergebracht werden. Abgesehen von 6 großen, hellen und luftigen Sälen, die mit Betten belegt werden können, haben sich [...] bis heute 39 Einwohner bereit erklärt, 759 Verwundete aufzunehmen und ihnen gegen eine Tagesvergütung von zwei Mark (Offiziere 2,50 M) pro Person Unterkunft und vollständige Verpflegung

zu gewähren. Daß diese nur zur größten Zufriedenheit der verwundeten Krieger ausfallen wird, dafür kann ich jede Bürgschaft übernehmen. Der Rest wird zweifellos durch die heute öffentlich von mir erbetenen Anmeldungen gedeckt. Zwei Aerzte sind am Platze, ebenso im hiesigen Krankenhaus eine Anzahl Krankenschwestern. Diese letzteren würden die Verpflegung der Verwundeten kontrollieren und im Krankenhause aushelfen. Da es sich in der Hauptzahl um Leichtverwundete handelt, so dürften diese täglich gemeinsam zur Erneuerung ihrer Verbände usw. im Krankenhause vorsprechen können.
Gestern hat der stellv. Vorsitzende der Maltheser-Genossenschaft, Herr Graf Wolff Metternich, weil seitens dieser Genossenschaft die Unterbringung von 1000 Verwundeten in Aussicht genommen ist, die Unterkunftsstellen in Kevelaer besichtigt und seiner größten Zufriedenheit Ausdruck gegeben."[29]
Bürgermeister Marx war fest von der Verwirklichung dieses Planes überzeugt. Gleich am nächsten Tag veröffentlichte das Kevelaerer Volksblatt eine Bekanntmachung, in der es hieß, daß für die „ankommenden Verwundeten", die auch in Privatquartieren untergebracht werden könnten, Hemden, Unterhosen, Strümpfe und Taschentücher zu sammeln seien.[30]
Erste Schwierigkeiten deuteten sich an, als die Intendantur auf die bestehenden Sanitätsvorschriften für „freiwillige Krankenpflege" hinwies, nach denen für Vereinslazarette nur „Lagerstätten mit wenigstens 20 Betten in Frage" kamen.[31] Doch selbst unter dieser Einschränkung vermochte Marx dem Armeekorps noch 1400 Betten anzubieten, von denen jedoch nur 200 „abgenommen" wurden. Diese unterstellte das Armeekorps zudem noch dem Reservelazarett Geldern, das so die Aufsicht und Kontrolle gewann.[32]

Reservelazarette, Vereinslazarette und Genesungsheime des VII. Armeekorps in den Bürgermeistereien Kervenheim und Kevelaer sowie in der Stadt Geldern (Stand 31. Oktober 1914):[33]

Winnekendonk	Genesungsheim	20 Betten
Kevelaer	Krankenhaus	40 Betten
	Priesterhaus	36 Betten
	Gasthof zur Krone	40 Betten
	Gasthof zum Goldenen Apfel	30 Betten
	Gasthof zur Stadt Cleve	30 Betten
	Gasthof zum Heidelberger Faß	24 Betten
Geldern	Reservelazarett Krankenhaus	75 Betten
	Reservelazarett Schützenhaus	75 Betten

Die Beschränkung auf 124 Betten in vier Gasthöfen muß ernüchternd auf die mit viel Euphorie und Engagement betriebenen Kevelaerer Pläne gewirkt haben.

Die Enttäuschung war vollständig, als eine Gelderner Lazarettkommission die vier Gasthöfe und das Priesterhaus nach einer Inspektion als nicht geeignet für die Aufnahme von Verwundeten bezeichnete und einen entsprechenden Bericht nach Münster sandte. Noch bevor die ersten Verwundeten in Kevelaer eintrafen, beschränkte sich die Verwundetenaufnahme offiziell ausschließlich auf das Krankenhaus.[34] Seiner tiefen Empörung darüber gab Bürgermeister Marx in einem Brief an den Präsidenten der Rheinisch-Westfälischen Malteser-Devotionsritter Ausdruck, in dem er auch den Gelderner Ärzten eine absichtliche Benachteiligung Kevelaers unterstellte.

„Am 26. [Oktober 1914] wurden uns von der Linienkommandantur Cöln 30–40 Verwundete avisiert. Als der Zug abends in Kevelaer einlief, fanden sich im Krankenwagen 4 Leichtverwundete und in einem Personalabteil 1 Schwerverwundeter vor. Wie wir von dem Bahnpersonal hörten, hatte Herr Dr. Reikmann in Geldern angeordnet, daß alle Verwundete aussteigen und dort bleiben mußten, wodurch das Hospital dortselbst an 30 Verwundete mehr erhielt, als überhaupt untergebracht werden sollten. Anscheinend hatte er in der Eile die für Kevelaer übrig gebliebenen 5 Verwundete vergessen."[35]

Auch direkte Bemühungen des Malteser-Präsidenten beim Armeekorps in Münster zeigten keinen Erfolg mehr; ein erneuter Bericht aus Geldern hatte den „Verdacht des Alkoholmißbrauchs" in den Gasthöfen unterstrichen.[36] Das Kevelaerer Krankenhaus pflegte allerdings während des ganzen Krieges verwundete Soldaten.

Parallel zu den sich abzeichnenden Mißerfolgen, die durch das Ausbleiben der Wallfahrtsgruppen entstandenen finanziellen Verluste mit Hilfe von Vereinslazaretten in etwa auszugleichen, bemühten sich Gemeinderat und Bürgermeister um die Einquartierung von Rekruten.

Einquartierungen hatte es in den Gemeinden bei Manövern in Friedenszeiten immer wieder gegeben. 1909 war dies der Fall gewesen, und auch für den August 1914 lagen vorzeitig Anmeldungen in Winnekendonk, Weeze und Kevelaer vor. Im Juni 1914 änderte das Militär seine Pläne und verzichtete auf Kevelaer wegen der geplanten „kirchlichen Feiern" während der Wallfahrtszeit. In Kervenheim und Kervendonk hingegen wollte man nicht auf die willkommenen Quartiergelder verzichten und verlegte deshalb die Kirmes.[37]

Im November 1914 ergriff der Gemeinderat Kevelaer die sich bietende Gelegenheit, zwei Rekrutendepots aufzunehmen, und beschloß sogar, zur Verpflegung einen Gemeindezuschuß beizusteuern.[38] Ab dem 28. November war Kevelaer „Garnisonsstadt". Unter „klingendem Spiel" zogen 1500 Rekruten und Ausbilder durch die in „reichlichem Flaggenschmuck" prangenden Straßen zum Marktplatz, von wo aus sie in die Gasthöfe und Privatquartiere abrückten.[39] Massenquartiere faßte man erst für den Februar 1919 ins Auge, nachdem die Einquartierungen deutlich gestiegen waren.[40] Hierzu ein Erlebnisbericht:

„In der Garnison Kevelaer...

Es war im Januar 1915. Deutschland feierte das Wiegenfest seines obersten Kriegsherrn. Die Wogen der patriotischen Begeisterung fanden bei mir ihren Höhepunkt durch den Eilbotenbrief des Bezirkskommandos Coesfeld, der mich zu des Königs Fahne rief. Ein kurzes Abschiednehmen von den Lieben der Heimat Emsdetten und dem teuren Vaterhaus – fort in die ungewisse Fremde. Bald war Coesfeld erreicht. Im Saale des Schützenhauses fanden sich 600 Landstürmer zusammen. Nachdem die Listen verlesen, ging es zum Bahnhof, wo der Extrazug fertig stand. In schneller Fahrt durcheilten wir die münsterländische Tiefebene, die mit einer leichten Schneedecke überzogen war. Mit Spannung wird die Fahrtrichtung verfolgt. Wohin geht's? Wohin kommen wir? so fragt der eine den andern. Bocholt, Wesel zeigen sich. Geldern, Kevelaer... der Zug hält. „Alles aussteigen!" ruft eines Feldwebels Stimme.

„Kevelaer! Ist Kevelaer eine Garnison? Bleiben wir hier?" so drehten sich unsere Fragen. Vor dem Bahnhofsgebäude staute sich eine vielköpfige Menge, die uns mit vielen Hurras begrüßte. [...] Groß war der Jubel der Bevölkerung bei unserem Einzug. Erst recht bei der Dorfjugend, die in langen Reihen dem Zuge vorausmarschierte. Laut bewegtes Leben herrschte rings um Kevelaers altehrwürdiges Heiligtum. Ein ganz anderes Bild wie sonst: zur Sommerzeit ungezählte Scharen frommer Pilger, im Winter friedliche Stille, jetzt das Schauspiel militärischen Lebens. Seit dem 28. November war Kevelaer eine Garnison der Ersatztruppen der 56er (Wesel).

Im Jugendheimsaal erfolgte die Einteilung unseres Zuges in Korporalschaften. Dann konnten die Unteroffiziere mit ihren neuen Rekruten zu den Quartieren abrücken. Als ‚Musketier von Kevelaer' war es mir vergönnt, statt Kaserne ein Bürgerhaus, statt Abkochung Bürgerküche zu genießen. Dort wurden Magen und Kehle alsbald in vorzüglicher Weise befriedigt. Frohen Sinnes eilten wir wieder nach draußen, um Kevelaer etwas näher zu besichtigen. Doch, es währte nicht lange, da erklang das Militärhorn: ‚Soldat, Soldat, du mußt nach Hause gehn!' [...] Im weichen Federbett verbrachte ich die erste Nacht in Kevelaer. Der schmetternde Klang des Militärhorns weckte mich am andern Morgen in aller Herrgottsfrühe. [...] Angenehme Düfte verbreitete der Morgenkaffee und reizte Nase und Mund. Das Frühstück mundete gut und ein ordentliches belegtes Butterbrot wurde eingepackt. Auf dem freien Platz neben dem Heidelberger Faß war Antreten. Mit militärischer Pünktlichkeit marschierten die einzelnen Korporalschaften auf. Der etatsmäßige Feldwebel, Herr Schumacher, nahm die Meldungen der Korporalschaftsführer entgegen und gab den Befehl zum Abrücken. Im Gesellenhaus fand für die Korporalschaft Instruktionsstunde statt. Unteroffizier Disse brachte es uns allen zum Bewußtsein, daß wir Soldaten geworden. Darauf ging es zur Teller'schen Wiese an der Straße nach Winnekendonk. Es war bitterkalt und eine leichte Schneemasse bedeckte die Fluren. Die

Am 28. November 1914 wurde Kevelaer „Garnisonsstadt". (NMVK)

Quartier-Zettel für einen Oberleutnant und einen „Gemeinen" im Hause Tombergs, Kevelaer, Dezember 1914 (NMVK)

Korporalschafts- und Zugführer sorgten schon dafür, daß wir nicht unter Kälte zu leiden hatten. Marschieren. Laufschritt und Freiübungen gab es in bunter Reihenfolge. Gegen 12 Uhr kehrten wir heim. Nach 1½stündiger Mittagspause ging es zur Schravelener Heide, wo es die nämlichen Bewegungen gab wie des morgens. Gegen Abend bekamen wir Soldatenkleider auf der Kammer im ‚Kölner Hof'. Am andern Morgen ging es wieder zur Schravelener Heide, nachmittags nach der Teller'schen Wiese, wo Herr Oberleutnant Eicker eine Ansprache hielt und uns die Kriegsparagraphen vorlas.

Jetzt gab es alle Tage anstrengenden Dienst. Im Gesellenhause Instruktionsstunde, ringsum die Gnaden- und Kerzenkapelle Antreten, Appell und kleine Uebungen, und auf der Schravelener und Twistedener Heide lernten wir das, was wir sonst als Soldaten kennen mußten. Sonntags war für die katholischen Mannschaften in der Pfarrkirche Messe und Predigt, – für die Protestanten fand im Jugendheimsaal Gottesdienst statt. Die Vereidigung wurde auf dem Sportplatz nach Weeze zu vorgenommen.

Ein unvergeßliches Bild bot sich dem Auge am 5. Februar. Es war der Auszug von 600 neuen Kriegern, die in Kevelaer ihre Ausbildung erhalten hatten und nun fertig waren, dem Feinde gegenüberzutreten. Recht feierlich war der Ausmarsch. Da gab es in Kevelaer fast kein Haus, das nicht in Flaggenschmuck prangte. Und alle die wackern Krieger, wie waren sie bunt bekränzt mit Tannengrün und neuen frischen Blumensträußchen aus dem Treibhause. Auf dem Kapellenplatz hatten sie Aufstellung genommen. Hunderte von Menschen umsäumten den Platz. Besonders groß war die Zahl der Verwandten und Bekannten, die ihren Lieben den letzten Scheidegruß entgegenbrachten. Das war ein herzliches Winken und Abschiednehmen, wobei sich naturgemäß manche Träne aus dem Auge stahl. Im Mittelpunkt der gruppierten Feldgrauen stand die Gnadenkapelle. [...]

In verschiedenen Orgelkonzerten führte Herr Organist Korthaus den Offizieren u. Mannschaften die wundervolle Orgel der Marienkirche vor. Des Abends sah man die Gnadenkapelle stets von vielen Soldaten besucht. Seitens der Vorgesetzten wurde streng darauf geachtet, daß Kevelaer als katholischer Wallfahrtsort respektiert wurde, so bestand z. B. der Befehl, daß der Geistlichkeit Ehrenbezeugungen entgegengebracht werden mußten. Der Pfarrer des Ortes wurde als Garnisonspfarrer angesehen. [...]

Mit Kevelaers Bürgerschaft bestand das beste Einvernehmen. [...] Die freundliche Aufnahme und das zuvorkommende Wesen, das die Soldaten – es waren etwa 10 000 an der Zahl – in Kevelaers gastlichen Mauern gefunden haben, sichert der Bürgerschaft ein bleibendes und ehrendes Andenken."[41]

Auch den Kevelaerer Einquartierungsplänen vom Oktober/November 1914 hatte die Annahme zugrunde gelegen, daß der Krieg in kurzer Zeit beendet sein würde. Als sich dann aber die Erkenntnis längerer militärischer Auseinanderset-

Handwerker des 1. Rekruten Depot Ersatz-Bataillon, Infanterie-Regiment 56, Kevelaer (NMVK)

Die Rekruten verlassen Ende Mai 1915 Kevelaer. (NMVK)

zungen durchsetzte, wurden die einquartierten Soldaten angesichts der bevorstehenden Wallfahrtsperiode 1915, für die im Laufe des Frühjahrs optimistisch stimmende Anmeldungen eintrafen, zum Problem. Die Unterbringung des Militärs war, zumal in Massenquartieren, weitaus weniger gewinnbringend als die Beherbergung und Beköstigung der jetzt wieder erwarteten Pilger. Die Anfang 1915 gestellten Wallfahrts-Prognosen müssen so vielversprechend gewesen sein, daß sich „weltliche und kirchliche Behörden" um eine Verlegung des Militärs „für die Wallfahrtszeit" bemühten.[42] Es gab in diesen Wochen heftige Diskussionen darüber, ob es tunlich sei, die Rekruten hinaus zu komplimentieren und so die Betten für die Pilger bereitzuhalten, deren Eintreffen im Krieg ja nicht vollkommen sicher war, und es bedurfte eines deutlichen Artikels im Kevelaerer Volksblatt, um die getroffene Entscheidung der Bevölkerung verständlich zu machen: „Die Gemeinde hat mit Freuden", hieß es da, „und in pflichtgemäßer Vaterlandsliebe der Militärbehörde für die Ausbildung der Rekruten – zur Zeit waren es gegen 3000 – und für die Verwundeten alles zur Verfügung gestellt. [...] Gerne ist Kevelaer auch bereit, in jeder Weise weiter dem Vaterlande zu dienen und Opfer für dasselbe zu bringen; doch würde die Einquartierung der Soldaten hierselbst über den Juni hinaus mit dem Andrange der zahlreichen Pilger sich kaum ohne große Unzuträglichkeiten vereinigen lassen. Entweder – oder! Die gleichzeitige Anwesenheit von Soldaten und Pilgern in den Gasthäusern, Bürgerquartieren, auf den Straßen und Plätzen und in den Kirchen würde für beide Teile Unordnungen im Gefolge haben."[43]

Am 27. Mai 1915 fand die letzte Vereidigung von Rekruten auf dem Marktplatz statt. Das Ersatz-Bataillon zog durch das fahnengeschmückte Kevelaer in die neuen Quartiere nach Weeze und Goch.[44] Kevelaer wurde in den weiteren Jahren nur noch gelegentlich mit kleineren Einheiten belegt, während in den umliegenden Gemeinden Massenquartiere noch häufiger anzutreffen waren. So lag im Dezember 1915 eine Landsturmabteilung in Wemb und Twisteden, deren Schreibstube sich in Kevelaer befand.[45] Selbst im letzten Kriegsjahr 1918, als 100 Mann eines Stoßtrupps bei einem Wirt untergebracht waren und weitere Soldaten angekündigt wurden, ersuchten die Wirte Kevelaers den Gemeinderat, diese in Privatquartieren zu beherbergen.[46]

Der Schweinemord

Am 3. Dezember 1914 sandte Landrat von Kesseler seinen Bericht über die „Einwirkung des Krieges auf das Wirtschaftsleben" an den Düsseldorfer Regierungspräsidenten.[47] Seine Ausführungen über die Landwirtschaft in den zurückliegenden vier Monaten, die ihrer Bedeutung im Kreise Geldern entsprechend an erster Stelle standen, gaben noch zu wenig Besorgnis Anlaß. Bei günstiger

Witterung konnte die Ernte „glatt" eingebracht werden, nicht zuletzt weil der Landsturm nicht einberufen worden war, und „man sich überall bereitwillig aushalf". Die erzielten Preise für Fleisch und andere Lebensmittel sowie die Entschädigungen für ausgehobene Pferde kamen vorwiegend den Sparbüchern zugute. Schließlich hatte man den Schlachtviehbestand sogar noch vergrößern können, da die Futtermittelernte „reichlich" ausgefallen war.

Auf eine Krise, wie sie die Landwirtschaft in den folgenden Jahren erleben sollte, deuteten im November und Dezember 1914 erst wenige Anzeichen hin, die aber nicht als Warnsignale aufgefaßt wurden. Die deutsche Reichsregierung hatte keinerlei diesbezügliche Vorbereitungen getroffen, so daß man ab Winter 1914/15 zu ad-hoc-Maßnahmen mit katastrophalen Folgewirkungen greifen mußte. Schwer davon betroffen wurde die niederrheinische Veredelungswirtschaft, insbesondere die Schweinehaltung.

Viehbestand (Dezember) in der Bürgermeisterei Kervenheim:[48]

	Pferde	Rindvieh	Schweine	Ziegen
1913	543	2876	5123	431
1914	499	3089	5680	425
1915	520	2835	3188	
1916	512	2884	2859	
1917	531	2725	1625	
1918	610	2560	1723	
1919	645	2701	2307	

Viehbestand (Dezember) im Kreis Geldern:[49]

	Pferde	Rindvieh	Schweine	Ziegen	Federvieh
1913	6021	32 367	71 078	5331	130 082
1914	5549	33 295	70 426	5298	
1915	5324	31 561	37 434	5020	
1916	5025	31 901	31 739	5344	90 605
1917	5208	29 980	19 908	5517	78 332
1918	5663	26 107	19 821	5635	66 693
1919	6299	30 143	29 487	5892	86 546

Im vorangegangenen Kapitel wurde gezeigt, daß der Schweinebestand vor dem Krieg an einem Höchstpunkt angelangt war, der nur durch Futtermittelimporte aus Rußland und den USA aufrechterhalten werden konnte. Diese Importe blieben nun zwangsläufig aus, denn mit Rußland befand sich das Deutsche Reich im Kriegszustand und die britische Flotte blockierte bald die See. Dennoch steigerten die Landwirte in einigen Bürgermeistereien, z. B. in Kervenheim, in der Hoffnung auf anhaltend hohe Preise den Viehbestand nach Kriegsbeginn noch einmal, während er sich im gesamten Kreis bereits leicht verringerte.

Die Landwirtschaftskammer für die Rheinprovinz ermunterte die Landwirte geradezu zur Aufstallung, als sie am 12. September 1914 in völliger Fehleinschätzung der Lage eine „Warnung vor übereiltem Viehverkauf" herausgab.[50] Die Landwirte sollten beim momentanen Tiefstand der Kälber- und Schweinepreise nur ausgemästetes Vieh auf den Markt bringen. Sie gab sogar noch den fatalen Rat, die „ungerechtfertigten" Kraftfutterpreise durch den Verkauf von Stroh und Getreide auszugleichen, Futtermittel also zu verkaufen. Die Zuversicht der Kammer und die im Landratsbericht erwähnten guten Ernteergebnisse 1914 erzeugten bei einigen Landwirten die Bereitschaft, das Risiko eines hohen Schweinebestandes angesichts steigender Kraftfutterpreise tragen zu wollen, was sich bei kurzer Kriegsdauer sicherlich ausgezahlt hätte.

Die Empfehlung der Kammer und die Risikobereitschaft einzelner Landwirte gingen jedoch am Markt vollkommen vorbei. Das Vieh hätte nur durchgefüttert werden können, wenn in einem größeren Umfang als bisher inländisches Getreide und Kartoffeln auf Kosten der menschlichen Ernährung verfüttert worden wären. Genau diese Überlegung führte Anfang November 1914 zu einem Verfütterungsverbot von Brotgetreide für das gesamte Reich, an das sich die Landwirte anfänglich nur mehr oder weniger strikt hielten, da die Getreidevorräte nicht restlos erfaßt worden waren. Später wurden auch Hafer und Gerste als Futtermittel rationiert. Das Verbot sowie weitere einschränkende Maßnahmen[51] und das Aufbrauchen der eigenen Vorräte führten ab Februar 1915 zum sogenannten Schweinemord. In Kervenheim wurde der Bestand von 5680 im Dezember 1914 auf 3118 im Vergleichsmonat 1915 abgeschlachtet, dann, nach der schlechten Kartoffelernte 1916 und dem „Steckrübenwinter" von 1916/17, weiter auf 1625 dezimiert.

Daß die Massenabschlachtungen Folgen für die menschliche Ernährung haben mußten, ist augenscheinlich. Mitverantwortlich für die immer schlechter werdende Ernährungslage waren aber auch, von wenigen Ausnahmen abgesehen, die mit der Zeit rückläufigen Anbauflächen und erzielten Mindererträge pro Hektar.

Anbauflächen im Kreis Geldern (Hektar):[52]

	1914	1915	1916	1917	1918
Winterweizen	1594	1503	1384	1414	1448
Sommerweizen	121	135	58	72	41
Winterroggen	7732	7603	6613	5954	5280
Sommerroggen	63	75	55	81	74
Wintergerste	181	169	453	250	211
Sommergerste	183	231		330	290
Hafer	5407	5548	4064	3933	3653
Kartoffeln	3904	4131	3016	2800	3168
Zuckerrüben	–	–	171	62	69
Futterrüben	2449	2705	2650	2798	2938
Kohlrüben	–	–	–	–	612
Klee	3198	3083	2674	3171	3347
Rieselwiesen	2	9	377	134	263
Andere Wiesen	6017	5961	3853	4633	5606

Hektarerträge (100 kg) im Kreis Geldern:[53]

	1914	1915	1916	1917	1918
Winterweizen	23,2	22,1	19,3	16,7	19,4
Sommerweizen	17,7	16,0	14,9	14,4	14,0
Winterroggen	21,1	21,0	14,5	19,4	19,7
Sommerroggen	18,0	15,8	15,5	12,6	11,8
Wintergerste	20,4	19,9	19,5	18,3	20,7
Sommergerste	20,3	19,1		16,5	14,9
Hafer	25,6	18,1	23,6	17,4	19,5
Kartoffeln	185,0	169,7	105,9	167,6	186,1
Zuckerrüben	–	–	–	250,0	216,7
Futterrüben	441,1	494,0	606,6	643,4	493,4
Kohlrüben	–	–	–	–	352,4
Klee	60,9	65,3	66,8	60,6	46,5
Rieselwiesen	70,0	70,0	70,0	47,8	42,7
Andere Wiesen	40,1	37,5	47,4	39,2	33,9

Die Tabellen verdeutlichen, daß der Ausfall des Schweinefleisches nicht durch einen vermehrten Anbau und schon gar nicht durch eine größere Ernte anderer landwirtschaftlicher Produkte ausgeglichen werden konnte. Die Flächen für

Weizen, Roggen und Kartoffeln gingen zurück, Gerste und Rüben baute man im Kreis etwas mehr an. Die Wiesenflächen nahmen ab, die der Weiden zu – die Preußische Statistik erfaßte letztere nicht. Diese Vergrößerung der Weideflächen erlaubte eine relativ konstante Aufrechterhaltung des Rindviehbestandes, was für die Versorgung der Bevölkerung mit Milch, Butter und Käse von Vorteil war.

Die Frage, warum in diesem Raum, in dem ja ohnehin nicht der Ackerbau, sondern die Veredelungswirtschaft in der Vorkriegszeit dominiert hatte, nicht wenigstens die Anbauflächen von 1914 hatten gehalten werden können, ist nur mit dem absoluten Mangel an landwirtschaftlichen Arbeitskräften zu beantworten. Im Laufe des Krieges rückten etwa 2 der 3,4 Millionen landwirtschaftliche Arbeitskräfte aus dem gesamten Reichsgebiet ein[54], und die so entstandenen Lücken konnten nicht durch Mehrarbeit der Frauen, Ernteeinsätze von Soldaten, Schulkindern oder durch Kriegsgefangene geschlossen werden.

In den ersten Kriegsmonaten trat dieser Mangel noch nicht in Erscheinung: somit blieben auch die Anbauflächen bis 1915 relativ konstant. Dennoch gestattete der Bischof von Münster bereits im August 1914 Feldarbeiten an Sonn- und Feiertagen und hob die Fastengebote auf.[55] Im Herbst 1914 verließen sich die Landwirte weitgehend auf gegenseitige Hilfe und lehnten eine Beschäftigung von Arbeitslosen aus der gewerblichen Wirtschaft aus Kostengründen ab.[56] Doch bereits Anfang 1915 traten „Verzögerungen" in der Frühjahrsbestellung aufgrund des regnerischen Wetters sowie des Mangels an Arbeitskräften auf.[57] Danach verschlechterte sich die Lage dermaßen, daß im Frühjahr 1916 nicht nur die im Korpsbezirk anwesenden Soldaten bis zu drei Wochen Arbeitsurlaub erhielten, sondern auch in beiden Bürgermeistereien die Bitte um Kriegsgefangene für die Landwirtschaft laut wurde. Der Bürgermeisterirat von Kervenheim ging dabei von 60 Kriegsgefangenen aus, die mit Ausnahme der Sonn- und Feiertage auf den jeweiligen Höfen wohnen sollten. Der Kevelaerer Bürgermeister konnte seinen Wunsch nicht durchsetzen, in Winnekendonk hingegen entstand ein Lager für Gefangene aus Weeze und Baal.[58] Die genaue Zahl der beschäftigten Kriegsgefangenen ist ungewiß. Einen Anhaltspunkt bietet allerdings die Volkszählung vom 5. Dezember 1917, die unter der Rubrik „Militärpersonen und Kriegsgefangene" für Kervenheim fünf, Kervendonk vier und Winnekendonk 57 Personen erfaßte.[59] Doch konnte auch die Beschäftigung der Kriegsgefangenen den Rückgang der Anbauflächen nicht aufhalten. Anstelle des arbeitsintensiven Ackerbaus trat so beinahe zwangsläufig die arbeitsextensivere Form der Weidewirtschaft.

Im Weltkrieg verminderten sich nicht nur die Anbauflächen, sondern auch die pro Hektar erzielten Erträge. Beides zusammen ließ das Produktionsvolumen und damit die Ernährungsbasis schrumpfen. Lagen die Gründe für den Anstieg der Weidewirtschaft vor allem im Arbeitskräftemangel, in der unzulänglichen

Versorgung mit Maschinen und Ersatzteilen – bei kleineren Betrieben sicherlich auch im Bedarf an Arbeitspferden –, so resultierten die Ertragsrückgänge aus dem unzureichenden Angebot natürlicher und künstlicher Dünger. Auch hier wirkte sich die Seeblockade aus, die eine weitere Einfuhr von Chilesalpeter unterband. Die deutsche chemische Industrie, die technisch in der Lage war, Abhilfe zu schaffen – Stickstoff-Synthese nach dem Haber-Bosch-Verfahren – produzierte jedoch für den militärischen Sprengstoffbedarf. Lediglich Kalidünger war reichlich auf dem Markt, dessen Verwendung konnte aber keine Ertragssteigerungen bewirken.[60]

Steckrübenwinter

Die Versorgung der Bevölkerung mit Gegenständen des täglichen Bedarfs, mit Heizmaterialien oder Lebensmitteln sowie die finanzielle und materielle Unterstützung der durch den Krieg bedürftig gewordenen Familien brachte für die Gemeinden während und im Gefolge des Ersten Weltkrieges eine Reihe von Problemen mit sich, die aufgrund des zögernden Aufbaus überregionaler Bewirtschaftungseinrichtungen zu einem erheblichen Teil auf kommunaler oder kreiskommunaler Ebene angegangen und gelöst werden mußten.
Der hier betrachtete Raum war, trotz aller gewerblich-wirtschaftlichen Besonderheiten der Orte Kervenheim und Kevelaer, überwiegend ländlich geprägt. Unabhängig von allen reichseinheitlichen Lebensmittelrationierungen hatten die meisten Einwohner, wenn sie nicht sogar selbst landwirtschaftlich tätig waren, die Möglichkeit, in Gärten, bewirtschafteten Parzellen, durch Mitarbeit auf den Höfen oder durch das Halten von Kleintieren, durch Einkäufe in den benachbarten Niederlanden oder gar Schleichhandel oder Schmuggel zusätzliche Lebensmittel zu erlangen. Dies verhinderte zwar nicht immer eine Mangel- oder Unterernährung, ließ aber andererseits die Ernährungslage nicht an eine lebensbedrohende Grenze rücken. Wenn dennoch während einiger Monate in hunderten von Familien die Vorräte zur Neige gingen und die Menschen hungerten, so läßt sich daran die verheerende Situation in den städtischen Ballungsgebieten erahnen, in denen zusätzliche Lebensmittelbeschaffungen nicht in dem Umfang wie auf dem Lande möglich waren, was dazu führte, daß Familienangehörige aufs Land fuhren, um zu hamstern oder zu stehlen.
Mit Kriegsbeginn 1914 erreichte nicht nur die Woge der nationalen Begeisterung ihren Höhepunkt, sondern es zeigte sich auch sogleich ein hohes Maß individueller und kollektiver Opferbereitschaft, ausgedrückt in der materiellen und ideellen Unterstützung der Soldaten durch „Liebesgaben", die eine Verbindung zwischen Heimat und Front schufen, aber auch in der persönlichen und organisierten Unterstützung nun bedürftig gewordener Gemeindemitglieder.

Die Organisation dieser Leistungen konzentrierte sich in den traditionellen oder eigens dazu gegründeten dörflichen Vereinen, in den Verwaltungen und Gemeinderäten.

Ähnlich wie die anfänglich aufgetretene Arbeitslosigkeit erste erfolgreiche kommunale Beschäftigungsprogramme zur Folge hatte und die Auftragslage in der Schuhherstellung nur durch Gruppeninitiativen unter Beteiligung der Bürgermeister gesichert werden konnte, kamen auch bei der Versorgungsfrage neue, bisher ungewohnte Aufgaben auf die Kommunen zu, die das Ziel verfolgten, die unterschiedlichen individuellen Belastungen im Sinne eines kommunalen Belastungsausgleichs zu lindern. Die aus Reichsmitteln finanzierte Unterstützung derjenigen Familien, die durch Einberufungen unverschuldet in Not geraten waren, reichte angesichts der anfänglichen Preissteigerungen kaum aus. Bis Oktober 1914 erhielt eine Ehefrau lediglich 9 Mark monatlich, für jedes Kind kamen 6 Mark hinzu. Nur auf kommunaler Ebene konnte die weiter dringend erforderliche Hilfe geleistet werden. Mit Kriegsbeginn ergingen deshalb zahlreiche Sammelaufrufe für Geld- und Sachspenden. Die namentliche Bekanntmachung der Spender in der Ortszeitung schuf einen zusätzlichen Spendenanreiz.[61] Bis Ende März 1915 konnten so im Wallfahrtsort über 12 000 Mark gesammelt und verteilt werden.[62]

In den Zusammenhang freiwilliger kommunaler Hilfeleistungen gehörten auch die bereits im August 1914 eingerichteten Volks- bzw. Suppenküchen in den größeren Orten des Kreises wie Geldern, Kevelaer oder Straelen.[63] In Kevelaer trug sie zunächst nicht den Charakter einer reinen „Suppen"-Küche, sondern es wurden in der Bewahrschule bis Ende März 1915 vollständige Mittagessen ausgegeben, insgesamt 58 115 Portionen und 15 252 Brote.[64] Für Familien, die ohnehin von der Armenkasse unterstützt wurden, war das Essen kostenlos. Bedürftige Familien, deren Ernährer eingezogen worden waren oder die erhebliche wirtschaftliche Einbußen durch den Krieg erlitten hatten, zahlten 10 Pfennig pro Portion.[65]

Die Küche trug sich im ersten Kriegswinter durch ihre Einnahmen, Zuwendungen der Gemeinde sowie Geld- und Naturalienspenden der Bevölkerung selbst. Mit zunehmender Kriegslänge mußte indes die anfänglich großzügig gehandhabte Essensausgabe drastisch eingeschränkt werden. Nachdem der Betrieb im Sommer 1915 geruht hatte, wurde er am 15. November wieder aufgenommen, um die im Winter „in Aussicht stehende Not unter der Bevölkerung von Kevelaer in etwa zu steuern". Sie war aber jetzt nur noch Kindern unter 15 Jahren aus Krieger- und anderen bedürftigen Familien zugänglich.[66]

In Kevelaer dominierte zu Beginn des Krieges der Gedanke einer individuellen oder familiären Unterstützung. Auf eine kommunale Vorratshaltung, wie sie die Kreisstadt Geldern bereits im August 1914 mit der Beschaffung von Lebensmitteln auf Gemeindekosten begonnen hatte, glaubte man hier verzichten zu kön-

nen.⁶⁷ Anders dachten die einzelnen Familien, die in den ersten Kriegstagen die Geschäfte fast leerkauften, was die ohnehin sogleich einsetzende Teuerung weiter vorantrieb. Dieser allerdings begegnete man behördlicherseits mit der Festsetzung von Höchstpreisen, so am 7. August 1914 unter Androhung von Geschäftsschließungen im Kreis Geldern für Mehl, Salz, Zucker, Fleisch, Speck und Schmalz. Ende Oktober folgte der Kartoffelpreis sowie ein allgemeines Verkaufsverbot von Alkohol, von dem nur die Wirte insofern ausgenommen waren, als sie für den „augenblicklichen Genuß" verkaufen durften.⁶⁸
Einen wahren Absatzboom erlebten die grenznahen niederländischen Gebiete, in denen sich nach Aufhebung der deutschen Einfuhrzölle für Lebensmittel nicht nur die niederrheinische, sondern auch die Bevölkerung des Ruhrgebiets, aufmerksam gemacht durch die Zeitungen⁶⁹, zusätzlich eindeckte. Erst 1915 erließ die niederländische Regierung Ausfuhrbeschränkungen.⁷⁰

17. August 1914 Landrat von Kesseler
an den Regierungspräsidenten zu Düsseldorf
„Der Grenzverkehr mit Holland ist zur Zeit ausserordentlich rege. Infolge der Aufhebung des Zolles auf die meisten Lebensmittel gehen viele Landsleute, die jetzt durch den Verkauf ihres Roggens gut bei Kasse sind, über die Grenze und verproviantieren sich für den Winter. Es wurde mir von glaubwürdiger Seite versichert, dass mit der schmalspurigen Kleinbahn längs der Maas aus Venlo und Nymegen Lebensmittel waggonweise bis Arcen und Well a/d Maas gebracht und von da per Fuhre bis an die Grenze gebracht würden, wo die Umladung nach hier stattfände. Zu hunderten wanderten beispielsweise die Leute von Straelen nach Lingsfort, um Käse, Reis, Linsen, geräucherten Speck und Aehnliches herüber zu holen. Die ganze Nacht über bringen Fuhren die Waren zum Rhein hin. Zoll soll nur noch bestehen für Kaffee, Zündhölzer und Tabak, aber auch der Schmuggel steht in hoher Blüte und sollen die Zollaufseher angewiesen sein – Angabe des hiesigen Oberkontrolleurs – ‚ein Auge zuzudrücken'. Da der Benzinmangel sich im gewerblichen Leben sehr fühlbar macht, soll neuerdings auch Benzin über die Grenze gebracht werden.
In Dammerbruch bei Venlo fand ich heute die Strasse rechts und links des Fahrdammes mit vielen leeren Fracht-Wagen besetzt, die alle frisches Gemüse dort einladen sollten. Nach Angabe des dortigen Zollamts-Vorstehers soll hauptsächlich Blumenkohl, Zwiebeln, Bohnen, Tomaten, Erbsen, Gurken, Möhren, Salat, Porree, Rotkohl und auch Kartoffeln in grossen Mengen eingeführt werden, dagegen kein lebendes Vieh und nur wenig frisches Fleisch. Der Stationsvorsteher der Staatsbahn in Straelen sagte mir, dass der Verkehr mit Holland in der Zunahme begriffen sei. Täglich kamen von Venlo ca 25 Waggon frisches Gemüse, die nach Oberhausen, Essen (Ruhr), Duisburg und Cöln gingen. Auch der Verkehr auf den Versteigerungen des Gemüsebau-Verbandes ist sehr leb-

Titelseite des Programmheftes für ein Wohltätigkeitskonzert im Jahre 1916 (NMVK)

Wohltätigkeits=Konzert

zum Besten der hiesigen Kinder=Suppenküche
und des Kreisvereins vom Roten Kreuz Geldern

Sonntag, den 19. November 1916,
abends punkt $7^{1}\!/_{2}$ Uhr,
im Saale des „KÖLNER HOF" Kevelaer.

Mitwirkende:
„Solo-Quartett Mignon" Venlo (Leitung: Herr Musikdirektor Willy Geyr, CREFELD)
Herr Konzertsänger J. H. Peters, Bariton
Herr H. Ettmann, Geige
Herr C. Wenzel, Cello
Herr J. van Wickeren, Klavier.

Es wird dringend ersucht, nicht zu rauchen.

Text 20 Pfg.

Ein Kohlefuhrwerk 1915 bei der Gärtnerei Brüx in Kevelaer (NMVK)

131

haft, sodass für die Folge täglich versteigert werden soll. In der vorigen Woche wurde für 16 000 M Gemüse dort umgesetzt."[71]

Ende 1914 und verstärkt Anfang 1915 machten weitere Verordnungen den Übergang von einer immer noch sehr freien zu einer mehr und mehr reglementierten Marktsituation deutlich. Nun konnte sich der einzelne nicht mehr im Handel nach eigenem Gutdünken und seinen finanziellen Möglichkeiten mit Lebensmitteln versorgen. Am augenfälligsten markierten diesen Übergang die Einführung der Brotkarte am 25. Januar 1915 sowie die Beschlagnahme des Brotgetreides und der Mehlvorräte im gesamten Reichsgebiet. Die Wochenration an Brot wurde zunächst auf 2 kg, die tägliche Mehlration auf 225 g festgesetzt (Friedensverbrauch 380 g), weitere Senkungen folgten rasch. Auch bestand jetzt die Pflicht, das Getreide erhöht auszumahlen, verfüttert werden durfte es ohnehin nicht mehr. Bei der Brotbereitung waren Streckstoffe, z. B. Kartoffelmehl, zuzugeben.[72] Ab 8. Februar 1915 wurde die Bereitung von Backwaren auch in Privathaushalten auf Schwarzbrot, Kriegsbrot, Weißbrot, Zwieback und Kuchen beschränkt, die Höchstverkaufsmenge an private Kunden betrug nur noch ein Pfund. Ab Anfang Mai galten im gesamten Kreis einheitliche Höchstpreise für Brot.[73] Von der Beschlagnahme des Mehls ausgenommen waren lediglich kleinere Mengen unter einem Doppelzentner in Privathaushalten, ferner die errechneten Bedarfsmengen für die menschliche Ernährung auf den Höfen sowie die eigens genehmigten Bestellungen der Bäcker.[74]
Diese Maßnahmen bewegten sich durchaus in einem Rahmen vorsorgender Verbrauchslenkung. Überdies konnten zu diesem Zeitpunkt die Einschränkungen einzelner Lebensmitteln durch das große Angebot an Schweinefleisch ausgeglichen werden. Die Bevölkerung wurde Anfang 1915 geradezu dazu angehalten, Dauerware anzuschaffen, um durch eine gesteigerte Nachfrage ihrerseits zur Verminderung des Schweinebestandes beizutragen.[75] Auch die Gemeinde Kevelaer, die im August 1914 dem Gelderner Beispiel nicht gefolgt war und keine eigenen Vorräte angelegt hatte, wurde nun, da sie mehr als 5000 Einwohner umfaßte, durch die Verordnung zur Sicherung der Fleischversorgung vom 25. Januar 1915 verpflichtet, einen Lagerbestand anzulegen, aus dem sich die Bevölkerung eindecken konnte.[76]
Bei der Versorgung mit Kartoffeln traten 1915 noch nicht die Engpässe auf wie in den folgenden Kriegsjahren, was sicherlich auch an der Vergrößerung der Anbauflächen bis zu diesem Jahr lag. Für 1915 kann sogar von einem funktionierenden Kartoffelmarkt gesprochen werden, denn einerseits lieferten z. B. Kevelaerer Landwirte nach Essen, andererseits gelangten niederländische Kartoffeln in den Wallfahrtsort.[77] Erst im Oktober 1915 kam mit der Organisierung des Kartoffeleinkaufs und der Schaffung kommunaler Vorräte eine weitere kriegswirtschaftliche Aufgabe auf die Gemeinden zu.[78]

Im Laufe des Jahres 1916 verschlechterte sich die Ernährungslage zunehmend. Die Vorräte aus der Vorkriegszeit waren restlos erschöpft, die Seeblockade zeigte ihre Wirkungen und die Schweinefleisch-Dauerwaren gingen entweder zur Neige oder dienten Schleichhändlern zu Spekulationszwecken. Die Ernährung konnte so fast nur noch aus der eigenen Ernte gedeckt werden. Am 21. April 1916 versammelten sich auf Einladung des Landrats die Viehhändler und Metzger des Kreises Geldern, um über die Fleischversorgung zu beraten. Der Landrat verlas eine telegraphische Verfügung des Regierungspräsidenten, nach der nunmehr die Höchstmenge an Fleisch pro Kopf und Woche auf 500 g festgesetzt war.[79] In dem noch zwei Jahre zuvor in der Blüte der Veredelungswirtschaft stehenden Kreis Geldern befürchtete man, daß selbst für diese Regelung nicht genügend Vieh vorhanden sein würde. Noch vor Einführung der Reichsfleischkarte am 21. August 1916[80] senkte der Landrat im Juni die Ration an Fleisch und Fleischwaren auf wöchentlich 250 g.[81] Weitere, in den einzelnen Kreisteilen unterschiedliche Beschränkungen verordneten die Bürgermeister eigenständig. In Kevelaer z. B. erhielten die Einwohner ab Ende Oktober höchstens 130 g. In der Weihnachtswoche gab es wieder 250 g, doch unmittelbar nach dem Fest gingen die Rationen erneut zurück.[82]

Die Gemeinden befolgten jedoch nicht nur die angeordneten Verbrauchsregelungen, sondern sie wurden auch, im Rahmen der jeweiligen finanziellen Möglichkeiten, eigenständig aktiv, indem sie beispielsweise die schon in Friedenszeiten gelegentlich geschaffenen Anreize für die private Schweinehaltung mittels Zuschuß oder Darlehen wieder aufnahmen.[83]

Im Sommer 1916 griffen die Kommunen, soweit sie dies bislang nicht oder nur zögernd getan hatten, in den weiteren Ausbau der Vorsorge ein. Auch in der Bürgermeisterei Kervenheim beschloß man nun, Kredite für die Lebens- und Futtermittelbeschaffung bereitzustellen und kommunale Lebensmittelverkaufsstellen einzurichten.[84] Vorangegangen war die Gründung der „Einkauf Niederrhein GmbH" am 10. Februar 1916 durch Vertreter sämtlicher Stadt- und Landkreise des Regierungsbezirks Düsseldorf, die die Lebensmittelbeschaffung sowie den Aufbau amtlicher Verteilungsstellen zum Ziel hatte.[85]

Ebenfalls in dieses Jahr fiel die Ausgabe von Reisebrotheften, die für die Verpflegung der Pilger in Kevelaer von Bedeutung waren[86], sowie die verstärkte Nutzung von Ersatzstoffen für solche Lebensmittel, die nicht mehr oder kaum noch zu erhalten waren. Die Streckung des Brotes begann, wie bereits erwähnt, schon 1915. Im April 1916 erreichte die Bürgermeister ein Schreiben des Preußischen Innenministeriums, das als Ersatz für asiatische Tees heimische Pflanzenblätter empfahl: Erdbeere, Heidelbeere, Brombeere, Ulme und Weide, die von den Drogerien gesammelt und angeboten werden sollten.[87] Schließlich sei noch ein Sammelaufruf von Juli 1916 für Kirsch-, Aprikosen-, Pflaumen- und Zwetschgensteine zur Oelgewinnung genannt.[88]

Lebensmittelkarten aus dem Ersten Weltkrieg (NMVK)

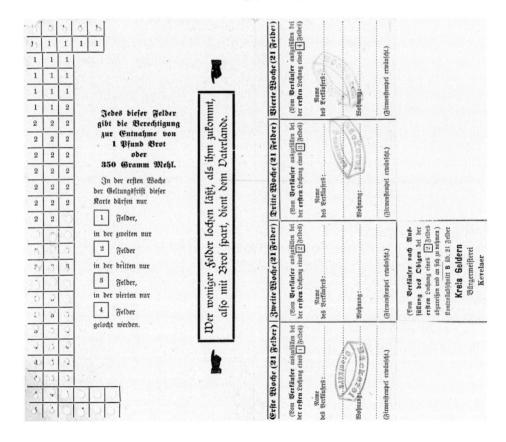

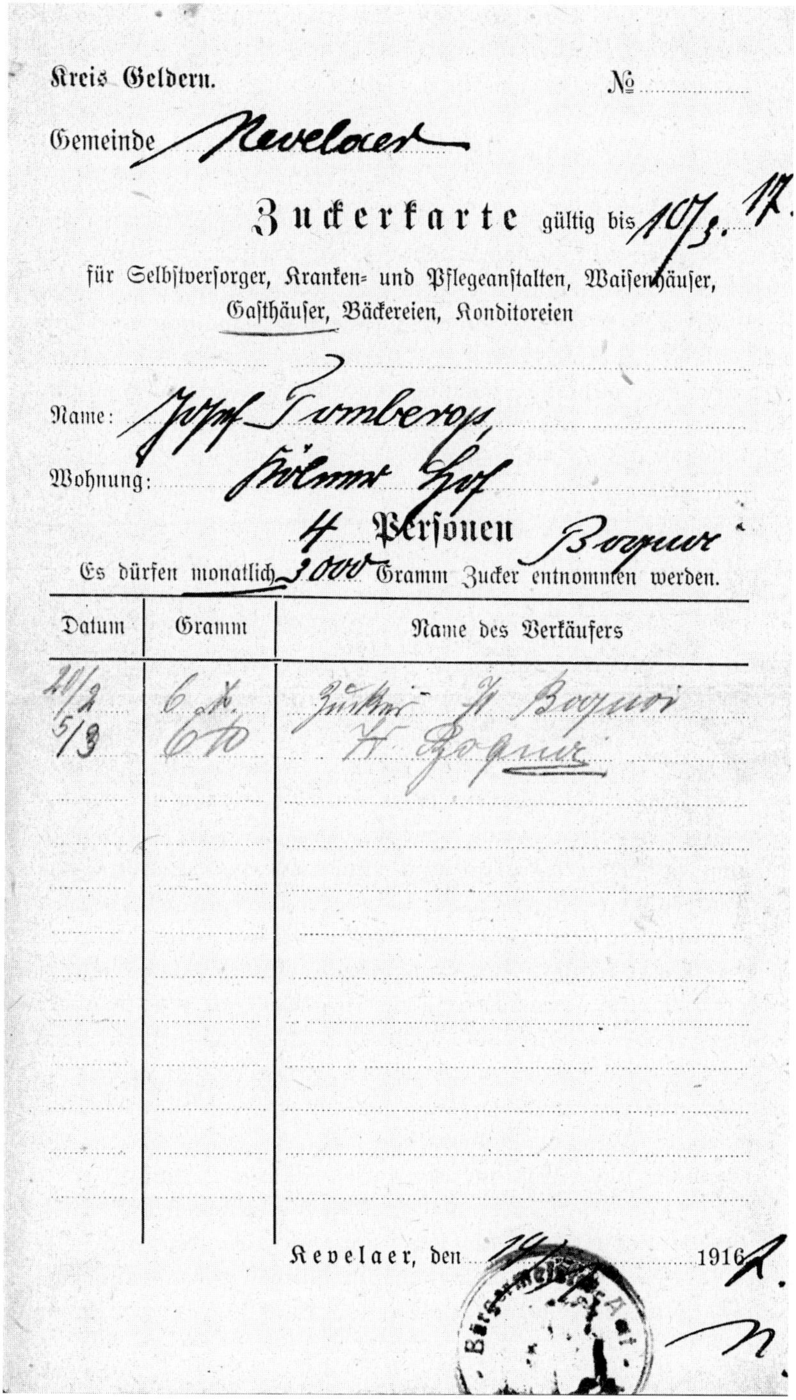

Kreis Geldern. No.

Gemeinde Kevelaer

Zuckerkarte gültig bis 10/3. 17

für Selbstversorger, Kranken- und Pflegeanstalten, Waisenhäuser,
Gasthäuser, Bäckereien, Konditoreien

Name: Joseph Tomberops

Wohnung: Külmer Hof

4 Personen Bogner

Es dürfen monatlich 3000 Gramm Zucker entnommen werden.

Datum	Gramm	Name des Verkäufers
20/2	6 ℔	Zucker H. Bogner
5/3	6 ℔	H. Bogner

Kevelaer, den 14. 1916

Verantwortlich für den Übergang von einer mangelhaften Ernährung zu zeitweiligem Hunger waren aber weniger die Rationierungen von Brot und Fleisch, sondern die bereits 1916 erkennbaren Defizite in der Kartoffelversorgung. Als im Februar 1916 auf Anordnung des Bundesrates allerorten eine Kartoffel-Bestandsaufnahme durchgeführt wurde, stellte sich allein im Kreis Geldern ein „Fehlbedarf" von 200 000 Zentnern heraus. Dadurch alarmiert, ordnete der Landrat Anfang März sofort ein vollständiges Ausfuhrverbot an.[89] Gleichzeitig vereinbarte die Kreisverwaltung mit einigen landwirtschaftlichen Vereinigungen in den östlichen Provinzen des Reiches Kartoffellieferungen. An deren Verteilung am Niederrhein beteiligten sich nicht nur die Gemeindeverwaltungen, sondern auch einzelne örtliche Vereine, z. B. der Katholische Arbeiterverein Kevelaer. An besonders bedürftige Familien wurden die Kartoffeln aus Mitteln der Armenkasse verschenkt oder unter dem Einkaufspreis abgegeben.[90]

Konnte die Ernährung der Kreisbevölkerung im Frühjahr 1916 auf diese Weise zwar noch einmal gesichert werden, so blieb die Atmosphäre doch merklich gespannt. Als im Mai die Provinzial-Kartoffelstelle den Kreis zur Lieferung von 2000 Zentnern an den Kommunalverband Rheydt verpflichtete, überwachten Gendarme, offensichtlich aus Furcht vor Unruhen, vorsorglich die Verladung.[91]

Ab Juni/Juli 1916 kündigte sich die bevorstehende Krise an. Die Ernteschätzungen sagten für die noch bewirtschafteten Anbauflächen einen drastischen Ernterückgang voraus. Sie sollten sich als zutreffend erweisen. Im Kreisgebiet ging die Kartoffelernte von 700 000 dz im Jahre 1915 auf 320 000 dz zurück.[92] Am 2. Juli 1916 trafen sich die Gemeinderäte von Kervenheim und Kervendonk zu einer gemeinsamen Krisensitzung über die Lebensmittelversorgung.[93] Sie erarbeiteten eine Eingabe an den Landrat, die nicht nur die in diesen Gemeinden erhobenen Forderungen widerspiegelte, sondern durchaus als Forderungen der Kommunen sowie der Bevölkerung des ganzen Kreises angesehen werden kann. Verlangt wurde eine baldige Zuweisung von Kartoffeln für nicht versorgte Familien oder aber eine Vergrößerung der Brotrationen. Die Kartoffelausfuhr über die Kreisgrenzen hinaus sollte angesichts der bevorstehenden Notsituation eingeschränkt werden. Ferner erwartete man Zuweisungen von Schlachttieren, um zumindest das Quantum von 250 g Fleisch pro Kopf und Woche sicherzustellen, sowie von Ölen und Fetten.

In den Gemeinden und Bürgermeistereien wurde nun fieberhaft gerechnet. Im Juli und August konnten noch einmal einzelne Versorgungslücken bei Frühkartoffeln in bedürftigen Familien aus Reichsmitteln verringert werden[94], doch spätestens im Oktober wurde der bevorstehende Hunger zur Gewißheit. Am 8. dieses Monats sandte der Gelderner Landrat vorsorgende Anweisungen an die Bürgermeister:

„Da die diesjährige Kartoffelernte der vorjährigen an Menge erheblich nachsteht, sodass mit ziemlicher Sicherheit mit einer bedeutenden Kartoffelknappheit im laufenden Wirtschaftsjahre gerechnet werden muss, ersuche ich Sie, mit besonderer Sorgfalt dafür zu sorgen, dass Ihre Amtseingesessenen sich tunlichst bald mit den ihnen gesetzlich zustehenden Kartoffelmengen, 1 ½ bez. 2 Pfd. pro Kopf und Tag, selbst eindecken. Sie wollen durch Umfrage von Haus zu Haus feststellen lassen, ob und inwieweit das geschieht oder geschehen wird und für diejenigen, welche geeignete Unterbringungsräume nicht haben, sowie für die Krankenhäuser, Lazarette, für die Armenküchen pp. sowie für unvorherzusehende Fälle in Ihrem Amtsbezirk eine Kartoffelreserve sich einrichten. [...] Andererseits werden Sie – namentlich mit Rücksicht auf das zu erwartende Kartoffelverfütterungsverbot – einer gesetzwidrigen Verwendung und übermäßigen Eindeckung mit Kartoffeln entgegenzutreten haben sowie ferner dafür sorgen müssen, dass alle überflüssigen und entbehrlichen Kartoffeln sämtlich an den mit der Kartoffelausfuhr in die Industriekreise beauftragten Gartenbau-Verband in Straelen abgeliefert werden. Derselbe ist beauftragt, die von den Herren Bürgermeistern für die Gemeinden etwa bestellten Kartoffeln in erster Linie zu liefern."[95]

Doch alle vorsorgenden Bemühungen verhinderten nicht, daß in den kommenden Kriegswintern die Bevölkerung des Niederrheins hungern mußte, wenn nach den Kartoffeln auch die letzten Steckrüben (auch Kohlrüben genannt) aufgegessen waren. Am Tag nach dem Weihnachtsfest 1916 gab der Landrat die in den nächsten Monaten auszugebenden Kartoffel- und Rübenmengen bekannt.

„1. An Versorgungsberechtigte wöchentlich nur 5 Pfund Kartoffeln, von denen nach Möglichkeit 2 Pfund durch 4 Pfund Kohlrüben zu ersetzen sind,
2. Als Zulage an Schwerarbeiter wöchentlich 5 Pfund Kartoffeln und 6 Pfund Kohlrüben,
3. Den Erzeugern sollen 7 Pfund Kartoffeln wöchentlich für die ganze Zeit bis zur nächsten Ernte belassen werden."[96]

Steckrübengerichte wurden in der Presse veröffentlicht, Aufrufe zur Sparsamkeit und Opferbereitschaft an die Bevölkerung gerichtet. Die Behörden arbeiteten manchen recht überflüssigen Ernährungsratschlag aus, z. B. regte der Regierungspräsident im März 1917 an, daß Kartoffeln nicht mehr geschält werden sollten, was zu dieser Zeit wohl kaum noch jemand machte, so er denn überhaupt Kartoffeln hatte, „denn durch das Schälen der Kartoffeln werden, je nach dem es erfolgt, 7 bis 15, gelegentlich angeblich noch mehr Teile vom Hundert der Masse der Nahrung entzogen".[97]

Als Anfang März 1917 eine Bestandsaufnahme in der Bürgermeisterei Kevelaer ergab, daß von 1494 Familien 206 keine Kartoffeln mehr besaßen, was einen zahlenmäßigen Eindruck der desolaten Situation vermittelt, und sich der Bürgermeister hilfesuchend an den Landrat wandte, empfahl dieser, da er die Angaben offenbar anzweifelte, lediglich „eine Nachprüfung von Haus zu Haus unter Mitwirkung des Gendarmen".[98]

Die allgemeine Ernährungslage blieb bis nach Kriegsende sehr kritisch. Es wurden weiterhin kommunale Anreize und Empfehlungen zur Selbstversorgung gegeben, Sammlungen durchgeführt und bedürftige Familien durch Gemeinden und Vereine unterstützt. Die „Liebesgaben" an die Front wurden zwangsläufig eingeschränkt, mitunter schickten nun sogar die Soldaten Pakete nach Hause. Schließlich wurden im Mai 1917 Lebensmittelsendungen an die Front oder Etappe verboten, umgekehrt durften jetzt Pakete bis zu einem Gewicht von 5 kg in die Heimat geschickt werden.[99]

Aber nicht nur dieser Rollenwechsel vom Unterstützenden zum Unterstützten kennzeichnet die Lage, sondern auch die ab 1917 überall verstärkt auftretenden Felddiebstähle, die Beschlagnahmungen bei Verdacht auf Schleichhandel – bis hin zu einer gewissen Tolerierung dieses Handels im Sommer 1918.

Im Mai 1918 erstattete ein Hilfsgendarm aus Winnekendonk der Ortspolizeiverwaltung folgenden Bericht: „Bei meinem Dienstgang auf der Straße Winnekendonk–Kervenheim traf ich heute die Ehefrau [. . .] wohnhaft in Winnekendonk [. . .] mit zirka 4 Pfund Kalbfleisch, und [diese] gab an, das Fleisch ist von einer Notschlachtung, die 4 Pfund wollte sie armen Leuten geben, und den Rest für ihre Hühner verwerten. Das Fleisch habe ich beschlagnahmt, und liefere es hiermit ab."[100] Bürgermeister Janssen blieb nach dieser Meldung kaum etwas anderes übrig, als den Vorgang der Staatsanwaltschaft zu melden.

Als weiteres Beispiel sei aus einem Brief zitiert, den Landrat von Kesseler Anfang Juni 1918 aus Köln erhielt: „Unterzeichneter Kriegsbeschädigter, ‚Inh. des Eisernen Kreuzes', bittet um freie Durchfahrt, des von Herrn Gendarmerie Wachtmeister [. . .] beschlagnahmten Schließkorb, lagernd in Kevelaer. Bin durch Krankheit und meine Kriegsbeschädigung sehr zurückgekommen, und hatte darum meine Mutter gebeten mir und meiner Familie etwas Kartoffeln und Gemüse zu schicken. Meine Mutter, Frau [. . .] in Kervenheim, ist sehr magenleidend und kann fast gar keine Kartoffeln essen, darum schickte dieselbe uns die übrigen, die meine Mutter für mich das ganze Jahr gespart hatte, denn hier in der Großstadt gibt es sehr wenig besonders wenn man nicht richtig auf den Beinen ist. Meine Mutter und ich wußten nicht, daß keine Kartoffeln und [Gemüse] verschickt werden durften und so wurde der Korb in Kevelaer beschlagnahmt. Mit Rücksicht auf meine Kriegsbeschädigung und Krankheit und wenigem Verdienst, möchte ich nochmals den Herrn Königlichen Landrat gütigst bitten, mir doch die freie Durchfahrt des Schließkorbs, und die übrigen ersparten Kartoffeln von meiner Mutter erlauben zu wollen."[101]

In großem Stil erfolgte der Schleichhandel über die Eisen- oder die Schmalspurbahn in Richtung Krefeld/Mönchengladbach sowie in das Ruhrgebiet. Obwohl das Gepäck der Reisenden sorgfältig durchsucht werden sollte, mehrten sich die

Steckrübengerichte
für 4 Personen.

1. Steckrübensuppe.

2 Liter Wasser, 2 Pfd. Steckrüben, 2 Pfd. Kartoffeln, Salz, Pfeffer, 1 Zwiebel.

Steckrüben und Kartoffeln in Wasser mit Gewürzen garkochen, durchquetschen, nach Belieben mit etwas geriebener Muskatnuß abschmecken. Man kann die Suppe auch nur von Steckrübenwasser herstellen.

2. Steckrüben mit Kartoffeln.

2—4 Pfd. Steckrüben, 3 Pfd. Kartoffeln, etwas Fleischextrakt oder eine gebräunte Zwiebel, einige Kümmelkörner, Salz, Pfeffer.

Steckrüben mit Gewürzen und kochendem Wasser ansetzen, rohe Kartoffeln in Scheiben geschnitten hinzufügen, alles zusammen weichkochen lassen, zuletzt einige Kümmelkörner mit durchkochen lassen.

3. Braune Steckrüben.

3—4 Pfd. Steckrüben, 3 Eßlöffel Zucker, 8 gestrichene Eßlöffel Mehl, Salz.

Geschnittene Steckrüben in Salzwasser halb garkochen und abgießen. Zur Soße Zucker und Mehl ohne Fett in eiserner Pfanne bräunen, mit Steckrübenwasser auffüllen und die Steckrübenstücke darin garschmoren lassen.

4. Steckrübenauflauf.

3 Pfd. Steckrüben, 1 Pfd. gekochte, heiß zermuste oder kalte geriebene Pellkartoffeln, Salz, Pfeffer, geriebene Muskatnuß.

Steckrüben kochen, durchrühren, mit den übrigen Zutaten mischen und in mit Wasser ausgespülter Form ¾ Std. backen lassen. Dazu eine braune Zwiebelsoße.

5. Steckrübenpudding I.

2 Pfd. Steckrüben, 1 Pfd. tags vor dem Gebrauch gekochte, geriebene Kartoffeln oder 5 Eßlöffel Steckrübenmehl, je nach dem Wassergehalt der Steckrüben 100—150 g Grieß oder Mehl, Salz, Pfeffer, Muskat, Zwiebeln.

Die Steckrübe wird sauber abgebürstet und gewaschen, dann im ganzen gargekocht oder im Ofen auf dem Backblech gargebacken, dann abgeschält und zermust oder durch ein Sieb gestrichen. Das Mus wird mit den geriebenen Kartoffeln, dem Grieß und den Gewürzen gut vermischt, abgeschmeckt, in eine gefettete Puddingform getan und 1 Std. gekocht. 1 Ei und etwas Fett zu der Masse verbessert den Geschmack. Kümmel- oder Zwiebelsoße wird dazugegeben.

6. Steckrübenpudding II.

2 Pfd. Steckrüben, 50 g Zucker, 1 Prise gestoßenen Zimt, 1 Prise Salz, die Schale einer Zitrone, 150 g Grieß oder 5 Eßlöffel Steckrübenmehl und 100 g Grieß, 30 g Butter oder Fett, Eiersatz oder Backpulver.

Die rohen feingeriebenen Steckrüben werden mit dem Fett hellbraun gedämpft. Völlig erkaltet solange gerührt, bis die Masse fast weiß aussieht. Dann kommen sämtliche Zutaten hinzu. 1 Std. kochen und mit einer warmen Apfelwein- oder ähnlichen Soße gegessen.

7. Steckrübenfrikandellen.

1½ Pfd. Steckrüben putzen und im ganzen garkochen (Kochkiste), dann zermusen. 1 Pfd. gekochte geriebene oder zerquetschte Kartoffeln, Salz, Pfeffer, reichlich gehackte Zwiebeln gut miteinander mischen, zu Frikandellen formen, in Mehl wenden und in wenig Fett von beiden Seiten gut bräunen.

8. Steckrübenkoteletts.

3 Pfd. Steckrüben, Salz, Pfeffer, kleingeschnittene Zwiebel, Mehl, etwas Fett zum Braten.

Die Steckrüben werden sauber abgebürstet, nachgespült und im ganzen in Salzwasser gargekocht. Dann abgezogen oder abgeschält, in Scheiben geschnitten, mit Salz, Pfeffer und geschnittenen Zwiebeln bestrichen, in einem dicken Brei von Mehl und Wasser gewendet und in etwas Fett auf beiden Seiten braun gebraten.

Man kann auch die Steckrüben roh in Scheiben schneiden, schälen und kochen und ohne Pfeffer und Zwiebeln in dem etwas gesalzenen Mehlbrei wenden und braten.

9. Grünkohl und Steckrüben.

Die abgestreiften grobgehackten Grünkohlblätter werden mit den kleingeschnittenen abgezogenen Strünken in kochendem Salzwasser (1 Eßlöffel Salz auf 1 Liter Wasser) aufgesetzt. Die Steckrüben werden nach dem Putzen und Schälen der Länge nach (je nach der Größe) in 4—8 Teile geteilt. Diese Teile werden in feine Querscheiben geschnitten und zu dem Kohl gegeben. Wenn Kohl und Rübenscheiben gar sind, schmeckt man mit Salz und Muskatnuß ab.

10. Rotkohl und Steckrüben.

⅓ Steckrübenstreifen, ⅔ geschnittener Rotkohl. Zubereitung wie Rotkohl ohne Fett.

11. Steckrübenauflauf mit Weißkohl.

1½ Pfd. Weißkohl, 1½ Pfd. Steckrüben, Zwiebeln, Pfeffer, Salz.

Die gesäuberten in Würfel geschnittenen Steckrüben kocht man in sehr wenig schwach gesalzenem Wasser gar, zermust sie oder streicht die Masse durch ein Sieb, schmeckt ab mit Salz, einer Prise Pfeffer und geriebener Zwiebel und gibt, wenn man es hat, 2 Eßlöffel Steckrübenmehl dazu. Der Weißkohl wird in feine Streifen geschnitten und in Salzwasser halb weichgekocht. Von 1½ Liter Kohlwasser, 1 klein geschnittenen Zwiebel, Pfeffer, Salz und 50 g Mehl stellt man eine Soße her. In eine Auflaufform oder in eine Schüssel, welche die Ofenhitze verträgt, legt man eine Schicht Weißkohl, gießt etwas Soße darüber, dann eine Schicht Steckrübenmus, dann Weißkohl usw., zur obersten Steckrübenmus. 1 Stunde backen, die übrige Zwiebelsoße dazu reichen.

12. Kohlrollen mit Steckrübenfülle.

1 kleiner Weißkohlkopf, 1½ Pfd. Steckrüben, 1 kleine fein gehackte oder geriebene Zwiebel, 1 Eßlöffel Steckrübenmehl, Pfeffer, Salz, nach Belieben einige Kümmelkörner oder etwas geriebener Meerrettich, 50 g Mehl zur Soße. Von dem gewaschenen Kohlkopf löst man die äußeren 10—12 Blätter vorsichtig ab, schneidet die dicke Rippe so dünn wie das Blatt und läßt die Kohlblätter 3—5 Minuten in kochendem Salzwasser offen kochen, nimmt sie heraus, übergießt sie mit kaltem Wasser und legt sie zum Abtropfen auf einen Durchschlag. Das Innere des Kohles und die klein geschnittenen Strunkteile werden in Salzwasser halb weichgekocht, ausgedrückt und mit der Wiegel fein gehackt. Die Steckrüben werden geputzt, klein geschnitten, weichgekocht, zermust oder durch ein Sieb gestrichen, mit dem gehackten Weißkohl, Steckrübenmehl und den angegebenen Gewürzen gut vermischt. Dann breitet man die Kohlblätter auf einem Teller oder Holzbrett aus, legt in jedes Kohlblatt einen Eßlöffel der Steckrübenmasse, schlägt die Seiten des Blattes

über, rollt auf, legt es in einen Tuchzipfel und drückt fest. Die Kohlrollen werden in dem Abkochwasser des Kohles und der Steckrüben weichgekocht. In das Wasser gibt man Salz, Pfefferkörner, Zwiebeln und bindet es, wenn die Kohlrollen gar sind, mit Mehl.

13. Steckrübensalat.

Die Steckrüben werden geputzt, geschält, in Scheiben und diese in feine gleichmäßige Streifen geschnitten, die in Salzwasser garkochen müssen. Danach läßt man sie auf einem Durchschlag abtropfen und bereitet eine Salatsoße aus Essig, 1 Prise Zucker oder Zwiebel, Salz, Pfeffer, gibt in diese die Steckrübenstreifen und läßt den Salat 2—3 Stunden stehen, bevor er gegessen wird.

14. Saure Steckrüben.

3 Pfd. Steckrüben schälen, in Stücke schneiden, in Salzwasser mit einem Schuß Essig und einer Prise Zucker weichkochen, abgießen, 80 g Mehl mit 1—1½ Liter Steckrübenwasser glattrühren, kochen, Soße mit Salz, Essig und Zucker abschmecken, die Rübenstücke hineingeben und noch einmal aufkochen lassen.

15. Gewürztes Mischgemüse.

2 Pfd. Weißkohl, ¾ Pfd. Kartoffeln, 1 Pfd. Steckrüben, ½ Pfd. Wurzeln, ½ Liter Wasser, Salz, Pfeffer, Zwiebeln. Etwas Wasser im Topf zum Kochen bringen, dann lagenweise Kohl, Steckrüben, Wurzeln, Salz, Pfeffer und Zwiebeln einfüllen, langsam an der Seite des Herdes oder im Backofen oder unter dem Kochtopf oder in der Kochkiste garschmoren lassen.

16. Steckrüben mit Porree.

2 Pfd. Steckrüben, 1 Pfd. Kartoffeln oder 75 g Grieß, Graupen, Haferflocken oder dergleichen, 1½ Pfd. Porree, Salz, eventuell Kümmelkörner.

Die geputzten, kleingeschnittenen Steckrüben und Kartoffeln weichkochen, den kleingeschnittenen Porree mit Gewürzen dazugeben. Nimmt man statt der Kartoffeln Müllereierzeugnisse, so werden diese für sich gargekocht und mit dem Gemüse gemischt. Grieß gibt man ½ Std. vor dem Anrichten zum Gemüse.

17. Steckrüben mit Aepfeln.

2 Pfd. Steckrüben, 1 Pfd. Kartoffeln, 1 bis 1½ säuerliche Aepfel, Salz, etwas Zucker. Alles zusammen weichkochen und mit den Gewürzen abschmecken.

18. Gefüllte Steckrüben.

Kleine geschälte Steckrüben in Salzwasser fast garkochen. Einen Deckel abschneiden, aushöhlen. Flocken in Wasser mit Lorbeerblatt, Gewürz und Salz garkochen, einen Suppen- oder Soßenwürfel und das Ausgehöhlte der Steckrübe untermischen.

Mit der Masse die Steckrüben füllen, Deckel auflegen, überbinden und in etwas Salzwasser völlig garkochen. Mit dem Rest der Fülle etwas Kochwasser verrühren und als Soße dazugeben.

19. Steckrübenklöße.

2 Pfd. in wenig Wasser weichgekochte Steckrüben zerreiben oder durch ein Sieb streichen, 1 Ei oder Eiersatz (kann fehlen, wenn 6 gestrichene Eßlöffel gestoßtes Steckrübenmehl hinzugegeben werden), 180—200 g Stoßbrot oder Mehl oder Grieß, Flocken oder gekochte, geriebene Kartoffeln, Salz, nach Belieben Muskat und geriebene Zwiebeln hinzugeben, schnell vermischen, Klöße abstechen oder formen, in Mehl wenden und in kochendem Salzwasser langsam gar werden lassen. Zwiebel-, Meerrettich- oder Kümmelsoße dazu reichen.

20. Steckrüben und gelbe Wurzeln.

Zu gleichen Teilen weichkochen, zermusen, abschmecken mit Salz, gebräunte Zwiebeln darauf geben.

21. Würziger Steckrübenbrotaufstrich.

½ Pfd. Steckrüben, ½ Pfd. Aepfel, knapp 1½ mittelgroße Zwiebeln (ungefähr 50 g), 3—4 Eßlöffel Essig, 1½ Teelöffel Senf, 1½ Teelöffel Salz, ½ Teelöffel Zucker, 1 Prise Pfeffer.

Steckrüben, Aepfel, Zwiebeln werden geschält, klein geschnitten und in etwas Wasser und Essig weichgekocht ohne Salz, durch ein Sieb gestrichen, nochmals zu Feuer gebracht, dick eingekocht und mit den angegebenen Gewürzen abgeschmeckt.

22. Steckrübenmus.

3—4 Pfd. Steckrüben oder Steckrüben und Kartoffeln zu gleichen Teilen in Salzwasser weichkochen, abgießen, musen, mit dem Kochwasser nach Wunsch verdünnen. In etwas Margarine gebräunte und mit wenig Wasser aufgekochte Zwiebeln übergießen.

Auch als Brotaufstrich zu verwenden.

23. Steckrüben zu Marmeladenverwendung.

2 Pfd. Steckrüben, 1—1½ Pfd. Obst (Apfelmus, Zwetschenmus oder Kronsbeeren oder Zitrone), Zucker nach Geschmack. Sehr wohlschmeckend ist eine Mischung von Steckrübenmus mit Aprikosenmus von getrockneten Aprikosen. 3 Pfd. Steckrüben, ½ Pfd. getrocknete Aprikosen, Zucker nach Geschmack.

Das Trocknen von Steckrüben.

Die Steckrüben werden gewaschen, geschält, die holzigen Teile entfernt und entweder mit der Hand in kleine längliche Stücke geschnitten oder auf der Gemüsereibe zu Schnitzeln gerieben. Diese Stücke breitet man in dünner Lage auf Trockenhürden aus und läßt sie an der Seite des Herdes oder im offenen Bratofen oder auf der Heizung bei mäßiger Hitze unter öfterem Wenden trocknen wie jedes andere Gemüse. — Man kann die Steckrüben auch nach dem Putzen in dünne Scheiben schneiden, diese auf eine Schnur ziehen und zum Trocknen aufhängen. — 6 Pfd. frische Steckrüben ergaben etwa 400 g getrocknete. — Die getrockneten Steckrüben werden tags vorher eingeweicht, mit dem Einweichwasser bald zu Feuer gebracht und weiter behandelt wie frische Steckrüben. — Das Trocknen der Steckrübe ist außerdem sehr zu empfehlen, weil man viel weniger Platz zum Aufbewahren braucht und weil zu befürchten ist, daß die frischen Steckrüben (infolge des nassen Sommers) in diesem Jahre leicht dem Verfaulen ausgesetzt sein werden.

Die Herstellung von Steckrübenmehl.

Die getrockneten Steckrübenschnitzel im Mörser fein zerstoßen und durchsieben. Dieses Mehl kann allen Steckrübengerichten zugefügt werden, um sie gehaltvoller und nahrhafter zu machen.

Die Herstellung von Trockenhürden.

Die Trockenhürden lassen sich sehr einfach selbst herstellen durch mittelgroße Holzrahmen, die mit einem lockeren luftdurchlässigen Stoff, alten Gardinen oder ähnlichem bespannt werden.

Wer Steckrüben für den Winterbedarf einnimmt, sorge für trockene Lagerung im frostfreien Keller oder auf dem Boden. Bei letzterer Art der Aufbewahrung ist in Frostzeiten leichte geeignete Unterlage und Bedeckung nötig.

Klagen über die zunehmende Ausfuhr von Gemüse und Kartoffeln aus dem Kreisgebiet. Erhebliche Irritationen löste am 20. Juli 1918 ein Rundschreiben des VII. Armeekorps aus, das auf die schwierige Ernährungslage im Ruhrgebiet hinwies, die bereits zu „Erbitterung und Unruhe" geführt habe. Da ein weiteres rigoroses Vorgehen gegen den Schleichhandel zu erneuter Erregung führen könne, habe der kommandierende General angeordnet, „für die nächsten Wochen besondere Milde bei der Ueberwachung walten zu lassen", sofern es sich nicht um gewerbsmäßige Geschäfte handele.[102] Zehn Tage später sah sich dann das Armeekorps zu einer Klarstellung veranlaßt. Es habe sich keineswegs um eine Anordnung des Generals gehandelt, hieß es nun, sondern lediglich um eine Anregung bezüglich Privatpersonen, die kleinere Mengen eingekauft hätten.[103]

Gegen Kriegsende erreichte der Schleichhandel seinen Höhepunkt. Nun wurde er sogar von einzelnen Stadtkreisen und der Eisenbahnverwaltung durch Sonderzüge gefördert, worüber sich der Landrat bei der Provinzialkartoffelstelle beklagte: Hamsterer „überfluten in dichten Schwärmen die ländlichen Ortschaften und Gehöfte und erstehen, erbetteln und erpressen sich Kartoffeln und allerhand Lebensmittel". Er forderte ein militärisches Eingreifen, da die Polizei machtlos sei, und schätzte die verbotene tägliche Kartoffelausfuhr auf über 1000 Zentner.[104]

In einem ähnlichen Maße wie der Schleichhandel mehr und mehr die Ernährungsbasis der Kreisbevölkerung minderte, nahmen die Felddiebstähle, zum Teil von auswärtigen Banden organisiert, zu. Im Juli 1917 bereits zog man in Kevelaer daraus die Konsequenzen und stellte einen Selbstschutz auf, „um einerseits den Felddiebstählen möglichst entgegen zu arbeiten und auch andererseits die Einbringung der Ernte zu sichern".[105] Ein Jahr später folgten andere Gemeinden dem Kevelaerer Beispiel. Die Aufrechterhaltung von „Ruhe und Ordnung", der Schutz von Leben und Eigentum konnte nun, da die staatliche Autorität in den letzten Wochen der Kaiserzeit dahinschwand, nur noch durch die Einwohner selbst gewährleistet werden.

Nichts verdeutlicht die Folgen des Ersten Weltkriegs in unserem Raum stärker als die Aufstellung dieser Selbstschutzeinheiten. Am Ende des Krieges war die Bevölkerung, die über Monate und Jahre gehungert hatte, auf sich selbst angewiesen, um den Schleichhändlern, organisierten Diebesbanden und nicht zuletzt auch den Bedrohungen, die von den zurückflutenden deutschen Truppen ausgingen, entgegenzutreten.

Was Besseres kommt nicht nach: Jahre zwischen den Kriegen

Rote Fahnen

Eine der größten Gefahren für Hab und Gut, Leib und Leben der Bevölkerung ging in den Monaten Oktober und November 1918 von einzeln oder in Gruppen von der Front heimziehenden deutschen Soldaten aus, die sich vor oder kurz nach Ende der Kampfhandlungen in Richtung Heimat absetzten und dabei den Niederrhein passierten. Die Polizisten und Gendarmen standen dieser Bedrohung machtlos gegenüber. Bis November unterstützten noch disziplinierte Truppenteile die örtlichen Sicherheitskräfte, doch zeigten auch sie mehr und mehr Zerfallserscheinungen, wurden im Zuge der Entmilitarisierung aufgelöst oder rückten in das rechtsrheinische Gebiet ab. So entstand bis zum Einmarsch der belgischen Truppen – Mitte Dezember 1918 – ein Ordnungs- und Sicherheitsvakuum, das durch eine in Bürgerwehren organisierte Selbsthilfe, unterstützt von den nun gebildeten Arbeiter- und Soldatenräten, gefüllt werden mußte. Die alte Ordnung war ins Wanken geraten. Wie bedrohlich die Situation empfunden wurde, zeigen einige Artikel aus der regionalen und örtlichen Presse:

„*Geldern, 11. November 1918.*
Die innere Umwälzung hat ihre Wellen auch in unser stilles Landstädtchen getragen, da es seit den Kaisertagen 1913 zugleich die Ehre hatte, Garnisonsstadt zu sein. Bereits Samstag morgen setzte die militär-reformistische Bewegung ein. Um ½ 4 Uhr nachmittags trafen dann mit dem Zuge ein halbes Dutzend Soldaten ein, die sich als Emissäre des Crefelder Soldatenrates ausgaben ohne weitere Legitimation, die bis heute strittig ist und von Abgesandten des Crefelder Arbeiter- und Soldatenrats auch uns gegenüber nachdrücklich angezweifelt wurde. Die Behörden waren von ihrem Eintreffen telephonisch verständigt. Die Jagd auf die Achselklappen bezw. Achselstücke, Helme, Offiziersdegen, Mannschaftskoppeln, sah die ruhige Zivilbevölkerung mit wachsendem Befremden an. Auch das Voraustragen der roten Fahne bei der Crefelder Abordnung mußte auf Geldernschem Pflaster die Wirkung total verfehlen. Es folgte nicht das Volk, sondern Gelderns Jungmannschaft, angefangen von den jüngsten Hosenmatzen an. Für Junggesellen waren diese Aufzüge ein ‚Mordsspaß'. Bedenkli-

cher war es schon, daß die Zivilgefangenen wahllos freigelassen wurden, die vielfach noch in der Sträflingsjacke den Stadt Geldernschen Boden mit nächster Gelegenheit verließen. Auch ein Teil der Mannschaft der Garnison verkrümelte sich, darunter eine K. V. Kompanie, die auf der Bataillonskammer zuvor sich noch frisch eingekleidet hatte. Als am Spätnachmittag *Plünderungen* vorkamen, – Wagen mit Österreichischem Militärgut wurden davon betroffen – da wurden Instinkte wach, die eine Gefährdung der öffentlichen Sicherheit und Ruhe darstellten. In den Straßen wurde das geraubte Gut versteigert und verschleudert, auch Uebergriffe gegen Privatpersonen, die an Hausfriedensbruch grenzen, waren leider zu verzeichnen. Die Nacht vom Samstag auf Sonntag war recht unruhig, die Bürgerschaft in Not und Aengsten. Glücklicherweise kam es nicht zu nennenswerten Exzessen, obschon das Gejohle und Pistolenkrachen andeutete, wer die Straßen beherrschte. Am Sonntag kam gottlob das *Ordnungselement* zum Durchbruch, das, wie wir zuversichtlich hoffen, das Feld behaupten wird. Wir geben nachstehend eine Mitteilung des *Arbeiter- und Soldatenrats* von Geldern wieder, die der Bürgerschaft dieses Versprechen feierlich übermittelt. Es wird und muß beruhigend wirken. Als Ordnungsinstrument ist auch uns der A. S. R. [Arbeiter- und Soldatenrat] willkommen. Falls die Waffenstillstandbedingungen Annahme finden, dann dürfte seine Herrschaft freilich recht kurzfristig sein. Mit dem Militär verläßt uns auch der Soldatenrat. Der Arbeiterrat verfällt ohne das Militär der Auflösung, da er hierorts in der jetzigen Form unhaltbar ist. Die Gesinnung der Bevölkerung ist durch die jüngste Umwälzung nicht berührt; sie ist natürlich nicht revolutionär, sondern wie zuvor bürgerlich und national. Die Bürgerwehr dürfte den A. S. R. ablösen, sobald die Räumung des linken Niederrheins seitens der militärischen Macht erfolgt. Bis dahin aber bleibt der A. S. R. das Organ, das für die Aufrechterhaltung von Ruhe und Ordnung einsteht und mitverantwortlich ist."[1]

„*Geldern, 13. November 1918.*
Auf dem Rathause wurde gestern nachmittag 2 Uhr 35 die rote Fahne gehißt. Das bedeutet nur, daß nach dem Umsturz die Soldaten hier im Besitze der Macht sind, eine Macht freilich, die nur über Bajonette, nicht über die Herzen gebietet. – Dem energischen Eingreifen des Soldatenrats ist es zu danken, daß eine Bande zuchtloser Soldaten von auswärts, die den Kreis Geldern in unerhörter Weise terrorisierten, ausgehoben und hinter Schloß und Riegel gebracht wurde. Sie hatten in *Nieukerk* die Gemeindekasse sich ausliefern lassen, wozu der Bürgermeister unter Gefahr für Leib und Leben gezwungen worden war, in *Lüllingen* wurden die Bauern gebrandschatzt, wobei sie zum Teil auch erhebliche Barmittel herausrücken mußten. Die Unschädlichmachung der Terroristen erfolgte in *Kevelaer* durch Mannschaften des hiesigen Bataillons, eine wahrhaft befreiende Tat. Möge der A. S. R. unserem Gemeinwesen und dem Kreise auch

Aufruf!

Arbeiter, Bürger, Soldaten der Gemeinde Kevelaer und Umgegend!

Kevelaer, den 12. November 1918.

Heute morgen um 8 Uhr hat der Arbeiter- und Soldatenrat die Verwaltung über die Gemeinde Kevelaer übernommen. Hand in Hand mit der hiesigen Zivilbehörde und dem Garnisonkommando des Lstm.-Inftr.-Regts. 611 führt er die Geschäfte. Der Zivilbehörde und deren Organen ist unbedingt Folge zu leisten. Der Grenzwachtdienst und das hiesige Garnisonkommando bleibt wegen Sicherheit der deutschen Reichsgrenze und zum Schutze von Leben und Eigentum der Bürger bestehen. Um 11 Uhr abends darf sich keine Zivilperson auf der Straße befinden, Jugendliche bis zu 17 Jahren bis 8 Uhr abends.

Nur in ganz dringenden Notfällen ist der nächtliche Ausgang auf Grund eines Ausweises, der auf dem Rathause vom Arbeiter- und Soldatenrat ausgestellt wird, gestattet. Die bisherigen Personalausweise werden beibehalten und mit einem Stempel versehen.

Jede Ansammlung ist strengstens verboten.

Die Aufsichtspersonen und die Polizeibeamten sind durch eine von der Polizeiverwaltung gestempelte Armbinde kenntlich. Ihren Weisungen, die zur Aufrechterhaltung der öffentlichen Ruhe, Sicherheit und Ordnung ergehen, ist unverzüglich Folge zu leisten.

Gegen Uebergriffe gegen Leben und Eigentum wird unverzüglich mit der Waffe eingeschritten. Wer plündert und raubt, wird erschossen. Jeder muß unverzüglich seinen Geschäften nachgehen! Kein Streik darf den Arbeitsverkehr stören und hindern.

Die Wachtmannschaften haben folgende Instruktionen erhalten:

Inhaber dieses Ausweises hat Befehl, die öffentliche Ruhe, Sicherheit und Ordnung in der ganzen Gemeinde zu wahren, seinen zweckentsprechenden Anordnungen unverzüglich Folge zu leisten. Demselben ist das Tragen von Waffen gestattet. Wer plündert und raubt oder das Leben seiner Mitmenschen mißachtet, hat sein Leben verwirkt.

Soldaten anderer Truppenteile, die nach Kevelaer beurlaubt sind oder aus einem anderen Grunde sich in Kevelaer aufhalten, haben sich dem hiesigen Garnisonkommando des Ldstm.-Inf.-Regts. 611 sofort für den Sicherheitsdienst zur Verfügung zu stellen. Jeder Soldat hat sich innerhalb 8 Stunden auf dem Garnisonkommando zu melden.

Sämtliche Offiziere und Unteroffiziere sind während des Dienstes, sofern sie sich den Anordnungen des Arbeiter- und Soldatenrates gefügt haben, Vorgesetzte. Der militärische Gruß wird der Freiwilligkeit anheimgestellt.

Die Briefzensur wird mit dem heutigen Tage aufgehoben, der Fernsprech- und Telegrammverkehr auch nach auswärts ohne Einschränkung wieder eingeführt.

Der Arbeiter- und Soldatenrat:	Die Zivilbehörde:	Das Garnison-Kommando:
Ldstm. **Otter**	**Marx,**	Major **Molle.**
Meyer	Bürgermeister.	
Lemmen		
Winkels		
Sergt. **Floerkens**		
Gellen		
Gefr. **Opwis**		
Leutn. **Vogels**		
Wilh. **Otto**		
Sergt. **van Essen.**		

Kevelaerer Volksblatt 13. 11. 1918

weiterhin den in den jetzigen Zeiten so dringend gebotenen Schutz zuteil werden lassen."[2]

„Kevelaer, 13. November 1918.
Vom Arbeiter- und Soldatenrat wird uns folgendes zur Veröffentlichung übersandt: Am Montag nachmittag und des Nachts zogen mehrere Soldaten von auswärts kommend, durch die Gemeinde. Da hier der Sicherheitsdienst noch nicht geregelt war, so gelang es hier und dort den meist jungen Leuten, sich an fremdem Eigentum zu vergreifen. Indessen griff der Sicherheitsdienst ein und machte dieselben unschädlich. Es wurden nämlich bereits alle unberufenen Leute noch in der selben Nacht von dem hiesigen Militär festgenommen und hinter Schloß und Riegel gesetzt. Eine schwere Strafe steht diesen Leuten bevor. Zur Beunruhigung der Bevölkerung liegt kein Anlaß vor, da der Sicherheits- und Grenzwachtdienst noch verstärkt wird."[3]

Die Arbeiter- und Soldatenräte, die Bürgerwehren, die zivilen Verwaltungen und das zunächst noch verbleibende Militär arbeiteten im Kreis Geldern eng zusammen. Die preußische Staatsregierung stattete zwar diese Räte Mitte November 1918 mit dem Recht aus, die zivilen Verwaltungen zu kontrollieren[4], doch fand eine solche Kontrolle in den Kevelaerer Akten keinen Niederschlag. Es ist zu vermuten, daß zwischen der Verwaltung und dem Arbeiter- und Soldatenrat ein recht einvernehmliches Verhältnis bestand, nicht zuletzt weil dieser, den Veröffentlichungen in der Presse folgend, keine revolutionäre Umwälzung anstrebte. In Zusammenarbeit mit der Bürgerwehr beschränkte er sich darauf, die öffentliche Sicherheit zu gewährleisten. Impulse in Richtung auf eine politische Umwälzung gingen von ihm nicht aus. Bei aller vorsichtig-taktierenden Achtung, die die örtliche und regionale Presse den Räten gelegentlich zollte, störte sie an deren öffentlichem Auftreten die dabei mitgeführten Symbole. „Es wäre erwünscht", formulierte das Kevelaerer Volksblatt am 16. November 1918, „wenn die bisher üblichen blutroten Abzeichen und Fahnen bald ganz wieder verschwinden würden. Das blutige rot scheint uns wirklich nicht das geeignete Wahrzeichen und Symbol des neuen Deutschland zu sein."
Wie aus einer veröffentlichten „Mitteilung" des Gelderner Arbeiter- und Soldatenrats hervorgeht, wurde dieser erst nach den beschriebenen Unruhen auf Initiative örtlicher Militärs ins Leben gerufen, wobei das Motiv zur Gründung eindeutig in der mangelnden öffentlichen Sicherheit lag.[5] Kurz darauf teilte der ASR. Geldern der Kreisbevölkerung in Flugblättern mit, daß er die Verwaltung der Garnison und des Kreises übernommen habe.[6]
Am 12. November 1918 schritt man in Kevelaer, nach vorherigen Kontakten zwischen Bürgermeister Marx, Major Molle (Garnisons-Kommando, Landsturm Infantr. Regt. 611) sowie einigen Soldaten und Arbeitern, zur Bildung

eines Arbeiter- und Soldatenrates für die Gemeinde Kevelaer und Umgebung. Dabei hatte man sich sicherlich, wie auch in Geldern geschehen, mit dem Generalkommando in Münster und dem dort zuständigen Rat abgesprochen. Auch in Kevelaer „übernahm" der Arbeiter- und Soldatenrat die Verwaltung, schränkte indes sogleich ein, daß er die Geschäfte „Hand in Hand mit der [. . .] Zivilbehörde und dem Garnisonskommando" zu führen gedenke. Den Anordnungen der Zivilbehörde, der mit Armbinden gekennzeichneten Aufsichtspersonen sowie der Polizisten und Wachmannschaften war Folge zu leisten. Er verhängte eine nächtliche Ausgangssperre, drohte Plünderern mit Erschießen und verbot öffentliche Ansammlungen und Streiks.[7]

Ganz im Sinne der auf Sicherheit und Ordnung bedachten Arbeiter- und Soldatenräte in Geldern und Kevelaer, die mit den revolutionären Räten in den Großstädten nur den Namen gemeinsam hatten, verstanden sich auch die örtlichen Bauernausschüsse und Bauernräte, zu deren Bildung Landrat von Kesseler und der Vorsitzende des Kreisbauernvereins Bürgers in einem Schreiben an „sämtliche Bürgermeister bezw. Gemeindevorsteher und Lehrer" aufriefen. Sie waren berufsständisch orientiert, konnten örtlich aus den Vorsitzenden der landwirtschaftlichen Vereine gebildet werden und traten nicht weiter in Erscheinung.[8]

Daß es in Kevelaer dennoch im Laufe des Novembers 1918 zu einigen „Turbulenzen" kam, lag nicht etwa an einer Beeinträchtigung der einvernehmlichen Zusammenarbeit zwischen ASR, Zivilbehörde und Militär, sondern war in gewisser Weise eine Folge der vom ASR angestrebten bürgernahen Demokratie. Der am Morgen des 12. November gebildete Arbeiter- und Soldatenrat hatte sein Mandat zwar noch am späten Nachmittag desselben Tages von einer öffentlichen Versammlung bestätigen lassen[9], jedoch liefen rasch zahlreiche Beschwerden darüber ein, daß zuwenig Arbeiter und zuviel Militärs in ihm vertreten seien, so daß bereits am 14. November eine weitere Versammlung notwendig wurde. Nachdem einige Positionen neu besetzt worden waren, bestand er nun aus fünf Arbeitern und fünf Soldaten.[10] Hierbei wurden zwei Arbeiter nicht wieder gewählt, was einen der beiden veranlaßte, sich beim Krefelder ASR über „gegenrevolutionäre Bewegungen" in Kevelaer derart zu beschweren, daß am Morgen des 20. November eine bewaffnete Matrosenabteilung in Kevelaer einrückte.[11]

„*Kevelaer, 21. November (Krieg im Frieden).*
Wie schon wiederholt erwähnt, hatten gewisse Banden am Montag vergangener Woche hier und in der Umgegend ihr Unwesen getrieben. Kaum waren ob dieser unerhörten Ausschreitungen die Gemüter der Ortseingesessenen zu Ruhe gekommen, da gab es am gestrigen Feiertage abermals Anlaß zur Aufregung und Entrüstung. Wie ein Lauffeuer verbreitete sich nämlich in der Frühe die Kunde, mit dem Zuge 8.31 Uhr seien von Crefeld aus *bewaffnete Matrosen* (etwa

15) eingetroffen, die am Bahnhof scharf geladen und gleich das Rathaus, wo auch der Arbeiter- und Soldatenrat tagt, *umstellt und besetzt* hätten. Alsbald kursierten die tollsten Gerüchte über dieses außergewöhnliche Vorgehen. Während die Matrosen am Bahnhof auf und ab patrouillierten und etwaigen Einlaßbegehrenden den Zutritt verwehrten, nicht immer in sanfter Form, sammelte sich allmählich eine große Volksmenge auf dem Marktplatze an. Die Bürgerwehr, über deren beabsichtigte Bildung wir bereits berichteten, ist bis heute noch nicht in Kraft getreten, und das bisher hier untergebrachte Militär hat unseren Ort schon größtenteils verlassen; somit fanden die Fremdlinge keinen Widerstand. Erst gegen 11 Uhr rückte von *Weeze* kommend, eine größere Abteilung Feldgrauer, wohl 50 an der Zahl, zum etwaigen Schutze der geängstigten Bürger an. Konflikte wurden jedoch vermieden, da durch Verhandlungen mit dem herbeigeeilten A. u. S.-Rat festgestellt worden war, daß hier in Kevelaer ‚der neuen Regierung doch keine Gefahr drohe' und somit kein Anlaß zum Einschreiten vorliege. Diese Erklärung wurde im Freien den dort Harrenden zuteil. Gleich darauf wurden die Bürger Kevelaers durch die Ortsschelle zu einer Versammlung eingeladen."[12]

Der Artikel läßt erkennen, daß bis weit in den November hinein militärische Einheiten durchaus noch durchsetzungsfähige Ordnungsfaktoren waren. Als deren Auflösung bzw. Verlegung in das rechtsrheinische Gebiet jedoch unmittelbar bevorstand, befürchtete man am Niederrhein eine vermehrte Bedrohung durch plündernde Banden. Bereits am 7. November hatte der Landrat die Bürgermeister ersucht, Bürgerwehren aufzubauen. In Abstimmung mit dem Bürgermeistereirat Kervenheim – in der Bürgermeisterei Kervenheim existierte kein Arbeiter- und Soldatenrat, hier war der Geldener Rat zuständig – legte Bürgermeister Janssen in einem handschriftlichen Plan den Schutz seines Gebietes fest. Die Kervendonker Einzelhöfe konnten kaum bewacht werden, und die Bauern waren weitgehend auf sich selbst angewiesen. In Kervenheim und Winnekendonk sollten die Feuerwehren, Landwirte sowie heimgekehrte, nun arbeitslose Soldaten die Straßenkreuzungen bewachen, „wo ein Einmarsch ordnungsstörender Elemente – als welche besonders auch aus Holland zurückkehrende Fahnenflüchtige bezeichnet wurden – erfolgen könne". Weiterhin teilte Janssen die Gemeinden in acht Bezirke ein, in denen Streifen patrouillieren sollten.[13]
Auch in den übrigen Gemeinden übernahmen vor allem die Feuerwehrleute den Schutz der Bevölkerung und des Eigentums. In Kevelaer schaltete sich der Arbeiter- und Soldatenrat in die Organisation ein. Hier wurden zwei Wachgruppen von jeweils fünfzehn Mann gebildet, die Gemeindebaumeister van Essen, Mitglied ASR, leitete. Pro Kopf und Tag erhielten die Wachen eine Vergütung. Ausgewählt wurden sie vom ASR, der wegen des großen Andranges Familienväter bevorzugt berücksichtigte.[14]

Die Arbeiter- und Soldatenräte im Kreis Geldern wie auch die Bürgerwehren blieben bis zum Eintreffen der belgischen Besatzungstruppen bestehen. Sie mußten dann jedoch aufgelöst werden, weil die belgischen Besatzungsbehörden nur diejenigen deutschen Zivilbehörden anerkannten, die bereits vor dem Krieg bestanden hatten.[15]

Le Cantonnement de Kevelaer

Bis Anfang Dezember 1918 hatten die letzten militärischen Einheiten das linksrheinische Gebiet zu verlassen; die Landsturmeinheiten wurden aufgelöst. Bereits ab dem 1. Dezember 1918 galten die linksrheinischen Reichsteile als besetzt. Generalleutnant Michel, der Oberkommandierende der belgischen Armee im besetzten Gebiet, erließ an diesem Tag einen Befehl, der u. a. den deutschen Beamten Fleiß und Ehrlichkeit gebot und der Bevölkerung Feindseligkeiten gegenüber den Truppen verbot.[16] Die Arbeiter- und Soldatenräte sowie die Bürgerwehren lösten sich auf, die belgischen Truppen übernahmen nun die Ordnungs- und Schutzaufgaben. Da auch die deutsche Polizei bestehen blieb, genügte in den meisten Fällen die bloße Anwesenheit der belgischen Soldaten, um Ausschreitungen, wie sie in den Wochen zuvor vorgekommen waren, von vornherein zu verhindern. Auch die deutschen Verwaltungen und Gemeinderäte blieben unangetastet, hatten sich jedoch den belgischen Anordnungen und den Weisungen der Besatzungsoffiziere zu fügen.[17]

Am 11. Dezember erschienen elf belgische Soldaten und ein Feldwebel in der Kreisstadt Geldern, um Quartier für die Besatzung Gelderns, die Stadt- und die Kreiskommandantur zu machen. Zwei Tage darauf zogen die ersten belgischen Einheiten in Geldern ein, wiederum einen Tag später in die Gemeinden der Bürgermeistereien Kervenheim und Kevelaer. Kaum ein Ort des Kreises blieb ohne Einquartierung. Nun entstand ein rastloses Hin und Her, denn die Truppen wurden ständig verschoben, und mit ihnen wechselten in rascher Folge die Ortskommandanten und die Zuständigkeitsbereiche der Kommandanturen. Bürgermeister Janssen berichtete darüber in seiner Besatzungschronik:

„Am 14. Dezember 1918 rückte die belgische Besatzung in die Gemeinde Winnekendonk ein, u. zwar das III. Bataillon des 1. belgischen Linien-Infanterie-Regiments in einer Stärke von 16 Offizieren, 450 Mann und 33 Pferden. Die Gemeinden Kervenheim-Kervendonk wurden am gleichen Tage vom I. Bataillon des eben genannten Regimentes besetzt. In diesen Gemeinden lagen je 2 Kompagnien. Die Quartiere waren äußerst eng, weshalb später die Ackerhöfe der Bauernschaften Kervendonks stärker belegt wurden. Schon am 27. Dezember 1918 wurden je 2 Kompagnien Kervenheim und Winnekendonk nach Kevelaer verlegt, nachdem Divisionsärzte die starke Verbreitung der Tuberkulose im

Die Kevelaerer und Kervenheimer Straße in Winnekendonk um 1930 (KG)

hiesigen Bezirk festgestellt hatten. In Winnekendonk und Kervenheim lag je eine Kommandantur. Am 17. März 1919 wurden diese Truppen durch die 11. und 12. Kompagnie des III. Bataillons, 24. Linien-Regiment, die aus Gent kamen, abgelöst. Die 12. Kompagnie rückte am 17. 6. 1919 nach Cleve u. die 11. Kompagnie am 18. 6. 1919 nach Calcar ab. Die Kommandanturgeschäfte wurden fortan von der Ortskommandantur in Kevelaer wahrgenommen. Vom 2.–3. Juli 1919 war die 3. Eskadron des 2. Jägerregiments zu Pferde (4 Offiziere, 125 Mann und 130 Pferde) von Kellen und Cleve nach Aachen hier einquartiert. In der Zeit vom 5. Juli 1919 bis 28. Juli 1919 wurde eine Munitionskolonne der I. Infanterie-Division mit 2 Offizieren, 52 Mann, 70 Pferden und 14 Wagen u. am 6. Juli 1919 eine weitere mit 1 Offizier, 60 Mann u. 90 Pferden hier untergebracht. Am 7. Juli 1919 kam die 3. Kompagnie des 2. Infanterie-Regiments mit 2 Offizieren u. 200 Mann hinzu. Die Truppe zog am 16. Juli 1919 wieder ab. Am 16. Juli 1919 wurde in Schraveln eine Sanitätskolonne, bestehend aus 3 Unteroffizieren, 40 Mann u. 84 Pferden einquartiert. Für die Unterbringung wurden besondere Massenquartiere eingerichtet. Am 20. Juli 1919 wurde für den Bezirk der Bürgermeisterei Kervenheim in Winnekendonk wieder eine eigene Kommandantur errichtet. Am 19. August 1919 wurde die am 6. Juli 1919 in der Bauerschaft Achterhoek einquartierte Munitionskolonne mit Rücksicht auf die Einbringung der Ernte nach Schraveln verlegt u. dort in einer Ringofenziegelei, die zu Baracken umgebaut war, untergebracht. Seit dem 26. September 1919 sind keine Truppen mehr einquartiert gewesen. Die Bürgermeisterei Kervenheim wurde am 1. 11. 1919 wieder der Ortskommandantur in Kevelaer unterstellt. Seit dem 4. Januar 1920 gehörte sie zum Cantonnementbezirk Geldern u. seit Januar 1926 zum Cantonnement Crefeld."[18]

Die Bevölkerung sah sich immer neuen Truppen, Offizieren und Anforderungen gegenüber. Zu einer Fraternisierung zwischen Siegern und Besiegten konnte es daher kaum kommen. Die meisten belgischen Soldaten blieben so Fremde, die bereits wieder weitergezogen waren, ehe man sich näher kennenlernen konnte. Ob dies von den Militärbehörden so gewollt war oder ob sich hinter den Truppenverschiebungen rein logistische Notwendigkeiten verbargen, muß dahingestellt bleiben.

Ebenso wie in Kervenheim zogen die ersten belgischen Einheiten in Kevelaer, Twisteden und Kleinkevelaer am 14. Dezember ein; Wetten blieb ausgenommen.[19] Über den Einmarsch in den Wallfahrtsort berichtete die Ortszeitung: „Am vor. Samstag mittag gegen 3 Uhr rückte auch hierorts die belgische Besatzung ein. Die Truppen, etwa 500 Mann, wurden in verschiedenen Massenquartieren untergebracht, die Offiziere wohnen einzeln in den besseren Privathäusern. Der Einzug der Truppen gestaltete sich unter den Klängen der Musik in einfach ruhiger Weise und zeigten dieselben ein frisches Aussehen. Die Ortskommandantur befindet sich im Hotel Klümpen am Markt, woselbst während der Dienststunden von 10–12 Uhr vorm. und 3–5 Uhr nachm. belg. Zeit die Gemeindeeinwohner Ausweise und sonstige Papiere, welche dieselben bedürfen, erhalten können. Große Plakate, welche zum Anschlag gebracht sind, enthalten die näheren Bestimmungen über das Verhalten der Ortsbewohner gegenüber dem Besatzungsheer, ferner alle Einzelheiten über den Verkehr, den Gastwirtschaftsbetrieb, den Ladenschluß, das Verweilen auf den Straßen u.s.w. Es sind eine Reihe von Bestimmungen, welche sich jeder gut einprägen möge, damit Irrtümer und so unliebsame Differenzen vermieden werden. Ruhe und Ordnung ist unsere erste Bürgerpflicht, dann wird sich auch alles so zusammenfügen, wie es die Zeit erheischt."[20]

Mit etwa 2000 Mann erlebte Kevelaer bis zum Februar 1919 seine stärkste Belegung[21], danach waren auch hier nur noch kleinere Einheiten mit einer durchschnittlichen Stärke von 80–100 Soldaten einquartiert.[22] Anfänglich beanspruchten die Belgier zehn große Säle des Ortes, u. a. den Fahnensaal des Priesterhauses, und etwa ein Drittel der jeweiligen Zimmer in insgesamt rund 500 Häusern.

In den ersten Tagen zeigten sich bei den belgischen Einheiten einige Disziplinschwierigkeiten. „Bei den Landwirten war der Schrecken im Anfang der Besetzung groß", hielt die Kevelaerer Besatzungschronik fest. „Die Soldaten zogen aus alter Kriegsgewohnheit von einem Landwirt zum anderen und forderten oft unter Drohungen Lebensmittel, insbesondere Eier, Butter, Hühner usw. Offiziere und Mannschaften ließen sich Kisten machen, um die so gekauften oder requirierten Lebensmittel nach Belgien zu schicken."[23]

Kevelaer war bis zum April 1920 Sitz einer belgischen Kommandantur, deren Zuständigkeitsbereich sich auf das Gebiet der Bürgermeisterei und darüber hinaus auch auf Kervenheim und Weeze erstreckte, sofern dort nicht zeitweilig eigene Kommandanturen bestanden.[24] Danach traten zwei wesentliche Änderungen im Kreis ein. Zum einen konzentrierten die Belgier nach dem Inkrafttreten des Versailler Vertrages ihre Truppen, von einzelnen örtlichen Kommandos abgesehen, in Geldern und Issum, was zu einer spürbaren Entlastung der Bevölkerung und der Gemeinden in unserem Gebiet führte.[25] Zum anderen lösten sie die restlichen Ortskommandanturen auf und teilten das Kreisgebiet in zwei Kommandanturbezirke. Die Kommandantur Geldern war nun zuständig für alle Gemeinden nördlich der Eisenbahnlinie Venlo–Geldern–Büderich, südlich davon war die Kommandantur Issum verantwortlich.[26] Allmählich verminderte sich auch die Zahl der Kreisdelegierten in der gesamten belgischen Zone. Obwohl über diese Einsparungen mit deutschen Stellen bereits 1922 verhandelt worden war[27], legten die Belgier erst im April 1925 – nach einer spürbaren Beruhigung der auf Grund des französisch-belgischen Einmarsches in das Ruhrgebiet (1923) äußerst gespannten Lage – die Kreisdelegationen für Kleve und Geldern in Kleve zusammen.[28]

Die in der belgischen Besatzungszone bis hinunter zur Kommandanturebene erlassenen Verordnungen und Bestimmungen sowie die mitunter harten Strafandrohungen sollten in der Zeit vor Inkrafttreten des Versailler Friedensvertrages, in der lediglich ein Waffenstillstand herrschte, keineswegs dazu dienen, die Deutschen für die Leiden der belgischen Bevölkerung während des Krieges „büssen" zu lassen. Ein gegenteiliger Eindruck kann vorschnell aufgrund der ab 1926 verfaßten Berichte der Bürgermeister entstehen, die mitunter auch kleinste Ungerechtigkeiten betonten, ja sogar betonen sollten. Sie wurden in der Regel in tendenziöser Absicht verfaßt unter dem anhaltenden Eindruck der Ereignisse des Jahres 1923 und einer betont nationalistischen Propaganda, die im Versailler Vertrag immer nur ein „Schanddiktat" und in der deutschen Niederlage keineswegs ein Versagen der Obersten Heeresleitung, sondern einen „Dolchstoß" der Heimat sehen wollte.

Die belgische Besatzungspolitik war durch ein starkes Sicherheitsbedürfnis bestimmt und darauf ausgerichtet, die Zone in allen Bereichen des öffentlichen Lebens unter ihre Kontrolle zu bringen. Um dies zu erreichen, schränkten die Belgier persönliche Freiheiten bisweilen ein, erhöhten die individuellen und kommunalen Pflichten und sprachen bei Zuwiderhandlungen mitunter abschreckend hohe Strafen aus, die die Zeitungen unter Nennung von Namen und Vergehen zu veröffentlichen hatten. Daß es auch auf belgischer Seite zu Disziplinlosigkeiten und Unkorrektheiten, zu Schikanen, Vergehen oder Verbrechen kam, muß nicht besonders betont werden, darf aber andererseits auch nicht zum alleinigen Maßstab der gesamten Besatzungszeit genommen werden.

Die ersten belgischen Verordnungen zielten auf eine umfassende Abriegelung ihrer Zone. In dieser Phase, in der der Personen-, Telegraphen-, Post- und Fernsprechverkehr mit den unbesetzten rechtsrheinischen Gebieten fast völlig gesperrt, der Güterverkehr erheblich eingeschränkt war, erfolgte die flächendeckende Besetzung der gesamten Zone. Die Beschränkungen blieben unterschiedlich lange bestehen und konnten auch später wieder eingeführt werden, wenn es den Besatzungsbehörden ratsam erschien.

Am Tage des belgischen Einmarschs veröffentlichte der Kommandant der Kommandantur Kevelaer, Oberst Moulin, seine erste Verordnung, die in ähnlicher Weise in allen Gemeinden erlassen wurde.[29] Darin brachte er „den Ortsbehörden und der Bevölkerung zur Kenntnis", daß er den Befehl über die Kommandantur übernommen habe und die Verordnung des General-Leutnants Michel vom 1. Dezember 1918 in Kraft getreten sei. Auf einige Bestimmungen machte er besonders aufmerksam. Niemand durfte die Zone ohne schriftliche Erlaubnis betreten oder verlassen oder sich in einen Nachbarkreis begeben. Innerhalb des Kreises war der Verkehr, also auch das Fahren mit der Kreisbahn, zwischen 4 und 22 Uhr frei gestattet. Die Benutzung der Telefonapparate war allein der Militärbehörde vorbehalten, nicht genehmigte Leitungen wurden in der Zentra-

Personalausweis aus der Besatzungszeit (NMVK)

Ein in Arcen (Niederlande) ausgestellter „Pas voor Grensverkeer" für einen Kevelaerer Bürger aus dem Jahre 1920 (NMVK)

le kurzerhand abgeschnitten. Ferner mußte in jedem Haus eine Liste der Bewohner angefertigt werden, jeder Umzug wurde genehmigungspflichtig. Der Besuch der Gastwirtschaften war nur von 12 bis 14 und von 18 bis 20 Uhr gestattet.

Anfänglich schalteten sich die Belgier in fast alle Bereiche des kommunalen Lebens mit Verordnungen ein. Diese bezogen sich nicht nur auf die unmittelbare Sicherheit (Beschränkung der Versammlungsfreiheit, Regelung des Waffenbesitzes, Ausgangssperren usw.), sondern es wurde z. B. auch das ständige Mitführen eines Personalausweises gefordert[30], den die meisten Bewohner gar nicht besaßen, so daß sich vor den Verwaltungsstellen lange Warteschlangen bildeten. Die belgischen Anordnungen betrafen auch Requisitionen, Einquartierungen, Straßenreinigung, Preisauszeichnungen in den Geschäften, Lebensmittelverkäufe, Tragen von militärischen Abzeichen und vieles andere mehr.

Übertretungen wurden, wie bereits erwähnt, zum Teil sehr hart bestraft, wobei zu berücksichtigen ist, daß in den meisten Fällen deutsche Gerichte wohl nicht anders entschieden hätten. Ein häufiges Vergehen, mit 10 M Strafe geahndet, war der fehlende Personalausweis. Bestraft wurden ferner z. B.: „Verkauf einer belgischen Küche gehörigen Schinkens" (200 M) – „unerlaubte Herstellung von Käse und Butter" (100 M) – „Überschreiten der holländischen Grenze ohne Paß" (25 M) – „Versuch des Schmuggelns" (100 M) – „hat als Eisenbahnbeamter einen Offizier nicht gegrüßt" (20 M) – „hat eine lügenhafte Erklärung in einem Berufungsgesuch abgegeben" (500 M) – „verleumderische Denunziation eines belgischen Offiziers" (500 M) – „Rad ohne Licht gefahren um Mitternacht" (10 M) – „unerlaubter Verkauf eines Beutepferdes" (1000 M) – „hat die Nummer ihres Personalausweises ausgewischt" (5 M) – „hat sich, unter sittenpolizeilicher Aufsicht stehend, nicht vorgestellt" (100 M) – „hat sich der Prostitution hingegeben" (100 M).[31]

Neben der Kontrolle des öffentlichen und teilweise auch des privaten Lebens richteten die Besatzungsbehörden ihr Augenmerk auf die deutsche Verwaltung und deren Kontakte zu den vorgesetzten Dienststellen. Der gesamte Schriftverkehr der Bürgermeister mit dem Landrat sowie mit der in Krefeld eigens eingerichteten Nebenstelle der Bezirksregierung – Düsseldorf selbst gehörte ja noch zum unbesetzten Gebiet – sowie mit allen übrigen Behörden, Institutionen usw. unterlag bis zum Friedensschluß einer verschärften Kontrolle, die auch später nicht gänzlich aufgegeben und 1923 wieder in vollem Umfang aufgenommen wurde. Nichtzensierte Nachrichten konnten nur auf recht abenteuerlichen Wegen über die streng bewachten Rheinbrücken nach Düsseldorf und gegebenenfalls von dort aus weiter nach Berlin befördert werden.

Im August 1919 gelang es so dem Düsseldorfer Regierungskasseninspektor Eduard Glaubach, der wiederholt im Auftrage des Regierungspräsidenten die besetzten Gebiete in geheimer Mission bereiste und dabei mit den Bürgermei-

stern und Landräten vertrauliche Angelegenheiten besprach, einen „Staatsvertrag" mit dem Kreis Geldern auf einem kleinen, in der Kleidung verborgenen Zettel in das unbesetzte Gebiet zu schmuggeln.[32]
Zum Verständnis dieser Aktion sind einige Bemerkungen über die Finanzierung der Besatzungskosten notwendig: Mit Ausnahme der sogenannten Kriegsbeute, auf die später noch näher eingegangen werden soll, erfolgten sämtliche, für die Stationierung und den Unterhalt der Besatzungstruppen notwendigen Requisitionen – Quartiere, Lebensmittel, Pferde, Fuhrwerke, Futtermittel usw. – gegen eine finanzielle Vergütung, die auf die vom Deutschen Reich zu zahlenden Reparationen angerechnet wurden. Zunächst aber mußten die Gemeinde- bzw. Bürgermeistereikassen die Gelder vorstrecken[33]. Erst im Laufe des Jahres 1919 übernahm das Reich formell die Besatzungskosten, stand nun aber vor der Frage, ob die notwendigen finanziellen Mittel in die Besatzungszonen transferiert werden sollten. Eine solche offene Vorgehensweise hätte den Besatzungsbehörden jedoch einen genauen Überblick der zur Verfügung stehenden Gelder verschafft, was die Regierung zu verhindern trachtete. Man suchte nach Wegen, die kommunalen und kreiskommunalen Kassen zu entlasten, gleichzeitig aber auch den wirklichen finanziellen Stand dieser Kassen, die von den Besatzungsbehörden regelmäßig kontrolliert wurden, weitgehend zu verschleiern. Da die Belgier sich immer direkt an die Bürgermeister wandten, konnten diese den belgischen Ansprüchen so mit dem Hinweis auf leere Kassen wirkungsvoll entgegentreten.
Um eine direkte – und damit kontrollierbare – Überweisung von Reichsmitteln zu umgehen, bediente man sich verschiedenster Vorgehensweisen. Eine bestand darin, die Reichs- und Staatsabgaben, die die Kommunen über den Kreis abführen mußten, einzubehalten. Eine entsprechende Anweisung des Innenministeriums wurde den Kreisen und Kommunen wegen der bestehenden Verwaltungskontrolle nicht in schriftlicher Form zugestellt, sondern nur mündlich von Eduard Glaubach überbracht. „Das ganze Verfahren", so hielt der Regierungskasseninspektor fest, „und die Buchführung mußten auf Wunsch der Behörden so eingerichtet werden, daß die belgischen Besatzungsbehörden bei den von ihnen häufig vorgenommenen Kassenprüfungen von ihm keine Kenntnis bekommen, auch durch die monatlichen Nachweisungen, die sämtliche Staats- und Kommunalkassen ihnen vorlegen mußten, keinen Einblick in diese Angelegenheit erhalten konnten, weil sie sonst zweifellos die ganze Regelung sofort behindert hätten. Schriftliche Mitteilung der ‚Anweisung vom 1. Juli 1919' an die Behörden des besetzten Gebietes war natürlich nicht möglich. So mußte ich wieder herumreisen und die Anweisung an Ort und Stelle durch Verhandlungen mit den Landräten, Bürgermeistern und Umsatzsteuerämtern zur Durchführung bringen und die entsprechende Buchführung bei den Kassen regeln."[34]
Eine weitere Möglichkeit der finanziellen Unterstützung der Kommunen bei

den Besatzungskosten sah die Reichsregierung darin, den Kreisen für allgemeine Unterstützungsleistungen Gelder zu überweisen, die jedoch ausschließlich an die Kommunalkassen weitergeleitet werden sollten. Diese Gelder tauchten auch nicht unter dem Titel „Besatzungskosten" in den von den Belgiern kontrollierten Kassenbüchern auf. Im Jahr 1919 erhielt der Geldener Landrat auf diese Weise 2,3 Millionen Mark, die er aber nicht an die Kommunen weitergab, sondern damit Kredite tilgte, die der Kreis für die Familienunterstützung aufgenommen hatte. Auf Vorschlag und Vermittlung Eduard Glaubachs sollte nun der Kreis Geldern weitere 4 Millionen Mark erhalten, allerdings mußte sich der Landrat verpflichten, diese auch tatsächlich an die Kommunen weiterzuleiten. Glaubach vermerkte hierzu in seiner Erinnerungsschrift: „Die Verhandlungen hierzu führte ich gelegentlich einer Dienstreise, die mich vom 5. bis 7. August 1919 nach Geldern, Pont, Veerth, Capellen, Kevelaer, Straelen II, nochmals nach Kevelaer und Winnekendonk führte, am 5. August 1919 mit dem Landrat v. Kesseler persönlich und mit dem Bürodirektor Hagelkruys. Ein zweiseitiger Vertrag war nicht möglich, da die Schriftstücke nicht durch die Rheinbrückensperre hätten hindurch gebracht werden können. So kamen wir schließlich dahin überein, daß der Landrat auf einen kleinen Zettel, der durch die Sperre hindurch geschmuggelt werden konnte, eine Verpflichtungserklärung abgab. [...] Dieser Zettel wurde mehrmals zusammengefaltet und in meiner Kleidung versteckt. Es gelang mir, ihn am 7. August nachmittags glücklich durch die Rheinbrückensperre Düsseldorf-Obercassel auf die rechte Rheinseite hindurch zu bringen."

Insgesamt gesehen erlebte die Bevölkerung des besetzten Gebiets bis 1923 eine wesentlich ruhigere und friedlichere Zeit als beispielsweise die des Ruhrgebiets. Dort war die revolutionäre Umbildung nicht durch alliierte Truppen beendet worden. Den Arbeitern im Ruhrgebiet ging es dabei um mehr als nur um „tagessozialpolitische Forderungen [...], vielmehr verlangten die Streikenden deutlich die Bildung einer revolutionären Arbeiterwehr, Anerkennung des Rätesystems und Sozialisierung sowie die Anknüpfung politischer und wirtschaftlicher Beziehungen zu Sowjetrußland".[35] Die Auseinandersetzungen erreichten nach dem Kapp-Putsch einen Höhepunkt, im März 1923 kam es zum Generalstreik und zur Bildung einer 80 000 Mann starken „Roten Armee", die jedoch rasch wieder zerfiel und deren „letzter Teil am 6. April in Gelsenkirchen von der Reichswehr aufgerieben wurde".[36]

In der belgischen Zone wie im Kreis Geldern brauchte man dagegen weder die Reichswehr, die Freikorps oder die Rote Armee zu fürchten noch nahm man sonderlichen Anteil an den rheinisch-separatistischen Bestrebungen, die von Franzosen und Belgiern gefördert wurden.

Auch die belgischen Soldaten waren nach dem Waffenstillstand weiterer Auseinandersetzungen überdrüssig. Gewisse Zerfallserscheinungen konnten sogar beobachtet werden, zu denen der Düsseldorfer Regierungspräsident bemerkte: „Wie mir von durchaus glaubwürdiger Seite mitgeteilt wird, haben gestern 110 Munitionswagen (Autos) Geldern in der Richtung auf Wesel passiert. Wie mir weiter mitgeteilt wird, ist die Stimmung unter den belgischen Truppen schlecht. Wie ein Offizier sich äußerte, würden sie keine Soldaten über den Rhein bekommen. Die Disziplin soll gelockert sein, so daß die Offiziere kaum Ordnung halten könnten. Da die Mannschaften unsicher seien, gingen die Offiziere nur mit geladenen Pistolen und müßten selbst Nachts Patrouille gehen. Die belgische Polizei ist im Kreise Geldern wesentlich verstärkt: 30 neue Gendarme sind zu den bisherigen hinzugekommen; sie gehen vielfach in Zivil, damit die belgischen Soldaten sie nicht erkennen. Die Stimmung unter den Deutschen im Kreise Geldern ist gut. Sie wollen alles ertragen, wenn die Friedensbedingungen abgelehnt werden, trotzdem gerade auf dem Lande sehr viele Übergriffe seitens der belgischen Truppen zu verzeichnen sind und seitens der belgischen Behörde eine sehr scharfe Propaganda gegen die Deutschen gemacht wird. Insbesondere werden sie mit Büchern in deutscher Sprache über die sogenannten deutschen Greueltaten und Lichtbildern, z. B. über die Einnahme von Dinant, überschwemmt."[37]

Das Verhältnis zwischen Besatzungsangehörigen und Bevölkerung scheint nach den anfänglichen Übergriffen zumindest bis 1923 durchaus friedlich gewesen zu sein. Für diese Annahme spricht auch die Wallfahrtsentwicklung, die nach dem Krieg beachtliche Steigerungsraten zu verzeichnen hatte.

Die Wallfahrt in den ersten Nachkriegsjahren:[38]

	Pilgerzahl	Prozessionen
1913	635 000	576
1917	242 000	115
1918	302 000	180
1919	349 000	215
1920	417 000	358
1921	500 000	478
1922		519

1922 kamen, obwohl hierüber keine Schätzungen vorliegen, deutlich mehr als 500 000 Pilger zur Gnadenkapelle, insgesamt wurden 519 Prozessionen gezählt, darunter 77 niederländische.[39] Bei einem gespannten Verhältnis zur belgischen Besatzungsmacht hätten diese Steigerungen nicht erreicht werden können, zumindest wären die ausländischen Prozessionen ausgeblieben. In diesem Zusammenhang ist eine Bekanntmachung des Kevelaerer Bürgermeisters Marx von Anfang September 1919 von Interesse, in der er – mitten in der Wallfahrtsperiode – eine Rüge des Ortskommandanten an die Bevölkerung über „mangelnde Straßenreinigung" weitergab und die Polizeibeamten anwies, „jeden Morgen die Säumigen zur Anzeige zu bringen".[40]

Auf Sympathie stießen gewiß die Militärmessen, die zunächst nur den Soldaten vorbehalten blieben, im Juni 1919 aber auch von der Zivilbevölkerung besucht werden durften. Ab September 1920 war es den Gemeinden gestattet, bewaffnete „freiwillige ehrenamtliche Polizeitruppen" nachts zusätzlich zu den belgischen Soldaten patrouillieren zu lassen, um Brandstiftungen oder Felddiebstähle zu verhindern – ein Vertrauensbeweis, der nicht zu unterschätzen ist.[41]

Über das Verhältnis zwischen Besatzern und Bevölkerung wären auch die Zahlen über die geschlossenen Ehen aussagekräftig, solche liegen jedoch leider nicht vor. Es wurde lediglich für das Kreisgebiet die Zahl der unehelichen Kinder erfaßt, die in den Zeiträumen 1911–1913 und 1919–1921 geboren worden waren sowie derjenigen, die einen Besatzungsangehörigen zum Vater hatten. Da in den zeitgenössischen Berichten zwar über Diebstähle oder Schikanen, kaum aber über Vergewaltigungen berichtet wurde, sind diese Angaben recht aufschlußreich. Insgesamt wies die amtliche Statistik für 1919–1921 im Kreisgebiet 131 unehelich geborene Kinder aus (1911–1913 waren es 75), wovon 49 einen Besatzungsangehörigen zum Vater hatten. Die tatsächlichen Zahlen dürften indes noch erheblich höher gewesen sein.[42]

Allerdings entstanden über Beziehungen zwischen Besatzungssoldaten und einheimischen Frauen öffentlich artikulierte Unmutsäußerungen, vielleicht auch Handgreiflichkeiten, die Bürgermeister Marx im August 1919 zu einer Bekanntmachung veranlaßten: „Auf Anordnung des Herrn Ortskommandanten warne ich die Bevölkerung eindringlichst, gegen weibliche Personen wegen ihres Verkehrs mit den Besatzungstruppen sich Ausschreitungen irgendwelcher Art – sei es in Wort oder Tat – zu Schulden kommen zu lassen. Dieselben würden zweifellos eine empfindliche Geldstrafe für die Gemeinde und eine erhebliche Einschränkung des Wirtschafts- und Straßenverkehrs nach sich ziehen."[43]

Die allgemeinen wie auch die persönlichen Belastungen, die durch die Besatzung entstanden, waren bisweilen recht hoch. Sie betrafen die Ernährungslage und den Warenverkehr, äußerten sich aber auch z. B. in der Heranziehung der Bevölkerung zu Schanzarbeiten. So beschäftigten die Belgier in den ersten Wochen der Besetzung allein aus der Bürgermeisterei Kevelaer 100–120 Mann und requirierten 20 Fuhrwerke sowie weitere Fuhrwerke aus der Bürgermeisterei Kervenheim für die Errichtung eines „Drahtverhaues" an der niederländischen Grenze, der schon im folgenden Frühjahr wieder beseitigt werden mußte. Für diese Zonenabsperrung gegenüber dem Ausland, die einzelnen Landwirten den Zugang zu ihren Äckern erschwerte, wurden drei Morgen Wald abgeholzt.[44]

Auch mußten Fuhrwerke für Truppentransporte oder für den Bau von Übungsplätzen gestellt werden.[45]

Eine schwere psychische Belastung stellte sicherlich die im Juni 1919 vom Kevelaerer Ortskommandanten Boute von den Bürgermeistern in Kevelaer, Winnekendonk und Weeze geforderte Benennung von Geiseln, auf die die Besatzungsmacht bei anhaltenden Unruhen im Ruhrgebiet vorsichtshalber nicht verzichten wollte.[46]

Den Zeitgenossen lange in Erinnerung geblieben sind die Requisitionen. Von den späteren Lieferungen an die Besatzungstruppen zu unterscheiden ist die sogenannte Kriegsbeute.[47] Darunter verstand man allgemein die „Beutefonds", Militärgelder, die deutsche Truppenteile beim Rückzug an zivile Kassen mit dem Befehl abgeliefert hatten, sie weiterzuleiten. Ferner gehörte dazu das zurückgelassene Heeresgut der deutschen Armee, zu dem die Belgier auch die von den Schuhheimarbeiterverbänden in Kervenheim und Winnekendonk angefertigten 144 Paar Kavalleriestiefel und 413 Paar Militärschnürschuhe zählten. Und schließlich müssen die „Beutepferde" genannt werden, die ihrerseits von der deutschen Armee erbeutet worden waren. Die Landwirte hatten während des Krieges Gelegenheit gehabt, diese Pferde, soweit sie nicht für militärische Zwecke benötigt wurden, zu erwerben. Durch die Beschlagnahme der Beutepferde entstand mancher Unmut und Streit, da es den Landwirten schwer verständlich zu machen war, Pferde herausgeben zu müssen, für die sie zuvor bezahlt hatten.

Im besetzten Gebiet des Regierungsbezirks Düsseldorf mußten bis Januar 1920 2855 Beutepferde zurückgegeben werden, weitere 1002 Pferde wurden für die Besatzungstruppen requiriert. Im Kreis Geldern beliefen sich die Zahlen insgesamt auf 295 Pferde, darunter 218 Arbeitspferde und 77 Zuchtstuten. Auf die Bürgermeisterei Kervenheim entfielen 14 Arbeitspferde und sechs Stuten, auf Kevelaer 41 bzw. 25 Tiere, womit diese Bürgermeisterei im Kreisgebiet quantitativ am härtesten betroffen wurde.[48] Darüber hinaus kontrollierten die Belgier den vorhandenen Pferdebestand peinlich genau.[49] Obwohl die Zahl der requirierten Pferde gemessen am Gesamtbestand relativ niedrig erscheint, darf nicht übersehen werden, daß es vor allem die leistungsfähigsten Tiere waren, die zuvor von der deutschen Armee und nun von der belgischen entnommen wurden. Dadurch trat ein erheblicher Qualitätsrückgang ein, der die Landwirte stärker beeinträchtigte.

Die für die Verpflegung der Truppen und den Unterhalt der Pferde notwendigen Lebens- und Futtermittel bezahlten die Belgier nach festgesetzten Preisen. Das Gesamtvolumen kann für die einzelnen Orte nicht mehr festgestellt werden, und auch Bürgermeister Widmann (Kevelaer) begnügte sich 1926 mit der Formulierung: „Die Requisitionen an Lebens- und Futtermittel pp. waren in dem ersten Besatzungsjahr derart viel, daß hierfür kein Maßstab angelegt werden kann."⁵⁰ Heinrich Janssen bezifferte die Leistungen sehr exakt auf 14 050 kg Kartoffeln, 13 320 kg Stroh, 6485 kg Heu und 6570 kg Kohlen.⁵¹ Hinzu traten Lieferungen von Butter, Eiern und Milch, die die Versorgungsbasis der einheimischen Bevölkerung beträchtlich minderten. Im Oktober 1919 standen z. B. jedem belgischen Offizier pro Tag 100 g Butter, 1 Ei und ½ l Milch zu, für deren Beschaffung die Gemeindeverwaltungen verantwortlich waren.⁵²

Die starke Belegung der Gemeinden erforderte einen ungeheuren Verwaltungsaufwand, gebärdeten sich doch die belgischen Behörden kaum weniger bürokratisch als die preußischen. Jedes abzuliefernde Ei erschien in der Wochenstatistik, über jede Kohlenanforderung legte man ein Schriftstück an. Die allgemeinen „Einquartierungsbestimmungen der vier Besatzungsarmeen"⁵³ umfaßten 60 Druckseiten und regelten sämtliche Fragen von der Quadratmetergröße der Quartiere bis hin zur Anzahl der Nachttöpfe.

Schier unerschöpflich erschien das belgische Bedürfnis nach Informationen über politische Parteien, Vereine, Viehbestände, Fahrräder, Reparaturwerkstätten usw. Daneben hatten die Verwaltungen ihren vorgesetzten deutschen Behörden über die Tätigkeiten der Belgier, soweit dies möglich war, und die jeweils laufenden belgischen Anfragen zu berichten, wodurch es in der Regel geschah, daß diese Berichte gleich zweimal mit Hand geschrieben werden mußten, da nun auch die deutschen Behörden interessierte, was die belgischen in Erfahrung gebracht hatten. Für die Lebensmittelrequisitionen standen allein in der Kevelaerer Verwaltung „täglich und stündlich" ein bis zwei Personen bereit.⁵⁴ Für die Gemeinden des Kreises und die Bevölkerung bedeutete es somit eine große Erleichterung, als die Belgier im Frühjahr 1920 ihre Kommandanturen und Truppen in Geldern und Issum konzentrierten und die örtlichen Einrichtungen aufgaben.

Mit Beginn des Jahres 1923 schlug das durchaus gedeihliche Verhältnis zwischen Bevölkerung und deutschen Verwaltungen einerseits, Besatzungstruppen und belgischer Verwaltung andererseits ins Gegenteil um. Man ging auf eisige Distanz, die im Bewußtsein der Zeitgenossen das Bild der Besatzungszeit so entschieden prägte. Am 11. Januar 1923 rückten eine belgische und fünf französische Divisionen mit 60 000 Soldaten in das Ruhrgebiet ein.⁵⁵ Angesichts der ständig steigenden französischen Staatsschulden und der deutschen Zahlungsschwierigkeiten bei den Reparationen griff die französische Regierung zu einer Politik des „produktiven Pfandes". Das Ruhrgebiet sollte unter direkte wirtschaftliche Kontrolle gebracht werden. Der Einmarsch, aber noch mehr der Aufruf der deutschen Reichsregierung zum passiven Widerstand, hatte auch für die zuvor schon besetzten Gebiete ungemein einschneidende wirtschaftliche Folgen. Zutreffend beschreibt der Historiker Horst Lademacher die damalige Situation:

161

„Befehlsverweigerung auf seiten der Behörden, Weigerung der Eisenbahnen, Kohle zu transportieren, Ablehnung jeglicher Reparationsleistung seitens der Unternehmer, Arbeitseinstellung, Defunktionalisierung von Bahnhöfen und Gleisanlagen, so lauteten die konkreten Maßnahmen, die insgesamt von einer in Berlin durchaus erhofften Welle der nationalen Empörung im neu- und altbesetzten Gebiet begleitet wurde – eine Empörung, die mit dem zunehmenden Druck auf einzelne Betriebe und der Zahl der Verhaftungen und zahlreichen anderen repressiven Maßnahmen, der Beschlagnahme von öffentlichen Gebäuden, Rohstoffen und Steuereinnahmen, vor allem der 40%igen, dem Reich zufallenden Kohlesteuer, noch anwuchs. Bis Juli 1923 wurden etwa 70 000 Beamte ins unbesetzte Deutschland ausgewiesen, darunter die Mehrzahl der rheinischen Regierungspräsidenten, Oberbürgermeister und Polizeipräsidenten. Der rheinische Provinziallandtag wich ins unbesetzte Barmen aus. Die Reichsregierung zahlte den ausgewiesenen Beamten ihr Gehalt weiter, den stillstehenden Zechen wurden die Lohngelder für die Belegschaften erstattet und stellungslose Arbeiter erhielten Unterstützungszahlungen, was damals gewiß nicht selbstverständlich war."[56]

Erst als die Reichsregierung den passiven Widerstand, der häufig von aktiven Widerstandsformen begleitet worden war, am 26. September 1923 angesichts einer „galoppierenden Inflation" abbrach, entspannte sich die Lage wieder, wenngleich nun erneut rheinisch-separatistische Bestrebungen von den Besatzungsmächten gefördert wurden, die allerdings im Kreis Geldern auf wenig Resonanz stießen.

Die Zoll- und Bahnbeamten des Kreises waren im Januar 1923 dem Aufruf der Reichsregierung gefolgt. Am Monatsende konnte der Leser der Niederrheinischen Landeszeitung nachlesen, was sich längst herumgesprochen hatte: „Seit Sonntag ist der Eisenbahnverkehr auf der Hauptstrecke Krefeld–Geldern–Cleve völlig stillgelegt".[57] Beim Eintreffen belgischer Bahnbediensteter hatten die deutschen Beamten die Bahnhöfe verlassen, der Verkehr konnte nur noch notdürftig aufrechterhalten werden. Die Lage spitzte sich zu. Am 30. Januar gab Bürgermeister Marx in Kevelaer bekannt: „Ich bitte die Bürgerschaft dringend, in der heutigen ernsten Zeit von jeder öffentlichen Kundgebung, die als Herausforderung angesehen werden kann und insbesondere von Demonstrationsumzügen und Absingung von Liedern Abstand zu nehmen, um die Bürgerschaft vor den mit Rücksicht auf die heutigen Vorgänge drohenden Zwangsmassnahmen zu bewahren."[58]

Im gesamten Kreis wurden zur Unterstützung der streikenden Arbeiter und Beamten im Ruhrgebiet Geld und Nahrungsmittel gesammelt (Rhein-Ruhrhilfe). Eine direkte Unterstützung der Streikenden durch die Kommunen hatten die Belgier strengstens verboten. Die Besatzungsbehörden reagierten nun bei jedem Verdacht auf Widerstand mit ungewohnter Härte, verhängten Ausgangssperren

Abschrift des „Staatsvertrages"
(HStAD, RW 7–78)

Ausgangssperre im Mai 1923
(HStAD, LRA Geldern 240)

und verfügten Verkehrsstillegungen. Im Mai 1923 verboten sie z. B. für die Dauer von zehn Tagen den gesamten Fahrzeugverkehr im Kreisgebiet von 21 bis 5 Uhr. Zuwiderhandelnde konnten mit bis zu fünf Jahren Gefängnis bestraft werden.[59]

Als schließlich die Belgier den Verdacht hegten, daß auch im Kreis Geldern Unterstützungsgelder an Streikende gezahlt würden, kam es zu Durchsuchungen von Verwaltungsgebäuden und Privatwohnungen einiger Bürgermeister. Dies traf auch Bürgermeister Marx, der sich im Juni 1923 von den Dienstgeschäften hatte beurlauben lassen. Er wollte am 1. Oktober seinen Ruhestand antreten. Ende Juni erschienen einige belgische Beamte bei ihm, um die Unterlagen der Kevelaerer Rhein-Ruhrhilfe durchzusehen, aus der jedoch im Amtsbezirk keine Gelder an Streikende gezahlt worden waren, zumindest hatte man nur allgemeine Arbeitslosenunterstützungen verbucht.[60] Der Verdacht einer Unterstützung des passiven Widerstandes durch die Bürgermeistereiverwaltung hatte sich damit zwar nicht erhärtet, andererseits war er auch nicht aus der Welt geschafft. Mitte August erschienen erneut zwei belgische Beamte, diesmal mit einem Haftbefehl versehen, transportierten den 72jährigen zum Verhör nach Krefeld und abends wieder nach Kevelaer zurück. Ähnliche Aktionen verliefen fast zeitgleich in anderen Orten des Kreises.[61] Sahen die Belgier bei Bürgermeister Marx von einer Ausweisung in das unbesetzte Gebiet ab, so traf diese unpopuläre und wenig wirksame Entscheidung in der Bürgermeisterei Kevelaer während des Jahres 1923 etwa 20 Zoll- und Eisenbahnbeamte.[62] Insgesamt waren es 70 000 Beamte, darunter auch der Gelderner Landrat von Kesseler.

Angesichts dieser Entwicklungen verwundert es nicht, daß auch nach dem September des Jahres 1923 das Verhältnis zu den Besatzern gespannt blieb, wenngleich man im persönlichen Umgang allmählich wieder zu einem weniger problematischen Nebeneinander fand. Der Abzug der Belgier im Januar 1926 wurde überall, so auch in Kevelaer, als Befreiung gefeiert:

„Auch hier fand aus Anlaß der Befreiung unseres schönen Niederrheins von fremder Besatzung eine eindrucksvolle Kundgebung statt. Wenn auch nicht offiziell, so war die Veranstaltung, die spontan ohne programmatische Vorarbeiten aus dem Gefühl der mehrere hundert zählenden Volksmenge hervorging, gewiß nicht minder eindrucksvoll wie anderswo. Als um die Mitternachtsstunde die Glocken unserer Basilika mit ehernem Munde den Beginn der Freiheit verkündeten, spielte das Blasorchester des Musikvereins auf dem Kapellenplatz das Niederländische Dankgebet und anschließend das Deutschlandlied. Hierauf bildete sich ein kleiner Festzug, der unter Absingen patriotischer Lieder zum Marktplatz zog. Herr Jos. Aengenheyster wies hier in kurzen Worten auf die Bedeutung der Stunde hin."[63]

Wohnraum – Mangelware!

Der Erste Weltkrieg war eine Zeit des Umbruchs mit tiefgreifenden Auswirkungen auf viele Bereiche des kommunalen Lebens, was an den Bevölkerungsentwicklungen der einzelnen Gemeinden deutlich ablesbar ist. Nach dem Krieg wurde selbst die vormals stark expandierende Gemeinde Kevelaer von der Abwanderung betroffen. Die absoluten Einwohnerzahlen stiegen zwar von 7930 auf 9092 im Zeitraum 1919–1939, doch war der Geburtenüberschuß höher als die tatsächliche Zunahme der Bevölkerung. Von einer Zuwanderung wie jener, die zwischen 1890 und 1910 die Einwohnerschaft verdoppelt hatte, konnte nun nicht mehr die Rede sein. Auch die übrigen Gemeinden verzeichneten mit Ausnahme von Twisteden starke Abwanderungen, was ja auch bereits vor 1914 tendenziell zu beobachten gewesen war.

Bevölkerungsentwicklung in der Bürgermeisterei Kevelaer:[64]

Jahr	Kevelaer	Wetten	Twisteden	Kleinkevelaer
1914	8429	1789	674	80
1919	7930	1798	661	74
1925	8565	1820	675	77
1930	8961	1764	702	79
1935	8943	1782	773	92
1939	9092	1785	808	79
1946	9283	1956	933	99

Bevölkerungsentwicklung in der Bürgermeisterei Kervenheim:

Jahr	Kervenheim	Kervendonk	Winnekendonk
1910	595	783	1922
1919	498	739	1893
1925	534	737	1975
1930	561	762	2001
1935	544	761	1959
1939	577	724	1844
1946	483	740	1961

Die Wanderungsverluste spiegeln nur zum Teil die Arbeitsmarktsituation in den Gemeinden wieder, traten doch nach dem Krieg die „Pendler" stärker als zuvor in Erscheinung. Allein in Kevelaer waren es 1923 über 400. Sie arbeiteten mitunter weit außerhalb in Moers, Rheinberg oder Kamp-Lintfort, verbrachten täglich durchaus 14 oder auch 15 Stunden außer Haus und behielten nur deshalb ihren bisherigen Wohnsitz bei, weil die Wohnungsnot in der Umgebung ihrer neuen Arbeitsplätze keinen Umzug gestattete.

Auch in unseren Gemeinden war während des Krieges die öffentliche und private Bautätigkeit zum Erliegen gekommen. Mit der Rückkehr der Soldaten und Kriegsgefangenen, die wegen des Krieges die Gründung eines eigenen Hausstandes hatten verschieben müssen, entstand so vor allem in Kevelaer ein Wohnraumbedarf, der infolge des andauernden Kredit- und Kapitalmangels lediglich durch Siedlungsbauten gemindert werden konnte.

Ein Blick auf die Haushaltungen zeigt die Entwicklungen in den einzelnen Gemeinden. Diese erhöhten sich von 1910–1925 in Kevelaer von 1457 auf 1752, in Wetten von 299 auf 312, in Twisteden von 117 auf 122, in Kleinkevelaer blieb es bei zwölf. Für die Bürgermeisterei Kervenheim liegen Vergleichszahlen von 1907 und 1925 vor. In Kervenheim verminderten sich die Haushaltungen von 144 auf 119, in Kervendonk von 130 auf 128, und nur in Winnekendonk erfolgte ein leichter Anstieg von 336 auf 359.[65]

Ein Wohnraumbedarf größeren Umfanges trat zunächst nur in Kevelaer in Erscheinung. In den übrigen Gemeinden wurde er durch die starke Abwanderung junger Arbeitskräfte im heiratsfähigen Alter ausgeglichen, so daß dort eine Zwangsrationierung ausbleiben konnte.[66] Der Kevelaerer Gemeinderat kam indes im Jahre 1920 zu der Auffassung, an einer Zwangsrationierung von Wohnraum nicht vorbei kommen zu können. Vier Gemeinderatsmitglieder wählte man in einen Ausschuß, der die Bezeichnung „Wohnungsamt" erhielt.[67] Erst zehn Jahre später, am 1. Juni 1930, konnte die Wohnungszwangsbewirtschaftung aufgehoben werden, obwohl es selbst dann noch einzelnen Familien recht schwer fiel, eine geeignete Wohnung zu finden.[68]

Doch allein mit einer Zwangsrationierung der größeren Wohnungen war das Problem im Wallfahrtsort nicht zu lösen. Die Besichtigung der in Frage kommenden Räume und Häuser, darunter auch leerstehender Geschäftsgebäude, durch die Mitglieder der Wohnungskommission stieß bei vielen Hausbesitzern auf Unverständnis und störte den dörflichen Frieden beträchtlich. Im Januar 1921 reichte der Beigeordnete van den Wyenbergh deshalb sogar seinen Rücktritt ein: „Was die Wohnungsrationierung betrifft, so habe ich in den drei Wochen, wo ich den Vorsitz des Wohnungsamtes Kevelaer geführt habe, teils mit Wohnungssuchenden, teils mit solchen, deren Wohnungen zu rationieren waren, fast täglich die unangenehmsten Auftritte und Auseinandersetzungen gehabt, die nur zu sehr dazu angetan sind, meine an und für sich schwachen Nerven noch mehr zu ruinieren. Des öfteren ist es bei diesen Gelegenheiten zu Szenen gekommen, die mein Gesundheitszustand, der Ihnen bekannt ist, unmöglich verträgt."[69]

Bereits im Herbst 1921 waren die Rationierungsmöglichkeiten bei „übergroßen Wohnungen" erschöpft, die Familien mußten noch enger zusammenrücken.[70] Eine mittel- oder langfristige Lösung konnte nur durch Neubauten erreicht werden, für die aber private Bauherren im Gegensatz zur Vorkriegszeit kein sonderliches Interesse zeigten, da eigene Mittel kaum vorhanden und Kredite nur zu hohen Zinsen zu erhalten waren. Hinzu kam ein Mangel an Baumaterialien, ganz abgesehen von den hohen Preisen. Baugrundstücke an bereits erschlossenen Straßen dienten bisweilen sogar zu Spekulationszwecken.[71]

Im Herbst 1921 beschloß die Kommune zunächst den Bau von neun Wohnungen für kinderreiche Familien an der Weezer- bzw. Kroatenstraße in preiswerter Flachbauweise mit jeweils 70–80 qm.[72] Langfristig geeigneter hingegen erschien die Gründung einer Baugenossenschaft, die bereits im April 1921 vom Beamtenbund, vom Ortskartell der christlichen Gewerkschaften und vom katholischen Arbeiterverein gefordert worden war. Gegründet aber wurde der „Bau- und Sparverein" erst nach der Inflationszeit, am 24. Juni 1924, auf einer von 400–500 Personen besuchten Versammlung. Der Verein schloß sich sogleich dem „Verband Rheinischer Baugenossenschaften" an[73], wodurch man eine „Ansparzeit" umging und noch 1924 mit dem Bau von vier Häusern in der Römerstraße starten konnte. Kurz darauf erwarb der Verein 2000 Ruten an der Brunnenstraße, ausreichend für etwa 60 Einfamilienhäuser. Hier begannen wenig später die Arbeiten an neun Häusern.[74]

Die Begeisterung war anfänglich außerordentlich groß. Im ersten Monat nach der Gründungsversammlung zahlten bereits 135 Baugenossen Beiträge ein. Die Gemeinde sicherte für die vier Häuser an der Römerstraße Hauszinssteuerhypotheken in Höhe von jeweils 4000 Mark zu, erwarb Anteile am Projekt Brunnenstraße und versprach – ebenso wie der Ruhrsiedlungsverband – auch hierfür eine Hypothek.[75] Spätestens Ende 1925 erlosch jedoch das Interesse bei der Bevölkerung. Offenbar hatte sich das Potential zahlungsfähiger Mitglieder bereits erschöpft; weitere Bauten wurden nicht begonnen. Der Verein löste sich im April 1930, kurz vor Beendigung der Wohnungszwangswirtschaft, auf.[76]

Daß aber die Wohnungsnot noch keineswegs behoben, allenfalls etwas geringer geworden war, zeigte das nach der Stagnation der Baugenossenschaft sofort wieder einsetzende Engagement der Gemeinde. Sie errichtete 1927 für mittellose Mieter vier Wohnbaracken[77], die noch Anfang 1939 existierten.[78] Dennoch registrierte das Bauamt zu Beginn dieses Jahres noch 110, am Ende noch 68 Wohnungssuchende.[79]

Auch in den folgenden Jahren wurden mit Beteiligung der Gemeinde weitere Häuser und Wohnungen geschaffen: 1931 waren es Wohnungen in der Lindenstraße für kinderreiche Familien[80]; 1933 übernahm man aus der Liquidationsmasse der Baugenossenschaft ein Grundstück an der Brunnenstraße.[81] 1935 begann die „Rheinische Heimstätte" dort den Bau der sogenannten Frontkämpfer-Siedlung mit 20 Siedlerstellen.[82]

Vor allem die Bautätigkeit der späten 1920er und der 1930er Jahre kann aber nicht allein unter dem Blickwinkel einer bis Kriegsbeginn noch immer nicht restlos behobenen Wohnungsnot gesehen werden, sondern mit ihr verbunden waren auch kommunale und überregionale Bestrebungen zur Beseitigung der Arbeitslosigkeit, auf die der nächste Abschnitt ausführlicher eingehen wird.

In den Gemeinden der Bürgermeisterei Kervenheim waren Wohnungsneubauten in dieser Zeit äußerst rar. Obwohl ab Mitte der 1920er Jahre die Klagen über mangelnden Wohnraum ein wenig lauter wurden[83], erregte hier vor allem die mangelhafte Bausubstanz der Häuser Besorgnis, die einer wirksamen Bekämpfung der Tuberkulose enge Grenzen setzte. Aus Mitteln der produktiven Erwerbslosenfürsorge konnten bis 1932 sechs Landarbeiterwohnungen errichtet werden. Das restliche Bauvolumen der gesamten Bürgermeisterei betrug von 1924 bis 1932 ganze 19 Wohnungen.[84] Erst 1939 konkretisierte sich in Kervenheim der Plan einer Siedlung durch die DAF-eigene „Neue Heimat", der aber wegen des Krieges nicht mehr durchgeführt wurde.[85]

Krisenwirtschaft

Nach dem Waffenstillstand stieg die Arbeitslosigkeit erneut an.[86] Doch im Unterschied zum Herbst 1914 traten nun keine kommunalen Initiativen in den Vordergrund, sondern die Betroffenen reagierten weitgehend eigenständig. Neben denjenigen Soldaten, die nach dem Krieg nicht mehr in ihre Heimatdörfer zurückkehrten oder dort nur kurzfristig verweilten, müssen die Pendler genannt werden, die am Ort wohnen blieben, jedoch auswärts Arbeit gefunden hatten. Im Mai 1921 waren in den Schuhfabriken, Mühlen, Ziegeleien und in der Ölmühle der Bürgermeisterei Kervenheim 151 Arbeiter beschäftigt. Ihnen standen 136 auf den Zechen im Kreise Mörs, auf der Friedrich-Alfred-Hütte in Rheinhausen, in den Stahlwerken bei Krefeld, in den Margarine-Werken in Goch sowie den Metallwarenfabriken und Buchbindereien in Kevelaer gegenüber.[87] In der Bürgermeisterei Kevelaer belief sich die Zahl der Pendler auf ungefähr 400–450.[88]

Verdienstmöglichkeiten boten auch Gelegenheitsarbeiten, wozu die Schanzarbeiten an der niederländischen Grenze gezählt werden können. Damit verbunden waren arbeitsintensive Holzeinschläge im Grenzraum. Die hohen Holzpreise und der Bedarf an Brennstoffen machten weitere Rodungen notwendig und lukrativ. Doch schon Ende 1922 fehlten in der Bürgermeisterei Kervenheim Ar-

beitskräfte für eine zusätzliche Kultivierung landwirtschaftlich zu nutzender Flächen sowie für Wiederaufforstungen[89], was den bis zu diesem Zeitpunkt gelungenen Abbau der Arbeitslosigkeit veranschaulicht.
Ein weiterer Weg individueller Problemlösung bestand in der vermehrten Gründung selbständiger Betriebe. Zählte man 1911 in Kevelaer in den Gewerbesteuerklassen II und III 44, in der Klasse IV 254 Betriebe, so umfaßte 1922 die nunmehr oberste Klasse I 36 Steuerpflichtige, die Klassen II–IV aber beachtliche 405.[90]
Da sich so der Arbeitsmarkt weitgehend selbst „regulierte", wurden die Kommunen von den anteiligen Kosten der Erwerbslosenfürsorge, die im November 1918 eingeführt worden war, weit weniger belastet als in den Jahren nach 1922. An der Erwerbslosenfürsorge, die von den Gemeindekassen ausbezahlt wurde, beteiligten sich das Reich zur Hälfte, das Land zu einem Drittel und die Gemeinden zu einem Sechstel. Die Unterstützungsdauer betrug ab 1920 einheitlich 26 Wochen.[91] Durch den schnellen Abbau der Arbeitslosigkeit blieben die kommunalen Belastungen in den ersten Nachkriegsjahren gering. 1920 vermittelte der amtliche „Allgemeine Arbeits-Nachweis für den Kreis Geldern", der nach dem Krieg in jeder Bürgermeisterei präsent war, ganze 52 Stellen im Kreisgebiet. Im Dezember 1920 umfaßte seine Bewerberliste 65 Personen.[92]
Diese allgemeinen Feststellungen über die gewandelte Arbeitsmarktsituation können nicht durchgehend mit genauen Zahlen in den einzelnen Betrieben oder Branchen veranschaulicht werden. Nimmt man jedoch die Belegschaftsstärke in der Niederrheinischen Schuhfabrik Kervenheim zum Anhaltspunkt, in der vor dem Krieg etwa 120 Arbeiter und Arbeiterinnen beschäftigt waren und zu Jahresbeginn 1923 noch oder schon wieder 90, so zeigt sich, daß sich die Produktion zwar vermindert hatte, ansonsten aber unbeeinträchtigt weiterlief. Dies gilt grundsätzlich auch für die anderen Betriebe, wie ein Bericht von Bürgermeister Marx an das Gelderner Finanzamt [!] erkennen läßt:
„Durch die am 14. 12. 18 erfolgte Besetzung durch belgische Truppen im hiesigen Bezirke trat in den ersten Wochen in der Geschäftswelt eine große Stokkung ein. Diese wurde hauptsächlich hervorgerufen durch die Rheinsperre und auch durch die gänzliche Postsperre. Letztere hat hier 14 Tage angehalten. Bei Wiedereröffnung der Post traten zwar einige Vergünstigungen ein, aber im großen ganzen war der Postbetrieb sehr beschränkt, was gerade für die Gewerbetreibenden von großem Nachteil war.
Fabriken sind nicht stillgelegt worden. Die Fabrikbesitzer haben allerdings nur mit großer Mühe ihre Betriebe aufrechterhalten können. Dieses war auf die schlechte Zufuhr von Rohstoffen und vor allem an Kohlen zurückzuführen. Wenn auch die Rohstoffbelieferung heute besser geworden ist, so läßt die Kohlenversorgung sehr viel zu wünschen übrig. Der Schleichhandel war im Jahre 1919 in der höchsten Blüte. Augenblicklich ist derselbe, obwohl immer noch an

der Tagesordnung, doch im Abbau begriffen, dank der Aufmerksamkeit der Polizeiorgane.
Einige Hotelbesitzer haben durch die Verpflegung und Unterbringung von Offizieren und Theaterpersonal ihre Existenz aufrechterhalten. Diese müssen heute, durch den schlechten Geschäftsverkehr, bestimmt dem Ruin verfallen. Holländische Gewerbetreibende haben wiederholt versucht, gerade in den Tagen wo der Marktwert am niedrigsten war, hier die Geschäfte aufzukaufen. In den meisten Fällen ist ihnen dieses nicht gelungen, weil die Polizei dieselben auf frischer Tat ertappte und dann die Sachen einfach beschlagnahmte. Besondere erhebliche Gewinne oder Verluste, welche durch die Besatzung hervorgerufen sein könnten, sind im hiesigen Bezirk bei keinem Steuerpflichtigen zu verzeichnen."[93]

Die Wirtschaft der ersten Nachkriegsjahre war durch sich zum Teil widersprechende Entwicklungen geprägt. So sollen sich die Kevelaerer Wirte 1919 vor dem Hintergrund der seit 1917 niedrigen Pilgerzahlen entschlossen haben, mehr als 1500 Gästebetten zu verkaufen.[94] Sie wurden in den folgenden drei Jahren von den Steigerungsraten im Wallfahrtsverkehr (1922 über 500 000 Pilger, unter Beteiligung lukrativer niederländischer Prozessionen) sicherlich überrascht. Dieser Pilgerverkehr hatte jedoch zwei entgegengesetzte Auswirkungen: eine positive für die Gastronomie- und Beherbergungsunternehmen, eine unangenehme für die einheimische Bevölkerung insgesamt, denn die Pilger versorgten sich im Ort mit Lebensmitteln und Bedarfsgütern, die so dem ohnehin knappen Angebot entzogen wurden. Allerdings bezahlten sie zum Teil mit wertbeständiger und äußerst begehrter ausländischer Währung. Als aber 1922 bei anhaltendem Verfall der deutschen Mark die Einkäufe niederländischer Pilger zunahmen, setzte sich eine vom Gemeinderat eingerichtete Preisprüfungsstelle entschieden dafür ein, die Pilgerzüge an der Grenze „allerschärfsten Kontrollen" zu unterwerfen und am Kevelaerer Bahnhof eine Kontrollstation einzurichten.[95]

Ferner ging die Investitionsbereitschaft der Unternehmer zurück, die während des Krieges und unmittelbar danach noch durchaus vorhanden war, wie der Aufbau von mechanisierten Schuhbetrieben in Winnekendonk oder die eigene Verlagsdruckerei von Butzon & Bercker zeigten.[96] Ab 1922 „fraß" die Inflation die bis dahin noch vorhandene Kapitaldecke buchstäblich auf. Auch waren längst nicht alle Investitionen von Erfolg gekrönt. Während Butzon & Bercker bei der Gewerbesteuerveranlagung 1922[97] eine im Vergleich zu den übrigen Firmen nicht mehr erreichte Spitzenposition einnehmen konnte (das Unternehmen zahlte etwa 25% der in der Klasse I entrichteten Summe), schwankte die Konjunktur in der Schuhbranche beträchtlich. Auf die wenig kapitalintensiven Klein- und Mittelbetriebe schlugen Schwankungen bei den Auftragslagen, Verkehrsbedingungen, Rohstoffpreisen oder auch der Rheinzoll unmittelbar zurück. 1919 baten z. B. die Kevelaerer Schuhhersteller die belgische Ortskommandantur um eine Ausweitung des Strombezugs für einen Neun-Stunden-Arbeitstag von 7–18 Uhr anstelle der bisherigen Stromversorgung von 7.30–16 Uhr, was auf eine gute Auftragslage schließen läßt.[98] Anfang 1920 zwangen die im Ruhrgebiet anhaltenden Auseinandersetzungen zu Einschränkungen in der Produktion[99], danach stabilisierte sich die Lage wieder bis zum Sommer 1922.[100]

In Zusammenhang mit der wirtschaftlichen Entwicklung nach dem Ersten Weltkrieg müssen auch eine Reihe sozialpolitischer Veränderungen angesprochen werden.[101] Einige von den Gewerkschaften angestrebte Ziele, vor allem die Anerkennung als gleichwertiger Partner der Unternehmer, waren bereits durch das „Vaterländische Hilfsdienstgesetz" von 1916 erreicht worden. Das Gesetz hatte die Bildung von Arbeiterausschüssen als Interessenvertretungen bei Betrieben mit mindestens 50 Beschäftigten sowie paritätisch besetzte Schlichtungsausschüsse vorgesehen. Es trat zwar Anfang November 1918 außer Kraft, wesentliche Punkte wurden aber in einem Abkommen zwischen Arbeitgeber- und Arbeitnehmerorganisationen vom 12. November 1918 übernommen. Ferner vereinbarte man den Acht-Stunden-Tag, den die Arbeitgeber ab 1923 allerdings wieder heftig bekämpften. Zu erwähnen ist weiterhin das Betriebsrätegesetz vom 4. Februar 1920, nach welchem in „Betrieben mit mindestens 5 Beschäftigten ein Vertrauensmann, in Betrieben mit mindestens 20 Beschäftigten ein mehrgliedriger Betriebsrat" zu wählen waren. Auch die Schlichtung bei Arbeitskämpfen, an der in der Kaiserzeit in Kevelaer durchaus der Bürgermeister oder die Soziale Kommission hatten mitwirken können, wurde vereinheitlicht, indem paritätisch besetzte Schlichtungsausschüsse unter einem unparteiischen Vorsitzenden und beamtete Schlichter mit festen Amtsbezirken eingesetzt wurden.

Im Kreis Geldern hatten sich die christlichen Gewerkschaftsorganisationen nach dem Krieg auf die Orte Geldern und Kevelaer konzentriert, da es aufgrund der geänderten Rechtslage jetzt nicht mehr in dem Maße wie in der Vorkriegszeit notwendig war, Einzelverträge vor Ort auszuhandeln oder politische „Anerkennungsstreiks" zu führen. Die mitgliederstärksten Arbeitnehmerorganisationen im Kreis waren der „Christliche Tabakarbeiterverband" (160 Mitglieder), der „Deutsche Tabakarbeiterverband" (200 Mitglieder), der „Metallarbeiterverband" (400 Mitglieder) und der „Lederarbeiterverband" (300 Mitglieder).[102]

In Kevelaer gehörten den christlichen Gewerkschaften 1921 insgesamt 800 Mitglieder[103] in folgenden Verbänden an:

1. Metallarbeiterverband, Vors. Stefan Verweegen,
2. Graphischer Verband, Vors. Fritz Vermeegen,
3. Holzarbeiterverband, Vors. Heinrich Verfürth,

4. Lederarbeiterverband, Vors. Johann Minten,
5. Malerverband, Vors. Anton Leukers,
6. Tabakarbeiterverband, Vors. Anton Jakobs,
7. Gemeindearbeiterverband, Vors. Wilhelm Daniels,
8. Werkmeisterverband, Vors. Richard Müdders.[104]

Außerdem gab es den „Katholischen Arbeiterverein" mit 350 und die „Wirtschaftliche Arbeitervereinigung" mit 155 Mitgliedern sowie auf seiten der Arbeitgeber den „Arbeitgeberverband für Handel und Gewerbe für Kevelaer und Umgebung" mit etwa 50 Mitgliedern, dem Josef Vorfeld vorstand.[105]
Die für das gesamte Reich festgestellte „ungewöhnliche" Zunahme von Arbeitskämpfen in den ersten Nachkriegsjahren[106] trifft für unseren Raum nicht zu. Politische Streiks waren hier lediglich vor dem Krieg geführt worden. Auch kann von einer Zunahme wirtschaftlich motivierter Streiks nicht gesprochen werden, wobei allerdings berücksichtigt werden muß, daß die tarifvertraglichen Einigungen ja nicht mehr so sehr direkt mit den örtlichen Unternehmen angestrebt werden mußten, sondern daß nunmehr in der Regel automatische Lohnanpassungen auf Grund überregionaler Tarifabschlüsse erfolgten.
Auch nach 1918 mußte von der Verwaltung über jeden Arbeitskampf sorgfältig berichtet werden. In der für die Besatzungsbehörden typischen, mit Höflichkeitsfloskeln reichlich gespickten Sprache machte die Kevelaerer Ortskommandantur Bürgermeister Marx am 6. Oktober 1919 auf seine Pflicht aufmerksam: „Ich habe die Ehre Ihnen mitzuteilen, daß, wenn im Kantonnemant Kevelaer ein Streik ausbricht, Sie verpflichtet sind, davon umgehend die Kommandantur zu benachrichtigen."[107] Am Morgen dieses Tages waren tatsächlich 20 Arbeiter der Kevelaerer Kapok-Fabrik wegen „Lohndifferenzen" in den Ausstand getreten. Da die Ortskommandantur selbst ein großes Interesse an einer baldigen Wiederaufnahme der Arbeit hatte, bat sie den Bürgermeister, zwischen den Parteien zu vermitteln. Dieser reagierte diplomatisch geschickt und verwies kurzerhand auf eine erwartete Einigung zwischen Unternehmer und Gewerkschaft.[108]
Auch die drei übrigen Auseinandersetzungen – der Holzarbeiter und Polychromeure 1920 sowie der Angestellten von Handel und Gewerbe 1922[109] – entstanden aus Unzufriedenheit über die Lohnhöhe, die bereits in dieser Zeit, also noch vor der eigentlichen Hochinflationsphase, ständig der Preisentwicklung angepaßt werden mußte. Um diese ständige Teuerung zu verdeutlichen, seien die Preise für Roggenbrot in den jeweiligen Dezembermonaten aufgeführt:

Preise für 1 kg Roggenbrot in den Dezembermonaten:[110]

1913	0,26 M	1918	0,53 M
1914	0,32 M	1919	0,80 M
1915	0,40 M	1920	2,37 M
1916	0,34 M	1921	3,90 M
1917	0,45 M	1922	163,15 M

Wirtschaft und Arbeitsmarkt gingen mit schweren Hypotheken belastet in das Krisenjahr 1923. Die fortschreitende Geldentwertung, die Kapitalknappheit der Unternehmen und nicht zuletzt die am 20. April 1921 errichtete Rheinzollgrenze im Warenverkehr zwischen den besetzten und unbesetzten Gebieten, die linksrheinisch produzierte Güter verteuerte und damit die Konkurrenzfähigkeit erschwerte, waren ernstzunehmende Zeichen. Am 10. Januar 1923, einen Tag vor der Besetzung des Ruhrgebiets, faßte das Kevelaerer Volksblatt die wirtschaftliche Lage zusammen:
„Der Geschäftsgang der niederrhein. Schuhindustrie verschlechtert sich von Woche zu Woche; schon seit Anfang September stockt der Absatz nahezu vollständig. Soweit in letzter Zeit noch Verkäufe im Inland getätigt wurden, liegen die erzielten Preise durchweg 20 bis 30 % unter den augenblicklichen Gestehungskosten. Der größte Teil der Produktion muß auf Lager genommen werden. Die unverändert hohen Lederpreise sowie die anhaltend steigenden Ausgaben für Löhne, Gehälter und Unkosten haben in Verbindung mit der Absatzstockung einen empfindlichen Kapitalmangel ausgelöst, dem durch die Einschränkung der Betriebe nur in etwa begegnet werden kann. Bei längerer Fortdauer dieses Zustandes muß mit einer völligen Stillegung unserer Industrie gerechnet werden. Bist jetzt arbeiten über 1000 Arbeiter verkürzt, zum Teil nur noch drei Tage in der Woche."
Am 11. Januar 1923 marschierten französische und belgische Truppen in das Ruhrgebiet ein. Im besetzten und unbesetzten Gebiet reagierten die Staatsbediensteten mit dem passiven Widerstand. Ende Januar 1923 folgten die Angestellten und Beamten im Kreis Geldern und legten damit den Personen- und Güterverkehr still. Der Gelderner Bürgermeister erinnerte sich in seiner Besatzungschronik an die Vorgänge:
„Schon vor Beginn des passiven Widerstandes hatten die Belgier ihre Eisenbahnangestellten bei den Stellwerken verdoppelt, ebenso die Militärposten an Gleisen und Übergängen. Man vermutete Sabotage. Das deutsche Personal bemühte sich um Rücknahme dieser überaus lästigen Kontrolle. Man ging zunächst darauf ein, um dem Verständnis für die vorgesehenen Neuerungen den Weg zu bahnen. Nur zu gut sah man die Hindernisse voraus, die eine geschlossene Dienstverweigerung des deutschen Eisenbahnpersonals dem gesamten Ver-

kehr und damit auch der vorgesehenen Aktion sich entgegenzustellen vermochten. Am 26. Januar 1923 wurde die Station – Geldern/Rhein – vollständig militärisch besetzt. Die Verbindungslinien zwischen den beiden Stadtbahnhöfen stillgelegt. Der Verkehr war damit unterbunden. Geschlossen legten daraufhin die deutschen Eisenbahner die Arbeit nieder und verließen die Dienststelle. [. . .]
Nach und nach übernahm die Regie den Eisenbahndienst. Die angedeutete Annahme bestätigte sich. Den belgischen Beamten fiel es äußerst schwer, sich in die technischen Einzelheiten des deutschen Eisenbahnwesens hineinzufinden. Eine Reihe von Sicherheitsvorschriften wurde beseitigt, um den notwendigen Verkehr aufnehmen zu können. Besondere Schwierigkeiten, mit denen besonders das durch die politischen Verhältnisse ‚beurlaubte' deutsche Personal zu kämpfen hatte, entstanden dadurch, daß die Besatzungsbehörde ausdrücklich verbot, Gehälter und Löhne an die Streikenden auszuzahlen. Um jeden Preis mußten Beschlagnahmemöglichkeiten vermieden werden. Man griff zu ähnlichen Lösungsmethoden, wie sie die Stadtverwaltung zur Unterstützung der Erwerbslosen angewandt hatte. Man schuf ‚geheime' und ‚fliegende' Lohnbüros. Tatsächlich ist es hierdurch auch gelungen, eine Beschlagnahme der Lohnsummen für die Eisenbahner in Geldern zu vermeiden. Am 18. Oktober 1923 forderte die deutsche Regierung die Eisenbahner auf, sich zum Dienstantritt bei der Regie zu melden. Fast alle wurden eingestellt und ein geregelter Verkehr wieder aufgenommen. Aufsicht und Leitung behielten sich die Belgier vor. In den Betrieb selbst haben sie nicht mehr eingegriffen. Sie führten noch den Schriftwechsel, stellten die Gehalts- und Lohnlisten auf und zahlten die Gelder in eigener Währung aus. Am 16. November 1924 übernahm dann die deutsche Reichsbahnverwaltung wieder den Betrieb."[111]
Die folgenden Tabellen geben einen Überblick über Betriebseinschränkungen, Stillegungen und Arbeitslose in der Bürgermeisterei Kevelaer während des Jahres 1923. Die Situation in der Bürgermeisterei Kervenheim unterschied sich nicht generell davon, wenngleich hier die absoluten Zahlen geringer waren. Auch in den Schuhfabriken in Winnekendonk und Kervenheim ruhte der Betrieb fast während des gesamten Jahres.
Verwaltungen, Gemeinderäte und Arbeiterschaft reagierten auf die sich ab Ende Januar 1923 immer mehr zuspitzende Lage, nun mißtrauisch beobachtet von der Besatzungsbehörde in Geldern. In der letzten Januarwoche, als nach Stillegung der Eisenbahnstrecke Kleve–Geldern Produktionsunterbrechungen eintraten, kam es zu „stürmischen" Versammlungen der Arbeiter. Dazu aufgerufen hatten der Vorsitzende der „Wirtschaftlichen Arbeitervereinigung", Wilhelm Fegers, und die christlichen Gewerkschaften.[113]
Wenige Tage später erörterte der Kevelaerer Gemeinderat die Lage der Arbeitslosen und faßte einen weit über den Ort hinaus beachteten Beschluß, der auch

im Hinblick auf das finanzielle Leistungsvermögen der Kommune von einigem Interesse ist: Der Vorsitzende ging in seinem Bericht von insgesamt 450 Arbeitern aus, die nun „brotlos" geworden seien. Nach einer Verfügung des Düsseldorfer Regierungspräsidenten sollten die Gemeinden den Betroffenen die Erwerbslosenunterstützung auszahlen. Die Arbeiterschaft betrachte jedoch diese Mittel als zu gering und habe bereits ihrerseits Entschließungen an den Landrat und an den Wohlfahrtsminister gesandt. Die Gemeinderäte schlossen sich der Ansicht der Arbeiter an und verpflichteten ihrerseits die Gemeindekasse, den Arbeitern rückwirkend den vollen Lohnausgleich zu zahlen. Über die Lohnhöhe zog die Verwaltung bei den auswärtigen Arbeitgebern Erkundigungen ein, erwog die Möglichkeit einer Schadensersatzforderung an das Reich und faßte eine Anleihe von 6 Millionen Mark bei der Gemeindesparkasse ins Auge.[114]

Stillgelegte und kurzarbeitende Betriebe 1923:[112]

Monat	Kurzarbeit	Stillegung
3– 4	26	69
4– 5	44	67
5– 6	66	64
6– 7	70	51
7– 8	71	51
8– 9	85	55
9–10		
10–11	68	63

Arbeitslose und Kurzarbeiter 1923:

Monat	Kurzarbeiter in Kevelaer	Arbeitslose durch Stilllegungen in Kevelaer	Arbeitslose auswärtiger Betriebe
3– 4	315	578	385
4– 5	337	444	392
5– 6	694	342	392
6– 7	677	322	405
7– 8	672	322	405
8– 9	756	383	405
9–10	763	377	405
10–11	523	431	405

Eine Abordnung der Kevelaerer Wirtschaftlichen Arbeitervereinigung und der christlichen Gewerkschaften sprach nun bei Bürgermeister Janssen in Winnekendonk wegen der Lohnfortzahlungen der dort betroffenen 40 Arbeiter vor. Die Winnekendonker Gemeinderäte standen nicht hinter dem Kevelaerer Beispiel zurück, und auch Bürgermeister Janssen betrachtete die Lohnfortzahlungen von sich aus als eine „vaterländische Pflicht". Für ihn war es selbstverständlich, daß das Reich die anfallenden Kosten übernehmen werde. Die Gemeinden der Bürgermeisterei wollten die Löhne „vorstrecken, in der bestimmten Voraussetzung, daß das Reich oder die Arbeitgeber" diese später erstatteten.[115] Diese Einschränkung war notwendig, da Klarheit darüber herrschte, daß die Kommunen „weit über die Grenze ihrer Leistungsfähigkeit" gegangen waren.[116]

Kevelaer hatte mit dem Gemeinderatsbeschluß im Kreis Geldern eine gewisse Vorreiterrolle übernommen, Maßstäbe gesetzt und die übrigen Gemeinderäte ohne vorherige Absprache in die Pflicht genommen, die es sich nun kaum leisten konnten zurückzustehen. Der Beschluß war jedoch auf der Annahme begründet, daß der Eisenbahnverkehr nur kurzfristig unterbrochen sein würde. Je deutlicher sich aber abzeichnete, daß die Krise von 1923 keine vorübergehende sein würde, nahmen die Gemeinden die Höhe ihrer Lohnfortzahlungen schrittweise zurück. Bereits am 10. und 14. Februar 1923 beriet die Kevelaerer Kommunalvertretung über eine Verminderung der Zahlungen an verheiratete und rückte seitens der Gemeinde von weiteren Finanzmitteln an ledige Arbeitslose ab. Diese sollten eigenständig versuchen, ihre Fabriken zu erreichen, oder sich dort eine Unterkunft nehmen.[117]

Als in der Bürgermeisterei Kervenheim ähnliche Beschlüsse durchgesetzt werden sollten, wußte Bürgermeister Janssen bereits von einigen Gewalttätigkeiten zu berichten. Das Protokoll des Winnekendonker Gemeinderats vermerkte hierzu: „[...] referierte Vorsitzender, daß auch heute noch keine Klarheit darüber bestehe, welche Entschädigungen den durch den Eisenbahnerstreik an der Fortsetzung ihrer Arbeit behinderten Arbeitern für Rechnung des Reiches gezahlt werden könne. In einer unter dem Vorsitze des Herrn Landrath stattgefundenen Bürgermeister-Versammlung wäre man sich einig darüber geworden, daß eine Erstattung des vollen Lohnes seitens des Reiches nicht zu erwarten sei. Kevelaer und Wetten hätten, ohne Rücksicht auf die zu erwartende Erstattung, beschlossen, bis zum 3. Februar den vollen Lohnausfall zu zahlen und für die Woche vom 4. bis 10. Februar die Arbeiter nach dem Lohntarif für die Buchbinder zu entschädigen. Vom 12. Februar ab würden ⅔ des Netto-Lohnes als Entschädigung gezahlt werden, die nach einer soeben eingegangenen Regierungs-Verfügung das Reich ganz erstatten werde. Es sei unbedingt notwendig, daß mit Kevelaer einheitlich vorgegangen werde, weil es ein Wirtschaftsgebiet sei. Es würden dann auch Demonstrationen, wie sie gestern vorgekommen seien, vermieden werden. Dieser Demonstrationszug sei nur von dem hier wohnenden, zu der Behörde wegen verschiedener Gewalttätigkeiten, die demnächst gerichtlich abgeurteilt werden, in Gegensatz stehenden [...] in Szene gesetzt. Die Winnekendonker Arbeiter hätten mit dem Demonstrationszug gar keine Bewandnis, die Teilnehmer wären ausschließlich Kevelaerer gewesen. Vorsitzender unterstützte nochmals den Wunsch der hiesigen Arbeiter, die Regelung im Sinne der Kevelaerer Beschlüsse vorzunehmen."[118]

Zu einer einheitlichen Regelung der Unterstützungssätze im Kreisgebiet gelangte man erst Ende März. Bis dahin blieb jede Gemeinde weitgehend sich selbst überlassen, wenn auch die Angleichungsbestrebungen unverkennbar waren, um Unruhen entgegenzuwirken.

Höchstpreise für 3,5 Pfd. Graubrot im Kreis Geldern:[119]

13. 1. 23	500 Mark	16. 6. 23	2 450 Mark
27. 1. 23	530 Mark	30. 6. 23	3 300 Mark
3. 2. 23	560 Mark	21. 7. 23	9 200 Mark
10. 2. 23	630 Mark	30. 7. 23	15 000 Mark
17. 2. 23	730 Mark	11. 8. 23	24 000 Mark
3. 3. 23	780 Mark	18. 8. 23	112 000 Mark
19. 5. 23	800 Mark	25. 8. 23	215 000 Mark
2. 6. 23	2 200 Mark		

Vor dem Hintergrund der inflationären Entwicklung war die rein rechnerische Festlegung der prozentualen Unterstützungshöhe zwar eine sehr wichtige Bezugsgröße, es kam aber entscheidend darauf an, die Unterstützungsgelder dem Inflationsverlauf anzupassen. Da dieses Verfahren offensichtlich nicht mit dem Kaufkraftschwund schritthalten konnte, kam es in den folgenden Wochen und Monaten im gesamten Kreisgebiet zu erregten Demonstrationen und Tumulten, vornehmlich aber in den Orten mit gewerkschaftlichen Organisationen – Geldern und Kevelaer. Über die „Zusammenstöße" zwischen Arbeitern, dem Landrat und den Bürgermeistern des Kreises am 26. und 27. März 1923 existiert ein ausführlicher Bericht des Landrats von Kesseler an den Düsseldorfer Regierungspräsidenten, der im folgenden fast ungekürzt wiedergegeben werden soll. Zum Verständnis muß vorbemerkt werden, daß die dort angesprochene „Ruhrspende" der Unterstützung der Bevölkerung im Ruhrgebiet vor allem mit Lebensmitteln dienen sollte.[120]

Landrat von Kesseler an den Regierungspräsidenten in Düsseldorf
„Gestern Nachmittag fand hier eine große Demonstration von mehr als 2000 Arbeitern und Arbeiterinnen vor dem Kreishause statt. Die erwerbslosen Arbeiter hatten fünf Vertreter beauftragt, um mit mir wegen Verbesserung ihrer wirt-

schaftlichen Lage [...] zu verhandeln. Es wurde ihnen gleich Eingangs der Besprechung von mir eröffnet, daß es gemäß Anweisung der Reichsregierung in Berlin strikte verboten sei, den Verkehrsbehinderten mehr als 66⅔% des Lohnes an Unterstützung zu zahlen, wie solches auch ausdrücklich in einer am Samstag, den 24. März ds. Js. in Düsseldorf gehabten Besprechung von dem Vertreter des Herrn Regierungs-Präsidenten Namens des Reichsarbeits- und Wohlfahrtsministeriums bestätigt worden sei.

Die Arbeitervertreter erklärten dem gegenüber, daß es gänzlich unmöglich sei, mit einer Wochenunterstützung von 40–50 000 Mark ihre Familien zu ernähren. In Einzelfällen würden Familienvätern nur 18 000 Mark pro Woche gezahlt. Ferner baten sie mich, auf der am 27. ds. Mts. in Kevelaer stattfindenden Bürgermeisterkonferenz für eine Erhöhung der Wochenunterstützung einzutreten, worauf ich versprach, innerhalb des gesetzlichen Rahmens Alles zu tun, um die wirtschaftliche Lage der Arbeiter zu bessern. Die alsdann vorgetragene Bitte um Gewährung eines Zuschusses von 100 000 Mark für jeden Arbeiter wurde mit der Begründung von mir abgelehnt, daß die Regierung sich gegen die Zahlung eines Vorschusses ausgesprochen habe. Anstelle der unzureichenden Wochenunterstützung von 18 000 Mark pp. soll in der oben erwähnten Konferenz versucht werden, Durchschnittslöhne nach den verschiedenen Lohntarifen festzusetzen, natürlich im Rahmen des Möglichen. Die Deputation äußerte hierzu den Wunsch, daß diese Löhne gegebenenfalls noch in der Charwoche ausgezahlt würden.

Bezüglich der von der Stadtverwaltung in Geldern in Aussicht gestellten 75%igen Unterstützung trägt die genannte Verwaltung die Verantwortung allein. Zu dem Antrage auf Verteilung der von den landwirtschaftlichen Kreiseingesessenen für die ‚Ruhrspende' gestifteten Lebensmittel, erklärte ich, daß die ‚Freie Bauernschaft' sich das Verfügungsrecht darüber vorbehalten habe; ich wolle jedoch gerne dahin mich verwenden, daß die noch aufbewahrten Lebensmittel den kreiseingesessenen notleidenden Arbeitern zugute kämen. [...]

Die Deputation und zugleich im Namen der draußen harrenden Arbeiter versicherte nachdrücklichst, daß sie alle willens seien, in der jetzigen schweren Zeit durchzuhalten, wenn sie von der Reichsregierung nicht im Stiche gelassen würden, sie baten aber gleichzeitig nochmals um Gewährung eines Vorschusses, was aber von mir abgelehnt wurde. Irgendwelche gesetzwidrigen Zusagen zu machen, lehnte ich entschieden ab. Auf die wiederholte Bitte eines Arbeitervertreters erklärte sich der Unterzeichnete bereit, der draußen harrenden Menge das Ergebnis der Verhandlung selbst bekannt zu geben: [...] Hierauf entfernten sich die Demonstranten in Ruhe und Ordnung.

Folgenden Tages, also am Dienstag den 27. März, fand Nachmittags 2 Uhr eine Bürgermeister-Konferenz im Heidelberger Faß in Kevelaer statt. Ich fuhr mit dem Bürgermeister von Geldern im Auto an großen Arbeitergruppen aus Gel-

dern vorbei; es waren meist Jugendliche, auch eine Anzahl Mädchen. Zur Konferenz waren alle Bürgermeister erschienen und hatte ich noch zu der Besprechung 2 Arbeiter-Vertreter der Kommunisten und einen von den christlichen Gewerkschaften eingeladen. Ob ein vierter Arbeiter, der auf Antrag die Erlaubnis von mir erhielt, den Verhandlungen beizuwohnen, ein Vertreter der freien Gewerkschaften war, kann ich nicht bestimmt sagen. Von der Arbeitgeber-Seite waren der Fabrikant Krug aus Kervenheim, Vorsitzender des niederrheinischen Schuhfabrikantenverbandes und der Syndikus dieses Verbandes, Dr. Girkes aus Kevelaer erschienen. Vor dem Versammlungslokal waren tausende Arbeiter versammelt, um das Ergebnis abzuwarten. [...] Nach längerer Debatte, in der besonders die Arbeiter immer wieder die sofortige Auszahlung des Vorschusses verlangten, einigte sich die Versammlung wie folgt:
1. Als Einheitsunterstützungssatz sollen die für die Stadt Crefeld maßgebenden Sätze gezahlt werden. Die von der Arbeiterschaft wiederholt und dringend geforderte Erhöhung dieser Sätze auf 12 800 Mark für über 21 Jahre alte ledige Arbeiter wurde abgelehnt.
2. Die Freie Bauernschaft ist bereit, die Naturalien hier im Kreise zu verteilen.
3. Sämtliche Bürgermeister sind bereit, denjenigen Familien, in denen tatsächlich besondere Not vorliegt, durch Zahlung von Vorschüssen zu helfen. Die Auszahlung von Vorschüssen unterschiedslos an alle Arbeiter mußte als unzulässig abgelehnt werden.
Die Arbeiterführer verließen darauf gegen 6 Uhr den Saal, um die draußen wartenden Arbeiter von den gefaßten Beschlüssen zu unterrichten. Als die übrigen Teilnehmer im Begriffe waren, ebenfalls das Versammlungslokal zu verlassen, stürmten etwa 1000 Arbeiter in den Saal und drängten unter lautem Johlen und Schreien und unter Bedrohung die Teilnehmer an der oben geschlossenen Besprechung soweit sie noch anwesend waren in den Saal zurück. Die Arbeiter verlangten von mir unter persönlicher Bedrohung sofort die Anerkennung ihrer Forderung auf Auszahlung des Vorschusses. Trotzdem ich sie darauf aufmerksam machte, daß die Regierung die Auszahlung von Vorschüssen ausdrücklich abgelehnt habe, bestanden sie auf der vorgebrachten Forderung und wollten mich nicht eher freilassen, bis ich mich unterschriftlich verpflichtet habe, den Vorschuß sofort auszuzahlen. Auf meine Erwiderung, daß ich mich zu Nichts bestimmen ließe, was über das Gesetz hinausginge, hoben sie immer wieder hervor: ‚Der Wille der Masse ist unser Gesetz.'
Ich habe schließlich zugesagt, den Gemeinden zu empfehlen, den notleidenden Arbeitern aus Gemeindemitteln Vorschüsse zu zahlen und mich dafür einzusetzen, daß diese Gelder aus der Ruhrspende ersetzt werden. Erst nach 9 Uhr Abends konnte ich mich, an der Seite des Führers der aus Geldern Erschienenen, aus dem Versammlungs-Lokal entfernen.

Indem ich hiermit von den Vorkommnissen Mitteilung mache, bemerke ich, daß die Mehrzahl der Gemeinden heute unter dem Drucke der Arbeiter, die mit neuen Demonstrationen und Gewalttätigkeiten drohen, Vorschüsse ausgezahlt haben. Ich bitte daher dringend, dafür Sorge tragen zu wollen, daß den Gemeinden diese Gelder auch aus der Ruhrspende, wie dies auch im Ruhrgebiet geschehen ist, erstattet werden, da die Not unter den kinderreichen Arbeitern tatsächlich groß ist. Der Bürgermeister-Konferenz wohnte ein Vertreter des Delegierten bei. Im Uebrigen habe ich die Überzeugung, daß diese Putsche bestellte! Arbeit sind. Auch bemerke ich noch, daß die Führer der Gewerkschaften vor der Radauversammlung sich entfernt hatten. Schließlich möchte ich nicht unerwähnt lassen, daß die beiden Arbeitervertreter [...], welche die Leitung der Kommunisten-Versammlung in Kevelaer hatten, dieselben sind, die beim Herrn Regierungs-Präsidenten in Barmen auf ihre persönliche Vorstellung hin die Zusage erwirkten, nicht mehr mit den Lastautos nach Rheinhausen fahren zu müssen, da das zu weit sei."[121]

Im März 1923 hatten die Auseinandersetzungen im Kreis Geldern ihren Höhepunkt noch keineswegs erreicht. Die Gemeinderäte mußten, obgleich einzelne davon überzeugt waren, daß z. B. weite Kreise des selbständigen Mittelstandes geringere Einkommen besaßen als die öffentlich unterstützten Arbeitslosen, dem Druck der äußerst „unruhigen" Arbeiterschaft nachgeben.[122] Auch in den folgenden Monaten kehrte keine Ruhe ein.[123]
Als im August 1923 die Arbeitslosigkeit einen erneuten Höhepunkt erreicht hatte und sich die Versorgungslage drastisch verschlechterte, wurden in Kevelaer einzelne Geschäfte geplündert. „Teuerungsunruhen, wie sie vielfach in anderen Städten sich zutrugen", berichtete das Kevelaerer Volksblatt, „ereigneten sich gestern auch hier. Im Laufe des Vormittags zog die über die Warenzurückhaltung und die Preissteigerung erbitterte Arbeiterschaft vor verschiedene Geschäfte der Lebensmittel-, Schuh- und Konfektionsbranche, um Ausschau nach zurückgehaltenen Waren vorzunehmen." Es folgten „Beschlagnahmen" von Schuhen und Mehlvorräten, nachmittags Plünderungen von Konfektionsgeschäften. In aller Eile bildete sich ein Ordnungsdienst aus Arbeitern und Bürgern.[124]
Auch die umliegenden Dörfer stellten nun Schutzeinheiten auf. Die Gemeinderäte traten zusammen, um über eine Senkung der Lebensmittelpreise und Übernahme der dabei entstehenden Verluste zu beraten. Aus Furcht vor Übergriffen hatten die Lebensmittelhändler ihre Waren verbilligt ausverkauft, waren aber jetzt nicht mehr in der Lage, größere Neubestellungen zu tätigen. Da es sich ferner herausgestellt hatte, daß auswärtige Kunden in Kevelaerer Geschäften abgewiesen worden waren, beschlossen die Gemeinderäte der Bürgermeisterei Kervenheim in einer gemeinsamen Sitzung, Kredite für Neueinkäufe bereitzustellen, wobei die Geschäfte die so beschafften Waren zu Einkaufspreisen an die

Gutscheine der Gemeinde Kevelaer aus dem Jahre 1921 (NMVK)

Kunden weitergeben sollten. Zunächst nahm man einen Kredit von 2,5 Millionen Mark auf, mußte diesen aber wenige Wochen später der Inflation anpassen.[125]

Wenige Tage nach den Plünderungen des August erschien ein „versöhnend" stimmender Artikel im Kevelaerer Volksblatt, das das Thema damit für sich beendete. Gegen eine ganze Reihe von Beteiligten erließ indes die Staatsanwaltschaft Kleve Haftbefehl und leitete umfangreiche Untersuchungen ein. Im folgenden Jahr wurden die ausgemachten Rädelsführer zu mehrmonatigen Gefängnisstrafen wegen Landfriedensbruch, Nötigung oder Diebstahl verurteilt.[126]

Die desolate Wirtschaftslage, dies muß nicht besonders begründet werden, hatte schwerwiegende Folgen für die Unternehmen und die kommunalen Haushalte. Selbst die Gemeinde Kevelaer klagte am Ende des Jahres über ihre Finanzlage[127], was bei sinkenden Steuereinnahmen und steigenden Soziallasten nicht ausbleiben konnte. Mitten in die Zeit der Hyperinflation fiel der Gemeindekasse eine Aufgabe zu, die aus der allgemeinen Geldknappheit herrührte. Die Notenpressen waren der wachsenden Nachfrage nach aktualisierten Scheinen nicht mehr gewachsen, so daß ein Bedarf nach „garantierten Gutscheinen" entstand, die die drei Kevelaerer Banken (Gemeindesparkasse, Bankverein und das Bankgeschäft Wilhelm Deselaers) in Verrechnung nahmen.[128] Daneben gab es vielerlei Arten von Notgeld, u. a. das des Kreises Geldern, das seine Gültigkeit erst am 1. April 1924 verlor.[129]

Das Notgeld war keine Neuerung der Inflationszeit. Ähnliche Scheine hatte es bereits 1921 gegeben, als in Kevelaer zur Wallfahrtszeit ein Mangel an Kleingeld herrschte. Seinerzeit fand sogar eine öffentliche Diskussion statt, ob die Abbildung Mariens auf dem 50-Pfennig-Schein abstößig wirken könnte, worauf Erkundigungen in anderen Wallfahrtsorten eingezogen worden waren.[130]

Offenbar waren 1923 die Einzelhandelsgeschäfte über die Gutscheine stark verunsichert, denn die Ortszeitung betonte ausdrücklich, es sei „auch nicht zuletzt im Interesse der Geschäfte, diese Scheine anzunehmen, da sie auf diese Weise den Einkauf an den hiesigen Platz fesseln, da die Scheine auswärts nicht gültig sind".[131]

Bürgermeister Janssen bemerkte rückblickend: „Man muß nur einmal an das Notgeld zurückdenken, das aus den verschiedenen Städten und Staaten sowie aus Privatunternehmungen bei der Kreissparkasse pp. zusammenfloß, und das dann, weil diese in der Hergabe eigenen Notgeldes begrenzt war, an die Gemeinden weitergegeben wurde. Wie oft ist es zu großen Auseinandersetzungen gekommen, weil die örtlichen Geschäfte dieses minderwertige Notgeld nicht in Zahlung nehmen wollten. [. . .] Aus dringenster Not machte der Vorsitzende [Bürgermeister Janssen] einmal den Versuch 300 Millionen 20 000 Markscheine, in Gewicht eines halben Centners, persönlich über die elektrische Bahn Düsseldorf–Crefeld, die Industriebahn Crefeld–Kempen und die Kleinbahn Kempen–Straelen–Kevelaer von Düsseldorf nach Winnekendonk zu schleppen. Die Reisezeit erforderte 2 Tage, weil nach den Besatzungsvorschriften im Grenzbezirk Abends nach 7 Uhr keine Pakete mehr auf der Straße befördert werden durften, und Vorsitzender daher in Kempen übernachten mußte."[132]

Die Unternehmen konnten kaum angemessen auf die Wirtschaftslage reagieren. Ihnen blieb fast nichts anderes übrig, als zu versuchen, Betriebsstillegungen zu verhindern und mit Kurzarbeit zu operieren, was meist nicht gelang. Die noch vorhandenen Reste des Betriebskapitals schmolzen dahin. Größtenteils war man nun zwar schuldenfrei, jedoch fehlte jetzt das Startkapital für eine Wiederaufnahme der Produktion. Das Ende des passiven Widerstandes am 26. September 1923 und die anschließende wieder vollständige Inbetriebnahme der Verkehrsverbindungen brachten der linksrheinischen Wirtschaft keine sofortigen Besserungen. An den belgischen Kreisdelegierten gerichtet, beschrieb der Landrat im Oktober 1923 die Lage:

„Eine Wiederaufnahme der Arbeit hat in den heimischen Industrien durchweg bislang noch nicht eintreten können und dürfte eine wesentliche Besserung hierin in der nächsten Zeit auch nicht zu erwarten sein, solange Handel und Verkehr noch allgemein darniederliegen. Das Haupthindernis für eine Wiederaufnahme der Betriebe ist in den allgemeinen Absatz- & Verkehrsschwierigkeiten, sowie in der Unmöglichkeit der Rohstoffbeschaffung bei den gegenwärtigen Geldverhältnissen zu erblicken. Hierzu kommt, daß es den Industriellen durchweg heute an den erforderlichen Mitteln zur vollen Wiederaufnahme ihrer Betriebe und Entlohnung der Arbeiter fehlt. Zu berücksichtigen ist ferner, daß die Industrie im besetzten Gebiet gegenüber den Betrieben im unbesetzten Deutschland bei der Wiederaufnahme der Arbeit mit bedeutend höheren Produktionskosten zu rechnen hat und daher kaum noch konkurrenzfähig ist, da infolge der in den letzten Monaten hier eingetretenen Teuerung im besetzten Gebiet erheblich höhere Arbeitslöhne gezahlt werden müssen."[133]

Die industriellen Betriebe nahmen ihre Produktion versuchsweise im Oktober mit einer verminderten Belegschaft von 5–10% wieder auf. Arbeitslose Pendler, die in den auswärtigen Betrieben erst allmählich wieder eingestellt wurden, prägten unübersehbar die ersten Monate des folgenden Jahres. Und auch die „einheimischen" Arbeitslosen verminderten sich nur sehr langsam und belasteten bis 1927 die kommunalen Haushalte. Gesonderte Zuschüsse erhielten sie nun nicht mehr. Ab 1. November 1923 kam nur noch der Unterhaltssatz nach der Erwerbslosenfürsorge zur Auszahlung, die sogenannten Ausgesteuerten fielen der kommunalen Wohlfahrt anheim.

Arbeitslose in der Gemeinde Kevelaer 1924–1925:[134]

Berichts-monat	In örtlichen Betrieben	Davon Metaller	In auswärtigen Betrieben
1/1924	379	183	
2/1924	229	93	
3/1924	151	48	302
4/1924	217	93	136
5/1924	168	95	130
6/1924	245	145	105
7/1924	464	290	66
8/1924	423	246	35
9/1924	391	240	35
10/1924	220	163	28
11/1924	152	117	32
12/1924	140	109	27
1/1925	140	109	23
2/1925	169	109	27
3/1925	150	87	31
4/1925	112		31
5/1925	148	87	27
6/1925	141	89	31
7/1925	135	83	31
8/1925	147	83	20
9/1925	181	88	20
10/1925	199	78	20
11/1925	226	99	20

Während des Jahres 1924 lag noch das gesamte Wirtschaftsleben „darnieder", wie dies der Gelderner Landrat im August ausdrückte. „Aber auch die Betriebe, welche arbeiten, fristen nur ein Scheindarsein. Die geringsten Zwischenfälle bringen die Gefahr des Erliegens weiterer Gewerbebetriebe."[135] Das lag zu einem nicht unbeträchtlichen Teil am Rheinzoll, der die gesamte exportorientierte Industrie gegenüber der deutschen Konkurrenz in den unbesetzten Gebieten sowie der ausländischen benachteiligte. Ähnlich wie in der Vor- und in der unmittelbaren Nachkriegszeit gingen z. B. die hergestellten Arbeiterschuhe zu 90 % in das Ruhrgebiet.[136]

Auch in 1925 blieben – im Unterschied zur allgemeinen Entwicklung der deutschen Wirtschaft, die zwischen 1924 und 1929, in den sogenannten goldenen zwanziger Jahren, eine Stabilisierungsphase verzeichnete – die Exportmöglich-

Kauft in Kevelaer
Helft dem ortsansässigen Mittelstand!

Hart lastet die Not der Zeit auf allen Bevölkerungsschichten. In christlicher Nächstenliebe sucht auch in diesem Winter die Kevelaerer Nothilfe das schwere Los der Aermsten der Armen nach besten Kräften zu mildern.

Mitbürger Kevelaers, vergeßt über dieser sozialen Tat nicht den um seine Existenz schwer ringenden ortsansässigen Mittelstand, dessen Erhaltung und Stärkung in Euer aller Interesse liegt!

Pflicht eines jeden Bürgers ist es, in erster Linie das ortsansässige Gewerbe und den ortsansässigen Handel bei Aufträgen und Einkäufen zu berücksichtigen. Ihr helft dadurch Arbeit und Brot schaffen und damit aufs wirksamste die allgemeine Not mildern.

Arbeitsgemeinschaft selbst. Berufe, Kevelaer.

Die angeschlossenen Organisationen:

| Arbeitgeber-Verband „Niederrhein" e. V. | Einzelhandels-Verein e. V. | Freie Bauernschaft. | Freie Wirte-Vereinigung. | Vereinigte Handwerker-Innungen. |

Kevelaerer Volksblatt 17. 12. 1932

keiten der niederrheinischen Wirtschaft bescheiden. Die unterbrochenen Handelsbeziehungen ließen sich erst langsam wieder herstellen, und in der Zwischenzeit war die Konkurrenz, wie der Jahresbericht der Industrie- und Handelskammer Krefeld für 1925 unterstrich, nicht untätig geblieben.
„Einheitlich lässt sich für die gesamte Kevelaerer *Devotionalienindustrie* feststellen, dass das Auslandsgeschäft ganz erheblich nachgelassen hat, das vordem einen bedeutenden Anteil der Erzeugung aufnahm. Der Grund liegt vor allem in dem preisdrückenden Wettbewerb der ausländischen Erzeuger, insbesondere belgischer, französischer und tschechoslowakischer Firmen, die infolge des Tiefstandes der Valuten ihrer Länder um 50 Prozent und noch billiger ihre Ware anbieten können.
Auf dem Inlandsmarkt ist für die *kirchliche Industrie,* die Glasmalerei, die Polychromie usw. das sonst rege Weihnachtsgeschäft ausgeblieben; und wenn nicht Kirchen und Klöster einige Aufträge erteilt hätten, wäre die Lage besorgniserregend geworden. Die Zahlungen gingen nur schleppend ein; die Einhaltung von vertraglichen und üblichen Zahlungsbedingungen gehörte zu den Ausnahmen, sodass es infolge der Unsicherheit der Außenstände schwer ist, langfristig zu disponieren. Der geringe Beschäftigungsgrad zwang teilweise zur Einführung von Kurzarbeit.
Die Geld- und Kreditnot musste sich besonders in der *Paramentenindustrie und der Fahnenstickerei* auswirken, weil es sich hier um hochwertige Qualitätserzeugnisse handelt. Trotzdem war im allgemeinen das Geschäft noch erträglich, wenn auch in den kommenden Monaten mit einer Vermehrung der Schwierigkeiten gerechnet werden muss.
Der *Devotionaliengrosshandel* bezeichnete trotz dieser Erscheinungen seine derzeitige Wirtschaftslage und insbesondere das Weihnachtsgeschäft noch als befriedigend. Es war festzustellen, dass die Nachfrage nach teueren Gegenständen erheblich nachliess, während billigere Artikel reger begehrt wurden.
Sehr trübe entwickelte sich der Geschäftsgang des *Metallgewerbes.* [...] Gegenüber den zwei Betrieben der Vorkriegszeit bestehen heute sechs Fabriken des Metallgewerbes, die sich mit der Herstellung fast gleichartiger und gleichwertiger Artikel befassen. Im Ausland waren die Erzeugnisse dieses Gewerbes, obwohl deren Preis nur 25 Prozent über dem Vorkriegspreis liegt, kaum noch wettbewerbsfähig. Die Ausfuhr schrumpfte daher fast vollständig zusammen. Auf dem Inlandsmarkt bedeutete die wirtschaftliche Not des Ruhrgebietes, in das sonst vorwiegend die Bleigussartikel wanderten, eine schwere Beeinträchtigung des Absatzes. Die Kreditnot führte vielfach dazu, dass Ware zu Schleuderpreisen auf den Markt geworfen wurde. Die schlimmsten Auswüchse dieses schädigenden Wettbewerbs sind durch eine festgefügte Preiskonvention, die im Rahmen des Arbeitgeberverbandes Niederrhein e. V., Kevelaer, ins Leben gerufen wurde, nunmehr unterbunden. – Der Mangel an Betriebskapital nimmt den

Firmen die Möglichkeit, längst als notwendig erkannte Anlagen zu schaffen und Umstellungen vorzunehmen, die gerade bei der Eigenart dieses Gewerbes unumgänglich sind. Denn bei den qualitativ weniger wertvollen Massenartikeln ist die Geschmacksrichtung der Kundschaft sehr wandelbar und daher eine bewegliche Betriebsführung die Voraussetzung des Erfolgs. Solange jedoch der letzte Gewinnpfennig und zum Teil sogar die Substanz selbst den Gewerbetreibenden weggesteuert wird, und eine Kapitalneubildung aus der Erzeugung heraus unterbunden ist, kann auch der bestgeleitete Betrieb weder den Anforderungen der Technik noch der Geschmacksrichtung der Kundschaft Rechnung tragen. Die Notlage dieses Gewerbes führte teilweise zu Stillegung, teilweise zu starker Einschränkung der Betriebe.

Die *Buchbinderei* litt in der gleichen Weise unter dem Steuerdruck und unter der Not weiter Volkskreise. Der Absatz verringerte sich erheblich; vor allem litt das vordem blühende Geschäft mit dem Ruhrgebiet. Es laufen zwar noch zahlreiche Bestellungen ein; aber darunter befinden sich viele unlohnende kleine Aufträge, die den Mangel an Kaufkraft der Abnehmer deutlich wiederspiegeln; man kauft nur nach dem augenblicklichen Bedarf, nicht mehr auf Lager. Das geschäftliche Gesamtergebnis gegenüber dem Vorjahr hat sich daher sehr verschlechtert. Infolge der ungünstigen Geschäftslage arbeiten mehrere Betriebe schon mit verkürzter Arbeitszeit."[137]

Die Fabriken und vor allem die vielen kleinen Handwerksbetriebe erholten sich erst im Laufe des Jahres 1927 und wurden dann ab 1929 durch die Weltwirtschaftskrise und ihre Folgen erneut betroffen. Bis dahin blieben den Unternehmen nur wenige Jahre, um ihre Geschäftsverbindungen wieder aufzunehmen und ehemalige Märkte zurück oder andere neu zu gewinnen. Dies gelang nicht nur der Metallindustrie, sondern auch der traditionellen Buch- und Verlagsbranche. So unterhielt Butzon & Bercker 1927 wieder Bankverbindungen in Krefeld, Bern, Wien und Prag, 1928 kam Rio de Janeiro, 1932 Venlo hinzu.[138]

Obwohl die Firmen, wenn auch verspätet, den Anschluß an den allgemeinen Aufschwung fanden, konnte die örtliche Arbeitslosigkeit nicht restlos beseitigt werden. Im Juni 1928 gab es immer noch 217 Arbeitslose in der Gemeinde Kevelaer.[139] Ab 1929 schnellten die Zahlen erneut in die Höhe, vergrößerten sich beinahe „täglich".[140] Im April 1931 zählte das Amt Kevelaer 341 Hauptunterstützungsempfänger der Arbeitslosen- und Krisenunterstützungen[141], im Oktober 1932 waren es 1326, mithin 12% der Bevölkerung, wovon 415 vom Arbeitsamt, 911 von der kommunalen Wohlfahrtskasse betreut wurden.[142] Im Ort Kervenheim betrug ihr Anteil an der Bevölkerung sogar 51,3%.[143] Auf den Höhepunkten der Krise, zu Beginn der Jahre 1932 und 1933, lebten im Kreisgebiet über 3000 Arbeiter von der Unterstützung, im gesamten Reich 5–6 Millionen. Danach gingen die Arbeitslosenzahlen wieder zurück. Im Kreis Geldern geschah dies aber nicht stetig, sondern von jahreszeitlichen Schwankungen deutlich beeinflußt.

Arbeitslose im Kreis Geldern 1932–1938 (Monatszahlen):[144]

4/1932	2271	4/1936	1114
4/1933	2585	11/1936	857
4/1934	793	4/1937	624
11/1934	1403	11/1937	284
4/1935	1455	4/1938	201
11/1935	1358	11/1938	69

Nach dem enormen Rückgang der Arbeitslosenzahlen im Jahr 1934 erfolgte ein erneuter beachtlicher Anstieg, der bis 1936 anhielt. Die zu Beginn des Dritten Reiches eingetretene Reduzierung hatte ihre Ursache keineswegs in einem nationalsozialistischen Wirtschafts- oder Arbeitsbeschaffungsprogramm. Auf diesem Gebiet blieb die neue Regierung zunächst untätig, verbuchte indes die von ihren Vorgängern eingeleitete, jetzt in ihren Erfolgen sichtbar werdende Wirtschaftspolitik für sich. Erst ab 1934 wurde die Arbeitslosigkeit mit großen Beschäftigungsprogrammen – z. B. Autobahnbau – und vor allem mit der beginnenden Aufrüstung abgebaut. Ferner kam die Verminderung der Zahlen bis zur Vollbeschäftigung am Ende der 1930er Jahre durch einige Änderungen in der Berechnung zustande. Ab 1933 galten unregelmäßig Beschäftigte, Landhelfer, Teilnehmer am Arbeitsdienst sowie die kommunalen Notstandsarbeiter – im Kreis Geldern z. B. im März und Mai 1934 über 600 Personen – nicht mehr als arbeitslos und wurden somit, im Gegensatz zu früheren Aufstellungen, nicht mehr in der Statistik berücksichtigt.[145]
Analog zur anfänglichen allgemeinen Konzeptlosigkeit der nationalsozialistischen Wirtschaftspolitik existierte auch für den Niederrhein kein Wirtschafts- oder Beschäftigungsprogramm. Der auf propagandistische Wirkung hin im Oktober 1933 angelegte Versuch, eine „Arbeitsbeschaffungs-GmbH für den Kreis Geldern" ins Leben zu rufen, scheiterte ebenso wie auch andere Unterfangen umfassender Arbeitsbeschaffung. Das Amt Kervenheim konnte der GmbH erst gar nicht beitreten, weil es das „Eintrittsgeld" von 10 000 RM nicht beschaffen konnte.[146]
So blieb in den Jahren bis 1937, in dem dann auch die Betriebe des Kreises am Aufschwung teilnehmen, bzw. die Arbeitslosen in die Rüstungsbetriebe des Ruhrgebiets abwandern konnten, nichts anderes übrig, als auf den bislang gewohnten Wegen zu gehen: Notstandsarbeiten, Kultivierungen von Ödland, Heeresaufträge für die Schuhfabriken, Beschäftigung in der Landwirtschaft,

Pflichtbeschäftigung der Wohlfahrtsunterstützten mit Gemeindearbeiten usw. Von einer gezielten und erfolgreichen Bekämpfung der Arbeitslosigkeit konnte trotz aller anderslautenden Propaganda keine Rede sein.

Für die Zeit während und nach der Weltwirtschaftskrise sind ähnliche selbstregulierende Arbeitsmarktmechanismen beobachtbar, wie sie schon nach dem Ersten Weltkrieg festgestellt werden konnten. Hierzu gehörten in erster Linie die Abwanderungen sowie die Geschäftsneugründungen als Wege individueller Problemlösungen. Waren 1922 in Kevelaer 441 Betriebe gewerbesteuerpflichtig, so erhöhte sich die Zahl bis 1928 bereits auf 568 und bis 1936 auf 726.[147] Durch diese starke Zunahme dürfte sich die ohnehin schon sehr gespannte Konkurrenzsituation und die Lage der Klein- und Kleinstbetriebe, die verstärkt ab 1928 über hohe Steuern, verminderte Einnahmen und sinkende Nachfrage klagten, noch weiter verschärft haben.

Bevor in den nachfolgenden Abschnitten die bislang allgemein betrachtete Wirtschaftsentwicklung am Beispiel der Niederrheinischen Schuhfabrik Kervenheim und des Unternehmens Butzon & Bercker näher dargestellt wird, sollen einige Passagen aus der „Gesamtübersicht über die politische Lage im Monat Oktober 1935" der Staatspolizeistelle Düsseldorf an das Geheime Staatspolizeiamt Berlin zitiert werden, die anschaulicher, als Statistiken es vermögen, belegen, wie trostlos die „Stimmung" der Bevölkerung im dritten Jahr des Dritten Reiches war.

„Die allgemeine Stimmung der Bevölkerung hat im Berichtsmonat Oktober keine Besserung erfahren können. Sie ist vielmehr nach wie vor als sehr gedrückt anzusprechen. Dieses trifft für alle Gegenden des Regierungsbezirks Düsseldorf, vornehmlich jedoch in ganz besonderem Maße für die ausgesprochenen Arbeitergegenden und die von Kurzarbeit betroffenen Kreise und Städte zu. Die unvermindert schwere, als drückend und hart empfundene wirtschaftliche und soziale Lage der breiten Masse mit ihren vielseitigen Folgeerscheinungen hat sich in der bekannten Richtung weiterhin ungemein ungünstig ausgewirkt. Heftige Aussprüche ernster Verbitterung und Erbitterung waren daher häufig festzustellen. Ungenierter und offener als bisher wagten sich die ablehnenden und gegnerischen Kreise in den Arbeitsstätten, Kaufläden, Wirtschaften usw. gegen den Nationalsozialismus vor. Befürchtungen werden laut, ob es mit den angewandten Mitteln glücken werde, weitere Verschlechterungen und damit ein weiteres Absinken des allgemeinen Lebensstandards zu verhindern. Da für die breiten Massen die Lebensmittelfrage im Vordergrund steht, ergaben sich aus den Preiserhöhungen, der Fett- und Fleischknappheit, nicht nur neue Momente der Verärgerung und Beunruhigung, sondern auch starke Befürchtungen für eine Entwicklung im bevorstehenden Winter. Mutlosigkeit und Hoffnungslosigkeit haben daher an Boden gewonnen und in auffallender Bedrücktheit, Unruhe, Besorgnis und Unsicherheit ihren Ausdruck gefunden."[148]

Die niederrheinische Schuhfabrik Kervenheim

Die Schuhbranche, insbesondere die Herstellung von schweren Arbeitsschuhen, gehörte schon vor dem Ersten Weltkrieg zu den krisenanfälligen Wirtschaftszweigen. Dem Auf und Ab der Konjunktur im Ruhrgebiet folgten stets umgehend Auftragseingänge oder Kurzarbeit. Während diese Schwankungen in den meisten anderen Orten gesamtwirtschaftlich gesehen durch landwirtschaftliche oder andere gewerbliche Produktionszweige ausgeglichen werden konnten, hatte die jeweilige Auftragslage für den Ort Kervenheim, dessen Familien überwiegend auf Einkommen aus der Schuhfabrik angewiesen waren, entscheidende Bedeutung.
Die während des Ersten Weltkrieges in Verbänden organisierte Schuhheimarbeit war seit dem Ausbleiben der Militäraufträge kein lohnender Berufszweig mehr. Die ersten Jahre nach dem Krieg bedeuteten das vorläufige Ende des traditionellen, daheim betriebenen Handwerks. Im Oktober 1923 resümierte Bürgermeister Janssen: „Während früher zahlreiche Schuhheimarbeiter hier vertreten waren, ist die Zahl durch die fortschreitende Industrialisierung immer geringer geworden. Z. Zt. werden noch ca. 10–15 Schuhheimarbeiter vorhanden sein, die sich aus 60–70 Jahre alten Leuten zusammensetzen. Seit der Ruhrbesetzung sind diese Leute arbeitslos und es muß damit gerechnet werden, daß sie ihre Tätigkeit als Schuhheimarbeiter nicht mehr aufnehmen werden können."[149]
Als 1922 wieder Vollbeschäftigung erreicht wurde, waren nun auch wieder Arbeitsschuhe gefragt, und Anfang Januar 1923, vor der Ruhrbesetzung, beschäftigte die Niederrheinische Schuhfabrik wieder 90 Arbeiter und Arbeiterinnen. Der französisch-belgische Einmarsch brachte der gesamten Branche tiefe Einbrüche, die sich zunächst in Arbeitseinschränkungen, dann in Stillegungen bemerkbar machten. Am 1. März 1924 zählte die Belegschaft noch 63, am 15. April 1925 noch 58 Mitglieder[150], die zudem überwiegend kurzarbeiteten.
Als schließlich im Spätsommer 1925 die Aufträge wieder zunahmen – nach Aussage des Fabrikanten Krug wäre damit eine Vollbeschäftigung für vier Monate sichergestellt gewesen[151] –, geriet die Firma in Zahlungsschwierigkeiten. Das Betriebskapital war gänzlich aufgebraucht, Kredite waren nicht zu erhalten, und die Abnehmer hatten zudem meist nur in langfristigen Wechseln gezahlt. Ein Darlehen, um das sich Bürgermeister Janssen beim Landrat und bei der Bezirksregierung bemühte, wurde abgelehnt, der Zwangsausgleich war unausweichlich, der Betrieb mußte schließen. Den kleineren Schuhfabriken erging es nicht besser. Sie schlossen wegen Kapitalmangels, obwohl auch bei ihnen durchaus Aufträge eingegangen waren. Erst bei erhöhter Nachfrage im Wintersaisongeschäft öffneten sie erneut von Juli bis Dezember 1926 und 1927.[152]
Zu einer Wiederinbetriebnahme der Kervenheimer Fabrik, deren Gebäude und Gelände die Gemeindesparkasse Kevelaer übernommen hatte, kam es jedoch

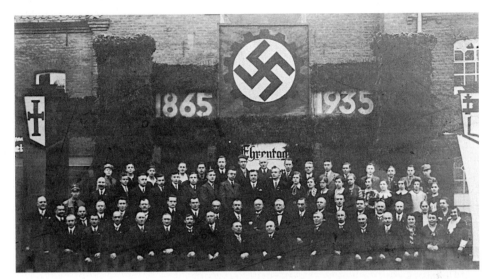

Jubiläumsfeier der Firma Thum, Kevelaer (NMVK)

Trügerische Idylle – Kervenheim 1927 (KG)

zunächst nicht, obwohl sich der ehemalige Inhaber im Jahre 1926 wiederholt bei den Gemeinderäten von Kervenheim und Kervendonk um eine Unterstützung bemühte. Im März stellte er einen Plan zur „Versorgung der Kreis-Heimarbeiter mit Anfertigung von Schupo-Stiefeln" vor, den die Räte aber ebenso ablehnten wie im Juni ein Kreditgesuch für den Rückkauf der Fabrik.[153]
1927 erwarb der Uedemer Schuhfabrikant Heinrich van Wickeren das Fabrikgebäude „einschließlich Maschinen und Zubehör"[154] und nahm die Produktion mit 20 Arbeitern und vier Arbeiterinnen wieder auf.[155] Van Wickeren gelang es nur gut zwei Jahre, den Betrieb ununterbrochen aufrecht zu erhalten. Schon bald zeigten sich Schwierigkeiten, deren Gründe das Kevelaerer Volksblatt folgendermaßen beschrieb: „Durch Ueberschwemmung des deutschen Marktes mit ausländischen Schuhwaren, durch Uebersteigerung der deutschen Häutepreise und den ständig steigenden Absatzmangel, der sich neuerdings durch die Aussperrung im Industriegebiet, besonders in der niederrheinischen Arbeiterstiefelfabrikation bemerkbar macht, ist die bereits seit 1927 anhaltende Wirtschaftskrise in der Schuhindustrie hervorgerufen."[156]
Auch van Wickeren bemühte sich, unterstützt von Bürgermeister Janssen, um Aufträge bei der „Verdingstelle für Polizei-Schuhwerk"[157], aber noch bevor der ablehnende Bescheid eintraf, schloß die Firma im Mai 1929 trotz „vorhandener großer Lagerbestände, jedoch mangelnden Absatz[es]".[158] Von 1929 bis 1931 wechselten Kurzarbeit, Stillegungen und Vollbeschäftigung einander ab, dann war ein erneuter Konkurs nicht mehr zu umgehen, der Besitz wechselte wieder zur Gemeindesparkasse Kevelaer.
Während das Konkursverfahren noch lief, verhandelte Bürgermeister Janssen mit dem Rheydter Schuhfabrikanten Stein, der sich zu dieser Zeit für verschiedene Objekte am Niederrhein interessierte, da er seine Rheydter Fabrik, in der höhere Löhne gezahlt werden mußten als am Niederrhein, schließen wollte.[159] Diese Gespräche verliefen genauso ergebnislos wie diejenigen mit den Inhabern der Schuhfabrik Panier in Kleve.[160]
„Die Fabrikgebäude sind aber z. T. vollständig verwahrlost", schrieb Bürgermeister Janssen dem Landrat. „Viele Maschinen stehen dort noch unverkauft, trotzdem sie nach Angabe der Firma hätten gut verwertet werden können. Um den Betrieb in Kervenheim baldmöglichst beginnen zu können, müssen zunächst die beiden vorderen Räume, Kontor u. Steppraum so instand gesetzt werden, dass sie trocken bleiben u. geheizt werden können. Die Firmen-Inhaber Panier haben mit mir die Fabrikräume besichtigt. Ihre Wünsche habe ich der Sparkassen-Verwaltung Kevelaer u. Bürgermeister Widmann mitgeteilt. Ich habe ferner die Sparkassen-Verwaltung Kevelaer veranlasst, dass sie sich mit der Firma in Verbindung setzt.
Die Firmen-Inhaber Panier sind bei der Sparkasse gewesen. Sie haben wie mir, so auch dieser erklärt, dass sie kaufwillig seien, aber Wert darauf legen müssten,

dass die Gemeinde, der Kreis u. der Staat zu den notdürftigsten Instandsetzungskosten der Fabrik einen angemessenen Beitrag leisten. Durch das Inslebentreten der Fabrik würden die Verhältnisse der Gemeinde dauernd wesentlich gebessert. [...] Nach Rücksprache mit dem Gemeindevorsteher in Kervenheim habe ich den Firmeninhabern Panier weitgehendste Steuerermäßigung in Aussicht gestellt.
Durch die Bauarbeiten würden die besonders notleidenden Bauhandwerker in Kervenheim u. Kervendonk gerade jetzt vor der Winterzeit ein wesentliches Einkommen erreichen, womit sie auch ihre rückständigen Steuern zahlen könnten. Durch das Inslebentreten der Schuhfabrik würde eine wesentliche Entlastung der Fürsorge-Ausgaben eintreten. Es würden nicht nur die Verhältnisse von Kervenheim-Kervendonk wesentlich verbessert, sondern auch Winnekendonk würde davon besonders berührt, da es von den 30%igen Gemeindeanteilen der Fürsorgelasten entsprechend seinem Steuersoll allein 62% aufzubringen hat."[161]
Im Juli 1933 entschlossen sich die Gemeinderäte von Kervenheim und Kervendonk zur Bereitstellung eines Kredits. Die Fabrik gelangte nun in den Besitz von Josef Koppers aus Keppeln. Unmittelbar nach dem entscheidenden Beschluß der Gemeindevertretungen setzte die nationalsozialistische Propaganda ein. Bürgermeister Janssen stimmte das Lob auf die neue Zeit an, wohl kaum ahnend, daß an seiner Amtsenthebung bereits fleißig gearbeitet wurde:
„Darauf begaben sich die Versammlungsteilnehmer zum Fabrikgebäude, woselbst sich schon eine stattliche Zahl von Arbeitern u. Arbeiterinnen eingefunden hatte. Während auf dem Gebäude das Siegesbanner der nationalen Erhebung gehißt wurde, sprach Bürgermeister Janssen in treffenden Worten über die Bedeutung des Beschlusses, als ein Werk echt nationalen Empfindens, an dessen Zustandekommen man im marxistischen Zeitalter monatelang hätte arbeiten müssen. Dem greisen Führer des Deutschen Volkes, dem Reichspräsidenten Generalfeldmarschall von Hindenburg und dem jungen Volkskanzler Adolf Hitler gebühre daher auch an dieser Stelle unser aller Dank. Nach einem begeistert aufgenommenen Hoch auf den Reichspräsidenten und den Reichskanzler sangen die Versammelten das Deutschland- und Horst-Wessel-Lied."[162]
Im Dritten Reich besserte sich die Lage in der Schuhbranche zunächst nicht. Wie zuvor wechselten Auslastung, Kurzarbeit und Stillegung einander ab. Betroffen waren, wie in der Weimarer Zeit, vor allem die kleineren Betriebe.[163] Auch Koppers konnte das Kervenheimer Unternehmen nicht halten und verkaufte es 1936 an den Fabrikanten Otterbeck aus Mülheim/Ruhr, der es zunächst als Zweigwerk, ab 1940 als selbständiges Unternehmen führte.[164] Wie wenig es in der nationalsozialistischen Zeit gelang, die örtliche Wirtschaft wiederzubeleben, wird vollends aus einer Aufstellung vom Juli 1937 erkennbar, die die seit den 1920er Jahren nicht mehr genutzten Produktionsstätten umfaßte:

1. Mechanische Schuhfabrik der Geschwister Gertrud und Mathilde Martzeller – 90 qm bebaute Fläche.
2. Mechanische Schuhfabrik Heinrich van Gemmeren – 300 qm.
3. Mechanische Schuhfabrik Heinrich Bohne Wwe. – 60 qm.
4. Klever Oelmühle GmbH – 672 qm.
5. Getreide- und Lohmühle Wilhelm Paessens – 260 qm.[165]

Butzon & Bercker

Das Unternehmen Butzon & Bercker[166], seit 1913 Aktiengesellschaft, bestand nicht nur aus dem Verlag, dem am 3. Februar 1900 von Papst Leo VIII. der Titel „Verleger des Heiligen Apostolischen Stuhles" verliehen worden war, sondern aus einer ganzen Reihe verschiedener Unternehmenszweige. So gab es die Druckerei einschließlich der Setzerei, mit deren Einrichtung man im Ersten Weltkrieg begonnen hatte, die eigene Verlagsprodukte fertigte, aber auch auf „fremde Rechnung" für andere Verlage oder für Behörden arbeitete. Die traditionsreiche Buchbinderei – der Ursprung des Unternehmens – stellte die eigenen Erzeugnisse fertig, war aber nach wie vor auch mit dem Binden angelieferter Buchblöcke beschäftigt, die ebenfalls durch das Unternehmen vertrieben wurden, soweit es sich nicht um reine Auftragsarbeiten handelte. Schließlich stellte man eigene Devotionalien her und handelte mit ihnen.

Geprägt war das gesamte Unternehmen durch ein zutiefst katholisches Selbstverständnis, das der Herstellung, dem Handel und der verlegerischen Tätigkeit Richtung gab und Grenzen setzte. Zu einigen Konzessionen bereit war man in der Druckerei, die auch „profane" Aufträge ausführte und, was für die 1930er Jahre noch von Bedeutung sein wird, in den Devotionalienwerkstätten, die durchaus auch „Werbeartikel", z. B. Lederetuis, anfertigten. Ansonsten beschränkten sich Herstellung, Weiterverarbeitung und Handel auf Gebet- und Gesangbücher, auf religiöse, erbauende oder apologetische Literatur, auf ebensolche Zeitschriften oder Kalender.

Das Unternehmen stand, wie auch die meisten übrigen Kevelaerer Fabriken und Werkstätten, fest eingebunden in das katholische Milieu des Wallfahrtsortes und seiner Bewohner, die natürlicherweise nach Umsatz, Einkommen und Gewinn strebten, deren Tätigkeiten jedoch Wallfahrt und Religion die Richtung gaben. Diese selbst auferlegten Begrenzungen minderten indes nicht die Konkurrenzfähigkeit, vielmehr konnten auf diese Weise Käuferschichten erreicht werden, die nicht irgendwelche Bücher kauften, sondern streng auf die inhaltliche Ausrichtung achteten, was ihnen der Verlagsname bereits signalisierte.

Um produktions- und lieferfähig zu bleiben, hatte die Unternehmensleitung im Krieg damit begonnen, Rohstoffvorräte anzulegen, vor allem Papier, Einbandmaterialien und Gold, ausreichend für eine Jahresproduktion. Diese Vorräte bildeten auch eine relativ sichere Kapitalanlage in der Inflationszeit. In diesem Zusammenhang stand der Kauf des Hausen-Verlages in Saarlouis, mit dem es gelang, verschiedene Ziele gleichzeitig zu erreichen. Zum einen gab es nun einen Konkurrenten weniger auf dem Markt, was schon deshalb nicht zu unterschätzen ist, da in der Nachkriegszeit immer mehr Klöster und Orden mit ihren Buchprodukten in die vormalige Domäne der katholischen Verlage eindrangen, zum anderen sicherte man sich die in Saarlouis gelagerten Rohdrucke, ein angesichts spürbarer Papierknappheit wichtiger Gesichtspunkt, und zum dritten übernahm man den Kundenstamm des Hausen-Verlages, erweiterte das Angebot und konnte auch die Geschäftsverbindungen nach Frankreich, insbesondere nach Elsaß-Lothringen wieder ausbauen und so die Verluste, die durch die Schließung des Straßburger Auslieferungslagers durch die Franzosen entstanden waren, weitgehend kompensieren.

Das Auslandsgeschäft insgesamt, eine der Hauptstützen des Gesamtunternehmens, lief nach dem Krieg zwar nicht mühelos, aber bis zum Krisenjahr 1923 doch wieder in einem beträchtlichen Umfang an. Unmittelbar nach Kriegsende trafen bereits erste Anfragen aus Amerika ein – Brasilien war damals der Haupthandelspartner für Gebetbücher in portugiesischer Sprache. Hingegen gab es Absatzschwierigkeiten in Polen, Österreich und Elsaß-Lothringen. 1921 erfuhren die Gesellschafter von „grossen" Geschäften mit Amerika und Holland.

Im Jahr 1922 setzten die bis in die Zeit des Zweiten Weltkrieges anhaltenden Klagen über die Zahlungsunlust bzw. Zahlungsunfähigkeit der Kunden ein. Zur Verwaltung der ausstehenden Schulden sowie zur Bewältigung der immer komplizierter werdenden Zoll- und Devisenbestimmungen, die das Auslandsgeschäft zeitweilig an den Rand der Unrentabilität geraten ließen, bedurfte es einer immer größer werdenden Verwaltungsabteilung, die Kosten verursachte, jedoch nur wenig zum Umsatz und zum Gewinn produktiv beitrug.

1923 versuchte das Unternehmen, den bekannten Behinderungen dadurch entgegenzuwirken, daß es Auslieferungslager im unbesetzten Münster sowie – für das Auslandsgeschäft – in Venlo benutzte. Der Inlandsmarkt brach in diesem Jahr völlig zusammen, und die Belieferung der ausländischen Kunden bereitete große Schwierigkeiten. Das Protokoll der Gesellschafterversammlung notierte dazu: „Das Personal wurde hin und her gehetzt, zu Fuss, per Rad, per Auto, um trotz der Sperrung heraus oder herein die Ware zu speditieren. [...] Da hiess es wacker nach Holland, nach Amerika über die Grenze schmuggeln, um ein Gleichgewicht zu schaffen."

Der allgemeine wirtschaftliche Aufschwung der Jahre 1924 bis 1929 blieb zwar nicht ohne Auswirkung auf das Unternehmen, jedoch nahm es im Vergleich zu anderen Industriezweigen geringeren Anteil daran und mußte gelegentlich sogar Rückschläge verkraften. Um das Auslandsgeschäft zu heben, unternahm 1924 der Geschäftsführer Bernhard Bercker eine erfolgreiche Amerikareise.

1930 betrug der Anteil der außerdeutschen Geschäfte 27% des Gesamtumsatzes. Das Inlandsgeschäft hingegen litt unter der anhaltenden Zahlungsunlust der Kunden, dem Konkurrenzdruck der Klöster und Orden und einer verstärkten Nachfrage nach preiswerten, d. h. wenig aufwendig und weniger arbeitsintensiv hergestellten Büchern. Hinzu kamen die Lohnerhöhungen, beispielsweise 1925 für Buchbinder und Drucker von 50%, für Angestellte von 25%.

Dem geänderten Käuferverhalten begegnete Butzon & Bercker, nach einem 25%igen Umsatzrückgang im Jahre 1926, mit einigen Produktionsverschiebungen. 1927 – dem Todesjahr von Bernhard Bercker – begann man mit der Herstellung von Schulbüchern und Taschenkalendern. 1928 beschloß die Geschäftsleitung, da Gebet- und Erbauungsbücher im Absatz nachgelassen hatten, eine Ausweitung der Schriften für die Mission, ferner der religiösen und pädagogischen Werke, des Gesangbuchangebots und der Devotionalienabteilung. Außerdem übernahm man verstärkt Aufträge „für fremde Rechnung" in der Buchbinderei und der Druckerei. Alle Bemühungen bewirkten Gesamtumsatzsteigerungen bis etwa Ende 1930, denen, wie die Tabelle zeigt, Umsatzrückgänge und erneute -steigerungen bis zum Kriegsbeginn folgten.

Umsatzentwicklung Butzon & Bercker 1928/29–1939/40:

1928/29	100	1934/35	86
1929/30	113	1935/36	101
1930/31	102	1936/37	93
1931/32	86	1937/38	112
1932/33	78	1938/39	122
1933/34	76	1939/40	113

Das Jahr 1929/30 stand bereits, wie dem Geschäftsbericht zu entnehmen ist, unter den Zeichen einer „starken Zunahme der Depression". Am 19. November 1930 mußte der neue Geschäftsführer Pier „mit Bedauern feststellen, dass der Umsatz in allgemeinen und Spezialgebetbüchern, die jahrzehntelang die Spezialität unseres Verlages waren, sowohl absolut, als auch prozentual im Verhältnis zum Gesamtumsatz immer weiter zurückgeht. Die schönen guten Ledereinbände, die wir früher in großem Maße hergestellt haben und die nicht nur uns einen relativ besseren Gewinn abwarfen als die heute üblichen Papier-, Leinen- und Kunstledereinbände, sondern auch unseren Buchbindern mehr Arbeit boten, werden nur noch in geringem Maße gekauft. Dagegen haben die Standes- und Vereinsgebetbücher sich im allgemeinen behaupten können. Aber diese wurden auch nur in billigen Einbänden gekauft und bieten infolgedessen nur geringen Gewinn und wenig Arbeit."

Die geminderten Absatzmöglichkeiten hielten auch in den folgenden Jahren an und trugen zum Umsatzrückgang ebenso bei wie die ab Mitte 1931 greifenden Notverordnungen über die Devisenbewirtschaftung, die den Unternehmen das freie Verfügungsrecht über die von ihnen erwirtschafteten Devisen entzogen. Diese mußten jetzt an die Reichsbank abgeführt werden, die ihrerseits nur einen Teil davon für Auslandseinkäufe wieder zur Verfügung stellte. Als schließlich die brasilianische Währung fiel und neue Zollbestimmungen in Kraft traten, sank der Export. Gemessen am Umsatz verringerte er sich von 27% auf 18% im Geschäftsjahr 1931/32, absolut halbierte er sich fast. Außerdem verfielen die Preise zusehens, bei Devotionalien bis zu 20%, bei einzelnen Gesangbüchern sogar bis zu 35%. Die Konsequenzen spürten die Gesellschafter bei der Dividendenausschüttung, die Arbeiter in Form von Kurzarbeit. Zu Massenentlassungen kam es aber nicht.

Erneut war das Unternehmen zu Reaktionen gezwungen. Probeweise schaffte man schon 1932 den ersten Lieferwagen an, dem rasch weitere folgten. Sie ersetzten die bis dahin üblichen Handkoffer der mit öffentlichen Verkehrsmitteln reisenden Vertreter. Mit den neuen Wagen konnten auch wesentlich mehr Ansichtsexemplare und Devotionalienartikel mitgeführt werden. Weiterhin wurden zwei neue Unternehmen in Köln gegründet: eine Schreibwarengroßhandlung, die zudem die Devotionalien Butzon & Berckers zum Verkauf anbot, und der Staufen-Verlag. Dazu heißt es im Protokoll der Gesellschafterversammlung vom 18. Oktober 1933: „Mit Rücksicht auf den ausserordentlichen Rückgang im Absatz von religiöser Literatur haben wir einen neutralen Verlag in Köln gegründet unter dem Namen Staufen-Verlag G.m.b.H. In diesem Verlag soll pädagogische und belletristische Literatur herausgegeben werden." Dies bedeutete aber letztlich keine generelle Öffnung in Richtung „weltlicher" Literatur, was noch einmal 1934 mit der Bemerkung klargestellt wurde, daß im Staufen-Verlag keine Werke erscheinen dürften, „die der katholischen Weltanschauung auch nur im geringsten widersprechen", sondern man dachte hier an eine Käuferschicht, die wegen der bekannten katholischen Ausrichtung des Kevelaerer Verlages seinen Produkten bislang ferngestanden hatte. „Aus der Mitte der Gesellschafter kommt dann die Anregung, dass man selbstverständlich diese Angelegenheit vertraulich behandeln müsse, dass man aber auf der anderen Seite in seinen Bekanntenkreisen auf die Erzeugnisse des Staufen-Verlages hinweisen möchte." Einigkeit bestand bei der Gesellschafterversammlung auch darin, daß der „Platz Kevelaer für die Herausgabe nichtreligiöser Literatur wenig geeignet" sei.

Entscheidender für die Umsatzsteigerungen – das Geschäftsjahr 1935/36 erreichte wieder den Stand von 1928/29 – waren jedoch die Produktions- und Absatzverschiebungen, die in der Mitte der 1920er Jahre ihren Anfang genommen hatten. Bei den Gebetbüchern, die 1924/25 noch 50% zum Umsatz beigesteuert hatten, trat ein merklicher Rückgang ein, 1932/33: 25%, 1936/37: 11,5%. Dies hatte seine Ursache nicht in der nationalsozialistischen Politik, sondern es handelte sich, wie 1935 festgestellt wurde, „um eine durch die Zeitverhältnisse bedingte Entwicklung, teils verursacht durch die sich fortsetzende Verbesserung und die steigende Verwendung von Diözesan-Gebetbüchern, teils durch das Fortschreiten der liturgischen Bewegung, deren Anhänger fast ausschließlich die verschiedenen Messbuchausgaben von Schott" benutzten. Um nicht weitere Kunden zu verlieren, bezog Butzon & Bercker Rohdrucke von Schott, band und vertrieb sie hingegen selbst.

Einen Ausgleich schuf die erbauende, belehrende und belletristische Literatur, deren Anteil von 14% (1925/26) auf über 24% im Geschäftsjahr 1934/35 stieg, und auch der Geschäftsbericht des folgenden Jahres vermerkte erneut eine „erhebliche Steigerung". Der Devotionalienanteil wuchs von 14% im Jahr 1925/26 auf etwa 25% Mitte der 1930er Jahre. Hier erfolgte die Steigerung durch den Inlandshandel, der den rückläufigen Exportanteil – Mitte der 1930er Jahre weniger als 9% – wettmachte, sowie durch eine Zunahme der Herstellung auf „fremde Rechnung": Behördenaufträge, Werbeartikel usw. Dennoch mußte in den 1930er Jahren gelegentlich kurzgearbeitet werden.

Im Dritten Reich geriet die verlegerische Tätigkeit zunehmend unter politischen Druck. Die zahlreichen Verbote kirchlicher Publikationsorgane schränkten die Werbemöglichkeiten für religiöses Schrifttum spürbar ein. Edmund Bercker hielt bei der Jahresversammlung vom 9. Dezember 1937 ein Referat über die Lage der religiösen Verlage und stellte dabei u. a. heraus, daß in früheren Zeiten etwa 350 Organe für die Werbung zur Verfügung gestanden hätten, nun seien es nur noch 50.

Das gesamte Schrifttum, einschließlich Übersetzungen fremdsprachiger Texte, stand im Dritten Reich unter der Zensur der Reichsschrifttumskammer, bei der nicht nur die geplanten Neuerscheinungen vorgelegt werden mußten – ausgenommen davon blieb lediglich das preiswerte sogenannte Kleinschrifttum –, sondern sie begutachtete auch die bereits erschienenen Bücher. Veröffentlichungen, die nationalsozialistischer Auffassung widersprachen, konnten verboten, beschlagnahmt oder eingestampft werden. Für die Durchführung war die Polizei zuständig. Die öffentlichen Büchereien wurden nach abträglicher oder gar feindlicher Literatur durchgekämmt, in der Pfarrbücherei Kevelaer wurde z. B. 1937 das Buch „Dr. Carl Sonnenschein" von Ernst Thrasolt beschlagnahmt.[167]

Die nationalsozialistische Politik traf alle katholischen Verlage. Bereits im Februar 1934 wurden in Kevelaer bei Josef Bercker, der ebenfalls ein Zweitunternehmen, den Wehrverlag in Berlin, gegründet hatte, 10 000 Hefte der Schriftenreihe „Zeitfragen" beschlagnahmt, 1938 gar 100 000.[168]

Häufige Verstöße konnten einen Ausschluß aus der Reichsschrifttumskammer

Pg Kasperzak

Kreis Geldern zeigt an einem Beispiel, wie es sein soll!

Die „Enesta" (Niederrheinische Schuhfabrik Kervenheim) stellt wohl eine der vorbildlichsten Betriebe im Kreise Geldern dar. Das Fabrikgebäude selbst, das infolge eines Konkurses des früheren Besitzers lange Jahre stillgelegen hatte, war dem völligen Verfall nahe. Der Aufbau des Sheddaches war morsch und faul. Kurz und gut, der Bau glich einem Trümmerhaufen. Die Volksgenossen des kleinen Oertchens Kervenheim, die vorher in dieser Fabrik beschäftigt gewesen waren, standen erwerbslos auf der Straße. In Anbetracht dieser Tatsache entschloß sich der heutige Unternehmer Josef Koppers aus Kervenheim, das alte, verfallene Fabrikgebäude zu kaufen und aus demselben wieder eine Arbeitsstätte für die erwerbslosen Kervenheimer Schuhmacher zu schaffen. Dabei fand Josef Koppers die vollste Unterstützung der Arbeiterschaft selbst. Bei der Neuaufrichtung des nunmehr stattlich dastehenden Fabrikgebäudes halfen die Arbeiter uneigennützig mit ihrer ganzen Kraft. Unternehmer und Gefolgschaft arbeiteten somit schon bei der Errichtung der zukünftigen Arbeitsstätte Hand in Hand, und hier wurde schon der Grundstein gelegt für ein Unternehmen, in welchem Führer und Gefolgschaft in kameradschaftlichem, echt nationalsozialistischem Geiste zusammenarbeiten.

Bei der Einweihung des Betriebes wurden sofort 16 Arbeiter eingestellt. Die heutige Belegschaft zählt 30 Arbeiter. Der Betriebsführer ist bestrebt, die Zahl der beschäftigten Arbeiter und Angestellten auf 40 bis 50 zu steigern. Er hat nicht die Absicht, den Betrieb darüber hinaus zu vergrößern und Kapital für sich aus demselben zu schlagen, sondern einzig und allein die Beschäftigung der Kervenheimer Volksgenossen ist das Ziel des vorbildlichen Unternehmens.

Der Führer des Betriebes bespricht mit seinem Vertrauensrat sämtliche Angelegenheiten, die den Betrieb angehen. Auch in der Anschaffung der Maschinen beseelt Führer und Gefolgschaft nur ein Gedanke, vorsichtig zu sein, um dadurch keine Volksgenossen brotlos und entbehrlich zu machen. So wurde z. B. im Absatzbau des Unternehmens keine neue Maschine angeschafft, um nicht drei Arbeiter dadurch entbehrlich zu machen. Führer und Gefolgschaft ließen sich von dem Gedanken leiten, daß der Anschaffungswert und die Verzinsung dieser Maschine sowie auch der Stromverbrauch besser in der Beschäftigung von den bereits vorhandenen drei Arbeitern Verwendung finden könne.

Meckerei, Nörgelei, Zank, Haß und Streit sowie auch Anträgerei werden von der Betriebsführung nicht geduldet. Die ganze Belegschaft stellt eine einzige Gemeinschaft in bester Kameradschaft dar. Ein Arbeiter, der nicht Kamerad sein will, wird von der ganzen Belegschaft abgelehnt. So brandmarkte der Betriebsführer einen Arbeiter, der einen seiner Kameraden bei ihm in böswilliger Weise anschwärzte, dadurch, daß er ihn am Schwarzen Brett des Betriebes öffentlich als Anträger bekanntgab.

So trachten Betriebsführer, Vertrauensrat und Gefolgschaft nach einer wahren Volks- und Werksgemeinschaft im Sinne unseres Führers Adolf Hitler. Mancher Betrieb im Kreise Geldern könnte sich an dieser vorbildlichen Zusammenarbeit zwischen Führer und Gefolgschaft ein Beispiel nehmen.

Artikel aus dem „Ruhr-Arbeiter", Oktober 1934 (W 777)

Ein unliebsames Buch von Johannes Dahl

 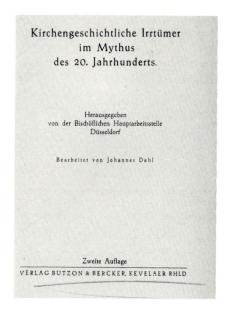

oder aus der NSDAP nach sich ziehen. Für letzteres waren die Parteigerichte zuständig. 1942 schloß das Gaugericht Essen, nach vorhergehender Verhandlung des Partei-Kreisgerichts Geldern, einen Verleger mit der Begründung aus, „in seiner Verlagsanstalt eine große Anzahl Bücher und Schriften verlegt zu haben, die in ihrer Tendenz gegen die Weltanschauung des Nationalsozialismus verstossen und sich dadurch der Disziplinlosigkeit schuldig gemacht zu haben".[169]

Ab 1935/36 erreichten die Beschlagnahmungen bei Butzon & Bercker ein solches Ausmaß, daß sich auch die Gesellschafterversammlung damit befassen mußte. Dies geschah am 9. Dezember 1937 in einer sehr vorsichtigen und abwägenden Sprache. Hatte 1934 der Aufsichtsratsvorsitzende, Justizrat Fleischhauer, noch offen von einem „politischen Niedergang" sprechen können, so beschränkte er sich nun auf allgemeine Formulierungen, wohl wissend, daß die Vorgänge allgemein bekannt waren: „Manches Unangenehme hat sich ereignet, es waren Dinge, die von aussen an das Unternehmen herantraten." Auch der Geschäftsbericht war entsprechend formuliert: „Die Herausgabe von religiösem Schrifttum ist in der heutigen Zeit nicht ohne Risiko in verschiedener Hinsicht, und wir werden auf Grund von Erfahrungen der letzten Zeit in Zukunft bei unserer Betätigung in dieser Sparte noch vorsichtiger verfahren müssen als bisher."

Die eigenverlegerische Tätigkeit ging daraufhin drastisch soweit zurück, bis schließlich 1943 nur noch ein Buch herausgegeben wurde; in der Weimarer Zeit waren es durchaus 80–100 Bücher pro Jahr gewesen. Die genaue Summe der beschlagnahmten, zurückbeorderten oder eingestampften Bücher ist kaum zu ermitteln. Eine nach dem Krieg von Edmund Bercker zusammengestellte, wahrscheinlich keineswegs vollständige Liste umfaßt etwa 150 000 Exemplare, darunter auch von Johannes Dahl, „Kirchengeschichtliche Irrtümer im Mythus des 20. Jahrunderts", eine der zahlreichen Entgegnungen auf Alfred Rosenbergs „Mythus des 20. Jahrhunderts".

Die Reichsschrifttumskammer beanstandete auch das Buch „Moderne Ehefragen" von M. Laros, erschienen im Staufen-Verlag. Es ist ein Brief der Kammer[170] erhalten geblieben, der erkennen läßt, daß diese gar nicht daran dachte, irgendwelche Begründungen für ihre Verbote zu geben. Sie begnügte sich mit der Feststellung einer „staatsfeindlichen Haltung" und reagierte äußerst aggressiv gegen Einwände:

Berlin, den 18. Mai 1937
Der Präsident der Reichsschrifttumskammer
an den Staufen Verlag GmbH, Köln
„Ihre Bitte, Sie die beanstandeten Stellen im einzelnen wissen zu lassen, damit sie als Verleger ‚von vornherein Bücher nach diesen Gesichtspunkten auch vom

verlegerischen Standpunkt aus beurteilen können', hat mich außerordentlich in Erstaunen gesetzt. Wenn Sie, nachdem Sie durch mich darauf aufmerksam gemacht worden sind, daß das Buch ‚Moderne Ehefragen' von Laros eine ausgesprochen staatsfeindliche Haltung bekundet, nicht von selbst darauf kommen, welche Stellen als staatsfeindlich anzusprechen sind, so muß ich daraus entnehmen, daß Sie nicht in der Lage sind, als Verleger im nationalsozialistischen Staat tätig zu sein. Ich empfehle Ihnen dringend, sich daraufhin mit Ihrem Verlagswerk zu beschäftigen. Wenn Sie mir dann noch zugeben, nicht in der Lage zu sein, die staatsfeindlichen Stellen herauszufinden, so würden Sie mir dadurch die Möglichkeit geben, Ihre politische Zuverlässigkeit und Eignung im Sinne des § 10 der Ersten Verordnung zur Durchführung des Reichskulturkammergesetzes vom 1. 11. 33 (RGBl. I, S. 797) in Zweifel zu ziehen."

Schüppe und Spaten

Die 1923 begonnenen Notstandsarbeiten verfolgten das Ziel, durch die Beschäftigung von Arbeitslosen die sozialen individuellen und gesellschaftlichen Gefahren einer anhaltenden Arbeitslosigkeit einzudämmen sowie, und damit rückten sie in das kommunale Interesse, die aus der Erwerbslosenfürsorge ausgesteuerten und nun die Wohlfahrtskassen der Gemeinden belastenden Unterstützungsempfänger wieder in ein versicherungspflichtiges Arbeitsverhältnis zu bringen.
Bis zum Juli 1927 waren die Gemeinden finanziell an den Aufwendungen für die Erwerbslosenfürsorge, ferner an der im November 1926 eingeführten Krisenunterstützung, die noch einmal für eine gewisse Zeit die aus der Erwerbslosenfürsorge Ausgesteuerten auffing, sowie an der Wohlfahrtsunterstützung beteiligt.[171] Das Gesetz über „Arbeitsvermittlung und Arbeitslosenversicherung" vom 16. Juli 1927 befreite die Kommunen von den anteiligen Kosten an der Erwerbslosenfürsorge und den allgemeinen Kosten der Anfang der 1920er Jahre aufgebauten Arbeitsnachweise. Sie blieben jedoch bis 1937 an der Krisenfürsorge beteiligt, so daß auch nach 1927 ein kommunales Interesse an arbeitslosenversicherungspflichtigen Notstandsarbeiten bestand.
Die Beschäftigung von Arbeitslosen mit Gemeindearbeiten wurde in der bisherigen Darstellung bereits einige Male erwähnt. Dabei handelte es sich allerdings nicht um eine „Erfindung" des 20. Jahrhunderts, denn auch schon früher waren gelegentlich Arbeitslose mit öffentlichen Bauarbeiten beschäftigt worden, doch erlangten sie erst ihre volle Ausweitung und Bedeutung nach der Errichtung des „Reichsamtes für die wirtschaftliche Demobilmachung" im November 1918, das die „Förderung öffentlicher Notstandsarbeiten durch Zuschüsse des Reiches und der Länder" in die Wege leitete.[172] Das Reich förderte in den ersten Nach-

kriegsmonaten, von November 1918 bis Juni 1919, etwa 13 000 Notstandsarbeiten. Bis Ende 1922 traten diese Arbeitsbeschaffungsprogramme bei der wieder erreichten Vollbeschäftigung in den Hintergrund, ehe sie im Krisenjahr 1923 neu belebt wurden. Ab Oktober 1923 konnten die Gemeinden ihre Erwerbslosen sogar zu Arbeiten verpflichten, die jedoch einen „gemeinnützigen und zusätzlichen Charakter" haben mußten, womit verhindert werden sollte, daß den Betrieben Arbeitsmöglichkeiten genommen wurden.

„Als Notstandsarbeiten", so Friedrich Syrup, „kamen grundsätzlich nur Arbeiten in Betracht, die für die Volkswirtschaft des Landes von produktivem Wert waren. Einen derartigen Wert hatte jede Arbeit, die die Menge der notwendigen Bedarfsgüter der Volkswirtschaft vermehrte oder ihre bessere Ausnutzung gestattete. Durch diese Definition sind bereits die beiden Hauptarten der Notstandsarbeiten gekennzeichnet. Die erste umfaßte Arbeiten, die geeignet waren, die Menge einheimischer Nahrungsmittel, Rohstoffe und Betriebsstoffe zu vermehren. Hierher gehörten die Erschließung von Ödland, Eindeichung an der Meeresküste, Meliorationen zur Verbesserung minderwertigen Bodens, Flußregulierungen zur Vermeidung von Überschwemmungen, Aufforstungen zur Vermehrung von Waldbeständen, Talsperren mit Kraftanlagen zur Ausnutzung der Wasserkräfte für die Erzeugung elektrischen Stroms usw. Die zweite Hauptart umfaßte die Verbesserung der Verkehrsverhältnisse, den Umbau und Neubau von Landstraßen, Eisenbahnen und Kanälen."[173] Die Arbeiten wurden durch Zuschüsse und langfristige, niedrigverzinste Darlehen finanziert. Als Träger kamen nur öffentliche Körperschaften in Frage, die die Durchführung wiederum an gewerbliche Unternehmen weitergeben konnten.

Im gesamten Kreis Geldern und in den Bürgermeistereien Kervenheim und Kevelaer waren beide „Hauptarten" der Notstandsarbeiten anzutreffen. Um den dabei angestrebten volkswirtschaftlichen Nutzen, insbesondere hinsichtlich der Bodenkultivierungen, Flußbegradigungen und Verbesserungen der sogenannten Vorflut, deutlicher werden zu lassen, sind einige Vorbemerkungen angebracht.

1913 gab es in Preußen 2,9 % landwirtschaftlich nicht oder zumindest nicht optimal genutztes Ödland, im Kreis Geldern hingegen 22,4 % (12 191 ha), wovon bis 1925 7329 ha (60 %) kultiviert wurden. Vor dem Hintergrund der im Kreis betriebenen Veredelungswirtschaft und der zum Teil hohen Futtermittelpreise konnte damit die Landwirtschaft ihre eigene Futtermittelbasis erweitern und ein wenig unabhängiger vom Weltmarkt werden.

Die Reinigung der Flüsse und Bäche war selbst durch genossenschaftliche Arbeitsteilung nicht auf Dauer gesichert, sie verschlammten immer wieder. Außerdem traten sie bei anhaltenden Niederschlägen häufig über die Ufer und ließen saure, für das Vieh gesundheitsschädigende Wiesen zurück. Die Ausbaggerungsarbeiten durch die 1896 gegründete „Untere Geldern'sche Niersgenossenschaft" hatten den katastrophalen Zustand der Niers nicht beseitigen können, und auch ein Großprojekt in Höhe von 10 Millionen Mark konnte wegen des Krieges nicht ausgeführt werden.[174] Noch 1926 stand im Verwaltungsbericht des Kreises Geldern: „Es ist jetzt gelungen, die staatlichen Behörden für die Abstellung der in wirtschaftlicher und gesundheitlicher Hinsicht unbeschreiblichen Mißstände zu interessieren. Ein Niersgesetz steht bevor, welches hoffentlich auf diesem Gebiete gründlichen Wandel schafft, nachdem dieser Fluß abgrundtiefer Fäulnis und Verschlammung seit Jahren den wertvollsten Grund und Boden gefressen, Wiesen und Aecker vergiftet, Seuchen und Krankheiten unter Mensch und Tier getragen hat, nachdem aus diesem ehemals klaren Wasserlauf zweiter Ordnung ein Fäulnisbecken schlimmster Art geworden ist."[175]

Die häufigen Überschwemmungen hatten bereits im 19. Jahrhundert zur Gründung von speziellen Genossenschaften geführt – 1926 waren es insgesamt 22. Zu den älteren gehörten die „Kervenheimer-Mühlenfleuthgenossenschaft" und die „Untere Geldern'sche Niersgenossenschaft" (beide von 1896), die „Genossenschaft für die Melioration des Schwarz-, Laar- und Baaler-Bruches" (1906), die „Hülmerheide-Genossenschaft" (1914) und die „Meliorationsgenossenschaft bei Vorselaer" (1914). Nach dem Krieg entstanden u. a. die „Winnekendonker Entwässerungsgenossenschaft" (1920), die „Wetterley-Genossenschaft zu Winnekendonk" (1922) sowie die „Genossenschaft für die Entwässerung der Pirloer Heide" (1925).[176]

Im Laufe des Krieges verhinderte der Arbeitskräftemangel eine sachgerechte Pflege und machte einen Großteil der bis dahin erreichten Verbesserungen wieder zunichte. Als im Juni 1917 350–400 Morgen Wiesen und Weiden unter Wasser standen, was die ohnehin kargen Futtermittel noch verminderte, schoben die betroffenen Anlieger die alleinige Schuld auf den Schravelener Mühlenstau und verlangten die baldige Ausarbeitung eines Regulierungsplanes durch das zuständige Meliorationsamt in Düsseldorf.[177] In erregten Versammlungen verlangten die „Fleuth- und Niersbeerbten" aus Winnekendonk, Wetten und Kevelaer die Beseitigung der vorhandenen Sandbänke, eine Verbreiterung des Flußbettes und vor allem die Beseitigung des Staus, der allerdings erst nach jahrelangen Auseinandersetzungen im März 1928 fiel.[178]

1923 begannen die eigentlichen Notstandsarbeiten, deren erste Phase bis etwa 1926 dauerte. In Kevelaer waren bereits im Februar des Krisenjahres rund 100 Arbeiter vier Stunden täglich an den Bahnanlagen und Straßen sowie mit der Kiesgewinnung beschäftigt, in Wetten gab es im Juni etwa 50 Notstandsarbeiter.[179] Über die Produktivität bzw. Unproduktivität dieser frühen Beschäftigungsprogramme äußerte sich Bürgermeister Janssen vor dem Winnekendonker Gemeinderat einige Jahre später sehr kritisch:

„Die Austiefungsarbeiten an der Wetterley und Fleuth wurden nur auf zahlreiche Aufforderungen der vorgesetzten Behörden und ihrer Vertreter hin unternommen, um die Arbeitslosen von der Straße weg-zu-bringen. Im Jahre 1923 waren von den 401 außerhalb der Landwirtschaft Erwerbstätigen der Bürgermeisterei 357 = 89,0%, in der Hauptindustrie, der Schuhfabrikation, sogar 100% arbeitslos. Die Bezahlung der Notstandsarbeiten stellte nur eine verkappte Unterstützung der Arbeitslosen dar. Die dafür hergegebenen Mittel waren der Beschlagnahme hierselbst leichter entzogen, als die von der Kreissparkasse bezogenen Erwerbslosengelder. Die Beschäftigung der Erwerbslosen mußte geschehen, um diese in ihrer dringendsten Not von Diebstählen, Einbrüchen und Plünderungen der, weit von einander zerstreut liegenden Einzelhöfe der Bürgermeisterei fernzuhalten. Infolge der Verweigerung der Waffen seitens der Besatzungsbehörde, standen die Höfe vollständig wehrlos dar. Vorliegend handelt es sich überhaupt um keine ordnungsmäßig durchgeführten Arbeiten. Bei Zusammenbruch des Rhein-Ruhr-Kampfes war die Arbeit unfertig liegen geblieben. Selbst das Ausgeführte wurde nur äußerst mangelhaft und behelfsweise verrichtet, weil dem Bauleiter des Kulturbauamts jede gesetzliche Handhabe, und bei dem Wirrwarr jeder Einfluß auf die Leute fehlte. Diese – zahlreiche Schuhfabrikarbeiter – konnten Wasserarbeiten überhaupt kaum verrichten; und mußten sich erst allmählich daran gewöhnen. Bei den damaligen schwierigen Verhältnissen war von zusammenhängender Arbeit überhaupt keine Rede. Je nach Stimmung wurde da oder dort, oder auch nicht gearbeitet. Die ausgeführten Arbeiten hatten vielleicht annähernd einen Wert von 1800–2000 Mk. [...] Dieser Arbeitswert ist aber zerstört durch das kurz nachher darüber hereinbrechende Hochwasser. Durch die mangelhafte Ausführung und die Unfertigkeit der Arbeiten bot z. B. die Wetterley den Angriffen des Hochwassers keinen genügenden Widerstand, sodaß die Notstandsarbeiten vollständig der Vernichtung anheimfielen. Die Arbeitslosen waren in 2 Lager gespalten. Die älteren – meist verheiratete – arbeiteten, und die jüngeren drückten sich an der Arbeit vorbei. Dafür haben sie dann die Unterstützung erhalten, und zum Dank dafür schlugen sie, vereint mit Kevelaerer Elementen, übermütig Türen und Fenster ein und plünderten die Läden."[180]

Anhand dieses zeitgenössischen Berichts werden einige Unzulänglichkeiten der Notstandsarbeiten in den 1920er und 1930er Jahren sichtbar. Obwohl die Arbeiten aus volkswirtschaftlicher Sicht unbedingt notwendig waren, standen bei den Ausführungen eher sozialpolitische Überlegungen im Vordergrund. Die beteiligten Kommunen, die neben den erhaltenen Zuschüssen auch selbst Darlehen aufnehmen mußten, hofften auf eine deutliche Minderung der Wasserschäden. Auf seiten der Zuschuß- und Darlehensgeber jedoch stand weniger die Effektivität im Vordergrund als die Beschäftigung möglichst vieler Arbeitsloser und dies auch nur für den Zeitraum, der notwendig war, um eine neue Anwartschaft für Erwerbs- bzw. Arbeitslosenversicherung zu erwerben. Ferner hatten die Arbeitsnachweise, die die Arbeitslosen den Notstandsarbeiten zuwiesen, kaum ein

Niersüberschwemmung 1926 bei Schravelen (KG)

Der Stau in Schravelen 1927 (KG)

Regulierung der Fleuth im Sommer 1925 (KG)

Die Kevelaerer Badeanstalt an der Dondert um 1930 (NMVK)

primäres Interesse daran, einen qualifizierten Mann an einen für ihn geeigneten Arbeitsplatz zu bringen.

Zudem waren die Zuschüsse und Darlehen mit Auflagen verbunden. So durften nicht nur Arbeitslose der jeweiligen Gemeinde beschäftigt werden, sondern es mußten möglichst auch Arbeitslose aus dem Arbeitsamtsbezirk oder von noch weiter außerhalb beschäftigt werden. Eine weitere Auflage bestand z. B. darin, im Rahmen des Zumutbaren möglichst alles zu vermeiden, was die Arbeit im Hinblick auf das Endresultat beschleunigt oder rationalisiert hätte. Anstelle eines Lastwagens traten Schubkarren, anstelle eines Baggers eine Vielzahl von Schüppen und Spaten. Daß dies die Motivation der Notstandsarbeiter, für die die Tätigkeit meist ungewollt und berufsfremd war, nicht gerade verstärkte, ist allzu verständlich. Durch die spätere Glorifizierung des Reichsarbeitsdienstes als Aufgabe für Führer, Volk und Vaterland sollte dieser mangelhaften Arbeitsmoral begegnet werden.

Die zahlreichen kleineren Arbeiten zur Reinigung und Regulierung der Flußläufe, zur Kultivierung von feuchten Flächen, die Rodungen, Straßen- und Bahnarbeiten können hier nicht im einzelnen genannt werden. Von den größeren Regulierungsarbeiten sind diejenigen an der Wetterley von Juli bis Oktober 1923 hervorzuheben, über deren „Nutzen" Bürgermeister Janssen ausführlich berichtet hatte, sowie die 1924 begonnenen Arbeiten an der Fleuth bei Winnekendonk, an denen auch etwa 120 Arbeitslose aus Kevelaer beteiligt waren.[181] Dringend notwendig waren Verbesserungen an der Kervenheimer Mühlenfleuth[182], da dort mitunter jährlich verheerende Hochwasser eintraten. 1925 wurden sogar weite Teile des Kreises zum Notstandsgebiet erklärt.[183] Erst im Jahr 1929 begannen hier die Arbeiten nach Plänen des Preußischen Kulturbauamtes zu Düsseldorf.

Einen umfassenden Überblick über die im Kreisgebiet durchgeführten Notstandsarbeiten bietet der Verwaltungsbericht für das Jahr 1926[184]:

1. Straßenbau Issum–Sevelen und Chaussierung der Wemberstraße in Kevelaer (2441 Tagewerke/60 beschäftigte Arbeiter),
2. Entwässerung der Pirloerheide in Winnekendonk (957/20),
3. Regulierung der Fleuth bei Winnekendonk 4. Bauabschnitt (880/53),
4. Entwässerung und Kultivierung der Geldernschen Heide (7712/100),
5. Entwässerung der Gelderner Fleuth 1. Bauabschnitt (4352/100),
6. Erweiterung der Ortskanalisation und Ausbau von Wegen in Weeze (2835/5),
7. Regulierung der Fleuth bei Winnekendonk 5. Bauabschnitt (5461/83),
8. Regulierung der Gelderner Fleuth 2. Bauabschnitt (16 449/120),
9. Regulierung der Issumer Fleuth 5. Bauabschnitt (7869/90),
10. Ausbau eines Weges durch Hinsbeck-Wevelinghofen (966/30),

11. Chaussierung der Capellener Landstraße in Wetten (110/70),
12. Anlegung einer Umgehungsstraße im Dorfe Winnekendonk (256/30),
13. Kanalisation der Stadtgemeinde Geldern (1544/80),
14. Ausbau eines Weges Grefrath–Hinsbeck (86/40),
15. Ausbau der Kevelaerer Gemeindestraße von Grotereyshof bis zur Uedemer Gemeindegrenze (186/50),
16. Chaussierung der Walbeckerstraße in Kevelaer (3000/40).

Obwohl die Notstandsarbeiten die sozialen Spannungen minderten, die Infrastruktur hoben und die Unterstützungszahlungen der Gemeinden verringerten, wurden sie in der Bevölkerung nicht uneingeschränkt befürwortet. Der in Kevelaer ansässige Arbeitgeberverband Niederrhein e. V. erstattete im März 1926 einen „Lagebericht der Industrie", indem er sich vehement gegen diese Arbeiten aussprach. Darin hieß es:
„Wir erwähnen zuletzt den oft erörterten Vorschlag auf produktive Gestaltung der Erwerbslosenfürsorge, d. h. produktive Verwendung der Erwerbslosenunterstützung. Man möge die Gründe nennen, welche folgender Erwägung entgegenstehen:
1. Das Erwerbslosengesetz sieht die Schaffung von Notstandsarbeiten vor, zu denen das mehrfache der Erwerbslosenunterstützungsbeträge als verlorener Zuschuß gegeben wird, während für einen nicht unerheblichen Teil der Unkosten die Gemeinde als Schuldner haftet. Wir sind der Ansicht, dass das Suchen nach Arbeit nicht auf Umwegen erfolgen darf, sondern durch Schaffung von Berufsarbeit, durch Rückführung der Erwerbslosen an ihre bisherige Arbeitsstelle erfolgen muss. Wenn schon die Beschäftigung der Betriebe unmöglich ist und zwar aus Gründen, an deren Beseitigung Behörde und Wirtschaft rastlos tätig sind, so heisst es nicht die Krankheit heilen, sondern das Übel verschärfen, wenn mit Mitteln der öffentlichen Hand, durch deren Entziehung doch die Wirtschaft zum Erliegen kam, an den Haaren herbeigezogene Notstandsarbeiten organisiert werden.
2. Hinzukommt, dass wir als Bürger der Gemeinde kein Interesse an einer Verschuldung der Gemeinde für entbehrliche Notstandsarbeiten haben, deren Durchführung dem Grundsatz der Sparsamkeit widerspricht.
3. Ist ein solches Unterfangen niemals produktiv, da die verwendeten Arbeitskräfte nur in den seltensten Fällen vollwertige Arbeit leisten, sei es aus mangelnder Einsicht, sei es, dass eine ungewohnte und fremde Berufsarbeit gefordert wird.
4. Die gewerblichen Betriebe dagegen wären dankbar für die Überlassung der Gelder in Form von sicherzustellenden Krediten mit erträglichem Zinssatz, die Gemeinde brauchte sich nicht zu verschulden, die Erwerbslosigkeit wäre in kurzer Zeit behoben, durch intensiv produktive Beschäftigung der Betriebe träte

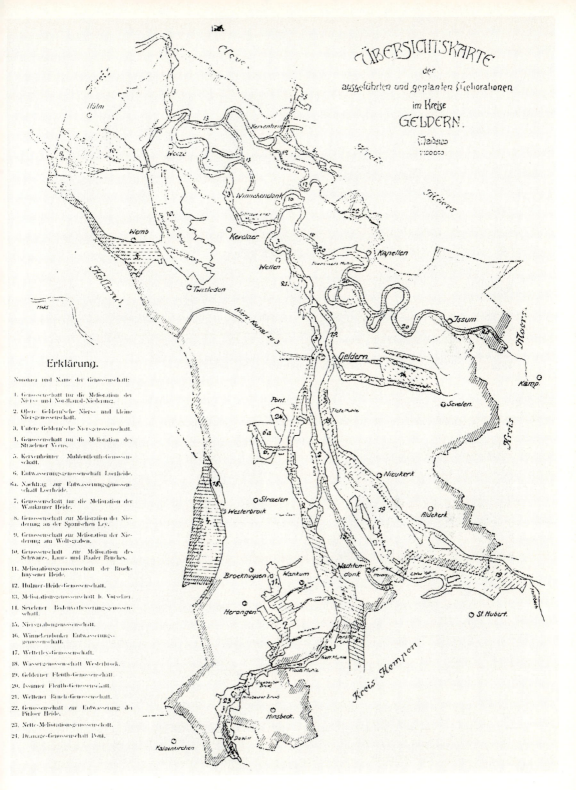

Meliorationen im Kreis Geldern (Jentjens, Anhang)

Sportplatz „Klinkenberg" 1928 (NMVK)

Kanalisationsarbeiten am Winnekendonker Marktplatz im Mai 1930 (W 665)

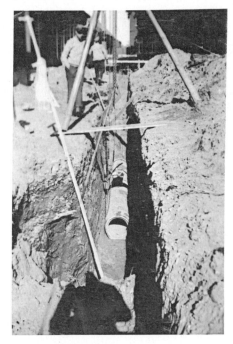

eine Verbilligung auf der ganzen Linie ein, die Steuerkraft der Wirtschaft sowie ihre Kaufkraft würde um ein mehrfaches der Kredite erhöht.
5. Dieser Kredit würde sich zu einer öffentlichen Wohltat auswirken, während die Gelder selbst nicht aufgezehrt, im Gegenteil kaufmännisch verwertet würden."[185]
Die Kritik der Arbeitgeber war angesichts der zum Teil erheblichen Verschuldungen nicht ganz unberechtigt. Im August 1933 hatte z. B. die Gemeinde Kervendonk immer noch Verbindlichkeiten von über 20 000 RM – für die Gemeinde eine gewaltige Summe –, die von dem sechs Jahre zuvor abgeschlossenen Ausbau des Grotendonkerweges stammten.[186]
Mit Besserung der Arbeitsmarktlage war es dem Arbeitsamt Geldern in den Jahren 1928/29 nicht mehr möglich, für bereits bewilligte Notstandsarbeiten dem Amt Kervenheim genügend Arbeitslose zuzuweisen, so daß die verbliebene Restarbeit mit „freien Arbeitern" bewältigt werden mußte.[187] Doch schon 1929 zeigte die Wirtschaftskrise Auswirkungen im Kreisgebiet: die Arbeitslosenzahlen stiegen in besorgniserregende Höhen. Nun konnten allerdings die hoch verschuldeten Gemeinden weitere Notstandsarbeiten nicht mehr in dem Umfang ins Auge fassen, und auch die staatlichen Zuschüsse flossen nicht mehr so reichlich wie zuvor. Im Amt Kervenheim wurden die Arbeiten 1929 sogar eingestellt, da die Mittel der „verstärkten Förderung" ausblieben und es Bürgermeister Janssen nicht gelang, Zwischenkredite zu beschaffen.[188] Größere Notstandsprojekte wurden nun auf Eis gelegt, allenfalls beschäftigte man die Wohlfahrtsunterstützten noch mit kleineren Gemeindearbeiten. Der Bau der Winnekendonker Umgehungsstraße und der Beginn der Kanalisationsarbeiten 1928 bzw. 1930 bildeten hier eher die Ausnahmen.[189]
Bürgermeister Janssen blieb in diesen Jahren kaum noch Spielraum. Die Haushalte seiner ohnehin hoch verschuldeten Gemeinden wiesen beträchtliche Löcher auf durch sinkende Steuereinnahmen und Steuerschuldungen, durch die Ausgaben für Erwerbslose und Wohlfahrtsunterstützte, durch fällige Kreditrückzahlungen usw. 1932 waren die Gemeinden des Amtes Kervenheim praktisch zahlungsunfähig, obwohl man bereits die Steuerhebesätze auf ein Höchstmaß hochgeschraubt und sogar einen Sonderzuschlag für Strom erhoben hatte. Außerdem führte das Amt keine Reichssteuern mehr ab. Die Gemeindegrundstücke standen zum Verkauf. In dieser Situation stellte Bürgermeister Janssen einen Antrag auf Staatsbeihilfen, der schließlich auch befürwortet wurde. Monatelang schwebte über dem Amt die Drohung der Regierung, einen Staatskommissar einzusetzen, was im Kreis Geldern einzigartig gewesen wäre.[190]
In diese Zeit wachsender Arbeitslosigkeit trat als eine neue Form der Beschäftigung der „Freiwillige Arbeitsdienst". Diese „pädagogische Maßnahme der Arbeitsbeschaffung für die Jugend"[191] wurde ab Juni 1931 aus Mitteln der „Reichsanstalt für Arbeitsvermittlung und Arbeitslosenversicherung" finanziert. Im er-

sten Jahr seines Bestehens beschränkte sich die Förderung auf jugendliche Empfänger der Arbeitslosen- und Krisenunterstützung; Wohlfahrtsunterstützte bildeten die Ausnahme.[192] Die Förderungsdauer betrug in der Regel 20 Wochen. Im Freiwilligen Arbeitsdienst stand nicht mehr die bloße Beschäftigung im Vordergrund, sondern die Jugendlichen beiderlei Geschlechts sollten Gelegenheit erhalten, sich Fähigkeiten und Fertigkeiten anzueignen oder diese zu vertiefen. Vorträge, Wanderungen oder Sport begleiteten die nach Möglichkeit sinnvolle Arbeit.

Beim Freiwilligen Arbeitsdienst ist zu unterscheiden zwischen dem „Träger der Arbeit" (z. B. Körperschaften des öffentlichen Rechts, Vereinigungen mit gemeinnützigen Zwecken, Stiftungen, Kirchengemeinden, Genossenschaften), der die Mittel der Reichsanstalt erhielt und für Unterkunft, Verpflegung, Arbeitsdurchführung, Bildungsangebote usw. verantwortlich war, und dem „Träger des Dienstes" (z. B. Turn- oder Sportvereine, konfessionelle oder politische Organisationen, Gewerkschaften), der Gruppen von Jugendlichen zusammenfaßte oder von sich aus stellte und für die allgemeine Durchführung verantwortlich zeichnete.[193] In Betracht kamen:

„1. Arbeiten, die sich als Notstandsarbeiten finanziell nicht durchführen lassen, obwohl sie dazu geeignet wären. [. . .]

2. Arbeiten, die nicht oder nur ausnahmsweise zur Förderung aus Mitteln der wertschaffenden Arbeitslosenfürsorge zugelassen sind; z. B. Ausbesserungs- und Instandsetzungsarbeiten kleineren Umfangs an Wegen und Strassen, Spiel- und Sportplätzen u. ä.

3. Es besteht kein Grund, geistige und kulturelle Arbeit von der Förderung auszuschließen. So könnten z. B. beschäftigt werden: Arbeitsdienstwillige bei historischen Ausgrabungsarbeiten, arbeitslose Ingenieure bei Forschungsarbeiten an wissenschaftlichen Instituten, arbeitslose Angestellte bei Büroarbeiten im freiwilligen Arbeitsdienst.

4. Ebenso könnten weibliche Arbeitslose als Fürsorgerinnen und Hortnerinnen im Dienst für Hilfsbedürftige und Kinder eingesetzt werden, soweit es sich nicht um Pflichtaufgaben der Fürsorgeverbände handelt. Auch könnten weibliche Jugendliche zur Arbeit in Küche, Haus, Gartenland und Kleintierzucht in den jugendpflegerischen, jugendfürsorgerischen und karitativen Einrichtungen herangezogen werden. Dabei ist streng darauf zu achten, daß freie Arbeitskräfte nicht aus ihren Arbeitsplätzen verdrängt werden."[194]

Der Freiwillige Arbeitsdienst erlebte allerdings erst einen verstärkten Zulauf, nachdem die anfangs einschränkende Bestimmung, nur Unterstützte der Arbeitslosenversicherung und der Krisenfürsorge einzubeziehen, im Juli 1932 aufgehoben wurde. Im gesamten Reich stieg daraufhin die Zahl von 27 000 im März auf 250 000 im Oktober 1932. Sie blieb etwa auf dieser Höhe bis zur Einführung des Reichsarbeitsdienstes im Jahr 1935.[195]

Im Amt Kevelaer trat der Freiwillige Arbeitsdienst im September 1932 in Erscheinung. Unter der Überschrift „Freiwilliger Arbeitsdienst hat eingesetzt. Über 30 Kevelaerer Jugendliche seit gestern beschäftigt" meldete das Kevelaerer Volksblatt am 15. September 1932: „Am gestrigen Mittwoch haben, nachdem vom Landesarbeitsamt Köln die Genehmigung für verschiedene Anträge eingegangen ist, in Kevelaer, Twisteden und Wetten die ersten Arbeiten im Freiwilligen Arbeitsdienst eingesetzt. In Kevelaer und Wetten handelt es sich um die Regulierung, Tieferlegung, Entschlammung und Begradigung des unteren Dondertlaufes von der Rheinstraße bis zur Mündung. Aus Kevelaer sind 30, aus Wetten 20 Jugendliche an den Arbeiten beteiligt. In Twisteden wurde mit der Kultivierung von Oedland begonnen. Auch hier sind 20 Jugendliche, die zum großen Teil aus Twisteden, zum Teil aber auch aus Kevelaer stammen, beschäftigt."

Auch in den hoch verschuldeten Gemeinden des Amtes Kervenheim ergriff man sofort die Gelegenheit, die wohlfahrtsunterstützten Jugendlichen auf Kosten der Reichsanstalt freiwillig zu beschäftigen. Am 15. August 1932 erklärten sich auf einer Versammlung die Kirchengemeinde und zwei Landwirte bereit, Rodungen auf ihrem Besitz durchführen zu lassen. „Zum Freiw. Arbeitsdienst meldeten sich sodann zahlreiche Jugendliche unter 25 Jahren", hielt das Protokollbuch fest. „An das Arbeitsamt Geldern wurde ein Antrag mit Kostenanschlag für die Maßnahme des freiw. Arbeitsdienstes ‚Rodungsarbeiten in der Gemeinde Winnekendonk' eingereicht. Namens der Gemeinde wurde dieser Antrag vom Vertreter des Bürgermeisters und vom Gemeindevorsteher unterzeichnet. Das Landesarbeitsamt hat diese Maßnahme durch Verfügung vom 5. 9. [...] anerkannt. Danach sollen in der Zeit vom 12. 9. 32 bis 8. 4. 1933 5400 Tagewerke im Freiw. Arbeitsdienst abgeleistet werden. Die Gesamtkosten der Maßnahme belaufen sich auf 11 490,– RM. Die Förderung beträgt je Arbeitsdienstwilligen 1,80 RM wochentäglich, für die Dauer von 20 Wochen. Die Förderungssumme beträgt insgesamt 9720,– RM. Sie wird durch das Arbeitsamt in Geldern an den Träger der Arbeit, die Gemeinde, gezahlt, die die Arbeitsdienstwilligen auslöhnt. Die Arbeiten sind unter fachlicher Aufsicht auszuführen, damit der Erfolg der Arbeiten gewährleistet ist. Die Arbeitszeit beträgt wöchentlich 36 Stunden. Als Schichtmeister ist das Mitglied des Fürsorgeausschusses Arbeiter Peter Ingenpaß bestimmt, der neben der Vergütung der Arbeitsdienstwilligen einen Gemeindezuschuß von 9,– RM wöchentlich erhält. Diese Kosten, sowie diejenigen für die Vergütung und Anschaffung von Geräten, Schubkarren, Leitschienen, Hacken u. Äxte pp. werden von der Gemeinde übernommen und sind aus den Vergütungen zu zahlen, die die betr. Landwirte für die Ausrodung der Flächen nach den mit ihnen verabredeten Abkommen zu zahlen haben."[196]

Wie sehr das Angebot des Freiwilligen Arbeitsdienstes von den Jugendlichen angenommen wurde, zeigen nicht nur die Beteiligungszahlen – allein 40 in der Gemeinde Winnekendonk[197] – sondern auch die Betätigungen außerhalb der 36stündigen Arbeitszeit: Die Einrichtung eines Treffpunkts, des „Lagers", in Räumen einer ehemaligen Destillerie, die dreimal pro Woche stattfindenden Vorträge, die Sportveranstaltungen und Märsche.[198]

Anfang 1933 traten auch katholische Organisationen als „Träger des Dienstes" auf. Das katholische Jugendwerk des Kreises Geldern richtete am 30. Januar das erste „geschlossene" Lager in Räumen der Kevelaerer Bahn ein. Die gemeinsame Unterbringung war notwendig geworden, weil nun die Jugendlichen nicht mehr allein aus Kevelaer stammten, sondern auch aus Kleve, Rheinberg und Recklinghausen. Zu ihren Aufgaben gehörte das Auffüllen von über 60 Jahre alten Schachtlöchern entlang der Bahnstrecke.

Den Tagesablauf der katholischen Jungmänner prägten militärische Umgangsformen:

„Durch die Bahnstraße ziehen im Gleichschritt 30 junge Leute in einer feldgrauen Einheitskleidung. Sie singen ein Lied. An ihrer Spitze marschiert der Führer. Es sieht fast militärisch aus. In den ersten Tagen sah man ihnen kopfschüttelnd nach: ‚Was sind das nur für Leute?' Man vermutete irgendeine politische Gruppe. Doch inzwischen hat es sich herumgesprochen: es ist kein Stoßtrupp, keine Privatarmee irgendeiner Partei, es sind junge Leute vom *Freiwilligen Arbeitsdienst*, katholische Jungmänner vom ersten geschlossenen Arbeitslager in Kevelaer. [. . .]

Schon früh wird es im Lager lebendig. Um 6.30 Uhr heißt es aufstehen. Bei gutem Wetter folgen dann zunächst 15 Minuten Frühsport, dann gemeinsames Waschen und Lagerunden. Dann marschiert die Gruppe zum Frühstück in ein hiesiges Gasthaus, das die gesamte Verpflegung zu dem vorgeschriebenen, äußerst niedrigen Tagessatz übernommen hat. Gegen 8 Uhr begibt sich die Gruppe zur Arbeitsstelle und es beginnt die 7stündige reine Arbeitszeit, die keineswegs leicht ist. Um 15 Uhr geht es zum Lager zurück, von dort gemeinsam zum Mittagessen. Wenn der Hunger nicht zu groß und die Zeit nicht zu weit vorgeschritten ist, zieht man sich zum Essen um. Denn die gelieferte feldgraue Einheitskleidung kann selbstverständlich bei der oft schmutzigen Erdarbeit nicht benutzt werden. So legt man außerhalb der Arbeitszeit gern die ‚Uniform' an, schnallt das Koppel um, auf dessen Schloß sich ein Ring mit einem Kreuz (das Zeichen des kath. Jungmännerrings) befindet, und marschiert mit einem fröhlichen Lied zu den dampfenden Schüsseln. Nach dem Mittagessen, das etwa bis 16 Uhr dauert, ist Freizeit bis 17.15 Uhr, dann folgt die sogenannte Freizeitgestaltung im Lager (Vorträge, Sport, Geländemärsche u. a.), schließlich das gemeinsame Abendessen und anschließend abendliche Freizeitgestaltung im Lager. Dort sitzt man im Gemeinschaftsraum bei Unterhaltung und Gesellschaftsspielen, man hört einen Vortrag oder hält einen Singabend als Probe für den Marschgesang. Punkt 9.30 Uhr geht es in die ‚buntkarrierten' Betten – Parterre oder 1. Etage –, es folgt noch eine Zimmerrevision durch den Lagerleiter und dann – geht das Licht aus."[199]

Den ersten Freiwilligen Arbeitsdienst für weibliche Jugendliche trug in Kevelaer achtzehn Wochen lang, von Dezember 1932 bis März 1933, die Jungfrauenkongregation des Kreises. Dreizehn Mädchen arbeiteten im Krankenhaus, in der Volksküche und in der Nähstube.[200]

Diese beiden Dienste unter katholischer Vereinsträgerschaft scheinen unbehelligt von nationalsozialistischen Parallelorganisationen zu Ende gegangen zu sein. Setzt man voraus, daß die Akten und die Hinweise in der regionalen und überregionalen Presse vollständig sind, so waren dies die ersten und gleichzeitig letzten „katholischen Arbeitsdienste" in unserem Raum. Schon Mitte des Jahres 1933 standen die nationalsozialistischen Organisationen ohne Konkurrenz da, sieht man vom „Stahlhelm" ab, der sich noch einige Wochen länger als Träger von Arbeitsdiensten behaupten konnte.[201]

Die weitere allgemeine Entwicklung ist rasch skizziert: Am 1. April 1934 ging die Kassentätigkeit für den nationalsozialistischen Arbeitsdienst von den Arbeitsämtern auf die Arbeitsgauleitungen über, die Partei hatte sich damit eine vormals staatliche Funktion angeeignet. Am 1. Juli 1935 wurde per Gesetz die allgemeine Arbeitsdienstpflicht eingeführt. Aus dem ehemaligen *freiwilligen* Arbeitsdienst, der auch als pädagogisches Mittel der Jugenderziehung und Förderung gedacht, durchgeführt und nicht zuletzt aus diesem Grunde von katholischen Organisationen im Kreis Geldern gerne angenommen worden war, wurde nun ein rein nationalsozialistisches Erziehungsinstrument, das seinen wohldurchdachten Platz zwischen HJ und Wehrmacht oder Waffen-SS zugewiesen erhielt.

Es dauerte nicht lange, bis der nationalsozialistische Arbeitsdienst seinen Einzug in die niederrheinischen Dörfer hielt. Der Entscheidungsspielraum der kommunalen Verwaltungen und Gemeindevertretungen war dabei eng begrenzt. Die Meldung des Kevelaerer Volksblattes vom 25. April 1933, daß der Gemeinderat Kevelaer beschlossen habe, „die Kosten für Unterbringung eines von der NSDAP unterzubringenden Arbeitsdienstlagers in dem Anwesen der früheren Kevelaerer Lederwerke zu übernehmen", entsprach allerdings nicht dem Stand der damals noch laufenden Verhandlungen. Gerade die Standortfrage und die finanzielle Beteiligung der Gemeinden am Aufbau und an der Unterhaltung des Lagers waren zu diesem Zeitpunkt noch vollkommen ungewiß. Ferner scheint es so gewesen zu sein, daß der Besitzer des „Anwesens" einen Einspruch erhoben hatte, dem auch stattgegeben wurde. Das Sitzungsprotokoll des Winnekendonker Gemeinderats vom 10. Juni 1933 hielt dazu eine Fülle von interessanten Einzelheiten fest:

„Bürgermeister Janssen führte aus, daß der Nationalsozialistische Arbeitsdienst e.V. Gau Essen in dem Kreisgeldernschen Wirtschaftsgebiet große Arbeitslager

einrichte. Für den Standort der Lager sei die Konzentration des Arbeitsbedarfs maßgebend. Die Hauptarbeit für die Lager sei die Niersregulierung, die in Jahresetappen durchgeführt würde. Jedes Lager habe ein Aktionsradius von 6 km. In der Kreisstadt Geldern sei bereits ein Lager in Betrieb. Im Aufbau begriffen seien Lager in Straelen und Goch. Es handele sich jetzt darum, ein großes Lager in Kevelaer zu schaffen, für 216 bis 432 Dienstwillige. Von diesem Lager aus würden in erster Linie die Regulierung der Niers auf Wettener-, Winnekendonker-, Kevelaerer- und Weezer Gebiet und weiter umfangreiche Landeskulturarbeiten in der Walbecker Heide, in Twisteden, in der Wemberheide, in Winnekendonk u. Kervendonk ausgeführt. Damit sei der Bestand des Lagers auf Jahre hinaus gesichert. Zur Unterbringung der Dienstwilligen habe der Nationalsozialistische Arbeitsdienst zunächst die Werkräume der fr. Lederwerke an der Niers in Kevelaer in Aussicht genommen. Diesen Plan habe man aber auf Befehl der Gauleitung fallen lassen müssen.
Seitens der N.S.D.A.P. seien nunmehr die Öhlmühle auf Schraveln (Eigentümer Clever Öhlmühle GmbH, Cleve u. Jos. Vorfeld jr. – Schraveln) u. die Mehlmühle ebenda (Eigentümer Ww. E. Janssen) für die Lager als die geeignetsten Gebäudlichkeiten festgestellt. Es handele sich nunmehr darum, die Gebäulichkeiten freizumachen, her- u. einzurichten.
Der N.S.A.D. habe die Forderung erhoben, die sich daraus ergebenden Kosten, die sich nach überschläglicher Berechnung einschließlich Miete auf mehr als 8000 RM belaufen würden, auf die Gemeinde zu übernehmen. Evtl. könnten sich auch die Gemeinden Kevelaer u. Winnekendonk in die Kosten teilen. Auf der anderen Seite verpflichte sich der N.S.A.D., die Einrichtungsgegenstände des Lagers (Kücheneinrichtung, Betten, Tische, Spinde, Schemel usw.), sowie die sämtlichen Lebensmittel bei örtlichen Handwerkern, Geschäftsleuten und Landwirten zu kaufen. Dies sei ein Entgegenkommen von nicht zu unterschätzender Tragweite, umsomehr als dadurch die wirtschaftlich-sozialen Verhältnisse der eingesessenen Handwerker u. Kaufleute wesentlich gehoben u. damit die Fürsorge entlastet würden.
Die Organisation des Lagerbetriebes liege in Händen des Führers des Nationalsozialistischen Arbeitsdienstes in Geldern, Dr. Dehe u. seines Stellvertreters Schuck. Stellvertretender Lagerführer Schuck führte darauf aus, daß aus arbeitstechnischen Gründen an den Gebäulichkeiten auf Schraveln festgehalten werden müßte. Nach den Feststellungen der Lagerführung bei der Gemeindeverwaltung in Kevelaer bestünden nur geringe Schwierigkeiten, die fraglichen Räumlichkeiten freizumachen. Auch sei die Gemeinde Kevelaer bereit, sich an den Kosten zu beteiligen.
Nach längerer Beratung beschließt Gemeinderat, die Beschlußfassung über die Bereitstellung der Mittel für die Einrichtung des Lagers auszusetzen u. zunächst die grundsätzliche Stellungnahme der Gemeinde Kevelaer in der Frage der Ko-

stenbeteiligung herbeizuführen. Zur Führung dieser Verhandlungen wurde eine Kommission eingesetzt, der angehören:

1. Bürgermeister Janssen
2. Gemeindevorsteher Terhoeven
3. Gemeinderat Bollen
4. Gemeinderat Fehlemann."[202]

In den nächsten Tagen verhandelten der nationalsozialistische Arbeitsdienst, die Winnekendonker Kommission und die Kevelaerer Gemeinderäte weiter. Die Position des Arbeitsdienstes war klar, er wollte sein Lager. Die Kevelaerer Gemeinderäte gaben zu verstehen, daß die Gemeindekasse zumindest anteilige Kosten übernehmen würde, die Winnekendonker Kommission zögerte mit finanziellen Zusagen.

Noch bevor der Winnekendonker Gemeinderat erneut zusammentrat, stellte ihn der nationalsozialistische Arbeitsdienst vor vollendete Tatsachen. Am Morgen des 16. Juni erschien der Führer des Arbeitsdienstes, Dr. Dehe, ein Lagerleiter und sieben uniformierte Arbeitsdienstmänner vor dem Gebäude der ehemaligen Ölmühle in Schraveln und verschafften sich gewaltsam Eintritt. Das Gebäude wurde damals von der Familie Vorfeld als kleine Kunsttöpferei genutzt. Vorherige Verhandlungen zwischen Arbeitsdienst und der Familie über die Mietfrage waren ohne Ergebnis geblieben.[203]

Im Laufe des Tages trat dann der Gemeinderat zusammen und lehnte eine Kostenbeteiligung ab. „Für den Entschluß seien die Auswirkungen des voraussichtlich schon am 1. Aug. ds. Js. in Kraft tretenden Gesetzes über die Arbeitsdienstpflicht maßgebend gewesen", hielt das Protokoll fest. „Es sei nämlich nicht abzusehen, ob alsdann das Lager vom Reiche übernommen u. die Lebensmittel-Lieferungsaufträge aufrecht erhalten würden."[204] Gleichzeitig bewilligte der Rat die Kostenübernahme für ein kleineres Lager für den weiblichen Arbeitsdienst in der ehemaligen Schuhfabrik Teloo.

Die Familie Vorfeld ließ das gewaltsame Eindringen in ihr Gebäude nicht auf sich beruhen und wandte sich noch am selben Tag an das Gelderner Gericht. Postwendend, mit Datum vom 16. Juni, teilte der Obergerichtsvollzieher Windhöfel aus Geldern der Polizeiverwaltung Winnekendonk mit, daß er „in Sachen des Hausbesitzers Jos. Vorfeld, Kevelaer, gegen den N.S. Arbeitsdienst z. Zt. Schravelener Mühle [...] auf Grund gesetzlicher Unterlagen mit der Zwangsräumung der innehabenden Räumlichkeiten beauftragt [sei] [...] und die Räumung am 26. Juni, 9 Uhr, 1933 vornehmen" werde.[205]

Zur angedrohten Räumung kam es allerdings nicht. Nach einem gerichtlichen Einspruch des nationalsozialistischen Arbeitsdienstes einigten sich beide Parteien. Das Lager blieb, gegen Mietzahlung, bis auf weiteres bestehen, Änderungen

an den Gebäuden durften nicht vorgenommen werden.[206] Nicht zuletzt aufgrund dieser Einschränkung behielt das Lager den Charakter eines Provisorium. Die Anstrengungen gingen weiter, doch noch das Gelände der ehemaligen Lederwerke an der Niers zu erhalten. Sie waren letztlich erfolgreich, und im März 1934 zog der Arbeitsdienst in das bis zum Krieg genutzte neue Lager um. Über die Ausstattung informierte die Ortszeitung ihre Leser:
„Ein *Gang durch das NS-Arbeitslager in Kevelaer* beweist uns, daß im Arbeitsdienst Großes und Nützliches geleistet wird. Es weht ein frischer Wind im Arbeitslager; viele A.D.W. sind bestimmt dabei, die soviel Sonne in ihrem ganzen Leben noch nicht abgekriegt haben.
Das Lager Kevelaer in der früheren Lederfabrik an der Niers gelegen, ist zur Zeit 216 Mann stark, es sind alles junge Leute von 18 bis 25 Jahren, unter denen sämtliche Berufe vertreten sind! es können evtl. noch weitere 100 Mann untergebracht werden. Auf dem Vorplatz zum Lagergebäude ist aus Bruchsteinen und Findlingen ein einfaches Kriegerdenkmal mit Stahlhelm und Schwert errichtet, an dem zugleich das Wappen des Arbeitsdienstes angebracht ist. Wir kommen dann zunächst in eine große Halle, wo sich früher die Farbengruben der Lederfabrik von je 3 m tief befanden, die heute schon zum Teil mit Sand und Steinen ausgefüllt wurden. Wir sehen einige Leute mit Steine-Reinigen beschäftigt. Beim Betreten der unteren Räume des Lagers fällt unser Auge auf einige Bilder an der Wand, die von Lagerleuten gemalt wurden. – Man richtet sich häuslich ein, überall regen sich fleißige Hände. Die Handwerker unter den Freiwilligen haben viel zu tun, Maurer, Handlanger, Klempner, Monteure, Schreiner, Zimmerer, Anstreicher, alle sind fleißig bei der Arbeit. Wer die Gebäude früher kannte, ist verwundert über die darin geleisteten Umbauarbeiten. In dem großen Fabrikgebäude von 10 x 50 m sind riesige Stockwerke ausgebaut, die in Zimmer, Stuben, Unterrichtssäle etc. eingeteilt sind. Das ganze Bauprojekt wurde sinnvoll und planmäßig durchdacht und durchgeführt. So entstand ein ideales Lager mit Speiseraum, Unterrichtssaal, in denen sich ein großer Sandkasten für Geländeunterricht befindet, ein vorschriftsmäßiges Revier für Kranke, ein Trockenraum, Abstell- und Lagerplatz für Fahrräder, Kartoffeln etc., ein regelrechter ausgebauter Heizungskeller mit großen Kesselanlagen. Dabei wurden die vorhandenen Gegebenheiten jeweils geschickt ausgenutzt, der große Schornstein der Fabrik dient als Rauchabzug der Heizungsöfen, von wo aus sämtliche Räume geheizt werden; die Heizungsanlage ist eine technische Leistung für sich. Gegen Brandgefahr ist das Lagergebäude durch eine ausgedehnte Wasserleitungsanlage genügend geschützt. Auch ein Platz für Freiübungen und Sport, der unentbehrliche ‚kleine Schleifstein' ist vorhanden. Sieben Prozent der Belegschaft hat im Innendienst Beschäftigung, hier finden Schuster, Schneider, Bäcker, Köche und deren Gehilfen Arbeit. Der Koch backte, als wir einen Blick in die saubere Küche warfen, leckere Pfannkuchen zum Abendbrot.

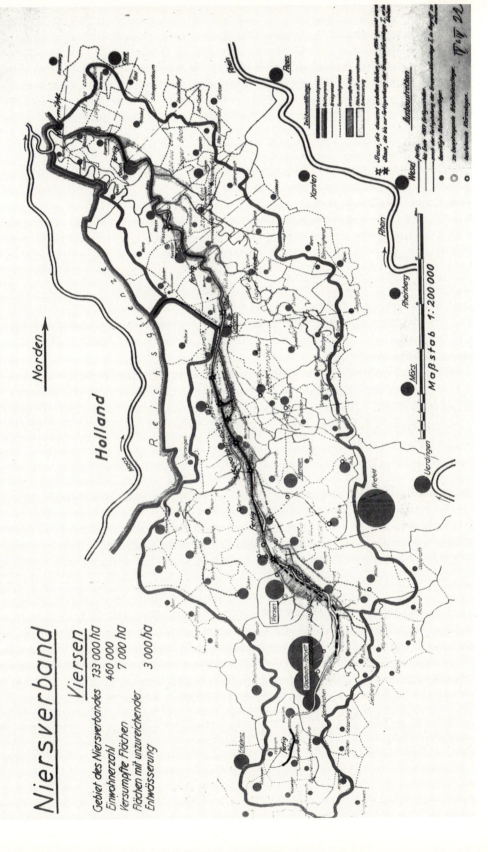

Niersausbau und Arbeitsdienstlager, Stand 1934 (ZStAM Rep. 77, Tit. 753, Nr. 72)

Die Kost ist reichlich und gut, daher überall die frischen, frohen Gesichter. Die Führer essen mit der Mannschaft zusammen, es herrscht untereinander ein echtes kameradschaftliches Verhältnis. Neben der Küche liegt ein großer Waschraum mit Einrichtungen zur Fußpflege, daneben ein Brausebad. In den Etagen liegen schön eingerichtete Schlaf- und Wohnräume. Auf jeder der insgesamt 12 Stuben sind etwa 16 Mann untergebracht, von wo wir an der Seite zur Niers hin einen herrlichen Ausblick auf eine echte niederrheinische Landschaft haben. In den oberen Räumen liegt u. a. die Kammer, die für Kleidung und Ausrüstung der Leute sorgt.
Das Arbeitslager gehört zur Stammabteilung Niers; es trägt die Bezeichnung: Dienstabteilung Nr. 3/211 Kevelaer. Die Abteilung ist eingeteilt in 12 Trupps; 1 Trupp sind 16 Mann, dem ein Truppführer vorsteht. Das Lager hat 2 Obertruppführer, 2 Unterfeldmeister, 1 Verwalter, 1 Feldmeister und 1 Oberfeldmeister als Abteilungsführer. Man verträgt sich gut im Lager, wenn auch die Haus- und Arbeitsordnung dafür sorgen, daß das Leben nicht zu gut wird. Literatur, belehrende und unterhaltende Bücher für die Freizeitgestaltung, ebenso Bilder zur Innenausstattung von Fluren und Räumen werden vom Lager mit Dank entgegengenommen."[207]
Die Haupttätigkeit des Arbeitsdienstes bestand in der Regulierung der Niers, die nach Verabschiedung des Niersgesetzes und nach Gründung des Niersverbandes in Angriff genommen wurde. Die Verwaltungskosten des Niersverbandes trugen anteilig die Gemeinden zu vier Fünfteln und die gewerblichen Betriebe zu einem Fünftel.[208]

Blut und Boden

Die niederrheinische Landwirtschaft hatte noch lange an den Folgen des Ersten Weltkrieges zu tragen, war doch schließlich mit den Böden über Jahre hinweg regelrecht Raubbau betrieben worden. Auch konnte die während des Krieges zur arbeitsextensiveren Weidewirtschaft umgestellte Produktion nur langsam erneut verändert werden. 1920 erreichten die Ernteerträge in der Bürgermeisterei Kervenheim erst wieder den Stand der Jahrhundertwende.[209]
An ein rasches Anknüpfen an die Vorkriegsentwicklung war gar nicht zu denken. Dem standen zunächst gravierende Hindernisse entgegen: die verringerte Nachfrage nach landwirtschaftlichen Veredelungsprodukten, insbesondere nach Fleisch, die Zwangsbewirtschaftung, die sich beim Getreide noch bis 1922 hinzog, oder die teilweise immens hohen Verschuldungen der Betriebe, die jahrelang von ihrer Substanz oder von Krediten gelebt hatten. Zu nennen sind aber auch die anhaltend schlechte Versorgung mit Düngemitteln, Maschinen und Ersatzteilen sowie der ständige Bedarf an Arbeitskräften. Neben diesen allgemei-

nen Schwierigkeiten, mit denen die gesamte deutsche Landwirtschaft zu kämpfen hatte, traten regionale Besonderheiten, z. B. die erst im August 1919 zustande gekommene Regelung über den Grenzübertritt in die Niederlande für Landwirte und landwirtschaftliche Arbeiter[210], die Abtrennungen von Äckern und Feldern durch den Drahtverhau an der Grenze oder die schlechte Futtermittelernte, die 1921 und 1922 zu erheblichen Engpässen führte, so daß selbst gut stehender Roggen verfüttert werden mußte.[211]

Wie in der Vorkriegszeit kann der Schweinebestand als ein Gradmesser für das Niveau einer intensiven Veredelungswirtschaft angesehen werden. Den Höchststand von 71 078 Schweinen erreichten die Landwirte des Kreises während des gesamten hier betrachteten Zeitraums nicht mehr, jedoch konnte der Tiefststand von 1918 mit 19 821 bald überwunden werden; im Dezember 1922 waren es wieder 35 470 Tiere.[212] Die Landwirte hatten also bereits vor der Hyperinflation kräftig aufgestallt. Vier Jahre nach Kriegsende war indes trotz der Steigerung nur die Hälfte des vormaligen Friedensbestandes erreicht. Die vorhandenen Stallungen blieben zum Teil ungenutzt, soweit sie sich nach den Jahren der Materialknappheit überhaupt noch in einem benutzungsfähigen Zustand befanden.

Der Unmut der Landwirte über die Entwicklungen der Kriegs- und Nachkriegszeit läßt sich nur erahnen, da es an zeitgenössischen Berichten fehlt. Immerhin aber konstatierte der ansonsten eher nüchterne Verwaltungsbericht des Kreises Geldern für 1926 eine „starke Erregung" innerhalb der landwirtschaftlichen Bevölkerung, die zu einer Abkehr von den traditionellen landwirtschaftlichen Vereinigungen und zur Bildung einer „Abwehrfront" in Form von Ortsgruppen der Freien Bauernschaft geführt habe, in denen vor allem „steuer- und wirtschaftspolitische Fragen" erörtert würden.[213]

Das Krisenjahr 1923 – mit seinen Einbrüchen in der gewerblichen Wirtschaft und auf dem Arbeitsmarkt – wirkte sich in der Landwirtschaft ganz anders aus. Zum einen stiegen die Felddiebstähle, so daß wieder Selbstschutzpatrouillen und „Ehrenfeldhüter" die Felder bewachten[214], zum anderen begünstigte die Inflation den Schuldenabbau und führte über den Tauschhandel mit Hamsterern und Händlern zu einer zum Teil durchaus beachtlichen Steigerung der sachlichen Vermögenswerte.

Der Schuldenabbau erwies sich als eine nur kurzfristige „angenehme Folge" der Inflation, standen doch an ihrem Ende auch die landwirtschaftlichen Betriebe gänzlich ohne Geldreserven da, und waren Kredite auf dem freien Markt nur zu hohen Zinsen erhältlich. Umfangreiche Neuverschuldungen konnten nicht ausbleiben. 1924 stellte die Reichsbank besonders niedrigverzinste Kredite für die Düngemittelbeschaffung bereit, die nach der Ernte sofort zurückzuzahlen waren. Dies zwang die Bauern, ihre Erträge sofort zu vermarkten, wodurch wiederum die Preise fielen.[215] Vom Angebot der Reichsbank machten offensichtlich die Landwirte der Bürgermeisterei Kervenheim, die, wie viele ihrer niederrheinischen Kollegen, durch das Hochwasser des Jahres 1924 besonders stark geschädigt worden waren, keinen Gebrauch. Klagend faßte Bürgermeister Janssen im Januar 1925 die Situation zusammen:

„Die wirtschaftliche Lage der Landwirtschaft hat sich im letzten Jahre wesentlich verschlechtert. Die Preise der landwirtschaftlichen Erzeugnisse haben bei weitem nicht Schritt gehalten mit den Preisen der landwirtschaftlichen Bedarfsartikel, wie Kunstdünger, Kohlen, Maschinen etc. Dabei ist die Landwirtschaft gegen früher steuerlich wesentlich stärker belastet. Infolge der schwierigen Kreditverhältnisse ist sie im letzten Jahre nicht in der Lage gewesen, den notwendigen Kunstdünger zu beschaffen, was eine Verringerung des Ertrages zur Folge gehabt hat. Enorm geschädigt wurde die Landwirtschaft durch Hochwasser- u. Wetterschäden im letzten Jahre. Der grösste Teil des Kreises Geldern, darunter auch die Gemeinde Winnekendonk ist zum Notstandsgebiet erklärt worden, wodurch der Landwirtschaft seit dem 1. Oktober 1924 die Zahlung sämtlicher Steuern gestundet ist."[216]

Erst ab 1925 stabilisierte sich der deutsche Agrarmarkt für einige Jahre. Die Nachfrage nach hochwertigen landwirtschaftlichen Produkten stieg mit dem wirtschaftlichen Aufschwung und dem Einkommen der Verbraucher. Zudem traten in diesem Jahr neue Zölle in Kraft, die die deutschen Produzenten vor dem Überangebot preiswerter Produkte aus dem Ausland, vor allem aus den USA, aber auch wieder aus der Sowjetunion, schützen sollten.

Entsprechend der gesteigerten Nachfrage stockten die niederrheinischen Landwirte ihren Schweinebestand auf. In der Bürgermeisterei Kervenheim gab es im Dezember 1918 noch 1723 Tiere, 1925 waren es 3544 und 1927 schon wieder 4908. Geringer fielen die Steigerungen beim Rindvieh aus, dessen Haltung ja in den Kriegsjahren durch die extensive Bodennutzung nicht so stark beeinträchtigt worden war. 1927 zählte man hier schon wieder 2933 Tiere (1914: 3089, 1918: 2560). Die Anzahl der Pferde stieg in der Bürgermeisterei bis 1925 auf 652 an (1913: 543, 1917: 531) und fiel erst danach infolge der Mechanisierung langsam ab. Ähnlich verlief die Entwicklung in der Bürgermeisterei Kevelaer.[217]

Wie in der Vorkriegszeit war auch in diesen Jahren die Nachfrage aus dem Ruhrgebiet ein wichtiger Faktor. Für die Einkommensverluste und die enorme Verschuldung der Betriebe in der Zeit der Weltwirtschaftskrise kann die dann sofort sinkende Nachfrage aber nicht allein verantwortlich gemacht werden. Sie verstärkte lediglich die bereits vor dem „Schwarzen Freitag"[218] begonnene Krise der deutschen Landwirtschaft, an deren Ende Not- und Entschuldungsprogramme standen. Eine der Hauptursachen dieser Agrarkrise lag in den Neuverschuldungen nach der Inflation, die letztlich nur durch höhere Preise hätten beglichen werden können. Die zeitgenössischen landwirtschaftlichen Berichte bei-

der Bürgermeister sind voll von Klagen über hohe Zinsen und immer noch vorhandenen Kapitalbedarf für dringend notwendige Investitionen.[219]
Ab 1927 gerieten insbesondere die Preise für Veredelungsprodukte zunehmend unter Druck, nachdem schon im Jahr zuvor die Weltmarktpreise für Getreide gefallen waren. Zeitgenossen sprachen von der „Bauernschere", womit sie meinten, daß sich die erzielten Erlöse immer weiter von den Herstellungskosten entfernten. Die Aufwendungen für Futtermittel, Löhne und Zinsen – letztere verschlangen bis zu 14% des Verkaufserlöses[220] – ließen das Wirtschaften schwerer werden. Ende 1927 stellte der Geldener Landrat Klüter fest: „Die Schweinemast, die in den letzten Jahren wieder in größerem Umfang betrieben wird, ist vollständig unrentabel. Nach den Marktberichten sind die Preise um wenige Pfennige höher als in der Vorkriegszeit."[221] Einige Wochen später, die Verschuldung hatte mittlerweile einen „katastrophalen Umfang"[222] angenommen, erstattete er auf Aufforderung der Düsseldorfer Regierung einen ausführlichen, „durch Eilboten" zugestellten Bericht.
„Die allgemein anerkannte Notlage der Landwirtschaft hat auch unter der rein landwirtschaftlichen Bevölkerung des hiesigen Kreises starke Mißstimmung hervorgerufen. Von einer rentablen Wirtschaft der bäuerlichen Betriebe ist auch im hiesigen Kreis kaum noch die Rede. Am günstigsten dürften die kleinen Betriebe arbeiten, die mit eigenen Kräften ohne fremdes Gesinde ihre Wirtschaft bestellen. Ungünstig stehen sich die Pächter, deren Existenzmöglichkeit durch die hohen Pachtgelder, Steuern und sonstigen Abgaben und nicht zuletzt durch die Mißernte im vorigen Jahre und durch die schweren Wasserschäden, die im hiesigen Kreise – besonders in den Niers- und Meliorationsgebieten – im Jahre 1926 und 1927 festgestellt worden sind, erheblich gefährdet ist. Die mangelnde Rentabilität ist besonders bei den mittleren und größeren Betrieben, die Kredite aufgenommen haben, zu verzeichnen. Die hohen Zinsenlasten tragen dazu bei, diese Betriebe unrentabel zu machen.
Es ist Tatsache, daß die Landwirtschaft des Kreises Geldern, die auf dem Gebiete der Vieh- und Schweinezucht Außerordentliches leistet, keinen Absatz mehr in den nahen Industrie- und Großstädten findet. Vollfette Schweine und Sauen nimmt die Großstadt nicht mehr auf und der Landwirt ist gezwungen, dieselben geradezu zu Schleuderpreisen abzugeben. Trotz der notvollen Lage kann die Stimmung und Haltung der landwirtschaftlichen Bevölkerung des Kreises nicht radikal genannt werden. Die bei den Landwirten hervorgerufene Mißstimmung fand verschärften Ausdruck in der am 14. Februar 1927 in Krefeld stattgefundenen Versammlung, die gemeinsam mit den Bauernorganisationen der übrigen niederrheinischen Kreise einberufen war. Wenn auch die Lage weiterhin als gespannt angesehen werden muß, so möchte ich sie doch nicht als gefährlich bezeichnen. Die hiesige landwirtschaftliche Bevölkerung ist für Ausschreitungen und Gewalttätigkeiten nicht zugänglich.

Landwirt mit Pferdefuhrwerk, Ende der 1920er Jahre (NMVK)

Schaupflügen im Kreis Geldern im Mai 1927 (KG)

Von dem für Reich und Staat in Aussicht genommenen Notprogramm verspricht sich die Landwirtschaft nur vorübergehende Hilfe. Ein Scheitern dieses Programms würde natürlich eine weitere erhöhte Beunruhigung hervorrufen. Zentrale Maßnahmen zur Linderung der Not erscheinen dringend geboten. Oertliche Maßnahmen kommen zur Zeit nicht in Frage. Die Presse des hiesigen Kreises, zumal das Amtliche Kreisblatt, wirkt durchaus beruhigend auf die landwirtschaftliche Bevölkerung ein."[223]

Der 1928 bereits spürbaren Agrarkrise versuchte die Reichsregierung durch ein Bündel dirigistischer Schutzmaßnahmen entgegenzuwirken. Sie konnte indes, ähnlich wie bei der Arbeitslosigkeit, die Erfolge nicht mehr für sich verbuchen. Zu diesen Stützungsversuchen, die die Bindungen an die Weltmarktpreise aufhoben, gehörten:

„a. die Einführung von *Richtpreisen* für bestimmte landwirtschaftliche Produkte, insbesondere Brot- und Futtergetreide sowie für Schweine, um zumindest kostendeckende Erzeugerpreise zu erzielen,

b. die Einführung des *Verwendungszwanges* bei bestimmten Agrarprodukten, z. B. des Vermahlungszwanges von inländischem Weizen bei der Vermahlung von ausländischem Weizen, ferner von eosingefärbtem Roggen als Futtermittel,

c. die Einführung von *Prohibitivzöllen,* besonders für Weizen, Roggen und Futtergetreide, um die Richtpreise zu sichern,

d. die Festsetzung von *Einfuhrkontingenten,* z. B. für lebendes Rindvieh, Butter und Käse aus skandinavischen Ländern,

e. die Errichtung eines staatlichen Handelsmonopols, des *Maismonopols,* 1930, um den deutschen Futtermittelmarkt von langfristig und zu niedrigen Zollsätzen vereinbarten Einfuhren von Mais und Ölprodukten freizustellen."[224]

Hinzu kamen Subventionen für Erntearbeiten, die Verwertung landwirtschaftlicher Produkte, für Düngemittel und Saatgut im Jahre 1931 sowie ein Vollstreckungsschutz bis nach der Ernte 1932, der die sprunghaft anwachsenden Zwangsversteigerungen stoppte.[225]

Angesichts der über Jahre anhaltenden Krise der deutschen Landwirtschaft ist es nicht verwunderlich, daß sich die politische Einstellung der ländlichen Bevölkerung änderte und daß sich viele der nationalsozialistischen Propaganda öffneten, die den Landwirten Entschuldung, bessere Zeiten und eine ideologische Überhöhung des Berufsstandes durch den „Blut-und-Boden-Mythos" versprach. Aber auch in der Landwirtschaft, wie in allen anderen Bereichen, muß unterschieden werden zwischen Anspruch und Wirklichkeit, zwischen Propaganda und tatsächlichen Verbesserungen.

Die „Erzeugungsschlachten" des Dritten Reiches standen in einem engen Zusammenhang mit der kriegvorbereitenden Aufrüstung des deutschen Reiches bis 1939. Zum einen verfolgte man dabei das Ziel, so weit wie möglich von ausländischen Lebens- und Futtermitteleinfuhren unabhängig zu werden, um damit die Ernährung der eigenen Bevölkerung im Krieg sicherzustellen, zum anderen stand dahinter aber auch die Absicht, die ohnehin knappen Devisen möglichst nicht für landwirtschaftliche Importe auszugeben, sondern z. B. für Rohstoffe aufzusparen, die in der Rüstungsindustrie benötigt wurden. Der bereits seit Ende der 1920er Jahre nicht mehr „freie" Agrarmarkt wurde nun gänzlich ausgehöhlt und zu einem „nahezu perfekten System staatlicher Lenkung und Kontrolle ausgebaut"[226], das den Landwirten mit der Zeit jeden Entscheidungsspielraum nahm, ihnen Ablieferungskontingente auferlegte, Saatgut oder Düngemittel vorschrieb.

Hervorzuheben für das Jahr 1933 ist der Aufbau des „Reichsnährstandes". Dieser Zwangsvereinigung mußten alle Landwirte, Händler und Verarbeiter landwirtschaftlicher Produkte angehören. In den Gemeinden wurden dafür Ortsbauernschaften ins Leben gerufen, für das Kreisgebiet war die Kreisbauernschaft Geldern zuständig.

Noch augenscheinlicher waren die staatlichen Eingriffe beim „Reichserbhofgesetz" vom September 1933, das das bisherige, grundsätzlich freie Verfügungsrecht über den Grund und Boden aufhob. Nach nationalsozialistischer Vorstellung sollte der für die Volksernährung bedeutsame Boden keinen Spekulationszwecken dienen dürfen. Das Gesetz betraf alle Höfe in der Mindestgröße einer sogenannten Ackernahrung. Im allgemeinen waren dies Anwesen zwischen 7,5 und 125 ha, wobei insbesondere bei der unteren Begrenzung Abweichungen vorkamen. Je nach Bodennutzung konnten durchaus auch Höfe mit zwei oder drei Hektar Größe einen Ertrag erwirtschaften, der als Ackernahrung gelten konnte. Hatte das „Anerbengericht" – für den Kreis Geldern in Geldern und Kempen ansässig – den betreffenden Hof als Erbhof deklariert, so durfte er „weder verkauft, noch verpfändet oder dinglich belastet werden, eine Zwangsvollstreckung wegen schon bestehender Forderungen wurde verboten. Die Erbfolge im Mannesstamm hatte, ohne Rücksicht auf ein etwa anders lautendes Testament, den Vorrang vor der weiblichen Erbfolge, wobei der männliche Anerbe ‚bauernfähig' sein mußte, was selbstverständlich den Nachweis der arischen Abstammung einschloß".[227]

Obwohl dieses Gesetz, dessen ökonomischer Nutzen nicht allzu hoch veranschlagt werden darf, einschneidendere Bedeutung in jenen Gebieten des Reiches hatte, in denen die Hofteilung im Erbfalle nicht nur dem fixierten Erbrecht nach – wie am Niederrhein –, sondern auch in der Praxis Anwendung fand, was traditionell am Niederrhein überwiegend nicht der Fall war, gab es hier doch einige Probleme. Sie entstanden zum einen durch das Ausscheiden von Frauen als Erben, auch wenn Grundbesitz in weiblicher Linie eingebracht worden war, zum anderen wurden nun die früheren Miterben nicht mehr aus dem Hof- und Grundbesitz abgefunden, allenfalls aus vorhandenem Vermögen.

Nicht alle landwirtschaftlichen Betriebe erhielten, auch wenn sie die Größe einer Ackernahrung hatten, den Status eines Erbhofs. Die Anerkennungsverfahren bei den Anerbengerichten waren langwierig und zum Teil bei Kriegsbeginn noch längst nicht abgeschlossen. Aus dem gesamten Kreis liefen etwa 100 Einsprüche bei den Gerichten ein, davon wurden 65 stattgegeben, weil die Höfe entweder zu klein waren, um als Ackernahrung zu gelten, oder weil die „sonstigen Voraussetzungen zur Erbhofeigenschaft" fehlten.[228]

„Die Gründe, welche die einzelnen Betriebseigentümer anführten", vermerkte Helmut Gnisa in einer wissenschaftlichen Untersuchung von 1938, „um eine Eintragung ihres Besitzes in die Erbhofrolle unbedingt zu verhindern, waren vielseitig und teilweise – vom individuellen Standpunkt des Einzelnen aus betrachtet – nicht ohne weiteres von der Hand zu weisen. In vielen Fällen konnte die Feststellung gemacht werden, daß das Landvolk Sinn und Ziel des Reichserbhofgesetzes gar nicht erkannt hatte. Besonders diejenigen, die drei oder mehr Kinder besaßen, glaubten, daß es ihrem Gerechtigkeitssinn widerspräche, wenn sie zugunsten des Anerben die übrigen Kinder leer ausgehen lassen sollten, zumal es an Bargeld zu anderweitigen Existenzgründungen fehlte. Ein häufig angeführtes Argument bildete die zukünftige Kreditfrage für die Erbhofbauern. Viele glaubten, gerade als Erbhofbauern die Kreditwürdigkeit zu verlieren, wenn sie keine realen Sicherheiten mehr geben konnten.

Bei all den in den erhobenen Einsprüchen angeführten Gründen dürfte als Hauptgrund – der zwar unerwähnt blieb, jedoch den Ausschlag bildete – die Auffassung von einem heute überholten Eigentumsbegriff sein. Der individualistische Eigentumsbegriff hatte sich zu fest beim Landvolk eingeprägt. Der Bauer konnte sich im Falle der Erbhofwürdigkeit nicht so recht damit abfinden, daß er als Erbhofbauer nur noch Treuhänder seines Besitztums sein, und ihm grundsätzlich die Möglichkeit genommen werden sollte, innerhalb der gesetzlichen Grenzen zu einer beliebigen Belastung und Landveräußerung zu schreiten."[229]

Der überwiegende Teil der Parzellenbetriebe blieb vom Reichserbhofgesetz ebenso unberührt wie die Großgrundbesitzungen, die etwa 170 Geschwister- und die 300 Pachtbetriebe im Kreisgebiet.

Bei diesen Eingriffen in die unternehmerischen Freiheiten der Landwirte durch Reichsnährstand und Reichserbhofgesetz blieb es jedoch nicht. Ab dem Wirtschaftsjahr 1934/35 mußte der Kreis ein jährlich neu festgesetztes Soll an Brotgetreide (Weizen und Roggen) zu festgesetzten Preisen aufbringen, das aber deutlich unter den erzielten Ernteergebnissen lag und zunächst noch Spielraum für die Verfütterung ließ. Als in der Mitte des Jahrzehnts die Devisenknappheit des Reiches spürbar wurde, und es zu heftigen Auseinandersetzungen über die Devisenbereitstellung für den Lebensmittelimport kam, hatte dies ungeahnte Folgen für die Veredelungswirtschaft, denn die angestrebten, kriegswichtigen

Ertragssteigerungen waren trotz aller Bemühungen und Propaganda nur begrenzt zu erreichen. Und auch die Ernteergebnisse pro Hektar unterschieden sich trotz der verbilligten Düngemittel kaum von denen des Jahres 1914.

Erbhöfe im Kreis Geldern 1937/38 nach Hektargrößen:[230]

Gemeinde	5–7,5	7,5–10	10–20	20–50	50–100
Aldekerk	–	1	8	3	–
Eyll	–	1	27	15	–
Geldern	–	–	1	2	–
Herongen	4	7	3	–	–
Issum	7	18	31	21	1
Kapellen	7	2	13	22	1
Kervendonk	–	3	9	18	4
Kevelaer	3	6	14	4	–
Klein-Kevelaer	–	–	4	–	–
Nieukerk	2	7	22	21	1
Pont	2	–	13	8	8
Sevelen	4	11	34	28	–
Stenden	–	5	28	5	–
Straelen	17	24	64	17	–
Twisteden	1	4	12	6	–
Veert	4	8	5	6	–
Vernum	3	8	22	32	1
Wachtendonk	3	13	30	16	–
Walbeck	1	11	16	11	–
Wankum	–	2	30	9	–
Weeze	6	9	29	27	1
Wetten	8	12	10	16	–
Winnekendonk	4	5	12	28	6
Insgesamt	76	157	437	315	15

Anbauflächen im Kreis Geldern (Hektar):[231]

	1914	1936	1937	1938	1939
Winterweizen	1594	2273	2123	1839	1474
Sommerweizen	121	38	29	84	133
Winterroggen	7732	5689	5302	4744	4518
Sommerroggen	63	82	76	66	120
Wintergerste	181	1402	1503	2326	1135
Sommergerste	183	274	275	274	1019
Hafer	5407	3936	4129	4297	4891
Kartoffeln	3904	3660	3819	3667	3432
Zuckerrüben	–	169	178	246	319
Futterrüben	2449	2843	2947	2846	2800
Kohlrüben	–	183	183	191	169

Hektarerträge (100 kg) im Kreis Geldern:

	1914	1936	1937	1938	1939
Winterweizen	23,2	23,5	21,3	28,4	24,6
Sommerweizen	17,7	20,8	18,0	21,7	19,6
Winterroggen	21,1	20,5	20,1	21,2	26,5
Sommerroggen	18,0	17,4	15,7	18,3	19,7
Wintergerste	20,4	26,1	26,7	30,3	29,9
Sommergerste	20,3	20,7	20,2	21,7	20,3
Hafer	25,6	24,6	25,1	27,1	25,7
Kartoffeln	185,0				
Zuckerrüben	–	319,4	300,9	289,0	300,4
Futterrüben	441,1	552,6	482,6	481,6	543,0

Angesichts der eher ernüchternden Ergebnisse der „Erzeugungsschlacht" und der herrschenden Devisennot änderte sich 1937 die nationalsozialistische Politik. Die bis dahin festgesetzten Ablieferungskontingente wurden aufgehoben, nun mußte sämtliches Brotgetreide abgeliefert werden. Zudem durften Roggen und Weizen nicht mehr verfüttert werden. Als Ausgleich für die so entstandenen Futtermittelengpässe wollte das Reich Futtergetreide zur Verfügung stellen. Dieses Versprechen konnte die nationalsozialistische Regierung aber nicht einlösen, so daß die Landwirte des Kreises innerhalb weniger Wochen, mitten in der „Erzeugungs-Schlacht", über 10 000 Schweine schlachten mußten. Der Bestand verringerte sich bei diesem „zweiten Schweinemord" von 62 430 auf 51 699.

Schweinebestand im Kreis Geldern:[232]

1913	71 078	1936	62 430
1933	64 036	1937	51 699
1934	58 932	1938	55 524
1935	56 137	1939	62 549

Propaganda und Wirklichkeit der nationalsozialistischen Agrarpolitik klafften weit auseinander, und es entstand eine tiefe Unzufriedenheit: „Auch die Lage der Landwirtschaft hat sich im Berichtsmonat nicht verändert", heißt es in der geheimen Gesamtübersicht der Gestapo Düsseldorf für Februar 1936. „Vor allem hat die Stimmung eine Besserung nicht erfahren. Die Massnahmen des Reichsnährstandes blieben Gegenstand scharfer Kritik und vielseitiger Unzufriedenheit. [. . .] Futtermangel hat sich während des ganzen Februar fühlbar gemacht, sodass die diesbezüglichen Klagen nicht abgenommen haben. Vor allem wird auch über wachsende Minderwertigkeit der Kraftfuttermittel Klage geführt. Rückschläge nach der Seite der Milcherzeugung sowie ein ständiger Rückgang des Fettgehaltes der Milch findet hierin eine Erklärung. Die Härte der Futternot ist häufig, besonders am *Niederrhein,* daran erkenntlich, dass schon im Februar Rinder auf die wahrlich keine grüne Grasnarbe aufweisenden Weiden getrieben wurden. Die Bauern unterlassen nicht, gerade diese Punkte bei ihrer Kritik an der Güte der Kraftfuttermittel ständig zu erwähnen. Der Unterschied zwischen Schlacht- und Nutzviehpreisen, wobei letztere als zu hoch bezeichnet werden, der bereits in den letzten Berichten vorgetragen wurde, blieb weiterhin Grund zu deutlich geäusserten Unzufriedenheiten. [. . .] Die innere Bindung des Landwirtes zu dem Reichsnährstand ist allenthalben stetig im Schwinden begriffen. Es zeigt sich häufig nicht nur Mangel an Vertrauen gegenüber dem Reichsnährstande, sondern die Zahl der abfälligen Urteile und die Schärfe der gegnerischen Einstellung nimmt deutlich fühlbar zu."[233]

Die gedrückte, unzufriedene Grundstimmung der landwirtschaftlichen Bevölkerung Mitte der 1930er Jahre tritt in vielen Berichten des Sicherheitsdienstes der SS[234] und der Gestapo über den Regierungsbezirk Düsseldorf hervor.[235] Sie entstand allerdings im Unterschied zu früheren Jahren nicht aus individueller Existenzangst, sondern aus der Unvereinbarkeit zwischen der angestrebten Mehrproduktion, die das persönliche Einkommen verbessert hätte, und der regelmäßigen Konfrontation mit Engpässen, die alle Bemühungen wieder zunichte machten. Ein Wachstum in der landwirtschaftlichen Produktion wäre nur durch Importe möglich gewesen, dafür fehlten aber die notwendigen Devisen.

Wie in den vorangegangenen Abschnitten über die Landwirtschaft, soll auch diese Betrachtung mit einem Blick auf die landwirtschaftlichen Arbeitskräfte und den Arbeitsmarkt schließen. Dabei ist zu unterscheiden zwischen einem *Bedarf* an Arbeitskräften, der während der gesamten Zeit herrschte, und einem *Mangel,* der sich ab ungefähr 1937/38 zeigte.

Nur in Zeiten hoher Arbeitslosigkeit, niedrigen Einkommens und oft mangelnder Versorgung boten die landwirtschaftlichen Berufe einen gewissen Beschäftigungsanreiz. Als in den Monaten nach Kriegsende die entlassenen Soldaten beschäftigt werden mußten, die Arbeitslosigkeit anstieg und eine Vollbeschäftigung noch nicht in Sicht war, gerieten auch die ausländischen Arbeitskräfte, am Niederrhein vor allem niederländische Landarbeiter, in die Diskussion. Die Ausländer sollten aus dem Arbeitsprozeß verdrängt werden, um deutsche Arbeitskräfte in die so freiwerdenden Stellen zu vermitteln. Die arbeitspolitischen Maßnahmen zur Einengung der Ausländerbeschäftigung gingen aber an den Bedürfnissen der niederrheinischen Landwirtschaft vorbei, in der seit Ende des 19. Jahrhunderts viele niederländische Arbeiter beschäftigt wurden. Anfang 1919 wehrte sich Bürgermeister Janssen unmißverständlich gegen jeden Versuch seiner vorgesetzten Dienststellen, die in seiner Bürgermeisterei beschäftigten Ausländer – 108 Arbeiter und 179 Familienangehörige – herauszudrängen.

„Mit wenigen Ausnahmen sind alle Arbeitskräfte in der Landwirtschaft als kontraktlich gebundene Tagelöhner, Viehwärter, Knechte und Mägde tätig. Soweit Familienhäupter in Frage kommen, sind sie mit deutschen Frauen verheiratet, viele Jahre hier oder in den benachbarten Gemeinden wohnhaft und zum Teil mit Wohnhäusern und Land angesessen. Würde man diese Arbeitskräfte der Landwirtschaft entziehen und sie durch nicht der Landwirtschaft angehörige, oder nicht mit den hiesigen Betriebsverhältnissen vertraute anderwärts arbeitslose Arbeitskräfte ersetzen, dann wäre die Produktionsmöglichkeit der Landwirtschaft, namentlich auf dem Gebiete der Milchwirtschaft und Viehzucht in hohem Grade gefährdet, was aus nachstehenden Ausführungen sich ergibt.

Der Bürgermeistereibezirk Kervenheim Niederrhein war bei der vorhandenen Einzelhofbesiedlung, der Erbsitte des geschlossenen Hofüberganges und den vorherrschenden grossbäuerlichen Betrieben – besonders seit den infolge der allgemeinen industriellen Entwicklung immer mehr an Umfang zunehmenden Abwanderung der einheimischen Dienstboten in die Städte und Industriegebiete – auf die Einstellung holländischer Kräfte angewiesen. Diese sind infolge der in Holland herrschenden Naturalteilung der Betriebe und der Ueberbevölkerung dort – kinderreiche Familien – abzuwandern gezwungen. Die holländische Grenze liegt 8 km von der Bürgermeistereigrenze entfernt. Für die Zuwanderung in unseren Bezirk kamen zuerst die Knechte und Mägde, später, nach deren Festsetzung, Tagelöhner und bei der ständig vermehrten Viehzucht und der Aufstellung von Milchvieh schließlich auch Viehwärter in Betracht. [...]

Allein diese jahrzehntelange, auf die holländischen Elemente sich stützende Arbeitsverfassung hat während der langen Kriegszeit die Produktion der Landwirtschaft ermöglicht. Trotz aller, tief in das Familienleben eingreifenden Aufenthaltsbeschränkungen der Holländer – der Verkehr mit ihren Familienangehörigen vollzieht sich bei der nahen Grenze meist zu Fuß – ist während der Kriegsjahre eine Veränderung in der Zahl der Holländer nicht eingetreten. Sie sind stets als sesshafte Bevölkerungsschicht zu bewerten. Ich würde es aus sozialen und volkswirtschaftlichen Gründen für ein grosses Unglück halten, wenn, trotz dieser geschilderten Arbeitsverfassung, die im allgemeinen auch für die übrigen Bezirke des Kreises mit vorherrschenden Mittelbetrieben, die nicht allein Familienwirtschaften sind, zutreffen dürften, die Ausweisung der holländischen landwirtschaftlichen Arbeiter verfügt werden sollte."[236]

Bürgermeister Janssen führte soziale und volkswirtschaftliche Argumente für eine Weiterbeschäftigung der niederländischen Arbeitskräfte auf und verwies insbesondere auf die 36 „Familienhäupter", die mit deutschen Frauen verheiratet waren. Gerade um diese Landarbeiterfamilien, die überwiegend die Katstellen bewohnten, war Heinrich Janssen auch in den folgenden Jahren bemüht. Als im April 1921 ein Schreiben des Ministeriums für Landwirtschaft, Domänen und Forsten in Winnekendonk eintraf, in dem die Bürgermeister dazu angehalten wurden, ihren „persönlichen Einfluß dahin geltend zu machen", daß die von Ausländern genutzten Wohnungen „baldmöglichst freigemacht und mit einheimischen Arbeiterfamilien besetzt werden"[237], hatte er bereits dem Düsseldorfer Regierungspräsidenten in Anwesenheit des Landrats „eine genaue Aufklärung über die aus volkswirtschaftlichen Gründen dringend notwendige Beibehaltung der [...] holländischen Kathstellen-Tagelöhnerfamilien gegeben", und der Regierungspräsident hatte sich daraufhin bereit erklärt, „im Falle der Ausweisung von Ausländern sich für das Verbleiben der holländischen Landarbeiterfamilien einzusetzen".[238]

Mit seinen Vorstellungen stand Bürgermeister Janssen keineswegs in Einklang mit der offiziellen Ausländerpolitik. Am 21. Oktober 1921 trat ein Erlaß des preußischen Innenministeriums über die „Ausweisung lästiger Ausländer" in Kraft, dessen Bestimmungen so „weit gefaßt und hinlänglich dehnbar" waren, „um Ausländer bei allen denkbaren Interessenlagen der deutschen Wirtschaft oder der Behörden abschieben zu können".[239] Das Arbeitsnachweisgesetz vom 22. Juli 1922 schließlich schrieb die Anwerbung, Vermittlung und Beschäftigung ausländischer Arbeitnehmer als alleinige Aufgabe des Reichsamtes für Arbeitsvermittlung fest. Im Unterschied zum Kaiserreich wurde nun der sogenannte Inländervorrang auf dem Arbeitsmarkt durchgesetzt, d. h. die Erteilung einer Aufenthalts- und Arbeitsgenehmigung wurde davon abhängig gemacht, ob genügend einheimische Arbeitskräfte zur Verfügung standen.[240] Ausgenommen waren u. a. ausländische Landarbeiter, die seit 1913 ununterbrochen in

Deutschland gearbeitet hatten. Für sie stellten die Behörden „Befreiungsscheine" aus.

Die restriktive Ausländerpolitik bewirkte auch in unserem Gebiet eine Verminderung des Ausländeranteils. In der Bürgermeisterei Kervenheim lebten 1925 232 Ausländer, 1933 waren es noch 180, darunter 223 bzw. 158 Niederländer. Bis Kriegsbeginn 1939 schwankten die Zahlen zwischen 145 und 162.[241] Parallel hierzu nahm die Zahl der in der Landwirtschaft Beschäftigten ab. 1914 zählte Heinrich Janssen insgesamt 841 unselbständig Beschäftigte, davon in der Landwirtschaft 458 und darunter wiederum 160 Ausländer; 1924 betrug das Verhältnis 777:326:45.[242] Die allgemeine Entwicklung in der Bürgermeisterei Kevelaer verlief entsprechend derjenigen in Kervenheim. Im Oktober 1925 arbeiteten 14 Ausländer in der Landwirtschaft und 33 im gewerblichen Bereich.[243]

Seiner Überzeugung, daß die niederländischen Landarbeiterfamilien aus sozialen und volkswirtschaftlichen Gründen nicht aus den Katstellen herausgedrängt werden dürften, blieb Bürgermeister Janssen treu. Zwar mußte er 1924 eingestehen, daß das Druckmittel einer Kürzung oder Streichung der Erwerbslosenunterstützung nicht ohne Erfolg geblieben war, doch sah er dies nicht als ein geeignetes Mittel an, um der Landwirtschaft langfristig Arbeitskräfte zuzuführen. Für die beschäftigungslosen Arbeiterfamilien sei wegen des Lohngefälles zwischen Landwirtschaft und Industrie eine derartige Beschäftigung nur von Interesse, wenn sie auch in Katstellen wohnen könnten. Deshalb empfahl er im Januar 1924 dem Kreiswohlfahrtsamt, „dass auf gewerbliche und industrielle Unternehmen eingewirkt wird, dass sie bei Wiederaufnahme ihrer Betriebe nur deutsche Arbeiter berücksichtigen" sollten.[244] Eine wenn auch nur recht bescheidene Möglichkeit bot sich immerhin durch den bereits erwähnten Bau von Landarbeiterwohnungen aus Mitteln der produktiven Erwerbslosenfürsorge.

Auch in der Bürgermeisterei Kervenheim wandten sich im Unterschied zur Vorkriegszeit nun wieder mehr deutsche Arbeitnehmer den landwirtschaftlichen Berufen zu. „So wurden z. B. im hiesigen Bezirk", vermerkte Heinrich Janssen 1925, „mit den überwiegenden grossbäuerlichen Betrieben und ihren grossen Viehbeständen jahrzehntelang meist nur holländische Viehwärter [...] beschäftigt. [...] Erst im letzten Jahrzehnt werden einheimische, vertraglich gebundene Tagelöhner – die in einem den westfälischen Heuerlingen ähnlichen Arbeitsverhältnis stehen – als Viehwärter verwandt."[245]

Während des industriellen Aufschwungs der Jahre vor der Weltwirtschaftskrise machte sich auf den Höfen wieder ein größerer Arbeitskräftebedarf bemerkbar. Nun wurden sogar Katstellen frei, deren dauerhafte Besetzung jetzt Schwierigkeiten bereitete, da wiederholt auswärtige Arbeiter eingezogen waren, die ihre Arbeit in der Industrie aus gesundheitlichen Gründen aufgegeben hatten. Es stellte sich jedoch rasch heraus, daß sie auch den harten Arbeitsbedingungen in der Landwirtschaft nicht mehr gewachsen waren. An einheimischen Interessen-

ten fehlte es meist, da diese – „durchweg kräftigen, gesunden Menschen"[246] – ins Ruhrgebiet abwanderten.
Seit der Weltwirtschaftskrise wurden zwar immer wieder Arbeitslose in der Landwirtschaft „untergebracht", es zeigte sich aber nun, daß die Aufnahme infolge der zunehmenden Mechanisierung nicht mehr in dem bisherigen Umfang möglich war.[247] Der Bedarf schrumpfte zusammen auf eine temporäre Nachfrage, meist zur Erntezeit.
Die in der Industrie gezahlten Löhne stellten die der Tagelöhner, Acker- und Feldknechte weit in den Schatten. Im Lagebericht der Staatspolizei Düsseldorf für September 1935 heißt es: „Die soziale Lage dieser Gruppe von Lohnempfängern ist [...] kaum noch zu verantworten, da diese, wenn sie lediglich auf ihren Lohn allein angewiesen sind, überhaupt keine Familie gründen können."[248]
Zu den arbeitspolitischen Initiativen nationalsozialistischer Agrarpolitik zählten neben den restriktiven Abwanderungsbestimmungen auch der Ernteeinsatz der HJ, die Einführung eines landwirtschaftlichen Pflichtjahrs oder die Landhilfe, wobei letztere auch unter dem Gesichtspunkt der Beseitigung der Arbeitslosigkeit gesehen werden muß, wie z. B. der Deutschland-Bericht (Sopade) der Exil-SPD für April/Mai 1934 hervorhob:
„Jugendliche müssen sich bei Strafe der Unterstützungsentziehung als Landhelfer verdingen lassen. Ihren Lohn zahlt nicht der Landwirt, sondern die Hitlerregierung. Es ist ein Höchstsatz von 25 Mark im Monat festgesetzt. Das entspricht ungefähr der Summe, die der jugendliche Arbeitslose auch bekäme, wenn er arbeitslos bliebe. Dieser Höchstsatz wird aber fast allgemein unterschritten. Nach einer Erhebung der Reichsanstalt vom 15. 2. 34, die den vertraglichen Barlohn für 141 895 Landhelfer ermittelte, bezogen nur 10 900 Landhelfer den Höchstbarlohn von 25 Mark im Monat, also nur 7 Prozent. Ungefähr ebensoviele bekamen weniger als 14,–, zum Teil weniger als 12,–, ja sogar 10 Mark im Monat und nur ein Drittel einen Lohn, der höher war als 20 Mark, also 70 Pfennige täglich."[249]
Ein deutlicher Mangel an landwirtschaftlichen Arbeitskräften machte sich am Niederrhein wieder ab Ende 1937 bemerkbar, der jetzt nur noch durch eine vermehrte Vermittlung niederländischer Arbeitskräfte sowie einen erhöhten „Einsatz" der HJ bei Erntearbeiten einigermaßen gedeckt werden konnte. Das bis dahin vorhandene Reservoir städtischer Jugendlicher, die sich freiwillig gemeldet hatten oder als Landhelfer eingesetzt wurden, war gänzlich erschöpft.

Der Teller wird nicht richtig voll

Im November 1918 war für die Bevölkerung die Zeit des Hungers und der Entbehrungen keineswegs beendet. Bis in das Jahr 1923 hinein arbeiteten die Gemeinden, der Kreis und zahlreiche Vereine eigeninitiativ an den Problemen der Beschaffung und Verteilung von Lebensmitteln und Brennstoffen. Zwar wurde im Laufe der ersten Nachkriegsjahre das Erfassungs- und Verteilungssystem abgebaut, die Bezugskarten verschwanden allmählich, doch kamen erst ab ungefähr 1924 wieder Lebensmittel und Verbrauchsgüter in einem solchen Umfang auf den Markt, daß die Versorgung der Bevölkerung weitgehend ohne kommunale Hilfestellungen funktionieren konnte. Damit hörten aber die Verpflichtungen der Gemeinden nicht auf. Für den gesamten Bereich der Fürsorge, einschließlich der Erwerbslosenfürsorge, mußten sie weiterhin Haushaltsmittel bereithalten, und darüber hinaus fühlten sie sich selbst in die Pflicht genommen, diejenigen Hilfsbedürftigen über das Maß der allgemeinen Sätze hinausgehend zu unterstützen, die bei einem nun ausreichenden Lebensmittel- und Gebrauchsgüterangebot vielfach nicht in der Lage waren, die geforderten Preise zu zahlen.

Im Herbst 1918 machte sich zunächst eine tiefe Unsicherheit breit. In den Frühjahrs- und Sommermonaten hatte sich zwar die Ernährungslage auf dem Lande deutlich gebessert, da jetzt die Erträge der eigenen Gärten wieder auf den Teller kamen, doch tauchten Fragen auf: Würde den entbehrungsreichen Steckrübenwintern der letzten zwei Jahre noch ein dritter folgen? Blieben die besetzten Gebiete sich gänzlich alleine überlassen? Mußte man die Besatzungstruppen miternähren? ... Erst im Winter 1918/19 setzte sich langsam die Erkenntnis durch, daß man nicht gänzlich vom unbesetzten Gebiet abgeschnitten war und daß auch die Verkehrsbehinderungen nur zeitweiliger Natur waren und kein Dauerzustand bleiben würden.[250]

In den deutschen und belgischen Verwaltungen begann in diesen Wintermonaten eine Zeit fieberhafter Berechnungen der vorhandenen Vorräte und des Bedarfs bis zur nächsten Ernte. Dies war nicht einfach und von vielen Ungewißheiten begleitet, da sich zwar Zahlen ermitteln und Statistiken aufstellen ließen, es aber nicht feststand, ob die auf dem Papier festgehaltenen Vorräte auch wirklich in den Scheunen und Lagern existierten. „Es ist äußerst zweifelhaft", bemerkte der Gelderner Landrat im Januar 1919, „ob die errechnete Menge [...] Getreide heute noch tatsächlich vorhanden ist, da während der durch die Revolution verursachten Unruhen ein beträchtliches Quantum Getreide im Wege des Schleichhandels verschwunden ist."[251]

In den ersten Nachkriegsmonaten konnte die Versorgung der Bevölkerung nur durch die Beibehaltung des im Krieg entwickelten Erfassungs- und Verteilungssystems gewährleistet werden. Die Landwirte hatten kein freies Verfügungsrecht über ihre erwirtschafteten Produkte, und der Konsument durfte noch nicht nach seinem Gutdünken einkaufen. Die Bezugskarten blieben vorläufig in Gebrauch und bestimmten die Menge der zugeteilten Lebensmittel. Im Januar 1919 standen der „bürgerlichen Bevölkerung" Lebensmittel pro Kopf und Woche in einem Umfang zu, der sich immer noch recht deutlich von dem der Vorkriegszeit unterschied.

Wöchentliche Lebensmittelzuteilungen im Januar 1919:[252]

	Bevölkerung Januar 1919	Soldaten Vorkriegszeit
Brot	2000 g	5250 g
Kartoffeln	3500 g	1750 g
Speisefett	50 g	
Fleisch	100–200 g	875 g
Nährmittel/ Hülsenfrüchte	100–150 g	1750 g
Zucker	175 g	

„Träger der gesamten Lebensmittelversorgung"[253] waren die Kreise, die von übergeordneten Hauptverteilungsstellen Lebensmittelkontingente überwiesen erhielten. Für die Verteilung bis hinab zum Konsumenten schalteten die Kreise den Groß- und Kleinhandel sowie die Gemeindeverwaltungen ein. Wie im Krieg erhielt jeder Einwohner für jedes Lebensmittel eine gesonderte Bezugskarte mit Abschnitten für die ihm zustehende Wochenmenge, die er gegen Bezahlung in den Geschäften oder bei den Gemeindeverkaufsstellen erhalten konnte. Zuvor mußte er sich allerdings in dem Geschäft seiner Wahl in eine Kundenliste eintragen lassen.

Beim Brotgetreide galt der Kreis Geldern als „Selbstversorger", da hier genügend Getreide für die einheimische Bevölkerung geerntet wurde. Das der Bevölkerung zustehende Getreide konnte im Kreis vermahlen, der Rest mußte ausgeführt werden. Die Erfassung und Verteilung der Kartoffeln war Aufgabe der Reichskartoffelstelle in Berlin bzw. der Provinzialkartoffelstelle in Koblenz. In diesen Behörden liefen jedoch lediglich die Berechnungen zusammen; in der Praxis setzten sich die „Bedarf-Kommunalverbände" direkt mit den „Überschuß-Kommunalverbänden" in Verbindung und orderten die benötigten Mengen. Für Fleisch und Schlachtvieh zeichneten die Reichsfleischstelle in Berlin, das Landesfleischamt, die Provinzialfleischstelle in Köln sowie einzelne Viehhandelsverbände verantwortlich. Für Milch, Butter, Eier, Nährmittel, Zucker und Brotaufstrich existierten weitere Institutionen und Organisationen.

Miteinbezogen in dieses System der Erfassung und Verteilung der Lebensmittel waren der Kreis und die Gemeinden, die so ihren Teil für die Versorgung der eigenen Bevölkerung im Rahmen der vorgeschriebenen Wochenkontingentierungen beitrugen. Im Jahr 1919 gehörte der Kreis Geldern nicht nur beim Getreide, sondern auch bei den Kartoffeln zu den Selbstbewirtschaftern, was ein noch verfeinerteres Verteilungssystem erforderlich machte. Die einzelnen Bürgermeistereien errechneten und deckten zunächst den Bedarf ihrer Einwohner, ehe die Überschüsse im Kreisgebiet, aus dem damals nicht exportiert werden durfte, umverteilt wurden. In der Bürgermeisterei Kevelaer reichte die eigene Kartoffelmenge zunächst gerade aus.[254] Hier stand einer Ernte von 68 000 Zentnern ein Bedarf von 62 000 Zentnern gegenüber. Eine im Rathaus eingerichtete Vermittlungsstelle gab die Bezugsscheine aus, die der Verbraucher bei den Landwirten vorlegen mußte. In diesem Jahr ordnete die Gemeinde Kevelaer zudem an, daß bei 108 der größeren Landwirte jeweils zehn Zentner für den im Frühjahr erwarteten Bedarf zu lagern seien. In der Tat meldeten sich von Januar bis April 1920 260 Personen, darunter 31 heimgekehrte Kriegsgefangene, bei der Gemeindeverwaltung. Die Lagerkartoffeln wurden jetzt abgerufen und weiterhin fast 1000 Zentner zusätzlich auf Vermittlung der Freien Bauernschaft in die Bürgermeisterei eingeführt.

Die allgemeine Ernährungslage blieb jedoch in beiden Bürgermeistereien wie im Kreis gespannt. Mit dazu bei trugen die Lebensmittellieferungen an die belgischen Besatzungstruppen, die bis Anfang 1920 in fast jeder Gemeinde präsent waren und ihren Bedarf – gegen Bezahlung – aus den örtlichen Vorräten deckten. Dies traf sowohl auf hochwertige Produkte wie Fleisch, Milch und Eier, als auch auf Grundnahrungsmittel wie Kartoffeln zu. Als schwerwiegend empfand man diese zusätzlichen Belastungen allerorten, besonders aber wohl in dem stark belegten Kevelaer, das ab Januar 1919 auch noch eine belgische Theatertruppe, die im August 1919 78 Personen zählte, miternähren mußte. Verantwortlich für die Verpflegung der belgischen Soldaten und Schauspieler war indes nicht allein die Gemeinde Kevelaer, sondern alle Gemeinden des „Cantonnement de Kevelaer".

Nur für die Verpflegung der Theatertruppe erhielt der Hotelier Josef Tombergs im Juli 1919 wöchentlich ca. 250 Eier, 70 Pfund Fleisch, 100 Pfund Mehl, 180 Pfund Gemüse, 20 Liter Milch, 20–25 Pfund Butter, 120–150 Pfund Kartoffeln und 15–20 Pfund Zucker zugewiesen. Die Eierlieferungen insgesamt betrugen, je nach Stärke der Einquartierungen, mitunter über 2000 Stück pro Woche.[255]

Klagen konnten somit nicht ausbleiben, doch änderten sie nichts an dem Zwang zu Ablieferungen, die zum Herbst 1919 hin, zur Erbitterung der betroffenen Landwirte, nur noch durch Revisionen zusammengebracht werden konnten. Erst als es im Oktober trotz aller Anstrengungen nicht mehr möglich war, die erforderlichen Mengen zusammenzubringen, wurde der Ablieferungszwang im

Nieder mit den Blutsaugern unseres Volkes!

Gehörst Du auch dazu?

Kennst Du einen Schleichhändler, Wucherer oder Schieber?

Warum zeigst Du ihn nicht an?

Warum beschützt Du ihn gar und hilfst ihm für einen Judaslohn Deinem Volke, unseren Kindern, unseren Müttern, unseren Kranken und Schwachen das Lebensmark aussaugen?

Warum kaufst Du ihm Schleichhandelswaren zu Wucherpreisen ab?

Unser Volk muß zugrunde gehen, wenn es sich nicht selbst hilft.

Ohne jede Schonung muß der Kampf gegen diese, unsere schlimmsten Feinde geführt werden.

Bringt jeden zur Anzeige, vor allen Dingen auch jeden Beamten, jeden Helfershelfer, der um eigener Vorteile willen diesen Schurken hilft.

Nur auf diese Weise könnt Ihr selbst Euch vor dem Untergange retten!

Beherzigt das wohl und handelt danach!

Alle Staatsanwaltschaften und Polizeibehörden nehmen Anzeigen entgegen.

Berlin, den 26. März 1920.

Landespolizeiamt
beim Staatskommissar für Volksernährung.
Dr. Falck.

Plakat gegen den Schleichhandel aus dem Jahre 1920 (HStAD, LRA Geldern 253)

Auch nach dem Ersten Weltkrieg blieben Lebensmittel und Gebrauchsgüter zunächst noch rationiert. (NMVK)

Cantonnement aufgehoben. Kurz vor dem Eintreffen der erlösenden Anordnung hatte Bürgermeister Marx noch einmal einen dringenden Appell an den Landrat geschickt:
„In der hiesigen Bürgermeisterei werden seit Wochen keine Eier mehr zur Sammelstelle geliefert. Dies ist auf die vorgeschrittene Jahreszeit bzw. auf die beendete Legeperiode der Hühner zurückzuführen. In der vorigen Woche habe ich durch eine Revision der landwirtschaftlichen Gehöfte bei 19 großen Landwirten nur 73 Eier zusammenbringen können. Hierbei handelt es sich um die für den Winter eingelegten Eier bzw. um solche, die seitens der Landwirte für Krankheiten pp. in der Familie zurückgelegt waren, die aber von mir, um das Lieferungssoll einigermaßen zu erfüllen, beschlagnahmt werden mußten. Daß diese Maßregel seitens der Landwirte bitter empfunden bzw. als Härte angesehen wird, dürfte erklärlich sein."[256]
Die Lebens- und Futtermittellieferungen an die Besatzungstruppen führten nicht nur in den Gemeinden, sondern auch im Kreis, im Regierungsbezirk und in der gesamten Zone zu ständigen Beschwerden und Befürchtungen[257], wobei aber kaum zu unterscheiden ist zwischen offensichtlichen Übertreibungen – so sah der Düsseldorfer Regierungspräsident für das Frühjahr 1920 eine Hungersnot voraus[258] – und tatsächlichen Krisenerscheinungen.
Ein weiteres drückendes Moment – mit wesentlich schwerwiegenderen Folgen für die minderbemittelte Bevölkerung – machte sich bereits 1919 in den Preissteigerungen bemerkbar. Zwar waren auch weiterhin kommunale und kreiskommunale Anstrengungen notwendig, um die Versorgungslage zu sichern, doch zeigte sich jetzt, daß ein Teil der Einwohner finanziell gar nicht mehr in der Lage war, die für die zugeteilten Lebensmittel geforderten Preise zu zahlen. Diese Steigerungen gingen im Winter und Frühjahr 1920 noch einmal mit Einschränkungen einher: im März wurde im besetzten Gebiet z. B. die wöchentliche Brotration von vier auf drei Pfund heruntergesetzt und eine weitere Senkung auf zwei Pfund befürchtet. Die Kartoffelzuteilung schwankte zwischen drei und fünf Pfund.[259] Besonders hart trafen die Teuerungen und neuerlichen Beschränkungen die kinderreichen Familien und die Kriegerfamilien. In Winnekendonk bezeichnete der Gemeinderat im März 1920 13 Familien „einer Unterstützung dringend bedürftig".[260] Hauptsächlich an den Kindern hinterließ die jahrelang unzureichende Ernährung unverkennbar ihre Spuren. Als sich Mitte Dezember 1920 der Gemeinderat Kevelaer zu einer Beratung traf, stand auf der Tagesordnung auch der Punkt „Bekämpfung des Kindersiechtums in Kevelaer".
„Zu dieser ernsten Angelegenheit nahm der Herr Vorsitzende das Wort und gab bekannt, daß die Kreisfürsorgeschwester schon vor einiger Zeit das Ergebnis der Schulkinderuntersuchung als ein tieftrauriges bezeichnete, denn Tuberkulose, Skrophulose und Blutarmut wurden in sehr vielen Fällen festgestellt. Besse-

rung konnte leider nur teilweise erzielt werden. Das Ansuchen der Kreisfürsorgerin geht dahin, für Kleinkinderpflege 2000 Mark zur Verfügung zu stellen, da wegen der hohen Kosten von der Errichtung eines Säuglings- und Kinderheims Abstand genommen werden muß, sollen zur Bekämpfung des Siechtums zwanzig, auf ärztlichen Vorschlag ausgewählte Kinder acht Wochen lang bei den Schwestern der Bewahrschule mittags beköstigt werden. Die Kinder stehen während dieser Zeit unter ärztlicher Kontrolle. Dem ersten Turnus soll sich ein zweiter und dritter anschließen; die hierbei gesammelten Erfahrungen werden weitere Wege weisen, wie das Siechtum erfolgreich zu steuern wäre. Die Kosten belaufen sich für die dreimal achtwöchige Verpflegung auf etwa 11 000 Mark. Der Vorstand des Roten Kreuzes hatte zur Errichtung einer Volksküche 5000 Mk bewilligt, ist aber sicherlich mit der Verwendung des Geldes zur Kinderbeköstigung einverstanden. Seitens der Gemeinde müßten also noch 6–7000 Mark bereit gestellt werden. Die Versammlung stimmt dem Vortrage zu und bewilligt die erforderlichen Mittel."[261]

Der erste Turnus begann am 17. Januar 1921 mit 18 Kindern. Bis Anfang 1922 wurden weitere fünf Gruppen beköstigt, und im März 1922 beschloß der Gemeinderat, nachdem Kontrollen ein „reichliches Mittagessen" und eine regelmäßige Teilnahme bestätigt hatten, eine Fortsetzung dieser Unterstützung.[262]

Was im Wallfahrtsort in dieser Form möglich war, mußte in den übrigen Gemeinden von vornherein wegen der zu erwartenden Kosten scheitern. Dennoch gab auch hier der schlechte Gesundheitszustand der Kinder zu Sorgen und Hilfen Anlaß. Im November 1921 richtete die Gemeinde Winnekendonk eine „Milchkur" ein, nachdem Schularzt und Schulleiter 20 Kinder „minderbemittelter Eltern als unterernährt und tuberkuloseverdächtig" bezeichnet hatten.[263] Jedes dieser Kinder konnte sich von November bis März täglich einen Viertelliter Milch im Krankenhaus abholen. Die Kosten von 2500 Mark wurden durch eine Sammlung der Jungfrauen-Congregation sowie durch Zuschüsse der Landesversicherungsanstalt und der Gemeinde gedeckt. Ermutigt durch die eingetretenen Erfolge – Gewichtszunahmen bis zu 7,5 Pfund – beschloß die Gemeindevertretung eine Fortsetzung der Kur auch in den Sommermonaten 1922.[264] Ähnliche Anstrengungen gab es in Kervenheim und in Kervendonk.

Allgemein hatte sich die Ernährungslage am Niederrhein schon im Sommer 1920 merklich entspannt. Die Rationierungen und Zuteilungen blieben indes noch eine Zeitlang bestehen, und die Gemeinden erhielten gelegentlich weitere Aufgaben zugewiesen, z. B. die Selbstversorgung mit Brot im August 1920, zu der alle Gemeinden des Kreises mit Ausnahme von Geldern und Kevelaer, die aus den Überschüssen der übrigen Bürgermeistereien beliefert wurden, auch durchaus in der Lage waren.[265] Für jedermann ersichtlich wurde der Wandel zum Besseren durch die Abschaffung der Reichsfleischkarte am 23. August 1920, wenn auch die Kundenlisten in den Geschäften weiter geführt wurden.[266]

Im Sommer bzw. Herbst 1920 konnten es sich die Gemeinden der Bürgermeisterei Kervenheim sogar erlauben, weitere Lebensmittelzuweisungen durch den Kreis abzulehnen. Die Gemeinderäte schlossen sich damit den Argumenten der Geschäftsinhaber an, daß nunmehr eine Belieferung durch Großhändler „ebenso billig, vielleicht noch billiger" erfolgen könne.[267] Dennoch blieben die Kontrollen streng und die Bestrafungen hart. Als im September 1920 die Zuckerkundenlisten in den Kevelaerer Geschäften nachgeprüft wurden, stellte sich heraus, daß sich 44 Familien – insgesamt 226 Personen – hatten mehrfach eintragen lassen. Gegen 40 wurde daraufhin ein Strafverfahren eingeleitet.[268]
Trotz aller Verbesserungen traten 1920 bei der Kartoffelversorgung Kevelaers unerwartete Schwierigkeiten auf, denn im Gegensatz zu den umliegenden Gemeinden konnte der Ort seinen Bedarf nicht vollständig aus der eigenen Ernte decken. Nach den Planungen und Berechnungen der Gemeindeverwaltung sollte die fehlende Menge aus den Erträgen der Bürgermeisterei und aus den vom Reich vertraglich sichergestellten Kartoffeln bezogen werden. Im gesamten Deutschen Reich war die Kartoffelernte 1920 so reichlich ausgefallen, daß man von einer strikten Zwangsbewirtschaftung abweichen und, nachdem ein Kontingent von 120 Millionen Zentnern vertraglich gebunden worden war, zur freien Wirtschaft der Vorkriegszeit zurückkehren konnte. Diese sogenannten Pflichtkartoffeln wurden teilweise zu subventionierten Preisen an Minderbemittelte abgegeben. Mit den Landwirten aus Wetten, Twisteden und Kleinkevelaer hatte die Gemeinde Kevelaer schon Anfang September 1920 einen Abgabepreis von 15 Mark pro Zentner ausgehandelt, worauf sich allein aus dem Wallfahrtsort über 6000 Einwohner [!] als „minderbemittelt" meldeten, die so in den Genuß des verbilligten Grundnahrungsmittels kommen wollten.[269]
Da aber die Freie Bauernschaft für den gesamten Kreis vertraglich lediglich 60 000 Zentner zugesichert hatte, was den errechneten Bedarf von sieben Zentnern pro Kopf nicht decken konnte, war eine Belieferung aus den Reichsbeständen nötig geworden. Obwohl die Gemeinde Kevelaer zu diesem Zeitpunkt nicht mehr verpflichtet war, die Lieferung mittels einer Sammelbestellung zu organisieren, übernahm sie dennoch freiwillig diese Aufgabe und stellte zudem einen Zuschuß von 10 Mark pro Zentner, insgesamt 306 400 Mark, zur Verfügung.[270]
Über die dann eingetretenen Verwicklungen gibt ein Bericht Auskunft:
„Ende September–Anfang Oktober setzten die Lieferungen sehr lebhaft ein. Ende Oktober, bei der Verteilung [...] mit dem Anfangsbuchstaben K angekommen, ließen die Lieferungen nach und setzten schließlich trotz der dringendsten mündlichen und schriftlichen, bittenden und drohenden Anmahnungen aus. Die wenigen Fuhren und Waggons, die noch einliefen, gestatteten nur einen zentnerweisen Absatz an die Bedürftigen. In der Hauptsache fehlten noch 10 000 Ctr. Vertragskartoffeln. [...] Auf Veranlassung des Herrn Landrats wurden nun im Osten 10 000 Ctr. a 41 Mk unter Hinterlegung des Preises [...] bestellt. Aber

nur 400 Ctr. trafen ein, dann verhinderte der Frost jeden Transport. Die Kartoffelnot war nun aber aufs Höchste gestiegen. Da stieg die Mark und verbilligte die an der Grenze liegenden holländischen Kartoffeln, die sich in wenigen Stunden hierhin schaffen ließen, aber schwierig und kostspielig. Die Not war indes so groß geworden, daß der Preis keine Rolle mehr spielen durfte. So wurden im Ganzen 1450 Ctr. zum Preise von 50–60 Mark einschl. aller Unkosten des Transportes und der Ausgabe [...] beschafft. Indessen war offenes Wetter eingetreten, und der Eingang der Ostkartoffeln wurde zugleich erwartet. Als aber alle Anmahnungen vergeblich waren, mußte die Bestellung zurückgenommen werden. Der Auftrag wurde nun einer anderen Firma (Koegler Berlin) übertragen und bei der Bank Bleichröder ein Akkreditiv von 130 000 Mark eröffnet, auszahlbar gegen Übergabe von Duplikatfrachtbriefen. Koegler hat den Betrag mittels gefälschter Frachtbriefe abgehoben, aber keine Kartoffeln geliefert. Koegler ist jetzt zu 2 Jahren Gefängnis verurteilt worden. Gegen das Bankhaus Bleichröder hat die Gemeinde Klage auf Schadenersatz erhoben, die noch nicht entschieden ist. Nunmehr wurden bei einer 3. Firma 2000 Ctr. a 44 Mk bestellt, welche auch [...] einliefen."[271]

Bis einschließlich 1923 stellte die Kartoffelversorgung eine jährlich wiederkehrende Aufgabe der Gemeinden dar. Das entscheidende Problem war jedoch nicht mehr die Rationierung und Verteilung – der Markt war wieder frei – sondern die steigenden Preise. Im Dezember 1921 richteten die Gemeinderäte Kevelaer und Winnekendonk Preisprüfungsstellen ein.[272] Diese Stellen, die in ihren Beratungen kaum über Formalia und die Diskussion weniger Einzelfälle hinausgelangten, sollten nach Meinung der Vertretungen allein durch ihr bloßes Vorhandensein Preisübertretungen und Verstöße von vornherein verhindern.

Die Preise für Kartoffeln und andere Lebensmittel wurden ab 1921 nicht mehr durch Subventionen künstlich niedrig gehalten, sondern die Gemeinden bürgten nun für Darlehen, die für den Einkauf notwendig wurden, und übernahmen bei minderbemittelten Familien die Zinsen. Ein solches Verfahren wurde auch in den Gemeinden der Bürgermeisterei Kervenheim notwendig, da die Ernte 1921 denkbar schlecht ausgefallen war und sich die Familien nicht genügend bei den einheimischen Landwirten eindecken konnten. Solche Bürgschaften mußten die Gemeinden auch im Krisenjahr 1923 übernehmen, als die Freie Bauernschaft den Zentnerpreis für Kartoffeln auf einen halben Dollar festsetzte, was für die arbeitslose Bevölkerung schlichtweg unbezahlbar war.[273]

Die Gemeinde Kevelaer hatte den größten Bedarf an eingeführten Kartoffeln. Auch sie übernahm Bürgschaften für Darlehen, deren Rückzahlungen bis einschließlich 1922 keine größeren Schwierigkeiten bereiteten. Als sich jedoch die Krise 1923 zuspitzte, die Arbeitslosenzahlen wöchentlich stiegen, die Kaufkraft mit der „galoppierenden Inflation" kaum Schritt halten konnte, sich die Verkäufer nicht mehr mit bloßen Zahlungsgarantien zufrieden gaben und bei den Banken keine Kredite zu erhalten waren, entschloß sich der Gemeinderat, Wechsel auszustellen. Die Summe betrug 80 000 Goldmark, von denen bis Ende Juni 1924 lediglich 20 000 durch Rückzahlungen der Endverbraucher abgetragen werden konnten. Nun geriet die Gemeinde in eine sehr ernste Situation, da die Gläubiger auf die Einlösung der Wechselschulden bis Ende Juni/Anfang Juli beharrten. In dieser äußerst prekären Lage wandte sich der Gemeinderat an den Reichstagsabgeordneten Allekotte, der das Schreiben gleich an drei Ministerien weiterleitete, an das Reichsministerium für die besetzten Gebiete, an das Reichsministerium der Finanzen und an das Preußische Ministerium des Innern, das sich schließlich der Angelegenheit annahm. Das Kevelaerer Ziel bestand weniger darin, die kurzfristigen Verbindlichkeiten in ein langfristiges Darlehen umzuwandeln, dazu hätte es des großen Aufwandes nicht bedurft, sondern man wollte einen Reichszuschuß erhalten, da man sich für die Verschuldung nicht verantwortlich fühlte. Das Preußische Innenministerium ließ sich darauf jedoch nicht ein und bestand auf einer Umwandlung in ein langfristiges Darlehen.[274]

Im Krisenjahr 1923 rückten die Einwohner der Gemeinden eng zusammen. Eine Welle der Solidarität mit der Bevölkerung des Ruhrgebiets erfaßte den Niederrhein. Bei den ersten Sammlungen für das neubesetzte Industriegebiet dachte wohl niemand daran, daß diese Gelder und Lebensmittel schon im März, nach Unruhen in Geldern und der gestürmten Bürgermeisterkonferenz in Kevelaer, im Kreis selber verteilt werden mußten. Die Not zwang zu sozialem Handeln. In Winnekendonk verteilte man Freibrot an Bedürftige[275], in Kevelaer blieben die Volksküchen für die unterernährten Kinder offen, und in Kervenheim setzte sich der Schuhfabrikant Krug erfolgreich für die Beschaffung von Holzschuhen und Hemden ein, nachdem er „bei verschiedenen Kindern festgestellt habe, daß sie kein Hemd am Leibe hätten".[276] Hier ging die Gemeinde von den bisherigen Milchkuren ab und ließ 68 ausgesuchten Schulkindern vom Winter 1923/24 bis zum Herbst 1925 ein „Zusatzfrühstück" zukommen.[277]

Ein nicht minder großes Problem bestand 1923 immer noch in der Kohleversorgung für den Hausbrand und die Betriebe. Die Transportfrage hatte man örtlich bereits in der unmittelbaren Nachkriegszeit weitgehend unbürokratisch dadurch gelöst, daß die Fuhrwerksbesitzer gegen ein Entgeld die Kohlen direkt an der Lintforter Zeche abholten.[278] Die Kohlezuteilung unterlag ebenfalls genauen Berechnungen des Kommunalverbandes und konnte bei den zunächst noch anhaltenden Unruhen im Ruhrgebiet nicht immer voll befriedigt werden, wenn auch einzelne Gemeinden dazu übergingen, einen gemeinschaftlichen Vorrat anzulegen. Als Alternative zur Kohle schlug man notgedrungen vermehrt Holz ein, bestellte aber auch gelegentlich „ostfriesischen Brennstoff" (Torf) oder Braunkohle.[279]

Ähnlich wie bei den Kartoffellieferungen hing 1923 auch der kommunale Kohleeinkauf von der Finanzierung durch Kredite ab, die allerdings bei den örtlichen Geldinstituten nicht mehr zu haben waren. Hier halfen nur noch Reichskredite, die das preußische Innenministerium den Gemeinden im Juni 1923 schließlich zusicherte.[280] Die mit diesen Krediten bezahlten Kohlen stammten allerdings vorwiegend nicht aus den Gruben des Ruhrgebiets, sondern aus England, was den Bezug zwar wesentlich verteuerte, ihn aber sicherer machte, da der Eisenbahnverkehr in den besetzten Gebieten unter belgischer und französischer Regie nur unzulänglich aufrecht erhalten werden konnte und die Zechen häufig bestreikt wurden.

Die Vielzahl der Einzelanträge, die im Laufe des Sommers 1923 in Berlin eintrafen, in denen die Gemeinden immer wieder auf die Unmöglichkeit hinwiesen, sich bei den einheimischen Banken Kredite zu verschaffen, veranlaßten schließlich den Innenminister, sich beim Reichsminister der Finanzen zu beschweren. Auslösend war das Gesuch aus Kervenheim. Die Beschwerde, höflich verpackt in diplomatische Umgangsformen, richtete sich gegen die Reichsbanknebenstellen in Goch und Kleve: „Ich habe mich im Benehmen mit dem Herrn Preuss. Finanzminister veranlaßt gesehen, der Bürgermeisterei durch Vermittlung der Preußischen Staatsbank aus den Mitteln für Kommunalkredit zur Beschaffung notwendiger Auslandskohle ein Darlehen zu gewähren, weil, wie der Regierungspräsident berichtet, die Reichsbanknebenstellen in Goch und Cleve auf persönliche Vorstellung hin einen Antrag auf Kreditgewährung als völlig aussichtslos bezeichnet haben. Ich bitte daraus entnehmen zu wollen, daß die Reichsbankstellen im besetzten Gebiet sich der Kreditgewährung an die Gemeinden auch in beschränktem Umfange entzogen haben."[281]

Eine möglichst gerechte Verteilung der Lebensmittel und sonstiger rationierter Güter konnte aber letztlich nur sichergestellt werden, wenn der Schleichhandel und die Felddiebstähle erfolgreich bekämpft würden. Hierbei muß allerdings unterschieden werden zwischen dem arbeitslosen Familienvater, der aufs Land fuhr und einige Pfund Kartoffeln ausgrub, und den organisierten Schieber- und Diebesbanden, die vor kaum einer Brutalität zurückschreckten. Zu diesen gesellten sich ebenfalls 1920 Brandstiftungen im Kreisgebiet, darunter auch an einem Hof in Winnekendonk. Hinter den meisten Fällen vermutete der Landrat Racheakte, z. B. Lintforter Zechenarbeiter, „wegen verweigerter Abgabe oder zu teuer verkaufter Landesprodukte".[282] In Abstimmung mit dem belgischen Kreisdelegierten konnte nun wieder örtlich eine „Ehrenfeldhut" aufgestellt werden.

Ein organisierter Selbstschutz war 1923 eine dringende Notwendigkeit, häuften sich doch jetzt wieder die Meldungen über Einbrüche und Diebstähle. Am 26. Mai 1923 berichtete das Kevelaerer Volksblatt: „Twisteden-Klein-Kevelaer. [...] Da sich die Weidevieh-Abschlachtungen in hiesiger Gegend in letzter Zeit in erschreckender Weise mehren, haben sich die viehbesitzenden Landwirte zu einer ständigen nächtlichen Patrouille von abends 9 Uhr an bis zu den frühen

Morgenstunden entschlossen. Als bewaffneter Begleitmann fungiert ein Förster oder Polizeibeamter."

Als dann im Sommer des Krisenjahres die Plünderungen der Felder bedrohlich zunahmen[283], sah der Gelderner Landrat die ansonsten sichere Ernährungslage seines Kreises sogar gefährdet, „wenn die Arbeiterschaft der benachbarten Industriekreise, wie es in der letzten Zeit mehrfach geschehen ist, auch weiterhin eigenmächtig Kartoffeln im unreifen Zustande aberntet".[284] Hart ging er in diesen Monaten aber auch mit den Landwirten und Gewerbetreibenden ins Gericht, die ihre Waren gegen Sachwerte tauschten und so „weiten Schichten der Bevölkerung [...] die Möglichkeit [nahmen], die für den allernötigsten Lebensunterhalt erforderlichen Waren zu erwerben".[285]

Doch trotz aller Anstrengungen konnte auch in dieser ländlichen Region nur das „Schlimmste" verhindert werden. Verhindert werden konnte indes nicht, wie Bürgermeister Widmann (Kevelaer) kurz nach seinem Amtsantritt 1924 feststellen mußte, daß „der Gesundheitszustand der Bevölkerung [...] der denkbar schlechteste" war.[286]

Schlägt man einen weiten Bogen in das Jahr 1939, so stößt man im Jahresbericht über die gesundheitlichen Verhältnisse im Kreis Geldern unter der Rubrik „Ernährung" auf die Feststellungen: „Bemerkenswerte Fälle von Unterernährung sind nicht zur Kenntnis des Gesundheitsamtes gekommen. Durch die staatliche und private Fürsorge für Erwerbslose und Bedürftige wird die größte Not abgehalten."[287] Die Ernährung war demnach auch 1939 noch nicht für jedermann gesichert. Es waren lediglich keine „bemerkenswerten" Fälle „zur Kenntnis" gelangt, und auch die Fürsorge hatte die Not nicht generell beseitigt, sondern nur die „größte Not" abgehalten.

Dazwischen lagen fünfzehn Jahre, in denen die Aufgaben der Kommunen nicht geringer geworden waren, sich aber dennoch von denen der vorherigen Zeit unterschieden, fiel doch beispielsweise das Bestellen und Verteilen von Grundnahrungsmitteln weg. Die allgemeine Ernährungsvorsorge wich einer individuellen Unterstützung von Hilfsbedürftigen durch die Gemeinden und wohltätigen Vereine.

Von den Vereinigungen der freien Wohlfahrtspflege sollen hier besonders genannt werden die „Vaterländischen Frauenvereine" sowie die kirchlich orientierten „Elisabethenvereine", die in manchen Dörfern nebeneinander bestanden. An ihrer Spitze engagierten sich nicht nur die Ortsgeistlichen, sondern auch die Ehefrauen der Bürgermeister sowie andere angesehene Frauen „der Gesellschaft". Hierdurch war eine enge Kooperation mit den kommunalen Fürsorgeausschüssen gewährleistet, in denen die Geistlichen ebenfalls zum Teil mitwirkten. Von den mannigfachen Zuwendungen, die bedürftige Familien oder Einzelpersonen von den Gemeinden mit Unterstützung der Vereine oder von den Vereinen mit Unterstützung der Gemeinden erhielten, seien hier die Weihnachtsun-

terstützungen genannt, die meist in Form von Lebensmitteln oder Heizmaterial gewährt wurden, ferner die Sammlungen von Geld, Naturalien, Schuhen, Kleidung usw.
Als während der Weltwirtschaftskrise die Zahl der Bedürftigen erneut anstieg, schlossen sich örtlich die Wohlfahrtsorganisationen und die öffentliche Fürsorge zur „Deutschen Nothilfe" zusammen. Die ohnehin schon enge Zusammenarbeit konnte so durch einen organisatorischen Rahmen noch ausgebaut werden. Die finanzielle Grundlage der Kevelaerer Nothilfe bildeten Zuschüsse der Gemeinde und Gelder der Vereine sowie die von den Nachbarschaften durchgeführten Geldsammlungen. Im Winter 1932 nahm die Kevelaerer Nothilfe eine Volksküche in Betrieb.[288]
Einen besonderen Anreiz sowohl für die sammelnden Vereine als auch für die Spender bildeten die regelmäßigen Veröffentlichungen der Sammelergebnisse in der Ortszeitung. So konnte der Elisabethenverein des Wallfahrtsortes an Bedürftige im Jahre 1931 abgeben: 1581 Stück Leib- und Bettwäsche, 240 Bekleidungsstücke, 99 Meter Wäsche- und Kleiderstoffe, 50 Paar Strümpfe, 115 Paar Straßen- und Hausschuhe, 15 Strohsäcke, vier Bettstellen mit Matratze, vier Kinderbettstellen, fünf Auflegematratzen, einen Kinderwagen, 8,5 Zentner Kohlen, Ausstattungsstücke für Kommunionkinder sowie 5060 Liter Milch.[289]
Erst ab etwa Mitte 1933, als die nationalsozialistischen Organisationen langsam in den niederrheinischen Gemeinden Fuß faßten, wurde die Arbeit der Nothilfe und der wohltätigen Vereine zurückgedrängt und von der NS-Frauenschaft sowie von der Nationalsozialistischen Volkswohlfahrt (NSV) übernommen, die gewissermaßen in Fortführung früherer Winterhilfen nun das Winterhilfswerk (WHW) ins Leben rief.
Die Unterschiede zwischen der nationalsozialistischen und der Weimarer Zeit lagen hierbei weniger in der Art und im Umfang der geleisteten Hilfe (Lebensmittel, Kleidung, Kohlen), sondern in dem Zwangscharakter der nationalsozialistischen „Spendeneinwerbung".[290] Hatte die Kevelaerer Nothilfe im Juli 1933 in einer Versammlung mit den Nachbarschaftspräsidenten noch beschlossen, daß „der Sammler die Büchse in die Familie hineingehen läßt, damit jede ungesehen nach ihrem Können geben kann"[291], so markierten die ausgegebenen und auch zu tragenden Spendenabzeichen des WHW eindeutig diejenigen, die bereits gespendet hatten. Die Übrigen waren dem Sammeleifer der HJ ausgesetzt, die, dem damaligen Sprachgebrauch folgend, niemanden entkommen lassen wollten und die Säumigen regelrecht umlagerten. Im Krieg sprachen die Jugendlichen auch von „Kesselschlachten" um Spenden. Der so Eingekesselte mußte seinerseits sehr auf der Hut sein, daß er nicht im Ärger abträgliche Äußerungen machte, die dann eine Bestrafung nach sich ziehen konnten. Als ein Kervendonker Landwirt erklärte, er wolle lieber das Geld in die Niers werfen, als es dem

⌘ Zu der am Donnerstag, dem 10. Aug., abends 8 Uhr im Parteilokal stattfindenden

Pflichtversammlung

der NS Frauenschaft Kevelaer werden die Mitglieder eingeladen. Erscheinen ist Pflicht. Neuanmeldungen werden in der Versammlung entgegen genommen.

NS. Frauenschaft Kevelaer
Frau W. Rütter.

Kevelaerer Volksblatt 8. 8. 1933

NS. Volkswohlfahrt
Gruppenführung Kevelaer.

An die Bürgerschaft Kevelaers!

Die Reichsregierung hat einen Aufruf an das ganze Volk erlassen zur Unterstützung des Winterhilfswerkes, das unter dem Leitmotiv

„Kampf gegen Hunger und Kälte"

steht. Gemäß „Erste Arbeitsanweisung des Reichsführers des Winterhilfswerkes des deutschen Volkes 1933/34" werden **an jedem ersten Sonntag in jedem Monat Geldsammlungen für die Winterhilfe, Straßensammlungen mit Büchsen, Haussammlungen,** veranstaltet. Die karitativen Verbände und Vereine, die schon seit mehreren Jahren im Winterhilfswerk tätig sind, sind der NSB. angeschlossen. In den Arbeitsausschüssen sind neben den örtlichen Parteiorganisationen der NSDAP. vertreten: die örtliche Spitzenbehörde, die örtliche Vertretung der Bauernschaft, die örtl. Vertretung der Kath. Pfarrei, die Schulen und die seitens des Reichsministeriums anerkannten Wohlfahrtsverbände.

Die erste Sammlung wird am Sonntag, dem 17. ds. Mts. durchgeführt und zwar durch die SA., SS., HJ. und NS. Frauenschaft.

Wir appellieren an das soziale Gefühl der Bürger Kevelaers, uns in dem „Kampf gegen Hunger und Kälte" zu unterstützen.

NS. Volkswohlfahrt
Gruppenführung Kevelaer
i. A. Frau Rütter, 1. Gruppenwalterin.

Kevelaerer Volksblatt 16. 9. 1933

Der Arbeitsdienst kocht Erbsensuppe

Der gemeinsame Eintopf am Heldengedenktage in Kevelaer

Am kommenden Sonntag, dem Gedenktag für unsere Gefallenen, wird die Abteilung des Reichsarbeitsdienstes genau wie in den Jahren vorher den Müttern und Frauen einmal das Kochen des Mittagessens abnehmen. An dem Tage steht der Arbeitsdienst in Kevelaer im Zeichen des Winterhilfswerkes. Und mit dem Arbeitsdienst wetteifert die Bevölkerung in gewohnter Weise um dem Führer zu helfen die Not und das Elend zu bannen.

Es gibt wieder die gute Erbsensuppe mit Einlage. Wer Soldat gewesen ist, weiß wie es aus dem großen Topf schmeckt. Die Frauen und Mütter wollen auch einmal gerne Eintopfessen, den sie nicht selbst gekocht haben. Die Kinder freuen sich auch mit den Großen an einem Tische zu sitzen und reinzuhauen „wie bei Mutter".

Wer sieht nicht noch die leuchtenden Kinderaugen in den vergangenen Jahren in den Räumen der RAD.=Abteilung an den langen Tischen. Welche Mutter hat sich nicht gewundert über ihr Kind, wenn es mehrere „Schläge" Erbsensuppe verdrückte.

Diese Freude soll Kevelaers Bevölkerung jetzt wieder haben. Am kommenden Sonntag steigt das obligatorische Eintopfessen Kevelaers im Lager. In den ersten Tagen werden Männer der erdbraunen Farbe die Eßkarten anbieten. Sie werden von Haus zu Haus gehen und vorsprechen. Kauft schon jetzt eure Karte, damit die Führung des Arbeitsdienstlagers einen gewissen Ueberblick bekommt, damit es nicht wieder geht wie im vergangenen Jahre, daß der Besuch den gekochten Vorrat, ca. 1500 Lt. Erbsensuppe, fast restlos verputzte und für die Männer noch einmal gekocht werden mußte.

Und nun auf, haltet den Sonntag mittag frei, der Arbeitsdienst kocht Erbsensuppe.

Ganz Kevelaer trifft sich im Tagesraum der RAD.=Abteilung zum gemeinsamen Eintopfessen.

Kevelaerer Volksblatt 9. 3. 1939

WHW geben, wurde er auf Anordnung der Gestapo Düsseldorf für drei Tage in Haft genommen.[292]
Doch auch die Bemühungen der nationalsozialistischen Organisationen und der öffentlichen Fürsorge konnten nur die größte Not abhalten. Im Winter 1935/36 wurde lediglich aus Sorge um das Ansehen bei der Bevölkerung auf die neuerliche Einführung einer Fettkarte verzichtet.[293] In diesem Zusammenhang muß auch auf die mit viel Aufwand propagierten Eintopftage oder auf die Eintopf-Essen im Arbeitsdienstlager hingewiesen werden, die ja nicht zuletzt aus Gründen der Lebensmitteleinsparungen durchgeführt wurden, denn die Versorgungsbasis des gesamten Reiches war und blieb abhängig von den vorhandenen Devisen und der Devisenausgabepolitik. Die abschließend zitierte Passage aus dem Bericht der Staatspolizeistelle Düsseldorf für Oktober 1935 gilt in seinen Aussagen nicht für die gesamte Vorkriegszeit. Sie kann aber als durchaus symptomatisch für die ersten Jahre nach der Machtübernahme angesehen werden:
„Die Preise der Lebensmittel und der Gegenstände des täglichen Bedarfs sind weiter gestiegen, wodurch erneut eine weitere Schmälerung der Lebenshaltung eingetreten ist. Vor allem hat sich aber die Verknappung wichtiger Lebensmittel ungemein stark stimmungsverschlechternd ausgewirkt. Der Butter- und Fettmangel hatte verheerende Wirkung, zumal stellen- und zeitweise Familien überhaupt nicht in den Genuß dieser wichtigsten Lebensmittel gelangen konnten. Was für die Butter gilt, gilt in gleichem Maße für Schweinefett, Talg, Margarine, Palmin, Kokosfett. Sozusagen alle Haushaltungen, die auf den Kauf angewiesen waren, sind von der Fettkalamität betroffen worden, falls sie nicht bevorzugt behandelt wurden. Wie die Eierknappheit hatte auch die Verknappung von Rind- und Kalbfleisch, die zu dem Mangel an Schweinefleisch erneut hinzutrat, ebenfalls üble Auswirkungen. In den Metzgereien und Lebensmittelgeschäften gab es Wortwechsel, Zänkereien und für alle Teile unangenehme Auftritte. Besonders unerfreulich war die Tatsache, daß Knappheit und Preissteigerungen entweder für einzelne Waren überhaupt oder abwechselnd für einige bestehen blieben. Die Nervosität war daher stellenweise sehr groß und ist auch bisher keineswegs geschwunden. Unzufriedenheit besteht weiter über die hohen Preise des Gemüses und vielfach über eine äußerst schlechte Beschaffenheit der Kartoffeln. Eine Möglichkeit der Änderung wird nicht erwartet. Man betrachtet die Preissteigerung und Knappheit als erst im Anfange befindlich, so daß die Aussichten nach allen Seiten stellenweise als sehr ungünstig beurteilt werden. Gerade die Sorgen vor einem Notwinter haben beträchtlich zu einer gedrückten und ernsten Stimmung Anlaß gegeben. Die Arbeiter und erst recht die Erwerbslosen werden infolge ihrer geringen Kaufkraft von der Gesamtentwicklung am härtesten betroffen, zumal bei ihnen noch neben den Lebensmittelsorgen ganz besonders solche wegen Kleidung, Schuhen und Wäsche vorhanden sind."[294]

Die Reihen schließen sich: Nationalsozialismus auf dem Lande

Eine Burg bröckelt

Der linke Niederrhein war in der Kaiserzeit und während der Weimarer Republik eine der Hochburgen des politischen Katholizismus im Deutschen Reich. Sie hielt bis zur Selbstauflösung des Zentrums im Jahre 1933 stand. Obwohl sich das Wahlverhalten bei den Reichs- und Landtagswahlen im Laufe der 1920er Jahre zum Teil recht deutlich verschob, reicht eine bloße Betrachtung der Wahlergebnisse nicht aus, um die Veränderungen im gesellschaftlichen und politischen Denken aufzuzeigen. Kommunalpolitik in der Weimarer Zeit entstand weniger im Gegen- oder Miteinander parteipolitisch gefestigter Standpunkte, sondern immer noch aus einem weitgehenden Konsens der Gemeinderäte heraus. Kann man mithin in der Weimarer Republik kaum von einer spezifischen Kommunalpolitik des Zentrums sprechen, sondern eher von einem auf äußere Einflüsse reagierenden kommunalen Handlungsspielraum, so gilt dies in mancher Hinsicht auch für die nationalsozialistische Zeit, nachdem die traditionellen kommunalen Entscheidungsträger entmachtet und durch Nationalsozialisten ersetzt worden waren.

Stellt man die Frage, wie sich politische Meinungen in den Orten bildeten und sich dann im Wahlverhalten niederschlugen, so ist zum einen an die örtliche Presse zu denken, die sich eindeutig als mit dem Zentrum verbunden betrachtete, zum anderen an die politischen Parteien, zum dritten an die Vereine und informellen Zusammenkünfte in Nachbarschaften, Congregationen, Stammtischen, Kegelclubs usw., in denen man sich aus beruflichen, sportlichen, gesellschaftlichen oder religiösen Absichten traf oder, wie bei den Feuerwehren oder im Sanitätswesen, um Aufgaben für die Gemeinde wahrzunehmen. Genau dies, weniger die Parteiversammlungen, waren die Gelegenheiten, bei denen politisiert, über kommunale Entwicklungsmöglichkeiten oder über die Weltpolitik gesprochen wurde, bei denen man überlegte, wie wirtschaftliche Nöte zu beheben seien, welcher Partei man den Vorzug geben wolle, ob sich Brüning noch werde halten können oder schon bald ein Kanzler Hitler kommen werde, wie man erreichen könne, daß die Wohlfahrtsunterstützten in den heimischen Geschäften einkauften und nicht mit Kervenheimer Geld die Kevelaerer Kassen füllten. Hier war der Ort, an dem man gleichermaßen über die Überschwemmungen der Fleuth, den Versailler Friedensvertrag, die Unterschlagungen in der Kevelaerer Gemeindekasse, den Reichstagsbrand, die Verschuldungen der Bauernhöfe oder die Verhaftung von Bürgermeister Marx diskutierte. Diese, durch kaum eine schriftliche Quelle belegbare Ebene des örtlichen Dialogs über gesellschaftliche, wirtschaftliche oder politische Fragen sollte mitbedacht werden, wenn im folgenden die politischen Veränderungen in der Weimarer Zeit und die „Machtübernahme" dargestellt werden.

Deutlich unterschied sich das Wahlrecht der Weimarer Zeit von dem des Kaiserreichs. Das preußische Zensus- oder Dreiklassenwahlrecht war beseitigt, das Wahlalter vom 25. auf das 20. Lebensjahr gesenkt worden. Auch Frauen konnten sich nun an den allgemeinen, gleichen, unmittelbaren und geheimen Abstimmungen beteiligen. Die Soldaten nahmen 1919 an der Wahl zur Deutschen Nationalversammlung teil, ab 1920 waren sie wieder ausgeschlossen. Als eine weitere Neuerung wurde der Wahlschein eingeführt, der bei Abwesenheit vom Wohnort am Wahltag, der ein Sonntag oder ein öffentlicher Ruhetag sein mußte, die Stimmabgabe in einem anderen Wahlbezirk ermöglichte.

Bei den Gemeindevertretungen, für die dieser Modus entsprechend galt, ist hervorzuheben, daß nun die „geborenen" Mitglieder, die ja ehedem eine recht beachtliche Zahl annehmen konnten, keinen Anspruch mehr auf einen Sitz hatten und daß der gesamte Rat in der Regel für fünf Jahre im Amt blieb. Die Sitzungen waren jetzt öffentlich, auch dies stellt einen Unterschied zum Kaiserreich dar.

Das neue Wahlrecht stärkte die Chancen der Parteien, auf die Zusammensetzung der Gemeinderäte stärkeren Einfluß nehmen zu können. Nach dem Ersten Weltkrieg gab es in Kevelaer das Zentrum, die SPD und die Deutsche Volkspartei (DVP), denen Bernhard Bercker (Kaufmann), Matthias Urselmann (Lagerarbeiter) bzw. Josef Klümpen (Kaufmann) vorstanden. In den übrigen Orten existierte lediglich das Zentrum, meist vom Ortsgeistlichen geleitet.[1] Nur mit gewissen Vorbehalten kann man in unserem Raum überhaupt von „Parteien" sprechen, sieht man von der Kevelaerer SPD mit ca. 60 Mitgliedern einmal ab. Hierbei wird man nicht an organisatorisch fest gefügte Parteien wie in den größeren Städten denken dürfen, sondern eher an losere Formen des Zusammenschlusses, die sich erst im Laufe der 1920er Jahre festigten. Fast alleinige Aufgabe dieser Parteien und ihrer Vorsitzender war es, im Vorfeld der Kommunalwahlen in einer öffentlichen Versammlung – nach althergebrachter Weise – möglichst eine Kandidatenliste aufzustellen bzw. aufstellen zu lassen. So ist es nicht weiter verwunderlich, daß Bürgermeister Janssen noch bis Anfang 1928 in seinen periodischen Berichten vermerkte, daß in seiner Bürgermeisterei bzw. in seinem Amt keine Parteien vorhanden seien; den losen Zusammenschluß des Zentrums sah er wohl nicht so recht als eine Partei an.[2]

An diesen nur zögernden Parteiformierungen zeigte sich ein stark beharrendes politisches Bewußtsein, das weder durch das Ende der Monarchie noch durch die Revolutionszeit noch durch die Unruhen im Ruhrgebiet oder den Rheinischen Separatismus erschüttert werden konnte. Dessen ungeachtet wurden in den Gemeinden wie in der gesamten belgischen Besatzungszone die Reaktionen der Bevölkerung auf politische Ereignisse genau beobachtet, und die Besatzungsbehörden trafen auch Vorkehrungen, um eventuell auftretende politische Kundgebungen kontrollieren oder unterbinden zu können. In ähnlicher Weise wie die Alliierten nach dem Zweiten Weltkrieg verhängten auch die Belgier kurz nach der Besetzung eine Art politischer Quarantäne, jedoch mit dem Unterschied, daß die Gemeindeverwaltungen personell unverändert weiterarbeiten durften, Gemeindevorsteher und Bürgermeister im Amt blieben.

Die Bevölkerung im besetzten Gebiet mußte länger als die übrige Reichsbevölkerung darauf warten, ihre Gemeinde-, Bürgermeisterei- und Kreisvertretungen nach dem neuen Recht wählen zu dürfen. Einer Verordnung des Innenministeriums vom Januar 1919, nach der die Gemeinderäte aufzulösen und Neuwahlen durchzuführen waren, traten die Besatzungsbehörden mit einem Verbot entgegen. Am 15. Februar 1919 informierte der Gelderner Kreisdelegierte die Bürgermeister: „Der Kommandant der B.A. [Belgischen Armee] macht bekannt, daß in Uebereinstimmung mit den Militärbehörden in den besetzten Gebieten beschlossen worden ist, gegenwärtig die Durchführung der Verfügung der preußischen Regierung, enthaltend Vorschriften für gänzliche Neuwahl der Gemeinderäthe, nicht zu gestatten. Die Ortskommandanten werden dementsprechend kein Gesuch um Abhaltung einer darauf bezüglichen Versammlung mehr vorlegen; keine Wahlen, keine Plakate, keine Versammlung."[3]

Darüber hinaus griffen die Belgier auch allgemein in die politische Willensbildung ein. Der Kevelaerer Ortskommandant Lambert teilte z. B. im August 1919 Bürgermeister Marx mit, daß, „um der Propaganda, welche die Kommunisten im geheimen in gewissen Gegenden mit starker Arbeiterbevölkerung machen, zu begegnen", nun Versammlungen erlaubt seien, „welche von Führern beantragt werden, die als ruhe- und ordnungsliebend bekannt" seien.[4]

Erst im September 1919 genehmigte die Interalliierte Hohe Rheinlandkommission Kommunalwahlen im besetzten Gebiet, die noch im selben Jahr, am 14. Dezember, stattfanden. Die Wahlvorbereitungen verliefen in den Gemeinden der Bürgermeistereien Kevelaer und Kervenheim ganz in der herkömmlichen Art und Weise, ein parteipolitischer Wahlkampf erübrigte sich. Die Kevelaerer Sozialdemokraten hatten sich organisatorisch offensichtlich noch nicht so gefestigt, daß sie mit einem eigenen Wahlvorschlag an die Öffentlichkeit treten konnten. Eine gewisse Spannung ergab sich lediglich bei der Frage, ob es bei den öffentlichen Versammlungen möglich sein würde, sich auf eine Wahlliste zu einigen, oder ob am Wahltag zwei Listen zur Entscheidung vorliegen würden. Dabei ging es, wie das Kevelaerer Volksblatt feststellte, um „wirtschaftliche Gesichtspunkte" und um das Durchsetzungsvermögen bzw. die Kompromißbereitschaft der „Berufsstände".⁵

Offensichtlich gelang eine solche Einigung auf eine Liste in Wetten, Twisteden und Kleinkevelaer, in denen sechs bzw. zwölf (Wetten) Gemeinderäte gewählt werden mußten. In den anderen Gemeinden standen jeweils zwei Listen für die 18 Plätze in Kevelaer, zwölf in Winnekendonk und jeweils sechs in Kervenheim und Kervendonk zur Wahl. Da es sich, auch wenn keine Parteien angetreten waren, doch um eine Entscheidung für oder gegen eine Liste handelte, war die Wahlbeteiligung recht hoch: 70% in Kevelaer, 83% in Winnekendonk, 86% in Kervendonk und sogar 90% in Kervenheim.⁶

Bis auf zwei Ausnahmen gehörten alle Gewählten dem Zentrum an, oder, was den Sachverhalt wohl genauer trifft, sie standen dieser Partei nahe. Lediglich in Winnekendonk waren zwei Gemeinderäte Mitglieder der DVP bzw. der DNVP, was hinsichtlich ihrer Nominierung jedoch keine Rolle spielte. Hervorzuheben ist auch, daß in Kevelaer zum ersten Mal eine Frau, die Lehrerin Franziska Riesen, in den Gemeinderat einzog. Das Wahlergebnis zeigte durchaus eine gewisse Ausgeglichenheit der beruflichen Interessen, auf die man bereits bei den Listenaufstellungen geachtet hatte. In den Kevelaerer Gemeinderat zogen ein: drei Kaufleute, zwei Landwirte und je ein Arzt, Fabrikschreiner, Buchbinder, Gastwirt, Rendant, Schuhmachermeister, Metallarbeiter, Zeichner, Schreinermeister, Buchhalter, Anstreichermeister, Bäckermeister sowie eine Lehrerin.⁷

Im Rat von Kervenheim saßen ein Landwirt, zwei Mittelständler und drei Arbeiter, in Kervendonk fünf Landwirte und ein Arbeiter, in Winnekendonk sechs Landwirte, drei Mittelständler und drei Arbeiter.⁸ Die vormals agrarisch dominierten Vertretungen der niederrheinischen Gemeinden, bei deren Wahlen es zu Zeiten des preußischen Dreiklassenwahlrechts nur dann möglich war, „einen einzigen Handwerkerkandidaten durchzubringen [...], wenn er in die Landwirtschaft ‚eingeheiratet' hatte"⁹, hatten eine Wandlung erfahren.

Erst nach den Kommunalwahlen vom Dezember 1919 gelangten die Kevelaerer Sozialdemokraten zu einem festeren Zusammenschluß, zu einer Ortspartei. An den Wahlen hatten sie ja noch nicht mit einer eigenen Liste teilgenommen, und in seinem Märzbericht 1920 vermerkte der Landrat lediglich, daß die sozialdemokratische Parteileitung in Geldern „als Protest gegen die ‚Kapp-Regierung' [...] am 15. März eine Versammlung" einberufen und einen „24stündigen Demonstrationsstreik" angeordnet habe, „sodaß die Arbeit in den Großbetrieben mit wenigen Ausnahmen ruhte".¹⁰ Über Aktivitäten in Kevelaer finden sich hingegen keine Hinweise. Erst im Vorfeld der Reichstagswahl vom 6. Juni 1920 trat ein Ortsverein Kevelaer in Erscheinung, der beabsichtigte, eine Wählerversammlung abzuhalten. Da zu dieser Zeit eine belgische Verordnung bestand, wonach politische Versammlungen 48 Stunden vor ihrem Beginn anzumelden waren, durfte diese nicht stattfinden, denn Bürgermeister Marx hatte es versäumt, die rechtzeitig eingegangene Anmeldung fristgerecht an den Kreisdelegierten weiterzuleiten.[11]

Wenige Tage später erhielt der Bürgermeister ein äußerst scharf formuliertes Schreiben der SPD-Bezirksleitung. „Es liegt hier zweifellos ein Verschulden der dortigen Ortsbehörde vor", beschwerte sich Friedrich Lewerentz, „und erbitte ich darüber Auskunft, aus welchen Gründen die Anmeldung der Versammlung nicht rechtzeitig weiter gegeben wurde. Nach voraufgegangenen Erfahrungen in anderen Orten des Niederrheins, scheinen auch in Kevelaer Personen am Werke zu sein, die glauben, Sozialdemokraten auch heute noch für vogelfrei erklären zu können. Wir werden uns mit aller Entschiedenheit dagegen wehren und erwarten den Schutz der maßgebenden Behörden, da die Verfassung des deutschen Reiches Ausnahmen gegen die Sozialdemokraten nicht vorsieht. Sollte in diesem Falle ein beabsichtigtes Verschulden eines Beamten vorliegen, so erwarte ich eine disziplinarische Bestrafung desselben."[12]

In seiner Antwort machte der Bürgermeister auf das nicht rechtzeitige Bekanntwerden der belgischen Verordnung aufmerksam und verwies darauf, daß „von hiesiger Verwaltung alle Parteien gleich behandelt" würden.[13]

Bei den Kommunalwahlen im Mai 1924 trat die Kevelaerer SPD erstmals mit einem eigenen Wahlvorschlag an die Öffentlichkeit, konnte aber, dies sei vorweggenommen, kein Mandat erringen. Charakteristisch für diese Wahl wie auch für die von 1929 und 1933 war, daß die zur Wahl stehenden Listen nur zum Teil mit einem Parteinamen gekennzeichnet waren. Nach wie vor bemühte man sich in fast allen Gemeinden, möglichst eine einzige Liste aufzustellen, was aber jetzt nur noch in Ausnahmen gelang. Mehr als die Parteizugehörigkeit, die mitunter überhaupt nicht erkennbar war, galt das persönliche Ansehen der Kandidaten und ihre Berufszugehörigkeit.

In Kevelaer bewarben sich am 4. Mai 1924 vier Listen um die Wählergunst. An erster Stelle stand der „Wahlvorschlag der vereinigten sozialdemokratischen Partei Deutschlands", die kein Mandat erhielt. Die Liste Nr. 2, die Kandidaten der „wirtschaftlich schwachen Gruppen", die von Gemeinderatsmitglied Schuhmacher Johannes Wessels angeführt wurde und vier Mandate erhielt, umfaßte, ähnlich wie die SPD-Liste, vor allem Arbeiter und Gesellen. Der offizielle Wahlvorschlag des Zentrums (Liste Nr. 3), mit zehn Sitzen die erfolgreichste Liste, war hinsichtlich der Berufe der Kandidaten ausgeglichener: Kaufleute, Handwerksmeister und Gesellen, Arbeiter, Gastwirte und Landwirte. Ähnliches galt auch für den vierten Wahlvorschlag, „Bürgerliste Dr. Oehmen", der an die gesetztere Wählerschicht der „Bürger" appellierte und vier Sitze erhielt.[14]

In Wetten gab es zwei Vorschläge, die „Liste Deselaers" (zehn Sitze) und die nur von zwei Kleinbauern gebildete „Liste Theodor Selders", die die restlichen Mandate erhielt, in Twisteden lediglich eine Liste der Zentrumspartei und in

Kleinkevelaer wiederum zwei, auf denen hauptsächlich Landwirte kandidierten. Hier teilten sich die „Liste Heuvens" und die „Liste Jansen" die Plätze.[15]
Waren in den Gemeinden der Bürgermeisterei Kevelaer bei einigen Listen auch Parteizugehörigkeiten erkennbar, so war dies in der Bürgermeisterei Kervenheim nicht möglich. In Winnekendonk gab es nur eine Einheitsliste, auf der sich alle Berufsgruppen einvernehmlich vertreten fühlten. Den Gewählten ordnete Bürgermeister Janssen, weil das ihm zur Verfügung stehende Formblatt für die Wahlergebnisse eine solche Spalte vorsah, Parteien zu: Zentrum – 9, SPD – 2, DNVP – 1. In Kervenheim konnten sich die Wahlberechtigten zwischen der „Arbeiterliste" (vier Mandate) und der „Liste Mettmann" (zwei Mandate) entscheiden. Hier vermerkte Heinrich Janssen dreimal das Zentrum und einmal die DNVP. Bei den übrigen beiden Gemeinderatsmitgliedern hatte er offensichtlich Schwierigkeiten und notierte „Zentrum oder Sozialdemokratie". Diese Angabe findet sich auch bei zwei Vertretern im Gemeinderat von Kervendonk, die übrigen vier teilte er dem Zentrum zu. In Kervendonk hatten sich die Wähler für zwei Kandidaten der „Arbeiterliste", drei der „Liste Hönnekes" und einen der „Liste Deckers" entschieden.[16]
Die Amts- und Gemeinderatswahlen im November 1929, deren Ergebnisse eigentlich bis 1934 Gültigkeit hätten haben sollen, verliefen in einer merkwürdigen Weise: Am Beginn der Weltwirtschaftskrise, deren Wirkungen schon erkennbar waren, und mitten in der Krise der Landwirtschaft beherrschten weder Polarisierungen noch die NSDAP, die den meisten Wahlberechtigten zum damaligen Zeitpunkt nur aus der Presse oder dem Radio bekannt war, den kommunalen Wahlkampf, fand doch ein solcher in den meisten Dörfern überhaupt nicht statt! Wiederum hatte man sich in allen Gemeinden des Amtes Kervenheim und in Kleinkevelaer auf eine Gemeinschaftsliste geeinigt. Da es nur eine Liste gab, kann auch die geringe Wahlbeteiligung – in Kervenheim wurden drei, in Kervendonk und Winnekendonk jeweils vier Stimmen abgegeben – wenig überraschen, die Wahl war ja schließlich mit dem Erstellen der Liste schon gelaufen.[17]
In Twisteden konnten sich die Wähler zwischen der Zentrumsliste und der „Liste Herriger", in Wetten zwischen den Wahlvorschlägen „Lamb. Deselaers", „Wilh. van Bon" und der „Arbeiterliste" entscheiden.[18] Im Wallfahrtsort zeigte das Zentrum deutlicher als bisher Flagge und warb gleich mit drei Listen um verschiedene Wählergruppen: Mittelstand, Arbeitnehmer sowie Beamte und freie Berufe. Weiterhin gab es eine Liste der „Arbeitsgemeinschaft für Hand- und Kopfarbeiter" sowie eine der SPD, die erstmals ein Mandat errang. Die übrigen siebzehn Plätze fielen an das Zentrum.[19]
Bevor die vorgezogenen Amts- und Gemeinderatswahlen von 1933 ausführlicher dargestellt werden, sollen die Ergebnisse der Wahl zur Deutschen Nationalversammlung sowie der Reichstagswahlen vorgestellt werden.

Reichstagswahlergebnisse in den Bürgermeistereien Kevelaer und Kervenheim 1919–1933 (Prozentangaben):[20]

	Zent.	DVP	DNVP	SPD	KP	NSDAP	Sonst.
19. 1. 19	89,3	1,3	–	5,6			3,8
6. 6. 20	79,4	2,5	0,1	10,5	–		7,4
4. 5. 24	82,8	3,5	3,5	6,3	1,0		3,1
7. 12. 24	84,8	3,0	3,5	4,5	1,7		2,6
20. 5. 28	65,3	1,9	11,5	8,0	1,8	0,7	10,7
14. 9. 30	62,0	0,9	5,6	5,1	3,3	7,8	15,3
31. 7. 32	66,3	0,4	6,0	2,8	5,5	18,0	1,0
6. 11. 32	65,7	0,3	5,9	2,9	6,6	17,3	1,4
5. 3. 33	54,0	0,2	8,3	2,4	3,8	31,1	0,2

Bei der Wahl zur Deutschen Nationalversammlung am 19. Januar 1919 knüpfte das Zentrum an die hervorragenden Vorkriegsergebnisse an, wobei sicherlich auch eine Rolle spielte, daß der Kevelaerer Schuhfabrikant Theodor Bergmann im Wahlkreis erfolgreich kandidierte. Nach diesem überwältigenden Erfolg in beiden Bürgermeistereien ging der Stimmenanteil des Zentrums bis 1933 zwar nicht kontinuierlich, aber doch recht deutlich zurück. Eine der Hochburgen des politischen Katholizismus bröckelte, aber sie fiel nicht. Auffallend ist der erdrutschartige Verlust des Zentrums 1928, der immerhin fast 20% betrug, und der gleichzeitige Anstieg von DNVP und SPD. Weitere Zentrumsstimmen dürften 1928 zur „Reichspartei des deutschen Mittelstandes" gegangen sein, die mit zwei Listen insgesamt 7,5% errang, sowie 1930 zum „Deutschen Landvolk" (8%). Diesen beiden Parteien gelang es, die in wirtschaftliche Bedrängnis geratenen Wählerschichten mit einigem Erfolg anzusprechen. Die SPD hatte in beiden Bürgermeistereien bereits 1920 mit 10,5% ihren Zenit erreicht, sie erlangte 1928 noch 8% und fiel gegen Ende der Weimarer Zeit deutlich ab. Diese Stimmen könnten der Kommunistischen Partei zugute gekommen sein, die zwischen 1928 und 1930 kräftig zulegte, was nicht zuletzt auf die Gründung kommunistischer Parteiorganisationen in einzelnen niederrheinischen Gemeinden zurückzuführen ist.

Der Anstieg der NSDAP, 1928 mit 44 Stimmen oder 0,7% noch vollkommen bedeutungslos, erfolgte erst zwischen 1930 und 1932 mit Steigerungen auf 7,8%, 18% bzw. 17,3%. Hierbei dürften wohl weniger die Agitation der nur spärlich vorhandenen NSDAP-Ortsgruppen oder Stützpunkte, sondern die große wirtschaftliche Unzufriedenheit sowie auch ein gewisser Erfolgstrend der Partei im gesamten Reichsgebiet verantwortlich gewesen sein. Allerdings lag die NSDAP in diesem katholischen Gebiet weiter unter dem Reichsdurchschnitt, der 1932 37,4 % bzw. 33,1 % und 1933, bei der Wahl nach dem Reichstagsbrand, 43,9 % betrug.

Der NSDAP gelang es bis zur Märzwahl 1933 nicht, die Wähler des Niederrheins in größerem Ausmaß für sich zu mobilisieren. Hinweise auf das Auftreten der NSDAP im Kreis Geldern vor 1933 finden sich recht selten. Es kann nur vermutet werden, daß sich in Kevelaer aufgrund seiner Größe und seiner Bedeutung im Kreise schon vor 1933, ähnlich wie in der Kreisstadt Geldern, eine mehr oder weniger organisatorisch gefestigte Ortsgruppe gebildet hatte, in den übrigen Gemeinden existierten allenfalls Stützpunkte oder lose Zirkel. Die wenigen vorhandenen Spuren sollen jedoch genannt werden: In seinen Lageberichten für 1930 vermerkte der Landrat am 22. April, daß in Aldekerk eine „größere Versammlung" der NSDAP stattgefunden habe, einberufen von der Ortsgruppe Geldern. Im Juli berichtete er über die Gründung einer Ortsgruppe in Kapellen „vor einigen Wochen", die aus acht Mitgliedern bestehen „soll", sowie über „verschiedene Versammlungen der Partei", bei denen es aber nicht zu Ausschreitungen gekommen sei. Schließlich teilte er im Oktober 1930 dem Düsseldorfer Regierungspräsidenten eine „rege Wahlpropaganda" von NSDAP und KPD mit: „Fast in allen Gemeinden des Kreises fanden Wahlversammlungen statt, die mehr oder weniger gut besucht waren."[21]

Wenig Notiz nahm der Lokalteil des Kevelaerer Volksblattes von der NSDAP. Dies entsprach durchaus einer schon im Kaiserreich gepflegten Tradition, daß man über alle Gruppierungen, die dem Zentrum fern standen, nicht berichtete. Allenfalls veröffentlichte man einige negative oder spöttische Bemerkungen. Ansonsten glaubte die Zeitung, den politischen Gegner durch „Totschweigen" am wirkungsvollsten bekämpfen zu können. Am 5. Mai 1931 konnte der Leser allerdings unter der Überschrift „Politischer Terror" erfahren: „Der Tag der Arbeiterwallfahrt ist in schönster Harmonie verlaufen. Nur eine Gruppe von etwa 20 bis 30 Hitler-Jünglingen aus der Umgebung hat sich den traurigen Ruhm erworben, eine Störung versucht zu haben. Gegen 6 Uhr nach der Kundgebung auf dem Kapellenplatz zog eine Gruppe Werkjugend singend über die Hauptstraße ab. Plötzlich kam die Hitler-Jugend mit der Hakenkreuzfahne voran im Sturmschritt hinter ihnen her, lief an ihnen vorbei und setzte sich im Marschschritt vor sie. Die Werkjugend hat sich in dieses läppische politische Nachlaufspielen nicht eingelassen, sie kennt das Wort: Viele, die die Ersten sind, werden die Letzten sein . . .".[22]

März 1933

Erst Anfang 1933 gab das Kevelaerer Volksblatt für einige Wochen sein Schweigen auf. Nun bezog es nicht nur *für* das Zentrum Stellung, sondern auch vehement *gegen* die NSDAP. Am 4. März 1933, einen Tag vor der Reichstagswahl, in Kevelaer hatten gerade einige Nationalsozialisten Flugblätter des Zentrums „beschlagnahmt", richtete sie einen ihrer schärfsten Angriffe gegen die NSDAP:

„Wir stellen jedoch weiter fest, daß es heute in Deutschland nicht mehr möglich ist, offen seine Meinung zu äußern. Unsere Flugblätter beleidigen weder die Reichsregierung noch reizen sie zum Widerstand gegen die Staatsgewalt auf. Sie sind nicht staatsgefährdend, sondern wollen der Wahrheit zum Sieg verhelfen. Trotzdem hat man sie verboten. Selbst ein Flugblatt, das sich an die katholischen Frauen und Mütter wandte und von Fräulein Else Peerenboom unterzeichnet war, verfiel dem Verbot.

Wir enthalten uns einer Kritik an diesen Maßnahmen. Die Pressenotverordnung verbietet die Worte, die ein solches Vorgehen kennzeichnen. Wir glauben jedoch, daß diese Methoden nicht zum Ziel führen. Die Wahrheit wird, je härter man sie unterdrückt, um so mächtiger zum Licht streben. Und wir glauben auch, daß die Zentrumsfreunde in Kevelaer am morgigen Sonntag die rechte Antwort finden werden.

Der Rundfunk steht uns nicht zur Verfügung. Auch die Wahlarbeit in Wort und Schrift, in der wir uns für ein freies und friedliches Deutschland einsetzen, soll uns mit allen Mitteln eingeschränkt werden. Doch wir werden nicht aufhören für Deutschland zu kämpfen. Für ein *freies* Deutschland und für *Recht* und *Wahrheit*."[23]

Unterstützt wurde der politische Katholizismus bei der Märzwahl durch die Fuldaer Bischofskonferenz, die eine „Mahnung" in der Presse publizieren ließ, in der es hieß: „Wählet Abgeordnete, deren Charakter und erprobte Haltung Zeugnis gibt von ihrem Eintreten für Frieden und soziale Wohlfahrt des Volkes, für den Schutz der konfessionellen Schulen, der christlichen Religion und der katholischen Kirche. Hütet Euch vor Agitatoren und Parteien, die des Vertrauens des katholischen Volkes nicht würdig sind. Schöpfet Eure Belehrung aus bewährten katholischen Blättern."[24]

Sprachen sich hier die deutschen Bischöfe, ohne eine Partei namentlich zu nennen, gegen die NSDAP und für das Zentrum aus, denn die „bewährten katholischen Blätter" wie das Kevelaerer Volksblatt betrieben gerade in diesen Wochen massivste Werbung für das Zentrum, so mußte auch dem Zeitgenossen auffallen, daß der Aufruf seines Bischofs für die Volksabstimmung und gleichzeitige Reichstagswahl im November 1933, die nach Beseitigung aller übrigen Parteien einen Erfolg von 92% für die NSDAP brachte, einen ganz anderen Te-

Provinziallandtagswahl
Wahlbezirk: Geldern

1	**Nationalsozialistische Deutsche Arbeiter-Partei** (Hitlerbewegung) Dr. Ley — Florian — Terboven — Grohé	**1** ○
2	**Sozialdemokratische Partei Deutschlands (SPD.)** Gerlach — Eberle — Hohmann — Steinbüchel	**2** ○
3	**Kommunistische Partei Deutschlands** Fladung — Schönhofen — Frisch — Dornemann	**3** ○
4	**Zentrumspartei** Elfes — Sanders — Dr. Lenze — Dr. Schneider	**4** ○
5	**Kampffront Schwarz-Weiß-Rot** Dr. Baron Steengracht — Dr. Braun — Döinck — Imig	**5** ○
7	**Deutsche Volkspartei** Dr. Jartes — Blumberg — Ebel — Dr. Most	**7** ○
8	**Christlich-sozialer Volksdienst (Evangel. Bewegung)** Dr. Schröder — Waffenschmidt — Lohmeyer — Sußdorf	**8** ○
9	**Deutsche Staatspartei** Greßler — Dieregge — Geiser — Rautenstrauch	**9** ○
18	**Volksrecht-Partei** Pohl — Kirberg — Schmitz-Schagen — Hoffbaur	**18** ○
19	**Sozialistische Arbeiterpartei Deutschlands** Zöllig — Knoll — Wahl — Löwenstein	**19** ○
21	**Nationaler Block für Bürger u. Bodenständige** Poensgen — Bors — Hemmersbach — von Roesgen	**21** ○
22	**Der Wehrwolf nationale Opposition** Schauerte — Wiegand — Sonnenschein	**22** ○
23	**Reichsverband ehem. deutscher Soldaten u. Frontkämpfer** Schnick — Claus — Winkels — Roux	**23** ○
24	**Hausbesitz und Mittelstand** Dr. Stein — Pieper — Friedrich — Ehrlitzer	**24** ○
25	**Kampfgemeinschaft der Arbeiter und Bauern** Scheer — Sellak — Lorscheidt — Hermanns	**25** ○
26	**Nationale Bürgerfront** Korn — Lammertz — Wolff	**26** ○

Stimmzettel für die Provinziallandtagswahl am 5. März 1933 (K)

Wie wähle ich?

Bei dieser Wahl erhält jeder Wahlberechtigte einen **grünen** und einen **weißen** Stimmzettel.

Der grüne Stimmzettel ist für die Volksabstimmung und der weiße für die Reichstagswahl bestimmt.

Der Wähler hat bei der Volksabstimmung auf den **grünen** Stimmzettel in den Kreis unter dem gedruckten „Ja" sein Kreuz einzusetzen Der Kreis unter „Nein" bleibt frei.

Auf dem Stimmzettel für die **Reichstagswahl** wird in den Kreis hinter dem Namen der Nationalsozialistischen Deutschen Arbeiterpartei ein Kreuz eingezeichnet.

Beide Stimmzettel werden in einem Umschlag abgegeben.

So sehen die Stimmzettel aus, wenn du richtig gewählt hast!

Der grüne Stimmzettel:

Billigst Du, deutscher Mann, und Du, deutsche Frau, die Politik Deiner Reichsregierung, und bist Du bereit, sie als den Ausdruck Deiner eigenen Auffassung und Deines eigenen Willens zu erklären und Dich feierlich zu ihr zu bekennen?

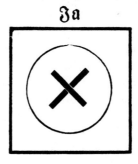
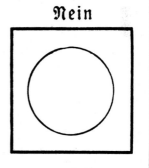

Der weiße Stimmzettel:

Reichstagswahl

Wahlkreis ||||||||||||

Nationalsozialistische Deutsche Arbeiterpartei
(Hitlerbewegung)

Adolf Hitler

Rudolf Heß, Dr. Wilhelm Frick, Hermann Göring, Dr. Joseph Göbbels, Ernst Röhm, R. Walther Darré, Franz Seldte, Franz von Papen, Alfred Hugenberg.

Kevelaerer Volksblatt 11. 11. 1933

nor hatte. In einem Aufruf, abgedruckt im Kevelaerer Volksblatt vom 11. November 1933, appellierte Bischof von Galen an die „Einmütigkeit mit den übrigen Volksgenossen". Diese Einmütigkeit konnte der Wähler aber nur beweisen, wenn er sich zur NSDAP und ihrer Politik bekannte.

„Die deutsche Regierung", ließ der Bischof von Münster wissen, „hat den Völkerbund verlassen, weil er unserem Volke die Gleichberechtigung versagte. Sie wendet sich nunmehr an das gesamte deutsche Volk, damit es am 12. November sein eigenes Urteil über diesen bedeutsamen Schritt seiner Regierung fälle.

Die Volksabstimmung will aber noch weit mehr sein als eine Deckung des Regierungsbeschlusses. Das deutsche Volk soll damit als Ganzes zu den übrigen Völkern eindrucksvoll reden und *Gleichberechtigung, Frieden und Arbeit in machtvoller Geschlossenheit fordern.* Es erstrebt damit drei Ziele, die sowohl der nationalen Ehre, als auch dem christlichen Sittengesetz und Völkerrecht entsprechen.

Es erscheint und deswegen als vaterländische Pflicht, dem deutschen Vaterlande und Volke wie bisher, so auch in der gegenwärtigen Schicksalsstunde die Liebe und Treue zu wahren und am 12. November die Einmütigkeit mit den übrigen Volksgenossen zu beweisen. Dabei vertrauen wir auf des Herrn Reichskanzlers Wort, daß nun endgültig unter die für so viele treue Staatsbürger schmerzliche Vergangenheit ein Strich gezogen ist und uns Katholiken das Friedenswerk des Konkordates unter Ausschluß von Abstrichen, Umdeutungen und Übergriffen gesichert bleibt."[25]

Nicht nur die Reichstagswahlen standen im März 1933 an, sondern auch die vorgezogenen Kommunalwahlen, die, nach der Ernennung Hitlers zum Reichskanzler (30. Januar 1933) und der Auflösung des Reichstages, die nationalsozialistischen Positionen in den kommunalen Vertretungen stärken sollten. Eigentlich hätten sie ja erst später stattfinden sollen, doch schon wenige Tage nach Hitlers Ernennung wurden durch eine preußische Verordnung alle Vertretungen von den Kommunen bis hin zu den Provinziallandtagen aufgelöst. „Mitten in der Arbeit", so der Kommentar des Kevelaerer Volksblattes unter der Überschrift „Der kaltgestellte Gemeinderat", „werden die Vertretungen herausgegriffen. Die Etatberatungen stehen vor der Tür oder haben schon begonnen, die sehr wichtigen Gemeindefinanzverordnungen waren zu beschließen, die Entscheidungen über die Beteiligung am kommunalen Arbeitsbeschaffungsprogramm mußten getroffen werden. Gerade augenblicklich häuften sich die, nicht nur für das kommende, sondern für die nächsten Jahre wichtigsten Entscheidungen. Mit unverhülltem Machtdiktat, ohne Rücksicht auf die dadurch entstehenden Schäden, hat man die Arbeit der kommunalen Körperschaften lahmgelegt."[26]

Dabei hatte das Jahr am Niederrhein gar nicht so außergewöhnlich begonnen. Die Reichsregierung hatte weitere Mittel zur Verbilligung von Lebensmitteln

und Brennstoffen bereitgestellt, und die Zeitung detailliert erörtert, wer auf welchem Wege und in welcher Höhe davon profitieren könnte. Der Schmuggel über die niederländische Grenze hielt unvermindert an und bot der lokalen Presse immer wieder interessanten Stoff. Bei Wemb war ein gepanzerter Schmuggelwagen von aufmerksamen Grenzern und bei Wetten sogar eine ganze Kolonne gestellt worden.
In Kervenheim plante der Pfarrcäcilienverein seinen jährlichen „Erholungsabend", und der Kevelaerer Pfarrer Holtmann lobte in seiner „Pfarramtlichen Jahresübersicht" das rege Leben in den katholischen Vereinen sowie die wachsende Beteiligung bei den religiösen Wochen „für die männliche bzw. weibliche Jugend". Im vergangenen Jahr hatte der Wallfahrtsort wieder hohen Besuch durch den „Hochwürdigen päpstlichen Nuntius Orsenigo" und durch den Bischof von Luxemburg erhalten. In der Zeit vom 20. bis 22. Mai plante man eine Wallfahrt nach Luxemburg, bei der der Kevelaerer Musikverein „das Pontifikalamt in der Luxemburger Basilika am Schlußtag der dortigen Wallfahrtszeit durch eine große Festmesse mit Orchester verherrlichen" sollte.[27]
Die deutsche Fußball-Nationalmannschaft hatte mit 3:1 gegen Italien verloren, und in der Tabelle der 2. Bezirksklasse führte Concordia Goch vor Geldern 09, Straelen, Sparta Cleve und Kevelaer. Vom 2. bis 6. Januar tagten die katholischen Junglehrer im Priesterhaus, vom 5. bis 8. Januar konnten Interessenten im Saal des Hotels Drei Könige die „gut beschickte" 21. Kreisverbands-Kaninchen- und Pelzmodenschau besuchen[28] oder am 15. Januar dem bekannten Bassisten vom Westdeutschen Rundfunk, Wilhelm Strienz, bei einem Konzert des Männergesangvereins lauschen.[29]
Aber auch über die „große Politik" informierte das Volksblatt in diesen Wochen des Jahres 1933: über den „Kosmischen Nebel in der Innenpolitik – Politischer Umschwung in Vorbereitung" (10. 1.), den Fehlbetrag in den Reichsfinanzen von 2070 Millionen (12. 1.), die kommunale Verschuldung und die „Verwilderte Interessenpolitik" (14. 1.), die „Verschärfte Opposition der Nationalsozialisten gegen Schleicher" (17. 1.), die Reichstagsauflösung (19. 1.), „Hugenbergs Vorstoß gegen Schleicher" und eine „Blutige Saalschlacht in Dresden" (26. 1.), die Ernennung des neuen Reichskanzlers „Hitler auf dem Stuhle Bismarcks" (31. 1.) . . .
Nun aber herrschte der Wahlkampf. Von den Gemeinderäten bis hin zum Reichstag sollten alle Parlamente am 5. bzw. 12. März neu gewählt werden. Die in den Gemeinden vorhandenen Parteien NSDAP, SPD, Zentrum und KPD, die hier zum ersten Mal mit Listen auftrat, begannen, soweit ihre Funktionäre noch nicht verhaftet worden waren, sogleich auch mit dem Kommunalwahlkampf und warteten nicht erst die Reichstagswahl ab. Allen voran ging das Zentrum und die ihm nahestehenden Wählerlisten, unterstützt durch das Kevelaerer Volksblatt und die Niederrheinische Landeszeitung, die mit eigenen Artikeln

Titelblatt der einzigen Ausgabe der „Kevelaerer Glocke", Januar 1933.
Hektographiertes Mitteilungsblatt der Kevelaerer KPD, das als „Ersatz" für die verbotene Zeitschrift „Gelderner Sender" herausgegeben wurde (HStAD Rep. 7–1042)

warben und Wahlaufrufe abdruckten. Als politischen Gegner nahmen sie weniger die SPD oder die KP ernst, sondern die NSDAP, der man „gerüstet", mit „offenem Visier und klarer Marschroute" entgegentreten wollte. Wie dies zu geschehen hatte, konnte der Leser einen Monat vor der Wahl erfahren:
„Wir müssen und werden uns [...] auf die kommunalen Wahlen einstellen und alle Vorbereitungen mit der durch die Verhältnisse gebotenen Beschleunigung, aber auch Gründlichkeit treffen. Die Zentrumspartei wird entsprechend ihrer Tradition, ihren Grundsätzen und den Anweisungen ihrer höchsten Instanzen mit offenem Visier und klarer Marschroute in diesen Wahlkampf hineingehen. Das ist auch der tiefere Sinn der einmütigen Beschlüsse des Reichsparteiausschusses zu den Kommunalwahlen, die unzweideutig festlegen, daß jeder Träger eines kommunalen Mandats für die Zentrumspartei auch der kommunalpolitischen Organisation der Partei angehören muß.
Zum ersten Mal werden jetzt die Nationalsozialisten in breiter Front in den Kommunalwahlkampf hineingehen. Die Vorschriften ihrer Parteileitung machen ihnen die Aufstellung eigener nationalsozialistischer Listen mit offener Angabe der Partei zur Pflicht. Sie werden also vermutlich keine gemeinsamen Mischmaschlisten mit ihren Koalitionspartnern aufstellen, von denen sie kommunalpolitisch ein noch tieferer Abstand trennt als wirtschafts- und sozialpolitisch. Wir haben nichts dagegen einzuwenden, wenn sie mit nationalsozialistischen Listen offen in den Wahlkampf eingehen. Wir werden aber die Augen offenhalten gegenüber allen Maskierungsversuchen und gegenüber jeder Mischmaschlistenpolitik. Die Bevölkerung wird beim Studium der nationalsozialistischen Listen Gelegenheit haben, einmal nachzuprüfen, ob die örtlichen Führer des Nationalsozialismus ihrer ganzen Persönlichkeit nach die Gewähr für eine vernünftige Kommunalpolitik bieten, sie wird aber auch aus diesen Feststellungen die Nutzanwendung bereits für die Reichstags- und Landtagswahlen ziehen. [...] Der kommunale Großwahltag am 12. März wird die Zentrumspartei auf den Posten finden. Sie weiß, daß es an diesem Tage um große Dinge geht."[30]
Trotz dieser eindringlichen und mahnenden Worte und obwohl das Zentrum in den folgenden Tagen und Wochen alle katholischen Vereinigungen für seinen Wahlkampf einspannte – insbesondere die Jugend mit dem Aufruf „Eure Zukunft ist es, um die heute gekämpft wird!"[31] –, gelangte man in fast keinem Ort zu einer einheitlichen Zentrumsfront gegen die NSDAP. Die Reichstagswahl bestätigte zwar in unseren Gemeinden den Vorsprung des Zentrums vor der NSDAP und den übrigen Parteien, doch bröckelten in dieser katholischen Region die Randwählergruppen ab. Die ehemals fest gefügte, in ihren Wahlentscheidungen zuvor geschlossen votierende Gesellschaft zeigte deutliche Ausprägungen einer politischen Differenzierung.
Der Aufruf des Zentrums konnte leicht auf Erstaunen oder Unwillen stoßen,

Bürger Kevelaers!!
Mittelständler!   Landwirte!

Zum zweiten Male sollt Ihr am kommenden Sonntag Eurer **Wahlpflicht** genügen. Diesmal geht es nicht um die große Politik, sondern um das Wohl und Wehe der Gemeinde Kevelaer.

Sparsamkeit und **soziale Gerechtigkeit** sollen der ganzen Gemeinde **Entlastung** bringen. Nur Sparsamkeit führt zum Wiederaufstieg.

In vierjähriger Arbeit haben die bisherigen 10 Vertreter der Arbeitsgemeinschaft im Gemeinderat die Grundlage hierzu geschaffen. Der neue Gemeinderat muß die Früchte dieser vierjährigen Arbeit ernten.

Keine Parteipolitik in der Gemeinde!
Unser Kevelaer über alles!

Gerade die Kandidaten der Arbeitsgemeinschaft selbst. Berufe wissen, was sie ihrem Heimatort in kultureller Beziehung schuldig sind. Aber die wirtschaftlichen Belange in der Gemeinde können **nur auf berufsständischer Grundlage** vertreten werden.

Wenn Ihr den Ernst der Lage erkannt habt, kommt keine andere Liste in Frage als

Liste „Mittelstand u. Landwirtschaft (A.S.B)"
Wahlvorschlag Nr. 30 **(Spitzenkandidat: Verhaag)**

Kevelaerer Volksblatt 7. 3. 1933

Warnung!

In einer provokatorischen Hetze wird versucht, eine vor 10 Jahren bereits passierte, durch Zeugenaussagen einwandfrei geklärte Angelegenheit, in die einer unserer Spitzenkandidaten, der Pg. **Franz Steinberger** verwickelt wurde, als Wahlmanöver für die Gemeindewahl auszuschlachten.

Wir warnen hiermit ausdrücklich jeden einzelnen, diese Aussagen weiter zu verbreiten, da sonst im Namen des Kandidaten sofort die Verleumdungsklage angestrengt wird. Gegen die Urheber des Gerüchtes, die namentlich bekannt sind, ist bereits die Klage eingeleitet.

N. S. D. A. P.
Ortsgruppe Kevelaer
Esser, Ortsgruppen-Leiter.

Kevelaerer Volksblatt 9. 3. 1933

Zulassung der Wahlvorschläge für die Gemeinde Kevelaer.

Durch Beschluß des Wahlausschusses für die Wahl zur Gemeindevertretung der Gemeinde Kevelaer sind nachgenannte Wahlvorschläge für die am 12. März 1933 stattfindende Wahl zur Gemeindevertretung zugelassen worden:

Wahlvorschlag: Nr. 1 — Kennwort: National-Sozialistische Deutsche Arbeiterpartei. (Hitlerbewegung).

1. Dohr Karl, Kaufmann, Bahnstraße 26
2. Steinberger Franz, Schreinergeselle, Rheinstr. 52
3. Esser Heinrich, Schachtmeister, Gelderner str. 112
4. Broeckmann Peter, Angestellter, Bahnstr. 56
5. Meyer Paul, Buchhalter, Maasstr. 30
6. Fasen Franz, Bahnbeamter, Weezerstr. 102
7. Rütter Willy, Landwirt, Basilikastr. 26
8. van Hout Johann, Bauarbeiter, Bahnstr. 24
9. Masolyn Anton, Schneidermeister, Weezerstr. 34
10. Brenk Johann, Bildhauer, Küstereistr. 21

Wahlvorschlag: Nr. 2 — Kennwort: Sozialdemokratische Partei Deutschlands (S. P. D.)

1. Lobreyer Rudolf, Zigarrenmacher, Gelderner str. 217
2. Ripkens Anton, Schuhmacher, Broeckhof 16
3. Kirking Werner, Arbeiter, Rheinstr. 75
4. Beckers Gerhard, Reichsbahnarbeiter, Broeckhof 4

Wahlvorschlag: Nr. 3 — Kennwort: Kommunistische Partei Deutschlands

1. Boothe Martin, Dachdecker, Wemberstr. 85
2. Klamberg Ernst, Kriegsbeschädigter, Weezerstr. 17
3. Lambert Karl, Schlosser, Weezerstr. 239
4. Gossens Heinrich, Invalide, Venloerstr. 24

Wahlvorschlag: Nr. 4 — Kennwort: Zentrumspartei

1. Grunters Heinrich, Hotelier, Kapellenplatz 17/19
2. Sürgers Peter, Werkmeister, Jägerstraße 57
3. Polders Wilhelm, Goldschmied, Hauptstr. 17
4. Willemsen Clemens, Landwirt, Vorst 21
5. Kempkes Wilhelm, Buchbinder, Küstereistr. 68
6. van Aerssen Richard, Verwaltungsanwärter, Marienstr. 14
7. Verbeeck Arnold, Kaufmann, Maasstr. 22
8. Verheyen Christian, Buchhalter, Biegstr. 6
9. Feger Heinrich, Angestellter, Venloerstr. 101
10. Eskens Paul, Buchhalter, Twistedenerstr. 59
11. Hoffmann Stephanie, Hausfrau, Annastr. 10
12. Willems Heinrich, Bauunternehmer, Gelderner str. 70
13. Hoffmann Heinrich, Post-Assistent, Biegstr. 156
14. Scholten Gerhard, Wirt u. Landwirt, Twistedenerstr. 285
15. Mölders Hermann, Bäckermeister, Rheinstr. 17
16. Joosten Johann, Wirt und Kohlenhändler, Rheinstr. 82
17. Brauers Theodor, Buchbinder, Brunnenstr. 53
18. van Aaken Josef, Zimmermeister, Hauptstr. 51

Wahlvorschlag: Nr. 30 — Kennwort: Mittelstand und Landwirtschaft (A. S. B.)

1. Verhaag Peter, Landwirt, Keylaer 67
2. Tombergs Josef, Hotelier, Hauptstr. 36
3. Janssen Max, Sattlermeister, Marktstr. 40
4. Wilbers Theodor, Schreinermeister, Keylaer 76
5. Aengenheyster Josef, Kaufmann, Hauptstr. 50
6. Staffen Wilhelm, Land- und Gastwirt, Hauptstr. 63
7. Bercker Edmund, Geschäftsführer, Friedenstr. 45
8. Janssen Hubert, Bäckermeister u. Gastwirt, Marktstr. 69
9. Geurtz Theodor, Schreinermeister, Basilikastr. 33
10. Daniels Heinrich, Kaufmann, Küstereistr. 35
11. Stammen Johann, Landwirt, Vorst 24
12. Düngelhoef Josef, Gastwirt, Amsterdamerstr. 45
13. Dyx Heinrich, Fabrikant, Bahnstr. 44
14. Erben Willy, Bäckermeister u. Gastwirt, Amsterdamerstr. 8
15. Janssen Mathias, Landwirt und Kohlenhändler, Wettenstr. 5
16. Baumanns Johann, Landwirt, Keylaer 56
17. Aengenheyster Bernhard, Kaufmann und Gastwirt, Kapellenplatz 15.

Es wird darauf hingewiesen, daß der Wähler den **Wahlvorschlag**, nicht etwa einzelne Personen wählt. Die Stimmzettel werden amtlich hergestellt und in den Wahllokalen ausgegeben.

Kevelaer, den 4. März 1933.

Der Vorsitzende des Wahlausschusses:
Widmann,
Bürgermeister und Gemeindevorsteher.

Kevelaerer Volksblatt 7. 3. 1933

hatte es doch die Partei selbst in einer ihrer Hochburgen jahrzehntelang nicht für nötig befunden, ihre Anhänger fester an sich zu binden. Und in der Tat war ihre „Mischmaschlistenpolitik" ja bislang erfolgreich gewesen. Es gelang schließlich weder dem Zentrum noch der organisatorisch weit zurückhängenden NSDAP, in allen Gemeinden Wahllisten aufzustellen. In Kevelaer mußte das Zentrum sogar mit ansehen, daß einige der 1929 auf Zentrumslisten gewählten Gemeinderäte, die sich bereits seit einigen Jahren zu einer „Arbeitsgemeinschaft selbständiger Berufe" zusammengeschlossen hatten, keineswegs auf eine eigene Liste verzichten wollten und dem bis dahin üblichen Modus treublieben.

Anfang März steigerten die Parteien ihren Wahlkampf. Das Zentrum setzte auf Versammlungen und auf die Überzeugungskraft seiner Argumente, aber auch, wie die übrigen Parteien und Gruppierungen, auf Plakate, Flugblätter und Zeitungsanzeigen. Die Kevelaerer NSDAP ging zu spektakulären Aktionen und bisweilen zu Gewalttätigkeiten über. Als dann der Reichsinnenminister anordnete, daß am Wahltag auf den Reichs-Dienstgebäuden nicht die schwarz-rot-goldene Fahne der Republik, sondern zum Gedenken an die Gefallenen des Weltkrieges die alten schwarz-weiß-roten Reichsfarben aufgezogen werden sollten[32], erfolgte die aufsehenerregendste Wahlkampfaktion der NSDAP: „Am Donnerstagabend [9. März 1933] wurde auf dem Kevelaerer Rathaus, auf dem Postgebäude und auf dem Bahnhofsgelände die schwarz-weiß-rote und die Hakenkreuzfahne aufgezogen. Die aus dem Rathaus mitgenommene alte Reichsflagge wurde auf dem Markt unter dem Gesang des Liedes ‚Großer Gott, wir loben Dich' verbrannt. Anschließend veranstalteten die hiesige Ortsgruppe der NSDAP und der Stahlhelm einen Fackelzug durch den Ort."[33]

Die NSDAP konzentrierte ihren Wahlkampf auf den Kevelaerer Gemeinderat und die Amtsvertretung. In den übrigen Gemeinden stellte sie sich nicht zur Wahl, ein deutliches Zeichen ihrer mangelhaften Organisation. Auszuschließen ist aber keineswegs, daß auf anderen Listen einzelne NSDAP-Sympathisanten einen Platz erhielten, die später in die Partei eintraten. Das Ergebnis der Kommunalwahlen war eindeutig. Die NSDAP erhielt weder im Kevelaerer Gemeinderat noch in der Amtsvertretung noch im Kreistag eine Mehrheit.

Amtswahl Kervenheim

3	Kommunistische Partei Deutschlands: **Metzler–Wiegand–van Cuick–Scholten** Clem. Pet.	**3**	○
30	Gemeinschaftsliste Winnekendonk der Bauern, Mittelständler und Arbeiter: **Bollen–Billen–Fehlemann–Opgenhoff** Jos. Heinr. Franz Joh.	**30**	○
31	Francken-Kervenheim: **Francken–Knieriem–Fonk–Hanenberg** Karl sen.	**31**	○
32	Liste Verhülsdonk: **Verhülsdonk–Tervooren–Janssen** Fritz Gerh.	**32**	○
33	Kürvers-Elspaß: **Kürvers–Elspaß–Ostendorp–Schlootz** Arn. Th. Th.	**33**	○
34	Hönnekes-Kervendonk: **Hönnekes–Finck–Paessens** Wilh. sen. Th.	**34**	○
35	Arbeiterliste: **Verhoeven–Hegmann–Boll** Wilh. Th.	**35**	○

Stimmzettel für die Amtswahl in Kervenheim im März 1933 (W 150)

Ergebnisse der Kommunalwahlen vom 12. 3. 1933:[34]

Gemeinderat Kevelaer

	Stimmen	Sitze
NSDAP	1422	6
SPD	143	–
KPD	96	–
Zentrum	1514	7
Mittelstand und Landwirtsch. (ASB)	1089	5

Gemeinderat Wetten

	Stimmen	Sitze
KPD	16	–
Bauernliste	322	5
Arbeiterliste	175	2
Bergmann, Joh.	61	1
Mittelstand	260	4

Gemeinderat Twisteden

	Stimmen	Sitze
Zentrum	212	4
DNVP	81	1
Jansen, Tiskens	50	1

Gemeinderat Kleinkevelaer

	Stimmen	Sitze
Landwirtschaftl. Berufsstand	41	6

Gemeinderat Kervenheim

	Stimmen	Sitze
Kürvers, Elspass	121	3
Brauers, M.	127	3

Gemeinderat Kervendonk

	Stimmen	Sitze
Verhülsdonk	208	4
Hönnekes	137	2

Gemeinderat Winnekendonk

	Stimmen	Sitze
Bauern, Mittelständler, Arbeiter	514	7
Arbeiter- und Mittelstandsliste	349	5

Amtsvertretung Kevelaer

	Stimmen	Sitze
NSDAP	1580	5
SPD	144	–
KPD	105	–
Zentrum	1765	6
Mittelstand und Landwirtsch. (ASB)	1067	3
Liste Erben	327	1
Einheitsliste Wetten	515	1

Amtsvertretung Kervenheim

	Stimmen	Sitze
KPD	32	–
Gemeinschaftsliste Winnekendonk	507	4
Francken, K'heim	110	1
Verhülsdonk	203	2
Kürvers, Elspass	123	1
Hönnekes, K'donk	145	1
Arbeiterliste	316	3

SA marschiert durch die Hauptstraße in Kevelaer (NMVK)

Einladung zum Fackelzug.

Anläßlich der heutigen Eröffnung des neuen Deutschen Reichstages und im Anschluß an den Aufruf der Reichsregierung hat der Vorstand der Geselligen Vereine in seiner gestrigen Sitzung beschlossen, daß die Geselligen Vereine geschlossen an dem heute abend stattfindenden

Fackelzuge

teilnehmen. Er ladet Sie hiermit zu dieser Veranstaltung herzlich ein.

Antreten (ohne Fahnen und Standarten): 18,30 Uhr am „Weißen Kreuz".
Reihenfolge wie bei der letzten Kriegerehrung.
Platzordner: Herr Janssen.

Anzug: Paradeanzug.

Pech-Fackeln für die Geselligen Vereine werden am Weißen Kreuz ausgeteilt.

Reihenfolge des Zuges:
1. Polizeibeamte
2. Schulen (Spitze Kölner Hof, Hauptstr.)
3. Ortsgruppenleitung der NSDAP. mit Schutzstaffeln und Zivil-Parteigenossen
4. Stahlhelm
5. Gesellige Vereine.

Die gesamte Bevölkerung Kevelaers wird gebeten, soweit noch nicht geschehen, die Häuser zu beflaggen und sich restlos an dieser vaterländischen Kundgebung zu beteiligen.

Kevelaer, den 22. März 1933.

Der Vorstand der Geselligen Vereine. **Der Bürgermeister.**

Kevelaerer Volksblatt
21. 3. 1933

Der Ausgang der Wahl und die Ereignisse der dann folgenden Wochen hatten starke Ähnlichkeit mit der Wettervorhersage für den Wahltag: „Zunächst noch meist heiter, später stärkere Bewölkungszunahme."[35] Zunächst aber wurde kräftig gefeiert, insbesondere am 21. März 1933 zur Eröffnung des neuen Reichstags. Zur „Feier der nationalen Erhebung" fanden am Abend dieses Tages in allen Orten Fackelzüge und Kundgebungen statt, an denen sich nicht nur die mittlerweile schon beträchtlich angewachsenen NSDAP-Mitglieder und die ersten eiligst aufgebauten nationalsozialistischen Organisationen beteiligten: „Kevelaer begeht den Nationalfeiertag [...]. Abends veranstalteten die NSDAP mit ihren uniformierten Schutzstaffeln, der Stahlhelm, die Schulkinder, die Geselligen Vereine, die Beamten der Gemeindeverwaltung, der Post und Bahn, sowie andere Vereine und Körperschaften (wir können sie nicht alle nennen, weil es bei der starken Beteiligung unmöglich war, die Gruppen einzeln zu erfassen) einen *gemeinsamen Fackelzug*. Die Beteiligung übertraf alle Erwartungen. Ein imposantes Bild bot daher dieser Zug, der einem leuchtenden Feuerband glich, als er in Begleitung von zwei Musikkapellen mit Tambourkorps, dem Tambourkorps der Freiwilligen Feuerwehr und einer Mandolinengruppe durch die Straßen unseres Ortes marschierte, an deren Seiten eine dichtgedrängte Menge Spalier bildete. Vom Kapellenplatz aus bewegte er sich über die Haupt-, Gelderner-, Antonius-, Bahn-, Rhein-, Basilika-, Amsterdamer-, Grün-, Maas-, Venloer- und Marktstraße zum Marktplatz, der zum Teil durch Polizei, SA und SS, sowie Freiw. Feuerwehr abgesperrt war. Die Zugteilnehmer nahmen vor dem Rathaus Aufstellung, von dessen Balkon aus Bürgermeister *Widmann* dann die geschichtliche Bedeutung der weihevollen Stunde in einer Ansprache würdigte und folgendes ausführte:

> Deutsche Männer! Deutsche Frauen!
> Liebe deutsche Jugend!

Wenn man von hier oben den Platz überschaut, dann denkt man unwillkürlich an das, auf die heutigen Zeitverhältnisse umgewandelte Wort des Dichters der Freiheitskriege: ‚Die Regierung rief und alle, alle kamen'. Tausende von Menschen füllen den großen Platz. Wahrhaftig, ein gewaltiges und erhebendes Bild! Der große historische Tag von Potsdam geht seinem Ende entgegen. In gleißender Morgensonne zog er auf und, als der Tag sich neigte, zündeten wir die Fakkeln an. Sie sollen ein Symbol sein, daß wir das Licht, welches dieser Tag der Deutschen Nation entzündet hat, hinübertragen wollen in die nächsten Tage, Wochen und Jahre. In dieser Ergriffenheit, aber auch mit dem frohen Stolze, ein Deutscher zu sein, haben wir heute Mittag durch das Radio teilgenommen an dem erhebenden feierlichen Akt in der Garnisonskirche in Potsdam. Wir haben die eiserne Stimme unseres greisen Herrn Reichspräsidenten gehört und die

jugendfrische unseres Herrn Reichskanzlers und haben vernommen die ernsten, zu Herzen sprechenden Worte der Mahnung, der Hoffnung und des Vertrauens, die wir tief in unser Bewußtsein eingraben wollen. Unsere Pflicht ist es nun, mit unserem Vertrauen hinter das Vertrauen zu treten, das der Herr Reichspräsident den Herren der Reichsregierung zum Ausdruck gebracht hat!
Im Geiste sind wir mit ihm auch in die Gruft der Garnisonskirche herabgestiegen, wo die beiden großen Preußenkönige ruhen: Friedrich Wilhelm I., dessen Andenken ja auch in unserer Kerzenkapelle verewigt ist, und sein großer Sohn Friedrich der II. Es sind jene Könige, die dem preußischen Volke die Tugenden der Mannszucht, Ordnung und Pflichttreue vorgelebt und eingepflanzt haben und die den Grund gelegt haben zu Preußens und damit Deutschlands Größe. An den Sarkophagen dieser Könige wird der Herr Reichspräsident für uns alle ein Gelöbnis abgelegt haben. An uns ist es nun, dieses Gelöbnis wahr zu machen. Unsere heißesten Wünsche begleiten die Reichsregierung bei ihrem schweren Werke, das der Einigung und dem Wiederaufstieg des Deutschen Volkes zu neuer Blüte gilt. Aber mit unseren Wünschen gehen einher die Hoffnung und das zuversichtliche Vertrauen, daß die Reichsregierung ihr großes Ziel erreichen wird und daß unseren armen Volksgenossen, die in den letzten 19 Jahren so unendlich Schweres erduldet und ertragen haben, bald wieder ein, wenn auch bescheidenes, Glück blühen möge.
Unseren Wünschen und Hoffnungen aber wollen wir Ausdruck verleihen mit dem Rufe:
unser Herr Reichspräsident, Generalfeldmarschall von Hindenburg,
unser Herr Reichskanzler, Adolf Hitler,
die Herren der Reichsregierung,
unser ganzes geliebtes deutsches Vaterland,
sie sollen leben hoch!
Die Festrede wurde wiederholt von Beifall unterbrochen. Nachdem von der Menge als Abschluß der nationalen Kundgebung entblößten Hauptes und mit großer Begeisterung das Deutschlandlied und anschließend das Horst-Wessel-Lied gesungen war, zogen die Vereine mit klingendem Spiel in ihre Vereinslokale zurück."[36]

Wege zur Macht

Schon wenige Tage nach den Kommunalwahlen, bei denen die NSDAP weit davon entfernt gewesen war, parlamentarische Mehrheiten zu erringen, entfaltete der Nationalsozialismus sein volles propagandistisches Repertoire, mit dem er die Bevölkerung zweifellos faszinierte: Inszenierungen von Schauspielen und Umzügen mit Fackeln, Uniformen, Fahnen und Liedern, die sich in den nächsten

Jahren zu „Führer-Geburtstag", zum 1. Mai oder anläßlich der Olympischen Spiele wiederholen sollten. Auch die preußischen Bürgermeister, seit Jahren oder Jahrzehnten mit ihren Gemeinden verwurzelt, nahmen nicht nur teil, sondern exponierten sich in Reden und Treuebekundungen zur neuen „Regierung der nationalen Erhebung" – Bürgermeister Widmann ebenso wie Bürgermeister Janssen.
Gleichzeitig, etwas verdeckt von der schwappenden Woge nationaler Begeisterung, der wohl stärksten seit den Augusttagen des Jahres 1914, setzten die Nationalsozialisten, die nun immer mehr Zulauf erhielten, unterstützt durch die Gelderner Kreisleitung alles daran, die Macht zu übernehmen. Den Hebel dazu setzte man fast überall gleichzeitig an: bei den Gemeinde- und Amtsvertretungen, den Bürgermeistern, den leitenden Beamten, den Betriebsräten, den Vereinen, den Parteien, den Gewerkschaften und nicht zuletzt bei der Jugend.
Im Kevelaerer Gemeinderat und in der Amtsvertretung nahm die NSDAP-Fraktion, geleitet von Fraktionsführer Peter Broeckmann und Ortsgruppenleiter Franz Steinberger, der wahrscheinlich erst kurz nach der Wahl Nachfolger von Heinrich Esser geworden war, die Beeinflussung und Verdrängung der gewählten Mehrheit auf direktem Wege in Angriff. Die Kevelaerer Nationalsozialisten setzten auf ihrem Wege zur Macht bei der Bevölkerungsgruppe an, die in den vergangenen Jahren wirtschaftlich schwer gelitten hatte und entsprechend unzufrieden war: beim Mittelstand. Wie ausgeprägt das Bedürfnis des Mittelstandes nach kommunaler Mitgestaltung und Mitsprache war, zeigte die Ende der 1920er Jahre gegründete „Arbeitsgemeinschaft selbständiger Berufe", die gemeinsam mit Vertretern der Landwirtschaft recht erfolgreich bei der Kommunalwahl abgeschnitten hatte. Der ASB setzte die örtliche NSDAP kurzerhand ihren nationalsozialistischen „Kampfbund des gewerblichen Mittelstandes" entgegen. Von den bei der Gründungsversammlung am 19. April 1933 anwesenden 500 Personen traten 172 sofort der neuen Organisation bei.
Der Kampfbund-Ortsgruppenleiter, Johann Brenk, sprach an diesem Abend lediglich die Begrüßungsworte, das eigentliche Referat hielt Kreiskampfbundleiter Nettesheim aus Geldern. Mit seinen Ausführungen hielt eine Sprache und eine Agitationsform in Kevelaer Einzug, die die Bevölkerung bislang nur aus der nationalsozialistischen Presse, dem Rundfunk oder während des Wahlkampfes vernommen hatte, nicht aber bei Versammlungen über wirtschaftliche Angelegenheiten. Nettesheim prangerte als den Hauptfeind des deutschen Mittelstandes die Juden an. Juden aber kannte kaum jemand, weder im Amtsbezirk Kevelaer noch in Kervenheim, wo die amtliche Statistik lediglich in den 1920er Jahren nur sehr vereinzelt Einwohner jüdischen Glaubens erfaßt hatte. Diejenigen Juden, die man kannte, waren Geschäftspartner, und auch die örtliche und regionale Zentrumspresse hatte keinen Antisemitismus verbreitet. Nun aber war „der Jude" der Feind des deutschen und damit auch des Kevelaerer Mittelstan-

des. Es waren jedoch weniger die antisemitischen Hetzpassagen des Kreiskampfbundleiters Nettesheim, die die Kevelaerer Mittelständler zu ihrem Eintritt bewogen, sondern eher die von ihm propagandistisch geschickt zusammengestellte Mischung aus lockenden Versprechungen und offenen Drohungen: „Stärkste Berücksichtigung des deutschen Handwerks und Gewerbes bei der Vergebung von Lieferungen an Reich, Länder und Gemeinden. Dieser Forderung entsprechend habe ich an die Behörden und amtliche Einrichtungen, wie Krankenhäuser usw., das Ersuchen gerichtet, Bestellungen jeder Art nur noch an Mitglieder des Kampfbundes zu vergeben. Wir fordern, daß die Behörden, die von unseren Steuergeldern leben, nur deutsche Ware und deutsche Arbeit in ihren Dienst stellen. [...] Wir werden jedes Mitglied des Kampfbundes nach außen hin kenntlich machen durch ein Schild mit einem Adler und der Aufschrift ‚Deutscher Volkswirtschaftsdienst'. [...] Ebenso werden wir die Käufer kenntlich machen, [...] indem wir unseren Mitgliedern [...] entsprechend markiertes Einschlagpapier in verschiedenen Qualitäten liefern. [...] Mittelständler, bezw. Geschäfte, die sich unsern Bestrebungen entgegenstellen, werden wir demnächst genauso behandeln, wie jüdische Geschäfte. [...] Selbstverständlich gibt es im dritten Reich auch keine Schwarzarbeit mehr. [...] Die Steuergesetzgebung wird eine ganz wesentliche Vereinfachung erfahren. [...] Ich verspreche Ihnen, daß ich mit dem Blick auf das Hochziel des Führers für den Kreiskampfbund Geldern ernst und gewissenhaft, und wenn es sein muß, auch rücksichtslos handeln werde. Wie den heldenhaften braunen Bataillonen engster Zusammenschluß und eiserne Disziplin den Weg bereitet haben zu Deutschlands politischer Befreiung, so wollen auch wir Mittelständler uns eng im Kampfbund um den Führer scharen, um unseren Kindern dereinst ein nach innen und außen freies und glücklichstrebendes Heimatland zu hinterlassen."[37]

Nach der erfolgreich verlaufenen Gründungsversammlung dauerte es nicht mehr lange, bis sich die ASB selbst auflöste und ihren Abgeordneten das künftige Verhalten in den Kommunalvertretungen freistellte, die sich nun, einer Zeitungsmeldung folgend[38], als Fraktion der NSDAP anschlossen. Übertritte erfolgten indes nur in zwei Fällen. Die übrigen Abgeordneten legten im Juli ihre Mandate nieder. Auch die Zentrumsabgeordneten traten nach der Selbstauflösung der Partei im Juli 1933 zurück. Diesem Schritt ging eine „polizeiliche Aktion" gegen die „Hilfsverbände des Zentrums" voraus, bei der „auch die Geschäftsräume der [...] katholischen Verbände, des Gesellenvereins etc. geschlossen, deren Vermögen sichergestellt und das vorhandene Schriftenmaterial [vorläufig] beschlagnahmt" wurde.[39] Insgesamt legten jeweils elf Mitglieder der Amts- und Gemeindevertretung Kevelaer, drei im Gemeinderat Wetten und ein Mitglied in Kleinkevelaer ihre Mandate nieder.[40]

Daß dies nicht immer freiwillig geschah und auch nicht allein auf einen Appell von Fraktionsführer Broeckmann im Juli 1933 an die Zentrumsmitglieder, freiwillig auszuscheiden, da „auf diese Weise [...] ein anständiger Abgang am besten gesichert" sei[41], zurückzuführen war, zeigen einige erhalten gebliebene Briefe an Gemeinde- und Amtsvertreter des Amtes Kervenheim. Hier konnten die Nationalsozialisten nicht so wie in Kevelaer vorgehen, sondern hier mußten zunächst nationalsozialistische Organisationen erst aufgebaut werden, was allerdings in großer Eile geschah. Ferner mußte, mit Hilfestellung der Kreisleitung, gelegentlich auch der Kevelaerer NSDAP, innerhalb der Kommunalvertretungen sondiert werden, welche Abgeordneten zur NSDAP hinübergezogen werden konnten, welche bereits Mitglied waren und welche man hinausdrängen wollte. Die Briefe stellen sicherlich nur einen Ausschnitt dar, die Zahl der so unter Druck gesetzten Abgeordneten bleibt ungewiß. Sie belegen aber, daß dieser Druck nicht nur am Stammtisch oder in persönlichen Gesprächen ausgeübt wurde. Es muß Bürgermeister Janssen wohl einige Überwindung gekostet haben, die fast gleichlautenden Schriftstücke zu unterzeichnen:

„Auf Anordnung der Kreisleitung der N.S.D.A.P. in Geldern wird Ihnen nahegelegt, sofort hierhin mitzuteilen, dass Sie Ihre Mandate niederlegen u. nicht zu den bevorstehenden Sitzungen erscheinen, weil die N.S.D.A.P. keine Vertreter des Volkes in kommunalen Körperschaften duldet, die ... [es folgen verschiedene Vorwürfe]. Leisten Sie der Anordnung der N.S.D.A.P. keine Folge, setzen Sie sich der Gefahr aus, von ihren Beauftragten sofort in Schutzhaft genommen zu werden."[42]

Eine Reihe von Mitgliedern, u. a. Wilhelm Verhoeven, Theodor Boll, Heinrich Billen und Theodor Tekath, traten daraufhin zurück, ihre Plätze nahmen der Kreisleitung genehme „Ersatzmänner" ein. Allerdings bestand auch die Möglichkeit, sich dem Druck nicht zu beugen. Für diesen Weg entschied sich Franz Fehlemann, dessen gerichtliches Vorgehen gegen ein nationalsozialistisches Arbeitsdienstlager in seinen Räumen bereits beschrieben wurde. Am 28. April 1933 erhielt Bürgermeister Janssen einen handgeschriebenen Brief des Winnekendonker NSDAP-Stützpunktleiters, in dem dieser mitteilte, „daß Herr Franz Fehlemann als Amts- und Gemeinderat zurücktreten muß (Vetternwirtschaft)". Fehlemann, davon in Kenntnis gesetzt, weigerte sich aber weiterhin, seine Mandate niederzulegen, worauf Bürgermeister Janssen nichts anderes übrig blieb, als dem Stützpunktleiter mitzuteilen, daß ein Rücktritt „auf Grund gesetzlicher Bestimmungen" nicht gefordert werden könne. Nicht er, sondern sein Bruder sei bei der Verwaltung des Amtes als Rentmeister eingestellt, und die Mitglieder der NSDAP hätten ja selbst beim Landratsamt erfahren, daß es keine gesetzliche Grundlage gäbe. „Fehlemann wird infolgedessen", stellte Heinrich Janssen abschließend fest, „Mitglied der Amtsvertretung und des Gemeinderates bleiben."

Man benötigt nur wenig Phantasie, um sich vorzustellen, wie die Wogen der „nationalen Empörung" die Räume der Gelderner Kreisleitung daraufhin durchfluteten. Dort herrschte zunächst große Ratlosigkeit, denn ein endgültiges Verbot, Fehlemann zu künftigen Sitzungen einzuladen, traf erst im November in Winnekendonk ein.[43]

Die Gemeinde- und Amtsvertretungen verloren im Laufe der Monate zunehmend an Mitwirkungsmöglichkeiten. Die Anzahl der Sitzungen ging drastisch zurück, und schließlich traf man sich nur noch, um die Haushalte zu beraten. Bereits im Jahr 1934 wurden in Absprache mit den Parteistellen meist angesehene Bürger als „Gemeinde- und Amtsälteste" berufen, die jetzt lediglich noch die Aufgabe hatten, den Bürgermeister zu beraten, der nach dem „Führerprinzip" allein die Entscheidungen fällte. Diese Neuerungen wurden 1935 in der „Deutschen Gemeindeordnung" rechtlich verankert.

Schlüsselpositionen in den Gemeinden waren und blieben die Amtsbürgermeister, die Beigeordneten, die Ortsvorsteher und natürlich auch die Kassenleiter; hinzu kamen die Ortsgruppenleiter und die Ortsbauernführer. An der Spitze der Gemeindesparkasse Kevelaer erfolgte im April 1933 ein Wechsel, nachdem kurz zuvor der Vorstand neu gebildet worden war. Gegen den Leiter der Sparkasse wurden Vorwürfe in die Öffentlichkeit lanciert, er selber trat daraufhin notgedrungen einen Urlaub an. Bereits am 27. April erfuhr dann der Zeitungsleser: „Als kommissarischer Leiter der Sparkasse wurde mit Genehmigung der vorgesetzten Behörde durch den c. [commissarischen] Bürgermeister Dohr Dr. Hengesbach (NSDAP) bestellt."[44] Im September erfolgte die Suspendierung des Direktors des Kevelaerer Bankvereins.[45]

Sind für diese wichtigen Positionen des Wirtschaftslebens nur die rein personellen Veränderungen erkennbar, so ergibt sich bei der Verdrängung der Bürgermeister Janssen und Widmann ein klareres Bild. Die dabei angewandte Taktik erlaubt den Schluß, daß die örtlichen Nationalsozialisten, zehn waren am 12. März zur Wahl in Kevelaer angetreten, von der Partei eingehend geschult oder doch zumindest über die Kreisleitung mit genauen taktischen Instruktionen versorgt worden waren. Die Vorgehensweise stimmte, bis auf Nuancen, nicht nur in Kevelaer und Kervenheim überein, sondern hierin zeigte sich eine im gesamten Reich angewandte Methode, die Horst Matzerath zutreffend beschrieben hat:

„Die Spielarten des Terrors waren vielfältig: Drohungen und Einschüchterungen, Verdächtigungen und Verleumdungen, häufig bis in die private Sphäre hinein, Pressekampagnen, körperliche Mißhandlungen, Demütigungen und ‚Schutzhaft' brachten in vielen Orten die leitenden Persönlichkeiten dazu, sich beurlauben oder pensionieren zu lassen. In einer Reihe von Fällen wurden leitende Beamte in den Tod getrieben. Zu den von den Nationalsozialisten angewandten Techniken gehörte in erster Linie der stereotype Vorwurf finanzieller Unregelmäßigkeiten, der Korruption, ein Vorwurf, der das Selbstbewußtsein des Betroffenen am leichtesten zu verletzen und ihn auch am ehesten in der Bevölkerung zu diskriminieren imstande war. Zugleich ermöglichte dieser Verdacht die Einleitung eines Dienststrafverfahrens und damit die vorläufige Ausschaltung des Gemeindeleiters und war daher im allgemeinen auch die formelle Begründung, mit der die Aufsichtsbehörden die Bürgermeister und Oberbürgermeister veranlaßten, sich beurlauben zu lassen oder mit der sie selbst die Beurlaubung aussprachen. Als ‚Reinigung', ‚Aufräumungsarbeiten' oder ‚Erneuerung' suchte man den darauf folgenden ungesetzlichen Maßnahmen eine moralische Legitimation zu verschaffen und so zugleich das vergangene System und seine Träger zu diskreditieren wie auch die eigene Integrität und den eigenen Aufbauwillen zu demonstrieren."[46]

Bürgermeister Bernhard Widmann, geboren am 21. Juni 1883 in Wiesbaden, hatte am 4. März 1924 die Nachfolge von Matthias Marx im Wallfahrtsort angetreten. Er hatte Rechts- und Staatswissenschaften an den Universitäten Gießen und Marburg studiert, mit dem Patent eines Gerichtsassessors abgeschlossen und als Juristischer Hilfsarbeiter bei den Stadtverwaltungen Rheine i. W. und Recklinghausen gearbeitet. Ab Mai 1912 war er Hilfsrichter an verschiedenen Amtsgerichten in Westfalen, dann Beigeordneter und schließlich ab Februar 1920 zweiter Bürgermeister der Stadt Lünen an der Lippe.[47] Seine rechtswissenschaftliche Qualifikation gab bei den Überlegungen des Bürgermeistereirates Kevelaer im September 1923 den Ausschlag, ihn der vorgesetzten Dienstbehörde als Bürgermeister vorzuschlagen.[48]

Im März 1933 konnte Bernhard Widmann, kurz vor seinem fünfzigsten Geburtstag, auf eine neunjährige Amtszeit in Kevelaer zurückblicken. Seine Zeit als Bürgermeister war alles andere als glücklich verlaufen. Sie war geprägt von ständigen Krisen, in denen der Mangel verwaltet werden mußte, tief überschattet von einer Unterschlagungsaffäre in der Gemeindesparkasse.

Frühzeitig hatten die Kevelaerer Nationalsozialisten um Esser, Steinberger, Dohr und Broeckmann „Material" gegen Widmann gesammelt, waren Gerüchten und dem Dorfklatsch nachgegangen, hatten zusammengehäuft, was ihnen in seiner Amtsführung ungereimt erschien, aus dem sich dann leicht öffentliche Beschuldigungen konstruieren ließen. Sie hatten all dies zum Gauleiter nach Essen geschickt, ungeduldig danach gierend, die „Macht" zu übernehmen.

Anfang April glaubte man, soweit zu sein. Die parteiinternen Absprachen waren abgeschlossen, aus Essen kam „grünes Licht". Am 6. April 1933, so notierte es der Geldener Landrat, erschienen zwei Vertreter der Kevelaerer NSDAP, Ortsgruppenleiter Esser sowie Karl Dohr, und brachten folgendes vor: „Nach Rücksprache mit dem Kreisleiter, Herrn Hamacher, sowohl wie auch mit dem Gauleiter, Herrn Terboven in Essen, bitten wir im Auftrage des Gauleiters, auf Grund des Materials, das demselben übersandt worden ist, den Bürgermeister in Kevelaer zu beurlauben. Der Gauleiter ist der Ansicht, daß das ihm übersandte Material für die vorläufige Beurlaubung ausreicht."[49] Weiter gaben die Kevelaerer Nationalsozialisten zu verstehen, daß die Beigeordneten nicht als Vertreter in Frage kämen, sondern nur der Parteigenosse Karl Dohr. Daraufhin machte sich Reg. Ass. Kolb, nach telefonischer Rückversicherung bei der Düsseldorfer Regierung, auf den Weg nach Kevelaer, um Bürgermeister Widmann nahezulegen, einen Urlaubsantrag einzureichen, was dieser dann auch befolgte.

Bereits am 6. April – der Vermerk des Landrats trägt dasselbe Datum – informierte das Kevelaer Volksblatt die Öffentlichkeit: „Heute mittag ist Bürgermeister Widmann, der um seine Beurlaubung eingekommen war, die vom Landrat bewilligt wurde, zurückgetreten. Zum kommissarischen Geschäftsführer für die Amts- und Gemeindeangelegenheiten wurde der Fraktionsführer der nationalsozialistischen Amts- und Gemeindevertretung, Kaufmann Karl Dohr, ernannt. Die auf morgen vormittag 10 Uhr angesetzte Gemeinderatssitzung ist bis auf weiteres verschoben."[50]

Als einen weiteren Schritt auf dem Wege zur Macht setzte die NSDAP-Fraktion in der Amtsvertretung am 11. April die Bildung eines Untersuchungsausschusses durch, der selbstverständlich von einem Nationalsozialisten, Paul Meyer, geleitet wurde. Dieser stellte bis zum 20. Mai einen Bericht fertig, der sich vor allem auf die Gemeindefinanzverwaltung und die Dienstaufsichtspflicht des Bürgermeisters bezog, jedoch in seinen Beschuldigungen wenig Konkretes bot. Zum Fall van der Meulen äußerte man sich z. B.: „Abgesehen von dem bei der ganzen Bevölkerung Kevelaers *damals und auch jetzt* noch herrschenden Eindruck über Unfähigkeit des Bürgermeisters in Bezug auf Kassenprüfung und Kassenaufsicht kann Untersuchungsausschuß nach Prüfung der Unterlagen nicht umhin, zu erklären, daß durch die oberflächliche Behandlung einer so wichtigen Angelegenheit Verdunkelung vorgelegen haben muß."[51]

Der von allen Fraktionen der Amtsvertretung unterschriebene Bericht wurde in der Sitzung am 24. Mai 1933 vorgelegt und besprochen. Die NSDAP-Fraktion, nach der Wahl mit fünf Abgeordneten vertreten und nach zwei Übertritten sowie einer „Hospitanz" mittlerweile auf acht Abgeordnete angewachsen, hatte zwar immer noch keine Mehrheit, doch ging es bei dieser Frage nicht um parlamentarische Mehrheiten, da die Absetzung des Bürgermeisters nicht der Entscheidungsbefugnis der Amtsvertretung unterlag. Wohl aber konnte man weiterhin Druck auf den Landrat ausüben.

Die Diskussion wurde, wie das Protokoll vermerkt, hauptsächlich von den Nationalsozialisten geführt. Franz Steinberger stellte den Antrag, dem beurlaubten Bürgermeister Widmann bis zur endgültigen Entscheidung nur noch die Hälfte seiner Bezüge zu zahlen, was indes „von der Verwaltung als nicht zulässig bezeichnet" wurde. Einstimmigkeit herrschte bei den gefaßten Beschlüssen. Die Amtsvertretung stellte sich hinter die „bisherigen Maßnahmen der Aufsichtsbehörde", lehnte jede Zusammenarbeit mit dem beurlaubten Bürgermeister „in Zukunft" ab und beschloß, „an die vorgesetzte Behörde heranzutreten, um Bür-

germeister Widmann zu veranlassen, vom Amte zurückzutreten oder andernfalls die sofortige Abberufung in die Wege zu leiten".[52]
Schließlich deuteten die Abgeordneten nach dem wenig konkreten Untersuchungsbericht den einzig verbleibenden Weg an, indem sie sich mit einer Pensionierung Widmanns einverstanden erklärten, „wenn sein Gesundheitszustand dieses erforderlich machen sollte und wenn das Amt finanziell hierdurch nicht belastet" würde. Hinfort erhielt der Bürgermeister nur noch die Hälfte seiner Bezüge ausbezahlt, die andere Hälfte wurde auf ein gesondertes Konto überwiesen, womit man ein weiteres Druckmittel in der Hand hatte.
Erst nach dieser Sitzung konnte sich Bernhard Widmann zu den Verdächtigungen und Unterstellungen des Berichts äußern. Seine Entgegnung umfaßte 20 Seiten und schloß mit den Bemerkungen: „Wenn ich das Ergebnis der Untersuchung überschaue, so muss ich sagen, dass nach meiner Ansicht die Untersuchung in keiner Hinsicht die Richtlinien des Herrn Ministerpräsidenten über die Tätigkeit der Untersuchungsausschüsse beachtet hat. Die sämtlichen im Prüfungsbericht aufgeführten ‚Fälle' hätten sich ohne Beurlaubung des Unterzeichneten durch Aussprache evtl. Einholung der Entscheidung der Aufsichtsbehörde klären und regeln lassen. Es ist nicht nur auffallend, sondern geradezu kennzeichnend für den Prüfungsbericht, dass er offenbar bewusst darauf verzichtet, zu untersuchen, ob und inwieweit bei den Fällen wirklich eine ‚Schuld' des Unterzeichneten vorliegt und ob nicht doch gewichtige Umstände *gegen* die Bejahung einer objektiven und subjektiven Schuldfrage sprechen. Bei einer unvoreingenommenen, nicht durch eine bestimmte Absicht beeinflussten und durch ein bestimmtes Ziel gebundenen Untersuchung hätte auch der Prüfungsbericht zu einer völligen Verneinung jeder Schuldfrage kommen müssen. Statt dessen aber sind dem Unterzeichneten persönlich und allein sogar solche Vorgänge zur Last gelegt worden, bezüglich deren schon bei der Untersuchung gemerkt werden *musste,* dass, wenn überhaupt jemanden eine Verantwortung treffen sollte, diese nicht ihn *allein* treffen kann. Aber tatsächlich bleibt kein einziger Fall übrig, der auch im entferntesten eine begründete Unterlage zu einem Vorgehen gegen den Unterzeichneten geben könnte, geschweige denn zu Massnahmen der Art, wie sie seit dem 6. 4. 33 gegen ihn angewandt worden sind."[53]
Bürgermeister Widmann hatte mit diesen Bemerkungen sicherlich recht. Alles hätte sich klären lassen, wenn man es gewollt hätte – aber man wollte nicht! Es ging den nationalsozialistischen Abgeordneten spätestens nach der Fertigstellung des Untersuchungsberichts nicht um Schuld oder Unschuld, sondern sie wollten diesen Bürgermeister loswerden und durch einen Nationalsozialisten ersetzen. Diesem Ziel war man nach der Beurlaubung Widmanns und der kommissarischen Bestellung des alten Parteigenossen Karl Dohr – geboren am 29. September 1877, katholisch und seit dem 1. Dezember 1931 Mitglied der NSDAP[54] – sehr nahe gekommen.

Am 4. Juli 1933 trafen sich in Kevelaer der Landrat, der Kreisleiter der NSDAP, der kommunale Untersuchungsausschuß und einige Mitglieder der Kreisverwaltung zu einer Besprechung, während derer „die Herren des Untersuchungsausschusses erklärten, daß gegen Bürgermeister Widmann Unehrenhaftes nicht vorzubringen sei, es sei ihm jedoch zum Vorwurf zu machen, daß er das Amt und die Gemeinde nicht tatkräftig genug geführt habe. Es fehle ihm auch jeder Konnex mit der Bevölkerung".[55] So kam man überein, daß sich Bernhard Widmann freiwillig pensionieren lassen sollte, stritt allerdings noch eine Zeitlang über die Höhe der Pensionsbezüge. Widmann folgte der Aufforderung, stellte das Gesuch und fügte ihm noch eine Dienstunfähigkeitsbescheinigung bei, ausgestellt vom Gelderner Kreisarzt und bestätigt von einem Frankfurter Professor. Nachdem so die letzten Hindernisse beseitigt worden waren, veröffentlichte das Kevelaerer Volksblatt eine „Ehrenerklärung für Bürgermeister Widmann", die Kreisleiter Hamacher verfaßt hatte und zuerst in der Niederrheinischen Landeszeitung abgedruckt worden war:

„Die von dem Untersuchungsausschuß der NSDAP vorgenommene Untersuchung der Amtsverwaltung Kevelaer hat gegen die Person des Herrn Bürgermeisters Widmann nichts Ehrenrühriges ergeben. Es wird Herrn Widmann ausdrücklich bestätigt, daß er als Bürgermeister während seiner Amtstätigkeit sein Amt nicht dazu mißbraucht hat, sich auf Kosten der Gemeinde persönlich zu bereichern. Sein Pensionierungsgesuch hat Herr Bürgermeister Widmann freiwillig eingereicht."[56]

Den Kevelaerer Nationalsozialisten begegneten nun, als es ihnen endlich gelungen war, Widmann zu verdrängen, Schwierigkeiten, mit denen sie kaum gerechnet haben dürften. Diese lagen weniger darin, einen Nachfolger zu finden, hierzu hatte man bereits Kontakt zum Issumer Bürgermeister Alfons Derichsweiler aufgenommen, und dieser hatte bereits seine Bereitschaft signalisiert, sondern darin, daß in der Sitzung der Amtsvertretung vom 10. August 1933, zwei Tage nach der Veröffentlichung der Ehrenerklärung, die Vertreter der Gemeinden Twisteden, Wetten und Kleinkevelaer gegen eine Neubesetzung der Stelle protestierten, „da sie nur unnötige Kosten verursachen würde".[57] Die NSDAP-Fraktion setzte gegen diese Bedenken, die von den Gemeindevorstehern geteilt wurden, eine Abstimmung durch. Für Derichsweiler, dessen Bewerbung als einzige vorlag, stimmten fünf der Anwesenden, die übrigen sieben enthielten sich der Stimme. Ungeachtet dieses Ergebnisses nahm Alfons Derichsweiler vier Tage später die Dienstgeschäfte „vorläufig" auf, seine Einweisung erfolgte nach der offiziellen Ernennung am 20. Dezember 1933. Die Gründe, die die NSDAP-Fraktion und die Ortsgruppenleitung bewogen haben, Derichsweiler zu protegieren und kompromißlos durchzuboxen, sind nicht ganz klar. Offenbar handelten sie unter einem Zeitdruck, der keine weitere Verzögerung zuließ.

*Bürgermeister Aloys
Eickelberg (Mitte)
beim 50jährigen
Feuerwehrjubiläum
(NMVK)*

*Bürgermeister
Karl Heinrich Janssen
(Winnekendonker Rathaus)*

Alfons Derichsweiler wurde am 25. Mai 1893 in Bonn geboren, studierte an den Universitäten Köln und Bonn und legte an der Hochschule für kommunale und soziale Verwaltung in Köln sein Diplom ab. Er war Kriegsfreiwilliger im Weltkrieg und wurde dreimal verwundet. Seine Personalakte vermerkt weiter, daß er 1923 „von den Franzosen im Ruhrkampf ausgewiesen" wurde. Unter der Rubrik „Politische Stellung" findet man dort: „Vor der nationalen Revolution keiner Partei oder dergl. angehört. War Mitglied des deutschen Offizierbundes. Jetzt auch Mitglied der S.A."[58] Derichsweiler, der demnach kein „alter Kämpfer" war und 1933 der SA, offenbar aber nicht der NSDAP beitrat, konnte sein Amt in Kevelaer nicht lange ausüben. Am 22. April 1934 starb er an einer Lungenentzündung.

Sein Nachfolger wurde am 31. Juli 1934 Aloys Eickelberg. Ohne kommunale Mitsprache in Form einer Anhörung der Amtsvertretung war er von der Gauleitung Essen „als Bürgermeister von Kevelaer vorgesehen". Er stellte sich im Juni lediglich der örtlichen Parteileitung vor.[59] Bis 1924 hatte Eickelberg dem Zentrum angehört, ab 1930 der NSDAP.[60] Er hatte bis 1934 bereits einen bewegten beruflichen Lebensweg hinter sich. Geboren am 29. Mai 1880 zu Amern im Kreise Kempen, besuchte er die Volksschule und trat daraufhin eine dreijährige Verwaltungslehre an. Von 1894 bis 1900 war er kaufmännischer Angestellter in einer Brüggener Aktiengesellschaft, anschließend zwei Jahre beim Militär und von 1902 bis 1912 in einer Kaldenkirchener Speditionsfirma tätig. Die Jahre 1912 bis 1914 verbrachte er im Grenzamt Kaldenkirchen der „Deutschen Arbeiterzentrale Berlin". Nach seiner Militärzeit 1914 bis 1916 leitete er bis 1924 die Dienststelle Essen der Arbeiterzentrale, schied dann auf „eigenen Wunsch" aus und betrieb zwei Jahre lang selbständig eine Tabakwarengroßhandlung. Von 1926 bis 1934 war er bei der Stadtverwaltung Essen angestellt. Das Zeugnis der NSDAP-Ortsgruppe Essen-Breilsort bescheinigte ihm die Mitgliedschaft in der NSDAP ab dem 1. November 1930, eine aktive Beteiligung im kommunalpolitischen Ausschuß und ferner, daß er im Oktober 1932 Gründungsmitglied der Ortsgruppe und ab Juli 1933 Organisationsleiter gewesen war.[61] Aloys Eikkelberg hatte sich in der Partei hochgedient. Er war nach langer Zeit im Wallfahrtsort wieder der erste Bürgermeister ohne eine akademische Vorbildung.

Nach den Vorgängen im Amt Kevelaer soll nun das weitere Schicksal Bürgermeister Janssens in Kervenheim-Winnekendonk behandelt werden.[62] In allen Gemeinden des Amtes Kervenheim hatte die NSDAP Anfang 1933 ein offensichtliches Organisationsdefizit. Sie konnte, wie in Wetten, Twisteden und Kleinkevelaer, nicht mit einem eigenen Wahlvorschlag in den Kommunalwahlkampf ziehen, baute erst später ihre Organisationen auf, verdrängte dann aber im Verein mit der Gelderner Kreisleitung erfolgreich fast alle unliebsamen Kommunalvertreter. Es kann somit nicht überraschen, daß die Absetzung des seit 1896 amtierenden Bürgermeisters zwar mit einer zeitlichen Verzögerung gegenüber Kevelaer, aber genauso zielgerichtet und kompromißlos in Angriff genommen wurde.

„Im Auftrage des Herrn Landrats" fand am 4. August 1933 „im Amtsgebäude zu Winnekendonk eine Untersuchung der Verhältnisse des Amtes Kervenheim u. der Gemeinden Kervenheim, Kervendonk u. Winnekendonk statt. An dieser Besprechung nahmen teil:

1. K.A. Oberinspektor Oberegge von der Kreisverwaltung in Geldern,
2. Ortsgruppenleiter der N.S.D.A.P. Jakob Reims in Winnekendonk,
3. Amtsvertreter Bollen, Winnekendonk,
4. Amtsvertreter Verhülsdonk, Kervendonk,
5. Beamten-Anwärter Strucks, Geldern."[63]

An diesem Tag ging es um zwölf zusammengetragene „Beanstandungen", die Heinrich Janssen am 11. August schriftlich vorgelegt bekam, worauf er einen mehrwöchigen Urlaubsantrag stellte, den der Landrat genehmigte.[64] Auch im Amt Kervenheim erfolgte die Verdrängung, da die Beanstandungen, die Janssen einzeln schriftlich widerlegte, nicht für eine Amtsenthebung ausreichten, über den Weg der Pensionierung, der die Amtsvertretung zustimmen mußte. Heinrich Janssen legte dem Landrat eine kreisärztliche Dienstunfähigkeitsbescheinigung und schließlich ein Pensionsgesuch vor. Am 1. Oktober 1933 trat Bürgermeister Janssen in den Ruhestand, „unter Herabstufung in eine niedrigere Gehaltsstufe ohne Stellenzulage und unter Wegfall aller, selbst pensionsfähiger Nebeneinnahmen".[65] Er verließ Winnekendonk, den Ort seines fast 40jährigen Wirkens, übersiedelte nach Düsseldorf und arbeitete fortan an einer Geschichte seines Amtes Kervenheim, die 1943 bei einem Bombenangriff verbrannte.

Bürgermeister Janssen hatte selbst im September 1933 noch nicht begriffen, warum er hatte gehen müssen. Dies wird in seiner Entgegnungsschrift erkennbar. Er verstand nicht, daß er sein Amt nicht aufgeben mußte, weil er es nicht ordentlich geführt hatte, sondern weil es den machtgierigen Nationalsozialisten in Amt und Kreis darauf ankam, die kommunalen Schlüsselpositionen zu besetzen. Die beinahe schon tragisch zu nennende Kurzsichtigkeit dieses national denkenden preußischen Beamten läßt das Resümee seiner Rechtfertigungsschrift erkennen: „Bei meiner allzeit gewissenhaften, nationalen, sozialen u. kulturellen Lebensauffassung, meinem Berufsethos u. meinem nie versagenden Fleiß u. der anspruchslosen Lebenshaltung, fühle ich mich in der Seele tief verletzt, daß meine Lebensarbeit im Dienste der Bürgermeisterei u. der Wirtschaftskultur in der Zeit der nationalen Widergeburt unter unserm Führer, Reichs- u. Volkskanzler Adolf Hitler nicht anerkannt wird, u. ich als kinderreicher Familienvater, bei meiner z. Zt. schwersten Belastung mit Erziehungskosten, in eine solch traurige Lebenslage versetzt worden bin."[66]

Am 19. Oktober 1933 meldete das Kevelaerer Volksblatt, es sei „mit der vertretungsweisen Verwaltung des Amtes Kervenheim [...] der Bürgermeister Tenhaeff aus Weeze beauftragt worden. Bei seiner Einführung am Dienstag [17. Oktober 1933] versprach Stützpunktleiter Reims ihm im Auftrage der Kreisleitung seine treue Mitarbeit."[67]

Auch Heinrich Tenhaeff besaß keine akademische Vorbildung. Geboren wurde er am 11. Februar 1887 in Rheurdt. Von 1901 bis 1904 absolvierte er eine Ausbildung im Gemeindeverwaltungsdienst in Camp und blieb bis April 1916 dort als „erster Gehülfe". Anschließend arbeitete er bei den Gemeindeverwaltungen in Büderich, Camp, Fischeln, Vorst und Xanten. Er wurde Bürovorsteher in Anrath und 1924 Bürgermeister in Weeze. Die formelle Zustimmung der Amtsvertretung Kervenheim erfolgte erst im Januar 1934, die Vereidigung gar erst im September. Zwischenzeitlich wollte ihn die Kreisleitung beurlauben lassen, da sie annahm, daß er an einigen Wirtschaftsdelikten im Zusammenhang mit Reichszuschüssen für Instandsetzungsarbeiten beteiligt gewesen war, für die eine ganze Reihe Bürger des Amtsbezirks eine Zeitlang in Schutzhaft genommen worden waren. Den Streit entschied der Düsseldorfer Regierungspräsident letztlich zugunsten des Bürgermeisters.[68]

Gesprächsstoffe

Nur wenige, geschulte Parteigenossen im Verein mit der Kreisleitung hatten genügt, um innerhalb kurzer Zeit die kommunalen Schlüsselpositionen in die Hand zu bekommen. Die Nationalsozialisten setzten nun alles daran, die Bevölkerung in einen Zustand ständiger politischer Erregung zu halten. Es gab nicht nur ständig Umzüge und Aufmärsche, sondern fast jeder Tag brachte neuen Gesprächsstoff. Die traditionellen Vereine wurden „gleichgeschaltet", eine Unzahl nationalsozialistischer Organisationen wurde gegründet, ständig fanden Versammlungen und Vorstandsneuwahlen statt. Die Bevölkerung nahm die Inhaftierungen von Sozialdemokraten und Kommunisten mehr oder weniger gleichgültig zur Kenntnis, verfolgte aufmerksam die Pressemeldungen über die Konkordatsverhandlungen mit dem Heiligen Stuhl, hoffte, daß die katholischen Vereinigungen würden bestehen bleiben können und die neue Zeit der Wallfahrt nicht abträglich sein werde.

Zu den ersten Verhandlungspunkten der kommunalen Vertretungen gehörten die Umbenennungen von Straßen und Plätzen, die Gesuche an Hindenburg und Hitler, Ehrenbürgerschaften anzunehmen, sowie einige auf Popularität zielende Anträge zur Verminderung der Arbeitslosigkeit, die zwar nichts bewirkten, doch reichlich Gesprächsstoff boten.

Gleich mit sechs Anträgen wartete z. B. die NSDAP-Fraktion am 11. April 1933

Straßen-Umbenennung!

Auf Vorschlag der Gemeindevertretung in der ersten Sitzung am 11. April 1933 erhalten die nachstehenden Straßen folgende neue Bezeichnungen:

1. Die Bahnstraße von der Ecke Stassen bis zum Bahnübergang „Hermann-Göring-Straße."
2. Die Marktstraße „Adolf-Hitler-Straße" und der Marktplatz „Adolf-Hitler-Platz."
3. Die Küstereistraße „Hindenburgstraße."
4. Die Antoniusstraße „Horst-Wessel-Straße."
5. Die Friedenstraße „Albert-Leo-Schlageter-Straße" und der Friedensplatz „Albert-Leo-Schlageter-Platz."
6. Die Geldernerstraße von der Pfarrkirche bis Haus Derix einschließlich „Antoniusstraße."

Die Neubeschilderung wird in den ersten Tagen vorgenommen werden.

Kevelaer, den 13. April 1933.

Der c. Bürgermeister:
gez.: **Dohr.**

Kevelaerer Volksblatt 15. 4. 1933

im Kevelaerer Gemeinderat auf, die einstimmig verabschiedet wurden: In den Amtsstuben und Schulklassen sollte fortan neben dem Bild des Reichspräsidenten Hindenburg auch ein Bild des Reichskanzlers Hitler hängen, „Bilder oder sonstige Gegenstände, die an die marxistische Vergangenheit" erinnerten, waren „unverzüglich zu entfernen". Man bildete den bereits erwähnten Untersuchungsausschuß, entschied positiv über die Ehrenbürgerschaften und benannte einige Straßen und Plätze um – Teile der Bahnstraße in Hermann-Göring-Straße, den Marktplatz in Adolf-Hitler-Platz usw. Aus den Verwaltungen und Gemeindebetrieben sollten alle Beamte, Angestellte und Arbeiter, „bis auf den Dienstältesten unter ihnen", entlassen werden, wenn sie miteinander verwandt oder verschwägert waren. Unter dem Schlagwort des „Doppelverdienertums" wurde ihnen ferner „jede Nebenbeschäftigung gegen Entgelt [...] unter Strafandrohung verboten".[69]

Besonders die Frage des Doppelverdienertums beschäftigte im Jahre 1933 wiederholt die öffentliche Meinung. In einem Ort wie Kevelaer, in dem der überwiegende Teil der Bevölkerung mehreren Berufen oder Gewerben nachging, ist dies sehr verständlich. Dieses Problem verschaffte aber auch der NSDAP und dem Arbeitsamt Geldern die Möglichkeit, nach außen hin aktiv zu erscheinen, so daß ihre arbeitsmarktpolitische Untätigkeit nicht offen zu Tage trat. Am 15. Juli ließ das Arbeitsamt die Leser des Kevelaerer Volksblattes wissen, daß es „an allen Arbeitsplätzen in seinem Bezirk auf die Entlassung von Doppelverdienern, d. h. von Personen [...], die nicht unbedingt auf den Verdienst aus ihrer Arbeitnehmertätigkeit angewiesen" waren, hinwirken wolle. Zu diesem Personenkreis gehörten nach Meinung des Amtes:

„1. Wer noch Pension, Rente oder dergl. in einem auskömmlichen Maße bezieht,

2. wer eine Entschädigung für eine zweite Beschäftigung in einem anderen Betriebe oder Berufe (z. B. als Aushilfskellner, Musiker, Kraftfahrer, Buchhalter und dergl.) erhält und diese Nebenbeschäftigung nicht sofort einstellt,

3. wer aus Vermögen Einkünfte bezieht (Grundbesitz, Bankguthaben und dergl.) die ein Existenzminimum bieten,

4. wer aus einem eigenen Geschäft oder Betrieb oder aus einer sonstigen selbständigen Tätigkeit Einkünfte hat, die den Verzicht auf eine Arbeitnehmertätigkeit ermöglichen,

5. wer durch das Einkommen seines Ehegatten in seinem Lebensunterhalt gesichert ist,

6. wer als unverheiratete weibliche Person einen Unterhaltsanspruch gegenüber Unterhaltspflichtigen hat, die über ein entsprechendes gesichertes Einkommen verfügen."[70]

Die so freiwerdenden Stellen – vor allem weiblicher Arbeitskräfte – sollten von arbeitslosen Angehörigen der SA, der SS oder des Stahlhelms besetzt werden,

„wobei Kriegsbeschädigte, Frontkämpfer und alte Kämpfer der nationalen Bewegung" den Vorzug zu erhalten hatten.[71] Zur Erfassung der Doppelverdiener wurden Fragebögen verschickt. Gleichzeitig wollte man gegen die Schwarzarbeit im Kreis vorgehen: „Die Bekämpfung der Schwarzarbeit erfolgt durch Einsatz des gesamten Arbeitsamtspersonals und, wenn es erforderlich ist, unter Verstärkung durch SA und SS. Planmäßig, an zurzeit noch nicht bekannten Tagen, werden einzelne Ortschaften abgeriegelt und nach Schwarzarbeitern durchforscht. Während die eine Kolonne sich den Betrieben zuwendet, kontrolliert die andere Kolonne die Arbeitslosen, um den zeitigen Aufenthalt derselben am Tage der Revision festzustellen. Für die Kontrolle der Schwarzarbeiter kommen in der Hauptsache kleinhandwerkliche Betriebe, Steinbrüche, Sandgruben, Transportgeschäfte, Gastwirtschaften, Schuhfabriken, Landwirtschaft usw. infrage. Über die Aktion wird jeweilig in der Zeitung berichtet und das Ergebnis behandelt. Als Strafe für die Schwarzarbeit ist vorgesehen, die Kürzung und gegebenenfalls die Entziehung der Unterstützung, die Verhängung von Ordnungsstrafen, Anprangerung in der Presse und gegebenenfalls Ausschluß aus den nationalen Verbänden."[72]

Diesen im ganzen Reich durchgeführten, unkontrollierbaren Einzelaktionen von Behörden und Parteiorganisationen setzte die Reichsregierung im November 1933 ein Ende. In der Kabinettsvorlage zu dieser Entscheidung hieß es, „daß der Begriff des Doppelverdieners überhaupt nicht klar zu definieren sei, daß oft gerade ‚die besten und leistungsfähigsten Menschen' durch Eingriffe dieser Art von Parteidienststellen benachteiligt würden. Überdies werde auch die ‚Staatsautorität' gefährdet und ein ‚Denunziantentum schlimmster Art' gezüchtet."[73]

Eine weitere, die niederrheinische Bevölkerung 1933 sehr beschäftigende Diskussion ging um eine Umgemeindung einzelner Orte zu neuen Amtsbezirken; sie hatte bereits in den 1920er Jahren begonnen. Der Protest der Amtsvertreter aus Wetten, Twisteden und Kleinkevelaer gegen eine Neubesetzung der Bürgermeisterstelle am 10. August 1933 kam nicht von ungefähr und muß in diesem Zusammenhang gesehen werden. Die Gründe, die die Gemeinderäte bewogen haben, sich von den alten Bürgermeistereien bzw. Ämtern zu lösen, wurden nur selten schriftlich festgehalten. Hinter ihnen verbargen sich aber hauptsächlich finanzielle Überlegungen, die in den hohen Verschuldungen der Kommunen in den 1920er und 1930er Jahren einen fruchtbaren Nährboden fanden. Die Verwaltung des Amtes Kevelaer war kostspielig, wobei die Gemeinde Kevelaer die Hauptlast trug, deren Haushalt selbst zu Beginn der 1930er Jahre noch ausgeglichen war, was nur etwa 2 % der deutschen Kommunen von sich behaupten konnten. Dennoch machten sich außerhalb des Wallfahrtsortes immer wieder Stimmen bemerkbar, die eine Abtrennung von Kevelaer forderten, um die eigenen Belastungen zu senken.

Zwei Ansichten vom Marktplatz in Wetten um 1927 (KG)

Im August/September 1923 bereits hatten die Gemeinden Wetten, Twisteden und Kleinkevelaer versucht, eine eigene, von Kevelaer unabhängige Bürgermeisterei zu bilden. Der Zeitpunkt war geschickt gewählt, verhandelte man doch damals über die Nachfolge des beurlaubten Bürgermeisters Marx. Am 27. September 1923 stimmte der Bürgermeistereirat nach kurzer Beratung ab und sprach sich – erwartungsgemäß – mit der Stimmenmehrheit der Kevelaerer Vertreter gegen eine Abtrennung aus.[74] Die Gemeinden hatten zuvor einen Antrag an die Preußische Staatsregierung gestellt. Nach der Abstimmungsniederlage im Oktober 1923 reichten sie über den Landtagsabgeordneten Küsters aus Sonsbeck nochmals eine Eingabe beim preußischen Innenministerium ein, das sich jedoch nur kurz mit dem Vorgang befaßte und den kompletten Schriftsatz mit der Bemerkung an den Düsseldorfer Regierungspräsidenten schickte: „Soweit ich mir aus den Eingaben ein Bild zu machen vermag, scheint die Bildung eines neuen Bürgermeistereiverbandes wegen der Kleinheit und Leistungsfähigkeit der beteiligten Gemeinden nicht tunlich zu sein."[75]

Damit war die Sache im Grunde genommen bereits vorentschieden, wenn auch der Kreisausschuß, der Landrat und der Regierungspräsident noch gehört werden mußten. Der Kreisausschuß Geldern beriet im November 1923 gleich zweimal in dieser Angelegenheit: zunächst lehnte er den Antrag ab[76], doch wenig später stimmten vier Mitglieder dafür, zwei dagegen, einer enthielt sich. Der Kreisausschuß hatte also letztlich die Abtrennung befürwortet und erkannte „die von den Vertretern der ben. Gemeinden vorgebrachten Gründe zum Teil als berechtigt" an. „Die neu zu gründende Bürgermeisterei wird für fähig gehalten, die entsprechenden Verwaltungskosten zu tragen. Kevelaer hat rein städtischen Charakter, während die oben bez[eichneten] Gemeinden rein ländlichen Charakter tragen."[77]

Der Gelderner Landrat unterstützte den Plan jedoch nicht. Seine Bedenken wurden vom Regierungspräsidenten in Düsseldorf geteilt, der den gesamten Vorgang mit dem Kommentar nach Berlin weiterleitete: „Ich bitte den Antrag, der mir bei der heutigen Finanzlage unerörtbar erscheint, abzulehnen. Die Antragsteller mögen sich zunächst bemühen, die Belange der Gemeinden bei der Auswahl des neu zu wählenden Bürgermeisters zu vertreten. Ich werde den Landrat anweisen, die Klagen der drei Gemeinden im Auge zu behalten."[78] Am 30. Januar 1924 lehnte das Innenministerium endgültig ab.[79]

Das Thema war damit zunächst „vom Tisch" und wurde erst Ende der 1920er Jahre in geänderter Form im Rahmen der kommunalen Neugliederung, die die Abtrennung von Hinsbeck und Leuth vom Kreis Geldern zur Folge hatte[80], neu belebt und durch die Presse zum Gegenstand öffentlicher Erörterung gemacht. Jetzt wurden auch die Ämter Kervenheim, Weeze und Kapellen in die Planungen miteinbezogen. Die unterschiedlichen Überlegungen verdichteten sich im Januar 1933 zu drei Modellen: Das erste Modell sah eine Vereinigung der Gemeinde Winnekendonk mit dem Amt Kevelaer vor, Kervenheim und Kervendonk sollten zu Weeze kommen. Im zweiten Fall überlegte man, und hierfür optierte die Gemeinde Kervenheim, die drei Gemeinden des Amtes Kervenheim mit dem Amt Kevelaer zu vereinigen. Das dritte Modell favorisierte den Anschluß von Kervenheim und Kervendonk an Weeze, wohingegen die Gemeinden Wetten, Kapellen und Winnekendonk ein eigenes Amt bilden sollten.[81] Daneben gab es noch weitere Pläne, so die Vereinigung von Schravelen mit Kevelaer oder den Anschluß von Achterhoek an Kapellen usw.[82]

Die Standpunkte gingen quer durch alle Gemeinden und Interessengruppen. In Wetten waren es die im Rheinischen Bauernverein zusammengeschlossenen Landwirte, die sich für eine Zusammenlegung mit Winnekendonk und Kapellen einsetzten. Dagegen sprachen sich Anfang 1933 aber nun der Gemeindevorsteher und der Ortsgeistliche, Pfarrer Krimphove, aus[83], was letztlich den Ausschlag dafür gab, daß am 26. Januar 1933 eine Wettener Bürgerversammlung für einen Verbleib bei Kevelaer optierte.

Nach der Kommunalwahl im März 1933 wurde es in den Zeitungen still um die Neugliederungspläne, sei es, daß die örtlichen Nationalsozialisten auf eine Beendigung der zum Teil erregt geführten Diskussion drängten, sei es, daß in dieser Phase der Machtkonsolidierung keine Zeit dafür blieb. Aus den öffentlichen Gesprächen hat sich das Thema aber wohl nicht so einfach verdrängen lassen. Die Pläne wurden zwischen 1934 und 1939 noch einmal aufgegriffen. Beteiligt waren nun der Kervenheimer Bürgermeister, der Geldener Landrat und der Düsseldorfer Regierungspräsident. Bei diesen internen, von der Presse wenig beachteten Absprachen ging es um eine Zusammenlegung des Amtes Kervenheim mit Kapellen, eventuell auch mit Wetten. Sogar „Probehaushalte" wurden aufgestellt, nach Kriegsbeginn 1939 nahm man aber von allen Veränderungsversuchen Abstand.[84]

Durchdringung, Überwachung und Protest

Mit der Machtübernahme begann die gezielte Durchdringung des öffentlichen und privaten Lebens erst richtig. Die „Eroberung des Vereinswesens" erfolgte unter dem Schlagwort der „Gleichschaltung", was entweder bedeutete, daß der betreffende Verein direkt einer nationalsozialistischen Organisation unterstellt wurde oder daß die alten Vorstände, wenn sie nicht genehm erschienen, zurücktreten und Platz für NS-treue Nachfolger machen mußten. Sieht man von den katholischen Vereinigungen einmal ab, die später ausführlicher betrachtet werden sollen, so blieb kaum ein Verein von der Gleichschaltung verschont, obwohl bei den Versammlungen nun häufiger nationale, bisweilen nationalistische Töne angeschlagen wurden – wie es die „alten" Bürgermeister vorgemacht hatten.

Die Gleichschaltung machte auch vor den Sportvereinen nicht halt. Beispielsweise stand im Kevelaerer Volksblatt am Dienstag, dem 20. Juni 1933, unter der Rubrik „Kervenheim": „In der heutigen Mitgliederversammlung des Sportvereins Union wurde die Gleichschaltung vorgenommen. Der alte Vorstand trat zurück; als neuer Führer wurde [. . .] gewählt, der als langjähriger Kassierer bereits in hohem Maße das Vertrauen der Mitglieder besitzt. Der neue Sportführer hat den festen Willen, den Verein von Grund auf zu erneuern und wieder emporzubringen. Er erwartet, daß alle Sportfreunde des Ortes ihn hierbei tatkräftig unterstützen."
Was sich hier recht „unverdächtig" und „harmlos" liest, läßt kaum erahnen, daß selbst ein kleiner, dörflicher Sportverein in ein Netz der Kontrolle, Beeinflussung und nationalsozialistischer Durchdringung geriet. Dieses Vorgehen spielte sich überall in ähnlicher Weise ab. Es war wohl durchdacht und geplant und diente dem ausschließlichen Zweck, alle Positionen des öffentlichen Lebens mit solchen Personen zu besetzen, von denen erwartet werden konnte, daß sie sich mit dem neuen Regime zumindest solidarisch erklärten. Es kann jedoch keineswegs behauptet werden, daß diese neuen „Führer" der geselligen und sonstigen Vereine „alte Kämpfer" oder bereits überzeugte Nationalsozialisten waren, doch von Woche zu Woche vergrößerte sich die Rekrutierungsbasis der später so genannten „Mitläufer", die nicht ohne eigennützige Interessen oder „um des Vereins willen", dem man Jahre oder Jahrzehnte angehört hatte, die freiwerdenden Posten übernahmen. In der Vertrautheit der dörflichen Gemeinschaft, in der jeder von jedem wußte, was er tat, gerne aß oder sprach, und in der es nicht wie in den größeren Städten anonyme Nischen des Rückzugs gab, funktionierte seit jeher ein ausgefeiltes Kommunikationssystem, das mit „kommunaler Selbstkontrolle" bezeichnet werden kann und das auch im Dritten Reich nicht nur ausgezeichnet funktionierte, sondern geradezu zur Unterstützung und Stabilität des Regimes beigetragen hat. Diese Selbstkontrolle ermöglichte erst die reibungslose Durchdringung des öffentlichen und privaten Lebens.
Dies spielte auch eine Rolle bei der Einschüchterung politisch andersdenkender Gruppen oder Personen. Es bedurfte keiner Denunziationen, um die Mitglieder und Sympathisanten der SPD oder der KP zu ermitteln, diese waren ohnehin bekannt. Die Kandidaten der Kommunistischen Partei für die Kommunalwahlen vom 12. März 1933 wurden bereits am 28. Februar verhaftet, zunächst in die örtlichen Polizeigefängnisse gebracht und dann nach Kleve überführt. Die Anordnungen ergingen telefonisch vom Landratsamt, als Grund genügte die Bemerkung „Kommunistischer Funktionär". In Kervenheim verhaftete die Polizei an diesem Tag Peter Scholten, der bis zum 17. März im Polizeigefängnis Winnekendonk und dann bis zum 20. April im Gerichtsgefängnis Kleve festgehalten wurde.[85] Aus Kervendonk teilte sein Schicksal Theodor Metzler[86], aus Kevelaer Ernst Klamberg, der erst am 9. Mai entlassen wurde. In dessen Personalbericht

aus dem Jahre 1936, verfaßt von Bürgermeister Eickelberg für die Gestapo Düsseldorf, heißt es: „War Funktionär der KPD in Kevelaer. Infolgedessen war er [...] in Schutzhaft. Er wurde freigelassen, da anzunehmen war, daß Klamberg sich in Zukunft jeder staatsfeindlichen politischen Betätigung enthält. Die ständigen, unauffälligen Beobachtungen nach dieser Richtung hin, haben hier auch nichts mehr erbracht. Mitglied einer NS-Formation oder Organisation war Klamberg nicht."[87]

Den Verhaftungen der kommunistischen Funktionäre folgte die Beschlagnahme des gesamten „Parteivermögens" im Kreise. Darunter fielen Schreibmaschinen, Vervielfältigungsapparate, Motorräder und sogar Fahrräder, letztere mit der Begründung, „weil zu erwarten steht, daß das Fahrrad zur Förderung kommunistischer Bestrebungen gebraucht wird".[88] Die Schutzhaft verfehlte die beabsichtigte abschreckende Wirkung nicht, einige Kommunisten wechselten den Wohnort. Über die übrigen existieren nur wenige Hinweise. Die Polizeibeamten erhielten strikte Anweisung, sie zu überwachen und sogar von der Schußwaffe „rücksichtslos" Gebrauch zu machen, z. B. „gegen Flugblattverteiler, die sich [...] auf Anruf nicht stellen".[89]

Die Beobachtung der ortsansässigen Kommunisten nahm nach der Festigung des Nationalsozialismus nicht ab. Im November 1934 erstattete ein Kevelaerer Polizeihauptwachtmeister der Polizeiverwaltung (Bürgermeister) einen Bericht über die Beobachtung des ehemaligen KP-Spitzenkandidaten Paul Opitz: „Am 29. September dieses Jahres gegen 16 Uhr und am 1. dieses Monats gegen 11 Uhr habe ich festgestellt, daß vor dem Hause des als Kommunist allgemein bekannten Paul Opitz aus Wetten 85a, ein Auto mit dem Erkennungszeichen I Y 81570 längere Zeit gehalten hat. Aus welchem Grunde das in Frage stehende Auto vor der Wohnung des Opitz geparkt hat, konnte bis jetzt nicht festgestellt werden. Politische Gründe dürften in diesem Falle nicht ausgeschlossen sein, denn Opitz war seiner Zeit hier am Orte einer der rührigsten Mitglieder der Kommunistischen Partei. Eine Umstellung der Gesinnung desselben, ist bisher noch nicht festgestellt worden. Opitz wird weiter beobachtet."[90]

Der Geldener sowie der Moerser Landrat, der nach Ermittlung des Fahrzeughalters eingeschaltet wurde, witterten ebenfalls eine „politische Angelegenheit". Klärung brachte erst die Stellungnahme des Bürgermeisters von Kamp-Lintfort, daß der Besitzer „als kommunistischer Agitator [...] bestimmt nicht in Frage" komme.[91]

Bis in die Kriegszeit hinein erreichten die Bürgermeister immer wieder Anfragen der Staatspolizei Düsseldorf über Aktivitäten der KP in ihren Bezirken, Warnungen vor Postkarten-Aktionen oder kursierenden KP-Situationsberichten.

Der Schlag gegen die Kevelaerer Sozialdemokraten erfolgte zwei Tage nach dem Verbot der Partei. Vom 24. Juni bis 8. Juli 1933 wurden vier ehemalige SPD-Kandidaten, Rudolf Lobreyer, Anton Ripkens, Werner Kirking und Ger-

hard Beckers sowie zwei weitere Parteimitglieder, Wilhelm Fegers und Wilhelm Overfeld, in Schutzhaft genommen und nach Kleve gebracht. Die Begründung lautete einheitlich: „Führende Betätigung im marxistischen Sinne".[92]
Es ist bemerkenswert, daß die örtliche Presse, zum Teil sogar unter voller Nennung des Namens, über die Verhaftungen und Hausdurchsuchungen berichtete. So erfuhren die Zeitungsleser am 29. April 1933, daß der „Lokomotivführer Derks wegen kommunistischer Umtriebe verhaftet" worden war, am 24. Juni, daß eine „Person" in Schutzhaft genommen wurde, „weil diese in Gegenwart einer großen Menschenmenge die Reichsregierung beschimpfte und verächtlich machte. Weiter wurden aus politischen Gründen verschiedene Haussuchungen vorgenommen. Hierbei wurden Gegenstände und Unterlagen vorgefunden, die sichergestellt wurden." Am 1. Juli 1933 berichtete das Kevelaerer Volksblatt über die Verhaftung der sechs SPD-Funktionäre und schließlich eine Woche später, daß „im Verein mit der SS [...] verschiedene Haussuchungen und Beschlagnahmungen" erfolgt seien.
Diese Presseveröffentlichungen, deren Inhalte ohnehin in den Dörfern bekannt waren, sollten demonstrieren, wie kompromißlos man mit politischen Gegnern umzugehen gedachte. Die Verhaftungen und deren Veröffentlichungen waren aber nur deshalb in dieser Weise möglich, weil man sicher sein konnte, daß hierdurch keine öffentliche Unruhe entstehen würde. Zwar handelte es sich bei den verhafteten Sozialdemokraten und Kommunisten um Nachbarn, Arbeits- und Vereinskollegen, doch hatten sie bereits vor 1933 als politische und gesellschaftliche Außenseiter gegolten. Über ihre Versammlungen, Wahlprogramme, Anregungen oder Vorstellungen zur Kommunalpolitik hatte die Zentrumspresse nicht oder nur abfällig berichtet.
Um diese Ausgrenzung deutlich zu machen, sollen zwei Beispiele genügen: 1925 stellte die Kevelaerer SPD einen Antrag an den Gemeinderat, dieser möge der Partei ein Versammlungslokal zuweisen, da sich die Kevelaerer „Saalbesitzer" geweigert hätten, sozialdemokratische Versammlungen in ihren Räumen zu dulden. Der Gemeinderat bot der SPD daraufhin einen Schulraum an, allerdings mit der Auflage, daß dort nicht geraucht werden dürfte.[93] Im November desselben Jahres berichtete die Ortszeitung über den Versuch einer kommunistischen Propagandaaktion in Kevelaer: „Eine Abordnung der Komm. Partei aus Krefeld – ca. 25 Mann – besuchte am vergangenen Sonntag mit Auto Nr. I Z 18321 unseren Ort zu Propagandazwecken. Wie wir vernehmen, muß es dieser Gesellschaft auf der Twistedenerstraße nicht gut ergangen sein. Nach Verteilung ihrer Flugschriften wurden diese von einem Zentrumsmitgliede restlos eingesammelt und verbrannt. Zudem erhielten die Herren hier eine, ihrer Partei gebührende, sehr scharfe Zurechtweisung. Die guten roten Leute hatten auch nicht viel Zeit mehr, als sie sahen, daß Kevelaer ihr Arbeitsfeld nicht war und zogen es vor, nach Walbeck zu verschwinden. Sofort wurde Walbeck telefonisch benachrich-

tigt, und wird auch dort der Empfang der ‚roten Missionare' aus Krefeld wohl nicht so rosig ausgefallen sein."⁹⁴

Nach den Inhaftierungen und Hausdurchsuchungen des Jahres 1933 gerieten die ortsansässigen Sozialdemokraten und Kommunisten mit ihren Familien in eine noch größere Außenseiterposition. Sie galten nicht nur als politische Gegner des neuen Systems, das ihnen gegenüber Stärke gezeigt und die Öffentlichkeit damit „geschützt" hatte, sondern nun erschien es opportun, die Kontakte zu ihnen weitgehend abzubrechen. Die Ehefrau eines Verhafteten berichtete 1948 über ihre Erfahrungen: „Nach seiner Entlassung stand er dann weiter unter Überwachung. Vielen Haussuchungen und Drohungen durch die SS waren wir ausgesetzt. Oft wurde unser ganzes Haus auf den Kopf gestellt. Seiner Zeit unterhielt ich ein kleines Kolonialwarengeschäft [. . .]. Das Geschäft ging auf meinen Namen. Nach der Verhaftung meines Mannes ging nun mein Geschäft immer mehr zurück. Die ganze alte Kundschaft zog sich immer mehr zurück. Ich führe dies auf die Angst der Käufer zurück, denen ja bekannt wurde, daß mein Mann und unsere Familie unter Überwachung standen. 1 Monat nach der Verhaftung war ich dann gezwungen, das Geschäft zu schließen. Mein Mann wurde nach der Entlassung aus der Haft als Notstandsarbeiter eingesetzt."⁹⁵

Der Schutzhaft als Mittel zur Einschüchterung der politischen Gegner bedienten sich die Nationalsozialisten im gesamten Kreisgebiet verstärkt bis etwa Sommer 1933. Eine zeitgenössische, „tabellarische Nachweisung", die allerdings nicht nur die aus politischen Gründen angeordneten Inhaftierungen umfaßt, hält die Zahl der Verhaftungen in den Amtsbezirken des Kreises Geldern fest.

Schutzhaft in den Amtsbezirken des Kreises Geldern
*1. Februar 1933 – 1. September 1934:*⁹⁶

Aldekerk	15	Pont	7
Geldern	36	Sevelen	4
Issum	1	Straelen	9
Kervenheim	17	Wachtendonk	6
Kevelaer	15	Walbeck	1
Nieukerk	22	Weeze	6

Zum Bereich der Gleichschaltung gehörten auch die Neubesetzungen der Betriebsräte durch Mitglieder der NS-Betriebszellen-Organisation (NSBO) und die Bestellungen von Obleuten in den kleineren Betrieben, was gelegentlich für Aufregung sorgte⁹⁷, sowie die Ausschaltung nichtsozialistischer Parteien und Vereinigungen. Das Zentrum, dessen Abgeordnete im Reichstag dem Ermächtigungsgesetz zugestimmt hatten, war davon ebenso betroffen wie die DNVP oder der Stahlhelm. Die DNVP spielte in beiden Amtsbezirken keine Rolle, ihre

Wahlergebnisse waren äußerst niedrig. Anders verhielt es sich beim Stahlhelm. Als eine Vereinigung von Teilnehmern des Ersten Weltkrieges, 1918 gegründet, existierten Ortsgruppen des Stahlhelms in Kevelaer und Winnekendonk. Diese verzeichneten 1933 einen regen Zulauf neuer Mitglieder, was zum einen an der Aufnahmesperre der NSDAP lag, die einen unkontrollierten Zustrom sogenannter „Märzgefallener" unterbinden wollte, zum anderen bot der Eintritt in den Stahlhelm die Möglichkeit, eine nationale Gesinnung zu dokumentieren, ohne gleich einer Parteiorganisation, z. B. der SA oder der SS, beizutreten. Der Stahlhelm erschien so als das „kleinere Übel".
Die Politik der NSDAP gegenüber dem Stahlhelm war keineswegs einheitlich, sondern von Widersprüchlichkeiten geprägt. Am 25. Mai 1933 feierte Kevelaer noch seinen Stahlhelmtag, bei dem die neue Fahne in Anwesenheit zahlreicher auswärtiger Ortsgruppen aus den Kreisen Geldern, Moers und Kleve sowie des Kevelaerer SA-Sturms eingeweiht wurde.[98] Doch bereits am 20. Juni, nicht einmal einen Monat später, verständigte der Landrat telefonisch die Bürgermeister, daß die örtlichen Geschäftsstellen zu schließen, Waffen zu beschlagnahmen und das Vermögen sicherzustellen seien, da „durch die wahllose Aufnahme staatsfeindlicher Personen [...] kommunistische Bestrebungen [gefördert] und die öffentliche Sicherheit gefährdet" würden. Diese Anordnung war allerdings nur vorübergehender Natur und stand ganz im Zeichen einer „Säuberung" des Mitgliederbestandes.[99] Gleichgeschaltet konnten die Organisationen unter dem neuen Namen „Nationalsozialistischer Deutscher Frontkämpferbund (Stahlhelm)" weiter bestehen, ehe am 2. Juli 1934 ein weiterer Funkspruch des Landrats wieder ein Betätigungsverbot, die Schließung der Büros sowie die Versiegelung der Listen und Akten anordnete, was einen Monat später erneut rückgängig gemacht wurde.[100] Die endgültige Auflösung erfolgte Ende 1935.
Am 16. November 1935 trafen sich 21 der insgesamt 41 Winnekendonker Stahlhelmer in „Zivil" zum Schlußappell in der Wirtschaft Schülter. Der Ortsgruppenleiter empfahl dabei den Eintritt in nationalsozialistische Organisationen.[101] Im Dezember 1937 teilte die Gestapo Düsseldorf mit, daß Fahnen und andere Gegenstände künftig im Stahlhelmmuseum in der Alten Nicolaikirche in Magdeburg aufbewahrt werden sollten, wohin wahrscheinlich auch die Winnekendonker Fahne Anfang 1938 geschickt wurde.[102]
Als sich 1933 die Ereignisse überschlugen, hatte es vielfach den Anschein, als würden von der Gleichschaltung die katholischen Vereine unberührt bleiben können, zumal sie rechtlich unter dem Schutz des am 20. Juli 1933 zwischen der nationalsozialistischen Regierung und dem Heiligen Stuhl geschlossenen Reichskonkordats standen. Die Vereine und Organisationen, von denen im folgenden die katholischen Arbeitervereine und die Jugendorganisationen näher behandelt werden sollen, blieben zunächst intakt, wenn auch schon 1933 eine Vielzahl von Repressalien die Arbeit erschwerte.

Katholische Arbeitervereine betätigten sich zu dieser Zeit in den Gemeinden Kevelaer, Wetten, Winnekendonk und Kervenheim. Die Mitgliederzahlen schwankten vor allem in den Jahren der Weltwirtschaftskrise, da infolge der anhaltenden Arbeitslosigkeit die Beiträge vielfach nicht aufgebracht werden konnten. Die Pfarrchronik Kervenheim hielt unter dem Datum des 6. März 1932 fest: „Die Mitgliederzahl beträgt 35; Ehrenmitglieder keine. Die Zahl ist soweit gesunken durch die herrschende Arbeitslosigkeit. Die Schuhfabriken sind seit mehr als einem Jahr geschlossen. Die Arbeiter gehen demnächst alle zur Wohlfahrtspflege über. Die Lage ist äußerst drückend. Demnach soll in nächster Zeit ein festes Programm aufgestellt und eine Werbewoche gehalten werden." Offensichtlich hatte diese Werbewoche Erfolg, denn am Ende des Jahres 1932 war die Mitgliederzahl auf 78 angestiegen.[103]

Dem Bezirksverband Geldern gehörten insgesamt sechzehn Vereine an, die ihre Mitgliederzahlen mit wenigen Ausnahmen bis zum Frühjahr 1933 steigern konnten.

Mitglieder der katholischen Arbeitervereine 1932–1933:[104]

	1. 4. 1932	1. 4. 1933
Aldekerk	52	95
Kapellen	30	80
Issum	68	137
Geldern	185	230
Herongen	38	38
Kervenheim	25	80
Kevelaer	428	458
Nieukerk	104	92
Straelen	140	128
Veert	40	72
Wachtendonk	50	103
Walbeck	64	80
Wankum	55	85
Weeze	200	180
Wetten	28	49
Winnekendonk	41	45

Danach allerdings sanken die Zahlen. Regionale Behinderungen katholischer Jugendorganisationen und Arbeitgeber im Juli 1933, begleitet von Beschlagnahmungen der Akten, Mitgliederverzeichnisse und Kassengelder, wurden zwar nach wenigen Tagen wieder aufgehoben[105], da mittlerweile die Verhandlungen

Die Deutsche Arbeitsfront Ortswaltung Kevelaer

Große DAF.=Volksversammlung

am Dienstag, dem 14. Juni 1938, abends 8 Uhr im Saale Schattorie.

Deutscher Arbeiter, Handwerker und Geschäftsmann hört die Worte des **Gauwirtschaftsredners Pg. Wresinsky, Mülheim.**

Die Versammlung wird mit Gesang, Musik u. Sprechchören umrahmt. — Unkostenbeitrag wird nicht erhoben.

Heil Hitler! **DAF. Ortswaltung Kevelaer.**

(K 32–18)

Katholischer Arbeiterverein-Kervenheim!

Werbewoche vom 13-31. März 32.
==============================

Der Arbeiterverein als unsere wichtigste Standesorganisation soll und muss wieder zur früheren Blüte kommen. Darum bitten wir alle früheren Mitglieder und Ehrenmitglieder und alle, die dem Arbeiterverein bisher noch nicht angehörten, demselben als Mitglieder oder Ehrenmitglieder beizutreten. Die Versammlungen sind in der Regel am ersten Sonntag des Monats. Der Beitrag beträgt für Mitglieder wöchentlich 10 Pfg, für Ehrenmitglieder jährlich 2.-.

Für die nächsten Monate sind vorgesehen:

Ostermontag 1/2 8 Uhr: Generalkommunion nur für die Männer und Jünglinge mit Predigt.

3. April: Arbeitersekretär Ackermann: Ueber die Notwendigkeit der Arbeitervereine.

1. Mai: Pfr. Klucken: Leben und Wirken der hl. Elisabeth. (Lichtbilder, auch für Angehörige)

5. Juni: Hauptlehrer Schumacher-Winnekendonk: Aus der alten Geschichte Kervenheims.

Wir wollen ernste Arbeit leisten. Also tritt bei und wirb für neue Mitglieder, besonders unter den jüngeren Arbeitern.

Der Vorstand.   Der Präses.

Ich erkläre meinen Beitritt als Mitglied:

Einladung zur Werbewoche des Katholischen Arbeitervereins Kervenheim (PfAK)

über das Reichskonkordat weit fortgeschritten waren, doch dürften auch diese Aktionen schon dazu beigetragen haben, daß viele Mitglieder aus Gründen der Opportunität den traditionellen Vereinigungen den Rücken kehrten.
Die Arbeitervereine des Bezirksverbandes Geldern zeigten am 22. Oktober 1933 bei ihrem Herbstdelegiertentag in Wetten noch einmal Flagge. Der Verbandsvorsitzende Josef Joos hielt vor den vollständig anwesenden Vereinsdelegierten des Kreises die Festansprache. Es wurden die neuen Banner aus Kevelaer, Nieukerk, Walbeck, Weeze und Wetten geweiht.[106] Doch wenig später machten sich Verfallserscheinungen bemerkbar. Bei manchem mag die Überlegung eine wichtige Rolle gespielt haben, daß eine weitere Mitgliedschaft in einem katholischen Arbeiterverein nicht gerade förderlich für das eigene wirtschaftliche Fortkommen sein könnte. Das Übrige bewirkte ein Verbot der Doppelmitgliedschaft in einem Arbeiterverein und gleichzeitig in der Deutschen Arbeitsfront (DAF). Dieses „Austrocknungsverfahren"[107] stellte viele erwerbslose Mitglieder vor ein Arbeitsplatzproblem, da Arbeiter, die nicht in der DAF waren, nur schwer eine neue Stelle fanden.
Den Zerfallsprozeß in Kervenheim hielt Pfarrer Klucken nach einem Vereinsausflug im Mai 1934 nach Hinsbeck in der Pfarrchronik fest. „Leider hat es die Arbeitsfront in der Zeit nach dem Ausflug fertig gebracht, durch Androhung wirtschaftlicher Nachteile mehr als die Hälfte der Mitglieder zum Austritt aus dem Arbeiterverein zu bewegen (Erlaß des H. Dr. Ley über Doppelmitgliedschaft). Alle Mitglieder sagten zu, nach Regelung der Streitfrage geschlossen wieder dem Arbeiterverein beizutreten."[108]
Die „Austrocknung" seines Arbeitervereins nahm Pfarrer Klucken nicht ohne weiteres hin. Zwar schätzte ihn der Kervenheimer NSDAP-Ortsgruppenleiter Wolters als den Geistlichen ein, „der uns im Kreise Geldern am nächsten steht"[109], doch hatte Wolters offensichtlich die nationale Gesinnung des Pfarrers und seine Loyalität gegenüber der Regierung, die auch von der katholischen Amtskirche während des gesamten Dritten Reiches nie grundsätzlich aufgekündigt wurde[110], mit nationalsozialistischer Gesinnung verwechselt, denn Klucken griff nun in mehreren Predigten diese Politik an. Einer Polizeimeldung folgend, predigte Pfarrer Klucken am Sonntag, dem 25. November 1934, zum Thema „Neuheidentum" und stellte dabei „die Gefahr für die katholische Kirche so dringend hin, daß die Gläubigen annehmen mußten, der Staat schütze die Kirche nicht. Auch wurde nicht ein Wort gesagt, daß der Führer dafür bürgt, daß die Rechte der kath. Kirche gewahrt werden. Auch wurde über den Führer der Deutschen Arbeit Dr. Ley so gesprochen, als wenn sich ein Katholik an seine Anordnungen nicht zu stören braucht. Dr. Ley wurde mit Namen genannt. Ich sehe darin eine Schädigung der Partei und damit des Staates."[111]
Der Vorfall wurde über den Landrat an die Staatspolizeistelle Düsseldorf weitergeleitet, die den Kervenheimer Ortsgruppenleiter zu einer Stellungnahme

aufforderte. Darin bestätigte Wolters die Meldung des Polizisten, er selbst habe die Predigt gehört und bereits einen Bericht an die Gelderner Kreisleitung geschickt. Seiner Einschätzung nach war sich der Pfarrer „der Tragweite seiner Angriffe" bewußt, habe er doch schließlich schon häufiger die Bewegung mit seinen Predigten geschädigt. Wolters zeigte sich „empört" über den Vorfall, sein eigenes Ansehen bei den Parteigenossen sei verloren, da er dem Pfarrer mehrmals öffentlich das Vertrauen ausgesprochen habe. Dennoch solle im Interesse der Bewegung nicht polizeilich eingegriffen werden, da die Bevölkerung, die man noch für den Nationalsozialismus gewinnen wolle, hinter dem Pfarrer stehe.[112]

Die Stellungnahme des Kervenheimer Ortsgruppenleiters ist in mancherlei Hinsicht aufschlußreich. Als Funktionär der NSDAP zeigte er sich empört und hatte bereits selbst die Kreisleitung informiert. Andererseits warnte er davor, gegen Pfarrer Klucken vorzugehen, wobei dahingestellt bleiben muß, ob er dies als Nationalsozialist oder als Katholik und Einwohner Kervenheims tat. Die katholische Bevölkerung sollte noch gewonnen werden, was demnach bis Ende 1934 nicht in dem angestrebten Umfang geschehen war. Die Argumentation des Ortsgruppenleiters verfehlte indes ihre Wirkung auf die Stapo Düsseldorf nicht, die am 19. Dezember 1934 dem Landrat mitteilte, daß sie in den Äußerungen über die DAF keine strafbare Handlung sehe und ihn im Hinblick auf die Äußerungen des Ortsgruppenleiters ersuche, von weiteren Maßnahmen abzusehen.[113]

Trotz seiner mutigen und vielleicht auch zornigen Predigten konnte Pfarrer Klucken den Mitgliederrückgang im Kervenheimer Katholischen Arbeiterverein nicht aufhalten. Wohl aber konnte er eine Selbstauflösung verhindern. Als die Stapo Düsseldorf im August 1934 beim Landrat in Geldern einen Bericht über die Betätigung der katholischen Arbeitervereine anforderte – die Ermittlungen sollten in „vorsichtiger und vertraulicher Form" durchgeführt werden –, erwiderte Bürgermeister Tenhaeff, daß eine Werbung „von Mund zu Mund" nicht feststellbar sei, daß aber die Mitgliederzahlen in Kervenheim auf 22 und in Winnekendonk auf sieben zurückgegangen seien.[114] In Winnekendonk löste sich der Verein im Jahre 1934 auf, in Kervenheim bestand er noch im Juli 1937 mit fünfzehn Mitgliedern. Sämtliche Vorstandsgeschäfte erledigte jetzt Pfarrer Klucken.[115]

Auch der Weg der Kevelaerer Jungschar, die dem Katholischen Jungmännerverband Deutschlands (KJVD) angehörte, läßt sich im Dritten Reich anschaulich verfolgen, während über die Wettener Jungschar nur wenige Hinweise vorliegen. Von der Betrachtung ausgespart bleiben müssen indes all jene locker gefügten religiösen Kongregationen und Solidaritäten, denen Jugendliche beiderlei Geschlechts angehörten. Diese waren gleichwohl dem nationalsozialistischen Druck ausgesetzt, wurden aber letztlich, da sie organisatorisch nicht

Kevelaerer Volksblatt

Einzige Ortszeitung und vielgelesenes Blatt in Kevelaer und Umgebung

Bezugspreis: Monatlich 1.00 Mk., bei Postbezug 1.00 Mk.
Erscheinungstage: Dienstag, Donnerstag und Samstag
Druck und Verlag: J. Köster, Buchdruckerei, Kevelaer
Fernsprecher 360

Anzeigenpreis: Je mm 5 Pfg., Textanzeigen 15 Pfg.
Anzeigenschluß am Erscheinungstage 9 Uhr morgens, für das Samstagsausgabe Freitag abends 6 Uhr. — Postscheckkonto Köln 38755 — Beiderseitiger Gerichtsstand Geldern

| Nr. 71 | Samstag, den 17. Juni 1939 | 61. Jahrg. |

NSDAP.
Ortsgruppe Kevelaer

Die Jugend, der der Führer seinen Namen gab, ist die Zukunft der deutschen Nation. Dieser Gedanke beherrscht uns bei dem 1. Bannsportfest der Hitlerjugend in Kevelaer. Die Ortsgruppe der NSDAP. grüßt alle Teilnehmer an diesem Bannsportfest und erwartet von ihm für die gesamte Bevölkerung Antrieb zur tatkräftigen Mitarbeit am Aufbauwerk unseres Führers.

Kevelaer, 17. Juni 1939
         Steinberger
         Ortsgruppenleiter

Amtsverwaltung Kevelaer

Deutsche Jugend!

Die hohen Aufgaben, die der Führer der deutschen Jugend zu lösen gestellt hat, sollen uns höchstes Gebot sein. In diesem Sinne wollen wir alle mit ihm in freudiger Bereitschaft zur Vollendung seines Werkes weiterarbeiten. Unter diesem Leitwort grüßt Kevelaer seine Gäste, vor allem Euch anläßlich der Großveranstaltung des Bannsportfestes der Hitlerjugend 1939 und heißt alle Teilnehmer herzlich willkommen.

Kevelaer, den 17. Juni 1939
         Seng
         Amtsbeigeordneter
        i. V. des erkrankten Amtsbürgermeisters.

Verlauf des Bannsportfestes
in Kevelaer am 17. und 18. Juni

Samstag, 17. Juni
14.30 Uhr   Eintreffen der auswärtigen Teilnehmer in Kevelaer
15.00   „   Beginn der Mannschaftskämpfe
20.00   „   Kundgebung auf dem Horst-Wessel-Platz (am Bahnhof)

Sonntag, 18. Juni
9.00 Uhr   Beginn der Einzelwettkämpfe und Ausscheidungskämpfe in den Staffeln
15.00   „   Beginn der Schauvorführungen mit Siegerehrung
18.30   „   Vorbeimarsch der HJ. in der Hauptstraße

Aufmarschwege zum Bannsportfest der HJ.
am 17. und 18. Juni 1939

Am Samstag zur Kundgebung auf dem Bahnhofsvorplatz
BdM.   Walbeckerstr., Twistedenerstr., Hindenburgstr., Kapellplatz, Hauptstr., Antoniusstr., Horst-Wesselstr.
HJ.   Walbeckerstr., Twistedenerstr., Venloerstr., Maasstr., Grünstr., Amsterdamerstr., Schlagetertr., Basilikastr., Hauptstr., Antoniusstr., Horst-Wesselstr.

Am Sonntag zum Aufmarsch in der Hauptstraße
BdM.   Walbeckerstr., Twistedenerstr., Adolf-Hitlerstr., Antoniusstr., Gelderstr., Kleinbahn (dort ablegen der Geräte), Horst-Wesselstr., Bahnstr., Hermann-Göringstr., Hauptstr.
HJ.   Walbeckerstr., Twistedenerstr., Adolf-Hitlerstr., Antoniusstr., Gelderstr., Kleinbahn (ablegen der Geräte), Horst-Wesselstr., Bahnstr., Hermann-Göringstr., Hindenburgstr., Kapellplatz, Hauptstr. (Vorbeimarsch am Kölner Hof), Antoniusstr., Gelderstr. (Aufstellung Kleinbahn)

BdM. marschiert nach dem Vorbeimarsch durch Hauptstr., Kapellplatz, Hindenburgstr., Adolf-Hitlerstr., Antoniusstr., Gelderstr., zum Kleinbahngelände.

Kevelaer grüßt die Teilnehmer am Bannsportfest der Hitlerjugend

Die neue deutsche Jugend des Kreises Geldern, die im Bann 470 der HJ. und im Untergau des BdM. zusammengefaßt ist, trifft sich heute und morgen zu ihrem Sportfest in Kevelaer. Die Einwohnerschaft hat sich zu einem festlichen Empfang gerüstet. Kein Haus ohne Flaggenschmuck, keine Straße, die nicht im Festkleid angelegt hätte. In großer Zahl stellt die Bevölkerung Quartiere für die Festteilnehmer zur Verfügung und das Interesse an den Veranstaltungen, die auf dem neu hergerichteten und erweiterten Sportgelände des Turn- und Sportvereins an der Walbeckerstraße stattfinden, ist groß.

So grüßt ganz Kevelaer die Teilnehmer am Bannsportfest der Hitlerjugend mit einem herzlichen Willkommen!

Kevelaer ist ein Ort, in welchem der Gedanke der Leibesübungen sich rege das Leben vieler Volksgenossen beherrscht. Sie alle wissen vom Sinn des recht betriebenen Sportes, der die Harmonie herstellt zwischen Körper und Geist und die Seele zu einer lebendigen Einheit aus der krassen Materie des Alltags zu den Höhen der Ideale edlen Menschentums emporhebt. Deshalb, weil dieser Gedanke in weiten Kreisen des Kevelaerer Volkes lebendig ist und viele die von der Idee besessen sind, ein Volk in Leibesübungen zu gestalten, wird sich das Bannsportfest der HJ. besonders eindrucksvoll auswirken.

Die Hitlerjugend hat neben der weltanschaulichen Ausrüstung des deutschen Jungen und des deutschen Mädels gleichberechtigt den Sportgedanken gestellt mit der klaren Erkenntnis, daß nur in dem gesund gebildeten Geist und gesunden Körper ein starkes Geschlecht emporwachsen kann, das das hart erkämpfte Erbe einer großen weltgeschichtlichen Epoche wohl übernehmen und zu erhalten vermag.

Diese Ausbildung der deutschen Jugend zu einem starken Geschlecht ist Ziel der neuen deutschen Erziehungsarbeit, wie sie in der Organisation des Führers erstrebt wird.

Wenn sich heute und morgen auf dem Sportgelände des Turn- und Sportvereins die Kämpfe um die Bannmeisterschaften abwickeln, dann wissen wir, daß es jedem Teilnehmer um die Ehre des Sieges geht, dann wissen wir aber auch, daß jeder Teilnehmer auch hat, in Würde zu unterliegen und den Gegner, der sein Kamerad ist, zu achten. Sinn dieser Sportkämpfe kann sich nicht nur in äußerlichen. Die Einzelarbeit in der Hitlerjugend muß dabei, wie bei Hitlerjungend, was Höchstleistungen gilt, keineswegs ausschließt. Von gleicher Bedeutung aber wie die Einzelkämpfe, die hier zur Durchführung kommen, sind die Gemeinschaftsübungen der Jungen und Mädel. Sie sagen aus von strenger Disziplin und unterordnung unter ein einheitliches Ziel, sie zeigen aber den zahlreich zu erwartenden Besuchern auch die Art und Weise, wie man in der Hitlerjugend Gymnastik und Körperkultur gestaltet und wie die Anmut und Schönheit seelischen Ausdrucks von außen her durch gesunde Sportkultur mitgestaltet wird.

Man erwartet als Besucher des Bannsportfestes neben den aktiven Teilnehmern gerade auch jene Volksgenossen, die sonst nur schwer zum Besuch einer Sportveranstaltung zu bewegen sind.

In ihnen soll in diesen Tagen der Sinn für die Sportgedanken geweckt werden, sie sollen sich überzeugen, daß dieses neue Geschlecht, das auf den deutschen Sportplätzen heranwächst, ein blühendes Geschlecht ist, das eine blühende Kraft verbürgt.

Wir wissen um manchen Konflikt, der einmal zwischen Alter und Jugend klaffte und immer noch klafft, wo der revolutionäre Geist jungen Blutes sich im Gegensatz sieht zu der reifen Erfahrung des Alters.

Wir wissen aber auch, daß diese Jugend gelernt hat und daß sie die Erfahrung und die Tradition ihrer Väter achtet und ehrt. Noch ist Vieles im Werden und wir können uns manchmal nicht genug verstehen nichts und manches und wir werden noch ein Ziel haben, wir wissen auch. Wir vertrauen aber auch darauf, daß, wenn der revolutionäre Geist der Jugend und die reife Erfahrung der älteren Generation sich verbinden zu einem gemeinsamen Werk, die Zukunft des deutschen Volkes, die Zukunft dieser deutschen Jugend reife Erfüllung im heldischen Tun und im bestehenden Opfer für sich birgen wird.

So sehen wir das Bannsportfest in Kevelaer als ein Teilstück der Erfüllung der Aufgabe an, die uns der Führer gestellt hat, wenn er schreibt: „Für was wir zu kämpfen haben, ist die Sicherung des Bestehens und der Vermehrung unserer Rasse und unseres Volkes, die Ernährung seiner Kinder und die Reinhaltung des Blutes, die Freiheit und Unabhängigkeit des Vaterlandes, auf daß unser Volk zur Erfüllung der auch ihm vom Schöpfer des Universums zugewiesenen Mission heranzureifen vermag."

      Hauptschriftleiter Joseph Franz Baumgartner

*Kinderfest auf der
Schravelener Heide
1937 (NMVK)*

*Kevelaerer Volksblatt
24. 6. 1933*

Die christlichen Gewerkschaftsführer aus der Arbeitsfront ausgeschlossen

Katholische und evangelische Arbeitervereine sind als Staatsfeinde zu betrachten

Verfügungen des Führers der Deutschen Arbeitsfront

Berlin, 23. Juni.

Der Zeitungsdienst teilt folgende Verfügungen des Führers der Deutschen Arbeitsfront mit:

Mit der Bildung der Deutschen Arbeitsfront sollte der Vielheit der Arbeitnehmer- u. Unternehmerorganisationen gegenübergetreten werden. Nicht allein sollte damit der letzte Unterschlupf des Marxismus getroffen werden, sondern es sollte auch die unglückselige Zerklüftung der deutschen Arbeitsmenschen behoben werden. Kleinliche und eigensüchtige Subjekte wollen diese große revolutionäre Tat nicht anerkennen und versuchen, mit Nachbildungen und Selbsthilfeorganisationen diese Arbeit zu schwächen. Es ist der Wille des Führers, daß außer der deutschen Arbeitsfront keinerlei Organisationen mehr, weder der Arbeitnehmer noch Arbeitgeber, existieren. Ausgenommen der ständische Aufbau und Organisationen, die einzig und allein der Fortbildung im Berufe dienen. Alle übrigen Vereine, auch sogenannte katholische und evangelische Arbeitervereine sind als Staatsfeinde zu betrachten, weil sie den großen Aufbau hindern und hemmen. Deshalb gilt ihnen unser Kampf, und es ist höchste Zeit, daß sie verschwinden.

gez. Dr. Robert Ley.

Der Nationalsozialismus handelt kraft seiner Stärke großmütig, jedoch wird dieses Handeln hier und dort von seinen kleinen Gegner als Schwäche ausgelegt. So glaubt der Nationalsozialismus auch den Christlichen Gewerkschaften und anderen bürgerlichen Gruppen gegenüber großmütig sein zu können. Diese Tat wurde mit Undank und Illoyalität beantwortet. Hierzu kommt, daß sich in den vorstehenden Verbänden bezüglich Kassen- und Wirtschaftsangelegenheiten größte Korruption herausgestellt hat. Aus dieser Erkenntnis heraus verfüge ich folgendes:

Alle Dienststellen der Christlichen Gewerkschaften und der Angestelltenverbände sind mit Nationalsozialisten zu besetzen. Die Mitglieder des Großen Arbeitskonvents der Deutschen Arbeitsfront: Bernhard Otte, Friedrich Baltrusch, Dr. Theodor Brauer, Franz Behrens sowie die bisherigen Führer der Christlichen Gewerkschaften (Stegerwald, Imbusch und andere) werden von mir aus der Deutschen Arbeitsfront ausgestoßen. Sie dürfen selbstverständlich keinerlei Amt führen, und es ist hiermit allen Dienststellen der Deutschen Arbeitsfront verboten, irgend welche Verhandlungen mit diesen Leuten zu führen. Hierdurch soll dokumentiert werden, daß jeder, der es wagt, den großen revolutionären Aufbau unserer Nation anzutasten, für alle Zeiten geächtet wird.

gez. Dr. Robert Ley.

zu fassen waren und sich zusehends auf den innerkirchlichen Bereich konzentrierten, nicht aufgelöst.

Bevor jedoch der Weg der Kevelaerer Schar skizziert wird, sollen einige Bemerkungen über die nationalsozialistischen Jugendorganisationen vorangestellt werden. Ihr Aufbau in einem vormals von kirchlichen Vereinigungen beherrschten Gebiet gehörte ebenfalls in den Bereich der gesellschaftlichen Durchdringung und der Sicherung errungener Positionen, denn nur wenn es den Nationalsozialisten gelang, die Jugend zu gewinnen, hatten sie eine dauerhaftere Existenzgrundlage. Dem allgemeinen Organisationsstand der NSDAP in den einzelnen Gemeinden entsprechend, konnten die Jugendorganisationen mehr oder minder rasch aufgebaut werden. Bereits im März 1933 entstand das Kevelaerer Jungvolk[116], einen Monat später berichtete die Ortszeitung über die Gründungsversammlung der HJ, in die sogleich 24 Jungen eingetreten seien.[117] In den übrigen Gemeinden verzögerte sich der Aufbau, so wurden z. B. HJ und BDM in Winnekendonk im August 1933, das Jungvolk erst 1934 gebildet.[118]

Viele Jugendliche werden das Leben in diesen nationalsozialistischen Vereinigungen, die sie unter der Parole „Jugend führt Jugend" zumindest zeitweilig der elterlichen Aufsicht enthob, durchaus als eine spannende und abenteuerliche Abwechslung empfunden haben. Der „Dienst" war streng geregelt, bestand aus Sport, militärischen Ordnungsübungen, Sammlungen für die NSV oder für das WHW sowie aus ideologischen Schulungen, deren Inhalte die „Dienstbücher" fest vorgaben. Faszination übten neben den Sportwettkämpfen – vom Bann- bis zum Reichssportwettkampf – vor allem die Lager aus, deren täglicher „Dienstplan" vorsehen konnte: „Wecken – Geländelauf – Flaggenhissen – Weltanschaulicher Vortrag – Leibesübungen bis zum Mittag – dann nach kurzer Pause wieder Leibesübungen – Geländesport – Luftgewehrschießen – abends Flaggenappell – Lagerfeuer – Zapfenstreich."[119]

Doch gerade dieses vielfach als Freiheit vom Elternhaus empfundene Leben war Teil der nationalsozialistischen Sozialisation, die auf das Gegenteil, auf Unfreiheit und auf strenge Disziplin hin angelegt war. Hitler sprach dies im Dezember 1938 in Reichenberg ganz offen aus: „Diese Jugend, die lernt ja nichts anderes als deutsch denken, deutsch handeln, und wenn diese Knaben mit zehn Jahren in unsere Organisation hineinkommen und dort zum ersten Mal überhaupt eine frische Luft bekommen und fühlen, dann kommen sie vier Jahre später zum Jungvolk in die Hitler-Jugend, und dort behalten wir sie wieder vier Jahre. Und dann geben wir sie erst recht nicht zurück in die Hände unserer alten Klassen- und Standeserzeuger, sondern dann nehmen wir sie sofort in die Partei, in die Arbeitsfront, in die SA oder in die SS, in das NSKK und so weiter. Und wenn sie dort zwei Jahre oder anderthalb Jahre sind und noch nicht ganze Nationalsozialisten geworden sein sollten, dann kommen sie in den Arbeitsdienst und werden dort wieder sechs und sieben Monate geschliffen, alles mit einem Symbol, dem deutschen Spaten. Und was dann nach sechs oder sieben Monaten noch an Klassenbewußtsein oder Standesdünkel da oder da noch vorhanden sein sollte, das übernimmt dann die Wehrmacht zur weiteren Behandlung auf zwei Jahre, und wenn sie nach zwei oder drei oder vier Jahren zurückkehren, dann nehmen wir sie, damit sie auf keinen Fall rückfällig werden, sofort wieder in die SA, SS und so weiter, und sie werden nicht mehr frei ihr ganzes Leben. Und wenn mir einer sagt, ja, da werden aber doch immer noch welche überbleiben: Der Nationalsozialismus steht nicht am Ende seiner Tage, sondern erst am Anfang."[120]

Zum Zeitpunkt dieser Rede waren in der Tat nur noch wenige „übrig geblieben". Die Reste der ehemals bedeutenden katholischen Verbände waren verboten, hatten sich bereits aufgelöst oder standen unmittelbar vor ihrer Auflösung. Seit dem Reichskonkordat, das die katholischen Vereine schützen sollte, waren über fünf Jahre vergangen, in denen ihr Entfaltungsraum Stück für Stück zurückgedrängt wurde. Korrespondierend zur nationalsozialistischen Einengungs- oder Austrocknungspolitik nahm die Mitgliedschaft in den nationalsozialistischen Jugendorganisationen immer größeren Zwangscharakter an, bis schließlich 1939 die Jugenddienstpflicht gesetzlich festgelegt wurde.

Hierbei ähneln die einzelnen Schritte der nationalsozialistischen Vorgehensweise denen, die bezüglich der katholischen Arbeitervereine festgestellt werden konnten. Es war nicht die Macht eines abstrakten Staates, die die Jugendlichen aus den konfessionellen Vereinen löste, sondern es waren vor allem die Altersgenossen selber, die mit ihren Forderungen, Beschimpfungen und Gewalttätigkeiten einen solch starken Druck auf ihre kirchlich eingebundenen Mitschüler oder Arbeitskollegen ausübten, daß schließlich nur noch ein harter Kern übrigblieb, der ausharrte, durch seine bloße Existenz provozierend wirkte und damit unmißverständlich ausdrückte, daß er sich bewußt dem nationalsozialistischen Zugriff möglichst zu entziehen gedachte. Dieses Verhalten erforderte Mut, war es doch sehr viel einfacher „mitzumachen" – aus Überzeugung, „weil es ja schließlich alle taten", oder „weil es eben so sein mußte". Dennoch gab es vor allem in den ersten Jahren nach 1933 eine ganze Reihe von Jugendlichen, die sich der HJ, dem BDM oder dem Jungvolk nicht anschlossen oder dies auf elterliches Verbot hin nicht tun durften. Von den 172 Kevelaerer Schülern des 5. bis 8. Schuljahres gehörten am 1. November 1935 86 dem Jungvolk an, 21 den katholischen Vereinen, 65 waren nicht organisiert.[121]

Ein nicht zu unterschätzender Grund für viele Eltern, ihre Kinder von der HJ fernzuhalten, lag neben politischen oder religiösen Überzeugungen in der Furcht vor einer sittlichen Gefährdung. In einem Lagebericht verwies die Staatspolizei Düsseldorf im Jahre 1935 auf diesen Punkt und konstatierte eine große Furcht der Eltern vor einer „Verführung zu homosexueller Betätigung"[122], was auch für unseren Raum keineswegs aus der Luft gegriffen war.[123]

Aus der Sicht der katholisch organisierten Jugendlichen begann nach der Machtübernahme und nach der Gründung der HJ in Kevelaer ein Existenzkampf, in dem es darum ging, sich ein Refugium innerhalb der mehr und mehr nationalsozialistisch bestimmten Nahwelt zu erhalten. Aus dieser Zeit sind einige zeitgenössische Berichte erhalten geblieben, die Fritz Meyers 1956 zusammenstellte:[124]

„1933 begann dieser ungleiche Kampf. Unsere Schulkameraden, die im Jungvolk waren, wurden gegen uns aufgehetzt. Mehrmals fiel man Jungen aus unseren Reihen mit großer Übermacht an. Ein Jungschärler, der als Bannerträger bekannt war, wurde von einem Jungvolkführer dermaßen in den Leib getreten, daß der Abdruck des Stiefeleisens noch tagelang sichtbar war. Einmal spielten wir auf dem Marktplatz Fußball, als eine aufgehetzte Jungvolk-Meute uns mit Schulterriemen in der Hand auseinandertrieb.

Vor allem auf dem Schulhof wurde uns das Leben schwer gemacht. Überall spürten wir Hetze und Haß gegen uns. Mehrere Male wurde unsere ganze Klasse während der letzten Unterrichtsstunde durch den Führer des Jungvolks in ein leerstehendes Fabrikgebäude geführt. Wir Jungschärler mußten ganz vorne Platz nehmen und wurden vom Jungvolkführer in gehässigster Weise beschimpft. Auch unsere Schulkameraden, die im Jungvolk waren, schrieen uns an, manchmal in Sprechchören. Die Lehrer waren hierbei nicht zugegen. Der verantwortliche Führer war kein Kevelaerer, sondern ein zugezogener Zollbeamter. Er hat viel Haß gesät und wir ‚Konfessionellen' haben unter seinem Terror arg gelitten.

Mehrmals zog das gesamte Jungvolk Kevelaers mit Trommeln und Fanfaren vor unser Jugendheim, während wir Gruppenstunde hielten. Es wurde getrommelt und geblasen und im Sprechchor gerufen. Manchmal hatte es den Anschein, als ob im nächsten Augenblick ein Angriff auf das Heim und uns losgehen würde.

So wurden wir systematisch eingeschüchtert und mit Verachtung überhäuft. Nicht wenige waren es, die unter diesem steten Druck ins andere Lager überliefen. Viele aber hielten die Treue und widersetzten sich dem Terror.

Auch als der Staatsjugendtag eingeführt wurde und alle, die nicht zum Jungvolk gehörten, samstags zur Schule mußten, blieben viele der Kath. Jugend treu. Der Sonderunterricht an diesen Samstagen war ganz bewußt auf Geschichte und Staatsbürgerkunde abgestimmt. Es war sehr bitter für uns, immer wieder als ‚undeutsch', ‚unbelehrbar' und ‚Feinde der Volksgemeinschaft' hingestellt zu werden. Es war auch nicht leicht, jedes Mal wieder die Hand zu heben, wenn während des Schulunterrichtes in regelmäßigen Abständen die Frage nach der Zugehörigkeit zu konfessionellen Verbänden gestellt wurde. Daß es nicht zu noch schlimmeren Übergriffen kam, haben wir wohl in erster Linie der vernünftigen Haltung einiger Lehrer zu verdanken.

Erntedankfest 1936 in Kervenheim (PfAK)

Ein Lichtblick in diesen Jahren war der Besuch unseres Bischofs Clemens August. Er kam zu uns ins Jugendheim. Was er uns sagte, hat keiner vergessen. Er forderte uns auf, dem Terror standzuhalten, Christus in aller Öffentlichkeit zu bekennen und weiterhin treu zu ihm zu stehen."[125]

Abgesehen von diesem lokalen Terror, von dem der zitierte Bericht sicherlich nur die Spitzen nennt, gab es eine Reihe von Beschränkungen und Behinderungen, die das gleiche Ziel verfolgten. So durften Kinder von Beamten keinen konfessionellen Jugendverbänden angehören.[126] Eine Doppelmitgliedschaft in der Deutschen Arbeitsfront und diesen Verbänden war bereits seit 1934 ausgeschlossen. Eine Nichtmitgliedschaft in der DAF aber wirkte sich in der Regel bezüglich der beruflichen Ausbildung äußerst nachteilig aus.[127] 1937 schließlich verbot der Reichsjugendführer eine gleichzeitige Mitgliedschaft in konfessionellen und nationalsozialistischen Jugendorganisationen.

Auf die ständigen Angriffe und Anfeindungen reagierten die deutschen Bischöfe im April 1936 mit neuen „Richtlinien für die Jugendseelsorge", die eine „Umstellung der Jugendarbeit von den Verbänden und Bünden auf die innerkirchliche Ebene, vor allem die Pfarrgemeindejugend" einleiteten[128], womit man nun, bar jeder Illusion, die Vereinigungen am Leben erhalten zu können, zusehen mußte, wie der Staat die öffentliche Jugendarbeit monopolisierte. Ein entsprechendes Gesetz wurde ebenfalls 1936 erlassen. Die Amtskirche als Institution der Jugendarbeit hatte sich auf den innerkirchlichen Bereich zurückgezogen.

Kurz nach Herausgabe der erwähnten Richtlinien versammelten sich am 17. Mai 1936 auf dem waldigen Gelände des niederrheinischen Erholungsheims Paesmühle einige Jugendliche aus dem Schar-Bezirk Geldern. Gleichzeitig tagten dort 42 Mitglieder des Diözesanverbandes. Über die Ereignisse dieses Tages berichtete ein Augenzeuge:

„Wir von der Schar hockten mit unserem Bezirksführer Gerd B. aus Herongen auf einer kleinen Waldlichtung. Gerd liest aus dem ‚Cornet' von Rilke vor [...] – da huscht ein Kerl durchs Gebüsch. ‚Achtung! Polizei!' meldet er leise. Wir hören von ihm, daß eine Schar Polizisten die Präfekten, die ebenfalls auf einer Lichtung saßen, mitten im Referat von Matthias überrascht hat. ‚Die haben totsicher *uns* gesucht', meint einer. Wir verhalten uns still. Uns kommt die Geschichte beinahe ein wenig komisch vor. Später pirscht sich einer zum Wegrand, um zu beobachten. Nach einiger Zeit berichtet er, daß der ganze Haufe, wohl 40 bis 50 Jungmänner, eskortiert von etwa 10 Gendarmen, abgeführt worden sei. ‚Uns werden sie jetzt also nicht mehr suchen!' Mit dieser Feststellung steigen wir vorsichtig in den Mühlenteich. ‚Sauber wird man ja nicht gerade darin', meint Gerd, ‚aber was will man schon machen, wenn kein klarer Bergsee in der Nähe ist!'

Von Kurt erfuhren wir noch am gleichen Abend, was eigentlich los war: Also wir saßen zu 42 Präfekten und Obleuten draußen im Kreis, da es im Haus warm und eng war. Matthias sprach gerade über die neuen bischöflichen Richtlinien für die Jugendseelsorge. Plötzlich ein Pfiff – aus dem Gebüsch rings um uns herum tauchte ein gutes halbes Dutzend Polizisten auf. ‚Da haben wirs ja: Öffentliche Versammlung unter freiem Himmel!', bemerkte einer von ihnen. Mein Nachbar knipste noch blitzschnell einen der anrückenden Gesetzeshüter. Dann beschlagnahmte einer sofort die Notizen von Matthias und befahl uns, zum Verhör nach Straelen zu folgen. Umringt von Polizisten und SA-Leuten marschierten wir los. Ob man nun jedes Aufsehen vermeiden wollte: Vor dem Ortseingang wartete jedenfalls ein Bus, der uns zum Amt brachte. Dort folgten die üblichen Verhöre. Wir sollten gestehen, daß wir eine öffentliche Versammlung des Verbandes unter freiem Himmel abgehalten hätten, was wir natürlich ablehnten. Denn Paesmühle ist Privatbesitz, also nicht für jedermann zugängig, und darum auch nicht öffentlich. Aus der ganzen Fragerei war aber zu entnehmen, daß man ein Sturmschar-Treffen ausheben wollte. Nach der Vernehmung durften wir gehen. Wir haben dann die Tagung innerhalb des Hauses fortgesetzt, wurden allerdings dabei überwacht."[129]

Den festgenommenen Jugendlichen, unter ihnen je zwei aus Wetten und Kevelaer[130], wurden Geldstrafen zwischen 10,– und 50,– RM auferlegt, gegen die eine Beschwerde und auch ein empörtes Schreiben von Heimdirektor Hild, der zudem einen Strafantrag wegen Hausfriedensbruch stellte, nichts halfen. Die Gestapo Düsseldorf befaßte sich mit den „Fällen" und legte Personalakten an. In der Akte Josef Tenhaef, Kevelaer, der eine ganze Reihe örtlicher und überregionaler Funktionen in katholischen Jugendorganisationen innehatte[131], ist als Begründung für die Verhängung der Strafe nachzulesen: „Hat am 17. 5. 36 als Mitglied einer konfess. Jugendvereinigung in den Waldungen von Paesmühle teilgenommen. Er wurde wegen Verstoßes gegen die Pol.V. vom 23. 7. 35 in ein Zwangsgeld von 10,– RM genommen. Eingelegte Beschwerde wurde als unbegründet zurückgewiesen."[132]

Da die katholischen Jugendorganisationen – der wohl bereits Ende 1937 aufgelöste Jungmännerverband und die Anfang 1939 aufgelöste Jungschar – unter ständiger Beobachtung standen, zogen sich die Mitglieder mehr und mehr auf die innerkirchliche und religiöse Sphäre zurück. Als Beleg mag eine Meldung des Gelderner Landrats an die Staatspolizei Düsseldorf genügen, wonach bei einem Jungschartreffen des Kreises am 18. Oktober 1936 im Kevelaerer Jugendheim lediglich religiöse Vorträge gehalten und der Film „Reise nach Afrika" vorgeführt wurden.[133]

Dieser Rückzug schützte die Beteiligten, wenn er auch die Organisationsform preisgab. Gleichzeitig verhinderte er einen weiteren Zugriff staatlich-nationalsozialistischer Organisationen, da nun die Kontakte der Jugendlichen untereinander jederzeit als rein privater Natur deklariert werden konnten. Diese Taktik faßte ein Klever Kriminal-Sekretär im Februar 1938 zusammen: „Nach den gemachten Beobachtungen werden die aufgelösten katholischen Jungmännervereine jetzt zusammen mit den übrigen kath. Organisationen erfaßt unter der Bezeichnung: Katholische Pfarrjugend. Die katholische Pfarrjugend wird unter denselben Bedingungen und Bestrebungen der katholischen Jungmännervereine geführt. Dieses ist allerdings sehr schwer zu beweisen. Die äußeren Anzeichen, sowie die Vorkommnisse der letzten Zeit weisen aber ganz klar darauf hin. Die Führer der katholischen Pfarrjugend sowie die Führer der aufgelösten katholischen Jungmännervereine kommen wöchentlich ein und auch mehrmals in den Wohnungen der Führer der aufgelösten Jungmännervereine zusammen. Irgendwelche Vernehmungen würden zu keinem Ergebnis führen, weil die katholischen Geistlichen, sowie die Führer der aufgelösten katholischen Jungmännervereine keine Auskunft geben würden, indem sie sich auf den Standpunkt stellen, daß ihnen nichts bekannt sei. Die Unterführer werden über die Absichten der Geistlichkeit, sowie der Führer der Jungmännervereine nicht unterrichtet sein. Es kann nach diesseitiger Ansicht nur durch weitere Beobachtung positives Beweismaterial erbracht werden. Mithin werden die Beobachtungen weiter fortgesetzt und jedes Vorkommnis auf diesem Gebiet nach dort gemeldet."[134]

Eine große Stütze fanden die Kevelaerer Jugendlichen in Kaplan Friedrich Maria Lohmann, dessen Gestapo-Personalakte bereits für 1933 eine Schutzhaft vermerkte.[135] Lohmann war von November 1935 bis Juli 1938 Kaplan in Geldern. Er zog am 20. Juli 1938 nach Kevelaer. In seiner Kevelaerer Zeit fiel er der Gestapo als Bezieher des Osservatore Romano sowie im Oktober 1939, kurz vor seiner Einberufung, durch die Versendung von „Kärtchen" auf, die die Mitglieder der HJ an den Kirchenbesuch erinnern sollten.[136] Er betreute den „harten Kern" der Kevelaerer Schar auch über das Verbot vom Februar 1939 hinaus.

Mit dem erzwungenen Ende der organisierten Arbeit brachen freilich die Verbindungen der Jugendlichen untereinander nicht ab, und es entstanden neue Formen des Beisammenseins: „Das Verbot katholischer Jugendarbeit hat sich zunächst lähmend ausgewirkt. Aber wir haben trotzdem wieder mit der Gruppenarbeit – wenn auch in kleinerem Rahmen – begonnen. Unsere Gruppe nennt sich jetzt ‚Bibelkreis'. Zwar wollen wir uns vor allem auf dem Gebiete des Glaubens weiterbilden. Doch lassen wir uns vom Staat nicht vorschreiben, ob und was wir z. B. singen dürfen. Wir sprechen viel über die Geschehnisse der Zeit. Unser Tun erinnert uns manchmal ein wenig an die Katakombenzeit der ersten Christen. Um möglichst jedes unnötige Aufsehen zu vermeiden, treffen wir uns an verschiedenen Orten und zu wechselnden Zeiten. Unsere Gruppenarbeit gibt uns viel Kraft zum Aushalten. Seit einiger Zeit haben wir auch die Organisation der monatlichen Jugendpredigt und -kommunion übernommen: Einladungen, Aufrufe in der Kirche, mündliche Werbung, usw. Hin und wieder wagen wir mit einigen Kerlen sogar gemeinsame Tagesfahrten mit dem Fahrrad."[137]

Nicht mehr persönlich miterleben konnte Kaplan Lohmann den Protest einiger ehemals katholisch organisierter Jugendlicher am 25. September 1941 im NSDAP-Versammlungslokal Schatorje in Kevelaer.[138] Vorangegangen waren zwei der berühmten Predigten des Bischofs von Münster, Clemens August von Galen, u. a. gegen die Tötung von Geisteskranken, der – in Kevelaer durch seine häufigen Besuche wohl bekannt – von den katholischen Jugendlichen hoch verehrt wurde. Die NSDAP hatte zu diesem Zeitpunkt scheinbar nicht mit solchen Angriffen gerechnet. Sie reagierte mit einer Welle von Parteiveranstaltungen, darunter diejenige am Abend des 25. September 1941 im Saale Schatorje in Kevelaer.

Gegen 19.15 Uhr marschierten die Belegschaften der größeren Betriebe geschlossen, „die Betriebsfahne vorweg", zum Lokal, das sich bis auf den letzten Platz füllte. Die Fahnen wurden in einem feierlichen Zuge hereingetragen. Ortsgruppenleiter Steinberger hielt die Begrüßungsrede und gab dann das Wort an den Parteiredner Reible aus Geldern weiter. Als dieser erwartungsgemäß nach einiger Zeit zu seinen Angriffen gegen den Bischof von Münster kam und erklärte, „Bischof Clemens August ist ein Landes- und Volksverräter", standen drei Kevelaerer Jugendliche, Peter und Josef Heckens sowie Ludwig Bergmann, die sich vorher dazu verabredet hatten, auf und verließen den Saal. Spontan schloß sich ihnen der Niederländer Leo Feddema aus Weeze an. Empört über dieses Verhalten schrie ihnen Reible nach: „Denen, die da hinausgehen, kann ich das auch noch schriftlich geben, daß Clemens August ein Landesverräter ist!" Der Luftwaffensoldat Jakob Schmitz aus Kevelaer erhob sich daraufhin und bat um eine schriftliche Bestätigung, die er am Ende der Parteiveranstaltung nach einigem Hin und Her auch erhielt.

Am nächsten Tag erschienen zwei Gestapo-Beamte im Priesterhaus, die vermuteten, daß sich der Zettel mit der Erklärung dort befände, und verlangten vom Dechanten Holtmann die Herausgabe. Das Schriftstück war jedoch nicht im Priesterhaus, sondern immer noch im Besitz des Soldaten, der noch in seiner Wohnung schlief, als Holtmann ihn aufsuchte, um den Zettel schließlich an sich zu nehmen und nach Münster zu bringen. Das Bischöfliche Generalvikariat stellte gegen Kreisamtsleiter Reible Strafanzeige wegen Beleidigung. Insgesamt wurden in diesen Wochen fünfzehn Strafanträge gestellt, die ausnahmslos keinen Erfolg hatten.

Das Kevelaerer Volksblatt berichtete am 26. September über die NSDAP-Versammlung, nahm jedoch nur versteckt zu den Vorfällen Stellung: „Die Vergangenheit hat uns schon zur Genüge gelehrt, daß es trotz allem immer wieder Augenblicke gibt, in denen gewisse Leute versuchen, die Atmosphäre durch irgendwelche Machenschaften zu trüben, da muß dann erneut eine frische Brise wehen, um all das wegzufegen, was nebensächlich und überflüssig ist."[139]

Von den fünf Beteiligten kamen vier glimpflich davon. Ludwig Bergmann traf es am härtesten. Er wurde aus der HJ ausgestoßen, entzog sich durch ein Gesundheitszeugnis dem Parteigerichtsverfahren, wurde aber, obwohl er zuvor für „dienstverwendungsuntauglich" befunden worden war, zur Wehrmacht eingezogen und befand sich bereits acht Wochen später an der Ostfront, wo er am Kopf schwer verwundet wurde. Der Soldat Jakob Schmitz wurde drei Monate nach der Versammlung „als einziger seines Zuges von Amsterdam nach Rußland versetzt".[140] Dort fand er offenbar die Sympathie eines Vorgesetzten, der ihn „auf einen sicheren Posten in Dünaburg setzte, wo er den Krieg bis zur Gefangennahme heil überstand".

Fritz Meyers berichtet, daß „die drei übrigen Akteure [. . .] nichts mehr von der Sache hörten", da eine Meldung des HJ-Bannes Geldern an die Wehrmacht von einem Jugendfreund Josef Heckens in Geldern abgefangen und verbrannt wurde. Doch es scheint hierbei noch der Umstand eine Rolle gespielt zu haben, daß die stumme Demonstration der vier Jugendlichen nicht über den Raum Kevelaer–Geldern hinaus bekannt geworden ist. So berichtete Heinrich Portmann in seiner biographischen Schrift über den Bischof von Münster lediglich über das Auftreten des Soldaten[141], und auch eine maschinenschriftlich vervielfältigte „Flugschrift", die bald nach dem Zwischenfall kursierte, beschränkte sich auf die Aktion des Soldaten und nannte die Jugendlichen nicht.[142]

Der Kevelaerer „Versammlungszwischenfall" vom September 1941, zu einer Zeit, als sich das Deutsche Reich auf der Höhe seiner militärischen Macht befand und sich die Siegesmeldungen über den Rußlandfeldzug überschlugen, wirft die grundsätzliche Frage nach konformem und nicht-konformem Verhalten auf. Es handelte sich hierbei nicht um einen aktiven Widerstand, der das nationalsozialistische System insgesamt in Frage stellte, sondern um den Versuch zu demonstrieren, daß man mit einer partiellen Erscheinung des Systems – Beleidigung des Bischofs von Münster – nicht einverstanden war. Die Akteure hatten gehofft, daß sich eine Reihe der Anwesenden mit ihnen solidarisch zeigen und ebenfalls den Raum verlassen würden. Deshalb hatte man sich nicht zusammen hingesetzt, sondern im Saal verteilt Platz genommen.[143] Dem Beispiel folgte indes nur ein Niederländer, die übrigen blieben sitzen, zeigten damit Konformität und verfolgten lediglich gespannt den Wortwechsel zwischen Jakob Schmitz und den NSDAP-Funktionären.

Das nichtangepaßte Verhalten der Jugendlichen war kein Einzelfall. Es stand zwar unterhalb der „Verfolgungsschwelle" der Gestapo, ist damit aber nicht weniger bemerkenswert. Die Reaktion im Wallfahrtsort beschrieb Heinrich Portmann in einem Satz: „Das schneidige Auftreten [des Soldaten] löste in Kevelaer herzliches Lachen und viel Freude aus."[144]

Das Ende der höheren Töchterschule

Das Schulwesen und der Unterricht im Dritten Reich dienten nicht mehr allein der Vermittlung von grundlegendem Wissen für eine spätere Lehre, ein Studium oder eine berufliche Tätigkeit, sondern sie verfolgten auch das von Reichsinnenminister Frick 1933 beschriebene ideologische Ziel, „den politischen Menschen zu bilden, der in allem Denken und Handeln dienend und opfernd in seinem Volke wurzelt und der Geschichte und dem Schicksal seines Staates ganz und untrennbar zuinnerst verbunden" sein sollte.[145]
In den Schulen hielten 1933 neue Lehrstoffe Einzug, z. B. die nationalsozialistische Rassenlehre, und alte Fächer, z. B. der Geschichtsunterricht, wurden der Ideologie unterstellt. Demgegenüber engte man den Religionsunterricht nach Möglichkeit ein. Im gesamten Reich wurde er „in der Praxis durch die Ausschaltung einzelner Geistlicher, durch Nötigung der Eltern, ihre Kinder vom Religionsunterricht abzumelden, und durch allerlei andere Manipulationen möglichst verhindert".[146] Die Ablösung der traditionellen Konfessionsschulen durch die neue „Deutsche Gemeinschaftsschule", die etwa 1935 zur Norm wurde, verringerte zudem die Einflußmöglichkeiten des Klerus. Doch anders als bei den konfessionellen Jugendorganisationen sprachen die Bischöfe in der Schulfrage öffentlich ihre Mißbilligung aus.
Als am 26. Februar 1939 in den Kirchen ein Hirtenbrief verlesen wurde, ließen viele Geistliche die Gläubigen regelrecht abstimmen: „In der Messe um 7 Uhr", so ein Polizeibericht, „und auch im Hochamt wurde ein Hirtenbrief des Bischofs von Münster verlesen, worin es am Schlusse hieß: Ihr Gläubigen der St. Urbanuspfarrkirche zu Winnekendonk tretet dafür ein, daß die Bekenntnisschule, worin Eure Kinder im wahren christlichen Sinne von kath. Lehrern unterrichtet werden, erhalten bleibt. Dann hieß es weiter: Ihr habt die Worte Eures Bischofs gehört, deshalb steht alle auf. Dann sagte der Geistliche: Wir stehen vor Gott und bekennen hiermit, daß wir für die Erhaltung der Bekenntnisschule sind, indem wir die rechte Hand erheben. Dieses wurde dann auch von ziemlich allen Anwesenden, soweit ich es übersehen konnte, gemacht. Zum Schluß wurde das Lied gesungen, Fest soll mein Taufbund immer stehen."[147]
Auch diese „Abstimmung" zeigt, daß eine partielle Ablehnung einzelner Eingriffe sechs Jahre nach der Machtübernahme durchaus möglich war, wenn Autoritätspersonen wie Bischöfe oder Ortsgeistliche dazu aufriefen. Die Ablehnung richtete sich gegen die Deutsche Gemeinschaftsschule, vor allem aber gegen die Bedrohung des Religionsunterrichtes. Aufgerufen wurde zu einer Zeit, als die Einflußmöglichkeiten der Institution Kirche gefährdet, größtenteils bereits beseitigt worden waren. Am Ende einer teils schleichenden, teils sehr offen propagierten und durchgeführten Nazifizierung des Unterrichts artikulierte sich eine massive Ablehnung.

Bei der Nazifizierung der Unterrichtsinhalte blieb es jedoch nicht. Die Schule insgesamt wurde als Lebensraum in die nationalsozialistischen Erziehungsvorstellungen einbezogen. Dies soll durch einige Ausschnitte aus der Chronik der Kevelaerer Marktschule veranschaulicht werden:

„*1933/1934*
Am 8. März war in allen Schulen Deutschlands schulfrei in Erinnerung an das Ergebnis der Wahlen.
Die Knaben- und Mädchenschule I feierten am 21. März gemeinsam im großen Saale des ‚Heidelberger Faß' den ‚Tag von Potsdam', die feierliche Eröffnung des ersten Deutschen Reichstages der nationalen Front in der Potsdamer Garnisonskirche. Die Feier bestand in gemeinschaftlichen Liedern, Gedichtvorträgen und einer Ansprache des Rektors Labonte, der den Kindern die geschichtliche Bedeutung des Tages von Potsdam klarzumachen wußte. Um 12 Uhr hörten dann die Teilnehmer die Ansprache des Reichspräsidenten und des Reichskanzlers.
Das Deutsche Volk feierte am 1. Mai das Fest der deutschen Arbeit. Am Festzug am Nachmittag nahm die Schule geschlossen teil.
Der 10jährige Todestag Albert Leo Schlageters wurde am 27. Mai in würdiger Weise begangen.

1934/1935
Im Februar 1934 spielte der deutsche Handlungsgehilfenverband, Ortsgruppe Kevelaer, das Schauspiel ‚Kolberg' von Paul Heyse. Die Schüler des 6., 7. und 8. Jahrganges durften einer Aufführung beiwohnen, die in ihnen helle Begeisterung weckte. Da das Schauspiel im Deutsch- und Geschichtsunterricht eingehend behandelt worden war, war der Gewinn umso größer.
Am 22. April starb Amtsbürgermeister Derichsweiler, der erst seit Herbst 1933 das Amt Kevelaer verwaltete. Trotz der Kürze seiner Wirksamkeit in Kevelaer hatte sich der allzu früh aus dem Leben geschiedene Bürgermeister das Vertrauen der gesamten Bürgerschaft in hohem Maße erworben. Bei der Überführung der Leiche nach Köln bildeten sämtliche Schulkinder Kevelaers auf der Gelderner Straße Spalier.
Am ersten Schultag nach den Sommerferien fand in allen Klassen eine Gedenkfeier für den am 2. August 1934 zur großen Armee abberufenen Generalfeldmarschall von Hindenburg statt.
Am 2. Oktober wurde den Schülern der oberen Klassen das 6sitzige Junker-Verkehrsflugzeug D 202 vorgeführt.
Am 15. Januar 1935 feierte die Schule den glänzenden Abstimmungssieg an der Saar. Nach der Feier war schulfrei.

1935/1936
Ab 1. Juli bezieht die Schule die ‚Rheinischen Blätter' der NS-Kulturgemeinde.
Sämtliche Lehrer traten auf Anregung des Bürgermeisters der NSV., die Lehrerfrauen der Frauenschaft bei.
In den Monaten Juni und Juli wurden 12 Schüler der oberen Klassen zu einem 14tägigen Aufenthalt im Zeltlager der HJ. in der Sevelener Heide beurlaubt.
Der Deutsche Automobil-Klub und das NSKK. veranstalteten auch in diesem Jahre eine Kriegsbeschädigtenfahrt. Die Verpflegungskosten sollen wie im Vorjahre von der Schuljugend des Kreises getragen werden. Jeder Schüler soll 10 Pfg. zahlen. Trotz energischer Werbung für den an sich recht schönen Gedanken, konnten nur 11,50 RM eingeschickt werden.
Am Dienstag, dem 24. März, feierten die Volksschulen im Saale des Jugendheimes eine gemeinsame Schulentlassungsfeier, mit der eine eindringliche Werbung für das Jungvolk verbunden war.

1936/1937
Lehrer Bourgeois nahm vom 24. Januar bis 11. Februar 1937 an einer Schulung des NSLB. in Rees teil. Dieser Schulung im Gauschulungsheim des NSLB. ging folgender Vorfall voraus: Lehrer Bourgeois hatte Ende Oktober 1936 in seiner Klasse, 6. Schuljahr, für die Arbeitsgemeinschaft der Junglehrer des Kreises Geldern eine Unterrichtsstunde in Geschichte gehalten. Thema: Die Kolonisation des Ostens. Ausgehend von der Tätigkeit der Mönche in der Zisterzienser-Abtei Camp, wo die Schüler gewesen waren, zeigte die Unterrichtsstunde, wie die Mönche aus den Klöstern des Westens die Kultur zum Osten des Vaterlandes trugen. Am 31. Oktober 1936 erhielt der Lehrer ein Schreiben vom Schulrat: ‚Es ist mir von verschiedenen Seiten berichtet worden, daß Ihre Geschichtsstunde nicht nationalsozialistischer Geschichtsauffassung entsprach. Sie wollen mir umgehend den Verlauf der Stunde schriftlich hereinreichen.' Der Schulrat Krikker war bei der Stunde nicht anwesend gewesen. Lehrer Bourgeois wurde daraufhin für 3 Wochen zu einem Geschichtskursus nach Rees einberufen.
Am 16. Februar 1937 fand im Filmhof die erste staatspolitische Schulfilmvorstellung statt.

1937/1938
Folgende Filme wurden gezeigt: ‚Jugend der Welt', ‚Sport und Soldaten', ‚Wolkenstürmer' und ‚Tannenberg'.
Am Dienstag, dem 29. März 1938, fand im Saale Schattorje die gemeinsame Schulentlassungsfeier statt.

1938/1939

In der Woche vom 23. bis 28. Februar 1939 fanden Kindermissionspredigten statt. In der planmäßigen Religionsstunde am 23. Februar fragte Lehrer Schlösser die Kinder seiner Klasse, wer an der erstmalig stattgefundenen Predigt nicht teilgenommen habe und ließ diese Kinder aufstehen. Darüber wurde umgehend aus Kreisen der nationalsozialistischen Bürgerschaft dem Herrn Kreisleiter Quella Meldung erstattet, der seinerseits in einem energischen Schreiben an den Schulrat seiner Empörung über das ‚Treiben' des Herrn Schlösser zum Ausdruck brachte und ihm aufgab, die Angelegenheit genauestens zu überprüfen. Abschriften der entsprechenden Schreiben sind dieser Chronik als Anlage beigelegt. Am 25. Februar erschien zur Überprüfung der Angelegenheit Schulrat Kricker und berief eine Konferenz ein. Daran nahmen außer Schulrat Kricker teil: Frau Rektorin Riesen von der Mädchenschule, Rektor Labonte von Schule I, Rektor Plaßmann von Schule II und Lehrer Schlösser. Nach Verlesung des Schreibens durch Schulrat Kricker erklärte Lehrer Schlösser, daß er die Kinder lediglich nach der Teilnahme an der Predigt gefragt habe. Es sei jedoch deswegen kein Unterricht ausgefallen, und er habe nicht die Absicht gehabt, diese Kinder gegen die anderen ‚auszuspielen'. Nach dieser Erklärung wurde die Konferenz geschlossen. Am 17. März wurde dem Lehrer Schlösser seitens des Herrn Schulrates Kricker durch den Schulleiter Rektor Labonte eine scharfe schriftliche Verwarnung zugestellt."[148]

Auch an der Höheren Mädchenschule (Marienschule) und an der Rektoratsschule sollte der geistliche Einfluß zurückgedrängt werden. Die Auseinandersetzungen um die Kevelaerer Rektoratsschule, die 1922 von der Gemeinde übernommen worden und somit keine Privatschule mehr war, begannen Anfang 1934. Zu diesem Zeitpunkt umfaßte die Schule 70 Schüler in vier Klassen. Die Gemeinde hatte das Gebäude an der Twistedener Straße von der Kirche gemietet. Unter dem Betreff „Schließung der Rektoratsschule", wahrscheinlich an den Gelderner Landrat gerichtet, führte Bürgermeister Derichsweiler in äußerst deutlicher Form aus: „Die Frage, ob die Rektoratsschule in Kevelaer aufzulösen ist, ist vor allen Dingen Angelegenheit der Gemeinde Kevelaer selbst. Das Interesse des Staates ist unter der Voraussetzung, dass in der Hauptsache finanzielle Überlegungen angestellt werden, vollkommen unerheblich, es sei denn, dass der Staat infolge schulkultureller Überlegungen zu der ein oder anderen Lösung der Frage sich positiv einstellen sollte."[149] Neben finanziellen Überlegungen nannte Derichsweiler als weiteres Argument für ein Weiterbestehen, daß die „Kevelaerer Bürgerschaft" aus moralischen und gesundheitlichen Gründen ihre Kinder „von der Bahn fernzuhalten" wünsche.[150]
Umfangreiche Kapazitätsberechnungen und der jährliche Kreiszuschuß beherrschten bis 1938 den Schriftverkehr zwischen Landratsamt und der Amtsver-

waltung, ohne daß Änderungen in den Schulorganisationen eintraten. Dann aber fielen für beide höheren Lehranstalten wichtige Entscheidungen.

Zunächst wurden die Kreiszuschüsse gesperrt[151], ohne die weder die Rektoratsschule noch die Marienschule auf Dauer lebensfähig waren. Am 30. August 1938 traten die Kevelaerer Gemeindeältesten zusammen, um über eine Neuordnung des Schulwesens zu beraten. Man war sich darüber einig, daß anstelle von Rektorats- und Mädchenschule eine vierklassige Zubringeschule „für Knaben mit der Einschulungsmöglichkeit für Mädchen" ab Ostern 1939 errichtet werden sollte. In der Konsequenz bedeutete dies aber, und die Versammlung ließ darüber auch gar keinen Zweifel bestehen, daß die kirchlich-private höhere Mädchenschule aufgelöst werden sollte: „Um auch die Erziehung der weiblichen Jugend im Sinne der nationalsozialistischen Erziehungsordnung sicherzustellen und die vorgesehene Zubringeschule [...] den Bedürfnissen der Bevölkerung entsprechend zweckvoll und wirtschaftlich ausgestalten zu können, erachtet Gemeinderat es für notwendig, bei der Schulaufsichtsbehörde die Schließung der jetzigen privaten höheren Mädchenschule zu beantragen."[152]

Notgedrungen mußte die Kirchenleitung diese Auflösung hinnehmen. Sie verhielt sich aber abwartend und hinhaltend bei der Forderung der Gemeinde, das Gebäude der Mädchenschule anmieten zu können. Erst wenige Tage vor Beginn des neuen Schuljahres gab die Kirchenleitung nach, nachdem die Gemeinde mit Enteignung gedroht hatte.

Damit ging eine jahrzehntealte Schultradition zu Ende. Die neue Schule, die nicht zuletzt aus Kostenerwägungen unter der Leitung von Direktor Johannes Goldschmidt (geboren 1881, Prüfung für das katholische Pfarramt und Mittelschullehrerprüfung, Lehrbefähigung in Religion, Deutsch und Latein)[153] blieb, war damit de facto gegründet. Sie nahm auch ihren Lehrbetrieb pünktlich am 1. April 1939 auf, jedoch blieb nun wider Erwarten die ministerielle Bestätigung aus. Diese traf erst für das Schuljahr 1942/43, verbunden mit einer Namensänderung – „Oberschule für Jungen (Zubringeschule)" –, in Kevelaer ein. Die Einschulung der etwa 60–70 Schülerinnen der ehemaligen Marienschule, die bis auf wenige Ausnahmen auch die neue Schule besuchten, bedurfte auch schon 1939 einer besonderen Erlaubnis und wurde nur unter dem Vorbehalt gestattet, daß die Zahl der Mädchen nicht 50% der Gesamtschülerzahl übersteigen durfte.[154]

Hirtenworte und Wallfahrtsboom

Da das Thema „Kirche und Nationalsozialismus" in einem Gebiet mit fast ausschließlich katholischer Bevölkerung zentrale Bedeutung hat, soll es an dieser Stelle noch einmal zusammenhängend aufgegriffen werden. Zuvor erscheint es aber notwendig, einige allgemeine Bemerkungen zum Begriff des „Widerstan-

des", zur nationalsozialistischen Kirchenpolitik und zur Haltung der Amtskirche nach 1933 voranzustellen.
Unterhalb der Ebene eines „aktiven Widerstandes", der auf einen politischen Umsturz des Regimes zielte, lassen sich unterschiedliche Grade der „Resistenz" unterscheiden, die von punktueller „Unzufriedenheit" über bewußte „Nichtanpassung" oder Selbstbewahrung bis hin zu in der Öffentlichkeit erhobenem „Protest" reichten.[155] Während Unzufriedenheit meist spontan geäußert wurde, z. B. über Löhne oder Preise, und bisweilen auch hart bestraft werden konnte, blieb die Nichtanpassung im Grunde genommen eine defensive Verhaltensweise, die allerdings schon ein hohes Maß an Reflexion voraussetzte und durchaus offensiv wirken konnte. In diese Kategorie fällt z. B. der Behauptungswille einiger Mitglieder der katholischen Organisationen. Als Protest innerhalb dieses Widerstandsmodells gelten z. B. die Predigten des Bischofs von Münster, in denen er u. a. die Euthanasie öffentlich verurteilte. Die kirchliche Haltung zum Dritten Reich verließ nicht das Stadium des öffentlichen Protestes, der zudem meist nicht offiziell vom Konsens einer Bischofskonferenz getragen, sondern von einzelnen Geistlichen vorgebracht wurde. Ein aktiver Widerstand gegen das nationalsozialistische Regime insgesamt hätte die Voraussetzung erfordert, daß die Amtskirche ihre Loyalität gegenüber dem Staat hätte aufkündigen müssen, wozu sie jedoch in ihrer Gesamtheit nicht bereit war.
Die nationalsozialistische Kirchenpolitik auf der einen und die Reaktionen der Katholischen Kirche auf der anderen Seite lassen sich bis Kriegsbeginn in zwei Phasen einteilen. Die erste, bis 1935/36 reichende Phase zeichnete sich zunächst dadurch aus, daß das kirchliche Verbot einer Mitgliedschaft von Katholiken in der NSDAP, auf das sich die Bischöfe im August 1932 in Fulda geeinigt hatten, aufgegeben wurde. Bei den Märzwahlen 1933 beschränkten sie sich auf die bereits zitierte „Mahnung", nur solche Kandidaten zu wählen, „deren Charakter und erprobte Haltung Zeugnis gibt von ihrem Eintreten für Frieden und soziale Wohlfahrt des Volkes, für den Schutz der konfessionellen Schulen, der christlichen Religion und der katholischen Kirche".[156] Bereits Ende März nahmen die deutschen Bischöfe in einer gemeinsamen Erklärung das Verbot der Mitgliedschaft von Katholiken in der NSDAP zurück und ebneten damit den Weg einer aus ihrer Sicht sehr wohl möglichen Verständigung zwischen Partei und Kirche. Dem Konkordat zwischen dem Deutschen Reich und dem Heiligen Stuhl (Juli 1933) stimmten die deutschen Bischöfe erst dann zu, als die nationalsozialistische Regierung gegenüber den katholischen Organisationen Entgegenkommen gezeigt hatte.
Die Zustimmung erfolgte einheitlich, doch zeigte sich bereits an diesem Punkt, daß längst nicht alle Bischöfe den Versprechungen der Regierung uneingeschränktes Vertrauen entgegenbrachten. Noch Anfang Juli 1933 waren der Münchener Erzbischof Faulhaber und Bischof Preysing von Eichstätt nach

Rom gereist, um dort ihre Befürchtungen direkt vorzutragen, und auch „der Papst hatte erst seine Zustimmung zur Unterzeichnung gegeben, nachdem Hitler ihm ehrenwörtlich versichert hatte, das Christentum als Basis des neuen Deutschland anzuerkennen".[157] Durch die Unterzeichnung des Vertrages hatte der Heilige Stuhl allerdings die deutsche Regierung offiziell anerkannt, und allein darum ging es der Regierung.

Während sich das Zentrum als Partei des politischen Katholizismus selbst auflöste, begann für die deutschen Bischöfe und die noch verbliebenen katholischen Organisationen der Rückzug in den innerkirchlichen Bereich. Die Richtlinien für die Jugendseelsorge von Anfang 1936 markierten eine weitere Demontage früherer gesellschaftlicher Bastionen, ehe dann 1938 bzw. Anfang 1939 die Restorganisationen aufgelöst wurden.

Mit der schrittweisen Räumung gesellschaftlicher Positionen einher gingen schon ab 1934, verstärkt aber ab 1936, die nationalsozialistischen Angriffe auf das „kirchliche Wertsystem"[158], verbunden mit Publikationsverboten, Bücherbeschlagnahmungen usw., die das Ziel verfolgten, auch die außerkirchliche Verbreitung von Glaubensgrundsätzen und christlichen Werten einzuschränken. Die Verbreitung eines großen Teils christlich geprägter Literatur, gedruckter Predigten oder Hirtenbriefe geriet in die Illegalität.

Auch die päpstliche Enzyklika „Mit brennender Sorge" von 1937, in der die von den Nationalsozialisten mittlerweile begangenen Vertragsbrüche aufgezählt, „Grundlagen des christlichen Glaubens dargelegt und die Rechte der Kirche präzisiert"[159] wurden, konnte nur noch geheim nach Deutschland gebracht, nachgedruckt und verteilt werden. Insgesamt zwölf daran beteiligte Druckereien mußten schließen, Geistliche und Jugendliche, die die Texte verbreitet hatten, kamen ins Gefängnis oder in ein Konzentrationslager. Doch nun war, wie Gerd van Roon es formulierte, „das päpstliche Schweigen gebrochen".[160]

Die Enzyklika und die bei ihrer Verbreitung erfolgten Verhaftungen führten indes nicht zu einem Loyalitätsbruch der in den Bischofskonferenzen versammelten Bischöfe mit der Regierung. Immerhin schieden sich aber nun wesentlich deutlicher als in der Zeit des Taktierens die Meinungen. Als einer der Exponenten der unterschiedlichen Richtungen kann der hochbetagte Vorsitzende der Fuldaer Bischofskonferenz, Kardinal Bertram, angesehen werden, der auch noch nach Kriegsbeginn immer wieder, wenn auch nicht von der Konferenz dazu ermächtigt, Gelegenheit fand, „Hitler im Namen des Episkopats zu preisen, ihm daneben aber auch die Sorgen der Kirche vorzutragen in der Hoffnung, daß Hitler auch das höre".[161] Auf der anderen Seite stand z. B. der nun in Berlin residierende Bischof Preysing, „der einzige unter den Bischöfen, der von Anfang an eine klar antinationalsozialistische Haltung bezogen hatte".[162]

In den Gemeinden des Niederrheins reagierten einige Ortsgeistliche und engagierte Laien gelegentlich auf einzelne Übergriffe der nationalsozialistischen Po-

litik. Es konnte bereits am Beispiel Kervenheims gezeigt werden, daß noch 1934 der Ortsgruppenleiter die Auffassung vertrat, die Bevölkerung stehe geschlossen hinter ihrem Pfarrer. Auch für die anderen niederrheinischen Gemeinden dürfte diese Einschätzung zutreffend gewesen sein. Der Ortsgeistliche war und blieb eine Autoritätsperson, an die man sich nicht nur hinsichtlich religiöser Probleme ratsuchend wandte. Andererseits überwachten bereits ab 1933 Polizeibeamte und örtliche Funktionäre die Predigten, was größtenteils in den Gemeinden bekannt war. Dennoch hielten die meisten dieser Ortsgeistlichen im Laufe der Jahre in einzelnen Predigten nicht mit Kritik zurück und gerieten so in das Ermittlungsnetz, das sich von der Ortsgruppe der NSDAP bis hin zur Geheimen Staatspolizei spannte.
Gesetzliche Grundlagen dieser Ermittlungen waren vor allem das „Heimtückegesetz" und der noch aus der Zeit des Kulturkampfes stammende „Kanzelparagraph 130a" des Strafgesetzbuches. Dem eigentlichen „Gesetz gegen heimtückische Angriffe auf Staat und Partei und zum Schutz der Parteiuniform" vom 20. Dezember 1934 gingen zwei Verordnungen voraus. Bei der ersten handelte es sich um die „Verordnung des Reichspräsidenten zum Schutz des Deutschen Volkes" vom 4. Februar 1934, die die Möglichkeit schuf, eine weitere Betätigung von politischen Gruppen oder Parteien zu unterbinden, was im Grunde genommen, wenn auch unter geänderten Vorzeichen, eine in der Weimarer Republik zeitweilig gegenüber nationalsozialistischen Organisationen geübte Praxis fortsetzte, bei der zweiten, nach dem Reichstagsbrand am 21. März 1933 erlassen, um die „Verordnung des Reichspräsidenten zur Abwehr heimtückischer Angriffe gegen die Regierung der nationalen Erhebung", die auch private abträgliche Äußerungen unter Strafe stellte. Der Kanzelparagraph betraf Geistliche und Religionslehrer. Er stellte unter Strafe, wenn „Angelegenheiten des Staates in einer den öffentlichen Frieden gefährdenden Weise zum Gegenstand einer Verkündigung oder Erörterung" gemacht wurden sowie auch die Verbreitung von Schriftstücken solchen Inhalts.
Anton Krimphove, Pfarrer in Wetten und bis 1937 Dechant des Dekanats Kevelaer, beschrieb in der von ihm geführten Chronik der Pfarrgemeinde Wetten den Gang einer solchen Ermittlung:
„1936. Im 40. Jahre meines Priestertums, im 18. Jahre meiner pfarramtlichen Tätigkeit in Wetten, als Adolf Hitler im 3. Jahre das neue ewige Deutschland regierte und Pg. Matthias Broeckmann Bürgermeister in Wetten war, hat es sich ereignet, daß ich von einigen Pfarrangehörigen bei der Kreisleitung in Geldern wegen staatsgefährlicher Ausführungen zur Anzeige gebracht bin, gemacht bei einer Predigt am Dreikönigenfeste, in der dargelegt wurde 1. wie es bei unseren Vorfahren aussah, bevor sie Christen wurden, 2. wie unsere Vorfahren Christen wurden. Auf Veranlassung der Kreisleitung wurden drei von ihr vorgeschlagene Bürger von Wetten durch den Bürgermeister zu einem schriftlichen Bericht über

die Predigt des Dechanten aufgefordert: 1. X, der erklärte: ich bin nicht in der Predigt gewesen, 2. Y [und] 3. Z, die erklärten: wir haben nichts zu beanstanden. Da außerdem der Bürgermeister von Wetten dem Dechanten ein glänzendes Zeugnis ausstellte, ist von Geldern her nichts weiteres zu den diesseitigen Ohren gedrungen und die ganze Affaire im Sande verlaufen."[163]

Gingen in diesem Fall die Ermittlungen nicht über die Kreisleitung der NSDAP hinaus, so geriet der Twistedener Pfarrer *Anton Kalscheur* mehrmals in Kontakt mit der Gestapo. Die von Ulrich von Hehl in seinem Buch „Priester unter Hitlers Terror" zu Anton Kalscheur lediglich gemachte Bemerkung „Von der Gestapo zum deutschen Gruß angehalten"[164] wird diesem Mann nicht gerecht. Sein Personalbogen in der Düsseldorfer Gestapoakte[165] verzeichnet unter dem Datum vom 11. August 1936 eine Strafanzeige aufgrund § 130a bei der Staatsanwaltschaft Kleve wegen Predigtäußerungen, die diese an das Sondergericht in Düsseldorf weitergab. Dort wurde das Verfahren schließlich im September 1936 mangels Beweisen eingestellt. Vier Jahre später erfolgte erneut eine Anzeige wegen Predigtäußerungen, an die Gestapo weitergeleitet durch die NSDAP-Kreisleitung. Diese benannte auch gleich acht Zeugen, die die Äußerungen angeblich gehört hatten. Vier davon befanden sich indes zum Zeitpunkt der Ermittlungen wieder bei ihren Wehrmachtseinheiten, konnten also nicht aussagen, die übrigen vier, die Gestapo hatte es bereits vermutet, konnten sich an nichts mehr erinnern, so daß auch diese Ermittlungen eingestellt werden mußten.

Die Beobachtung des Pfarrers und die „unauffälligen" Befragungen der Dorfbewohner gingen jedoch weiter. Am 13. Juni 1940 übermittelte das Gestapo-Grenzkommando Kleve einen Bericht nach Düsseldorf: „Pfarrer Kalscheur tritt nach Angaben des Ortsbürgermeisters Thielen sehr wenig in Erscheinung. [...] Im allgemeinen ist in dem Dorf Twisteden die Ansicht vertreten, daß der Pfarrer Kalscheur in letzter Zeit zurückhaltender in seinen Predigten und Äußerungen ist."

In der Tat scheint sich Anton Kalscheur in den folgenden Jahren in seinen Predigten zurückgehalten zu haben, doch bedeutete dies keineswegs das Ende von Ermittlungen gegen ihn. Am 13. Mai 1942 verwarnte ihn die Gestapo Düsseldorf, da er den Essener Salesianerpater Wilhelm Winkels, gegen den zu dieser Zeit ein Aufenthaltsverbot im Regierungsbezirk bestand und der 1941 schon einmal in Twisteden verhaftet worden war[166], am Weißen Sonntag zur Aushilfe beschäftigt hatte. Und schließlich soll die letzte nachweisbare Anzeige genannt werden, erstattet von der Ortspolizeibehörde Kevelaer, wegen „luftschutzwidrigen Verhaltens" während einer Nachmittagsandacht im Oktober 1943. Pfarrer Kalscheur hatte die Andacht fortgesetzt, obwohl Luftalarm ausgelöst worden war. Auch diese Ermittlungen führten nicht zu einer Bestrafung, da sich herausstellte, daß die Alarmanlage äußerst mangelhaft war; 1943 wurde in Twisteden noch auf einem alten Feuerwehrhorn geblasen.

Gelangte die Gestapo bei Anton Kalscheur zu der eindeutigen Beurteilung: „Wie ja bekannt ist, steht der Pfarrer Kalscheur dem Nationalsozialismus feindlich gegenüber"[167], so war ihr eine politische Einordnung des Kervenheimer Geistlichen *Theodor Klucken* nicht so leicht möglich. Pfarrer Klucken unterschied sich in seiner Haltung kaum von derjenigen des überwiegenden Teils der deutschen Geistlichen. Er war ein zutiefst national denkender Mann, in dem die Loyalität gegenüber der Obrigkeit fest verwurzelt war, was ihn indes nicht daran hinderte, einige Erscheinungen des Nationalsozialismus, soweit sie Angelegenheiten seiner Gemeinde betrafen, in Predigt und Tat zu attackieren. Dies wurde erkennbar im Zusammenhang mit dem katholischen Arbeiterverein Kervenheim und der Stellungnahme des NSDAP-Ortsgruppenleiters Ende 1934. Etwa vier Jahre später beschrieb Bürgermeister Tenhaeff erneut diese Haltung in einem Bericht an den Landrat, in dem er u. a. ausführte, daß die Vereinstätigkeit für Jünglinge und Männer in Kervenheim seit längerer Zeit schon ruhe und lediglich noch der Mütterverein und die Jungfrauenkongregation bestünden: „Pfarrer Klucken ist, wie aus wiederholten Äußerungen von ihm bekannt geworden ist und auch vom Ortsgruppenleiter und Ortsbürgermeister bestätigt wird, ein an sich sehr national eingestellter Mann, der auch dem gesamten politischen Wirken und den Erfolgen des Führers und der nationalsozialistischen Bewegung und Regierung nicht nur Anerkennung, sondern ausgesprochene Bewunderung zollt, der aber demgegenüber in religiöser bezw. weltanschaulicher Hinsicht [...] leicht in Konflikt gerät."[168]

In Konflikt mit der Ortsgruppenleitung, Kreisleitung und der Gestapo geriet der Pfarrer nach seiner Predigt von November 1934 noch in einer ganzen Reihe von Fällen, festgehalten von der Gestapo in zwei Personalakten.[169] Anläßlich der drohenden Abschaffung der konfessionellen Schulen lud er die Pfarrgemeindemitglieder mittels einer Anzeige im Kirchenblatt für die Diözese Münster zu einer Versammlung am 14. Februar 1937 in die Pfarrkirche ein. Zu dieser „als religiöse Abendveranstaltung getarnten politischen Versammlung für Männer und Jünglinge"[170] erschien der Pfarrer nach Beobachtung der örtlichen Polizei ohne „kirchliche Kleidung" und soll in einem Redebeitrag die Schlußfolgerung gezogen haben, „als wenn der Nationalsozialismus dasselbe erreichen wollte, was die Sozialdemokraten und Kommunisten in der Weimarer Verfassung mit der Schule nicht erreicht hatten".[171]

Obwohl dies durchaus ausgereicht hätte, weitere Ermittlungen wegen Verstoßes gegen das Heimtückegesetz einzuleiten, wurde die Äußerung zunächst nicht über die Orts- und Kreisebene hinaus bekannt, sei es, weil die vom Kervenheimer Ortsgruppenleiter 1934 abgegebene Einschätzung noch immer anerkannt war, sei es, daß die Orts- und Kreisinstanzen der NSDAP zwar intern gegen den Pfarrer Nachforschungen anstellten, jedoch nicht auf eine weitergehende, eventuell sogar exemplarische Bestrafung drängten. Die Düsseldorfer Gestapo

Feier des 25jährigen Priesterjubiläums von Pfarrer Klucken 1934 (PfAK)

Pfarrer Theodor Klucken, Kervenheim (PfAK)

Werbung zur Mission 1939 (NMVK)

erhielt erst durch den am 9. Januar 1939 von Bürgermeister Tenhaeff erstellten Personalbericht Kenntnis von der Versammlung im Februar 1937.¹⁷² Darin hieß es rückblickend: „Soweit hier noch bekannt und feststellbar ist, ist ihm aus diesem Anlaß z. Zt. die Befugnis zur Religionserteilung in der Schule entzogen worden."

Des weiteren berichtete Bürgermeister Tenhaeff über eine Sonntagspredigt im September 1938, in der Klucken gegen die Zeitschrift „Ruhrarbeiter" Stellung bezogen hatte, sowie über einen diesbezüglichen Bericht der Ortsgruppenleitung an die Kreisleitung. Ferner verwies er auf die Teilnahme an einer Aussprachekonferenz im November 1938 in Fulda, wo Pfarrer Klucken ein Referat über die „Männerseelsorge" gehalten hatte, sowie auf eine geplante Adventsfeier im Dezember 1938 für den Kervenheimer Mütterverein und die erwachsenen Töchter der Mitglieder, die aber verboten wurde, da die Töchter nicht als Mitglieder anzusehen waren.

Schließlich wurde Theodor Klucken noch Anfang 1940 vom Landrat vernommen und verwarnt, weil er, offensichtlich verärgert über eine Denunziation, einem Fliegerhauptmann einen geharnischten Brief geschrieben und darin auf Pachtrückstände aufmerksam gemacht hatte.¹⁷³ Am 17. März 1941 wurde er an die Pfarrstelle St. Bernhard in Duisburg-Meiderich versetzt.¹⁷⁴

Der Kevelaerer Pfarrer *Wilhelm Holtmann*, seit 1931 im Wallfahrtsort tätig und ab 1937 Nachfolger des Wettener Pfarrers Krimphove als Dechant des Dekanats Kevelaer, geriet nicht wegen Predigtäußerungen oder beanstandeter Versammlungen in das Untersuchungsnetz der Gestapo. Als ihn am 18. Dezember 1937 das Kathedral-Kapitel zu Aachen zum Nachfolger des verstorbenen Bischofs Joseph Vogt wählte, war er der Gestapo dennoch nicht ganz unbekannt, hatte doch Bürgermeister Eickelberg im Januar 1936 dem Landrat gemeldet, „daß die Kirchen in Kevelaer (Basilika und Pfarrkirche) [...] entsprechend dem ergangenen Erlaß nicht beflaggt wurden. Am Priesterhaus und Krankenhaus in Kevelaer war eine Hakenkreuzfahne ausgehängt".¹⁷⁵ Die Staatspolizei bestand auf einem Strafantrag, der bei der Oberstaatsanwaltschaft Kleve gestellt wurde. Das Verfahren wurde aber im Mai 1936 „nach Zustimmung des Herrn Reichsminister der Justiz eingestellt".¹⁷⁶ Die Staatspolizei wollte wohl anläßlich der Nichtbeflaggung eine exemplarische Bestrafung durchsetzen, doch stand die Anklage von vornherein auf wenig sicherem Grund, da ja am Priesterhaus ordnungsgemäß die Hakenkreuzfahne wehte und die Nichtbeflaggung der Kirchen eher auf Vergeßlichkeit oder unzureichende Kenntnis des Erlasses hindeutete als auf eine oppositionelle Haltung. Die Meldung gewinnt indes an Bedeutung vor dem Hintergrund späterer sehr positiver Urteile über den Pfarrer durch Bürgermeister Eickelberg, zeugt sie doch davon, daß auch in Kevelaer die Ortsgeistlichen unter genauer Beobachtung standen.

Erst nach der Bischofswahl von 1937 trug die Düsseldorfer Staatspolizei alles zusammen, was sich irgendwie gegen Wilhelm Holtmann verwenden ließ. Seine Personalakte gab zum damaligen Zeitpunkt kaum etwas her, und so fragte die Gestapo sowohl bei der Gelderner Kreisleitung als auch bei Bürgermeister Eikkelberg in Kevelaer an. Letzterer bescheinigte, daß die Predigten des Pfarrers, die Beflaggung der Kirchen und anderer Gebäude sowie die Spenden für das Winterhilfswerk nicht zu beanstanden seien und schloß seinen Bericht mit der Bemerkung: „Unter Bezugnahme auf das vorstehend ausgeführte kann ich dem Pfarrer Holtmann von Kevelaer das Zeugnis der politischen Zuverlässigkeit nicht absprechen. Seine Amtsführung in und außer Dienst war stets korrekt und mit den heute gegebenen Richtlinien in Einklang zu bringen."[177] Ähnlich positiv dürfte ihn auch die Kreisleitung der NSDAP beurteilt haben.[178]

Diese Stellungnahmen konnte die Gestapo in Düsseldorf weder zufriedenstellen, noch konnten sie kommentarlos weitergeleitet werden, hatte man sich doch schon bald nach der Wahl Holtmanns in den zuständigen Ministerien Gedanken darüber gemacht, ob und mit welcher Begründung die Reichsregierung von ihrem durch die Verträge mit dem Heiligen Stuhl festgelegten Einspruchsrecht gegen eine Bischofswahl Gebrauch machen sollte.[179]

Somit war die Düsseldorfer Gestapo in einer prekären Situation, denn Negatives zu berichten gab es nicht, so daß man schließlich zu diplomatisch nicht ungeschickten Formulierungen griff, die Interpretationen in jeder gewünschten Richtung offen ließen. Zudem verwies man, und dies wurde letztlich aufgegriffen, auf seine „engen Beziehungen zum Bischof von Münster". Erstaunlicherweise wurde in den Akten nicht explizit erwähnt, daß sich im Kevelaerer Priesterhaus zwischen 1934 und 1942 die Bischöfe von Köln, Aachen, Limburg, Münster, Osnabrück, Trier, Paderborn, Fulda und Hildesheim sowie einige Gäste insgesamt zwanzigmal zu Konveniaten trafen.[180] In dem bis 1942 vor Luftangriffen relativ sicheren Kevelaer erarbeiteten die Bischöfe im komfortablen Priesterhaus einige Grundzüge ihrer Politik, wobei die keineswegs geheimen Treffen von Pfarrer Holtmann und seinen Mitarbeitern organisiert wurden. Dies setzte eine „enge Beziehung" zum Bischof von Münster voraus, auf die die Bemerkung der Gestapo gründete. Sie formulierte sehr vorsichtig und nach vielen Seiten hin interpretierbar:

„Die Stellung als Pfarrer in dem bekannten westdeutschen Wallfahrtsort Kevelaer bringt es naturgemäß mit sich, daß Pfarrer Holtmann in engen Beziehungen zu seinem Diözesanbischof Clemens August in Münster steht. Der Bischof von Münster ist als sehr streitbar und dem nationalsozialistischen Staat mit größter Zurückhaltung gegenüberstehend bekannt. Wenn auch Pfarrer Holtmann politisch nicht besonders hervorgetreten ist, so muß aus den Gesamtumständen, insbesondere aus seinen engen Beziehungen zum Bischof von Münster, die sich auch aus der Verleihung eines Ehrenamtes an der Domkirche in Münster ergibt, gefolgert werden, daß seine Haltung dem Staate gegenüber zu min-

desten ebenfalls weitgehend zurückhaltend ist. [...] Pfarrer Holtmann hat es bisher nach Möglichkeit zu vermeiden gewußt, nach außen hin politisch aufzutreten. Seine Kanzelreden haben jedoch verschiedentlich sehr hart die Grenzen des Erlaubten gestreift. Alles in allem muß deshalb dahingehend beurteilt werden, daß er einer von denjenigen Geistlichen ist, die wahrscheinlich dem nationalsozialistischen Staate gegenüber niemals eine offene und loyale Haltung einnehmen werden. Es ist dabei aber [...] zu berücksichtigen, daß diese Einstellung von der des Durchschnittsgeistlichen nicht abweicht."[181]
In den folgenden Wochen verstärkte sich der politische Druck der Reichsregierung auf den Heiligen Stuhl, bis der Vatikan den gewählten Pfarrer schließlich fallen ließ[182] und Weihbischof Sträter zum Apostolischen Administrator ernannte, der am 15. Mai 1938 sein Amt antrat.
Aus der ablehnenden Haltung gegenüber Pfarrer Wilhelm Holtmann den Schluß zu ziehen, daß die Reichsregierung „keinen zweiten Bischof von Münster" wollte[183], dürfte allerdings weit am eigentlichen Problem vorbeigehen. Es scheint eher so gewesen zu sein, daß nach der päpstlichen Enzyklika „Mit brennender Sorge" die Reichsregierung nach einer passenden Reaktion gegenüber dem Papst suchte und daß ihr dabei die Aachener Wahl zur rechten Zeit kam. In diesem Falle würden alle bislang angestellten Überlegungen obsolet, die einen Einspruchsgrund in der Person Holtmanns und seiner Haltung gegenüber dem nationalsozialistischen Staat erkennen wollen.
Sicherlich hatten die Predigten von Galens 1937 noch nicht jenen protestgeladenen Inhalt wie 1941 und 1942, doch galt er damals schon als streitbar und war in seiner politischen Einschätzung als nicht gerade systemkonform bekannt. Im äußeren Auftreten und in ihren Predigten unterschieden sich aber von Galen und Holtmann gravierend – sowohl vor der Bischofswahl als auch in der Zeit danach. Auf der einen Seite stand ein streitbarer Bischof, dessen Äußerungen sich schließlich bis zum Protest steigerten, auf der anderen Seite der Kevelaerer Dechant, an dessen Predigten der nationalsozialistische Bürgermeister und die Kreisleitung keinen Anstoß nahmen und dem sogar die politische Zuverlässigkeit nicht abgesprochen werden konnte.
Die nationalsozialistische Kirchenpolitik verfolgte die Absicht, die Betätigung der Kirche letztlich ganz aus dem öffentlichen gesellschaftlichen Leben herauszudrängen und ihre Wirkungsmöglichkeiten auf die rein innerkirchliche Seelsorge zu beschränken. Der kirchlichen Arbeit verblieben mit der Zeit immer weniger Freiräume, die jedoch – wie auch die Messen, Andachten und Predigten – stets unter Beobachtung standen. Dazu waren in der Regel keine auswärtigen „Spitzel" notwendig, hierzu reichten die örtlichen Polizisten, NSDAP-Funktionäre oder besonders engagierte Bürger vollkommen aus. Für die staatlichen Behörden, nationalsozialistischen Organisationen oder die Geheime Staatspolizei war offenbar alles von Interesse, was irgendwie mit der Kirche zu tun hatte.

Hierzu einige Beispiele: Am 17. Oktober 1935 machte der Landrat die Bürgermeister seines Kreises auf Exerzitienkurse aufmerksam, die selbstverständlich zu überwachen seien, worauf Bürgermeister Eickelberg meldete, daß keine stattgefunden hätten, wohl aber „Einkehrtage" im Priesterhaus für Dienstpflichtige. 81 Rekruten, darunter 30 aus Kevelaer, seien dazu ins Priesterhaus gekommen.[184] In Winnekendonk hatte eine ähnliche Veranstaltung mit 22 Teilnehmern im St. Katharinenhaus stattgefunden, die nicht überwacht werden konnte, weil die landrätliche Anordnung zu spät im Bürgermeisteramt eingetroffen war.[185] Im November 1936 fragte die Gestapo Düsseldorf nach der Zahl der Meßdiener, da sie den Verdacht hegte, daß in „verschiedenen Bezirken" die Pfarrer die Meßdienerzahl vergrößert hätten, um die Jugendlichen so neu zu organisieren. Bürgermeister Tenhaeff antwortete, daß die Zahl in Winnekendonk gleich geblieben sei, sich jedoch in Kervenheim von sechs auf vierzehn erhöht habe. Er versicherte aber, daß sämtliche Meßdiener auch der HJ angehörten.[186]

Ab 1934 erreichten die Bürgermeister fast regelmäßig landrätliche Funksprüche, in denen dieser auf bevorstehende Hirtenbriefe aufmerksam machte. Gegen das Verlesen in den Kirchen sollte zwar nicht eingeschritten werden, doch war jeweils gesondert zu berichten. Anders verhielt es sich beim Verbreiten von gedruckten Hirtenbriefen, Predigten oder sonstiger nicht genehmigter religiöser Literatur. Hier wurden mit der Zeit, von Fall zu Fall unterschiedlich, die Anweisungen an die Bürgermeister verschärft. Bereits im April 1934 erging die Anordnung, daß im gesamten Regierungsbezirk Düsseldorf in der unmittelbaren Umgebung von Kirchen und zu Zeiten von Gottesdiensten das Verbreiten von Druckschriften, darunter auch Zeitschriften, Jugend- oder Werbeschriften konfessioneller Jugendverbände, verboten sei.[187]

1935 waren der Abdruck und die Verbreitung des Hirtenbriefes der am 20. August am Grabe des Hl. Bonifatius versammelten Bischöfe in den amtlichen Organen der Diözesen noch zugelassen, „damit die öffentliche Aufmerksamkeit nicht dadurch auf den Hirtenbrief gelenkt wird".[188] Wenige Wochen später wurde gegen die Verteilung eines Hirtenbriefes über die Ehe zunächst scharf eingeschritten. Den Polizeiberichten ist zu entnehmen, daß Pfarrer Reiners in Winnekendonk seine 150 Exemplare noch am Tag der Zusendung durch „junge Mädchen" hatte verteilen lassen, so daß eine Beschlagnahme nicht mehr möglich war. Auch in Kervenheim konnte der Hirtenbrief nicht eingezogen werden, denn Pfarrer Klucken war verreist. Die so entstandenen Probleme lösten sich wenige Tage darauf von selbst, als die Anordnungen wieder rückgängig gemacht wurden.[189]

Ab 1936 häuften sich die Beschlagnahmungen von religiösen Schriften. Die Geldstrafen waren meist geringfügig, doch allein die Tatsache, daß ermittelt und bestraft wurde, ist in diesem Zusammenhang entscheidend. Ein „Zwangsgeld" von 10,- RM wurde beispielsweise wegen des Verkaufs der Druckschrift „Junge Front" im Anschluß an einen Gottesdienst vor der Kirche verhängt.[190] Des weiteren wurden Anzeigen erstattet wegen Verkaufs des „Hiltruper Kalenders", des „St. Michaels-Kalenders" oder der Schrift Bischof von Galens „Der Teufel in der Kirche" an den Haustüren.[191] Die Ermittlungen der Ortspolizei konnten durchaus von Hausdurchsuchungen begleitet werden. Gegen „Verdächtige" ordnete die Gestapo Düsseldorf zudem gelegentlich eine Postkontrolle an.[192]

Es ist davon auszugehen, daß sich diese Überwachungen, Durchsuchungen und Beschlagnahmungen sehr schnell in den Dörfern herumsprachen und man allgemein vorsichtiger wurde, wie dies ja auch schon bei den Verlagen zu beobachten gewesen war. Einem Geistlichen oder Laien, der an der Haustür einen Kalender zum Kauf anbot, konnte nicht mehr so unbefangen wie in früheren Jahren entgegengetreten werden, da es nie sicher war, ob man dadurch nicht selbst in das Netz der Verdächtigungen und an den Rand der Illegalität geraten würde.

Zudem schien es nicht opportun, ein katholisches Engagement über den Rahmen des Kirchenbesuches, der Teilnahme an Prozessionen oder Wallfahrten hinaus in einer Weise öffentlich sichtbar werden zu lassen, aus der eventuell wirtschaftliche oder berufliche Nachteile hätten entstehen können. Anstelle des zuvor überwiegend von kirchlichen Organisationen und durch kirchliche Feste gestalteten dörflichen Lebens war eine nicht minder geordnete und hierarchisch aufgebaute nationalsozialistische Ordnung getreten, nach deren Regeln nun die Chancen eines gesellschaftlichen oder beruflichen Aufstiegs verteilt wurden. Von jeher war es für eine Karriere auf dem Lande – und nicht nur hier – wichtig gewesen, nicht nur einem Beruf nachzugehen, sondern sich auch am dörflichen Leben im allgemeinen und in den Vereinen und Vereinigungen im besonderen zu beteiligen.

In dem Maße, wie das ehemals katholisch geprägte dörfliche Milieu aufgeweicht wurde, konnten von der Kirche immer weniger gesellschaftliche Positionen behauptet werden, die gegenüber dem Nationalsozialismus eine Alternative boten. Die Herauslösung des einzelnen aus der einstigen Form des Zusammenlebens und seine zumindest kirchenfremde Einbindung in NSDAP, HJ, BDM, Arbeitsdienst, DAF, NSV, SA, SS usw. wurde mit der Zeit so umfassend, daß man sich ihm nur noch in einer äußerst bewußten Haltung – und dann auch meist nur teilweise – entziehen konnte.

Das äußere Erscheinungsbild, das die katholische Kirche vor Ort bot, war sehr ambivalent. Zum einen zeigten Kirchen, Krankenhäuser und auch das Kevelaerer Priesterhaus bei entsprechenden Anlässen genauso wie die Rathäuser oder die übrigen öffentlichen Gebäude einen gleichförmigen, hakenkreuzfahnengeschmückten Anblick, zum anderen dürften die häufig im Wallfahrtsort anwesenden westdeutschen Bischöfe, die in den Beratungspausen und an den Abenden auf dem Kapellenplatz spazieren gingen oder im stillen Gebet in der Kapelle verharrten, bei den Bewohnern nicht den Eindruck erweckt haben, daß sich der Ort vom Katholizismus und vom Glauben entfernt habe. Zudem florierte die Wallfahrt bis weit in die 1930er Jahre hinein in einem kaum für möglich gehaltenen Umfang, der zu weiteren Bedenken keinerlei Anlaß bot.

Prozessionen und Pilgerzahlen 1924-1939:[193]

Jahr	Prozessionen	Davon ausländische	Pilgerzahlen
1924	436	70	
1925	450	74	
1926	487	79	
1927	522	85	
1928	511	84	480 000
1929	463		551 000
1930	488		477 000
1931	471	93	555 000
1932	451	98	514 000
1933	408	94	487 000
1934	456	60	606 000
1935	439	64	600 000
1936			580 000
1937	400	36	434 000
1938	428	40	335 000
1939	249	12	

Bei der Wallfahrt wurde zuletzt auf den Anstieg bis einschließlich 1922 hingewiesen, der die unmittelbaren Kriegs- und Nachkriegsbefürchtungen schnell hatte vergessen lassen. Für das Krisenjahr 1923 liegen keine Angaben vor, es dürfte aber angesichts der Verkehrsbehinderungen, der Grenzsperren sowie der Kämpfe im Ruhrgebiet einen absoluten Tiefstand gebracht haben, so daß die im April 1923 erfolgte Erhebung der Wallfahrtskirche in den Rang einer Basilika und die damit verbundene Ablaßregelung nicht zu einer sofortigen Steigerung der Prozessions- und Pilgerzahlen beitragen konnte.

Die Veränderungen der Prozessionszahlen in den 1920er Jahren und zu Beginn der 1930er Jahre haben eine gewisse Ähnlichkeit mit dem Auf und Ab der allgemeinen Wirtschaftsentwicklung. Einem Anstieg bis 1927/1928 folgte während der Weltwirtschaftskrise ein Einbruch, dessen Talsohle 1933 erreicht worden war. Der dann im Dritten Reich zu beobachtende Anstieg hielt einige Jahre an.

1937 kamen immerhin noch 400 Prozessionen zur Gnadenkapelle. Betrachtet man die Anzahl der Pilger, so wird dieser Eindruck nur teilweise bestätigt. Offenbar wallfahrteten 1929 und 1931 trotz rückläufiger Prozessionszahlen mehr Gläubige nach Kevelaer als 1928, was daran gelegen haben mag, daß sich kleinere Gruppen, um Kosten einzusparen, zu größeren Prozessionen zusammengeschlossen hatten. Am auffälligsten ist jedoch die Größe des Pilgerstroms von 1934 bis einschließlich 1936, und auch 1937 war er noch äußerst beachtlich. Wichtig für die weitere Darstellung ist ferner ein Blick auf die ausländischen, überwiegend niederländischen Prozessionen, die ja für die Gastronomie- und Beherbergungsunternehmen eine nicht unwesentliche Rolle spielten. Sie gingen ab 1934 stark zurück.

Bei der organisatorischen Bewältigung aller mit der Wallfahrt zusammenhängenden Fragen hatte sich bereits vor dem Ersten Weltkrieg eine gewisse „Arbeitsteilung" herausgebildet. Die Wallfahrtsleitung im Priesterhaus war die zentrale Stelle, an die sich die in- und ausländischen Prozessionsleiter wandten, um sich anzumelden und Termine abzusprechen, so daß eine möglichst gleichmäßige Verteilung der Gruppen über die gesamte Wallfahrtsperiode gewährleistet war und es nach Möglichkeit nicht zu einer Überfüllung des Ortes kommen konnte. Der Bürgermeister war als Leiter der Ortspolizeibehörde mit seinen Polizeibeamten für die Sicherheit der Pilger am Ort verantwortlich und wachte über die Einhaltung der Polizeiverordnungen, die er jeweils vor Beginn der Wallfahrtsperiode durch einen Aushang oder durch die örtliche Zeitung den Einwohnern in Erinnerung rief. Dazu zählten z. B. im Jahre 1934: „Polizeiverordnung vom 29. 5. 1929 betreffend Entleerung der Abortgruben und die Abfuhr ihres Inhaltes, [...] Polizeiverordnung vom 16. 10. 1931 betreffend Müllabfuhr in der Gemeinde Kevelaer, [...] Polizeiverordnung vom 18. 2. 1932 über das Aufstellen und Aufhängen von Verkaufs- und anderen Gegenständen an Gebäuden, Türen, Fenstern und Umzäunungen, welche strassenwärts liegen und [...] Polizeiverordnung betreffend die Beschränkung des Verkehrs auf den Straßen und Plätzen Kevelaers in der Zeit vom 28. Juni bis 2. November jeden Jahres."[194]

Die Wirtevereinigung achtete auf die Einhaltung der Preise, nahm zu Konzessionsanträgen Stellung und wachte darüber, daß die Konzessionsvorschriften bei der Beherbergung, beim Alkoholausschank usw. eingehalten wurden, damit sich der ohnehin schon starke Konkurrenzdruck nicht noch durch unerlaubte „Nebenverdienste" vergrößerte.

Schließlich hatten auch die Einwohner Kevelaers ihre Aufgaben. Sie setzten vor der Wallfahrtszeit ihre Häuser, Fassaden, Geschäfte oder Gärten instand, waren auf die Reinlichkeit der Bürgersteige und Straßen bedacht und schmückten den Ort bei feierlichen Anlässen. Die Musikvereine holten die Jubiläumsprozessionen vom Bahnhof ab oder erwarteten diese am Ortseingang, um sie mit Mu-

Mitteilung der NSDAP-Ortsgruppe

Warnung für alle Mitglieder der NSDAP, Ortsgr. Kevelaer. Da gerade in letzter Zeit besonders von Pilgerwirten und Handwerkern, die auf die Wallfahrt angewiesen sind, kein Parteiabzeichen getragen, sowie der Grußpflicht nicht nachgekommen wird, möchte ich nochmals darauf hinweisen, daß ich von jetzt an rücksichtslos vorgehen und diese Mitglieder aus der Partei ausschließen werde. Eine Entschuldigung kann und wird nicht anerkannt.

Heil Hitler!

Rütter
i. V. Ortsgr.-Leiter.

Kevelaerer Volksblatt 8. 7. 1933

Prozession 1933 (NMVK)

sik und Gebet durch die fahnenumwehten Straßen zur Gnadenkapelle zu geleiten.

An all dem änderte sich in den ersten Jahren des Dritten Reiches nichts. Es ist bemerkenswert, daß einige größere bauliche Veränderungen gerade in den Jahren 1933 und 1934 getätigt wurden. Ende 1933 konnte das Priesterhaus durch einen Neubau sowie einen Umbau älterer Teile vergrößert werden, was Bürgermeister Eickelberg später als ein „umfangreiches Wirtschaftsprogramm für den Bereich der Gemeinde Kevelaer" bezeichnete. Außerdem wurden die Kirche neu ausgemalt und neue Kirchenfenster eingesetzt, wodurch erwerbslose Handwerker und Künstler zu Arbeit gelangten.[195] Schließlich erneuerte man 1934 den Kreuzweg und errichtete das Mariendenkmal.[196]

Neben diesen Aktivitäten gab es noch eine Reihe gezielter Anstrengungen der Wallfahrtsleitung unter Pfarrer Holtmann und der nationalsozialistischen Bürgermeister, die alle auf eine Förderung der Wallfahrt ausgerichtet waren. Für die örtlich agierenden Nationalsozialisten bedeutete es offenbar keinen Widerspruch zu ihrem Verständnis des Nationalsozialismus, daß die „Wirtschaftsquelle" Wallfahrt nicht versiegen sollte. Die Vereinigungen, in denen Pfarrer Holtmann und der kommissarische Bürgermeister Karl Dohr 1933 zusammentrafen, waren der 1929 gegründete Verkehrsverein und die Freie Wirtevereinigung. Bei den im Vorfeld der Wallfahrtsperiode regelmäßig stattfindenden Versammlungen erörterte man die Routineangelegenheiten. Zu „politischen" Auseinandersetzungen kam es dabei nicht, die Sitzungen unterschieden sich nicht von denjenigen früherer Jahre. Am 9. Mai 1933 berichtete die Niederrheinische Landeszeitung unter der Überschrift „Was der Verkehrsverein für Kevelaer tut":

„In der Vorstandssitzung des Verkehrsvereins, die der 1. Vorsitzende Josef Tombergs leitete und zu der auch der k. Bürgermeister Dohr erschienen war, gab Pfarrer Holtmann Aufklärung über die Verhandlungen mit dem Hochwürdigsten Herrn Kardinal und die Veröffentlichungen in den kirchlichen Amtsblättern. Weiter gab er Auskunft über Gesellschaftsfahrten bzw. Sonderzüge, wofür bei einer Beteiligung von 300–600 Teilnehmern eine Ermäßigung bis 60 Prozent gewährt würde. Geschäftsführer Schulze berichtete eingehend über den Schriftwechsel und wies insbesondere darauf hin, daß zur Zeit der Leiter des Pilgerzuges aus der Diözese Hildesheim mit Erhebungen beschäftigt ist und über die Reise demnächst Bescheid geben wird. Die Wallfahrtsleitung in Beuthen (Oberschlesien) teilte auf Anfrage mit, daß Vorbereitungen für die Wallfahrt nach Kevelaer im Gange sind, die Liste der teilnehmenden Personen aber noch nicht geschlossen sei. Bezüglich der Eingabe: ‚Einführung einer Wallfahrtskarte' für die Zeitdauer einer Sonntags-Rückfahrkarte, die an jedem beliebigen Tage benutzt und zum verbilligten Preise einer Sonntags-Rückfahrkarte abgegeben werden soll, wurde ein Erfolg bisher nicht erzielt. Die Bemühungen dieserhalb gehen weiter. Die an die Reichsbahndirektion wiederholt gerichteten

Eingaben haben zum Erfolg geführt; der D-Zug 107 Basel–München–Köln–Krefeld–Cleve–Amsterdam hält ab 15. Mai, während der Gültigkeit des Sommer-Fahrplans, in Kevelaer, und zwar morgens gegen 8 Uhr. Bezüglich des Gegenzuges und des früheren Eilzugpaares sind erneut Schritte unternommen."[197]

Einige Zeit später ging die NLZ ausführlich auf einen Redebeitrag Pfarrer Holtmanns bei einer Versammlung der Freien Wirtevereinigung ein, in der er eindringlich vor sittlichen Gefahren warnte:

„Wir stehen vor der Wallfahrtszeit, so führte er aus, und wissen, daß damit strenge Verpflichtungen an uns herantreten. Es tauchen Gefahren auf, welche er nicht besonders betonen wolle, da wir alle dieselben ja schon kennen. Wir in Kevelaer müssen uns so geben, daß nichts die Würde des Wallfahrtsortes schädigen könne. Redner erinnert an die Achtung der Gebote Gottes im allgemeinen und mahnt die Dienstherrschaften, die in diesen Monaten viel neues Personal erhalten, diesem Dienstpersonal und sich selbst zu ermöglichen, den *Sonntagsgottesdienst* ermöglichen zu können. In den Lokalen dürfe *keine Stimmung* aufkommen, die einem *Jahrmarktstrubel gleiche.* Unsere Regierung habe sich zum Ziel gesetzt, eine sittliche Erneuerung des Volkes zu erreichen. Da müssen wir mithelfen. Bisher galt als ungeschriebenes Gesetz in Kevelaer, während der Wallfahrtszeit die *Klaviere geschlossen zu halten.* Das möge auch ferner so bleiben. Hinsichtlich des *Hilfspersonals* dürfen die Dienstherrschaften nichts einreißen lassen, was nach der *sittlichen Seite hin Kevelaers Ansehen herabwürdigen könnte.* Darum auch der Kleidung des Personals die nötige Beachtung schenken. Wir bekommen alljährlich vielen Besuch von Ausländern und dürfen keinen Anlaß geben zu einem herabsetzenden Urteil über Kevelaer. Herrscht im hiesigen Gastwirtsgewerbe der echte, gediegene Geist, dann behält Kevelaer seinen guten Ruf. Zum Schlusse seiner Ausführungen wünschte Pfarrer *Holtmann* ein recht ersprießliches Geschäft während der Wallfahrtszeit zum Segen des Gewerbes und der Bürgerschaft."[198]

Den Bürgermeistern im Dritten Reich war an einer Aufrechterhaltung und Förderung der Wallfahrt in dem gleichen Maße gelegen wie ihren Amtsvorgängern in der Weimarer Republik oder in der Kaiserzeit. Als im September 1934 die Ortsgruppe Kevelaer der nationalsozialistischen Handwerks-, Handels- und Gewerbeorganisation (NS-Hago) eine Beschwerde weitergab, derzufolge der Pilgerverkehr durch Gerüche beim Verwiegen von Vieh und Dünger gestört worden war[199], ging der Bürgermeister dem unliebsamen Vorfall mit der gleichen Entschlossenheit nach, wie es seine Vorgänger getan hätten. Sie achteten genauso auf die Einhaltung der Polizeivorschriften, die überwiegend aus der Zeit vor 1933 stammten, und ließen auch keine, den Wallfahrtsverkehr störenden Tanzveranstaltungen zu, selbst wenn der betreffende Antragsteller seine langjährigen Verdienste für die NSDAP herausstellte.[200]

Obwohl die Pilgerzahl 1933 nur wenig hinter der von 1932 zurückgeblieben war, wurde die Befürchtung laut, die wirtschaftlich lukrativen niederländischen Prozessionen könnten sich in Zukunft deutlich verringern. Es ist sicherlich nicht zu bestreiten, daß der tatsächlich eintretende Rückgang zum Teil an der „Verschärfung der Paß- und Devisenbestimmungen"[201] gelegen hat, doch wird aus den Schriftwechseln des Kevelaerer Bürgermeisteramtes mit einzelnen niederländischen Wallfahrtsleitern ersichtlich, daß diese vor allem durch die allgemeine politische Lage im Deutschen Reich stark verunsichert worden waren, die es ihnen ratsam erscheinen ließ, von weiteren Wallfahrten nach Kevelaer abzusehen.

1934 begann eine umfangreiche Werbekampagne. Sie wurde ausgelöst durch den Dortmunder Brauereidirektor und Oberbürgermeister Bruno Schüler, der über die Tilburger Vertretung der Union-Brauerei den Hinweis erhalten hatte, daß die Tilburger Prozession „höchstwahrscheinlich" nicht durchgeführt werden sollte, „da man befürchte, dass man die holländischen Wallfahrer in Deutschland verhaften bezw. dass man ihnen auf deutschem Boden die Wallfahrt unmöglich machen würde".[202] Schüler wandte sich persönlich an die Tilburger Wallfahrtsleitung, die auch einen Brief des Kevelaerer stellvertretenden Bürgermeisters Lenders erhielt:

„Der Herr Oberbürgermeister der Stadt Dortmund hat mich über den mit Ihnen in der Wallfahrtsangelegenheit geführten Schriftwechsel unterrichtet. Als stellvertretender Bürgermeister des großen Wallfahrtsortes liegt mir das Wohl der Gnadenstätte selbstverständlich besonders am Herzen und ich würde Ihnen zu sehr grossem Danke verpflichtet sein, wenn Sie mit dazu beitragen würden, die Haltlosigkeit der in Umlauf befindlichen Gerüchte zu zerstreuen. Sie können versichert sein, daß die Pilger und zumal die ausländischen Besucher der Gnadenstätte jedweden Schutz und jedwede Zuvorkommenheit vorfinden werden. Die bisher anwesenden Prozessionen am Wallfahrtsorte können Zeugnis ablegen, dass das gute Verhältnis zwischen dem Wallfahrtsorte und den Besuchern nicht nur dasselbe geblieben, sondern gestärkt ist. Frei und in jeder Weise zwanglos kann sich der grosse Wallfahrtsverkehr, wie zuvor, auf allen Straßen und Plätzen Kevelaers entwickeln. Die besten Eindrücke haben die Pilger, die Kevelaer bereits in diesem Jahre besuchten, mit nach Hause genommen. Die Bewohnerschaft Kevelaers wird nach wie vor in dem ihr aufgetragenen Sinne die Wallfahrt sowie den Verkehr schützen und für jedes harmonische Zusammenarbeiten und Friede und Ruhe sorgen. Behördlicherseits gibt es auch heute in Kevelaer keine Schwierigkeiten. Ich würde es sehr begrüssen, wenn sich möglichst viele Holländer an Ort und Stelle selbst davon überzeugen würden, wie grundlos Gerüchte gegen das nationalsozialistische Deutschland ausgestreut werden. Gleichzeitig füge ich Ihnen in Abschrift ein Schreiben bei, dass der hiesige Verkehrsverein an die einzelnen Prozessionsleiter in Holland gerichtet hat. Für

Ihre diesbezüglichen Bemühungen spreche ich Ihnen als Leiter der Gemeinde nochmals meinen Dank aus."[203]

Die Werbung um die ausländischen Pilgergruppen erreichte im Juni 1935 mit dem Besuch von Journalisten niederländischer katholischer Zeitungen einen Höhepunkt, die auf Einladung des Verkehrsvereins zur Eröffnung der Wallfahrtsperiode im Ort weilten. Das zweitägige Programm sah für den 29. Juni die Teilnahme an einem feierlichen Pontifikalamt, zelebriert von Weihbischof Dr. Scheifes aus Münster, in der Marienbasilika „mit Aufführung der Messe in C-Dur von L. v. Beethoven für 4stimmigen gemischten Chor, Orgel und großes Orchester" vor, worauf sich nachmittags ein Besuch im Arbeitsdienstlager sowie ein 5-Uhr-Tee im Hotel Heidelberger Faß anschlossen, gefolgt von einem „Begrüßungsabend" mit einem Vortrag über die Sehenswürdigkeiten des Ortes. Den ersten Tag beendeten eine Lichterprozession und eine Ansprache des Bischofs an die Pilger. Für den 30. Juni war ein feierliches Hochamt vorgesehen – Aufführung der Festmesse von Mitterer für vierstimmigen gemischten Chor, Orgel und großes Orchester – anschließend eine Besichtigung der Sehenswürdigkeiten, eine Pilgerpredigt und ein Orgelkonzert.[204]

Inwieweit die Werbeanstrengungen tatsächlich dazu beigetragen haben, das in den Niederlanden verloren gegangene Vertrauen zurück zu gewinnen, muß dahingestellt bleiben. Im Jahr 1935 nahmen die ausländischen Prozessionen nicht weiter ab, ihre Zahl betrug 1937 indes nur noch ein Drittel derjenigen von 1933.

Angesichts dieser Entwicklungen kann es nicht überraschen, daß der Konkurrenzkampf der Wirte und Hotelbesitzer in den 1930er Jahren außerordentlich hoch war. Die Beschwerden beim Bürgermeister wegen unlauterer Werbung, Unterbringung von Pilgern in Privatquartieren oder wegen nichtkonzessioniertem Alkoholausschank häuften sich – das Wort vom „darniederliegenden Wirtegewerbe" machte die Runde.[205]

Doch trotz der verminderten ausländischen Prozessionen erlebte Kevelaer von 1934 bis 1936 einen fast gleichbleibend hohen Pilgerzustrom, der nur wenig hinter dem Erfolgsjahr 1913 zurückstand. Dies – und nicht so sehr der Rückgang ab 1937 – ist das eigentlich Bemerkenswerte an der Geschichte der Wallfahrt im Dritten Reich. Offenbar nahm die katholische Bevölkerung des näheren und weiteren Umlandes in einem ungleich höheren Maße als in den 1920er Jahren die Wallfahrt in einer Zeit schon spürbarer Zurückdrängung kirchlich-gesellschaftlicher Positionen als eine Möglichkeit an, ihrem religiösen Empfinden Ausdruck zu verleihen. Dieser „Wallfahrtsboom" blieb nicht allein auf Kevelaer beschränkt, auch andere Wallfahrtsorte wie Knechtsteden oder Neviges konnten Besucherzahlen aufweisen, die nicht den üblichen entsprachen.[206]

Die aktive Förderung der Wallfahrt durch Verwaltungsorgane hörte allerdings an den Ortsgrenzen Kevelaers auf. Bei der Kreisleitung der NSDAP in Geldern,

beim Landratsamt und vor allem bei der Staatspolizei in Düsseldorf wurde diese Entwicklung mit Argwohn beobachtet. Anfang Oktober 1935 berichtete letztere an das Gestapa Berlin: „Überhaupt ist im Berichtsmonat die geistige Schulung im klerikalen Lager trotz aller scheinbarer Ruhe nach außen hin mit Hochdruck betrieben worden. Kein Mittel war der Kirche hier zu gering, um die angestrebte Volksverbundenheit im nationalsozialistischen Staate zu unterbinden. Wallfahrten, Prozessionen, Einkehrtage und Exerzitien wurden angesetzt, um die Volksgenossen von nationalsozialistischen Veranstaltungen fernzuhalten. So nahmen, wie das Düsseldorfer Tageblatt berichtet, am Sonntag den 22. 9. 1935 an der Pontifikalmesse in Kevelaer 45 000 Wallfahrer, darunter 25 000 Mitglieder der marianischen Jungfrauenkongregation, teil."[207]
Der Geheimen Staatspolizei blieb jedoch auf Grund einer vom preußischen Ministerpräsidenten und Chef der Geheimen Staatspolizei, Hermann Göring, am 7. Dezember 1934 unterzeichneten Verordnung nichts anderes übrig, als das Wallfahrtsgeschehen zu beobachten und gelegentlich darüber zu berichten. Göring hatte darin klargestellt, daß u. a. „althergebrachte Prozessionen und Wallfahrten" nicht verboten werden dürften. „Nach den örtlichen Verhältnissen und Anschauungen" auf der Grundlage von etwa 1931 sollte im Einzelfall entschieden werden, welche Wallfahrten als „althergebracht" anzusehen wären.[208]
Die Verordnung vom Dezember 1934 ist nicht als der Beginn eines nationalsozialistischen Schutzes althergebrachter Wallfahrten zu betrachten, sie bedeutete auch keine Wende in der bisherigen Politik, sondern sie faßte lediglich die bislang geübte Praxis verbindlich zusammen. Dies läßt sich anhand eines Berichtes des Kevelaerer Bürgermeisters von September 1934 veranschaulichen, dem ein Artikel im Düsseldorfer Tageblatt vorangegangen war, in dem es geheißen hatte:
„Ein Grosswallfahrtstag war auch der gestrige Sonntag, der Tag von Maria Geburt, wiederum für Kevelaer. Prozessionen aus Rheinland und Westfalen, aus dem Industriegebiet, von Holland waren in grosser Zahl erschienen. Schon in den Vormittagsstunden waren 50 000 Pilger eingetroffen, um die Mittagszeit war ihre Zahl noch weiterhin angewachsen. Die katholische weibliche Jugend, die Kongreganistinnen waren es, die dem Tage durch einen Massenbesuch des Gnadenortes das Gepräge gaben. Die Jungfrauen vom Niederrhein waren durch die Bezirkspräsides zu dieser Wallfahrt aufgerufen worden. Der Diözesanpräses Domkapitular Surmann von Münster war gleichfalls zugegen.
Kaum war um die erste Mittagsstunde bekannt geworden, dass der Bischof eingetroffen sei, da versammelten sich die katholischen Jugendorganisationen vor dem Priesterhause auf dem Kapellenplatz um Mariens Heiligtum. Und sie standen wie eine Mauer, Kopf an Kopf gedrängt. Im Sprechchor erscholl der Ruf der Jugend: ‚Wir wollen unsern Bischof sehen!' Immer lauter und dringlicher schwoll dieses Rufen an, widerbrandend im Herzen Kevelaers. Da zeigte sich

Der Höhepunkt der diesjährigen Wallfahrtszeit erreicht

In der vergangenen Woche waren etwa 33 000 Pilger in Kevelaer

Der Höhepunkt der diesjährigen Wallfahrtszeit wurde in der vergangenen Woche erreicht: es waren in der letzten Woche nahezu 33 000 Pilger in Kevelaer, davon allein mit der Reichsbahn ca. 20 000. Der überwiegende Teil der Pilger kam aus Holland. In diesem Jahre hat die Wallfahrt nach Kevelaer geradezu eine außenpolitische Bedeutung insofern erhalten, als die vielen ausländischen Pilger durch ihre persönlich gewonnenen Eindrücke in Kevelaer objektiv über die Verhältnisse im neuen Deutschland zu urteilen und so die beste Widerlegung der Greuelpropaganda zu geben vermögen. Es liegen viele Aeußerungen der Anerkennung und des Lobes vor, die die vielen Pilger, die zur Wallfahrt aus dem Auslande nach Kevelaer kommen, für die gastlichen Verhältnisse unserer Heimat immer wieder finden. „Die niederländischen Prozessionen kommen alle herzlich gerne wieder nach Kevelaer", so heißt es in einem Bericht. Immer wieder wird die freundliche Aufnahme, die Ruhe und Ordnung in Deutschland gerühmt. Viele Ausländer hatten nach den Kundgebungen in ihren Ländern derartiges nicht erwartet. Der Zustrom der zahllosen Pilger nach Kevelaer zeigt, daß der katholische Gedanke auch im neuen Deutschland kraftvoll im katholischen Volke lebt und sich entfalten kann.

Bekanntmachung.

Auf Grund hier vorliegender Beschwerden, welche auf ihre Richtigkeit eingehend geprüft worden sind, wird hiermit mit Wirkung vom 12. August 1933 **nochmals** verboten, Pilger bei Ueberfüllung der eigenen Hotels und Gasthäuser in Privathäusern unterzubringen. Ist mit Ueberfüllung zu rechnen, so dürfen solche Personen nur an die für diese Zwecke ordnungsmäßig konzessionierten Häuser verwiesen werden, deren Inhaber dafür ihre Steuern und Abgaben entrichten.

In Zukunft, insbesondere während der Hauptwallfahrtszeit, werden die Polizei- und Landjägereibeamten scharfe Kontrolle ausüben. Bei Nichtbeachtung dieses Verbots wird strafrechtlich gegen die betreffenden Personen vorgegangen. Bei dieser Gelegenheit weise ich wiederholt darauf hin, daß vor allem in Zukunft **schärfstens** gegen Personen vorgegangen wird, welche von sich aus Pilger beherbergen, oder sogar noch beköstigen und nicht im Besitze einer entsprechenden Erlaubnis sind

Kevelaer, den 28. Juli 1933.

Der c. Bürgermeister
als Ortspolizeibehörde des Amtes:
Dobr

Kevelaerer Volksblatt 29. 7. 1933

Kevelaerer Volksblatt 9. 9. 1933

Kervenheimer Wallfahrt nach Kevelaer 1936 (PfAK)

auch schon Bischof Klemens August am Mittelfenster des Obergeschosses des Priesterhauses seiner ihm treu ergebenen katholischen Jugend. Eine eindrucksvolle Ovation, die alle Herzen rascher und höher schlagen ließ. Und der Bischof grüsste die katholische Jugend mit aller Herzlichkeit. Er wies mit kurzem eindringlichem Wort auf die Bedeutung des Tages hin und gemahnte sie zu beten für die großen Anliegen der Kirche, Volk und Vaterland. Liebevoll segnete er die Tausenden begeisterter Marienkinder, die aufs neue ihrem Bischof huldigten.

Nachmittags fand eine große Glaubens- und Treuekundgebung vor dem Bischof statt, nachdem um 10 Uhr vormittags eine Gemeinschaftsmesse stattgefunden hatte. Bei der Kundgebung am Nachmittag sprach Pfarrer Holtmann, Kevelaer, Diözesanpräses Surmann und Bischof Klemens August.

Feierlich erteilte der Bischof den 50 000 Marienkindern den Segen. Hell klang das schöne Marienlied ‚Ein Haus voll Glorie schauet' auf, das in dem Weihe- und Bittgebet an die Mutter Gottes ‚Jungfrau Mutter Gottes mein, laß mich ganz Dein eigen sein' bekräftigt wurde. Als Schlusslied sang die Versammlung das ergreifende ‚O Maria Gnadenvolle'. In den späteren Nachmittagsstunden strömten die Massen der Pilger wieder ab, immer aber blieben noch viele Tausende zurück und neue kamen noch hinzu. So am Abend die Fussprozession von Duisburg, die zum 125. Male nach Kevelaer wallfahrtete, gestellt von den drei alten Pfarrgemeinden der Stadt. Ihr Führer war Prälat Küppers von Duisburg, St. Joseph. Die Jubiläumsprozessionen, ebenso die Pilger aus Holland und Belgien, beteiligten sich am Abend in großer Zahl an der Lichterprozession um Mariens Heiligtum, ein zauberisch schönes Bild, das immer wieder zeigt, mit welcher Hingabe und welchem Vertrauen die Kevelaerpilger unserer großen Mittlerin und Helferin zugetan sind."[209]

Nach Erscheinen des Artikels wurde Bürgermeister Eickelberg zu einer Stellungnahme aufgefordert. Er bemühte sich sichtlich, die „Huldigungen" herunterzuspielen und die positiven Wirkungen, die von den ausländischen Besuchern ausgehen könnten, zu betonen:

„Anfangs der diesjährigen Wallfahrtszeit war hier der Eindruck vorhanden, dass ein weiteres Zurückgehen der Prozessionen bezw. Pilger anhalten würde und zwar namentlich aus dem nahegelegenen Holland. Diese Befürchtungen sind aber in den letzten Wochen dadurch hinfällig geworden, dass die Pilgermassen, welche Anfangs zurückgeblieben sind, jetzt auf einmal kommen und zwar hauptsächlich an Sonntagen. So war es auch am Sonntag, den 9. 9. 1934. Neben den üblich angemeldeten Prozessionen aus Deutschland und Holland hatten die Jungfrauen aus dem Bezirk Niederrhein ihre Wallfahrt angesetzt, die vom Diözesanpräses Surmann geführt wurde. Die Gesamtzahl dürfte vielleicht 12 000 Personen betragen haben. Nachmittags war auf dem Kapellenplatz eine Kundgebung [...] wobei im Höchstfalle 500 weibliche Personen sich an dem in

dem Artikel angegebenen Sprechchor beteiligten, was aber, wie der Unterzeichnete persönlich feststellte, von dem größten Teil der Anwesenden missbilligt bezw. überhaupt nicht beachtet wurde. Derartige Huldigungen und Kundgebungen von Prozessionen und Pilgern sind hier keine Neuerungen, sie haben zu allen Zeiten, solange die Wallfahrt besteht, stattgefunden.
Eine Durchführung der Wallfahrt und Beteiligung von Prozessionen in nicht gewohntem Umfange dürfte nicht infrage kommen, da – soweit bis jetzt festgestellt ist – die Gesamtzahl der den Wallfahrtsort besuchenden Fremden in diesem Jahre bei weitem nicht die Höchstfrequenz von 1 Million erreichen wird. Erfreulich ist in wirtschaftlicher Hinsicht die Feststellung, dass neben den deutschen Prozessionen auch die holländischen und sogar belgischen Prozessionen und Pilger jetzt, nachdem die anfangs hier gewesenen kleineren Prozessionen aus diesen Ländern mit eigenen Augen feststellten, daß in Deutschland alles in Ruhe und Ordnung vor sich geht, an Zahl und Stärke wieder zunehmen.
Nach eingehender Prüfung und Ueberwachung des ganzen Wallfahrtsbetriebes kann gesagt werden, dass sich alles, wie auch in früheren Jahren, in geordneten Bahnen abwickelt, wobei ausdrücklich betont wird, dass Neuerungen, welche sich evtl. gegen den heutigen Staat [...] richten könnten, nicht beobachtet worden sind."[210]
Den katholischen Wallfahrten setzten die Nationalsozialisten bis 1939 – Kriegsbeginn und Luftschutzbestimmungen – kein erkennbares politisches Konzept gegenüber, um sie im Kern zu beeinträchtigen, zu behindern oder zu beschränken. Dies wäre auch nur bei einem drastischen Rückgang innenpolitisch durchsetzbar gewesen. Da aber die Pilgerzahlen in Kevelaer und in anderen Wallfahrtsorten selbst im Olympischen Jahr 1936 auf einer von keiner Seite erwarteten Höhe standen, überwog möglicherweise die Furcht vor inneren Unruhen alle anderen Überlegungen.
Der Rückgang der Wallfahrt von 1936 (580 000) auf 1937 (434 000) ist bemerkenswert, kann jedoch nicht auf eine nationalsozialistische „Antiwallfahrtspolitik" zurückgeführt werden. Solche „Einbrüche" hat es immer wieder gegeben, ohne daß dafür politische Momente verantwortlich gemacht werden können, so 1909/10 von 529 000 auf 436 000 oder von 1954/56 von 497 000 auf 257 000.[211]
Die „offiziellen" nationalsozialistischen Reaktionen richteten sich nicht gegen die Wallfahrt insgesamt oder gegen wallfahrende Gruppen, sondern sie beschränkten sich auf einige wenige Punkte. An ihnen wird aber ersichtlich, wie wenig genehm den Nationalsozialisten die gesamte Erscheinung war. Dazu zwei Beispiele: Im Dezember 1936 wies die Gestapo Düsseldorf auf ein bereits im Sommer in den kirchlichen Anzeigern veröffentlichtes „Dekret der römischen Konzilskongregation vom 11. 2. 36" hin, wonach Wallfahrtsveranstaltungen möglichst den Reisebüros entzogen und die gesamte Organisation aus-

schließlich als „Sache der kirchlichen Obrigkeit" reklamiert werden sollte. Dieses Dekret veranlaßte nun die Gestapo, „rein geschäftsmäßig aufgezogene Pilgerfahrten von Reisebüros usw. zu verbieten".[212]

Das zweite Beispiel stammt aus dem Jahre 1937. Ende Mai fing die Gestapo-Außenstelle Duisburg durch Zufall bei einer Postkontrolle ein Werbeschreiben Pfarrer Holtmanns ab.[213] In diesem hatte Holtmann dargelegt, daß der Plan einer Krankenwallfahrt nach Kevelaer nach französischem Vorbild „gereift" sei. „Einige holländische Städte haben diesen Brauch auch in Kevelaer. [...] Warum sollen nicht auch andere Orte, namentlich aus dem engeren niederrheinischen Gebiet einmal einen solchen Versuch machen? Darum möchte ich die Anregung geben, daß die Elisabethvereine diese Aufgabe in die Hand nehmen."

Konnten auch die Gestapo-Beamten aus diesen Ausführungen schon entnehmen, daß es sich dabei nicht um eine „althergebrachte" Wallfahrt handelte, die nach Görings Erlaß vom Dezember 1934 erlaubt gewesen wäre, so lieferte der Kevelaerer Pfarrer in seinem Schlußabsatz selbst das Stichwort für die nachfolgenden Ermittlungen: „In der Hoffnung, daß diese neue Einrichtung dem Elisabethverein eine schöne neue Aufgabe ...".

Pfarrer Holtmann versuchte zwar anschließend, die Krankenwallfahrt nicht als eine Neueinrichtung hinzustellen, vielmehr habe er dabei an Einzelpilger gedacht, und auch Bürgermeister Eickelberg unterstützte ihn, indem er auf die wirtschaftliche Lage Kevelaers hinwies – „Durch Ausfall vieler Prozessionen, namentlich aus Holland, leidet das Gast- und Wirtegewerbe und auch die sonstigen Unternehmen sehr. [...] Bemerken möchte ich, daß durch diese Beschränkungen die Wirtschaftslage in der Gemeinde Kevelaer immer schlechter wird."[214] –, doch waren die Widersprüche zu offensichtlich. Die neuen Krankenwallfahrten wurden offiziell unterbunden. „Der Besuch von Krankenpilgergruppen aus Holland sowie von Einzelpilgern aus dem Reich soll damit nicht getroffen werden", schrieb die Gestapo an den Gelderner Landrat, „sondern lediglich, wie bereits erwähnt, die Neueinführung derartiger Pilgerzüge aus dem Reiche."[215]

Für den weiteren Rückgang der Wallfahrtszahlen in den Jahren 1938 und 1939 waren neben den aufgeführten Gründen die Einschränkungen der Sonderzüge verantwortlich. Die Zugkapazitäten wurden nun für den Einmarsch nach Österreich und in die Tschechoslowakei sowie für die Vorbereitungen des Überfalls auf Polen und für den Aufbau des Westwalls benötigt. Dennoch kamen selbst 1939 noch 249 Prozessionen zur Gnadenkapelle, darunter 12 ausländische.

Et Quatt häwe se ons halde lôte:
Der Zweite Weltkrieg[1]

Kriegsjubiläum

Meldungen aus dem Reich (Nr. 302) 23. Juli 1942:
„Stimmungsmäßige Auswirkungen der jahreszeitlich üblichen demonstrativen Wallfahrten.
Wie im vergangenen Jahre, nehmen auch in diesem Frühjahr die in verschiedenen Teilen des Reiches üblichen Wallfahrten der katholischen Bevölkerung trotz aller kriegsbedingten wirtschaftlichen Erschwerungen wiederum größere Ausmaße an, und zeichneten sich besonders durch eine Massenbeteiligung der ländlichen Bevölkerungsteile aus.
Selbst aus den entlegenen Gegenden fanden sich die Gläubigen scharenweise, von der Geistlichkeit im Gottesdienst dazu aufgefordert, zu Fuß oder mit Fahrrädern an den Sammelplätzen ein (gewöhnlich eine Omnibus-, Schiffs- oder Bahnstation), um von da aus unter Führung von Klosterschwestern oder Ordensgeistlichen mit der Eisenbahn an den Wallfahrtsort zu gelangen. [...]
Nach übereinstimmenden Angaben könne man sich hierbei des Eindrucks nicht erwehren, daß die katholische Kirche diese Einrichtung benütze, um anstelle der teilweise verbotenen oder doch eingeschränkten Bitt- und Flurgänge und der vielfach ebenfalls auf kirchliche Räume beschränkten sonst üblichen Prozessionen, mehrtägige und auf längere Zeit verteilte Wallfahrten zu organisieren und der Öffentlichkeit auf diese Weise das starke, katholische kirchliche Leben aufzuzeigen. [...]
Eine über den gewöhnlichen Rahmen hinausgehende Form der Demonstration für die katholische Kirche zeigte die Zusammenkunft der Wallfahrer in Kevelaer, wo die alljährlich üblichen Pilgerfahrten in diesem Jahre, auf Veranlassung des durch seine Hetzpredigten bekannten Bischofs von Münster, mit der Dreihundertjahrfeier des Wallfahrtsortes verbunden wurden.
In Kevelaer begannen am Sonntag, den 7. Juni 1942 die Feierlichkeiten zum 300jährigen Jubiläum des Wallfahrtsortes [...] Kevelaer hat sich zu einem der bekanntesten Wallfahrtsorte Deutschlands entwickelt, zu dem kurz vor dem Kriege jährlich über 500 000 Wallfahrer pilgerten. Dieser riesige Zustrom ist erst durch den Krieg geringer geworden. Die Kirche hatte von vornherein die Absicht der Feier durch die Anwesenheit verschiedener Bischöfe u. a. auch die

des Bischofs Galen von Münster einen besonders feierlichen Rahmen zu verleihen. Auffallend war die große Zahl der weiblichen Wallfahrer, hauptsächlich junger Mädchen, die teilweise auf Rädern oder in geschlossenen Gruppen nach Kevelaer gekommen waren. Nach dem Gottesdienst wurde Bischof Galen von der Menge mit anhaltenden Heilrufen begrüßt. Es bildeten sich Sprechchöre, die nach dem Bischof riefen. In einer Ansprache an die vor dem Hause versammelten Gläubigen forderte er sie auf, in Treue zu ihrem Glauben zu stehen, wenn es ihnen auch von anderer Seite sehr schwer gemacht würde.
Als der Bischof vom Fenster aus seinen Segen erteilt hatte und vom Fenster zurücktrat, sang die Menge mit erhobener Schwurhand das Christ-Königs-Lied und anschließend das Lied Großer Gott wir loben Dich."[2]
Bereits fast drei Jahre des Zweiten Weltkrieges waren vergangen, als der Sicherheitsdienst der SS im Juli 1942 diesen Bericht abfaßte, gut unterrichtet durch seine Außenstelle in Geldern[3] und einen, in „loser Verbindung" mit der Gestapo stehenden, in Kevelaer wohnenden Geistlichen, der „im Verlauf der Dreihundertjahrfeier [...] verschiedentlich aufgesucht und über die programmatische Gestaltung der Feiern befragt" wurde.[4] Diese Jahre waren von solch einschneidenden Veränderungen gekennzeichnet, daß nicht daran zu denken war, das 300jährige Jubiläum in einem angemessen großen Rahmen zu begehen.
Zwei Verordnungen sind in diesem Zusammenhang zu nennen. Die erste datierte vom 17. Mai 1940, vor Beginn der Kevelaerer Wallfahrtsperiode vom Oberpräsidenten der Rheinprovinz herausgegeben, nach der „im Hinblick auf die gegenwärtige Lage [...] bis auf weiteres alle öffentlichen Umzüge" einschließlich der Fronleichnamsprozessionen unterbleiben mußten. Erlaubt waren weiterhin, soweit nicht eine „unmittelbare Luftgefahr" vorlag, Prozessionen „in Form eines Umgangs um das Kirchengebäude".[5] Die zweite Verordnung gab das Reichssicherheitshauptamt am 16. Mai 1942 heraus – wiederum vor der Wallfahrtsperiode in Kevelaer. Es schwächte darin die bislang strikt gehandhabte Verbotsregelung ab, indem bei Prozessionen und Wallfahrten nun einige Ausnahmen zugelassen wurden:
„1.) Gegen Umzüge und Prozessionen auf kircheneigenem Grund und Boden ohne Benutzung von öffentlichen Straßen und Verkehrsmitteln ist nicht einzuschreiten.
2.) Verbote von Prozessionen und Wallfahrten aus Luftschutzgründen sind lediglich in den Gebieten, die zur Zeit tatsächlich luftschutzgefährdet sind, auszusprechen.
3.) Ist eine Einschränkung der Umzüge und Prozessionen aus verkehrspolizeilichen Gründen erforderlich, bestehen dagegen selbstverständlich keine Bedenken. Ebenso ist im Einvernehmen mit den zuständigen Stellen darauf zu achten, daß durch die Teilnahme an Prozessionen und Wallfahrten keine Mehrbelastung öffentlicher Verkehrsmittel eintritt.

4.) Bei notwendig werdenden einschränkenden Massnahmen größerer Art ist jeweils mit der zuständigen Gauleitung Verbindung aufzunehmen, um mit dieser über etwaige stimmungsmäßige Auswirkungen der geplanten Massnahmen klar zu werden."[6]

Dieser Erlaß hatte 1944 noch Gültigkeit und sollte selbst im vorletzten Kriegsjahr „auch im Hinblick auf die in diesem Jahre wesentlich verschärfte Luftlage unter gar keinen Umständen" verändert werden.[7] Auch während des Zweiten Weltkriegs gab es keine kirchenpolitisch begründete „Antiwallfahrtspolitik", wohl aber lassen sich zwei unterschiedliche Phasen der Einschränkungen festmachen: ein weitgehendes Verbot in den Jahren 1940 und 1941 sowie eine Lockerung ab 1942. Der Besuch des Wallfahrtsortes als Einzelpilger stand jederzeit frei.

Traditionell pilgerten auch die Kervenheimer Katholiken jedes Jahr geschlossen nach Kevelaer. Für sie galt 1940 und 1941 ebenso wie für alle anderen Gruppen die strikte Regelung. 1940, so ließ Pfarrer Klucken durch einen vervielfältigten Brief die Soldaten aus Kervenheim wissen, mußte diese Wallfahrt zum ersten Mal seit 1793 ausfallen.[8] Da aber jedes Verbot die Möglichkeit bietet, es durch geschickte Interpretation zu umgehen, ließen sich auch die Kervenheimer „etwas einfallen". Unter dem Datum des 3. August 1941 steht in der Pfarrchronik: „Um dem Gesetze zu genügen, gingen die Gläubigen nicht in geschlossener Prozession, sondern in einzelnen Gruppen. Auf dem Kapellenplatz ordnete sich die Prozession zum Einzug in die Kerzenkapelle. Auch der Kreuzweg war gemeinsam. [...] Beteiligung sehr gut."

Nicht möglich war es indes den ausländischen Prozessionen, in dieser Zeit nach Kevelaer zu kommen. Aus dem Jahr 1940 ist ein Briefwechsel erhalten, der den damaligen Entscheidungsweg nachzeichnen läßt, beginnend mit einem Schreiben der Broederschap O. L. Vrouw van Kevelaer te 's Gravenhage, die sich nach der Möglichkeit der diesjährigen Wallfahrt erkundigte und dabei höflich schmeichelte: „M weet hoe gaaren wy altyd komen, en wy weten ook, dat wy altyd zeen welkom zyn, de Deutsche Autoriteiten zullen sollen ons dan ook wel een gemakkelyke overtocht verleenen. Ik hoop het maar, want er is moar ien Kevelaer."[9]

Dechant Holtmann, der über die Verordnung des Oberpräsidenten informiert worden war, schrieb der Bruderschaft nicht gleich ab, sondern unterrichtete Amtsbürgermeister Eickelberg, allerdings nicht ohne seinerseits einen Kommentar hinzuzufügen: „Es ist wohl nicht zu leugnen, dass die Wiederaufnahme des Wallfahrtsbetriebes für Kevelaer von größter wirtschaftlicher Bedeutung ist. Andererseits bin ich außerordentlich erfreut über den Geist, der aus der holländischen Anfrage spricht. Zweifellos ist diese Äußerung politisch nicht bedeutungslos."[10]

Bürgermeister Eickelberg sandte den Vorgang an den Landrat. Doch dieser wollte auch keine Entscheidung fällen, sondern schickte ihn an die Staatspolizeileitstelle Düsseldorf, die auf den Oberpräsidentenerlaß verwies und die Wallfahrt schließlich nicht genehmigte. Die Ablehnung lief den Instanzenweg zurück über den Landrat zu Bürgermeister Eickelberg, der dann das Pfarramt schriftlich informierte. Die Bürokratie hatte offensichtlich im ersten Kriegsjahr noch nicht gelitten, und obwohl die Bestimmungen des Oberpräsidenten an Klarheit nichts zu wünschen übrig ließen, traute sich keine Behörde unterhalb der Staatspolizeileitstelle in dieser Angelegenheit eine Entscheidung zu.

1940 kam keine geschlossene Prozession nach Kevelaer. Lediglich Einzelpilger, die sich mitunter im Ort zu kleinen Gruppen zusammenfanden, besuchten die Gnadenkapelle, die Kirchen und den Kreuzweg, und nur eine einzige Fußprozession „aus der näheren Umgebung" sammelte sich in diesem Jahr am Ortseingang, „um geschlossen in die Basilika zu ziehen". Sie löste sich beim Weggang wieder auf.[11] Erst 1942 zogen wieder organisierte Pilgergruppen durch den Ort; insgesamt zählte man 67 im Jubiläumsjahr.[12] Die Dreihundertjahrfeier, „ohne besondere äußere Feierlichkeiten begangen"[13] und nicht von einer interessierten Presse verfolgt, konnte so außerhalb des Niederrheins kaum wahrgenommen werden. Sie fand aber in der näheren Umgebung Beachtung. Die Kervenheimer Pfarrchronik vermerkte zu 1942: „Wallfahrt nach Kevelaer wie im Jahre vorher. Bei sehr schlechtem Wetter war die Beteiligung nicht gut. Viele Pilger gingen an den einzelnen Sonntagen des Sommers, da fast jeden Sonntag wegen des Jubiläums ein Bischof Pontifikalamt hält."[14]

Die westdeutschen Bischöfe, die sich im November 1942 zum letzten Mal in Kevelaer versammelten[15], insbesondere aber Bischof von Galen, genossen die Sympathie der Bevölkerung. Zwar galt der Besuch des Bischofs von Münster von jeher als etwas Besonderes, auch wenn er sich im Wallfahrtsort häufig aufhielt, doch war seine Popularität im Krieg noch bedeutend gestiegen.

Eine regelrechte Sympathieversammlung organisierten die Kevelaerer Geistlichen im September 1941 in der Basilika. In einem in Duisburg von der Gestapo abgefangenen Brief teilte Dechant Holtmann dem Domkapitular Prälat Cüppers dazu mit: „In einer Unterhaltung mit einigen Dechanten vom Niederrhein wurde der Vorschlag gemacht, unserem Hochwürdigsten Herrn Bischof in einer besonderen Weise unsere Treue und Dankbarkeit zum Ausdruck zu bringen. Eine passende Gelegenheit hierzu bietet sich am Sonntag, dem 14. September, wenn Se. Exzellenz am Schlusse der Firmung des Dekanats Kevelaer hierselbst eine Firmerneuerungsfeier abhält."[16] Auf den Erfolg der Treuebezeugung deutet eine Eintragung in der Gestapo-Personalakte des Bischofs hin: „Hielt sich vom 6. bis 14. 9. 1941 im Dekanat Kevelaer im Rahmen einer Firmungsreise auf und hielt am 14. 9. 1941 in der Basilika-Kirche in Kevelaer eine tendenziös-aufgemachte Predigt anläßlich der an diesem Tage stattfindenden Firmerneuerungsfeier vor etwa 3000 katholischen Pilgern."[17]

Wallfahrtsjubiläum 1942 (NMVK)

Kevelaerer Volksblatt 1. 4. 1942

Kevelaer am 20. April 1940 –
„Führer-Geburtstag" (NMVK)

Kevelaerer Volksblatt 22. 2. 1941

„Der ewige Jude"

So sieht er aus der Jude, der uns jetzt in allen Phasen in dem Film „Der ewige Jude" gezeigt wird, der gestern im Kevelaerer „Filmhof" zum ersten Mal im Kreis Geldern aufgeführt wurde. Es versäume keiner, sich dieses dokumentarische Filmwerk anzusehen, das noch bis zum 25. Februar hier über die Leinwand geht.

Der Bischof erreichte eine solch große Popularität und seine Predigten standen in so hohem Ansehen, daß viele Katholiken ein persönliches Risiko auf sich nahmen, um diese zu vervielfältigen und weiterzugeben. Ihr Verlesen während der Gottesdienste wurde genau beobachtet, offenbar aber nicht dagegen eingeschritten. Die vorgetragenen Passagen müssen auf die katholische Bevölkerung eine schockierende Wirkung gehabt haben, hatte man doch in dieser Region von Verfolgungen meist nur gehört, diese selbst aber nur in wenigen Fällen persönlich miterlebt. Da in diesen Orten keine Juden lebten, hatten die Bewohner wohl von den Boykottierungen der jüdischen Geschäfte oder vom Synagogenbrand 1938 in Geldern gehört, sie sahen antisemitische Filme im Kino und lasen die Hetze in der Presse, doch wurde dadurch die eigene Nahwelt nicht betroffen, sieht man von der Anweisung im Kevelaerer Schwimmbad einmal ab, daß Juden der Zutritt verboten sei.[18] Ansonsten hatte man aber kaum Erfahrungen mit verfolgten ethnischen oder religiösen Minderheiten und hatte man auch die Sterilisationen nur wenig zur Kenntnis genommen.[19]

„In Twisteden ist [am 24. August 1941] die Predigt verlesen worden mit dem Grundgedanken: ‚Du sollst nicht töten'. Es wurde darauf hingewiesen, daß die Geisteskranken und alten und gebrechlichen Leute aus dem Kloster Marienthal bei Münster entfernt worden seien. Sie wären nach Süddeutschland gebracht und dort ermordet worden. Diese Ermordung sei der Staatsanwaltschaft und dem Reichsministerium des Innern kein Geheimnis. Die Leichen der Getöteten wären verbrannt worden und die Asche den Angehörigen zugesandt. Ebenso müßte man damit rechnen, daß die Soldaten, die verkrüppelt und nicht arbeits- und erzeugungsfähig von der Front zurückkämen auf gleiche Weise umgebracht würden. Rudolf Hess habe in gleicher Angelegenheit ein Protestschreiben verfaßt, daß sie in Händen hätten, aber bisher nicht veröffentlicht worden wäre. Weiter wurde über die Entheiligung des Sonntags, besonders im Hinblick der Auswirkung auf die Jugend, gesprochen. Die Schlußworte gipfelten in den Ausführungen, daß der Weg zur Umkehr noch nicht zu spät sei."[20]

Siegreiche Jahre

Ebenso wie die Jahre 1914/15, 1923 und 1933 zeichnete sich auch das Jahr 1942 durch „richtungsweisende" oder „entscheidende" Veränderungen aus. Im Jubiläumsjahr 1942, in dem in deutschen Dörfern und Städten Kirchenglocken abgenommen und eingeschmolzen wurden, in dem das Kevelaerer Marienbild zum vierten Mal in diesem Jahrhundert (nach August 1914, November 1918 und September 1939) vergraben und erst Ende Mai 1945 wieder ausgegraben wurde[21], spürte nicht nur die niederrheinische Bevölkerung stärker als in den Jahren zuvor die Folgen des bislang siegreichen Krieges.

Die Bedrohung aus der Luft nahm zu. Waren auch zuvor bereits einzelne Bomben, Phosphorplättchen – zu deren Beseitigung u. a. Schulkinder herangezogen wurden –, Flugblätter oder gefälschte Bezugskarten auf die Gebiete der Gemeinden gefallen, so häuften sich die Zerstörungen ab 1942 deutlich. „Am 16. 7. d. J.", hielt die Wettener Pfarrchronik fest[22], „wurde fast ganz Wetten, Dorf, durch schweren Bombenschaden heimgesucht einschließlich Pastorat, Kaplanei und Pfarrkirche." Auf das Gebiet Winnekendonk–Achterhoek fielen im September 400 Brandbomben, auf Kervendonk im Oktober zwei Sprengbomben, 2000 Stabbrandbomben und 50 Phosphorbomben.[23] Das Ausmaß der am eigenen Leib erfahrenen Zerstörungen führte den noch in den Orten verbliebenen Bewohnern – seit Beginn des deutschen Angriffs auf die Sowjetunion 1941 hatten sich die Einberufungen stark vermehrt – vor Augen, daß es gegen die Bedrohung aus der Luft nur einen unzureichenden Schutz gab.

Bereits vor Kriegsbeginn waren die Luftschutzbestimmungen bekanntgemacht worden, seit Kriegsbeginn kontrollierten die Polizeibeamten, ab 1940 in Kevelaer auch ein HJ-Streifendienst sowie eine Ortsgruppe des Reichsluftschutzbundes die abendlichen Verdunkelungen. Die Presse ermahnte ständig und verwies auf die Strafen. Drei Werkluftschutzeinheiten (bei Butzon & Bercker, bei der Kapokfabrik und beim Wasserwerk) und vier „erweiterte" Selbstschutzeinheiten hatten sich gebildet. Schutzräume waren instandgesetzt oder neu gebaut worden, Keller und Speicher entrümpelt und gesonderte Luftschutzkeller bei der Bahn, der Spar- und Darlehnskasse oder bei der Firma Gebr. Dyks eingerichtet worden.[24] Auch in den anderen Orten war man nicht untätig geblieben, hatte Luftschutzwachen aufgestellt, die auf die Verdunkelungen der Häuser, Ställe und Straßen achteten und bei Gefahr die Dorfbewohner alarmierten. Im „Wachbuch der Luftschutzwache der Gemeinde Wetten" ist zu lesen:

„November 1940
Die nächtlichen Fliegerangriffe veranlaßten uns, eine Luftschutz-Fliegerwache einzurichten. Diese übernahm freiwillig die hiesige freiwillige Feuerwehr (Schutzpolizei). Vorläufig ist sie nur in den gefährlichsten Stunden von 12–3 Uhr [tätig]. Die zeitweiligen Kontrollen ergaben, daß die einzelnen Mannschaften den Dienst äußerst gewissenhaft ausführten. Die Wache besteht aus zwei Mann. Ihre Aufgabe ist, einen aus Kevelaer gemeldeten Fliegeralarm sofort durch Hornsignale (drei aufeinanderfolgende kurze Stöße ins Horn) bekanntzugeben. Bei örtlich drohender Gefahr gibt der Luftschutzleiter der Untergruppe Wetten den Befehl zum Alarm.
Die Wachtposten werden von der ganzen Wehr gestellt. Die Feuerwehr ist aber durch Einberufung so zusammengeschmolzen, daß die Belastung zu schwer wird. Zudem muß die Wachzeit wegen der längeren Nächte und wegen verstärktem feindlichen Einflug verlängert werden. Der Bürgermeister, Stütz-

punktleiter Matthias Broeckmann, berief darum die Bürger unseres Ortes, soweit sie benötigt wurden, und verpflichtete sie in einer öffentlichen Versammlung zur Wachdienstleistung. Nun wird die Wache von 10–1 und von 1–4 ausgeübt. Es sind 14 Wachen zu je 4 Mann festgelegt. Zwei Mann erhalten die 1. Wache und zwei Mann die zweite. Es wird ein Wachbuch geführt, worin alle Einzelheiten der nächtlich festgestellten Geschehnisse aufgezeichnet und unterschrieben werden. Bürgermeister, Luftschutzleiter, Feuerwehrführer und Polizei-Hauptmstr. Simmes kontrollieren die Wache. Bei drohender Fliegergefahr alarmieren und die Verdunkelung kontrollieren ist die vornehmste Aufgabe der Wache. Die ganze Einrichtung ist Sache der Gemeinde, wird aber vom Luftschutz-Untergruppenleiter betreut.
Von November an ist ein Wachlokal gestellt. Schuhfabrikant Brauers Josef richtete ‚in den Hahn' auf seine Kosten ein Zimmer her. Wachordonanz ist Peter Hendricks. Wachvorstand Bürgermeister Matthias Broeckmann, Feuerwehrleiter Jakob Stammen, Luftschutzleiter Peter Helmus, Schriftführer der Feuerwehr Franz Terhoeven und Sanitäter M. Ingenwepelt."[25]

Im Dezember 1941 erwiesen sich die Nachtwachen angesichts der vermehrten Einflüge als „unzweckmäßig", die Alarmierung erfolgte von nun an zentral aus Kevelaer. Es hat den Anschein, daß erst mit der wachsenden Luftbedrohung und den eingetretenen Zerstörungen der Luftschutz größere Beachtung innerhalb der Bevölkerung fand. Jetzt brachte man die veralteten Alarmsysteme auf den neuesten Stand – die örtlich noch benutzten alten Hörner wichen neuen Sirenen. In Privathäusern wurde versucht, mehr Schutzräume und Splitterschutzvorrichtungen herzurichten, was vielfach nicht mehr ausreichend gelang, da im Handwerk bereits Arbeitskräftemangel herrschte und Baumaterialien knapp wurden.[26] Im Vergleich zum Ersten Weltkrieg „löste" man nun die Probleme mit zum Teil vollkommen anderen Mitteln. Um diese Unterschiede aufzeigen zu können, geht die Betrachtung in das Jahr 1939 zurück:
Kurz nach Beginn des Zweiten Weltkrieges, der keineswegs von jener patriotischen Hochstimmung der Augusttage des Jahres 1914 begleitet worden war, erlebten die niederrheinischen Gemeinden Einquartierungen in einem lange nicht mehr gekannten Ausmaß. In Erwartung eines möglichen französischen oder französisch-britischen Vorrückens über die neutralen Niederlande wurden deutsche Truppen an die Grenze gelegt. Ferner begann man in aller Eile mit dem Bau einzelner Westwallbunker und sonstiger Befestigungsanlagen. Das Grenzgebiet verwandelte sich im Herbst 1939 in eine riesige Baustelle.
Die Einquartierungen der Soldaten im mittlerweile geräumten Arbeitsdienstlager Kevelaer, in Hotels und Privatquartieren, Bauernhöfen und Scheunen begannen nach der polnischen Kapitulation im Oktober 1939.[27] Sie verminderten sich erst nach dem 10. Mai 1940, dem Beginn der deutschen Offensive gegen die

„Zeit ohne Glocken", 1942 (NMVK)

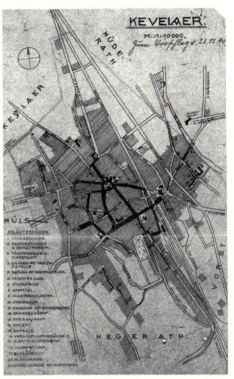
Organisationsplan für den Kevelaerer Luftschutz (K 14–18)

Soldaten der 56. Infanterie-Division am 20. April 1940 auf dem Kapellenplatz (NMVK)

Niederlande, Belgien, Luxemburg und Frankreich. Die Belegstärke betrug im Amt Kevelaer Mitte Januar 1940 etwa 4000 Soldaten.[28] Ende Oktober 1939 waren in Winnekendonk 637 Soldaten und 55 Westwallarbeiter, in Kervenheim-Kervendonk 826 Soldaten und 161 Westwallarbeiter gezählt worden, hinzu kamen in diesem Amt über 400 untergestellte Pferde.[29]

Je nach Sichtweise der Betroffenen brachten die Einquartierungen Vor- oder Nachteile. Die Schulkinder werden den zeitweiligen Ausfall des Unterrichts nicht allzu sehr bedauert haben. In Kervenheim waren sämtliche Klassenzimmer belegt, in Winnekendonk gab es im Oktober nur einen eingeschränkten Unterricht in zwei Klassen.[30] Die Wirte und Lebensmittelhändler freuten sich über die zusätzlichen Einnahmen. Die gelegentlichen Promenadenkonzerte der Regimentskapelle oder der Sporttag der Panzerjägerabteilung im April 1940 boten der Bevölkerung Kevelaers Abwechslung. Doch außerhalb des gastronomisch ausgerichteten Wallfahrtsortes überwogen die Nachteile.

„In der Landwirtschaft", so urteilte Bürgermeister Tenhaeff im Oktober 1939, „ist die Belegung bei dem allgekannten Personalmangel namentlich für die Bauernfrauen z. T. unerträglich geworden. Sie fühlen sich teilweist nicht länger mehr in der Lage, die ihnen aufgebürdeten Arbeiten durchzuhalten. Als bedenklich kommt weiterhin der Zustand hinzu, daß vor allem in den kleinen und engen Wohnungen des geschlossenen Ortes Kervenheim Soldaten und Familienangehörige, vor allem auch Kinder jeden Alters und Geschlechts, in räumlich allzu naher bzw. unmittelbarer Verbindung wohnen und schlafen müssen. Dazu kommt noch, daß bei der starken Belegung Räume haben in Anspruch genommen werden müssen, die während der kalten Jahreszeit als Quartiere kaum beibehalten werden können."[31]

Die neben den Soldaten in den Dörfern noch zusätzlich untergebrachten Westwallarbeiter beengten die Wohnverhältnisse weiter. Über den militärischen Nutzen der Grenzbefestigungen[32], die mit Zehntausenden von Arbeitern der Organisation Todt (OT) aufgebaut wurden, kann es keinen Zweifel geben. Selbst nach der Verstärkung der Anlage in einem zweiten Bauabschnitt 1944 behinderte sie den Alliierten Vormarsch kaum, klafften doch zwischen den einzelnen Stellungen oft kilometerlange Lücken.

Den wirtschaftlichen Vorteilen, die z. B. Bau- oder Fuhrunternehmer, Lastwagenbesitzer oder Landwirte, die ihre Fuhrwerke zur Verfügung stellten, erzielen konnten, standen beträchtliche Flurschäden und weitere Nachteile für die Landwirtschaft gegenüber. Südlich des Wembscher Bruches bis hin nach Kleinkevelaer hatten OT-Gruppen einige Bunkerstellungen errichtet. Sie unterstanden der Oberbauleitung in Geldern, an die sich Bürgermeister Eickelberg im Januar 1940 wandte: „Die Westwallarbeiten im Gemeindewald von Twisteden sind nach Angabe des Ortsbürgermeisters eingestellt. Große Mengen Holz wurden dort geschlagen, um platzzumachen für Baustellen, Strassen und Zufuhrbahn.

Das Holz war zum Teil zum Einbau bestimmt. Jetzt liegt es herrenlos im Wald umher. Ich bitte um gefl. Mitteilung, ob die Oberbauleitung dieses Holz noch benötigt und vergütet. Verneinendenfalls möchte die Gemeinde Twisteden es an die Gemeindeeingesessenen verkaufen."[33]

Noch mehr als ein Jahr später machte ein Twistedener Landwirt seiner immer noch anhaltenden Verärgerung Luft: „Bereits im September 1939 wurde von Heerespionieren auf meinem Acker ein Drahthindernis an der holländischen Grenze hergestellt, welches sich dort noch heute befindet. Zwischendurch ging angeblich das Hindernis in den Besitz der Zollverwaltung über. Als ich jedoch meine Ansprüche bei dieser geltend machte, war auf einmal die Heeresverwaltung wieder der Besitzer. [...] Die bei der Errichtung des Flandernzauns verursachten Flurschäden wurden am 18. 7. 1940 durch die Heereshauptkasse Köln mit 160,– RM abgegolten. Für den Zaun selbst ist seit 1939 nichts gezahlt. Es wird mir eine zwischen Grenzstein 509 und 510 gelegene Ackerfläche der Nutzung entzogen, welche 337 m lang und 8 m breit ist. Außerdem treten indirekte Schädigungen dadurch ein, daß zwischen den Drähten alles Unkraut wächst und mir den Acker verseucht. Ebenso erwachsen dem Betrieb durch die notwendigerweise durch Anmähen und Graben der Vorgewende entstehende Handarbeit in jedem Jahre erhebliche Mehrkosten in der Bewirtschaftung des anliegenden Ackers. Ich bitte nun endlich einmal meine Ansprüche zu bereinigen. Es erscheint mir unglaublich, daß der Staat sich an einem Einzelunternehmen bereichern will."[34]

Ähnlich wie bei diesem Landwirt wird in den Kreisen der selbständigen Handwerker die Stimmung sehr gedrückt gewesen sein. Ihr Geschäft ging ab September 1939 empfindlich zurück, da die Kunden neue Aufträge zurückhielten oder bereits erteilte gar wieder zurückzogen. Als infolge des einsetzenden Bombenkrieges die Einsicht stieg, auch private Schutzvorrichtungen herzustellen, und die Aufträge merklich zunahmen, konnten sie mit der Geschäftslage nur teilweise zufrieden sein, da es nun an Arbeitskräften und Baustoffen fehlte.[35]

Die gewerblich-industriellen Betriebe durchliefen ähnlich wie im Ersten Weltkrieg zunächst eine Phase der Arbeitseinschränkungen aufgrund von Materialmangel, dann folgte die Vollbeschäftigung, und schließlich herrschte Arbeitskräftemangel. Anhand der von Bürgermeister Tenhaeff verfaßten Kriegslageberichte lassen sich die Veränderungen bei der Kervenheimer Schuhfabrik Otterbeck rekonstruieren.[36]

Die Firma Otterbeck, bis 1940 als Zweigwerk geführt, verfügte im September 1939 anscheinend nur über so geringe Rohstoffvorräte, daß schon Mitte des Monats die Arbeitszeit um einen Tag pro Woche von 48 auf 40 Stunden gesenkt werden mußte. Am Monatsende konnten die Arbeiter nur noch 25 Stunden wöchentlich beschäftigt werden. Als dann 20 Arbeitern eine Dienstverpflichtung für den Westwallbau drohte, wurde das Hauptwerk der Firma in Mühlheim-

Saarn zum wehrwichtigen Betrieb erklärt, das nun ab Oktober 1939 seine übrigen Aufträge nach Kervenheim abgab.

Bei der unzureichenden Belieferung mit Leder zogen sich die Arbeitseinschränkungen bis zum Dezember hin. Am 29. Dezember berichtete Bürgermeister Tenhaeff von einer „Umstellung auf Werkstoffe", womit er meinte, daß die Schuhe nun nicht mehr aus Leder, sondern aus anderen Materialien hergestellt wurden. Dies brachte Arbeit für 42 bis 45 Stunden pro Woche. Der wirtschaftliche Engpaß konnte jedoch erst ab Mai 1940 überwunden werden. Jetzt war man in Kervenheim nicht mehr bloß Zweigwerk, sondern Hauptbetrieb und fertigte für Wehrmacht und Bergbau. Im Juni betrug die monatliche Produktion bereits 5000 Paar Bergarbeiter-, 1000 Paar Steinbrucharbeiter- und 2000 Paar sonstige Arbeitsschuhe bei einer vergrößerten Belegschaft von 103 Personen.

War diese Personalaufstockung 1940 noch durchaus möglich, so nahmen nach dem deutschen Überfall auf die Sowjetunion die Einberufungen einen derartigen Umfang an, daß die Firma nun sogar in Produktionsschwierigkeiten aufgrund eines Facharbeitermangels geriet, der durch die Mehrbeschäftigung von Frauen nur teilweise ausgeglichen werden konnte. Die Klagen über den latenten Arbeitskräftemangel hielten bis 1944 an, bis erneuter Materialmangel im letzten Kriegsjahr zu Arbeitseinschränkungen führte.

Einen ähnlichen Verlauf wird die Entwicklung in den Kevelaerer Schuhfabriken gehabt haben, die während des Krieges Militärstiefel herstellten. Die Umstellung auf Wehrmachts- oder Rüstungsprodukte sicherte den Unternehmen das wirtschaftliche Überleben. Außerdem war mit der Anerkennung als wehrwichtiger Betrieb auch ein gewisser Schutz der noch verbliebenen Arbeitskräfte vor einer Dienstverpflichtung in die Rüstungsbetriebe des Ruhrgebiets verbunden. In fünf Kevelaerer Metallfabriken, die zuvor religiöse Artikel hergestellt hatten, wurden so im Laufe des Krieges Flugzeugteile angefertigt, Stahlhelme oder Kochgeschirre ausgebeult.[37]

Mitunter hatten aber die Produktionsumstellungen, wenn sie in keinem Zusammenhang mit der Rüstung standen, durchaus nicht immer den gewünschten Erfolg, konnte es doch durchaus geschehen, daß hergestellte Hitler-Büsten durch die Reichskammer der bildenden Künste mit der simplen Begründung „nationaler Kitsch" sichergestellt wurden.[38]

Beim Unternehmen Butzon & Bercker[39], dessen eigenverlegerische Tätigkeit ab Mitte der 1930er Jahre unter dem Druck zahlreicher Beschlagnahmungen eingeschränkt worden war, verschoben sich während des Krieges die Anteile der einzelnen Produktions- und Handelszweige am Gesamtumsatz weiter.

Umsatzentwicklung bei Butzon & Bercker während des Zweiten Weltkrieges:

		1928/29 =	100
1938/39	= 100	=	122
1939/40	= 93	=	113
1940/41	= 108	=	132
1941/42	= 83	=	101
1942/43	= 70	=	86

Bei der Umsatzentwicklung zeigt sich im Jahre 1942 ein erneuter markanter Bruch. Die Protokolle der Gesellschafterversammlungen beleuchten die Hintergründe: Im November 1939 stellten die Gesellschafter eine „zufriedenstellende" Geschäftslage fest, die sich seit Kriegsbeginn leicht verändert habe. Vereinzelt sei ein Rohstoffmangel aufgetreten, jedoch noch nicht in allzu gravierender Form. Man hoffe auf Druckaufträge (z. B. für Formulare) seitens der Behörden. Der Geschäftsbericht vermerkte einen starken Anstieg von Druck- und Bindeaufträgen, insbesondere bei Kalendern, aber auch einen Anstieg bei der Fertigung von „Werbeartikeln" (z. B. Etuis). Der Export war gegenüber dem Vorjahr um 25 % gestiegen, vor allem Gebetbücher in portugiesischer und holländischer Sprache hatten sich gut verkauft. Es gab aber auch kritische Anmerkungen: „Durch Einberufung von Arbeitskräften zum Heeresdienst und zu wehrwichtigen Arbeiten, durch Beschlagnahmeverfügungen von Material, Verwendungs- und Lieferungsverbote, sind uns die Betätigungsmöglichkeiten in stärkstem Maße beschnitten."
Im Geschäftsjahr 1939/40 waren bereits ein Drittel der Arbeitskräfte den verschiedenen Unternehmenszweigen entzogen, das Papier wurde einheitlich von der Wirtschaftsstelle des deutschen Buchhandels zugeteilt, Einbandmaterial für Bücher war kaum zu erhalten und die Verwendung von Leder ganz verboten. Hinzu trat ein Umsatzrückgang bei Druck- und Bindeaufträgen, da sämtliche Zeitschriften des Albertus-Magnus-Verlages sowie die eigene Zeitschrift „An heiligen Quellen" nicht mehr hergestellt werden durften. Bei einem gleichzeitigen Rückgang des Exportanteils am Gesamtumsatz von 10,5 % auf 3,8 % wären die Einbußen noch deutlicher ausgefallen, hätte man nicht noch auf „Waren- und Materialreserven" zurückgreifen können. Positiv machte sich eine extreme Verbesserung der Zahlungsmoral der Kunden infolge der herrschenden Warenverknappung bemerkbar, was auch das Protokoll vom 2. Dezember 1941 noch einmal besonders hervorhob. Die Bevölkerung kaufte nun alle Artikel, die frei erhältlich waren. Dazu gehörten kleinere und preiswerte Druckerzeugnisse, die den Soldaten von ihren Angehörigen oder Freunden zugeschickt wurden oder die man für den Eigenbedarf kaufte, beispielsweise um etwas Abwechselung vom Einerlei der Propaganda des Rundfunks und der Tageszeitungen zu haben,

um sich die mitunter langen Aufenthalte in den Luftschutzbunkern durch Lektüre zu verkürzen oder um generell einmal „auf andere Gedanken" zu kommen.
Die Umsatzsteigerung im Geschäftsjahr 1940/41 ist mithin auf die allgemeine Lieferfähigkeit des Unternehmens zurückzuführen. Das Ende dieser Entwicklung war jedoch abzusehen, da Neuproduktionen eben nicht in einem frei bestimmbaren Umfang die entstehenden Lagerlücken schließen konnten. Spätestens Anfang 1942 waren die verbliebenen Reserven erschöpft, und die Belegschaft war auf die Hälfte zurückgegangen. Es folgten weitere Produktionsverschiebungen: Arbeiten für andere Verlage in der Druckerei und Binderei, Herstellung von Werbeartikeln oder Druckaufträge für Behörden. Ab 1942 stand das Unternehmen unter dem Schutz des Generalbevollmächtigten für den Arbeitseinsatz, was zur Folge hatte, daß ihm keine Arbeitskräfte mehr entzogen werden durften. Offensichtlich hatten die Behördendruckaufträge ein so großes Volumen angenommen, daß der Betrieb „wehrpflichtig" geworden war.

Die fremden Arbeiter

Eines der wesentlichen Elemente nationalsozialistischer Herrschaft war die weitestgehende Verfügung des Staates über die menschliche Arbeitskraft. Bereits in den ersten Jahren nach der Machtübernahme wurden die gesetzlichen Weichen für eine Arbeitskräftelenkung gestellt. Zu nennen ist das „Gesetz zur Ordnung der nationalen Arbeit" von 1934 und die Einführung des „Arbeitsbuches" 1935, das ein entscheidendes „Instrument der Erfassung und langfristig planbarer Organisation des Arbeitseinsatzes" wurde.[40] Der Behördenapparat der Arbeitsverwaltung, der in den Jahren der Weltwirtschaftskrise kräftig ausgebaut worden war, blieb weiter bestehen und diente in der Zeit der Vollbeschäftigung, ab etwa 1936, und während des Krieges zur Lenkung der Arbeitskräfte.
Zwar war auch in der Weimarer Zeit ein „Trend zu einer zunehmenden und weitreichenden Reglementierung der Arbeitsbeziehungen"[41] zu beobachten gewesen, doch existierten bis 1933 genügend einflußreiche Gewerkschaften und Unternehmerverbände, die ihre divergierenden Interessen ausgleichen konnten. Nach der Auflösung der Gewerkschaften war der Weg für eine unbehinderte Verfügbarkeit der Arbeitskräfte durch die Arbeitsverwaltung frei, die nach Kriegsbeginn auch die Lenkung der ausländischen Arbeiter und Arbeiterinnen („Fremdarbeiter") übernahm.
Vor Kriegsbeginn erreichte der Arbeitskräftemangel in der deutschen Landwirtschaft wieder ein beträchtliches Ausmaß. Da im Zuge der Aufrüstung im Ruhrgebiet der Bedarf an Arbeitskräften wuchs, und dort die gezahlten Löhne durchweg höher waren als in der niederrheinischen Landwirtschaft, wechselten

viele Arbeiter, die zuvor einen Arbeitsplatz in der Landwirtschaft gefunden hatten, in die Industrie. Auch für die Schulentlassenen bot ein auswärtiger Arbeits- oder Ausbildungsplatz einen größeren Anreiz als eine heimische Anstellung als Viehwärter, Knecht oder Melker.

Aus dem Arbeitskräftebedarf der Landwirtschaft entstand bis zum Ende der 1930er Jahre wieder ein Mangel, der trotz Lohnsteigerungen nicht mehr gedeckt werden konnte. Bereits im Frühjahr 1938 ermittelte das Reichsarbeitsministerium etwa 250 000 freie Stellen, Mitte 1939 waren es rund eine Million. Mitverantwortlich für diese enormen Steigerungen waren die Einberufungen zum Militär und die Dienstverpflichtungen für den Westwallbau, der zeitweilig 400 000 Arbeiter beanspruchte.[42]

Angesichts des Mangels reagierte die Arbeitsverwaltung mit einer verstärkten Anwendung ausländischer Arbeitskräfte. Im Oktober 1938 zählte man im Kreisgebiet Geldern 2702 Ausländer, vor allem Niederländer. Bereits zwei Monate zuvor hatte eine Reichsausländerpolizeiverordnung die bislang kommunal wahrgenommenen Aufgaben der „Ausländerpolizei" den Kreispolizeibehörden (Ausländerämter) übertragen[43], damit die Verwaltung weiter zentralisiert und den Aufgabenbereich der Gemeinden und Ämter beschnitten.

Weitere, dirigistische Mittel bestanden in der Umgruppierung von Arbeitnehmern innerhalb einzelner Berufsgruppen, in der vermehrten Beschäftigung von Frauen oder in der Heranziehung der HJ zu Erntearbeiten. Das folgende Schreiben des Arbeitsamtes Geldern vom Juli 1939 vermittelt recht eindrucksvoll den damals herrschenden Sprachstil, die Einschätzung der menschlichen Arbeitskraft als disponible Kapazität – vor der kein Milchverteiler sicher sein konnte – sowie die der Frau nun zugedachte Rolle im nationalsozialistischen Staate:

„Der immer stärker werdende Bedarf an Arbeitskräften macht es erforderlich, weitere Personenkreise, deren Tätigkeit nicht als volkswirtschaftlich besonders wertvoll anzusehen ist, oder die in ihrer gegenwärtigen Tätigkeit nicht zweckentsprechend angesetzt sind, vordringlicheren Aufgaben zuzuführen. Vielfach wird es möglich sein, diese Personen durch den Einsatz weiblicher Kräfte, gegebenenfalls auch Familienangehörige, zu ersetzen. Insbesondere gilt dies für die Milchverteiler. Gerade hier ist eine erhebliche Anzahl männlicher Kräfte hauptsächlich mit dem Austragen von Milch beschäftigt, eine Arbeit, die auch von Frauen durchgeführt werden kann. Um nun die im Milchhandel beschäftigten männlichen Arbeitskräfte auf ihre anderweitige Arbeitseinsatzfähigkeit zu prüfen, bitte ich Sie, mir die örtlichen Milchverteiler mit Angabe des Tagesumsatzes zu benennen. Gleichzeitig wäre ich für eine kurze Beurteilung, wie: Zahl der mithelfenden Familienangehörigen, Möglichkeit der Einstellung einer weiblichen Kraft, Größe des Bezirks usw., dankbar."[44]

Nach Kriegsbeginn nahm der Arbeitskräftemangel in der Landwirtschaft noch deutlich zu. Weitere Beschäftigte wurden ihr z. B. durch die Sicherung der Westgrenze entzogen. Diese übernahm der „Verstärkte Grenzaufsichtsdienst" (VGAD), der aus dem Zollgrenzschutz (Friedenspersonal der Reichsfinanzverwaltung), dem Verstärkungspersonal (Beamte aus der Verwaltung des Innern) und den Hilfsgrenzangestellten (Higas) gebildet wurde. „Letztere rekrutierten sich aus gedienten Wehrpflichtigen, die ihren Wohnsitz im Grenzgebiet hatten, ortskundig waren und schnell herangezogen werden konnten. [...] Der VGAD hatte nach dem Einsatz in der verschärften Grenzüberwachung, neben den zolldienstlichen Aufgaben eine möglichst lückenlose Überwachung der Grenze durchzuführen und die Abwehr von Spionage, Sabotage, Propaganda und von bewaffneten Banden oder feindlichen Spähtrupps zu gewährleisten."[45]

Spürbarer als diese Verpflichtungen machten sich für die Grenzbewohner aber die Einberufungen bemerkbar; dies gleich in zweifacher Hinsicht, denn es wurden ja nicht nur die deutschen Arbeiter eingezogen, sondern auch die niederländischen mußten in ihrer Armee ihrer Wehrpflicht nachkommen. Das im Jahr 1939 praktizierte Einberufungssystem nahm auf die Eigenheiten der landwirtschaftlichen Betriebe kaum Rücksicht und führte dazu, daß sich Unzufriedenheit in der Bevölkerung breit machte, die – wie schon häufiger in den letzten Jahren – vor dem Problem stand, die von ihr erwarteten Höchstleistungen in der „Erzeugungsschlacht" mit den Realitäten der Politik in Einklang zu bringen. Am 19. September 1939 bemerkte Bürgermeister Tenhaeff: „Als eine Härte wird es jedoch in bäuerlichen Kreisen empfunden, daß alleinstehende Erbhofbauern und Einzelsöhne größerer Höfe eingezogen wurden, so dass die Betriebe ohne männliche Aufsicht und Hilfe sind, während [...] auf anderen Höfen mehrere eigene männliche Kräfte im wehrpflichtigen Alter vorhanden sind, von denen noch keine eingezogen wurden. Es werden dafür zweifellos militärische Gründe massgebend sein, es löst aber verständliche Unzufriedenheit aus und wird sich in der Bewirtschaftung dieser Höfe zum Nachteil auswirken müssen."[46]

Der Mangel konnte auch durch die „Entlassung älterer Leute" – die im Amt Kervenheim „Zufriedenheit" auslöste[47] – nicht behoben und durch die zwangsweise Beschäftigung von Kriegsgefangenen und Fremdarbeitern lediglich vermindert werden. Im Troß der deutschen Wehrmacht waren im September 1939 Beamte der Arbeitsämter mit nach Polen einmarschiert, die zunächst versuchten, zivile Arbeitskräfte für die deutsche Wirtschaft und Landwirtschaft anzuwerben. Etwa ein halbes Jahr später begannen die Deportationen.[48]

Gewissermaßen als „Kriegsbeute" wurden die polnischen Kriegsgefangenen sogleich an Arbeitsstellen ins Deutsche Reich gebracht. Am 5. April 1940 wurde ihr Kriegsgefangenenstatus in einen Zivilstatus umgewandelt. Sie durften ihre Arbeitsstätten ohne Genehmigung des Arbeitsamtes oder der Polizei nicht verlassen und hatten „bis zur endgültigen Entlassung in die Heimat durch das Arbeitsamt als freie Arbeitskräfte jede Arbeit zu verrichten".[49] Ihre Löhne wurden weit unter die der deutschen Arbeiter gesenkt. Sogenannte „Polenerlasse" brachten die Einführung einer Arbeits-Erlaubniskarte, eine besondere Kennzeichnung an der Kleidung („P"), nächtliches Ausgehverbot, Gaststättenverbot, Verbot der Benutzung öffentlicher Verkehrsmittel und Androhung sehr harter Strafen bis hin zur Todesstrafe bei Geschlechtsverkehr mit deutschen Frauen.[50]

Ob die ersten polnischen Kriegsgefangenen und Zivilarbeiter bereits 1939 an den Niederrhein kamen, ist ungewiß, jedoch macht eine Äußerung Bürgermeister Tenhaeffs vom Mai 1940 deutlich, daß Arbeiter beider Gruppen vor Beginn des Westfeldzuges in der Landwirtschaft seines Amtes beschäftigt wurden. „Die Bedürfnisse der Landwirtschaft konnten vom Arbeitsamt nicht befriedigt werden. Die polnischen Zivilarbeiter mußten bekanntlich aus dem Operationsgebiet wieder zurückgezogen werden. Der Einsatz der poln. Kriegsgefangenen hat sich in der hiesigen Landwirtschaft günstig ausgewirkt. Allgemein sind die Betriebe mit dem Verhalten und den Leistungen der Gefangenen durchaus zufrieden."[51] Zwei Monate später berichtete Tenhaeff, daß sich „der Einsatz der poln. Kriegsgefangenen [...] vor allem bei den jetzigen Erntearbeiten recht günstig ausgewirkt" habe, ihre Zahl sei „durch die Überweisung weiterer Polen und Franzosen noch weiter vermehrt worden". Im November bemerkte er, daß 64 ehemalige polnische Kriegsgefangene nun den zivilen Status hätten. Anlaß zu dieser genauen Angabe bot die – seiner Meinung nach – völlig unzureichende Versorgung der Polen mit Schuhen. Nach einer in Winnekendonk eingegangenen Verfügung durften im Dezember 1940 ganze vier Paar Schuhe an die 64 polnischen Arbeiter ausgegeben werden.[52]

Die Erwähnung der französischen Kriegsgefangenen verweist auf eine weitere Stufe der Rekrutierung ausländischer Arbeitskräfte. Die gefangengenommenen französischen Soldaten wurden noch während der Kampfhandlungen in „Stammlager" gebracht und von dort aus auf kleinere oder größere Lager in den Dörfern und Städten verteilt. Bei einer solchen Verteilungsaktion von insgesamt 249 Kriegsgefangenen im August 1940 im Kreis Geldern kamen 27 nach Kervendonk und 16 nach Kevelaer.[53] Kriegsgefangenenlager der Wehrmacht bestanden im Kreisgebiet u. a. in Kevelaer, Wetten und Kervendonk.

Hinweise auf Lager von Ostarbeitern (sowjetische Zwangsdeportierte mit der Kleiderkennzeichnung „Ost") fehlen hingegen für beide Ämter. Diese wohnten verteilt auf den einzelnen Bauernhöfen.[54] Ein Vermerk des Grenzkommissariats Kleve, zuständig für die Kreise Kleve und Geldern, vom 3. Juni 1943 benannte ein „Lager Gemen" in Weeze mit ca. 95 Ostarbeitern und ein „Lager Bergmann" in Geldern mit etwa 30 Frauen, andere bestünden nicht.[55]

Durch die Rückkehr einiger niederländischer landwirtschaftlicher Arbeiter nach Beendigung der westlichen Eroberungen sowie die Zuweisungen niederländischer Hilfskräfte und die Zwangsarbeit der Kriegsgefangenen und Zivilarbeiter verringerte sich der Arbeitskräftebedarf. Schier unerschöpflich schien in dieser Phase des Krieges das Reservoir der Zwangsarbeiter zu sein, die von einer eingespielten Arbeitsverwaltung zu jedem Arbeitsplatz in jeden Winkel des deutschen Reiches deportiert werden konnten. Das „Bewußtsein von Volk und Führung" über die „Importware Arbeitskraft" wandelte sich in dieser Zeit.[56] Die Intensität der Arbeit stand jetzt nicht mehr im Vordergrund, woraufhin sogleich wieder Repressionen einsetzten. Auf eine Anordnung des Reichsarbeitsministers vom 31. März 1941 wurde den polnischen Arbeitern „der Anspruch auf Urlaub ebenso gestrichen wie sämtliche Lohnzuschläge", und es wurde ihnen auch die Teilnahme an Gottesdiensten verboten, da von örtlichen Pfarrern vielfach „die Polen den deutschen Kirchenbesuchern als Vorbild hingestellt worden seien".[57]

Die menschenverachtende Politik gegenüber den ausländischen Arbeitskräften führt hin zu einem der größten Verbrechen des Zweiten Weltkrieges. Bei den Vorbereitungen des deutschen Überfalls auf die Sowjetunion ging man nicht mehr von einem Bedarf an Arbeitskräften aus und traf keinerlei Vorsorge für die Verpflegung der gefangenen Soldaten. Von den 3,35 Millionen sowjetischen Kriegsgefangenen des Jahres 1941 verhungerten über 2 Millionen.[58] Erst nach dem Scheitern des „Blitzkrieges" und in der Erkenntnis eines längeren Abnutzungskrieges, der deutsche Arbeitskräfte nicht nur vorübergehend, sondern auf Dauer der Wirtschaft und Landwirtschaft entziehen würde, entschied Hitler am 31. Oktober 1941 auch den „Einsatz" russischer Arbeitskräfte. Das Reichssicherheitshauptamt hatte sich aus ideologischen Erwägungen dagegen ausgesprochen, so daß die von Göring am 7. November 1941 herausgegebenen Richtlinien einen Kompromiß darstellten, den Ulrich Herbert mit „Arbeitseinsatz der Russen ja – dafür aber maximale Ausbeutung und denkbar schlechteste Behandlung und Ernährung, Todesstrafe auch bei geringen Vergehen" charakterisierte.[59]

Es zeigte sich jedoch, daß der ab Herbst 1941 geplante „Arbeitseinsatz" nicht in einem größeren Umfang möglich war, da die überlebenden Gefangenen zum überwiegenden Teil körperlich kaum mehr in der Lage waren, eine Arbeit aufzunehmen. Es entstand das sogenannte „Aufpäppelungssystem". Die arbeitsunfähigen sowjetischen Kriegsgefangenen wurden auf landwirtschaftliche Betriebe verteilt, in denen sie zunächst zu Kräften kommen sollten, um anschließend entweder dort oder als Facharbeiter in der Industrie zu arbeiten. Der Erfolg dieser Bemühungen war gering. Bis März 1942 konnten lediglich 166 881 Kriegsgefangene eine Arbeit aufnehmen.[60]

Da in dieser Zeit infolge der gesteigerten Einberufungen zur Wehrmacht die Arbeitskräfte wieder knapp wurden – Bürgermeister Tenhaeff hatte bereits für die Ernte 1941 auf serbische Kriegsgefangene gehofft[61], bei der arbeitsintensiven Kartoffelernte hatten schließlich Jungschützen der Heeres-Unteroffizier-

Vorschule Geldern geholfen⁶² –, ging man dazu über, auch zivile sowjetische Arbeitskräfte in das Reich zu deportieren. Die niederrheinischen Landwirte nahmen das Angebot, billige Arbeitskräfte zu erhalten, willig an und meldeten ihren Bedarf, der nach einer aus dem Jahre 1942 stammenden Liste allein in Kervenheim-Kervendonk 61, in Winnekendonk 84 Arbeiter betrug.⁶³

Die „Ostarbeitererlasse" von April 1942 regelten den Transport und die Unterbringung. Die Arbeit hatte „abgesondert von deutschen oder anderen ausländischen Arbeitern in Kolonnen, lediglich auf dem Lande auch einzeln eingesetzt" zu erfolgen, die Unterbringung in „isolierten, mit Stacheldraht umzäunten Barackenlagern". Die Bewachung übernahmen das Lagerpersonal und deutsche Arbeiter. Im April wurden die Bestimmungen ein wenig gelockert. Der Stacheldraht fiel weg, und in geschlossenen Trupps wurde nun auch ein Ausgang gestattet.⁶⁴

Einer Anweisung Martin Bormanns (Leiter der Parteikanzlei) vom August 1942 folgend, der einen aus Parteimitgliedern gebildeten Überwachungsdienst forderte, um „volkspolitische Gefahren" abzuwehren, worunter man Geschlechtsverkehr zwischen Deutschen und Ausländern verstand, versammelten sich am 17. Dezember 1941 im Saale Stelkens in Geldern 42 Parteimitglieder des Kreises Geldern. Ihnen wurden die von der Gestapo Düsseldorf herausgegebenen „Richtlinien" zum Erlaß vorgelesen. Anschließend organisierten sie einen Überwachungsdienst für den Kreis. In den Gemeinden zeichneten jetzt einzelne Parteimitglieder verantwortlich, jeweils zwei in Winnekendonk, Wetten und Kevelaer, jeweils einer in Twisteden und Kervenheim-Kervendonk.

Die ersten „Zuteilungen" sowjetischer Zwangsarbeiter lagen zu diesem Zeitpunkt aber mindestens ein halbes Jahr zurück. Bürgermeister Tenhaeff hatte im Juni 1942 bereits berichtet, daß „durch die Einstellung von ukrainischen Arbeitskräften [...] die Arbeitseinsatzlage in der Landwirtschaft wesentlich besser geworden" sei.⁶⁵ Genaue Angaben über die Zahl der in den Gemeinden beschäftigten Kriegsgefangenen und Zwangsarbeiter liegen nicht vor. Die wenigen vorhandenen müssen zudem mit einiger Vorsicht betrachtet werden, da sie entweder nur einzelne Zeitabschnitte betreffen oder auf Nachkriegsschätzungen beruhen. Ferner ist zu berücksichtigen, daß die Mehrzahl der Kriegsgefangenen und Zwangsarbeiter nicht über Jahre hinweg an einem Ort verblieben, sondern, je nach den Anforderungen anderer Regionen oder der Rüstungsindustrie, beliebig hin und her geschoben werden konnten. Hinzu kamen die Arbeitskommandos der Wehrmacht oder der SS, die keine kommunale Statistik erfaßte.

Ein Kevelaerer „Kontrollbuch" – mit Vermerken über Arbeitspapiere, Anträge für Arbeitskarten und Bewilligungszeiträume – enthält für den Zeitraum von September 1941 bis etwa 1944/45 Eintragungen über 687 Niederländer, die teilweise im Amtsbezirk wohnten, teilweise Grenzgänger waren, ferner über 44 „nichtpolnische Staatsangehörige aus dem Osten", 62 „ehemalige polnische

Staatsangehörige aus dem Generalgouvernement" sowie 92 „sowjetrussische Staatsangehörige".⁶⁶ Demgegenüber führt ein am 27. August 1945 ausgefülltes „Landkreisformular" für den Amtsbezirk Kervenheim unter der Rubrik „Anzahl der Fremdarbeiter vor der Besetzung" die Zahl 190 auf; die danebenstehende Angabe „280" wurde durchgestrichen.⁶⁷ Genauer scheint eine vom Landesarbeitsamt Rheinland erstellte Statistik zu sein, nach der am 15. Februar 1943 im gesamten Arbeitsamtsbezirk Moers–Geldern 3143 Ostarbeiter, 1301 Ostarbeiterinnen und 6305 Kriegsgefangene tätig waren. Einer weiteren Statistik vom 31. März 1943 ist zu entnehmen, daß von den insgesamt Beschäftigten des Bezirks bei den Männern 28,3%, bei den Frauen 11,4% Ausländer – einschließlich Ostarbeiter und Kriegsgefangenen – waren.⁶⁸

Im Frühjahr 1943 wurden die strengen Sicherheitsbestimmungen ein wenig gelockert, da im Zeichen des „totalen Krieges" die Leistungen der Arbeitskräfte einen höheren Stellenwert erhielten. Auf die Stacheldrahtumzäunungen der Lager wurde verzichtet, Unterbringung, Verpflegung und Kleidung besserten sich geringfügig. Anfang 1943 erhielten auch die französischen Kriegsgefangenen den zivilen Status – die bislang von der Wehrmacht abgestellten Wachsoldaten wurden an der Front benötigt.⁶⁹

Als Folge der verminderten Überwachung, vor allem aber der zunehmenden Bombardierung des Ruhrgebiets, die eine strikte Bewachung fast unmöglich werden ließ, setzten sich ab 1943 Zwangsarbeiter in die weniger gefährdeten ländlichen Gebiete ab. Gelegentlich gab es auch Briefwechsel zwischen Ostarbeitern, in denen von einer besseren Verpflegung auf dem Lande berichtet wurde, was den Zuzug noch vergrößerte. Die neu Hinzugekommenen wurden vom Arbeitsamt direkt an interessierte Landwirte vermittelt, eine strenge Überwachung war, wie das Grenzpolizeikommissariat Kleve der Düsseldorfer Gestapo im Oktober 1943 mitteilte, auch hier nicht mehr möglich.⁷⁰

Über die Lebens- und Arbeitsbedingungen der Kriegsgefangenen und Zwangsarbeiter am Niederrhein wie im gesamten Deutschen Reich ist bislang so gut wie nichts bekannt. „Während die Unterdrückungs- und Terrorpolitik der Nazis gegenüber den Ausländern genauer erforscht ist", beschrieb Ulrich Herbert den Forschungsstand, „ist es bislang kaum möglich, sichere Aussagen über die Relationen zwischen dem Terror und dem Alltag eines Ausländers in Deutschland zu treffen. Vor allem die Arbeit und das Problem der Arbeitsleistungen der Ausländer selbst, aber auch die Verhältnisse in den Lagern, die Differenzierungen zwischen den einzelnen Ausländergruppen, Fragen der Ernährung, der Freizeit, der Kontakte untereinander sind ebensowenig geklärt wie die besondere Lage der ausländischen Frauen, die Auswirkungen des hohen Frauenanteils bei den Fremdarbeitern aus dem Osten oder die verschiedenen Formen von Opposition, Widerstand und Kolloboration."⁷¹

Auch in dieser Regionalstudie können die Forschungslücken nicht gefüllt wer-

den. Die zeitgenössischen Akten wurden nicht dazu angelegt, Alltäglichkeiten des Lebens aufzuzeichnen, sondern in ihnen spiegeln sich lediglich „Besonderheiten" wider. Vor allem handelte es sich dabei um Denunziationen, Ermittlungen, Zeugenvernehmungen oder Bestrafungen, die nur hin und wieder einzelne Aspekte des Alltags aufblitzen lassen.
Bei der Kontrolle der Ausländer außerhalb der Lager, vor allem, wenn es zu Kontakten zwischen ihnen und der deutschen Bevölkerung kam, funktionierte die dörfliche Selbstüberwachung, der selten etwas entging. Meist fand sich jemand, der „Unregelmäßigkeiten" meldete, sei es auch nur, um mit dem Hebel von Verordnungen oder Gesetzen private Streitigkeiten auszutragen. Da aus den wenigen Anhaltspunkten weder der Alltag der Ausländer umfassend, noch das allgemeine Verhältnis zwischen Dorfbewohnern und Ausländern ableitbar ist, sollen lediglich die vorhandenen „Fälle" in ihrer ganzen Bruchstückhaftigkeit nacheinander widergegeben werden.

1. Agnes

Agnes war noch nicht ganz siebzehn Jahre alt, als der Krieg begann. Dennoch hatte sie die meiste Arbeit auf dem elterlichen Hof, vor allem die schwere Feldarbeit, zu verrichten, da der Vater behindert war. Im Juli 1940 kam ein junger französischer Kriegsgefangener tagsüber auf den Hof. Die Nächte verbrachte er in einem Kriegsgefangenenlager. Er war vertraut mit der landwirtschaftlichen Arbeit, da er in Frankreich ein kleines Anwesen besaß.
Die beiden jungen Leute, die hier Agnes und Paul genannt seien, freundeten sich in den folgenden Jahren gemeinsamer Feldarbeit an, aus Freundschaft wurde Liebe. Bei ihrer späteren Vernehmung vom Beamten aufmerksam gemacht auf die bestehenden Verbote, sagte sie: „Unsere Liebe war aber stärker".[72]
1942 wurde Agnes schwanger. Beide kannten die Bestimmungen, wußten, daß Agnes mit einer harten Strafe, Paul sogar mit der Todesstrafe zu rechnen hatte.[73] Heiraten konnten sie nicht, obwohl sie es wollten. In seiner Angst floh Paul aus dem Lager, hatte sich auch schon weit in die Niederlande durchgeschlagen, doch schließlich kehrte er an den Niederrhein zurück, um Agnes noch einmal zu sehen und um sich von ihr zu verabschieden. Er versteckte sich eine gute Woche auf dem Bauernhof, Agnes gab ihm zivile Kleidung, dann machte er sich erneut auf den Weg, wurde aber am Abend desselben Tages in Venlo festgenommen. Sein weiteres Schicksal ist nicht bekannt.
Agnes mußte ihre Strafe nicht sofort antreten, sondern sie hatte erst daheim die Ernte einzubringen. Nach Kriegsende gab Agnes zu Protokoll: „Wegen meiner Handlung wurde ich dann vom Sondergericht in Duisburg im März 1943 zu einer Gefängnisstrafe von 1 Jahr verurteilt. Von dieser Strafe verbüsste ich 8 Monate, den Rest der Strafe verwandelte das damalige Sondergericht später in eine

Bewährungsfrist um. Durch das Urteil habe ich schwer gelitten, ich wurde von allen wegen meiner Handlungsweise verachtet auf Grund der Propaganda, die man gegen mich machte. Ich sollte keine Kleiderkarte für mich und mein Kind mehr bekommen und noch ähnliches mehr."[74]

2. Lagebericht Bürgermeister Tenhaeff, 28. März 1941:[75]

„Mit Bericht vom 29. Dezember v. Jrs. und in der Bürgermeister-Dienstversammlung vom 9. Januar cr. habe ich bereits auf unliebsame Zustände bei den aus der Kriegsgefangenschaft entlassenen jetzigen poln. Zivilarbeiter hingewiesen, die damals im wesentlichen daraus zu resultieren schienen, daß diese Arbeiter nicht genügend mit dem Kennzeichen „P" ausgestattet waren. Wiederholt sind Polen festgestellt worden, die das „P" nicht sichtbar trugen. Außerdem wurden pol. Zivilarbeiter angezeigt wegen Trunkenheit auf der Straße, Übertretung der Verkehrs- und Verdunkelungsvorschriften, verbotswidrigen Aufenthaltes in Wirtschaften, unberechtigten Aufenthaltes außerhalb ihrer Unterkunft nach 20 Uhr und Belästigung eines deutschen Mädchens auf der Straße durch einen leider nicht mehr festzustellenden Polen. Auch aus den Arbeitgeberkreisen der Polen mehren sich die Klagen über deren unzufriedenes und anmaßendes Verhalten, ohne daß darüber direkte Anzeigen erstattet worden sind. Die Bauern fürchten offenbar den Verlust der Arbeitskraft und auch Racheakte der Polen. Allgemein macht sich der Eindruck bemerkbar, daß die Polen seit ihrer Freilassung aus der Kriegsgefangenschaft von der gewährten Freiheit sehr dreisten Gebrauch machen. Gegen den Wirt [...], in dessen Lokal Polen mehrmals verweilt und sich auch betrunken haben sollen, ist von der Staatspolizei eine Schutzhaft von 3 Wochen angeordnet worden."

3. Eduard Trypus

Der polnische ehemalige Kriegsgefangene Eduard Trypus wurde am 22. Juli 1942 auf Befehl der Staatspolizeileitstelle Düsseldorf „wegen dringenden Verdachts deutschfeindlicher Äußerungen festgenommen und dem Amtsgericht in Geldern vorgeführt".[76] Ein ukrainischer Zwangsarbeiter hatte ihn wegen angeblicher Äußerungen über die Machtergreifung und den Reichstagsbrand denunziert. Trypus bestritt, diese Bemerkungen gemacht zu haben, was das Duisburger Sondergericht jedoch nicht davon abhielt, ihn zu fünf Jahren Konzentrationslager zu verurteilen.

Im Vernehmungsprotokoll des Eduard Trypus finden sich einige wenige Hinweise auf die Lebensumstände und Vergnügungen in der knapp bemessenen „Freizeit" von Zwangsarbeitern am Niederrhein: „Im Herbst 1940, als ich aus dem Gefangenenlager entlassen wurde, bin ich bei X in Arbeit gekommen.

Außerdem werden bei X noch 2 polnische Arbeiter und 1 Mädchen beschäftigt. Unser Schlafzimmer befindet sich über dem Schweinestall in einem Nebengebäude, und kommen wir während der Freizeit mit dem Wohnhaus nicht in Berührung. An den Sonntagen und auch öfters an Wochentagen kamen mehrere Kameraden aus der Nachbarschaft zu uns. Auch die in der Nachbarschaft wohnenden polnischen Mädchen kamen [...] hin. Es wurde dort Harmonika und Mandoline gespielt und getanzt."[77]

4. Ein Landwirt

„Tatbestand: Y hat einen bei ihm beschäftigten Polen weisungswidrig mit am gemeinsamen Tisch beköstigt. Auch wurde von ihm bezw. seinen Familienangehörigen unzulässiges bezw. freundliches Verhalten gegen polnische Zivilgefangene behauptet. Nach Zeugenbekundungen hat er auch staatsfeindliche bezw. staatsabträgliche Äußerungen gemacht. Außerdem soll er Dienstboten von Nachbarn und bei Nachbarn beschäftigte Polen gegen die Arbeitgeber beeinflußt bezw. aufgehetzt haben. Der Häftling ist hinsichtlich des Verhaltens gegenüber den Polen z. T. geständig. Bezgl. der staatsfeindlichen Äußerungen ist er durch Zeugenaussagen in wichtigen Punkten überführt. Er wurde in das Gerichtsgefängnis in Kleve zur Verfügung der Stapo eingeliefert. Vorführung vor den Richter erfolgt nicht. Schutzhaft von 8 Tagen ist laut Verfügung des Herrn Landrats vom 13. Mai 1941, Pol. 1187, angeordnet worden."[78]
Während der örtlich durchgeführten Ermittlungen wurden neunzehn Zeugenvernehmungen schriftlich festgehalten. Aus den Aussagen der deutschen Zeugen, meist Nachbarn des Landwirts, geht hervor, daß dieser Landwirt unbeliebt gewesen sein muß. Fast jeder gab eine andere „staatsabträgliche Äußerung", die er gehört haben wollte, zu Protokoll, und jeder hatte etwas anderes über seinen bzw. seiner Familie Umgang mit ausländischen Arbeitern gehört. Initiiert und anfänglich auch durchgeführt wurden diese „Ermittlungen" vom Leiter der NSDAP-Ortsgruppe, der die Beschuldigungen möglicherweise nicht ohne eigennützige Interessen erhob.
Im März 1941 machte der Ortsgruppenleiter die Gelderner Kreisleitung der NSDAP auf seine Recherchen aufmerksam: „Die Klagen und Beschwerden der Nachbarbauern und Landwirte haben uns veranlaßt, einmal Ermittlungen anzustellen. [...] Aus den einzelnen Aussagen ergibt sich zweifelsfrei, daß wir es hier mit einem Staatsfeind zu tun haben, der sein unsauberes Spiel jedoch immer in versteckter Form und in der menschenfreundlichsten Weise treibt. Es war uns zwar hinreichend bekannt, daß Bauer Y und seine ganzen Familienangehörigen dem nationalsozialistischen Staat keineswegs bejahend gegenüber standen, daß aber solche Machenschaften getrieben wurden, ist uns erst durch die Klagen der Nachbarbauern zur Kenntnis gelangt. Auch hinsichtlich der

Spenden für das WHW. erfüllte Y seine Pflicht ganz und gar nicht. Aus dem beigefügten Schreiben des Ortsamtsleiters Pg. Ostendorp vom 23. 3. 1941 ergeben sich die einzelnen Spenden. Diese müssen angesichts des großen bäuerlichen Betriebes und des großen Einkommens als katastrophal bezeichnet werden."
Zwar ermittelte die örtliche Polizei noch einmal gründlich und vernahm ihrerseits erneut einzelne Zeugen, deren Aussagen – meist handelte es sich um die bloße Wiedergabe von Gerüchten – nicht referiert werden sollen, doch ist schon an der vergleichsweise „milden" Strafe ersichtlich, daß dem Landwirt nichts nachzuweisen war. Diese zweite Phase der Vernehmungen dürfte lediglich erfolgt sein, um das Ansehen der Partei im Dorf und in der Umgebung nicht zu schädigen. Von Interesse sind indes die Aussagen des Betroffenen selbst: „Der mir gemachte Vorwurf, daß ich polenfreundlich bin, entspricht nicht den Tatsachen. Der bei mir beschäftigte Pole M. muß tüchtig arbeiten und wird allerdings auch als Mensch behandelt. Zugeben muß ich allerdings, daß ich denselben, weil ich nur einen Polen habe, bei mir am Tische essen lasse. Ich habe dieses zugelassen, weil meine Frau und meine Töchter mit Arbeit überhäuft sind und es lästig ist, den zweiten Tisch noch zu decken. Wenn mir weiter vorgehalten wird, daß der Pole mit dem Fahrrad gesehen worden ist, so habe ich ihm hierzu nie die Erlaubnis erteilt."

Aus den wenigen Hinweisen zum Verhältnis zwischen Deutschen und ausländischen Gefangenen bzw. Zwangsarbeitern lassen sich keine Verallgemeinerungen treffen. Geht man davon aus, daß in beiden Ämtern mindestens 400, wahrscheinlich aber bedeutend mehr Ausländer im Laufe der Jahre arbeiten mußten, so nehmen sich diese „Fälle" bescheiden aus. In dem zuletzt aufgeführten Fall war offensichtlich weniger der tägliche Umgang zwischen Bauer und Arbeiter der eigentliche Denunziationsgrund, sondern dieser nur Anlaß, um alte Feindschaften auszutragen. Auffallend ist indes der Sprachgebrauch und die Selbstverständlichkeit mit der „vom Polen", den man „hat", der „arbeiten muß" usw., gesprochen wurde, ferner die Passage im Vernehmungsprotokoll: „wird allerdings auch als Mensch behandelt", in der sich der Bauer in einen deutlichen Gegensatz zu den bestehenden Verordnungen setzte, die u. a. die gemeinsame Einnahme der Mahlzeiten verboten.
Schließlich ist bemerkenswert, daß sämtliche Ermittlungen in die Zeit bis 1942 fielen. Auch dem Sicherheitsdienst der SS, der über den Niederrhein durch seine Außenstelle bestens informiert war, fielen Ende dieses Jahres die geringer werdenden Beschwerden der Landwirte über das Verhalten von Zwangsarbeitern auf: „Vom Niederrhein wird berichtet, daß die Polen besonders unverschämt in ihren Ernährungsansprüchen seien und erklären würden, die Arbeit niederzulegen, wenn ihre Forderungen nicht erfüllt werden. Da auf vielen Höfen nur alte Bauern und Frauen seien, habe man Angst, gegen die Polen vorzu-

gehen, zumal diese auch versteckt mit Brandstiftung oder sonstigen Sabotageakten drohen würden. Die Bauern sähen aber auch deswegen von Meldungen an die Polizeidienststellen ab, weil sie befürchten, daß ihnen dann die Arbeitskräfte genommen würden und sie keinen Ersatz bekämen. Auf diese Weise würden vielfach Bauern immer mehr in eine gewisse Abhängigkeit von ihren polnischen Arbeitskräften geraten."[79]

Hungern wie anno dazumal?

Hinsichtlich der Landwirtschaft, der Ernährung und Versorgung der Bevölkerung im Zweiten Weltkrieg lassen sich einige Parallelen, aber auch einige Unterschiede zum Ersten Weltkrieg erkennen. In der Landwirtschaft war bereits im Verlauf der dreißiger Jahre den Erzeugern die Entscheidungsbefugnis über Anbau und Absatz weitgehend aus der Hand genommen worden. Silos und Lager hatte man in Hinblick auf den Krieg angelegt und auch die Versorgungsfragen geklärt. Vier Tage vor Beginn des Krieges veröffentlichte das Kevelaerer Volksblatt eine Liste der bezugscheinpflichtigen Lebensmittel, zu denen u. a. Milcherzeugnisse, Öle, Fette, Hülsenfrüchte, Fleisch und Kaffee gehörten.

Die Versorgung der Bevölkerung erreichte während des gesamten Krieges nicht jene desolate Lage der Steckrübenwinter 1916/17 und 1917/18 oder der Notjahre nach dem Zweiten Weltkrieg, wenngleich auch jetzt wieder die Ernährung von der Fleisch/Eier- auf die Kartoffel/Brot-Kost umgestellt werden mußte, und sich die Verbraucher etwa ab 1942 spürbar einzuschränken hatten. In seinen Kriegslageberichten bezeichnete Bürgermeister Tenhaeff die Lebensmittelversorgung überwiegend als „ausreichend" oder „gut" und wies nur gelegentlich auf Mängel oder Unzufriedenheiten hin. Als Anfang 1942 die Brot-, Fleisch- und Fettrationen gekürzt wurden, stellte er fest, daß sich dies „nicht so nachteilig" auf die ländliche Bevölkerung auswirke, da die Haushalte „hinreichend" mit Kartoffeln versorgt seien.[80] Auch in diesem Krieg hatte die ländliche Bevölkerung, die auf eigene Gärten, Kleintier- oder Schweinehaltung zurückgreifen konnte und in enger Nachbarschaft mit den landwirtschaftlichen Erzeugern lebte, sichtbar weniger Versorgungsprobleme als die städtische, da die Anlieferungen in die Ballungsgebiete häufig erhebliche Schwierigkeiten bereiteten.

Bereits Ende 1940 mußte der Verbraucher mit 52 verschiedenen Bezugskarten umgehen, die ein beträchtliches Detailwissen und natürlich auch einen enormen Verwaltungsaufwand erforderten. „Bei dem besten Willen und auch bei der größten Anstrengung", stellten die „Meldungen aus dem Reich" im Dezember 1940 fest, „seien die Bürgermeister, die Helfer und die damit befaßten Personen oft gar nicht in der Lage, die Lebensmittelkarten vorschriftsmäßig auszugeben und Irrtümer ließen sich gar nicht vermeiden."[81]

Was wir am Niederrhein erlebten....

Endgültig Schluß damit!

Irgendein Bauernhof am Niederrhein, der im Scheine der uns seit Wochen so wenig geschenkten Sonne liegt. Still und verlassen; denn es ist Mittagszeit. Einige im Sande sich rekelnde Hühner schrecken hoch und suchen gackernd das Weite, als wir über den breiten Hof hinweg dem bäuerlichen Wohnhaus zustreben. Wir platzen mitten in die Speisefolge hinein und die kauenden und zufriedenen Gesichter der um den großen Eichentisch sitzenden Hofbewohner zeigen uns, daß es allen ausgezeichnet schmeckt. Allen! Uns aber verschlägt es den Atem, denn was wir sehen müssen und dabei empfinden, ist für uns so ungeheuerlich, daß wir es im ersten Augenblick gar nicht fassen können.

Mitten unter den Hausgenossen sitzt ein polnischer Gefangener und grinst uns, erheblich und zufrieden schmatzend, mit gleichbleibender Frechheit höhnisch an. Er scheint zu fühlen, weshalb wir uns wundern:

Ein polnischer Gefangener mitten unter deutschen Bauernsöhnen und Töchtern, an einem Tisch!

Auf diesem Hof scheinen alle Aufklärungen über das Verhalten polnischen Gefangenen gegenüber restlos vergessen, hier scheint dem Bauern und der Bäuerin aber auch jedes volksdeutsche Gefühl verloren gegangen zu sein. Unsere Empörung aber erreicht den Höhepunkt als wir nun auch noch feststellen, daß ein BdM-Mädel, das freiwillig ihre Urlaubstage geopfert hat, um der Bäuerin durch den Ernteeinsatz des BdM. eine Stütze zu sein, von dieser unverschämten und durch nichts zu entschuldigenden Haltung sich vergessener deutscher Landleute mit betroffen wird. Dieses Mädel kann auch sein Essen nicht anders einnehmen als in Gemeinschaft mit diesem Gefangenen, der einem Volke entstammt, das mit viehischem Sadismus Menschen deutschen Blutes abschlachtete.

Vor uns erstehen die grauenerweckenden Bilder ermordeter Frauen und Kinder zerfleischter deutscher Männer, die keine andere Schuld dem polnischen Staatsklüngel gegenüber hatten, als daß sie deutschen Blutes waren. Jene Bilder werden in uns wach, die das menschliche Auge nur mit Ekel und Entsetzen aufnehmen kann.

Vergessen? Alles schon vergessen von jenen, die durch Partei und Staat Arbeitshilfe bekommen, die hinreichend unterrichtet wurden wie sie sich diesen Vertretern eines blutrünstigen Volkes gegenüber zu verhalten haben, die wissen müssen, daß auch der Gefangene immer und zu jeder Stunde unser Feind bleibt.

Wir verfluchen die deutsche Gefühlsduselei, wenn sie wie hier solches Verhalten hochzüchtet und machen den Verantwortlichen dieses Hofes keinen Hehl daraus. Was aber erhalten wir zur Antwort, während der gefangene Pole grinsend die Stube verläßt: "Was kann denn der dafür". Das ist die ganze Antwort! Wir aber fragen uns:

Was können jene unzähligen Opfer dafür, die polnisches Mordgesindel einfach abschlachtete?

Was können unsere tapferen Soldaten dafür, die dem polnischen Heckenschützentum zum Opfer fielen.

Was können jene deutschen Frauen und Kinder dafür, die von Haus und Hof vertrieben Zeuge sein mußten, wie man ihre Männer und Väter mit sadistischer Gemeinheit vor ihren Augen einem schmachvollen Tod überlieferte.

Was können jene dafür, denen polnische Flintenweiber die Augen ausstachen und sie verbluten ließen.

Was können alle jene Volksdeutschen dafür, daß sie von einem Volk geknechtet wurden, das von einem einmaligen Tiefstand moralischer und sittlicher Haltung war.

Sollen diese Opfer alle vergessen sein? **Das kann und darf nicht sein!**

Wer heute noch nicht erfaßt hat, wie er sich solchen Gefangenen gegenüber zu verhalten hat, dem muß dies mit allen Mitteln endgültig beigebracht werden. Wir glauben im Sinne der gesamten Bevölkerung zu sprechen, wenn wir Partei und Staat bitten, bei jenen, die immer noch vergessen wollen, wie sie sich polnischen Gefangenen und überhaupt Gefangenen gegenüber zu verhalten haben, nach dem alten Rezept zu verfahren: wer nicht hören will, muß fühlen. Wir wollen den heldenmütigen Einsatz unserer Soldaten, die unzähligen Opfer die sie bringen mußten, wir wollen die disziplinierte Haltung und freudige Einsatzbereitschaft unserer schwerschaffenden Bevölkerung nicht durch solche Volksschädlinge schmälern lassen.

v—t

Kevelaerer Volksblatt 17. 8. 1940

Geschmälert wurde die ländliche Ernährungsbasis allerdings durch städtische Hamsterer, die sich mit Kartoffeln, Obst, Gemüse oder auch Fleisch zusätzlich eindeckten, sowie durch Felddiebstähle, die auch im Dritten Reich nicht verhindert werden konnten.[82] Als eine regionale Besonderheit traten Masseneinkäufe von Ruhrarbeitern hinzu, die während des Krieges jeweils für einige Wochen zur Erholung nach Kevelaer geschickt wurden und selbstverständlich nicht mit leeren Taschen zurückfahren wollten.[83]

Die Versorgungsschwierigkeiten hielten ab 1943 an, erreichten indes, wie gesagt, nicht das Ausmaß des Ersten Weltkrieges. Dennoch führten sie zu Einschränkungen und Mangelernährung und beherrschten mit der Zeit das Denken und Handeln der Bevölkerung. Die immer noch mit großem propagandistischem Eifer verbreiteten Siegesmeldungen verloren demgegenüber an Aktualität. „Nach den hier vorliegenden Meldungen", berichtete der SD am 3. Februar 1942, „hält sich in den Gemeinden mit überwiegend ländlicher Struktur sowie den kleinen und mittleren Städten das Interesse an den militärischen Ereignissen und die Beschäftigung mit Versorgungsschwierigkeiten ungefähr die Waage, während in den größeren Städten und vor allem in den Großstädten die Versorgungsschwierigkeiten alles andere überlagern. Die Beurteilung der militärischen Lage ist überall fest und zuversichtlich, die großen Erwartungen über gewaltige und entscheidende Aktionen der deutschen Wehrmacht im Frühjahr sind allgemein. Die Gespräche über militärische Ereignisse haben jedoch in den Städten fast überall solchen über die eigenen täglichen Sorgen und Nöte weichen müssen."[84]

Zur Verbesserung oder Sicherung der Versorgungslage – auch dies stellt einen Unterschied zum vorangegangenen Krieg dar – durften die Gemeinden keine Eigeninitiativen mehr entwickeln und schon gar keine kommunalen Gelder dafür verwenden. Anfang 1942 deklarierte der Reichsinnenminister sämtliche Versorgungsangelegenheiten als alleinige „Aufgabe des Staates" und erlaubte lediglich die Organisation von „Arbeiter- und Transportkolonnen" z. B. für Kartoffelrodungen oder bei Lieferungen aus Nachbargebieten.[85]

Im Unterschied zur Lebensmittelversorgung traten bei einigen Verbrauchsgütern bereits unmittelbar nach Kriegsbeginn Mangelerscheinungen auf. Dies galt besonders für Kohle, Spinnstoffe und Haushaltswaren sowie für Mäntel und Schläuche für die unentbehrlichen Fahrräder. Beim Schuhwerk bestanden die Sohlen ab 1944 fast ausschließlich aus Holz, Holzgaloschen und Holzschuhe mußten weitverbreitet als Ersatz herhalten.[86]

Zurückzuführen war die zunehmende Verknappung der Lebensmittel auf einen Rückgang der landwirtschaftlichen Erzeugung, nicht nur infolge des Arbeitskräftemangels, sondern vor allem des Mangels an Dünger, Pflanzenschutzmitteln, Kraft- und sonstigem Viehfutter, Ersatzteilen und Treibstoffen für Maschinen. Die Nahrungsmittellieferungen aus den besetzten Ländern Europas

spielten bei der Versorgung der Reichsbevölkerung entgegen allen vorherigen Planungen letztlich nur eine bescheidene Rolle.[87]
Der Schweinebestand des Kreises wurde nach Kriegsbeginn nicht so drastisch reduziert wie beim „Schweinemord" von 1915. Er ging allerdings von 62 549 im Jahr 1939 fast kontinuierlich bis 1942 auf 29 815 zurück, stieg jedoch im Jahr 1943 wieder leicht an. 1945 wurden 22 383, 1947 lediglich 19 751 Tiere gezählt.[88] Der Rindviehbestand, entscheidend für die Fettversorgung, konnte – wie zwischen 1914 und 1918 – sogar leicht von 34 985 (1939) auf 36 749 Tiere (1943) gesteigert werden. Die Hektarerträge der einzelnen Anbaupflanzen gingen schließlich erst ab 1944 infolge der Materialknappheit zurück, die sich jetzt voll auswirkte. Im Jahre 1946 betrugen die Erträge in der Regel etwa die Hälfte des Standes von 1939.

Auflösung und Festigung

In den vorangegangenen Abschnitten wurden verschiedene Aspekte der nationalsozialistischen Zeit dargestellt. Es konnte auf örtliches Spitzeltum, Ermittlungen, Verfolgungen und Bestrafungen oder auf abweichendes Verhalten ebenso hingewiesen werden wie auf die Mechanismen der Machtergreifung und der Gleichschaltung des politischen und gesellschaftlichen Lebens. Zur Aufrechterhaltung der einmal errungenen Machtposition und vor allem zur Kontrolle der Bevölkerung bedurfte es keiner von außen kommenden, fremden Nationalsozialisten, sondern die ortsansässige Gesellschaft überwachte sich weitgehend selbst, so wie sie es in den Jahrzehnten und Jahrhunderten zuvor – mit anderen Inhalten – getan hatte. Die nationalsozialistischen Verordnungen, insbesondere das Heimtückegesetz, nach dem auch im privaten Kreis getätigte, „staatsabträgliche" Äußerungen verfolgt und bestraft werden konnten, schufen die Basis nicht nur für eine Kontrolle „von oben", sondern auch für diejenige „von unten".
Streitereien oder Neid hatte es in unseren Dörfern – wie anderswo – zu allen Zeiten gegeben, doch wollte man vor 1933 jemanden vor Gericht bringen, so mußte man ihn anzeigen und trug selbst die Beweislast. Nach 1933 genügte oftmals ein gezielter Hinweis an die Ortspolizeibehörde oder an die Ortsgruppe der NSDAP, um jemanden in das Ermittlungsnetz geraten zu lassen. Hierbei handelte es sich keineswegs um Einzelerscheinungen. Im Hauptstaatsarchiv Düsseldorf befinden sich mehr als 50 Gestapo-Personalakten über Einwohner beider Ämter, hinzu kommen zahlreiche Hinweise in kommunalen und kreiskommunalen Akten, die nicht an die Gestapo weitergereicht wurden. Es kann also durchaus von partiellen Auflösungserscheinungen der ländlichen Gesellschaft gesprochen werden, die – trotz einer ständigen Betonung von Religiosität

und trotz ehemals starker kirchlicher Dominanz im gesellschaftlichen Leben – dem nationalsozialistischen System von Anreizen und Überwachung keineswegs widerstand. Die Strafen reichten von einigen Tagen Schutzhaft bis hin zu Einlieferungen in Konzentrationslager. Bereits wenige Tage Schutzhaft hatten in der Regel außerdem zur Folge, daß die Dorfbewohner zum ehemaligen Schutzhäftling auf Distanz gingen und Kontakte mieden, so daß der Denunziation, den Ermittlungen und der Haft häufig wirtschaftliche Einbußen, bisweilen der Ruin folgten. Dazu einige wenige Beispiele.

1. Ein Viehhändler

„Wißt Ihr, wie eine Kuh beschaffen sein muß? – Eine Kuh muß braun sein wie Adolf Hitler, fett wie Hermann Göring und muß eine Schnauze haben wie Goebbels."[89]
Ein Viehhändler, der beschuldigt wurde, diesen Witz in einer Gastwirtschaft erzählt zu haben, wurde zu zehn Tagen Schutzhaft verurteilt. 1946 gab er zu Protokoll: „Bis zum Jahre 1935 hatte ich ein sehr gutes Geschäft und einen monatlichen Umsatz von ca. 15 000,– RM, bei normalen Viehpreisen. Bis zur Judenaktion arbeitete ich mit dem Juden Sanders aus Kaldenkirchen zusammen. Im Jahre 1935 kam es dann zu meiner Verhaftung. Man beschuldigte mich, einen politischen Witz erzählt zu haben, dazu kam es, dass man mir vorwarf, dass ich zusammen mit dem Juden Sanders handele. Bei meiner Verhaftung konnte der Jude Sanders noch rechtzeitig nach Holland fliehen. Von diesem Tage an war mein Geschäft ruiniert. Nach meiner Entlassung versuchte ich dann gleich, wieder die Geschäftsbeziehungen aufzunehmen, was mir unter sehr großen Schwierigkeiten in etwa gelang. Aber trotzdem war ich ewig der Mann, der politisch nicht einwandfrei war, der ja immer nur mit Juden zusammen gearbeitet hatte. Auch auf dem Viehmarkt in Geldern wurde ich vollkommen ausgeschaltet und immer wieder zurückgestellt."[90]

2. Ein Ackergehilfe

Nationalzeitung vom 5. Januar 1934: „In Schutzhaft genommen. Kervenheim. Der Ackergehilfe R. gefiel sich während der Weihnachtsfeier der NS-Volkswohlfahrt darin, durch üble Zwischenrufe die Feier wiederholt zu stören. Da er trotz mehrmaliger Aufforderung, sich anständig zu benehmen, weiter krakeelte, wurde er schließlich von der Polizei vor die Türe gesetzt. Nachher kehrte er jedoch wieder in das Lokal zurück und glaubte sich nun durch mehrmaligen ‚Heil-Moskau-Ruf' interessant machen zu können. Die Polizei war jedoch anderer Meinung und nahm ihn in Schutzhaft. Es ist seine Ueberführung zum Konzentrationslager Brauweiler beantragt worden. Dort mag er darüber nachdenken, daß es im Staate Adolf Hitlers nicht zweckmäßig ist, sich bolschewistische Allüren zu eigen zu machen. Allgemein aber mag dieser Fall wiederum eine dringende Warnung sein!"[91]

Wegen „Verächtlichmachung des nationalistischen [!] Staates", wie es auf dem Formblatt der „Schutzhaftkartei" hieß, verbrachte der Ackergehilfe, den die Zeitung mit vollem Namen nannte, fast einen Monat im örtlichen Polizeigefängnis. Nach Angaben von Zeugen war er bei seinem Ausspruch zwar angetrunken, jedoch nicht vollkommen betrunken, somit auch nicht unzurechnungsfähig. Der Polizeibeamte war entgegen der Zeitungsmeldung bei dem Vorfall nicht mehr anwesend. Teilnehmer informierten den örtlichen Stützpunktleiter der NSDAP, anschließend Ortsgruppenleiter Steinberger in Kevelaer, der „die sofortige Schutzhaft" anordnete.

Im Laufe des nächsten Monats entstand ein reger Briefwechsel zwischen Bürgermeister und Landrat, in dem es vor allem um die Einlieferung in ein Konzentrationslager ging. Jedoch hatte der Ackergehilfe Glück, da den Beteiligten eine Überführung zu dieser Zeit offenbar nicht ohne bürokratischen Aufwand möglich erschien. Am 17. Januar 1934 unterrichtete der Landrat den Bürgermeister, daß die Angelegenheit dem Justizminister zur Entscheidung vorliege; am 28. Januar teilte er dem Bürgermeister telephonisch und dem Häftling schriftlich, ohne Nennung von Gründen, die Entlassung aus der Schutzhaft mit. Noch vom selben Tag datiert ein Schreiben des Landrats an den Bürgermeister, dessen Kernsatz lautete: „Inzwischen war auch die Genehmigung zur Ueberweisung in das Konzentrationslager Papenburg eingegangen, die aber nun gegenstandslos geworden ist."

3. Ein Gärtner

25. 1. 1935 NSDAP Kreisleitung Geldern an die Gauleitung Essen:
„Der Gärtner Johann B. hatte am 15. 1. 35 nach der Saarkundgebung, als der bei ihm als Gärtnereiarbeiter tätige Pg. Willy L., der der dienstälteste SA. Mann in Kevelaer ist, ein Lokal betrat, in dem B. saß, [diesen] ohne Grund aufgefordert, das Lokal zu verlassen. Als L. sich weigerte, der Aufforderung Folge zu leisten, erklärte B. ihm, dass er fristlos entlassen sei. Spätere Versuche des Führers des Sturmes, dem L. angehörte, B. zur Rücknahme der Kündigung zu bewegen, waren erfolglos. Vermittlungsversuche der D.A.F. scheiterten; eine briefliche Aufforderung, zur Rücksprache auf der Dienststelle der D.A.F. zu erscheinen, beantwortete er mit der Erklärung, er sei den ganzen Tag in seiner Wohnung zu sprechen.

Das Verhalten des B. hat eine ungeheure Erregung in der Kevelaerer Bürgerschaft, auch den Nichtparteigenossen, insbesondere bei der Arbeiterschaft, hervorgerufen. Diese Erregung führte dazu, dass sich am 24. 1. 35 abends zwi-

schen 22 und 23 Uhr spontan eine Menge von 200 bis 300 empörten Volksgenossen vor dem Hause des B. zusammenfand, die mit erregten Rufen B. zum Herauskommen aufforderte, seine Festsetzung in ein Konzentrationslager verlangte und dergl. Die Menge drängte auf das Haus zu, sodass die Vordersten in den Laden gedrängt wurden, wobei ein Regal umfiel. Der telephonisch von dem Vorfall benachrichtigte Ortsgruppenleiter beauftragte sofort den Standortführer der SS. in Kevelaer damit, Weiterungen zu verhindern und begab sich auch nach dem Hause des B. Es wurde sofort ein SS. Posten vor dem Hause aufgestellt. Der Ortsgruppenleiter, der kurz nach diesem eingetroffene Landrat, Kreiswalter der D.A.F. und Kreisgeschäftsführer, die in einem Schulungsabend in Geldern gesprochen hatten und dort von dem Vorfall benachrichtigt worden waren, ermahnten die Volksgenossen zur Ruhe und Disziplin. Die empörten Volksgenossen verhielten sich diszipliniert, verlangten jedoch weiterhin, B. müsse in ein Konzentrationslager. Infolge der berechtigten ungeheuren Erregung der Volksmenge blieb dem Landrat nichts übrig, als den inzwischen eingetroffenen Polizeibeamten die Anweisung zu geben, B. in Schutzhaft zu nehmen. B. ist eine sehr üble Erscheinung, der als unsozial bekannt ist und seine Abneigung gegen die NSDAP in der gemeinsten Form zum Ausdruck bringt. [...] Das Verhalten des B. wird allgemein von der Kevelaerer Bürgerschaft verurteilt, was auch dadurch zum Ausdruck kommt, daß sein Geschäft nach diesem Vorfall allgemein boykottiert wird."[92]
Der Bericht läßt erkennen, daß hier eine gezielte Aktion der örtlichen NSDAP vorlag. Zehn Tage nach dem Wirtshausvorfall hat sich wohl keine Menschenmenge „spontan" nach 22 Uhr in Kevelaer versammelt, und auch das Erscheinen des Landrats vor dem Eintreffen der Ortspolizisten spricht für sich. Für diesen Vorgang, dessen Ausgang aus den Akten nicht ersichtlich ist, interessierte sich auch das Geheime Staatspolizeiamt in Berlin, das am 11. Februar 1935 bei der Stapo Düsseldorf in offensichtlich völliger Unkenntnis der niederrheinischen Verhältnisse anfragte, ob die Arbeiterschaft Kevelaers vor 1933 „stark marxistisch oder kommunistisch eingestellt war" und ob angenommen werden könne, „dass kommunistisch eingestellte Kreise die Demonstration in Szene gesetzt" hätten.[93]

Ab 1939 und insbesondere während der ersten Kriegsjahre bis etwa 1942 häuften sich die Denunziationen und Ermittlungen. Die Bestrafungen blieben bei Verstößen gegen das Heimtückegesetz verglichen mit den Jahren zuvor in etwa gleich hoch. Sofern aber eine „Zersetzung der Wehrkraft" vorlag, nahmen sie drakonische Formen an. Als z. B. 1939 ein Händler gegenüber einquartierten Soldaten äußerte, sie seien über die Lage in Holland schlecht unterrichtet, die Holländer hätten längst ihre Schleusen geöffnet und die deutsche Regierung müsse gestürzt werden, wurde er wegen „Wehrkraftzersetzung" zu drei Jahren

Gefängnis verurteilt.[94] Fünfzehn Monate Zuchthaus und Verlust der bürgerlichen Ehrenrechte konnte das Abhören von BBC-London und die anschließende Verbreitung von „unwahren Tatsachen" zur Folge haben.[95]

Ab Ende 1942 hörten die Denunziationen über Heimtücke oder Wehrkraftzersetzung fast abrupt auf – für 1943 ist nur noch eine Ermittlung überliefert. Gleichzeitig nahmen nun die Anzeigen wegen Nichtbeachtung der Verdunkelungsvorschriften oder Nichterscheinen bei der Brandwache zu. Möglicherweise ist der Rückgang der Denunziationen in einem Zusammenhang mit einer gewissen Entpolitisierung und „Ernüchterung" zu sehen, die nach Stalingrad unverkennbar Platz griffen. Diesen Wandel markiert eine kurze Eintragung der Marktschulchronik, in der es anläßlich der Schulentlassung 1942/43 und der Aufnahmefeier in die HJ heißt: „Der Besuch bei diesen und ähnlichen Veranstaltungen der Partei läßt immer mehr zu wünschen übrig."[96]

In dem Moment, wo die Partei im Denken der Bevölkerung weniger dominant wurde und die Bedrohung durch Luftangriffe zunahm, rückte die dörfliche Gemeinschaft offensichtlich enger zusammen. Täglich konnte man nun die Erfahrung machen, daß weder die Partei noch die Wehrmacht Schutz gewährleisteten. Die dörfliche Restgemeinschaft, die überwiegend aus Frauen, Kindern und Alten bestand, begann sich auf überlebensnotwendige Aufgaben zu besinnen. Alle äußeren Einflüsse – gleich welcher Art – wurden jetzt als eine Bedrohung angesehen. Auch auf die Evakuierungsbefehle reagierte die noch verbliebene Bevölkerung nicht mit ergebener Hinnahme, sondern mit dem Willen, an Ort und Stelle zu bleiben.

Bombenkrieg und Rindertrecks

Um die Entwicklung und das Ausmaß des Luftkrieges zu veranschaulichen, bieten sich einige zeitgenössische Quellen an, insbesondere die Kriegslageberichte des Kervenheimer Amtsbürgermeisters Tenhaeff[97], aus denen die nun folgenden Passagen entnommen sind:

„29. Mai 1940
Die Lage des hiesigen Gebietes zwischen dem nunmehr besetzten Holland bzw. England und dem Industriegebiet brachte es mit sich, daß seit Eröffnung der offenen Operationen im Westen das hiesige Gebiet ebenfalls von feindlichen Fliegern, wohl ausschließlich englischen, überflogen wurde. Während diese Flieger nachts fast regelmäßig festgestellt werden konnten und auch das deutsche Abwehrfeuer aus den umliegenden Abwehrstellungen hier sehr lebhaft wahrnehmbar war, sind im hiesigen, fast restlos ländlichen Gebiet Bombenabwürfe bisher nicht erfolgt. Lediglich eine ausgebrannte Brandbombenhülse wur-

de im freien Felde aufgefunden, ohne daß sie Schaden angerichtet hatte und außerdem eine abgebrannte Leuchtrakete mit Fallschirm.

28. Juni 1940
Außer den fast allnächtlichen Überflügen englischer Flieger über das hiesige Gebiet sind nenneswerte Verhältnisse des Operationsgebietes für den hiesigen Bezirk nicht zu berichten. Von Bombenabwürfen feindlicher Flieger blieb mein Amtsbezirk auch in der abgelaufenen Berichtsperiode verschont.

30. Juli 1940
Die fast allnächtlichen Einflüge feindlicher Flieger haben meist in sehr großer Höhe und ausschließlich fernab von den geschlossenen Orten über das hiesige Gebiet oder an ihm vorbeigeführt. Bomben irgendwelcher Art, Leuchtraketen oder dergl. sind nicht abgeworfen worden. Am 25. Juli wurde im Hestert ein kleiner Gummiballon – sog. Kinder- oder Reklameballon – der lediglich ein englisches Etikett als Anhängsel trug und offenbar nur meterologischen Zwecken dienen sollte, aufgefunden. Ferner wurden hier am 26. Juli in der Nähe der Schravelner Heide ein Flugblatt offenbar englischen Ursprungs mit dem Hoheitszeichen und der Aufschrift ‚Amtliche Bekanntmachung' aufgefunden, das somit den Eindruck einer amtlichen deutschen Bekanntmachung erwecken sollte. Im Verlaufe der eingesetzten Suchaktion wurden noch 10 dergleichen Flugblätter aufgefunden.

30. August 1940
Am 16.8. wurde in Winnekendonk-Schravelen in einem Getreidefelde der Wwe. Math. Schoofs eine noch gefüllte Fallschirmleuchtbombe nebst Seil und Fallschirm gefunden. Außerdem wurden noch an verschiedenen Stellen Flugblätter der bereits früher aufgefundenen Art nachträglich festgestellt und mit besonderem Bericht nach dort vorgelegt.

23. Oktober 1940
In der vergangenen Nacht sind durch feindliche Flugzeuge nunmehr auch im hiesigen Amtsbezirk Brandplättchen abgeworfen worden. Bisher wurden bei der eingeleiteten Suchaktion in der Bauerschaft Binnenheide, nahe der Wettener Grenze, ca. 30 dieser Plättchen aufgefunden und vernichtet.

31. Oktober 1940
Feindliche Einflüge wurden im abgelaufenen Berichtsmonat mehrfach wahrgenommen, jedoch meistens in größeren Entfernungen. Flugblätter wurden in größeren Massen von den feindlichen Fliegern abgeworfen. [...] 1 Brandbombe wurde an der Straße Winnekendonk-Kapellen im freien Gelände abgeworfen,

die im Erdboden verbrannt ist. In der Binnenheide wurde zu dieser Zeit eine nicht entzündete Brandbombe gefunden. In der näheren Umgebung aus Richtung Wetten wurden verschiedene Bombeneinschläge wahrgenommen. Teile dieser Bomben – abgelöste Propeller – gingen in der Binnenheide auf freiem Gelände nieder.

29. November 1940
Feindliche Flieger haben bei ihren Einflügen in das Reichsgebiet den hiesigen Amtsbezirk nur überflogen. Feindliche Aktionen wurden hier nicht unternommen. Im Gebiet der Honselaererheide wurde eine weitere Brandbombe aufgefunden, die vermutlich noch von dem s.zeitigen Angriff, bei dem das Gehöft des Bauern Strassen in Wetten getroffen wurde, herrührte.

31. Dezember 1940
Am 8. 12. wurde abends gegen 21½ Uhr im freien Gelände – Wissenerweg – eine einzelne Brandbombe abgeworfen. Sie zündete und wurde von dem benachbarten Blockwart des RLB. mit Sand zugedeckt. Schaden wurde nicht angerichtet. In der vergangenen Woche – 23. 12. cr. – wurden hier 4 englische Flugblätter Nr. 448 gefunden. [...] Am 28. 12. cr. wurde ebenfalls im freien Felde eine Fallschirmleuchtbombe aufgefunden.

25. Februar 1941
Am 6. ds. Mts., gegen 21½ Uhr, sind in der Gemeinde Winnekendonk die ersten 6 Sprengbomben abgeworfen. Sie fielen in der Nähe der Gemeindegrenze gegen Labbeck in freies Gelände, sodass nur Flurschaden und an einem in der Gemeinde Labbeck gelegenen Gebäude nur geringer Gebäudeschaden entstanden ist. Am nächsten Tage, dem 7. 2., sind ebenfalls in der Gemeinde Winnekendonk in der Bauerschaft Hestert, wiederum in unmittelbarer Nähe der Gemeindegrenze gegen Labbeck und zum Teil noch auf deren Gebiet, etwa 25 Brandbomben alter Art in freies Gelände gefallen, ohne indessen auch hier Schaden anzurichten, abgesehen davon, daß eine Hochspannungsleitung des RWE. durchschlagen wurde. In 2 Fällen wurden im abgelaufenen Monat Flugblätter abgeworfen.

29. August 1941
Überflüge feindlicher Flieger erfolgen nach wie vor. [...] In einem einzigen Falle ist eine Leuchtbombe im hiesigen Bezirk niedergegangen. Verschiedentlich sind Flugblätter und gefälschte Kleiderkarten abgeworfen worden.

26. Januar 1942
Am Sonnabend, dem 27. Dezember v. Jrs. sind in der Gemeinde Winnekendonk-Hestert einige Brandbomben von Feindfliegern abgeworfen worden. Alle Bomben sind in freies Gelände gefallen und haben nicht den geringsten Schaden verursacht. 3 ausgebrannte Brandbomben wurden aufgefunden. Es handelt sich um die bekannten englischen Brandbomben alter Art. Auch wurden in der Zeit vom 12.–15. Januar, das genaue Datum steht noch nicht fest, von Feindfliegern Flugblätter abgeworfen.

27. März 1942
In den letzten Tagen waren die Feindflieger besonders lebhaft, sodaß in der Nacht vom 25./26. d. Mts. hier erstmalig Fliegeralarm gegeben werden mußte.

24. Juni 1942
Namentlich in den Nächten vom 1. zum 2., vom 2. zum 3. und vom 5. zum 6. Juni waren die Überflüge sehr stark. Sprengbomben wurden nicht abgeworfen, dagegen wurden in den Tagen namentlich in der Binnenheide und in der Pirloerheide viele Stabbrandbomben alter Art und auch solche mit Sprengladung abgeworfen. [...] In den Einflugnächten hat der Feind in 3 Fällen Flugblätter abgeworfen. Alle waren jedoch älteren Datums. In der Nacht vom 5./6. ist die Scheune des Bauern Hermann Kröll in der Binnenheide abgebrannt; die Entstehung ist auf den Abwurf von Brandbomben zurückzuführen.

16. August 1942
In der Frühe des 24. Juli wurden Sprengbomben abgeworfen, die z. T. erhebliche Schäden an Gebäuden und Vieh verursacht haben. Neben teilweise kleineren Schäden – Zertrümmerung der Fensterscheiben u. Dachabdeckungen – ist insbesondere durch den Abwurf von Sprengbomben – Luftminen – in Kervendonk größerer Sachschaden entstanden. Ferner wurde Weidevieh – Rinder u. 2 wertvolle Pferde – durch Splitter von Sprengbomben schwer verletzt bezw. getötet. In den meisten Fällen hat eine Notschlachtung der verletzten Tiere erfolgen und damit das Fleisch der Volksernährung zugeführt werden können.
Am frühen Morgen des 16. August wurde ein englischer viermotoriger Bomber durch Nachtjäger abgeschossen. [...] 3 Tote und 1 Verletzter der Besatzung wurden ebenfalls hier aufgefunden. Der Verletzte wurde dem Krankenhaus bezw. der Wehrmacht zugeführt, während ein weiterer Pilot, der in der Nähe der Gemeindegrenze Labbeck mit Fallschirm abgesprungen war, erst nach einigen Tagen in Hülm bei Goch festgenommen werden konnte. Durch den Absturz und die nachfolgende Detonation einer schweren Sprengbombe wurde in Winnekendonk weiterer erheblicher Schaden vor allem an Fensterscheiben verursacht.

Während bei dem Abwurf der Bomben am 24. Juli Blindgänger nicht gefunden wurden, sind bei dem Flugzeugabsturz nicht krepierte Phosphorbrandbomben aufgefunden worden. Die Flugzeugreste wurden durch den Fliegerhorst Krefeld und die Blindgänger durch das Sprengkommando Ratingen entfernt.
Verschiedentlich wurden in der Berichtszeit zahlreiche Flugblätter gefunden, die teilweise neuen Ursprungs waren. Erwähnenswert bei den genannten Vorfällen ist der sehr gut bewährte Einsatz der Zivilbevölkerung, namentlich der Feuerwehr und des Bereitschaftstrupps. Auch das Einsammeln der abgeworfenen Flugblätter war in jeder Hinsicht [ein] voller Erfolg. Die angespannte Luftlage hat dazu geführt, daß die Zivilbevölkerung der Frage des Luftschutzes und der Sicherung des Einsatzes erhöhte Aufmerksamkeit schenkt. Sehr viele äußerst primitive behelfsmäßig eingerichtete LS.-Keller wurden verbessert, insbesondere Notausstiege hergerichtet. Im großen und ganzen darf gesagt werden, daß die Bevölkerung sich den schwierigen Verhältnissen der Luftlage sehr gut angepaßt [hat] und die Stimmung eine gute ist.

24. Oktober 1942
In der Nacht zum 2. 9. wurden in der Gemeinde Winnekendonk im Achterhuck ca. 400 Brandbomben, meist alter Art ohne Sprengwirkung, abgeworfen. Hierbei wurden die Hintergebäude und Scheunen der Bauern Aloys Düngelhoeff und Gerhard Stennmanns getroffen, die bis auf die Umfassungsmauern abgebrannt sind. Der Sachschaden ist ein erheblicher, da Scheune und Stallungen mit Frucht und Heu gefüllt waren. Außerdem wurden Hausgeräte und Maschinen in erheblichem Umfange zerstört. Bei Stennmanns sind weiterhin zwei Jungstiere verbrannt. In der Nacht vom 19. zum 20. September ist in Kervendonk ein Störballon niedergegangen, der 7 mit flüssigem Phosphor pp. gefüllte Flaschen abgesetzt hat. Der Ballon ist nach Absetzen der Flaschen wieder davongeflogen. Am 2. 10. wurden in Winnekendonk und [...] in Kervendonk erhebliche Bombenmengen abgeworfen und zwar 2 Sprengbomben, ca. 2000 Stabbrandbomben und etwa 50 Phosphorbomben. Außer Flurschäden sind jedoch Sachschäden nicht entstanden. In 2 Fällen gelang es in landwirtschaftliche Wirtschaftsgebäude eingeschlagene Stabbrandbomben abzulöschen, bevor sie Brände verursachen konnten. Nur in wenigen Fällen wurden von Feindfliegern Flugblätter abgeworfen, die von der HJ eingesammelt wurden.

27. April 1943
In der Nacht vom 8./9. April wurden bei einem Fliegerangriff 1 Sprengbombe, 200–300 Brand- u. 40–50 Phosphorbomben abgeworfen, ebenso Urlauberkarten.

25. Juni 1943
In der Nacht vom 12. zum 13. Mai cr. wurden im Amtsbezirk ca. 340 Bomben, hiervon ca. 300 Brandbomben auf die Gemeinde Kervendonk und ca. 40 Brandbomben auf die Gemeinde Winnekendonk abgeworfen. Am 23. Juni cr. in den ersten Morgenstunden wurden 10 Stabbrandbomben und 8 Phosphorbrandbomben abgeworfen. Die abgeworfenen 8 Phosphorbrandbomben sind in einem Behälter niedergefallen, ausgebrannt und haben im freien Gelände nur sehr geringen Schaden angerichtet. Bei dem Angriff vom 12. zum 13. Mai cr. ist eine Scheune in Kervendonk von Brandbomben getroffen worden und niedergebrannt. [...] Die starken Terrorangriffe auf die Städte Düsseldorf und vor allem Krefeld haben starke Beunruhigung unter der Bevölkerung hervorgerufen. Viele Familien haben nahe Verwandte in den betroffenen Städten. Verschiedene Familien aus diesen Städten haben hier bei ihren Verwandten und teilweise auch bei Bekannten ein vorläufiges Obdach gefunden.

25. Oktober 1943
In der Berichtszeit wurde der Amtsbezirk ziemlich stark von Feindfliegern überflogen. In der Nacht vom 9./10. Juli wurden in Kervendonk 2 Sprengbomben schweren Kalibers abgeworfen, wobei eine landwirtschaftliche Besitzung schwer mitgenommen wurde. [...] Außerdem sind bei 2 weiteren Gehöften Schäden entstanden. Ferner wurden am 13. Oktober cr. abends gegen 20 Uhr 3 Sprengbomben in der Gemeinde Winnekendonk abgeworfen. Hier sind nur Flur- und kleinere Sachschäden entstanden.

23. Januar 1944
Nur am 6. November 1943 sind 3 Sprengbomben ins freie Gelände abgeworfen worden, wodurch Flurschaden geringeren Umfanges und Schaden an Vieh entstanden ist.

25. Juli 1944
In der Berichtszeit ist der Amtsbezirk sowohl in der Nacht als auch tagsüber stark von Feindfliegern überflogen worden. In der Berichtszeit ist nur eine Minenbombe und zwar am 13. Juli cr. in der Gemeinde Kervendonk abgeworfen worden, die ins freie Gelände gefallen ist. Es ist nur geringer Flurschaden entstanden. In der vergangenen Nacht, vom 20. zum 21. wurden in der Gemeinde Winnekendonk Nährmittelkarten abgeworfen, die eingesammelt und abgeliefert wurden. Die abgeworfenen Marken sind als Falschstücke gut erkennbar."

Die Lageberichte Bürgermeister Tenhaeffs enden im Juli 1944, zu einem Zeitpunkt, als die Bedrohung aus der Luft keineswegs ihr volles Ausmaß erreicht hatte, und der Niederrhein noch nicht das direkte Angriffsziel der Bomber und

Der siegreiche SA-Sturm Kevelaer

Er belegte bei den kürzlich durchgeführten Wehrwettkämpfen in Kleve den ersten Platz

Wir berichteten gestern ausführlich über die am vergangenen Sonntag auf dem Bresserberg in Kleve durchgeführten Wehrwettkämpfe, die uns ein umfassendes Bild von der Ausbildung unserer niederrheinischen SA-Männer vermittelten. Unsere Aufnahme zeigt den Kevelaerer SA-Sturm 22/56, der bei diesen Kämpfen vorzüglich abschnitt.

Die Männer des SA-Sturmes Kevelaer
(Aufnahme: Erich Teuwesen, Kleve.)

Kevelaerer Volksblatt 3. 10. 1941

Alliiertes Flugblatt 1943 (K)

Flugblatt 1943 (NMVK)

Wofür kämpft Deutschland?

„Für die Verteidigung des Abendlandes!"
— rufen die Fronvögte und Ausbeuter der abendländischen Nationen.

„Für den Schutz der christlichen Kultur!"
— rufen die Heiden der SS, die Henkersmeister Niemöllers, die Räuber von St. Ottilien.

„Für die deutsche Freiheit!"
— ruft die Gestapo.

„Gegen asiatische Barbarei!"
— rufen die Geiselmörder von Paris, Nantes, Amsterdam, Warschau, Belgrad und Athen.

„Gegen den Aufstand des Untermenschentums!"
— rufen die Kolporteure des „Stürmer".

„Gegen plutokratische Ausbeutung und Korruption!"
— rufen Göring und die andern Beherrscher der Schwerindustrie.

„Um Sein oder Nichtsein des deutschen Volkes!"
— rufen die Männer, deren Namen auf der schwarzen Liste der Kriegsverbrecher stehen.

Merkt denn keiner den Schwindel?

Deutschland, erwache!

VOM REICHSTAGSBRAND ZUM WELTBRAND

VOR zehn Jahren zündeten sie den Reichstag an. Dann erklärten sie, die Kommunisten hätten es getan, und sie müssten Deutschland vor den Kommunisten retten. „Um Deutschland vor den Kommunisten zu retten", fielen sie dann selber wie ein Rudel Wölfe über Deutschland her: Die Konzentrationslager wurden eingerichtet, die Gestapo geschaffen, Gedanken- und Redefreiheit abgeschafft, die Gewerkschaften verboten; Tausende von Deutschen wurden umgebracht, Zehntausende ihrer Freiheit beraubt; der grosse Terror begann, die Christenverfolgungen, die Judenverfolgungen, der Kampf gegen Anständigkeit, Recht und Kultur — und zugleich der grosse Raubzug der Nazibonzen, die Deutschland ausplünderten wie ein erobertes Feindesland, wie die Raben stahlen und in ein paar Jahren Millionäre wurden.

Alles, um Deutschland vor den Kommunisten zu retten.

Jetzt haben sie Europa an allen vier Ecken angezündet. Diesmal liegt es offen und sonnenklar vor allen Augen, dass sie es waren und kein anderer. Oder sind vielleicht die Österreicher in München einmarschiert, und die Tschechen in Dresden, und die Polen in Stettin, und die Norweger in Hamburg? Haben die Holländer, Belgier und Luxemburger, die Griechen und Serben Deutschland überfallen? Haben die Engländer und Franzosen sechs Jahre lang fieberhaft aufgerüstet und eine territoriale Forderung nach der andern gestellt? Haben die Amerikaner Deutschland ohne jeden Grund, aus reinem Übermut, den Krieg erklärt? Sind die Russen am 22. Juni 1941 aus heiterem Himmel mit Millionenheeren über Deutschland hergefallen?

Weil jetzt die Russen tief in Russland ihre eigenen Städte und Provinzen zurückerobern, haben sie die Stirn, von einem „Aufstand der Steppe" und einer „bolschewistischen Bedrohung Europas" zu sprechen. So weit ist es gekommen, dass sie dem deutschen Volk derartigen blühenden Blödsinn vorzusetzen wagen.

Hitler hat angekündigt, dass er seinen Terror verzehnfachen wird. Sie rauben dem kleinen Mann seinen Laden und seine Werkstatt, sie schleppen Greise und Frauen in die Tretmühle und halbe Kinder an die Schlachtbank — alles, um das Abendland vor dem Bolschewismus zu retten...

Merkt denn keiner den Schwindel?

DEUTSCHLAND, ERWACHE!

Tiefflieger darstellte, stammten doch diese Abwürfe hauptsächlich von solchen Flugzeugen, die Ziele im Ruhrgebiet angegriffen hatten und sich bei ihrem Rückflug nach England der übrig gebliebenen Bomben entledigten. Besonders hart traf der Luftkrieg den Ort Wetten, der schon 1942 bombardiert worden war. 1943 flog ein deutsches Flugzeug im dichten Nebel gegen den Kirchturm, und am Aschermittwoch 1944 erlebte das Dorf einen erneuten Angriff, bei dem neben mehreren Frauen und Soldaten auch der Pfarrer starb.[98]

Nach der Landung der alliierten Streitkräfte in der Normandie am 6. Juni 1944 und ihrem raschen Vorrücken griffen Tiefflieger gezielt die Eisenbahnstrecken am Niederrhein an. Der Aufenthalt in den angrenzenden Dörfern, das Befahren der Straßen und die Arbeit auf den Feldern wurden zunehmend gefährlich. Mehrmals im Monat meldete der Gendamerieposten Wetten dem Kevelaerer Amtsbürgermeister Tiefflieger- oder Bomberangriffe auf Häuser, Bahngleise, Lokomotiven, Autos oder Fuhrwerke. Verletzte und Tote waren in den Gemeinden zu beklagen.[99]

Ab Ende August 1944 trat der Zweite Weltkrieg für den Niederrhein in seine letzte, entscheidende Phase. In den folgenden Monaten versuchte die Partei, ihren Einfluß auf die Bevölkerung wiederzugewinnen und sich vor allem, auch im Hinblick auf die Zeit nach dem immer noch erwarteten Endsieg, Kompetenzen der Verwaltungen anzueignen. In fieberhafter Eile zusammengeschriebene „Vorschläge zum totalen Kriegseinsatz" trafen aus allen Kreisen des Gaues in Essen ein. Das Schriftstück, das „Oberbereichsleiter" Quella von der NSDAP-Kreisleitung Geldern verfaßte, enthielt achtzehn Punkte und endete mit den Sätzen: „Abschließend stelle ich fest, daß, wenn die Partei nicht nur die verantwortliche Führung, sondern auch das notwendige Durchsetzungsvermögen bekommt, der totale Kriegseinsatz zu einem vollen Erfolge führen wird. Voraussetzung hierbei ist jedoch, daß diesmal nicht wieder alle möglichen Instanzen, Behörden und Wirtschaftsorganisationen dazwischenreden und die Möglichkeiten zerreden und illusorisch machen. Es gilt jetzt, Nägel mit Köpfen zu machen, andernfalls nicht nur die Bevölkerung kein Verständnis mehr aufbringt, sondern wir uns auch lächerlich machen. Seit Jahresfrist ist über den totalen Kriegseinsatz leider sehr viel geredet worden, die von der breiten Masse erhofften Erfolge blieben jedoch aus."[100]

Trotz der herannahenden Front glaubten die Parteifunktionäre in Geldern – und nicht nur dort –, durch ein Heranziehen aller nur irgendwie verfügbaren Arbeitskräfte und eine Ausdehnung der Arbeitszeit einen kriegsentscheidenden Umschwung herbeiführen zu können. Im Vordergrund der Gelderner Vorschläge stand die Ausweitung des „Einsatzes der weiblichen Arbeitskräfte", für deren „schärfere Heranziehung" dem Arbeitsamt bereits entsprechende Richtlinien vorlägen. Dafür „ausschlaggebend" sei aber die „Einstellung der Ärzteschaft [...], da durch deren Verhalten der weibliche Arbeitseinsatz zu mindestens 50 %

sabotiert" würde: „Mit der Ausrichtung der Ärzteschaft steht und fällt der Frauenarbeitseinsatz." Außerdem wollte man den „Scheinverträgen" in der Landwirtschaft auf die Spur kommen: „Auch hier muß es soweit kommen, daß die Frauen täglich zu bestimmten Zeiten arbeiten. Darüber hinaus bin ich mir im klaren, daß nach Abschluß der Erntearbeiten im späten Herbst die in der Landwirtschaft eingesetzten weiblichen Arbeitskräfte einer sonstigen Beschäftigung zugeführt werden müssen."

Die tatsächlich eintretende Mehrbelastung der Bevölkerung mit Arbeit entstand indes weniger aufgrund dieser „Torschlußillusionen" einiger Nationalsozialisten, die ihrem Traum von einer ungehinderten Parteiherrschaft nachhingen, sondern durch die Vorbereitungen zur Verteidigung des Niederrheins, die ein kaum zu beschreibendes Chaos verursachten. So mußten z. B. im September 1944 die restlichen 760 Kriegsgefangenen und die männlichen Zwangsarbeiter das Gebiet der Kreisbauernschaft Geldern verlassen, gleichzeitig wurden deutsche Arbeitskräfte für den Westwallbau dienstverpflichtet[101], und es wurden hierzu wieder italienische und sowjetische Kriegsgefangene sowie für den gesamten Bauabschnitt mindestens 30 000 Arbeiter herantransportiert. Dies alles erfolgte auf Straßen, die seit Anfang des Monats von den zurückflutenden deutschen Truppen verstopft, und in Dörfern, die durch Einquartierungen überfüllt waren.[102]

Einen Eindruck vom Einrücken der Westwallarbeiter in Kevelaer vermittelt die Chronik der Marktschule: „Am 18. August 1944 begann der Unterricht wieder. [...] Gerade, als die Arbeit eingelaufen war, kam die Nachricht, daß die Marktschule mit sämtlichen Räumen für die Unterbringung von Erdarbeitern beschlagnahmt sei. Am Sonntag, dem 3. September, mußte die Schule Hals über Kopf geräumt werden. Über Nacht wurde Kevelaer ein Heerlager. Alle eben nur brauchbaren Räume wurden mit Stroh belegt und zu Schlafstellen gemacht. Im Innenhof der Schule wurde die Küche eingerichtet, die täglich für 3000 und später noch für viele Hundert darüber das Essen bereiten mußte. In 5 Wochen soll der Westwall fertig sein. Sämtliche Klassen wurden mit HJ.-Angehörigen belegt. Die Jungen zeigten zum Teil eine wahnwitzige Zerstörungswut. Wie wird die Schule aussehen, wenn die Arbeiter ausziehen, zumal sie schon immer eine wenig würdige Stätte des Unterrichts gewesen war."[103]

Der jetzt noch einmal angegangene Westwallbau, bei dem auch die Kreisbevölkerung mithelfen mußte, erwies sich schon im Dezember 1944 als vollkommen nutzlos. Zum Teil war die Erde zur falschen Seite hin aufgeworfen worden, zum Teil hatten die Panzergräben nicht das erforderliche Maß. Diese Arbeiten wurden im Dezember eingestellt, nachdem sich bei vergleichbaren Gräben herausgestellt hatte, daß sie für die modernen alliierten Panzer, die zum Teil Brückenteile mit sich führten, kein Hindernis darstellten. Statt dessen staute man die Niers und setzte so weite Gebiete des Kreises unter Wasser.[104]

Weder bei den dienstverpflichteten Arbeitern, die sich um ihre Familienangehörigen sorgten, noch bei der zu Schanzarbeiten eingesetzten Kreisbevölkerung war die Motivation sonderlich hoch. Mitunter erreichten die an Samstagen oder Sonntagen erschienenen einheimischen Gruppen nur 40 bis 50 % der erwarteten Stärke. Viele Westwallarbeiter verließen die Baustelle, so daß Stadt- und Landwachen aufgestellt werden mußten, um die nach Hause strömenden wieder an ihren Platz zu bringen.[105]

Mitten hinein in das Wirrwarr der Ab- und Antransporte von Kriegsgefangenen, Zwangsarbeitern, Westwallarbeitern und Truppenteilen und unter der ständigen Bedrohung durch Bomber und Tiefflieger, ergingen dann auch noch die Evakuierungsbefehle.

Für die Räumung der linksrheinischen Gebiete des Gaues Essen von Vieh, Lebensmitteln und Maschinen war ein von Gauamtsleiter Hetzel geführter „Freimachungsstab" zuständig, der seinen Sitz in Rheinberg hatte. Im September 1944 wurde der Kreis Geldern in zwei Zonen eingeteilt, eine Entscheidung, der die Überlegung zugrunde lag, daß das alliierte Vorrücken an einer bestimmten Stelle zu stoppen sei – möglicherweise an der Niers! Die westlich des Wasserlaufs an die Niederlande grenzenden Gebiete einschließlich der Stadt Geldern wurden zur „Roten Zone" erklärt, hier erwartete man Kampfhandlungen. Die Gebiete östlich des Flüßchens bildeten die „Grüne Zone". Kevelaer, Wetten, Twisteden und Kleinkevelaer lagen somit in der roten, Winnekendonk, Kervenheim und Kervendonk in der grünen Zone. Eine entsprechende Einteilung galt für die übrigen linksrheinischen Kreise des Gaues.

Als sich am 20. September 1944 die Mitarbeiter des Stabes Hetzel trafen, erfuhren sie, daß der Gauleiter eine völlige Räumung des linksrheinischen Gebiets, „sofern sie nicht vom Führer angeordnet wird"[106], abgelehnt hatte. Der Stab wurde sich sehr schnell darüber einig, zumindest einen Teil des Viehs aus der erwarteten Kampfzone „herauszuschleusen". Im gesamten linksrheinischen Gaugebiet sollte eine „freiwillige", in der roten Zone „eine 20 %ige Abgabe an Vieh zwangsweise" durchgeführt werden. Die „wertvollsten Vatertiere" waren über den Rhein eventuell bis nach Westfalen zu schaffen. Mit der Reichsbahn wollte man über Transportkapazitäten für das Rindvieh verhandeln, die Schweine sollten mit Lastwagen befördert werden.

Die Realität holte die Planungen bald ein. Zugkapazitäten waren nicht zu erhalten, da zeitgleich die Evakuierung der Bevölkerung begann. Sämtliche benutzbaren Lastwagen hatte die Wehrmacht beschlagnahmt. So entwickelte der Freimachungsstab den Gedanken, Viehtrecks zusammenzustellen, jeweils etwa 150 Rinder stark, und diese über Land zu treiben. Doch stellte sich nun die Frage, wer diese Trecks führen sollte. Auf Soldaten mußte man von vornherein verzichten. Die arbeitsfähigen Männer und viele Frauen des Niederrheins arbeiteten in den Rüstungsbetrieben des Ruhrgebiets oder am Westwall, gruben vor den Dörfern Einmann-Löcher aus oder errichteten neben den Straßen Unterstände zur Tarnung von Fahrzeugen. Die Bauern und ihre noch verbliebenen Arbeitskräfte mußten die Ernte einbringen, was jetzt hauptsächlich in den frühen Morgenstunden erfolgte, wenn sich die Arbeiter wegen der Tieffliegergefahr nicht weigerten, die Felder zu betreten.[107]

Wieder einmal rückte so die HJ in den Mittelpunkt des Interesses. Der Stab dachte indes nicht an niederrheinische Einheiten, die ohnehin ausgelastet waren, sondern an Hitlerjungen aus dem Ruhrgebiet, für deren Unterbringung Lager in Till-Moyland, Uedem, Winnekendonk und Sevelen geplant wurden. Sie sollten „in 5tägigen Turnus wieder an den Ursprungsort zurückkommen".[108] Hierzu war jedoch wieder die Transportfrage zu klären und die Genehmigung des Gauleiters einzuholen, der erst kurz zuvor den Befehl erteilt hatte, „daß keine HJ mehr in dieses Gebiet hinein soll".[109]

Bis zum 3. Oktober 1944 waren aus der gesamten roten Zone des Gaues sowie aus den Niederlanden, dessen Grenzgebiete ebenfalls der roten Zone angehörten, 2250 Rinder „auf den Weg gebracht". Zu diesem Zeitpunkt wurde die Totalräumung innerhalb von vier Wochen angeordnet. Neue Probleme beschäftigten den Freimachungsstab, z. B. die „Seuchenverschleppung" durch niederländisches Vieh, deren Trecks in Kevelaer neu gesammelt wurden, oder die Überfüllung rechtsrheinischer Schlachthöfe.[110] Die alten Probleme blieben nach wie vor bestehen: Bereits zugesagte und angekündigte Eisenbahnwaggons trafen nicht ein und die wenigen zur Verfügung stehenden Lastwagen befanden sich in einem denkbar schlechten Zustand.

Auch der „Einsatz" der HJ verlief bei weitem nicht so reibungslos wie geplant. Am 16. Oktober 1944 notierte Hetzel nach der Bombardierung von Duisburg und Ruhrort: „Einsatz der HJ bereitet im Augenblick Schwierigkeiten, da größter Teil der Jungens aus Duisburg gestellt worden ist. Außerdem erklärt HJ-Bann, daß die HJ ihr Schuhwerk zerrissen hätte und von keiner Stelle Sohlenmaterial bekommen könne."[111] Überdies handelte es sich bei den HJ-Einheiten vorwiegend um städtische Jugendliche, die, abgesehen von Kinderlandverschickungen oder Zeltlagern, selten Gelegenheit gehabt hatten, mit Kühen oder Stieren in Berührung zu kommen. Die daraus entstandenen Schwierigkeiten schilderte ein Erfahrungsbericht des SD-Leitabschnitts Düsseldorf an das Reichssicherheitshauptamt Berlin:

„Die Rückführung des Viehs habe hier, so heißt es, nicht überall in einer Weise durchgeführt werden können, die größere Verluste ausgeschlossen hätte. Mit den Viehtransporten, die in Form von Viehtrecks erfolgt seien, habe man vielfach Angehörige der Hitler-Jugend betraut, die dieser Aufgabe nicht gewachsen seien. Vor allem habe es an verantwortlichen Führern gefehlt. So sei es vorgekommen, daß die Jugendlichen sich nicht die rechte Vorstellung von dem Wert des ihnen anvertrauten Gutes gemacht und deshalb wertvolles Vieh geradezu

verschleudert hätten. So werde z. B. ein wertvoller Zuchtbulle im Werte von RM 10–12 000,– vermißt, der angeblich unterwegs für eine handvoll Zigaretten an Interessenten abgegeben sein soll. Des weiteren seien die Jugendlichen teilweise gar nicht in der Lage gewesen, der großen Trecks von 200–500 Stück Vieh Herr zu bleiben. Sie hätten ausbrechenden Tieren machtlos gegenübergestanden, so daß auch hier erhebliche Verluste eingetreten seien. Das Vieh habe man zur Übernachtung usw. auf besetzte Weiden geführt und von diesen hinterher die gleiche Menge Vieh wieder abgetrieben, ohne feststellen zu können, ob es sich um das Transportvieh oder die einheimischen Tiere gehandelt habe.
Auch Wehrmachtsangehörige und zwar nicht nur einzelne, sondern ganze Einheiten bezw. deren Führer hätten eigenmächtig und unkontrolliert aus den Trecks Tiere zum eigenen Verbrauch herausgenommen. In einem Falle habe nur durch das Eingreifen der Feldgendarmerie die Verwertung solcher ‚beschlagnahmter' Tiere für die allgemeine Versorgung sichergestellt werden können. Schließlich seien erhebliche Verluste auch dadurch bedingt gewesen, daß die Hitlerjungen ohne ausreichende Verpflegung und Unterkunft gewesen seien und ihre Trecks verlassen hätten. Aber auch die zum Teil eingesetzten Bauern hätten nicht das nötige Verantwortungsgefühl gezeigt und sich unmittelbar nach Aufbruch der Trecks wieder entfernt.
Alle diese Mängel hätten zu großen Verlusten geführt. Rund 50 % des abgetriebenen Viehs sei unterwegs verloren gegangen. Ein großer Teil habe sich herrenlos herumgetrieben. So seien in Wesel und Büderich z. B. an einem Tage 500, an einem anderen Tage sogar 1200 Stück herrenloses Großvieh festgestellt worden. Ein Transport von ursprünglich 780 Tieren sei nur noch mit 250 Stück in Dinslaken angekommen. Der zudem durch das herrenlose Vieh angerichtete Flurschaden sei nicht unerheblich. So seien z. B. einem Bauern in Büderich in einer Nacht über 10 000 Stück Kopfsalat abgefressen und zertreten, einem anderen Bauern 500 Köpfe Blumenkohl vernichtet worden."[112]
Wenig später antwortete der heftig attackierte Hetzel auf die Vorwürfe des SD:
„Betr. Rückführung von Vieh und Erntevorräte aus den Räumungsgebieten war eine klare Planung vorgesehen und zwar das Vieh auf Anweisung des Gauleiters aus der roten Zone per Waggons abzuschleusen und zwar getrennt nach Zuchtvieh und Schlachtvieh. Nach 14tägigem dauernden Bitten und Flehen bei der Reichseisenbahn war es uns nicht möglich, wegen Nichtgestellung von Waggons, das Vieh zu verladen. Der Not gehorchend und dem Druck der militärischen Lage habe ich Trecks organisiert, die einen grossen Teil des Viehes auf dem Marschwege abzutransportieren hatten. Es war leider nicht möglich, andere Kräfte als die Hitler-Jugend für diese Aufgaben einzuspannen, da der Reichsverteidigungskommissar sämtliche Kriegsgefangenen und Ostarbeiter aus diesen Gebieten entfernt hatte. Es ist selbstverständlich, dass es bei der Hitler-Jugend

an verantwortlichen Führern fehlte. Ich selbst habe zu jedem Treck 2 fachmännische Viehtreiber mitgehen lassen, jedoch war es diesen 2 Menschen nicht möglich, diese HJ-Burschen in der Hand zu halten. Es stimmt, dass an dem Tage des Großangriffs auf Duisburg ein Viehtreck herrenlos auf den Rheinweiden bei Wesel herumlief, da die Hitler-Jungens uns alle stiften gegangen sind. Die Zahl von 1200 Stück ist natürlich ganz erheblich übertrieben, Trecks von 1200 Rindern hat es überhaupt nie gegeben. Das herrenlose Vieh wurde noch sofort am selben Tage durch Jungbauern, Flakhelfern und Wehrmacht auf meine Veranlassung wieder erneut zusammengetrieben und dem Städtischen Viehhof Dinslaken zur Verwertung zugeführt.
Es stimmt auch, dass Wehrmachtsangehörige laufend aus den Trecks unter Anwendung von Gewalt wertvollste Tiere herausgeholt haben und ihrer eigenen Verpflegung zusätzlich zuführten. Ich habe der Armee über diese unglaublich laufenden Vorfälle dauernd Bericht erstattet mit Namen und Feldpost-Nr. ihrer Formationen. Erst seit 14 Tagen scheint in dem Verhalten der Truppe eine Besserung eingetreten zu sein. Betr. Verpflegung der Hitler-Jugend kann gesagt werden, dass sie reichlich versorgt wurden und sogar erhebliche Fleischzulagen erhalten haben. Bezüglich der Verluste beim Abtransport des Viehs bemerke ich, dass sämtliche Bauernhöfe durch besonders Beauftragte durchkämmt worden sind und dass etwa zugelaufenes Vieh, soweit es nicht schon bereits auf freiwilliger Basis abgeliefert, wieder herausgeholt wurde. Auch die Angabe, dass rund 50 % des abgetriebenen Viehes unterwegs verloren gegangen ist, ist ganz erheblich überschätzt. Dass aus Trecks Tiere abhanden kommen können, ist eine Selbstverständlichkeit. Dass Tiere in Gärten und Gemüseländereien 10 000 Stück Kopfsalat abfressen, ist auch möglich, aber nicht zu verhindern. [...]
Es ist ein altes Wort ‚wo gehobelt wird, fallen Späne', so auch in diesem Falle der schnellen Räumung der roten Zone. Ich habe fachlich und sachlich alles getan was in meinen Kräften stand, um die grössten Schwierigkeiten, die sich oft tagtäglich ergaben, zu beheben. Ich glaube, der SS-Hauptsturmführer, der diesen Bericht gemacht hat, würde besser getan haben, sich praktisch mit in die Arbeit hineinzustellen. Vielleicht wäre es dann geglückt, alles wie ein Uhrwerk ablaufen zu lassen."[113]
Trotz aller Schwierigkeiten konnte die Viehräumung in der roten Zone des Kreises Kleve noch vor Ende Oktober 1944 abgeschlossen werden.[114] Nun richtete sich das Augenmerk des Freimachungsstabes verstärkt auf den Kreis Geldern. Hier war es bislang noch nicht zu einer systematischen Räumung gekommen, sondern lediglich zu einer gewissen „Ausdünnung" der Viehbestände. Bis Anfang Oktober 1944 waren verschiedene Rindviehtrecks aufgebrochen – so am 30. September aus Pont, Wetten und Straelen, am 1. Oktober aus Walbeck und Weeze oder einen Tag später erneut aus Straelen – mit insgesamt 1390 Tieren,

bei einer erwarteten Gesamtzahl von 13 500 Rindern.[115] Die totale Räumung befahl der Stab aber erst am 1. Februar 1945, einen Monat vor der Besetzung durch alliierte Truppen, nachdem sich offenbar im Kreisgebiet erheblicher Unmut über die Viehtransporte breit gemacht hatte. Bei einer Versammlung an diesem 1. Februar 1945 in Pont, an der Mitarbeiter des Stabes Hetzel, die Ortsbauernführer der roten und grünen Zone und Vertreter der Polizei teilnahmen, artikulierte sich die Unzufriedenheit: „Als besonders erschwerend wurde die Tatsache erklärt, dass dort, wo die Bauern 100%ig geräumt haben, heute in den Ställen Truppenvieh stehe. Den Bauern ist es unverständlich, dass sie gezwungen werden, ihr Vieh abzugeben und damit ihrer Existenzgrundlage beraubt werden, während die Truppe neu Vieh aufstallt. [...] Zur praktischen Durchführung der Viehräumung wurde festgestellt, dass die Bauern einen schriftlichen Bescheid zur freiwilligen Abgabe ihres Viehes zu einem bestimmten Termin bekommen. Wenn das Vieh zu diesem Zeitpunkt nicht abgeliefert wird, verfällt es dem Staat und wird mit Unterstützung der Polizei und Westwallarbeitern herausgeholt."[116]
Ab dem 3. Februar 1945 lief das Programm der Totalräumung der restlichen 8500 Stück Rindvieh aus der roten Zone an. Am 7. Februar waren Twisteden, Kevelaer und Wemb, einen Tag danach Weeze und Wetten an der Reihe. Der Plan für Kevelaer und Twisteden sah im einzelnen vor:

„Mittwoch, den 7. Februar 1945, ab 8 Uhr die Gemeinden Twisteden und Kevelaer
Sammelplatz Kroatenstraße am Wasserturm in Kevelaer
Ordnungsdienst am Sammelplatz Meuskens und Bernnsdorf
30 Westwallarbeiter bestellen
Treffpunkt der Räumkommandos
a) für Twisteden um 8 Uhr auf dem Schulplatz in Twisteden, dem Räumungskommando gehören an Gottmann und Silex
40 Westwallarbeiter bestellen
b) für Kevelaer um 8 Uhr am Wasserturm, Kroatenstraße, dem Räumungskommando gehören an Möller-Holtkamp, Hoemann
40 Westwallarbeiter bestellen."[117]

Als Mitte Februar 1945 auch den letzten Mitarbeitern des Freimachungsstabes „klar" wurde, daß die rot-grüne Zoneneinteilung nur auf dem Papier Gültigkeit hatte und die Niers kein Hindernis für die alliierten Truppen bedeuten würde, machte man sich kurz vor Kriegsende mit der Kreisbauernschaft an eine „30%ige Auflockerung in den Gemeinden Winnekendonk und Kervenheim".[118]

Vom Kampf der Frauen

Auch bei der Evakuierung der Einwohner zeigten sich Schwierigkeiten, die sich allerdings nicht so sehr aufgrund von Transportproblemen ergaben, sondern vielfach aus dem festen Entschluß, die Heimat nicht verlassen zu wollen. Einem Aufruf der NSDAP-Kreisleitung „an Frauen mit Kindern, an alte und kranke Leute" der roten Zone vom 26. September 1944[119] folgten längst nicht alle Angesprochenen. Von denen, die der freiwilligen Evakuierung Folge leisteten, zogen wiederum nicht alle in die vorgesehenen Evakuierungsgebiete – für Kevelaer z. B. war dies der Gau Hannover-Süd –, sondern sie blieben bei rechtsrheinischen Bekannten oder in den Dörfern der grünen Zone. Dort war es zwar keineswegs sicherer, doch hatte man sich so einer Evakuierung in fernere Regionen entzogen.

Der eigentliche Räumungsbefehl, erlassen vom stellvertretenden Gauleiter Schlessmann, erging am 25. November 1944. Er ließ z. B. den Bewohnern von Twisteden bis zum 1. Dezember 24 Uhr Zeit, das Dorf zu verlassen. Jeder, der sich danach nicht besonders ausweisen konnte, mußte „damit rechnen, als Plünderer und Spion standrechtlich behandelt zu werden".[120]

Doch selbst die angedrohte Todesstrafe machte wenig Eindruck auf diejenigen Dorfbewohner, die sich entschlossen hatten zu bleiben. Dazu die Wettener Pfarrchronik: „Am 2. Okt. kamen die ersten Aufforderungen zur Evakuierung, auf weißem Zettel; Ende Oktober wurden die roten Plakate angeschlagen, gez. von Gauleiter Schlessmann, auf denen unter den schwersten Strafen die Bevölkerung außer den männl. Pers. vom 16.–60. Lebensjahr und denen, die unter Aushändigung eines Ausweises aufgefordert wurden zu bleiben, den Befehl erhielt, die sog. rote Zone, zu der auch Wetten gehörte, zu verlassen bis zum 5. Dez. 24 Uhr. Die Aufforderung stieß auf den passiven Widerstand der gesamten Bevölkerung. Erst als man etwas gemäßigter vorging und weitgehende Hilfe denen versprach, die folgen würden, ließen sich 15–20 Fam. dazu bewegen, an den Transporten teilzunehmen. [...] Weihnachten 1944 wurde trotz der traurigen Lage und der gedrückten Stimmung, welche die Evakuierungsfrage hervorrief, doch noch recht weihnachtlich gefeiert."[121]

Entschieden wehrte sich auch ein Teil der Kevelaerer Bevölkerung gegen die mehrfach von der Kreisleitung herausgegebenen Evakuierungsbefehle. Der letzte datierte vom 29. Dezember 1944. Nun drohte die Kreis-NSDAP für Anfang Januar „unnachsichtig mit der Zwangsräumung".[122] Unter Einsatz von 200 grün uniformierten Polizisten begann am 2. Januar 1945 die Räumung. „An jeder Straßenecke standen Wachen", so lautete eine Tagebucheintragung. „Leute, die auf der Straße angetroffen wurden, warfen die ‚Grünen' wie Tiere auf den Wagen. Hilferufe nutzten nichts. Die aufgegriffenen Personen, meistens handelte es sich um Frauen, brachten die Polizisten ins Kino."[123]

Bekanntmachung an die Bevölkerung

Die Gemeinde **Twisteden** gehört zum Kampfgebiet.

Sie ist von der gesamten Zivilbevölkerung **sofort zu räumen!**

Wohin abgewandert wird und was an Gepäck mitgenommen werden kann, hat der Kreisleiter durch Flugblatt bekanntgegeben.

Wer nach dem **1. Dezember 1944, 24 Uhr** im Kampfgebiet angetroffen wird, trägt zur Unsicherheit der Kampfzone bei und muß damit rechnen, als Plünderer und Spion standrechtlich behandelt zu werden.

Die Truppe hat das Recht, jeden Zivilisten, der sich ohne besonderen Ausweis des Landrats im Kampfgebiet aufhält, festzunehmen oder zu erschießen. Sein Eigentum wird beschlagnahmt.

Der Reichsverteidigungskommissar für den Reichsverteidigungsbezirk Essen

Essen, den 25. November 1944.

m. d. F. d. G. b. *[Unterschrift]* Stellv. Gauleiter

Druck: National-Zeitung, Essen

Anordnung zur Evakuierung Twistedens im November 1944 (NMVK)

Neben dieser persönlichen Aufzeichnung entstand ein ausführlicherer, von Heinz Bosch veröffentlichter Bericht[124], der allerdings in der militärischen Sprache der damaligen Zeit abgefaßt war. Außerdem findet sich ein fast gleichlautender Bericht im Wachbuch der Luftschutzwache Wetten[125], unterzeichnet vom Meister der Schutzpolizei a.D. Simmers. Beide Fassungen unterscheiden sich dadurch, daß in der Wachbuch-Version von „Kevelaer und Wetten", in dem von Bosch wiedergegebenen Text dagegen nur von „Kevelaer" die Rede ist:

„Wehrmachtsbericht vom 2. Januar 1945.
Nachdem der Feind in den letzten Tagen des alten Jahres wiederholt Spähtrupps in der Gegend zwischen Dondert und Niers ausführte, war mit einem Großangriff zu rechnen. Es gelang ihm, in den Vormittagsstunden des heutigen Tages mit dem Aufgebot seiner geschulten Kräfte in Kevelaer und Wetten einzudringen. In kurzer Zeit waren die Brücken und wichtigsten Straßen besetzt, der Angriff nahm gegen Mittag an Heftigkeiten zu. Teilweise kam es zu erbitterten Straßen- und Häuserkämpfen. Es gelang dem Feind, unter Anwendung seiner ganzen Kräfte, 94 Gefangene und Verwundete einzubringen. Während die Lichtzentrale kurze Zeit in Feindeshand war, konnten durch hervorragende Leistungen unseres Meldedienstes das Wasserwerk nicht eingenommen werden. Nachdem eine Kapitulation von den tapferen Besatzungen abgelehnt wurde, führte der Gegner mit rasch zusammengerafften Kräften im Schutze der Dunkelheit noch einen letzten vergeblichen Vorstoß aus. Trotz großer Überlegenheit an Waffen, Munition und Menschenmaterial scheiterte der Angriff an der zähen und verbitterten Gegenwehr unserer Frauen, sodaß der Feind sich in der Nacht nach Freigabe der Gefangenen feige zurückzog. Der Divisionspfarrer konnte nicht aus den Händen der Feinde entrinnen. Nach den wiederholten Niederlagen, die der Feind zu verzeichnen gehabt hatte, ist mit einem neuen Angriff nicht mehr zu rechnen. Wetten und Kevelaer ist wieder frei und fest in den Händen unserer tapferen Frauen.
Zur Erläuterung: Als Divisionspfarrer ist der hochw. Herr Dechant Holtmann aus Kevelaer gemeint. Dechant Holtmann wurde am 2. 1. 1945 auf Befehl der ‚Grünen' in Gewahrsam genommen und in den Diensträumen des Ortsgruppenleiters 2 Tage festgehalten. Von dem Kommando des Räumungskommandos wurde vermutet, daß Dechant Holtmann die Räumung der Ortschaften durch seinen Einfluß auf die Einwohner benachteilige."[126]

Dechant Wilhelm Holtmann blieb bis zum 15. Februar 1945 in Ratingen in Gestapohaft und kehrte erst nach Kriegsende in den Wallfahrtsort zurück. Er hatte sich geweigert, sich an die Spitze des Evakuierungszuges zu stellen, weil er es als seine Pflicht ansah, „als Pfarrer in Kevelaer zu bleiben, solange noch Pfarrkinder dort" waren.[127]

Am 6. Februar 1945 räumten etwa 1000 Polizisten den Wallfahrtsort.[128] Die aufgegriffenen Einwohner wurden, soweit sie nicht über die Niers in die grüne Zone flüchten konnten, in den Raum Hannover evakuiert. Als wenige Tage später die Bombenangriffe der alliierten Offensive einsetzten, flohen die bis dahin noch verbliebenen Reste der Bevölkerung, die Polizisten und die Westwallarbeiter. Etwa 100 Einwohner zählte der Wallfahrtsort beim Einmarsch der britisch-kanadischen Truppen.[129]

Andreaskreuz und Ahornblatt

Über die Kämpfe am linken Niederrhein, das Vorrücken der britisch-kanadischen Verbände aus nördlicher Richtung, das der amerikanischen Truppen aus westlicher Richtung sowie über die Zerstörungen der einzelnen Ortschaften liegen eine Reihe von Aufsätzen sowie ein detailliertes Buch von Heinz Bosch vor, deren Bekanntheitsgrad am Niederrhein es erlaubt, die folgende Darstellung knapp zu halten.
Zu den eindrucksvollen Schilderungen der letzten Kriegstage gehört diejenige von Elisabeth Ebe-Jahn, die das Kriegsende in dem bis Mitte Februar 1945 von Bomben fast vollkommen unberührten Kervenheim miterlebte:
„Als diese Eisenbahnstrecke am 1. November 1944 an mehreren Stellen bombardiert und nicht wieder voll hergestellt wurde, wußten wir, daß wir uns endgültig selbst überlassen bleiben sollten. Die Züge, die schon vorher nur noch spärlich und unter ständiger Tiefliegerbedrohung gefahren waren, kamen nun so gut wie gar nicht mehr. Mit ihnen blieben auch die Besucher aus der Stadt aus. Niemand erschien mehr, um sich auf dem Lande für einige Tage von den Bombennächten zu erholen. Niemand kam mehr in der Hoffnung auf einige zusätzliche Lebensmittel. Von unserem Dorf Kervenheim aus nach Krefeld zu kommen war nur noch mit dem Fahrrad möglich. Solange es der Winter gestattete, legte ich darum einmal zu Beginn jedes Monats die hundert Kilometer mit dem Fahrrad zurück, um in Krefeld alle notwendigen Geld- und Versicherungsangelegenheiten für Familie, Verwandte und Bekannte zu erledigen.
Aber nicht nur die privaten Verbindungen waren abgeschnitten, sondern auch die zu den größeren öffentlichen Verwaltungen. Der Postverkehr hörte auf und mit ihm auch der Güterverkehr. Bedarfsgegenstände, ob zuteilungspflichtig oder nicht, erreichten uns nicht mehr. Andererseits konnten aber auch die Bauern ihre landwirtschaftlichen Produkte nicht mehr abliefern, und niemand kam, um sie zu holen. Wir gingen einem Winter entgegen, wie wir ihn einsamer und verlassener nicht mehr erlebten, und doch war er wunderschön. Alle Institutionen hatten für uns aufgehört zu existieren. Die deutschen Verwaltungen hatten uns abgeschrieben, die gegnerischen waren noch in sicherer Entfernung. Wir

lebten auf einem Stück Erde, auf dem die Gesetze keine Kraft mehr hatten. Mit einem Mal hörten Mißtrauen und Neid, Überheblichkeit und Unterwürfigkeit auf. Jeder gab, was er entbehren konnte, und jeder half, wo es notwendig war. Von den Bauern erhielten wir soviel Milch, daß wir von dem Überfluß Butter herstellen konnten und daran keinen Mangel hatten. Wenn wir um Fleisch fragten, waren sie nicht kleinlich, und so legte jeder einen Vorrat von Dauerwürsten und Speck für den kommenden Kriegssturm an. [. . .]
Wir wußten kaum, was in den nächsten Ortschaften geschah, höchstens daß wir einiges von den deutschen Soldaten erfuhren, die im Winter ankamen, oder daß diejenigen, die noch ein verwendbares Fahrrad hatten, Neuigkeiten mitbrachten. So erfuhren wir im Oktober, daß Kleve bombardiert worden war. Im Winter brachten Familien, die aus Kevelaer zu uns geflüchtet waren, die Nachricht mit, daß Kevelaer zur Roten Zone und damit zum künftigen Frontgebiet erklärt worden sei. Kervenheim aber sei Grüne Zone, und man gehe davon aus, daß hier keine Kampfhandlungen stattfänden. [. . .] Wir glaubten nicht an die Ruhe der grünen Zone. Je weiter der Winter fortschritt, je ruhiger und freier wir lebten, umso mehr suchte man in die ungewisse Zukunft zu dringen. Der Pfarrer versuchte zwar die Sorge und Unruhe mit nüchternen historischen Tatsachen zu zerstreuen. [. . .]
Am späten Abend des 7. Februar, wurde es an der Front zwischen Maas und Waal lebendig. Luftverbände stiegen auf und bereiteten den Anmarsch der Truppen vor. Kleve, Goch, Weeze, Uedem, Kalkar und ein Streifen des Kervendonker Gebietes wurden mit Bombenteppichen belegt, die den Äther im Grenzland zum Tosen brachten. In Kervenheim selbst geschah nichts. Wir saßen im Garten – es gab im ganzen Ort nur drei Luftschutzkeller – und hörten es ringsrum niederprasseln. Es war, als ob ein riesiges Unwetter uns von allen Seiten umgäbe. Wir selbst befanden uns auf einer nachtschwarzen Insel und erwarteten jede Minute unser Ende. Eine Handvoll jämmerlich verwirrter Menschen saß da herum, vertrieben aus dem Paradies des staatenlosen Zustandes. Selbst ich überlegte, ob man jetzt wohl sein letztes Vaterunser beten müsse, als mein Vater, der neben mir auf der Bank saß und seine Pfeife rauchte, mich anstieß und – wohl um die anderen in ihrem Jammern nicht zu stören – leise zu mir sagte: ‚Du mußt einmal zählen; es sind jedesmal zwölf, die da fallen'.
Kein Satz hat mich je so plötzlich und vollständig zur Besinnung gebracht. Ich wußte auf einmal, daß ich den Krieg überleben würde und noch vieles danach. Es lohnte sich wieder, zu handeln. Noch in der Nacht packten wir alles zusammen, was wir für lebensnotwendig hielten. Nachdem noch eine zweite Bombenwelle, die genau wie die erste zwanzig Minuten dauerte, die Häuser zwar erzittern ließ, aber das Dorf schonte, war um drei Uhr Ruhe. Zum letzten Mal legten wir uns schlafen auf unserer einsamen Insel im alten Reich, für zwei Stunden. Als am Morgen um 5 Uhr das Trommelfeuer einsetzte, da hatte die

An die Bevölkerung der Gemeinden Kevelaer, Wetten, Twisteden und Kleinkevelaer

1. Ab 5. 2. 1945 muß Kevelaer geräumt werden.
2. Nur diejenigen männlichen Personen haben Berechtigung in Kevelaer zu bleiben, die im Besitze
   eines roten Ausweises des Landrats,
   eines Westwallausweises,
   einer Notdienstverpflichtung des Arbeitsamtes zum Westwalleinsatz oder
   eines Soldbuches des Volkssturmes sind.
   Weibliche Personen haben keine Berechtigung mehr, sich in Kevelaer aufzuhalten. Der Landrat hat die Gültigkeit der roten Ausweise für weibliche Personen widerrufen. Sie verlieren ab sofort ihre Gültigkeit.
3. Wer die Möglichkeit hat, außerhalb der roten Zone linksrheinisch bei Verwandten oder Bekannten unterzukommen, muß bis 5. 2., 24.00 Uhr Kevelaer verlassen haben.
4. Diejenigen Personen, die im linksrheinischen Gebiet außerhalb der roten Zone nicht unterkommen können, haben sich bis zum 5. 2. 18,00 Uhr bei der Dienststelle der N.S.V. in Kevelaer zwecks Evakuierung in den Gau Hannover=Süd anzumelden. Sie bekommen dort einen abgestempelten Ausweis, auf Grund dessen sie berechtigt sind, bis zur Abfahrt des Zuges vorübergehend in Kevelaer zu verbleiben. Die Abfahrt des Zuges wird durch Ausschellen bekannt gegeben.
5. Ab 6. 2. 1945 setzt ein polizeilicher Streifendienst ein. Sämtliche Personen, die ohne gültigen Ausweis angetroffen werden, werden sofort festgesetzt und ohne Gepäck abtransportiert.
6. Sämtliche Geschäfte haben ab 6. 2. 1945 den Verkauf einzustellen. Mit dem Wirtschaftsamt ist umgehend abzurechnen.

Mit der Räumung beauftragt:
gez. **Martin**
Oberstleutnant der Schutzpolizei und Kampfgruppenkommandeur

Der letzte Räumungsbefehl (NMVK)

Einmarsch 1945. Vorrücken der britisch-kanadischen Truppen auf der Weezer Straße in Richtung Kevelaer (NMVK)

Pfarrkirche Winnekendonk 1945 (KG)

Bahnhof Kevelaer 1945 (NMVK)

Schlacht am Niederrhein begonnen, und für die nächsten Wochen wurde das Pfeifen der Geschütze zum zermürbenden Rhythmus des Tages und das brüllende Rotieren der Mörser zur bösartigen Musik der Nacht. Als es wieder still war, lag das Dorf in Scherben."[130]

Kervenheim zählte, allen Überlegungen über rote oder grüne Zonen zum Trotz, zu den am meisten zerstörten Orten des linken Niederrheins. Ab etwa Mitte Februar 1945 lag der Ort in Reichweite der britischen Artillerie, die, begleitet von nun verstärkt einsetzenden Luftangriffen, die Einnahme durch die kämpfenden Fußtruppen vorbereitete. Für die Briten hatte die Straßenkreuzung bei Kervenheim offenbar strategische Bedeutung, da „die dort liegenden Stellungen die Flanken der auf Sonsbeck vorstoßenden 11. Panzer-Division und der auf Kevelaer drängenden 53. Division gefährdeten".[131]

Die deutsche Wehrmacht besaß zu diesem Zeitpunkt keine geschlossene Frontlinie mehr. Sie versuchte, den alliierten Vormarsch lediglich noch zu verzögern, und lieferte Rückzugsgefechte, in deren Verlauf Kervenheim und Winnekendonk zerstört wurden. Am 28. Februar 1945 begann der Angriff auf Kervenheim bzw. auf die den Ort umgebenden Höfe Kervendonks, in denen einige hundert deutsche Fallschirmjäger sinn- und aussichtslos einer Übermacht gegenüberlagen. Die Kämpfe um die umliegenden Gehöfte waren grausam; alliierte und deutsche Soldaten mußten hier, wenige Wochen vor Kriegsende, ihr Leben lassen, wurden verwundet, verkrüppelt.

Bomben und Granaten setzten die Häuser Kervenheims in Brand, in das die Kanadier am 2. März 1945 als Sieger, nicht als Befreier, einrückten. Die deutschen Soldaten hatten das Ruinenfeld zuvor verlassen. Kaum ein Haus war unversehrt geblieben, die meisten waren niedergebrannt, zerschossen oder eingestürzt. Auch Winnekendonk, das einen Tag später eingenommen wurde, bot ein Bild der Verwüstung. Ganze 88 der 330 Häuser auf Gemeindegebiet hatten keinen Schaden erlitten.[132]

Den Orten der roten Zone, die ebenso wie Winnekendonk am 3. März besetzt wurden, erging es wesentlich besser, wenngleich auch in ihnen Spuren des Krieges zu sehen waren. Kämpfe fanden jedoch hier nicht mehr statt, weil es keine Verteidiger mehr gab. In Kevelaer hatten sich die gezielten Luftangriffe vom 11. und 14. Februar sowie vom 1. März auf die Umgebung des Bahnhofs konzentriert, Schäden im Ortskern waren dabei nicht ausgeblieben. Die Gnadenkapelle überstand den Krieg fast unversehrt, nicht so die Basilika, das Priesterhaus, die höhere Schule oder das erst 1938 fertiggestellte und eröffnete „Haus der Geschichte".

Etwa 50 Menschen starben bei den Luftangriffen, darunter 20 sowjetische Kriegsgefangene[133], wahrscheinlich ein Arbeitskommando der Wehrmacht, das den Bomben schutzlos ausgeliefert gewesen war. Als „Unbekannte" wurden sie auf dem Kevelaerer Friedhof beigesetzt.

Schlußwort

Mit dem Einzug der britisch-kanadischen Truppen im Norden des Kreises und der amerikanischen im Süden endet die Betrachtung eines halben Jahrhunderts niederrheinischer Geschichte. Die Menschen, die das Leben der Dörfer und Flecken geprägt hatten, befanden sich an jenen frühen Märztagen des Jahres 1945 als Flüchtlinge in der näheren oder weiteren Umgebung, als Evakuierte mitunter weit entfernt, als Soldaten irgendwo an den zurückweichenden Fronten des Großdeutschen Reiches, als Kriegsgefangene in der Fremde.
Die alliierten Truppen besetzten das Land, sie befreiten es nicht. Ihr Sieg war total, die Niederlage bedingungslos. Eine „Stunde Null" hat es nie gegeben – weder bei den Siegern noch bei den Besiegten. Die Menschen, die in die zerschossenen Ruinen ihrer Heimatdörfer oder in die relativ unversehrten Gemeinden zurückkehrten – alle starrten sie über Jahre hinweg noch von Schutt, Gerät und Schrott –, blieben nur kurze Zeit allein. Die Evakuierten kehrten heim, die Kriegsgefangenen und die Häftlinge der Konzentrationslager – und schon bald kamen die ersten Flüchtlinge aus dem Osten, die in den folgenden Jahren mithalfen, den Niederrhein neu aufzubauen. Andere indes verließen das Land – konnten es endlich. Die ehemaligen Zwangsarbeiter und Kriegsgefangenen wurden unter dem Schutz der Militärverwaltungen und internationaler Hilfsorganisationen u. a. in Kevelaer gesammelt, ehe sie die Heimkehr antreten konnten.
Der einheimischen Bevölkerung und den neu Hinzugekommenen standen harte Jahre bevor, geprägt von Hunger, Entbehrungen und Schwarzmarkt, aber auch vom Aufbau eines neuen politischen Gemeinwesens, das uns ohne die Kenntnis der eigenen Geschichte schwer verständlich bleiben würde.

Anmerkungen

Urgroßvaters Welt: Im Kaiserreich

1 Angaben für Kevelaer: K 05-2, für Kervenheim: W 155 ff.
2 K 51-9, Dezember 1903 Ortsbesichtigung.
3 Verwaltungsbericht für 1900, KV 16. 2. 1901; Verwaltungsbericht 1901–1907, KV 9. 3. 1907, Verwaltungsbericht 1913, K 03-1-27.
4 K 51-13, 11. 7. 1901 Sitzung der Gesundheitskommission.
5 KV 11. 9. 1901.
6 K 51-9, Dezember 1903 Ortsbesichtigung.
7 K 02-2-73, 4. 8. 1904 Gemeinderat Kevelaer.
8 Verwaltungsbericht 1901–1907, KV 9. 3. 1907.
9 KV 31. 10. 1906, Entscheidung des Landrats auf die Beschwerde von 76 Einwohnern bezüglich des Zwangsanschlusses.
10 Verwaltungsbericht 1901–1907, KV 9. 3. 1907.
11 Ebenda.
12 KV 8. 1. 1908.
13 KV 18. 7. 1906, Bericht über die Gemeinderatssitzung vom 12. 7. 1906.
14 KV 21. 4. 1909.
15 KV 8. 5. 1909.
16 KV 9. 3. 1907.
17 KV 15. 5., 20. 7. 1901.
18 KV 7. 8., 17. 8. 1901, 12. 7. 1902.
19 1930 wurde die Strecke gänzlich unrentabel. Zur Personenbeförderung diente dann eine Kraftfahrlinie auf der Teilstrecke Straelen–Wankum–Kempen. ZStAM Rep. 77, Tit. 4039, Nr. 4583/4, 16. 2. 1937 Bericht über die Ordnungsprüfung der Haushaltsrechnung 1934 des Landkreises Geldern.
20 W 68, 15. 2. 1900 Gemeinderat Winnekendonk.
21 KV 10. 1. 1925.
22 K 02-2-11, 16. 12. 1912 Gemeinderat Kervendonk, W 77, 19. 4. 1910 Gemeinderat Kervenheim, W 66, 19. 4. 1910, 13. 12. 1912 Gemeinderat Winnekendonk.
23 W 66, 9. 8. 1912 Gemeinderat Winnekendonk.
24 KV 4. 12. 1901.
25 W 66, 1926–1928 Gemeinderat Winnekendonk.
26 K 05-2-25.
27 W 77, 22. 2. 1901 Gemeinderat Kervenheim.
28 W 1475, 19. 6. 1914.

29 K 51-11, 3. 4. 1894 Sitzung Sanitätskommission Kevelaer.
30 K 03-1-25, Zeitungsberichte 1895 ff.
31 K 51-20, Ergebnisse der ärztlichen Untersuchungen, August 1906.
32 Z. B. in Achterhoek 1907, W 66, Gemeinderatsprotokolle Winnekendonk.
33 HStAD Reg. Düsseldorf 54058.
34 K 02-2-53, 26. 4. 1922 Gemeinderat Wetten.
35 W 765 und HStAD Reg. Düsseldorf 54059.
36 HStAD Reg. Düsseldorf 54149.
37 K 03-1-25.
38 HStAD Reg. Düsseldorf 8086.
39 K 51-7.
40 HStAD Reg. Düsseldorf 8086.
41 Ebenda.
42 Ebenda, 8. 3. 1893 Bürgermeister an Landrat.
43 Verwaltungsbericht 1900, KV 16. 2. 1901, sowie für Kervenheim W 158.
44 Verwaltungsbericht 1901–1907, KV 9. 3. 1907.
45 Zum folgenden KV 9. 3. 1929, „Die Entwicklung der Fortbildungsschule Kevelaer in den 35 Jahren ihres Bestehens".
46 Statuten der Kaufmännischen Fortbildungsschule zu Kevelaer, Oktober 1909, in: *Bürgerbuch*, S. 25–27.
47 K 03-1-27, Verwaltungsbericht für 1913.
48 K 71-1-20, 12. 2. 1902.
49 K 21-1-16.
50 KV 26. 11. 1927, „Die Jubelfeier der höheren Mädchenschule zu Kevelaer".
51 *Brücker*, S. 61.
52 *Hahn*, S. 50.
53 Vgl. *Marx*, S. 102–119.
54 K 95-3-88.
55 K 72-1-15, Umlage-Rolle der Handelskammer zu Crefeld für das Rechnungsjahr 1907/08.
56 *Marx*, S. 83.
57 *Wilden*, S. 464.
58 K 72-1-12/13.
59 K 72-1-12.
60 *Wilden*, S. 464.
61 K 72-1-12.
62 *Wilden*, S. 466.
63 K 72-1-13, 31. 5. 1912.
64 *Janssen, Wandlungen*.
65 W 91, Zeitungsberichte.
66 K 64-84, Fragebogen 1908. Keylaer gehörte zur Gemeinde Kevelaer, Berendonk zu Wetten.

67 W 158, Fragebogen 1914.
68 KV 18. 12. 1901.
69 KV 22. 1. 1902.
70 W 178a.
71 KV 15. 11. 1905.
72 NMVK, 10seitiges Manuskript „Kevelaer".
73 *Marx,* S. 76–82.
74 Ebenda, S. 79.
75 *150 Jahre Industrie- und Handelskammer zu Krefeld,* S. 106.
76 K 72-1-22.
77 Jahres-Bericht der Handelskammer zu Krefeld für 1898, Krefeld 1899.
78 Ebenso für 1900.
79 Ebenso für 1901.
80 KV 22. 3. 1902.
81 W 91, Zeitungsbericht IV. Quartal 1906.
82 Jahres-Bericht der Handelskammer zu Krefeld für 1912 bzw. 1913.
83 W 1475.
84 *125 Jahre Industrie- und Handelskammer,* S. 244.
85 Die Darstellung folgt, soweit nicht anders vermerkt, den Ausführungen von *Marx,* S. 59–63.
86 *100 Jahre Butzon & Bercker,* S. 4.
87 B & B, Verlagskatalog 1912, Ausgabe 1916.
88 *100 Jahre Butzon & Bercker,* S. 12.
89 Ebenda, S. 12 f.
90 K 72-1-10, K 03-1-25, Zeitungsberichte 1. 7.–25. 9. 1895.
91 Jahres-Bericht der Handelskammer zu Krefeld für 1899, Krefeld 1900, S. 72.
92 K 72-2-8/9/40, K 72-3-6.
93 K 72-1-22, Lage der Industrie 1895.
94 Soweit nicht anders vermerkt, vgl. zum folgenden *Marx,* S 63–69.
95 K 72-2-10/11.
96 Jahres-Bericht der Handelskammer zu Krefeld für 1898, Krefeld 1899, S. 56.
97 Ebenso für 1902, 1904, 1909 ff.
98 B & B.
99 *Henning, Sozialpolitik,* S. 94.
100 Ebenda, S. 94 u. 96.
101 *Syrup,* S. 155.
102 W 1494, K 72-2-6/7/8/9/11/14.
103 Die genauen Firmennamen lauteten: Cruzifix-Fabrik Fritz Iding, Universal-Wäsche-Fabrik Johann Arns, Gebetbücher-Fabrik Marian van den Wyenbergh, Verlagsbuchhandlung und Buchbinderei Butzon & Bercker, Niederrheinische Schuhfabrik Johann Micheel.

104 K 72-2-11.
105 *Ackermann.*
106 W 91, Zeitungsbericht IV. Quartal 1901.
107 KV 30. 11. 1904.
108 *Heitzer,* S. 23 f. u. 38.
109 Ebenda, S. 25.
110 *Schneider,* S. 107.
111 Ebenda, S. 106.
112 W 91, Zeitungsbericht III. Quartal 1901.
113 W 91, Zeitungsbericht III. Quartal 1902.
114 W 91, Zeitungsbericht IV. Quartal 1907.
115 KV 15. 6. 1904, „Aus der christl. Schuhmacherbewegung am Niederrhein".
116 KV 13. 4. 1904.
117 K 12-1-32.
118 Ebenda.
119 KV 19. 10. 1904.
120 K 12-1-32, 15. 10. 1904 Bürgermeister Marx an Landrat.
121 K 12-1-32, 19. 10. 1904 Streikmeldung des Bürgermeisters.
122 KV 11. 1. 1905.
123 *Syrup,* S. 152.
124 Ebenda.
125 KV 21. 1. 1905, „Die Bedeutung der sozialen Kommission im Gemeinderate". Der Artikel stammte, wenn auch nicht namentlich gekennzeichnet, von Theodor Bergmann.
126 K 12-1-32, 4. 1. 1905.
127 Zusammengefaßt im ersten Teil der Schrift von Josef Bercker. „Eine Taktik, wie sie nicht sein soll", als Manuskript gedruckt 1913, K 72-3-8. KV u. a. 20. 12. 1905, 17. 1. 1906.
128 Vgl. zum folgenden, soweit nicht anders vermerkt, K 72-3-7.
129 KV 26. 4. 1905.
130 KV 15. 6. 1907.
131 KV 14. 5. 1912.
132 Vgl. zum folgenden K 72-3-5.
133 KV 1. 2., 5. 2., 12. 2. 1913.
134 KV 22. 1. 1913. „Graphischer Verband" = „Zentralverband der Christlichen Arbeiter und Arbeiterinnen in den graphischen Gewerben und in der Papierbranche".
135 K 72-3-8, „Eine Taktik, wie sie nicht sein soll", S. 83.
136 K 03-1-27, Verwaltungsbericht für 1913.
137 K 72-3-8, S. 91.
138 K 72-3-8, Polizeiverordnung.
139 KV 12. 2. 1913.
140 K 72-3-8.

141 Zitiert nach *Syrup*, S. 53.
142 W 180, 181, K 05-2-47/48.
143 *Janssen, Maul- und Klauenseuche*, S. 5.
144 *Hagmans*, S. 41.
145 *Cleven*, S. 25, *Gnisa*, S. 12.
146 Tabellen zusammengestellt nach Landwirtschaftsakten der Kommunalarchive und Viehzählungsergebnissen, veröff. im Kevelaerer Volksblatt.
147 *Klein*, S. 122.
148 *Haushofer*, S. 209.
149 *Klein*, S. 130.
150 Ebenda.
151 *Jentjens*, S. 11.
152 Zusammengestellt nach *Cleven*, S. 50–53.
153 K 71-1-2, 14. 9. 1885.
154 Krefeld 1890, S. 61.
155 K 71-1-5, 18. 10. 1893 Bürgermeister an Landrat, sowie KV 17. 7. 1901.
156 Unsere Heimat, Nr. 4, 1912.
157 KV 27. 9. 1911.
158 W 638, 14. 11. 1922 Bürgermeister an Landrat.
159 K 71-1-5, 21. 7. 1908 Auflistung für die Landwirtschaftliche Winterschule zu Geldern.
160 *Aengenheister*, S. 38.
161 KV 11. 1. 1913.
162 *Cleven*, S. 58.
163 *Haushofer*, S. 218.
164 *Aengenheister*, S. 39.
165 KV 13. 9. 1905.
166 *Aengenheister*, S. 63.
167 *Haushofer*, S. 195.
168 Zusammengestellt nach *Aengenheister*, S. 22 u. 48.
169 *Aengenheister*, S. 16.
170 K 71-1-5.
171 Ebenda.
172 *Klein*, S. 148.
173 K 71-1-5.
174 W 178a, Referat Bürgermeister Janssen bei der Bürgermeisterkonferenz des Kreises Geldern am 1. 8. 1912, „Die Gründe des Geburtenrückganges im Kreise Geldern".
175 K 71-1-5, W 178a.
176 K 71-1-5, 27. 5. 1901 Vermerk bezüglich einer Anfrage der Landwirtschaftskammer, und 19. 8. 1905 Bürgermeister an Landwirtschaftskammer.
177 Z. B. W 181, 4. 8. 1925 Rückblickender Bericht Bürgermeister Janssen an Landrat; K 71-1-5, 30. 8. 1897, 16. 8. 1902 Berichte an den Landrat.

178 W 460, 7. 1. 1919 Bürgermeister an Landrat.
179 Zahlen zum Wallfahrtsbesuch nach *Hahn*, S. 125 (gerundet). Als Quelle wird dort genannt: „Angaben der Wallfahrtsleitung und der Stadtverwaltung Kevelaer". Hahn gibt die Pilgerzahlen bis auf die letzte Stelle genau an, wobei es sich aber lediglich um eine Addition der von *Marx* aufgeführten Statistiken über „Pilgersonderzüge" (S. 120) und „Fahrkarten für Lokalzüge" (S. 121) handelt.
180 *Rademacher*, S. 7.
181 HStAD Reg. Düsseldorf 8086.
182 *Marx*, S. 41.
183 Ebenda, S. 42.
184 Ebenda, S. 54 f.
185 Zusammengestellt nach *Janssen, Wirtsgewerbe*, S. 549, 586 f. Janssen berechnete das Einkommen aus den Einnahmen der Wirtschaft, aus andergewerblichen Betrieben und aus dem Grundvermögen.
186 *Marx*, S. 124–126.
187 Ebenda, S. 41.
188 K 72-1-6, 4. 2. 1908 Bürgermeister an Landrat.
189 *Marx*, S. 34 f.
190 HStAD Reg. Düsseldorf 905, 4. 5. 1908 Bürgermeister Marx an Landrat.
191 Ebenda.
192 HStAD Reg. Düsseldorf 905.
193 Ebenda.
194 Preußische Gesetzessammlung 1845, S. 523–554, 1856, S. 435–444. Vgl. auch *Engeli/Haus*.
195 Rheinische Gemeindeordnung 1845, § 108.
196 Vgl. zum folgenden *Hoevelmann, Bürgermeister*, S. VII f.
197 August Remmets war in Personalunion Bürgermeister von Weeze und Kervenheim.
198 W 1475, 9. 9. 1929 Janssen an IHK Krefeld.
199 Vgl. KG A-43, Personalakte.
200 KV 23. 5. 1931, „Nachruf".
201 Rheinische Gemeindeordnung 1845, § 86.
202 Ebenda, § 35.
203 Angaben für die Bürgermeisterei Kevelaer, Stand 1906, KV 9. 3. 1907, Verwaltungsbericht 1901–1907; für Kervenheim, Stand 1918, W 25, 9. 10. 1919 Bürgermeister an Landrat. In Kleinkevelaer fand keine Wahl statt, hier bestand der Gemeinderat lediglich aus den „Meistbeerbten".
204 KV 28. 11. 1906.
205 Rheinische Gemeindeordnung 1856, Artikel 14.
206 Hoebink, Hein, Die Entwicklung der kommunalen Selbstverwaltung in Rheinland und Westfalen (noch unveröffentlichter Aufsatz).
207 W 91, Zeitungsbericht II. Quartal 1903.
208 KV 17. 1. 1912.

209 K 03-1-25, Zeitungsbericht III. Quartal 1895.
210 W 91, Zeitungsbericht IV. Quartal 1896.
211 W 91, Zeitungsbericht II. Quartal 1898.
212 KV 13. 9. 1902, 6. 5. 1903.
213 KV 18. 7. 1908.

Hungern für Kaiser und Vaterland: Der Erste Weltkrieg

1 KV 8. 8. 1914.
2 KV 5. 8., 12. 9. 1914.
3 KV 5. 8. 1914.
4 KV 8. 8. 1914.
5 *1906–1956, Freiwillige Feuerwehr Wetten.*
6 Zitiert nach *1902–1977, Freiwillige Feuerwehr Winnekendonk,* S. 59.
7 Vgl. KV 17. 10., 21. 11. 1914 sowie W 766.
8 KV 30. 9. 1914.
9 *Preller,* S. 6.
10 K 02-2-75, 20. 8. 1914 Gemeinderat Kevelaer.
11 K 72-3-3, 5. 9. 1914 Bürgermeister Marx an Landrat.
12 W 1475, 28. 10., 10. 11. 1914 Briefwechsel Bürgermeister – Landrat.
13 HStAD Reg. Düsseldorf 15058, 3. 12. 1914.
14 K 72-3-3, 5. 9. 1914 Bürgermeister an Landrat, KV 25. 4. 1917, „Bekanntmachung".
15 HStAD Reg. Düsseldorf 15058, 3. 12. 1914 Landrat an Regierungspräsident, Einwirkung des Krieges auf das Wirtschaftsleben.
16 W VII-42-4 (unsystematisiert), 5. 6. 1917 Vertrauliche Umfrage der Kriegsamtstelle Düsseldorf über Schuhbetriebe.
17 W 1421.
18 HStAD Reg. Düsseldorf 15058, 3. 12. 1914 Landrat an Regierungspräsident, Einwirkung des Krieges auf das Wirtschaftsleben.
19 *Hövelmann, Bürgermeister,* S. 153.
20 KG A-43, 27. 9. 1914 Bürgermeister an Landrat.
21 *Hövelmann, Bürgermeister,* S. 153.
22 K 72-3-3, 27. 4. 1915 Vereinbarung zwischen dem Kriegsbekleidungsamt und dem Schuhheimarbeiterverband Kevelaer.
23 W 1475.
24 KV 15. 12. 1915, 19. 2. 1916.
25 *Janssen, Wandlungen.*
26 Pilgerzahlen nach *Hahn,* S. 125 (gerundet), Sonderzüge nach *Marx,* S. 120, Prozessionszahlen zusammengestellt nach Januarangaben KV.

27 K 15-6-5, 23. 7. 1917 Bürgermeister Marx an Landrat.
28 KV 19. 8. 1914.
29 K 15-4-27, Bürgermeister an Königlich Stellv. Intendantur VII. Armeekorps Münster.
30 KV 9. 9. 1914.
31 K 15-4-27.
32 Ebenda, 1. 10. 1914 Telegramm.
33 Ebenda, Broschüre des VII. Armeekorps.
34 Ebenda, 22. 10. 1914 Reservelazarett Geldern an Bürgermeisteramt Kevelaer.
35 Ebenda, 6. 11. 1914.
36 Ebenda, 7. 12. 1914 Telegramm Bürgermeister Marx an Präsidenten der Malteser-Devotionsritter.
37 W 72, 24. 7. 1914 Bürgermeistereirat Kervenheim-Kervendonk, sowie W 520.
38 K 02-2-75, 25. 11., 27. 11. 1914 Gemeinderat Kevelaer.
39 KV 2. 12. 1914.
40 KV 16. 1. 1915.
41 „Ein Gedenkblatt von August Holländer", Unsere Heimat, Nr. 4, 1916.
42 KV 12. 5. 1915.
43 KV 12. 5. 1915.
44 KV 29. 5. 1915.
45 KV 25. 12. 1915.
46 K 02-2-75, 14. 6. 1918 Gemeinderat Kevelaer.
47 HStAD Reg. Düsseldorf 15058, 3. 12. 1914 Landrat an Regierungspräsident, Einwirkung des Krieges auf das Wirtschaftsleben.
48 Zusammengestellt nach Landwirtschaftsakten des Kommunalarchivs Winnekendonk und Viehzählungsergebnissen, veröff. im Kevelaerer Volksblatt.
49 *Verwaltungsbericht,* S. 78.
50 KV 12. 9. 1914.
51 Bekanntmachung vom 25. 1. 1915 über die „Regelung des Verkehrs mit Brotgetreide und Mehl" („Beschlagnahme von Getreidevorräte, Verbrauchsregelung, Brotkarten usw.") sowie über die „Sicherstellung von Fleischvorräten" („Planmäßige Verminderung der Viehbestände durch Zwangsabschlachtung von Schweinen. Verstärkter Rindfleischverbrauch"), vgl. *Weber,* S. 94.
52 Zusammengestellt nach: Preußische Statistik, Bde. 240, 248, 257.
53 Zusammengestellt nach: Preußische Statistik, Bde. 240, 248, 257. Ab 1916: „Novemberschätzungen der landwirtschaftlichen Vertrauensmänner in den Kreisen".
54 *Haushofer,* S. 226.
55 KV 19. 8. 1914.
56 K 72-3-3, 7. 9. 1914 Bürgermeister Marx an Landrat.
57 W 1421, Landwirtschaftsbericht I. Quartal 1915.
58 KV 1. 3. 1916.
59 W 181, Ergebnisse der Volkszählung 5. 12. 1917.

60 *Klein*, S. 152 f.
61 KV 15. 8. 1914.
62 K 02-2-75, 30. 5. 1915 Gemeinderat Kevelaer.
63 HStAD Reg. Düsseldorf 15058, 3. 12. 1914 Landrat an Regierungspräsident, Einwirkung des Krieges auf das Wirtschaftsleben.
64 K 02-2-75, 30. 5. 1915 Gemeinderat Kevelaer.
65 Ebenda, 6. 8. 1914 Gemeinderat Kevelaer.
66 Ebenda, 29. 10. 1915 Gemeinderat Kevelaer.
67 Ebenda, 6. 8. 1914 Gemeinderat Kevelaer.
68 KV 12. 8., 28. 10., 31. 10. 1914.
69 KV 22. 8. 1914.
70 Z. B. KV 20. 3., 21. 4., 9. 5. 1915.
71 HStAD Reg. Düsseldorf 14920, 17. 8. 1914 Landrat an Regierungspräsident.
72 *Deutschland im ersten Weltkrieg*, Bd. II, S. 245.
73 KV 6. 2., 5. 5. 1915.
74 KV 27. 1., 20. 3. 1915.
75 KV 20. 1., 3. 2. 1915.
76 *Deutschland im ersten Weltkrieg*, Bd. II, S. 246, sowie KV 29. 5. 1915.
77 K 15-6-2.
78 KV 23. 10. 1915.
79 KV 22. 4. 1916.
80 *Weber*, S. 95.
81 KV 14. 6. 1916.
82 KV, fast wöchentliche Bekanntmachungen.
83 Z. B. K 02-2-11, 24. 4. 1916 Gemeinderat Kervendonk, W 77, 24. 4. 1916, Gemeinderat Kervenheim.
84 W 74, 14. 7. 1916 Bürgermeistereirat Kervenheim, W 72, 25. 7. 1916 Gemeinderäte Kervenheim und Kervendonk.
85 HStAD Reg. Düsseldorf 14920.
86 KV 19. 8. 1916.
87 K 15-6-2, 10. 4. 1916 Rundschreiben Preußisches Ministerium des Innern.
88 KV 26. 7. 1916.
89 K 15-6-2.
90 Z. B. K 02-2-11, 24. 4. 1916 Gemeinderat Kervendonk, W 77, 24. 4. 1916 Gemeinderat Kervenheim.
91 K 15-6-2, 22. 5. 1916 Landrat an Bürgermeister.
92 Vgl. Tabelle im vorigen Abschnitt dieses Kapitels.
93 K 02-2-11, 2. 7. 1916 Gemeinderäte Kervenheim und Kervendonk.
94 K 15-6-2, 26. 7. 1916 Telegramm Ministerium des Innern.
95 Ebenda, 8. 10. 1916 Landrat an Bürgermeister.
96 Ebenda, 27. 12. 1916 Bekanntmachung Landrat.

97 Ebenda, 21. 3. 1917 Schreiben Regierungspräsident Düsseldorf.
98 Ebenda, 9. 3. 1917 Landrat an Bürgermeister Marx.
99 KV 2. 5. 1917.
100 HStAD LRA Geldern 251, Bericht vom 7. 5. 1918.
101 Ebenda, 4. 6. 1918.
102 Ebenda, 20. 7. 1918.
103 Ebenda, 30. 7. 1918.
104 Ebenda, 2. 8. 1918.
105 K 02-2-75, 31. 7. 1917 Gemeinderat Kevelaer.

Was Besseres kommt nicht nach: Jahre zwischen den Kriegen

1 NLZ 11. 11. 1918.
2 NLZ 13. 11. 1918.
3 KV 13. 11. 1918.
4 Vgl. *Romeyk*, S. 82.
5 NLZ 11. 11. 1918, „Mitteilung des ASR Geldern".
6 NLZ 12. 11. 1918.
7 KV 13. 11. 1918, „Aufruf!".
8 K 71-1-7, Schreiben vom 28. 11. 1918.
9 KV 13. 11. 1918.
10 KV 16. 11. 1918.
11 KV 23. 11. 1918.
12 NLZ 22. 11. 1918.
13 W 404, 18. 11. 1918 Hschr. Plan Bürgermeister Janssen.
14 K 02-2-76, 15. 11. 1918 Gemeinderat Kevelaer, sowie KV 20. 11. 1918.
15 Vgl. *Romeyk*, S. 82.
16 HStAD RW 7-44, Besatzungschronik der Stadt Geldern, S. 5.
17 *Romeyk*, S. 6.
18 HStAD RW 7-57, 13. 4. 1926 Besatzungschronik der Bürgermeisterei Winnekendonk.
19 K 15-6-27, 15. 7. 1921 Bürgermeister an Landrat.
20 KV 21. 12. 1918.
21 K 15-6-27, 15. 7. 1921 Bürgermeister an Landrat.
22 HStAD RW 7-68, Besatzungs-Chronik der Bürgermeisterei Kevelaer.
23 Ebenda.
24 Vgl. HStAD RW 7-57, 13. 4. 1926 Besatzungschronik der Bürgermeisterei Winnekendonk, sowie HStAD RW 7-68 Besatzungschronik der Bürgermeisterei Weeze.
25 KG, Akte Besatzungszeit.

26 K 15-6-15, 13. 4. 1920 Ortskommandantur Geldern an Landrat.
27 Vgl. HStAD Reg. Düsseldorf 16171, 16488.
28 HStAD Reg. Düsseldorf 16488, 20. 4. 1925 Landrat Kreis Kleve an Regierungspräsident Düsseldorf.
29 K 15-6-21, Verordnung 14. 12. 1918.
30 Vgl. HStAD RW 7-44, Besatzungschronik der Stadt Geldern.
31 K 15-2-71, Verzeichnis 16.–31. 8. 1919.
32 HStAD RW 7-78, Eduard Glaubach, Geschichte der Rheinlandbesetzung der Düsseldorfer Zone, hschr., S. 213–221.
33 Vgl. K 02-2-76, 17. 12. 1918 Gemeinderat Kevelaer.
34 HStAD RW 7-78, Eduard Glaubach, Geschichte der Rheinlandbesetzung der Düsseldorfer Zone, hschr.
35 *Lademacher*, S. 689.
36 Ebenda, S. 692.
37 HStAD Reg. Düsseldorf 15118, 15. 5. 1919 Regierungspräsident Düsseldorf an Abschnittskommando I in Wesel.
38 Pilgerzahlen nach *Hahn*, S. 125 (gerundet), Prozessionszahlen zusammengestellt nach Januarangaben KV.
39 KV 3. 1. 1923.
40 K 15-6-21, 5. 9. 1919 Bekanntmachung.
41 W 333, 28. 9. 1920 Landrat an Bürgermeister Janssen. Liste mit 71 Namen für die Bürgermeisterei Kervenheim.
42 HStAD LRA Geldern 287, 28. 9. 1922 Landrat an Regierungspräsident. Auflistung nach Gemeinden.
43 K 15-6-21, 2. 8. 1919 Bekanntmachung.
44 HStAD RW 7-68, Besatzungs-Chronik der Bürgermeisterei Kevelaer.
45 HStAD RW 7-57, 13. 4. 1926 Besatzungschronik der Bürgermeisterei Winnekendonk.
46 K 15-6-21, Anordnung und Listen.
47 Zum folgenden: HStAD RW 7-78, Eduard Glaubach, Geschichte der Rheinlandbesetzung der Düsseldorfer Zone, hschr., S. 335–364.
48 HStAD LRA Geldern 238.
49 Ebenda, 19. 7. 1919 Bürgermeister Janssen an Landrat.
50 HStAD RW 7-68, Besatzungs-Chronik der Bürgermeisterei Kevelaer.
51 HStAD RW 7-57, 13. 4. 1926 Besatzungschronik der Bürgermeisterei Winnekendonk.
52 K 15-6-21, 5. 10. 1919 Hauptquartier an Ortskommandanten.
53 K 15-6-21.
54 Ebenda, 3. 9. 1919 Bürgermeister an Ortskommandant.
55 Vgl. zum folgenden: *Lademacher*, S. 699–709.
56 Ebenda, S. 704.
57 NLZ 31. 1. 1923.

58 K 15-6-7.2.
59 HStAD LRA Geldern 240, 20. 5. 1923 Verfügung.
60 Ebenda, 27. 6. 1923 Bürgermeister Marx an Landrat.
61 KV 22. 8. 1923 sowie K 15-6-17, 20. 8. 1923 I. Beigeordneter der Gemeinde Kevelaer an Landrat.
62 HStAD RW 7-68, Besatzungs-Chronik der Bürgermeisterei Kevelaer.
63 KV 3. 2. 1926.
64 Statistische Angaben für Kevelaer: K 05-2, für Kervenheim: W 155 ff.
65 W 181, Berufs- und Betriebszählung 12. 6. 1907. K 05-2-29, Volkszählung 1. 12. 1910. K 05-2-39 und W 158, Volks-, Berufs- und Betriebszählung 16. 6. 1925.
66 W 1032, 30. 6. 1920 Bekanntmachung der Zwangsrationierung von Wohnungen. W 66, 16. 7. 1920 Gemeinderat Winnekendonk.
67 K 02-2-76, 12. 7. 1920 Gemeinderat Kevelaer.
68 K 05-1-11, Anlage zum Verwaltungsbericht für 1930.
69 K 02-1-8, 18. 1. 1921 Rücktrittsgesuch.
70 K 02-2-77, 21. 10. 1921 Gemeinderat Kevelaer.
71 KV 28. 6. 1924.
72 K 02-2-77, 21. 10. 1921 Gemeinderat Kevelaer.
73 KV 28. 6. 1924, 22. 3. 1925.
74 KV 28. 3., 23. 5., 28. 10. 1925.
75 KV 9. 6. 1926.
76 KV 6. 8. 1927, 12. 4. 1930.
77 K 66-7.
78 KV 16. 2. 1939.
79 KV 4. 8. 1928.
80 KV 20. 8. 1931.
81 KV 21. 12. 1933.
82 KV 31. 8. 1935.
83 W 1032, 20. 1. 1925 Bürgermeister Janssen an den Kreismedizinalrat in Geldern.
84 W 1030, Übersicht Neubauwohnungen 1. 1. 1924–30. 6. 1932.
85 W 1043/II.
86 *Syrup*, S. 322.
87 W 1493, Gesuch des Ortskartells des deutschen Beamtenbundes der Orte Kervenheim, Kervendonk und Winnekendonk auf Einreihung der Gemeinden in die gleiche Ortsklasse wie die übrigen Gemeinden des Kreises.
88 KV 8. 3. 1924.
89 W 638, 14. 11. 1922 Bürgermeister an Landrat.
90 K 95-3-88, Gewerbesteuerrolle 1911, sowie K 72-3-14, Verzeichnis der Gewerbetreibenden 1922.
91 Vgl. *Syrup*, S. 327–331.
92 HStAD LRA Geldern 283, 10. 12. 1920 Landrat an Kreisdelegierten.
93 K 72-2-53, 20. 8. 1920 Bürgermeister Marx an das Finanzamt in Geldern.

94 NMVK, Namentlich nicht gekennzeichneter Aufsatz über Kevelaer aus dem Jahr 1951.
95 K 12-3-52, 17. 8. und 19. 9. 1922 Sitzungen Preisprüfungsstelle Kevelaer.
96 *Janssen, Wandlungen,* sowie B & B, 11. 11. 1918 Protokoll der Gesellschafterversammlung.
97 K 72-3-14, Verzeichnis der Gewerbetreibenden 1922.
98 K 15-6-21, 27. 1. 1919.
99 W 77, 30. 4. 1920 Gemeinderat Kervenheim, sowie W 66, 4. 5. 1920 Gemeinderat Winnekendonk.
100 KV 10. 1. 1923.
101 Vgl. zum folgenden *Henning, Sozialpolitik,* S. 100–104.
102 HStAD LRA Geldern 283, 18. 6. 1921 Landrat an Kreisdelegierten.
103 K 15-6-22, 9. 9. 1921 Bericht Bürgermeister Marx an die militärische Überwachungsstelle in Straelen.
104 HStAD Reg. Düsseldorf 15525, 20. 2. 1921 Landrat an Regierungspräsident.
105 Ebenda.
106 *Syrup,* S. 292.
107 K 72-2-53, 6. 11. 1919.
108 Ebenda, 6. 10., 7. 10. 1919 Briefwechsel.
109 Vgl. HStAD Reg. Düsseldorf 15035, K 72-2-53, KV 26. 8. 1922.
110 Nach *Uehlenbruck,* S. 165.
111 HStAD RW 7-44, Besatzungschronik der Stadt Geldern, S. 36 f.
112 Zusammengestellt nach K 72-1-23, Berichte zur industriellen Lage, Bürgermeisterei Kevelaer. Die Berichte für die Bürgermeisterei Kervenheim sind enthalten in: HStAD LRA Geldern 241, 263, 280, 288.
113 K 72-1-23, Polizei- und Bürgermeisterbericht 31. 1. 1923.
114 K 02-2-78, 3. 2. 1923 Gemeinderat Kevelaer.
115 W 66, 4. 2. 1923 Gemeinderat Winnekendonk.
116 W 77, 5. 2. 1923 Gemeinderat Kervenheim.
117 K 02-2-78, 10. und 14. 2. 1923 Gemeinderat Kevelaer.
118 W 66, 18. 2. 1923 Gemeinderat Winnekendonk.
119 Zusammengestellt nach HStAD LRA Geldern 270, Mitteilungen Regierungspräsident an Landrat.
120 NLZ 4. 2. 1923; siehe auch NLZ 30. 1. 1923.
121 HStAD Reg. Düsseldorf 16856, 27. 3. 1923 Landrat an Regierungspräsident.
122 W 66, 27. 3. 1923 Gemeinderat Winnekendonk.
123 Vgl. HStAD Reg. Düsseldorf 16856.
124 KV 15. 8. 1923.
125 W 66, 16. 8. 1923 Gemeinsame Sitzung Gemeinderäte der Bürgermeisterei Kervenheim.
126 HStAD Rep. 7-1016 und 1022.
127 K 02-2-78, Gemeinderatsprotokolle 1923.

128 KV 4. 8. 1923.
129 KV 22. 3. 1924.
130 K 02-2-77, 11. 3., 6. 9. 1921 Gemeinderat Kevelaer.
131 KV 4. 8. 1923.
132 W 66, 10. 12. 1926 Gemeinderat Winnekendonk.
133 HStAD LRA Geldern 263, 17. 10. 1923 Landrat an Kreisdelegierten.
134 Zusammengestellt nach K 72-1-23, Berichte zur industriellen Lage, Bürgermeisterei Kevelaer.
135 ZStAM Rep. 77, Tit. 753, Nr. 27, 25. 8. 1924 Landrat an Regierungspräsident.
136 HStAD LRA Geldern 263, Industrielle Lageberichte, Bürgermeisterei Kervenheim.
137 Jahresbericht der Industrie- und Handelskammer zu Krefeld für 1925, Krefeld 1926, S. 28 f.
138 B & B, Bücherverzeichnisse 1927, 1928, 1932.
139 K 02-2-79, 11. 6. 1928 Gemeinderat Kevelaer.
140 K 05-1-8, 18. 12. 1930 Lagebericht Bürgermeister Widmann.
141 KV 14. 4. 1931.
142 KV 20. 10. 1932.
143 W 1030, Aufsatz Bürgermeister Janssen. „Die Zusammensetzung der Bevölkerung der Gemeinde Kervenheim und der Anfang der Dauerarbeitslosigkeit dortselbst."
144 Zusammengestellt nach „Mitteilungsblatt des Landesarbeitsamts Rheinland".
145 Vgl. *Mason*, S. 126.
146 W 777, Schriftwechsel.
147 K 95-3-96.
148 BAK R 58-548, 6. 11. 1935.
149 W 1475, Bürgermeister Janssen an Landrat.
150 Ebenda, Nachweis der Betriebe mit mehr als 20 Beschäftigte.
151 W 1479, 17. 9. 1925 Niederrheinische Schuhfabrik, Krug, an Bürgermeister Janssen.
152 W 91, Berichte des Bürgermeisters.
153 W 1475, 16. 3., 17. 6. 1926 Krug an Bürgermeister Janssen.
154 K 02-2-79, 17. 3. 1927 Gemeinderat Kevelaer.
155 HStAD Reg. Düsseldorf 16869, Lageberichte Landrat an Regierungspräsident.
156 KV 7. 12. 1928.
157 W 1475, Briefwechsel.
158 KV 1. 6. 1929.
159 W 77, 3. 6. 1931 Gemeinderat Kervenheim.
160 W 707, 9. 12. 1932 Bürgermeister Janssen an Landrat.
161 Ebenda, 8. 11. 1932 Bürgermeister Janssen an Landrat.
162 W 777, 5. 7. 1933 Gemeinsame Sitzung der Gemeinderäte Kervenheim und Kervendonk.
163 BAK R 58-548 und 1127, Lageberichte Stapo Düsseldorf an Gestapa Berlin.

164 *150 Jahre Industrie- und Handelskammer,* S. 112.
165 W 1475.
166 Folgende Darstellung basiert, soweit nicht anders vermerkt, auf den Protokollen der jährlichen Gesellschafterversammlungen 1917–1943, Archiv B & B.
167 Erschienen München 1930. Vgl. K 31-14.
168 K 31-14.
169 HStAD RW 14-337.
170 B & B.
171 Vgl. zum folgenden *Syrup,* S. 327 ff.
172 Ebenda, S. 347.
173 Ebenda, S. 349 f.
174 Vgl. *Jentjens,* S. 18–20.
175 *Verwaltungsbericht,* S. 43.
176 Ebenda, S. 80. Vgl. auch *Jentjens* und *Keuck.*
177 W 638, 24. 6. 1917 Bürgermeister Janssen an Landrat.
178 *Cleven,* S. 8.
179 K 02-2-78, 18. 4. 1923 Gemeinderat Kevelaer, K 02-2-53, 17. 6. 1923 Gemeinderat Wetten.
180 W 66, 10. 12. 1926 Gemeinderat Winnekendonk.
181 K 72-1-23, 5. 8. 1924 Industrieller Lagebericht.
182 Vgl. *Keuck.*
183 Ebenda, S. 35.
184 *Verwaltungsbericht,* S. 24.
185 K 05-1-8, 22. 3. 1926.
186 KG A-46.
187 W 74, 8. 3. 1929 Bürgermeistereirat Kervenheim.
188 W 701, 19. 12. 1929 Bürgermeister Janssen an Landrat.
189 KG A-46.
190 W 69, 2. 10. 1932 Gemeinderat Winnekendonk.
191 *Syrup,* S. 354.
192 *Benz,* S. 323.
193 Vgl. *Syrup,* S. 356, *Benz,* S. 323 f.
194 W 707, 23. 7. 1931 Freiwilliger Arbeitsdienst, Richtlinien.
195 *Syrup,* S. 357.
196 W 69, 2. 10. 1932 Gemeinderat Winnekendonk.
197 NLZ 9. 1. 1933, „FAD Winnekendonk schaffte sich selbst ein Lager".
198 Ebenda.
199 NLZ 21. 2. 1933, „Die Leute in Feldgrau. Das geschlossene FAD-Lager in Kevelaer".
200 NLZ 21. 3. 1933, „Der erste freiwillige Arbeitsdienst für weibliche Jugendliche in Kevelaer".

201 Vgl. zum folgenden *Benz.*
202 W 69, 10. 6. 1933 Gemeinderat Winnekendonk.
203 W 328, 16. 6. 1933 Vorfeld an Bürgermeister Janssen.
204 W 69, 16. 6. 1933 Gemeinderat Winnekendonk.
205 W 328.
206 Ebenda, Vermerk Bürgermeister Janssen.
207 KV 24. 4. 1934, „Ehrendienst der A. D. W. am deutschen Volke. Ein Besuch im NS-Arbeitslager 3/211 Kevelaer".
208 ZStAM Rep. 77, Tit. 753, Nr. 72.
209 W 1421, 23. 8. 1920 Bürgermeister Janssen an Landrat.
210 K 15-6-21, 3. 8. 1919 Ortskommandant an Bürgermeister Marx.
211 W 1421, 31. 5. 1922 Landwirtschaftsbericht.
212 *Verwaltungsbericht,* S. 78.
213 Ebenda, S. 41, s. a. *Cleven,* S. 29 f.
214 W 328, 11. 6. 1923 Bürgermeister Janssen an Landrat, sowie K 02-2-78, 16. 8. 1923 Gemeinderat Kevelaer.
215 *Klein,* S. 161.
216 W 1436, 16. 1. 1925 Bürgermeister Janssen an Landrat.
217 KV, Januar-/Dezemberausgaben, „Viehzählungsergebnisse".
218 24. 10. 1929.
219 Vgl. *Cleven,* S. 62. Cleven stellte 1928 in seiner Untersuchung fest, daß von 871 Betrieben, die dazu Angaben gemacht hatten, 521 verschuldet waren.
220 *Klein,* S. 166.
221 HStAD Reg. Düsseldorf 16869, Lagebericht IV. Quartal 1927.
222 W 91, 4. 4. 1928 Lagebericht Bürgermeister Janssen I. Quartal 1928.
223 HStAD Reg. Düsseldorf 16869, 6. 3. 1928 Landrat Klüter an Regierungspräsident, „Lage der Landwirtschaft".
224 *Chronik der Agrarpolitik,* S. 11 f.
225 *Klein,* S. 170.
226 Ebenda, S. 171.
227 Ebenda, S. 173 f.
228 *Gnisa,* S. 27.
229 Ebenda, S. 26 f.
230 Ebenda, S. 19.
231 Tabellen zusammengestellt nach BAK R 16-690. Kreiswirtschaftsmappe. Der Rückgang des Roggenanbaus erfolgte schon Ende der 1920er Jahre infolge des Überangebots aus den östlichen Reichsteilen.
232 Zusammengestellt nach BAK R 16-690, Kreiswirtschaftsmappe.
233 BAK R 58-599, 12. 3. 1936 Gestapo Düsseldorf an Gestapa Berlin.
234 *Meldungen aus dem Reich.* Die geheimen Lageberichte des Sicherheitsdienstes der SS 1938–1945.
235 BAK R 58-479, 514, 548, 599.

236 W 460, 1. 7. 1919 Bürgermeister Janssen an Landrat.
237 W 1032, 19. 4. 1921 Rundschreiben Ministerium für Landwirtschaft, Domänen und Forsten.
238 W 1032, 24. 4. 1921 Bürgermeister Janssen an Landrat.
239 *Herbert*, S. 50.
240 Vgl. *Bade*, S. 169.
241 Angaben entnommen aus W 448, 460, 461.
242 W 158, 18. 2. 1925 Fragebogen.
243 K 13-38.
244 W 460, 12. 1. 1924 Bürgermeister Janssen an Kreiswohlfahrtsamt Geldern.
245 W 181, 4. 8. 1925.
246 W 701, 19. 3. 1928 Bürgermeister Janssen an Kreisausschuß Geldern.
247 W 26, 4. 11. 1931 Bürgermeister Janssen an Preußischen Landgemeindetag-West.
248 BAK R 58-479, 5. 10. 1935 Stapo Düsseldorf an Gestapa Berlin, Lage September 1935.
249 *Deutschland-Berichte,* 1934, S. 25.
250 HStAD Reg. Düsseldorf 15087, 14. 12. 1918 Preußischer Staatskommissar für Volksernährung an Regierungspräsident, 3. 1. 1919 Regierungspräsident an Oberkommando der belgischen Armee.
251 Ebenda, 17. 1. 1919 Zusammenstellung der Getreide- und Kartoffelvorräte im Kreis Geldern.
252 Zusammengestellt nach HStAD Reg. Düsseldorf 15087, 3. 1. 1919 Regierungspräsident an Oberkommando der belgischen Armee, und HStAD LRA Geldern 254, 21. 12. 1918 Schreiben Oberbürgermeister von M. Gladbach.
253 Zum folgenden: HStAD Reg. Düsseldorf 15087, 18. 3. 1919 Regierungspräsident an M. Capitaine Vincent, Krefeld.
254 K 02-2-77, 16. 3. 1922 Gemeinderat Kevelaer, Bericht „Kartoffelversorgung 1919/20".
255 K 15-6-21, Ablieferungslisten.
256 Ebenda, 30. 10. 1919 Bürgermeister Marx an Landrat.
257 Vgl. HStAD Reg. Düsseldorf 15088.
258 HStAD Reg. Düsseldorf 15088, 8. 12. 1919 Regierungspräsident an Zweigstelle Krefeld.
259 HStAD Reg. Düsseldorf 15035, 26. 3. 1920 Lagebericht Regierungspräsident an Oberpräsident.
260 W 66, 8. 3. 1920 Gemeinderat Winnekendonk.
261 K 02-2-76, 17. 12. 1920 Gemeinderat Kevelaer.
262 K 02-2-78, 31. 3. 1922 Gemeinderat Kevelaer.
263 W 66, 28. 10. 1921 Gemeinderat Winnekendonk.
264 Ebenda, 11. 4. 1922 Gemeinderat Winnekendonk.
265 W 72, 18. 8. 1920 Bürgermeistereirat Kervenheim.
266 K 02-2-76, 7. 9. 1920, 25. 3. 1921 Gemeinderat Kevelaer.

267 W 77, 19. 7. 1920 Gemeinderat Kervenheim, sowie W 66, 19. 10. 1920 Gemeinderat Winnekendonk.
268 K 02-2-76, 7. 9. 1920 Gemeinderat Kevelaer.
269 Ebenda, 7. 9. 1920 Gemeinderat Kevelaer.
270 Vgl. zum folgenden K 02-2-77, 16. 3. 1922 Gemeinderat Kevelaer, Bericht „Kartoffelversorgung 1920/21".
271 Ebenda.
272 W 66, 9. 12. 1921 Gemeinderat Winnekendonk, sowie K 12-3-52, Sitzungsprotokolle Preisprüfungsstelle Kevelaer Januar 1922–Januar 1924.
273 W 66, 28. 10. 1923 Gemeinderat Winnekendonk.
274 ZStAM Rep. 77, Tit. 753, Nr. 27, Schriftwechsel.
275 W 66, 11. 11. 1923 Gemeinderat Winnekendonk.
276 W 77, 11. 12. 1923 Gemeinderat Kervenheim.
277 W 72, 1. 2. 1924, 24. 11. 1925 Bürgermeistereirat Kervenheim-Kervendonk.
278 W 74, 18. 11. 1918 Bürgermeistereirat Kervenheim, sowie W 66, 28. 10. 1919 Gemeinderat Winnekendonk.
279 W 66, 19. 10. 1920 Gemeinderat Winnekendonk.
280 ZStAM Rep. 77, Tit. 753, Nr. 27, Schriftwechsel.
281 Ebenda, 18. 10. 1923 Preußisches Ministerium des Innern an Reichsminister der Finanzen.
282 HStAD Reg. Düsseldorf 15036, 22. 10. 1920 Landrat an Regierungspräsident, sowie HStAD Reg. Düsseldorf 15035. 13. 10. 1920 Lagebericht Regierungspräsident an Oberpräsident.
283 HStAD LRA Geldern 242, 14. 8. 1928 Regierungspräsident an Bezirksdelegierten in Krefeld.
284 HStAD LRA Geldern 236, 18. 9. 1923 Landrat an Kreisdelegierten.
285 HStAD Reg. Düsseldorf 8764, 3. 10. 1923 Landrat an die Bürgermeister.
286 K 15-6-10, 20. 3. 1924 Bericht Bürgermeister Widmann über Sicherheits- und Polizeiwesen.
287 HStAD Reg. Düsseldorf 54341, 1939 Jahresbericht über die gesundheitlichen Verhältnisse im Kreis Geldern.
288 KV 4. 10. 1932.
289 KV 21. 11. 1931.
290 Vgl. *Sieg, 1986,* S. 114 f.
291 KV 4. 7. 1933.
292 W 410.
293 *Petzina. Autarkiepolitik,* S. 33.
294 BAK R 58-548, 6. 11. 1935 Staatspolizeistelle Düsseldorf an Gestapa Berlin.

Die Reihen schließen sich:
Nationalsozialismus auf dem Lande

1 K 05-1-11, 17. 2. 1921 Zusammenstellung für die Bürgermeisterei Kevelaer nach einer Anfrage des Regierungspräsidenten. HStAD Reg. Düsseldorf 15525, 21. 2. 1921 Landrat an Regierungspräsident, Verzeichnis der politischen Parteien im Kreise Geldern.
2 Vgl. W 91.
3 K 02-1-2, 15. 2. 1919 Kreisdelegierter an Bürgermeister.
4 K 15-6-21, 13. 8. 1919 Ortskommandant Lambert, Kevelaer, an Bürgermeister Marx.
5 KV 8. 11. 1919.
6 KV 17. 12. 1919 sowie W 150, Wahlergebnisse in der Bürgermeisterei Kervenheim.
7 KV 6. 12. 1919, „Wahlvorschläge".
8 W 150, Wahlergebnisse Bürgermeisterei Kervenheim.
9 W VII-41-5 (nicht systematisiert), 27. 2. 1922 Bürgermeister Janssen an Handwerkskammer Düsseldorf.
10 HStAD Reg. Düsseldorf 15035, 29. 3. 1920 Landrat an Regierungspräsident.
11 K 15-6-22, Briefwechsel.
12 Ebenda, 6. 6. 1920 Fritz Lewerentz an Bürgermeister Marx.
13 Ebenda, 8. 6. 1920 Antwortschreiben Bürgermeister Marx.
14 KV 30. 4. 1924.
15 Ebenda.
16 W 150, Wahlergebnisse.
17 Ebenda.
18 KV 20. 11. 1929.
19 KV 6. 11., 20. 11. 1929.
20 Angaben im KV veröffentlicht. Bei der Wahl zur Nationalversammlung errang die DDP 3,8 %: bei der Reichstagswahl am 20. 5. 1928 die „Reichspartei des deutschen Mittelstandes" (Listen a und b) 7,5 % und am 14. 9. 1930 das „Deutsche Landvolk" 8 %.
21 HStAD Reg. Düsseldorf 30643.
22 KV 5. 5. 1931.
23 KV 4. 3. 1933.
24 NLZ 23. 2. 1933.
25 KV 11. 11. 1933.
26 KV 9. 2. 1933.
27 KV 3. 1. 1933.
28 KV 5. 1. 1933.
29 KV 7. 1. 1933.
30 KV 11. 2. 1933.
31 KV 18. 2. 1933.
32 KV 11. 3. 1933.
33 Ebenda.

34 KV 16. 3. 1933 sowie W 150.
35 KV 11. 3. 1933.
36 KV 23. 3. 1933. Weitere Artikel in NLZ 23. 3. 1933.
37 KV 20. 4. 1933.
38 KV 27. 4. 1933.
39 KV 4. 7. 1933.
40 KV 04-2, 3. 11. 1933 Schreiben Bürgermeister an Ortsleiter der NSDAP.
41 KV 22. 7. 1933, „Der Gemeinderat tagte".
42 W 150, Briefe vom 2. 4. 1933, vgl. auch zum folgenden.
43 W 69, 23. 11. 1933 Gemeinderat Winnekendonk.
44 KV 27. 4. 1933.
45 KV 14. 9. 1933.
46 *Matzerath*, S. 69 f.
47 KG A-43, Personalakte.
48 K 02-2-24, 27. 9. 1923 Bürgermeistereirat Kevelaer.
49 KG A-43, Vermerk 6. 4. 1933.
50 KV 6. 4. 1933.
51 KG A-43, 20. 5. 1933 Untersuchungsbericht.
52 K 02-2-25, 24. 5. 1933 Amtsvertretung Kevelaer.
53 KG A-43, 11. 6. 1933 „Schriftliche Aeusserung zu dem Prüfungsbericht des hiesigen Untersuchungsausschusses".
54 K 04-2.
55 KG A-43, 4. 7. 1933 Vermerk des Landrats.
56 KV 8. 8. 1933.
57 KV 12. 8. 1933.
58 KG A-43, Personalakte.
59 KV 16. 6. 1934.
60 HStAD Reg. Düsseldorf 47437, Personalakte.
61 KG A-43, Personalakte.
62 *Hövelmann, Bürgermeister.*
63 KG A-46, 4. 8. 1933 Verhandlungsniederschrift.
64 Vgl. zum folgenden *Hövelmann, Bürgermeister.*
65 Ebenda, S. 155.
66 KG A-46, 22. 9. 1933 Entgegnung Bürgermeister Janssen.
67 KV 19. 10. 1933.
68 HStAD Reg. Düsseldorf 47464, Personalakte.
69 K 02-2-80, 11. 4. 1933 Gemeinderat Kevelaer, sowie KV 14. 4. 1933.
70 KV 15. 7. 1933, „Ablösung von Doppelverdienern".
71 W 26, 27. 7. 1933 Bürgermeisterdienstversammlung im Sitzungssaal des Arbeitsamtes Geldern.
72 Ebenda.

73 *Mason*, S. 134 f.
74 K 02-2-24, 27. 9. 1923 Bürgermeistereirat Kevelaer.
75 ZStAM Rep. 77, Tit. 312, Nr. 2, Bd. 8, 18. 10. 1923 Vermerk und Begleitschreiben.
76 K 02-1-8, Auszug aus dem Sitzungsprotokoll des Kreisausschusses Geldern vom 16. 11. 1923.
77 ZStAM Rep. 77, Tit. 312, Nr. 2, Bd. 8, Auszug aus dem Sitzungsprotokoll des Kreisausschusses Geldern vom 26. 11. 1923.
78 Ebenda, 12. 12. 1923 Regierungspräsident an Innenminister.
79 Ebenda, 30. 1. 1924 Innenminister an Regierungspräsident.
80 ZStAM Rep. 77, Tit. 312, Nr. 31H, Schriftwechsel.
81 W 27, 15. 1. 1933 Kevelaerer Volksblatt an Bürgermeister Janssen.
82 Vgl. W 26, 27.
83 PfAW, Pfarrchronik Wetten, S. 36 f., Eintragung Januar 1933.
84 Vgl. W 48.
85 W 405 sowie HStAD RW 58-26713.
86 W 405.
87 HStAD RW 58-21737, 20. 1. 1936 Bürgermeister Eickelberg an Gestapo Düsseldorf. Vgl. auch KG A-78.
88 HStAD Reg. Düsseldorf BR 1021/425.
89 HStAD RW 36-28, Preußischer Minister des Innern an Stapoleitstelle Düsseldorf.
90 K 12-1-34, 2. 11. 1934 Bericht an die Polizeiverwaltung in Kevelaer.
91 K 12-1-34, 15. 11. 1934 Stellungnahme des Bürgermeisters von Kamp-Lintfort.
92 KG A-78.
93 K 02-2-79, 24. 4. 1925 Gemeinderat Kevelaer.
94 KV 25. 11. 1925.
95 K 41-41.
96 KG A-78.
97 Vgl. HStAD Reg. Düsseldorf 33634.
98 KV 27. 5. 1933.
99 Vgl. KV 22. 6. 1933.
100 K 12-1-34, W 405.
101 W 406.
102 Ebenda.
103 PfAK, Pfarrchronik Kervenheim, Eintragungen 6. 3. und 11. 12. 1932.
104 NLZ 17. 5. 1933.
105 Vgl. *Klönne*, S. 181.
106 KV 24. 10. 1933 sowie PfAW, Pfarrchronik Wetten.
107 *Lademacher*, S. 741.
108 PfAK, Pfarrchronik Kervenheim.
109 W 406, 1. 12. 1934 Ortsgruppenleiter Wolters an Bürgermeister Tenhaeff.
110 Vgl. z. B. *Gotto*, S. 662.

111 W 406, 26. 11. 1934 Meldung an Bürgermeister Tenhaeff.
112 Ebenda, 1. 12. 1934 Ortsgruppenleiter Wolters an Bürgermeister Tenhaeff.
113 W 406, 19. 12. 1934 Stapo Düsseldorf an Landrat.
114 W 405, Schriftwechsel 13. 8. bzw. 24. 8. 1934.
115 W 406, 20. 7. 1937 Polizeibericht.
116 HStAD RW 58-4161, Vernehmungsaussage.
117 KV 14. 4. 1933.
118 W 767.
119 *Klönne*, S. 57.
120 Rede Hitlers am 4. 12. 1938 in Reichenberg, zitiert nach *Klönne*, S. 30.
121 NMVK, Chronik der Marktschule, Abschrift.
122 BA R 58-1127, 5. 3. 1935 Stapo Düsseldorf an Gestapa Berlin, Lagebericht Februar 1935.
123 HStAD RW 58-4161.
124 *Meyers, Jugend.*
125 Ebenda, S. 15, November 1937.
126 *Klönne*, S. 24.
127 Vgl. ebenda, S. 183.
128 Ebenda, S. 188.
129 *Meyers, Jugend,* S. 6 f., 17. 5. 1936.
130 HStAD RW 58-11276.
131 HStAD RW 58-9619.
132 HStAD RW 58-8454.
133 HStAD RW 58-9619.
134 Ebenda, 3. 2. 1938 Bericht an den Klever Landrat.
135 HStAD RW 58-57602.
136 Ebenda.
137 *Meyers, Jugend,* S. 20, Oktober 1940.
138 Vgl. zum folgenden *Meyers, Junge Kevelaerer.*
139 KV 26. 9. 1941.
140 Zum folgenden *Meyers, Junge Kevelaerer,* S. 133 f.
141 *Portmann,* S. 100 f.
142 HStAD RW 58-17505.
143 Auskunft von Herrn Josef Heckens, 24. 3. 1987.
144 *Portmann,* S. 101.
145 Zitiert nach *Düwell,* S. 527.
146 Ebenda, S. 528.
147 W 409, Polizeibericht an Landrat.
148 NMVK, Chronik der Marktschule. Die Chronik wurde im Krieg größtenteils zerstört. Im Kevelaerer Museum befindet sich eine Abschrift der nach dem Krieg noch leserlichen Teile, die durch Augenzeugenberichte ergänzt wurde.

149 K 21-1-16, 16. 2. 1934 Schreiben Bürgermeister Derichsweiler.
150 Ebenda.
151 ZStAM Rep. 77, Tit. 4039, Nr. 4583/4, 16. 2. 1937 Bericht über die Ordnungsprüfung der Haushaltsrechnung 1934 des Landkreises Geldern.
152 K 21-1-16, 30. 8. 1938 Gemeinderat Kevelaer.
153 K 21-1-17.
154 Ebenda, 13. 8. 1942 Amtsbürgermeister an Landrat.
155 Vgl. *Gotto,* S. 656 f.
156 NLZ 23. 2. 1933.
157 *Roon,* S. 107.
158 *Gotto,* S. 659.
159 *Roon,* S. 114.
160 Ebenda.
161 Ebenda, S. 115.
162 Ebenda.
163 PfAW, Chronik der Pfarrgemeinde Wetten.
164 *Priester,* S. 839.
165 HStAD RW 58-14835.
166 HStAD RW 58-29006.
167 Ebenda.
168 HStAD RW 58-53472, 9. 1. 1939 Bericht Bürgermeister Tenhaeff an Landrat.
169 HStAD RW 58-15827 sowie 53472.
170 HStAD RW 58-53472, 9. 1. 1939 Bericht Bürgermeister Tenhaeff an Landrat.
171 HStAD RW 58-15827, 15. 2. 1937 Polizeibericht.
172 HStAD RW 58-53472, 9. 1. 1939 Bericht Bürgermeister Tenhaeff an Landrat.
173 HStAD RW 58-15827.
174 HStAD, Reg. Düsseldorf BR 1013/244 II, 17. 3. 1941 Bischof von Münster an Oberpräsidenten der Rheinprovinz.
175 HStAD RW 58-21979, 20. 1. 1936 Bürgermeister Eickelberg an Landrat.
176 Ebenda, 15. 5. 1936 Oberstaatsanwaltschaft Kleve an Stapo Düsseldorf.
177 HStAD RW 58-21979.
178 Vgl. *Kaiser,* S. 211, Dokument A 5, 31. 12. 1937 Schreiben Oberpräsident an den Reichs- und Preußischen Minister für die kirchlichen Angelegenheiten.
179 Vgl. *Kaiser* sowie *Meyers, Hüter.*
180 Vgl. *Akten deutscher Bischöfe,* Protokolle. Übersicht in Bd. VI, S. XXVIII f.
181 RW 58-21979, 31. 12. 1937 Gestapo Düsseldorf an Regierungspräsident Düsseldorf.
182 *Kaiser,* S. 166.
183 Ebenda, S. 164.
184 K 12-1-35, 31. 10. 1935 Bürgermeister Eickelberg an Landrat.
185 W 406, 29. 10. 1935 Bürgermeister Tenhaeff an Landrat.

186 Ebenda, 5. 11. 1936 Landrat an Bürgermeister, 11. 11. 1936 Bericht.
187 W 405, 27. 4. 1934 Funkspruch Landratsamt.
188 W 406, 5. 9. 1935 Stapo Düsseldorf an Landräte.
189 Ebenda, Januar 1936 Polizeiberichte und Funksprüche.
190 HStAD RW 58-44709.
191 K 31-14.
192 HStAD RW 58-60844.
193 Prozessionszahlen nach KV, Januarausgaben; zu 1939 vgl. *Ploetz,* S. 52. Die Pilgerzahlen bis einschließlich 1937 werden bei *Hahn,* S. 125 nach „Angaben der Wallfahrtsleitung und der Stadtverwaltung Kevelaer" genannt; zu 1938 vgl. *Meldungen aus dem Reich,* S. 313.
194 K 31-61, Bekanntmachung 25. 6. 1934.
195 HStAD RW 58-21979, 30. 12. 1937 Landrat an Gestapo Düsseldorf, Wiedergabe eines Berichtes des Ortspolizeiverwalters Kevelaer (Bürgermeister Eickelberg).
196 *Ploetz,* S. 47 und 52.
197 NLZ 9. 5. 1933.
198 NLZ 27. 6. 1933.
199 K 12-1-35, 5. 9. 1934 NSHAGO an Bürgermeister.
200 K 12-3-15.
201 *Ploetz,* S. 52.
202 K 31-61, 18. 7. 1934 Schüler an Bürgermeisteramt Kevelaer.
203 Ebenda, 23. 7. 1934 Lenders an M. van den Bemd, Tilburg.
204 K 31-61.
205 Ebenda.
206 BA R 58-514, 5. 10. 1935 Stapo Düsseldorf an Gestapa Berlin, Lagebericht für September 1935.
207 Ebenda.
208 *Akten deutscher Bischöfe,* Bd. 2, S. 60 f.
209 Düsseldorfer Tageblatt 10. 9. 1934, zitiert nach K 31-61, Abschrift.
210 K 31-61, 18. 9. 1934 Bürgermeister Eickelberg an Landrat.
211 Vgl. *Hahn,* S. 125.
212 W 406, 12. 12. 1936 Schreiben Gestapo Düsseldorf.
213 HStAD RW 58-21979.
214 Ebenda, 7. 8. 1937 Bericht Bürgermeister Eickelberg.
215 Ebenda, 13. 8. 1937 Gestapo Düsseldorf an Landrat.

Et Quatt häwe se ons halde lôte:
Der Zweite Weltkrieg

1 Bönninghaus, P., Jan Voß. Eine geschichtliche Erzählung aus der Zeit der Entstehung der Wallfahrt nach Kevelaer, Reprint, Kevelaer o. J., S. 178 f.
„Eine lendenlahme, alte Frau, die bei der Plünderung des Dorfes im Kroatenjahr irrsinnig geworden war, wankte über die Straße. [...] Klagend rieb sie die knochigen Hände und rief mit weinerlicher Stimme: ‚Alles es fort! Alles es fort! Et Gutt häwe se metgenome; et Quatt häwe se ons halde lôte.' [...] Alles schaute dann schweigend der armen Irrsinnigen nach. [...] In der Ferne klang hell das Becken des Ausrufers, und halb vom Wind verweht drang seine Stimme herüber: – ‚Habseligkeiten in Sicherheit bringen!'" Gutt = Gute, Quatt = Schlechte.

2 *Meldungen aus dem Reich*, (Nr. 302) 23. Juli 1942, S. 3990 f.
3 Vgl. ebenda, Einführung, S. 16.
4 HStAD RW 58-47828.
5 17. 5. 1940 Verordnung des Oberpräsidenten der Rheinprovinz. Zitiert nach K 31-61, 9. 6. 1944 Gestapo Düsseldorf an Aussendienststellen und Grenzkommissariate, Landräte und Bürgermeister.
6 16. 5. 1942 Erlaß des Reichssicherheitshauptamtes. Zitiert nach ebenda.
7 K 31-61, 9. 6. 1944 Gestapo Düsseldorf an Aussendienststellen und Grenzkommissariate, Landräte und Bürgermeister.
8 PfAK Pfarrchronik Kervenheim, Juli 1940.
9 K 31-61, 18. 6. 1940 Broederschap O. L. Vrouw van Kevelaer te 's Gravenhage an Wallfahrtsleitung Kevelaer, weitergeleitet an Bürgermeister Eickelberg.
10 Ebenda, 24. 6. 1940 Dechant Holtmann an Bürgermeister Eickelberg.
11 Ebenda, 7. 11. 1940 Bericht Bürgermeister Eickelberg an Landrat.
12 *Ploetz*, S. 52.
13 Ebenda.
14 PfAK, Pfarrchronik Kervenheim, 1942.
15 Vgl. *Akten deutscher Bischöfe*, Bd. VI, S. XXVIII f.
16 HStAD RW 58-21979, 5. 9. 1941 Dechant Holtmann an Domkapitular Prälat Cüppers, Duisburg.
17 HStAD RW 58-3701.
18 K 41-64.
19 W 870.
20 K 15-7-12, 25. 8. 1941 Polizeibericht.
21 Vgl. *Meyers, Hüter*, S. 71–73.
22 PfAW, Pfarrchronik Wetten.
23 W 530a, 24. 10. 1942 Lagebericht Amt Kervenheim.
24 K 14-18.
25 PAB, Wachbuch der Luftschutzwache der Gemeinde Wetten.
26 W 530a, 26. 8. 1942 Lagebericht Amt Kervenheim.
27 K 15-7-2, 14. 10. 1939 Kommandantur-Befehl Nr. 1.

28 K 15-7-12, 19. 1. 1940 Bericht Bürgermeister Eickelberg an Landrat.
29 W 520, 28. 10. 1939 Bürgermeister Tenhaeff an Landrat.
30 Ebenda.
31 Ebenda.
32 Vgl. *Bosch*, S. 22–26 sowie *Gross*.
33 K 15-7, 20. 1. 1940 Bürgermeister Eickelberg an Oberbauleitung des Generalinspektors für das deutsche Straßenwesen in Geldern.
34 K 15-5-51, 6. 11. 1941.
35 Vgl. W 530a, Lageberichte Amt Kervenheim.
36 Vgl. zum folgenden ebenda.
37 K 15-7-9, Liste, erstellt nach 1945.
38 HStAD RW 58-64104.
39 Vgl. zum folgenden B & B, Protokolle der Gesellschafterversammlungen 1939–1943.
40 *Herbert*, S. 41.
41 Ebenda, S. 40.
42 Ebenda, S. 43 und 58.
43 HStAD Reg. Düsseldorf BR 1021-4, 22. 8. 1938 Reichsausländerpolizeiverordnung.
44 W 776, 27. 7. 1939 Arbeitsamt Geldern an die Bürgermeister des Kreises.
45 *Gross*, S. 19 f.
46 W 530a, 19. 9. 1939 Lagebericht Amt Kervenheim.
47 Ebenda, 29. 12. 1939 Lagebericht Amt Kervenheim.
48 *Herbert*, S. 83.
49 Ebenda, S. 81.
50 Ebenda, S. 92 und 77.
51 W 530a, 29. 5. 1940 Lagebericht Amt Kervenheim.
52 Ebenda, 30. 7., 29. 11. 1940 Lageberichte Amt Kervenheim.
53 K 15-7-2, 8. 8. 1940 Landrat an Bürgermeister.
54 HStAD RW 58-3996, RW 58-44206 sowie W 166.
55 HStAD RW 36-43, 3. 6. 1943 Vermerk Grenzkommissariat Kleve.
56 *Herbert* 107 f.
57 Ebenda.
58 Ebenda, S. 135.
59 Ebenda, S. 142.
60 Ebenda, S. 149.
61 W 530a, 29. 7. 1941 Lagebericht Amt Kervenheim.
62 Ebenda, 26. 9. 1941 Lagebericht Amt Kervenheim.
63 W 1423, 1942 Liste, Bedarfsanmeldungen für landwirtschaftliche Arbeitskräfte.
64 *Herbert*, S. 156.
65 W 530a, 24. 6. 1942 Lagebericht Amt Kervenheim.
66 K 13-40, Kontrollbuch.
67 W 166, 27. 8. 1945 Landkreisformular.

68 HStAD RW 86-3.
69 *Herbert*, S. 247 und 251.
70 HStAD RW 36-43, 14. 10. 1943 Grenzpolizeikommissariat Kleve an Gestapo Düsseldorf.
71 *Herbert*, S. 19.
72 HStAD RW 58-44206.
73 Ulrich Herbert vermerkt zu diesem Problem: „Nach der Kriegssonderstrafrechtsverordnung konnte auch die Todesstrafe verhängt werden; es ist mir jedoch kein Fall bekannt geworden, in dem diese ausgesprochen wurde." Das Strafmaß schwankte zwischen einem halben Jahr und vier Jahren Gefängnis für die deutschen Frauen, und zwischen zwei und sechs Jahren für die französischen Kriegsgefangenen. *Herbert*, S. 125 und 391.
74 K 41-41.
75 W 530a.
76 HStAD RW 58-39433.
77 Ebenda.
78 W 410, vgl. auch zum folgenden.
79 *Meldungen aus dem Reich*, Nr. 339, 30. 11. 1942, S. 4519.
80 W 530a, 27. 3. 1942 Lagebericht Amt Kervenheim.
81 *Meldungen aus dem Reich*, Nr. 146, 2. 12. 1940, S. 1832.
82 Vgl. z. B. ebenda, Nr. 214, 25. 8. 1941, S. 2685.
83 W 530a, 24. 10. 1942 Lagebericht Amt Kervenheim.
84 *Meldungen aus dem Reich*, Nr. 264, 2. 3. 1942, S. 3392 f.
85 W 28, 21. 1. 1942 Schreiben Reichsminister des Innern.
86 Vgl. W 530a, Lageberichte Amt Kervenheim.
87 *Chronik der Agarpolitik*, S. 16.
88 BAK R 16-690, Kreiswirtschaftsmappe Geldern, vgl. auch zum folgenden.
89 HStAD RW 58-28217.
90 K 41-41.
91 Zitiert nach W 405, auch zum folgenden W 405.
92 HStAD RW 58-22081.
93 Ebenda.
94 HStAD RW 58-16776.
95 HStAD RW 58-7965.
96 NMVK, Chronik der Marktschule, Abschrift.
97 W 530a.
98 PAB, Wachbuch der Luftschutzwache der Gemeinde Wetten, Bericht, nach Kriegsende entstanden.
99 K 11-20, Meldungen Gendarmerieposten Wetten.
100 HStAD RW 23-87, 9. 8. 1944 NSDAP-Kreisleitung Geldern an Gauleitung Essen.
101 HStAD RW 72-1, 20. 9. 1944 Besprechung Stab Hetzel über die Räumung linksrheinischer Gebiete.

102 Vgl. *Bosch*, S. 166.
103 NMVK, Chronik der Marktschule, Abschrift.
104 *Bosch*, S. 172.
105 Ebenda.
106 HStAD RW 72-1, 20. 9. 1944 Aktennotiz Hetzel.
107 Ebenda, 25. 9. 1944 Hetzel an Reichsverteidigungskommissar Schlessmann, Essen.
108 HStAD RW 72-2, 3. 10. 1944 Aktennotiz Hetzel.
109 Ebenda.
110 HStAD RW 72-1, 27. 9. und 4. 10. 1944 Aktenvermerke.
111 Ebenda, 16. 10. 1944 Aktenvermerk Hetzel.
112 Ebenda, 6. 11. 1944 SD-Leitabschnitt Düsseldorf an RSHA Berlin.
113 Ebenda, 23. 11. 1944 Hetzel an Abschnittsleiter, Pg. Welzel.
114 Ebenda, 25. 10. 1944 Hetzel an Kreisbauernführer in Kleve.
115 Ebenda, 3. 10. 1944 Aktenvermerk Hetzel über eine Dienstreise durch die Kreise Kleve und Geldern.
116 Ebenda, 1. 2. 1945 Aktenvermerk, Versammlung in Pont.
117 Ebenda, 3. 2. 1945 Aktenvermerk, Besprechung über Viehräumung in Sevelen.
118 HStAD RW 72-2, 19. 2. 1945 Aktenvermerk.
119 Vgl. *Bosch*, S. 176.
120 NMVK, Evakuierungsplakat für Twisteden.
121 PfAW, Pfarrchronik Wetten.
122 *Bosch*, S. 178.
123 Tagebuchaufzeichnung, zitiert nach *Bosch*, S. 178.
124 *Bosch*, S. 178–180.
125 PAB.
126 PAB, Wachbuch der Luftschutzwache der Gemeinde Wetten.
127 Bericht Wilhelm Holtmann, zitiert nach *Meyers, Hüter*, S. 75.
128 RW 37-21, 12. 1. 1945 SS-Oberführer Ernst Hildebrand an SS-Obergruppenführer K. Gutenberger, Düsseldorf-Lohhausen.
129 *Bosch*, S. 180.
130 *Ebe-Jahn*, S. 18–21.
131 *Bosch*, S. 236. Zum folgenden vgl. ebenda, S. 236 ff.
132 W 166, 27. 8. 1945 Aufstellung.
133 K 31-54, Gräberverzeichnis.

Archive und Bestände

Kommunalarchiv Kevelaer
Kommunalarchiv Winnekendonk
Kreisarchiv Geldern
Firmenarchiv Butzon & Bercker
Privatarchiv Broeckmann, Wetten
Pfarrarchiv Wetten
Pfarrarchiv Kervenheim
Niederrheinisches Museum für Volkskunde und Kulturgeschichte, Kevelaer
Hauptstaatsarchiv Düsseldorf:

	Landratsamt Geldern
	Regierung Düsseldorf
Rep. 7	Staatsanwaltschaft Kleve
RW 7	Rhein- und Ruhrbesetzung
RW 8	Rhein- und Ruhrbesetzung
RW 13	Gauwirtschaftskammer Essen, Rüstungsobmann Wehrkreis VIb
RW 14	NSDAP Gaugericht Essen
RW 23	NSDAP Gauleitung Essen, SA-Gruppe Niederrhein
RW 24	Landesbauernschaft Rheinland
RW 27	Reichstreuhänder der Arbeit für das Rheinland
RW 36	Stapo(leit)stelle Düsseldorf, Grenzpolizeikommissariat Kleve
RW 54	Einsatzstab Fischer
RW 58	Gestapo(leit)stelle Düsseldorf, Personalakten
RW 72	Freimachungsstab Hetzel
RW 86	Landesarbeitsamt Rheinland
RW 152	Landesbauernschaft Rheinland

Bundesarchiv Koblenz:

NS 25	Hauptamt für Kommunalpolitik
R 16	Reichsnährstand
R 18	Reichsministerium des Innern
R 36	Deutscher Gemeindetag
R 58	Sicherheitspolizei und politischer Nachrichtendienst
R 77	Reichsarbeitsdienst

Zentrales Staatsarchiv der DDR, Dienststelle Merseburg:

Rep. 77	Preußisches Innenministerium
Rep. 89H	Königliches Geheimes Civil-Cabinet

Literaturverzeichnis

Achilles, Walter, Agrargeschichte, in: Handwörterbuch der Wirtschaftswissenschaften, Bd. 1, 1977, S. 66–87.
Ackermann, Hermann, Aus der Geschichte der christlichen Arbeiterbewegung unter Berücksichtigung der Bedeutung des Arbeiterstandes im Kreis-Geldernschen Wirtschaftsleben, in: Niederrheinische Landeszeitung, Jubiläumsausgabe Januar 1928.
Aengenheister, H., Die Landwirtschaft des Kreises Geldern, Diss. Leipzig 1901.
Agrarpolitik in Zahlen, hg. v. Deutsche Bauernschaft, 2. Aufl. Berlin 1932.
Akten deutscher Bischöfe über die Lage der Kirche 1933–1945, 6 Bde., Mainz 1968–1985 (= Veröffentlichungen der Kommission für Zeitgeschichte, Reihe A: Quellen, Bde. 5, 20, 25, 30, 34, 38).
Albrecht, Dieter (Hg.), Der *Notenwechsel* zwischen dem Hl. Stuhl und der Deutschen Reichsregierung, Bd. 3, Mainz 1980 (= Veröffentlichungen der Kommission für Zeitgeschichte, Reihe A: Quellen, Bd. 29).
Albrecht, Dieter, Die *Politische Klausel* des Reichskonkordats in den deutsch-vatikanischen Beziehungen 1936–1943, in: ders. (Hg.), Katholische Kirche im Dritten Reich, Mainz 1976, S. 128–170.
Alt-Kevelaer. 256 Bilder aus 300 Jahren. Zusammengestellt und kommentiert von Robert Plötz und Burkhard Schwering, Geldern 1982 (= Veröffentlichungen des Historischen Vereins für Geldern und Umgebung, Bd. 83).
Bade, Klaus J., Arbeitsmarkt, Bevölkerung und Wanderung in der Weimarer Republik, in: Michael Stürmer (Hg.), Die Weimarer Republik. Belagerte Civitas, Königstein/Ts. 1980, S. 160–187.
Benz, Wolfgang, Vom Freiwilligen Arbeitsdienst zur Arbeitsdienstpflicht, in: Vierteljahrshefte für Zeitgeschichte, 1968, S. 317–346.
Bergmann, Theodor, Der Wallfahrtsort Kevelaer, Kevelaer 1949.
Berichte des SD und der Gestapo über Kirchen und Kirchenvolk in Deutschland 1934–1944, bearb. v. Heinz Boberach, Mainz 1971 (= Veröffentlichungen der Kommission für Zeitgeschichte, Reihe A: Quellen, Bd. 12).
Besetzte Gebiete Deutschlands, bearb. im Preußischen Statistischen Landesamt, Berlin 1925.
Bogs, Walter, Arbeitslosigkeit: Arbeitslosenfürsorge und Arbeitslosenversicherung, in: Handwörterbuch der Sozialwissenschaften, Bd. 1, 1956, S. 312–321.
Bosch, Heinz, Der Zweite Weltkrieg zwischen Rhein und Maas. Eine Dokumentation der Kriegsereignisse im Kreise Geldern 1939–1945, 4. Aufl. Geldern 1977.
Brücker, Friedrich, Der deutsche Niederrhein als Wirtschaftsgebiet, M. Gladbach 1913 (= Soziale Studienfahrten, 5).
Bürgerbuch für die Bürgermeisterei Kevelaer. Amtliche Ausgabe, Crefeld 1911.
Chronik der Agrarpolitik und Agrarwirtschaft des Deutschen Reichs von 1933–1945, bearb. v. W. Tornow, Hamburg, Berlin 1972 (= Berichte über Landwirtschaft, Bd. 188, Sonderheft).
Die *Chronik* der 12 Monate im Kreisjahrbuch, in: Heimatkalender 1939. Das Jahrbuch des Kreises Geldern, S. 86–88.

Cleven, Heinrich, Untersuchungen über die heutige Lage der landwirtschaftlichen Betriebe des Kreises Geldern im Vergleich zur Vorkriegszeit, Diss. Gießen 1928.
Deutschland im ersten Weltkrieg, 3 Bde., Berlin 1968–1970.
Deutschland-Berichte der Sozialdemokratischen Partei Deutschlands *(Sopade)* 1934–1940, 7 Bde., Frankfurt a. M. 1980.
Dohse, Knuth, Ausländische Arbeiter und bürgerlicher Staat. Genese und Funktion von staatlicher Ausländerpolitik und Ausländerrecht vom Kaiserreich bis zur Bundesrepublik Deutschland, Königstein/Ts. 1981, Nachdruck Berlin 1985.
Drißen, Franz Josef (Hg.), 700 Jahre Winnekendonk 1282–1982. Nachdruck von volkskundlichen und heimatgeschichtlichen Berichten und Erzählungen, o. O. [1982].
Düwell, Kurt, Das Schul- und Hochschulwesen der Rheinlande, in: Rheinische Geschichte, Bd. 3, 2. Aufl. Düsseldorf 1980, S. 465–552.
Dyckmans, Fritz, Kevelaer. Das Marienheiligtum am Niederrhein, 6. Aufl. Kevelaer 1970.
Ebe-Jahn, Elisabeth, Dreißig Jahre Entwicklung im Gelderner Kreisgebiet. Vom mittelalterlichen Dorf zur modernen industriellen Landgemeinde, in: Geldrischer Heimatkalender 1975, S. 18–38.
Eheberg, K. Th. v., Gemeindefinanzen, in: Handwörterbuch der Staatswissenschaften, Bd. 4, Jena 1927, S. 783–845.
Eickels, Klaus van, Rotkreuzarbeit in Krieg und Frieden. Das Rote Kreuz im Kreise Geldern von 1895 bis 1937, in: Geldrischer Heimatkalender 1986, S. 145–157.
100 Jahre Butzon & Bercker. 1870–1970, Kevelaer 1970.
125 Jahre Industrie- und Handelskammer zu Krefeld, Krefeld 1929.
150 Jahre Industrie- und Handelskammer zu Krefeld. 1804–1954, Krefeld 1954 (= Nachrichten der Industrie- und Handelskammer zu Krefeld, Jubiläumsausgabe).
Engeli, Christian, *Haus*, Wolfgang (Hg.), Quellen zum modernen Gemeindeverfassungsrecht in Deutschland, Stuttgart u. a. 1975 (= Schriften des Deutschen Instituts für Urbanistik, Bd. 45).
Evers, Paul, Mit der OT. in Geldern und in Feindesland, in: Heimatkalender 1942 des Kreises Geldern, S. 91–92.
Faber, Karl-Georg, Die südlichen Rheinlande von 1816 bis 1956, in: Rheinische Geschichte, Bd. 2, 3. Aufl. Düsseldorf 1980, S. 367–474.
Festschrift aus Anlaß des 75jährigen Bestehens der *Landwirtschaftsschule* und Beratungsstelle Geldern, Geldern 1981.
Gessner, Dieter, Agrarverbände in der Weimarer Republik. Wirtschaftliche und soziale Voraussetzungen agrarkonservativer Politik vor 1933, Düsseldorf 1976.
Gnisa, Helmut, Die Anwendung und Auswirkung der neuesten Agrarpolitik und Marktordnung im Kreise Geldern, Diss. Köln 1938.
Gotto, Klaus, *Hockerts*, Hans Günter, *Repgen*, Konrad, Nationalsozialistische Herausforderung und kirchliche Antwort. Eine Bilanz, in: Karl Dietrich Bracher u. a. (Hg.), Nationalsozialistische Diktatur 1933–1945, Düsseldorf 1983, S. 655–668.
Gross, Manfred, Der Westwall zwischen Niederrhein und Schnee-Eifel, Köln 1982 (= Archäologische Funde und Denkmäler des Rheinlandes, Bd. 5).
Hagmans, Willi, Die Landwirtschaft des Kreises zwischen gestern und morgen, in: Geldrischer Heimatkalender 1972, S. 41–46.
Hahn, Maria Anna, Siedlungs- und wirtschaftsgeographische Untersuchung der Wallfahrtsstätten in den Bistümern Aachen, Essen, Köln, Limburg, Münster, Paderborn, Trier, Düsseldorf 1969.
Haushofer, Heinz, Die deutsche Landwirtschaft im technischen Zeitalter, Stuttgart 1963 (= Deutsche Agrargeschichte, Bd. 5).

Hegel, Eduard, Die katholische Kirche in den Rheinlanden 1815–1945, in: Rheinische Geschichte, Bd. 3, 2. Aufl. Düsseldorf 1980, S. 329–412.

Heitzer, Horstwalter, Der Volksverein für das katholische Deutschland im Kaiserreich 1890–1918, Mainz 1979 (= Veröffentlichungen der Kommission für Zeitgeschichte, Reihe B: Forschungen, Bd. 26).

Henning, Hansjoachim, *Bevölkerungsentwicklung* und Erwerbsstruktur am linken Niederrhein 1815–1933, in: Der Niederrhein 1986, S. 69–76.

Henning, Hansjoachim, *Sozialpolitik:* Geschichte, in Handwörterbuch der Wirtschaftswissenschaften, Bd. 7, 1977, S. 85–110.

Herbert, Ulrich, Fremdarbeiter. Politik und Praxis des „Ausländer-Einsatzes" in der Kriegswirtschaft des Dritten Reiches, Berlin, Bonn 1985.

Hermes, Jakob, Die ehemalige Geldernsche Kreisbahn. Neues über Aufstieg und Niedergang eines Nahverkehrsunternehmens, in: Geldrischer Heimatkalender 1978, S. 132–138.

Hier sollst Du mir ein Kapellchen bauen. Die Geschichte des Kapellenplatzes in Kevelaer, hg. v. Pfarrgemeinderat St. Marien zu Kevelaer, Kevelaer 1981.

Hövelmann, Gregor (Hg.), *Beiträge* zur Geschichte der Stadt Kevelaer von Adolf Marx und Heinrich Janssen, Kevelaer 1979.

Hövelmann, Gregor, *Bürgermeister* und Volkswirt. Heinrich Janssen (1870–1946), Winnekendonk, und seine wirtschaftswissenschaftlichen Schriften, in: Geldrischer Heimatkalender 1978, S. 149–156.

Hövelmann, Gregor, Niederrheinische *Kirchengeschichte,* Kevelaer 1965.

Industrie- und Handelsadressbuch für den linken Niederrhein 1925/26, hg. in Verbindung mit der Industrie- und Handelskammer zu Crefeld, Düsseldorf o. J.

Janssen, Karl Heinrich, Die *Wandlungen* im Handwerk innerhalb der Landbürgermeisterei Kervenheim seit Beginn des 19. Jahrhunderts bis zum Weltkrieg. Beitrag zur sozialen Wirkung der Wirtschaftskultur auf dem flachen Lande, in: Niederrheinische Landeszeitung, Jubiläumsausgabe Januar 1928.

Janssen, Karl Heinrich, Die wirtschaftlichen Schäden der *Maul- und Klauenseuche* in ihrer Wirkung auf die Landwirtschaft, insbesondere die Schäden der Seuchenperiode 1911, in der rheinischen Bürgermeisterei Kervenheim, Kreis Geldern, Bonn 1920 (= Veröffentlichungen der Landwirtschaftskammer für die Rheinprovinz 1920, Bd. 1).

Janssen, Karl Heinrich, Das *Wirtsgewerbe* im Kreise Geldern. Statistische Erhebungen und verwaltungspolitische Erwägungen zur Prüfung der Bedürfnisfrage, in: Archiv für Sozialwissenschaft und Sozialpolitik, Bd. 33, 1911, S. 543–594.

Jentjens, Heinrich, Die Meliorationen des Kreises Geldern und ihre volkswirtschaftliche Bedeutung, Diss. Bonn-Poppelsdorf 1926.

Kaiser, Joseph H., Die Politische Klausel der Konkordate, Berlin, München 1949.

Kerkhoff, Radbert, Ausländer in Kevelaer, in: Geldrischer Heimatkalender 1974, S. 75–79.

Keuck, Bernhard, 100 Jahre Wasser- und Bodenverband Kervenheimer Mühlenfleuth (1886–1986). Festschrift, Geldern 1986.

Klein, Ernst, Geschichte der deutschen Landwirtschaft im Industriezeitalter, Wiesbaden 1973.

Klönne, Arno, Jugend im Dritten Reich. Die Hitler-Jugend und ihre Gegner. Dokumente und Analysen, Düsseldorf, Köln 1982.

Kloidt, Franz, Kirchenkampf am Niederrhein 1933–1945, Xanten 1965.

Köhler, Henning, Arbeitsdienst in Deutschland. Pläne und Verwirklichungsformen bis zur Einführung der Arbeitsdienstpflicht im Jahre 1935, Berlin 1967 (= Schriften zur Wirtschafts- und Sozialgeschichte, Bd. 10).

Kuske, Bruno, Rheinisch-westfälische Wirtschaftsgeschichte seit Anfang des 19. Jahrhunderts, in: Otto Most, Bruno Kuske, Heinrich Weber (Hg.), Wirtschaftskunde für Rheinland und Westfalen, Berlin 1931, S. 93–107.

Lademacher, Horst, Die nördlichen Rheinlande von der Rheinprovinz bis zur Bildung des Landschaftsverbandes Rheinland (1815–1953), in: Rheinische Geschichte, Bd. 2, 3. Aufl. Düsseldorf 1980, S. 475–866.

Lindemann, Hugo, Probleme der Kommunalverwaltung, in: Rheinische Geschichte, Bd. 2, 3. Aufl. Düsseldorf 1980, S. 314–325.

Lingen, Hermann Josef, Der zweite Weltkrieg im Gelderland. Ausschnitte aus den Kämpfen um unsere Heimat von 1939 bis 1945, in: Geldrischer Heimatkalender 1950, S. 17 ff., 1951, S. 24 ff., 1952, S. 85 ff.

Lütgenau, Johannes Hubertus, Das landwirtschaftliche Pachtwesen am Niederrhein, Diss. Bonn-Poppelsdorf 1927.

Marx, Adolf, Kevelaer, Wallfahrt und Wirtschaft, Kevelaer 1922.

Mascherrek, Jörg, *Ländliche Wohnsituation* der Jahrhundertwende, in: Der Niederrhein 1987, S. 4–13.

Mascherrek, Jörg, Die *Wohnsituation* im ländlichen Raum, dargestellt am Beispiel des niederrheinischen Amtes Kervenheim, Staatsexamensarbeit, Duisburg 1985.

Mason, Timothy W., Sozialpolitik im Dritten Reich. Arbeiterklasse und Volksgemeinschaft, Opladen 1977.

Matzerath, Horst, Nationalsozialismus und kommunale Selbstverwaltung, Stuttgart u. a. 1970 (= Schriftenreihe des Vereins für Kommunalwissenschaften e. V. Berlin, Bd. 29).

Meiners, Bernhard, Schuhe aus Kervenheim, in: Geldrischer Heimatkalender 1970, S. 206–210.

Meldungen aus dem Reich. Die geheimen Lageberichte des Sicherheitsdienstes der SS 1938–1945, hg. v. Heinz Boberach, 17 Bde., Herrsching 1984.

Meyers, Fritz, Die *Baronin* im Schutzmantel. Emilie von Loe im Widerstand gegen den Nationalsozialismus, Kevelaer 1975 (= Veröffentlichungen des Historischen Vereins für Geldern und Umgebung, Bd. 75).

Meyers, Fritz, *Hüter* unter dem Hakenkreuz. Zwei Episoden aus dem Leben des Dechanten Wilhelm Holtmann, Kevelaer, in: Geldrischer Heimatkalender 1983, S. 65–77.

Meyers, Fritz, *Jugend* im Widerstand. Ein Bericht aus dem Kreise Geldern, Geldern 1956 (Ms., Kreisarchiv Geldern).

Meyers, Fritz, *Junge Kevelaerer* protestierten als die Partei 1941 Bischof Clemens August angriff, in: Geldrischer Heimatkalender 1982, S. 127–136.

Michels, Wilhelm, *Sliepenbeek,* Peter, Niederrheinisches Land im Krieg. Ein Beitrag zur Geschichte des Zweiten Weltkrieges im Landkreis Kleve, Kleve 1964.

Neuheuser, Hanns Peter, Das Archiv der Stadt Kevelaer, in: Beiträge zum Rheinischen Archivwesen I, 1983, S. 113–128.

1921–1971. 50 Jahre *Sportverein „Union"* 1921 e. V. Wetten. Festschrift, o. O. 1971.

1906–1956. 50 Jahre *Freiwillige Feuerwehr Wetten.* Festschrift, Weeze 1956.

1902–1977. 75 Jahre *Freiwillige Feuerwehr Winnekendonk,* o. O. 1977.

Opheys, Leo, Der „feurige Elias", in: Geldrischer Heimatkalender 1964, S. 79–82.

Petzina, Dieter, *Autarkiepolitik* im Dritten Reich. Der nationalsozialistische Vierjahresplan, Stuttgart 1968 (= Schriftenreihe der Vierteljahrshefte für Zeitgeschichte, Bd. 16).

Petzina, Dieter, Die deutsche *Wirtschaft* in der Zwischenkriegszeit, Wiesbaden 1977.

Pietsch, Folkmar, Vor 50 Jahren – das letzte Kriegsjahr 1918, in: Geldrischer Heimatkalender 1968, S. 200–203.

Plötz, Robert, Die Wallfahrt nach Kevelaer. Ein Wallfahrtsort und seine Geschichte, Duisburg 1986.
Portmann, Heinrich, Der Bischof von Münster. Das Echo eines Kampfes für Gottesrecht und Menschenrecht, Münster 1946.
Preller, Ludwig, Sozialpolitik in der Weimarer Republik, Stuttgart 1949.
Priester unter Hitlers Terror. Eine biographische und statistische Erhebung, bearb. v. Ulrich von Hehl, Mainz 1984 (= Veröffentlichungen der Kommission für Zeitgeschichte, Reihe A: Quellen, Bd. 37).
Radermacher, H. J., Pilgerfahrten nach Kevelaer. Ihr Weg und Geist, Kevelaer 1933.
Romeyk, Horst, Verwaltungs- und Behördengeschichte der Rheinprovinz 1914–1945, Düsseldorf 1985 (= Publikationen der Gesellschaft für Rheinische Geschichtskunde, Bd. 63).
Roon, Ger van, Widerstand im Dritten Reich, München 1979.
Schellenberger, Barbara, Katholische Jugend und Drittes Reich. Eine Geschichte des Katholischen Jungmännerverbandes 1933–1939 unter besonderer Berücksichtigung der Rheinprovinz, Mainz 1975 (= Veröffentlichungen der Kommission für Zeitgeschichte, Reihe B: Forschungen, Bd. 17).
Scherf, Harald, Inflation, in: Handwörterbuch der Wirtschaftswissenschaften, Bd. 4, 1978, S. 159–184.
Schmidt, Angelika, Soziale Verflechtungen im Amt Kervenheim 1816–1913, in: Der Niederrhein 1986, S. 137–144.
Schneider, Michael, Die christlichen Gewerkschaften 1894–1933, Bonn 1982 (= Politik und Gesellschaftsgeschichte, Bd. 10).
Schoenmackers, H., *Wilde*, H., Stand der Landwirtschaft im Kreise Geldern unter besonderer Berücksichtigung der Aufgaben in der Erzeugungsschlacht, in: Heimatkalender 1938 für den Kreis Geldern, S. 39–45.
Schumacher, Franz, Das schönste Dorf der Welt. Erinnerung an Winnekendonk vor sechzig Jahren, in: Kalender für den Kreis Kleve 1976, Ausgabe Süd, S. 115–122.
Seiler, Gerhard, Gemeinden: Finanzen, in: Handwörterbuch der Wirtschaftswissenschaften, Bd. 3, 1981, S. 501–525.
Sieg, Detlef, Das kommunale Fürsorgewesen von 1919–1939 im ländlichen Raum, in: Der Niederrhein *1987*, S. 213–220.
Sieg, Detlef, Kommunales Fürsorgewesen von 1919–1939, dargestellt am Beispiel des Amtes Kervenheim, Staatsexamensarbeit, Duisburg *1986*.
Suckow, Wilhelm, *DP-Lager* Kevelaer, in: Geldrischer Heimatkalender 1956, S. 81–83.
Suckow, Wilhelm, *Zeltstadt* in Not. Vor zehn Jahren wurde das DP-Lager Kevelaer aufgelöst, in: Geldrischer Heimatkalender 1957, S. 135.
Syrup, Friedrich, Hundert Jahre staatliche Sozialpolitik 1839–1939, bearb. v. Otto Neuloh, Stuttgart 1957.
Uehlenbruck, Paul, Als wir alle Millionäre waren ..., in: Geldrischer Heimatkalender 1969, S. 163–169.
Verwaltungsbericht des Kreises Geldern für das Rechnungsjahr 1926 mit kurzem Überblick über die Geschichte der Kreisverwaltung seit dem Jahre 1912, Geldern o. J.
Vor 25 Jahren zogen sie aus, die Heimat zu schützen, in: Heimatkalender 1939. Das Jahrbuch des Kreises Geldern, S. 43–46.
Was blieb – was verloren ging. Aus den Aufzeichnungen von Hermann-Josef Lingen über Kriegsschäden im Kreise Geldern (II), in: Geldrischer Heimatkalender 1963, S. 172–175.
Weber, Wilhelm, Chronik der deutschen Agrarpolitik 1914–1932, in: Fritz Beckmann u. a. (Hg.), Deutsche Agrarpolitik im Rahmen der inneren und äußeren Wirtschaftspoli-

tik, Bd. 2, Berlin 1932, S. 93–135 (= Veröffentlichungen der Friedrich List-Gesellschaft e. V., Bd. 6).
Wilden, J., Innungen, in: Handwörterbuch der Staatswissenschaften, Bd. 5, 1923, S. 463–468.
Wilkes-Valkyser, Renate, Hundert Jahre *Basilika* zu Kevelaer. Rückblick auf ein denkwürdiges Ereignis, in: Geldrischer Heimatkalender 1965, S. 102–105.
Wilkes-Valkyser, Renate, „Kleiner *Bürgermeister"* liebt kein Gedöns, in: Geldrischer Heimatkalender 1967, S. 51–54.

Abkürzungen

ADW	Arbeitsdienstwilliger
ASB	Arbeitsgemeinschaft selbständiger Berufe
ASR	Arbeiter- und Soldatenrat
BAK	Bundesarchiv Koblenz
BDM	Bund deutscher Mädel
Bgm	Bürgermeisterei
B & B	Archiv Butzon & Bercker, Kevelaer
DAF	Deutsche Arbeitsfront
DDP	Deutsche Demokratische Partei
DNVP	Deutschnationale Volkspartei
DVP	Deutsche Volkspartei
FAD	Freiwilliger Arbeitsdienst
Gestapa	Geheimes Staatspolizeiamt, Berlin
Gestapo	Geheime Staatspolizei
Higa	Hilfsgrenzangestellter
HJ	Hitler-Jugend
HStAD	Hauptstaatsarchiv Düsseldorf
K	Kommunalarchiv Kevelaer
KG	Kreisarchiv Geldern
KJVD	Katholischer Jungmännerverband Deutschlands
KPD	Kommunistische Partei Deutschlands
KV	Kevelaerer Volksblatt
LRA	Landratsamt
LS	Luftschutz
NLZ	Niederrheinische Landeszeitung
NMVK	Niederrheinisches Museum für Volkskunde und Kulturgeschichte, Kevelaer
NSAD	Nationalsozialistischer Arbeitsdienst
NSBO	Nationalsozialistische Betriebszellen-Organisation
NSDAP	Nationalsozialistische Deutsche Arbeiterpartei
NS-Hago	Nationalsozialistische Handwerks-, Handels-, und Gewerbeorganisation
NSKK	Nationalsozialistisches Kraftfahrerkorps
NSLB	Nationalsozialistischer Lehrerbund
NSV	Nationalsozialistische Volkswohlfahrt

OT	Organisation Todt
PAB	Privatarchiv Broeckmann, Wetten
PfAK	Pfarrarchiv Kervenheim
PfAW	Pfarrarchiv Wetten
Pg	Parteigenosse (NSDAP)
RAD	Reichsarbeitsdienst
Reg	Regierung
RLB	Reichsluftschutzbund
SD	Sicherheitsdienst der SS
SPD	Sozialdemokratische Partei Deutschlands
SS	Schutzstaffel
Stapo	Staatspolizei
VGAD	Verstärkter Grenzaufsichtsdienst
W	Kommunalarchiv Winnekendonk
WHW	Winterhilfswerk
ZStAM	Zentrales Staatsarchiv Merseburg

SONDERDRUCK AUS

JAHRBUCH FÜR OSTDEUTSCHE VOLKSKUNDE

IM AUFTRAG DER KOMMISSION FÜR
OSTDEUTSCHE VOLKSKUNDE
IN DER DEUTSCHEN GESELLSCHAFT
FÜR VOLKSKUNDE E. V.

HERAUSGEGEBEN
VON
ULRICH TOLKSDORF

Band 33
1990

N. G. ELWERT VERLAG MARBURG

INHALT

Konrad Köstlin: Volkskulturforschung in „Grenzräumen" 1

Jörn Barfod: Das Ostpreußenkleid – Entstehung und Tradition eines Stücks „geistigen Grenzkampfs" 20

Johannes-Dieter Steinert: Flüchtlingsvereinigungen – Flüchtlingsstationen? Zur Rolle organisierter Interessen bei der Flüchtlingsintegration in der frühen Nachkriegszeit 55

Otto Holzapfel: Versuch einer „völkerkundlichen" Analyse von Vierzeilern. Eine Annäherung an Arnold van Gennep 69

Herbert Schwedt: Nadwar – Nemesnadudvar 92

Wolfgang Aschauer u. *Wilfried Heller:* Ungarndeutsche Dörfer in der „Schwäbischen Türkei" – eine Fallstudie anhand der Geschichte von vier Minderheitensiedlungen 101

Grete Horak: Traditionelle Kleidung in den Dreißigerjahren in einigen ungarndeutschen Dörfern im südlichen Ungarn 156

Julius Graw: Händler und Landfahrer aus dem Altvatergebirge mit ihrem Handelsgut 216

Hans Gehl: Donauschwäbische Handwerkerfolklore. Zunftleben und Wanderschaft 236

Gottfried Habenicht: Die banatdeutsche Volksliedforschung. Mit besonderer Berücksichtigung der Zeit zwischen den beiden Weltkriegen 286

Brigitte Stephani: Die Engel, die Schwarzen und die Juden. Anmerkungen zu einem sathmarschwäbischen Brauch 318

Anton-Joseph Ilk: Sprüche auf Wandschonern in Oberwischau 325

Claus Stephani: Am Anfang war der Baum. Anmerkungen zu Mythen und Sagen der Zipser in Nordrumänien 343

Manfred Klaube: „Bis hier her hat uns der Herr geholfen; Gott sei Dank"
– 30 Jahre Mennonitenkolonisation in Blue Creek in Belize –   357

Kai Rohkohl: Etj si Jasch Rohn   410

Jack Thiessen: Zur Frage der Identität der Mennoniten   439

Johannes Dieter Steinert

FLÜCHTLINGSVEREINIGUNGEN – EINGLIEDERUNGS- STATIONEN? ZUR ROLLE ORGANISIERTER INTERESSEN BEI DER FLÜCHTLINGSINTEGRATION IN DER FRÜHEN NACHKRIEGSZEIT

Die Integration der Flüchtlinge in die deutsche Nachkriegsgesellschaft oder – aus einem anderen Blickwinkel betrachtet – das Entstehen einer neuen Gesellschaft aus Nicht-Flüchtlingen und Flüchtlingen im Gefolge einer der großen Massenwanderungen des 20. Jahrhunderts gilt allgemein als eine historische Leistung. Doch trotz Flucht und Evakuierung während des Krieges, ‚wilder' Vertreibungen nach der bedingungslosen Kapitulation, organisierter Vertreibungen auf der Basis der Potsdamer Beschlüsse, Fluchtbewegungen aus der DDR und anderen Staaten des Ostblocks, Einwanderungen volksdeutscher Flüchtlinge über Österreich und beginnender Aussiedlertransporte im Zuge der Familienzusammenführung aus Polen: In der Bundesrepublik zeigte sich bereits in den 1950er Jahren deutlich ein Arbeitskräftemangel. Zehn Jahre nach Kriegsende wurde mit der Anwerbung und Vermittlung ausländischer Arbeitnehmer begonnen.

Der rasche wirtschaftliche Aufstieg der Bundesrepublik zu einer der großen Industrienationen der Welt hat mit dazu beigetragen, die Flüchtlingsintegration an den Faktoren Wohnung, Arbeit und Lebensstandard zu messen, wogegen sich allerdings bereits Zeitgenossen heftig zur Wehr gesetzt haben. „In der Verwechslung des Status des Arbeitslosen mit dem des Heimatlosen – zumal des Vertriebenen", so *Hans Schuster* 1951, „liegt überhaupt eines der Kardinal-Mißverständnisse, welche die Eingliederung und die ‚Assimilation' der Vertriebenen erschwert haben" [1]). Nur unter der Voraussetzung einer verengten Sicht auf materielle Aspekte läßt sich die Einschätzung aufrecht erhalten, daß die Flüchtlingsintegration bereits im Laufe der 1950er Jahre abgeschlossen war.

An dieser Integration arbeiteten Flüchtlingsorganisationen aktiv mit – nicht, indem sie Arbeit und Wohnung bereitstellen konnten, aber in dem Sinne, daß sie Rat und Unterstützung anboten, sich nicht gegen die Integration stellten, sondern an ihr partizipierten. Genannt werden müssen zunächst jene Flüchtlingsvereinigungen ‚allgemeinen Typs', die nach der durch Flucht und Vertreibung eingetretenen personellen Dislokation ehemals zusammengehöriger Nachbarschaften, Dörfer, Stadtteile, Städte oder Regionen ihre Mitglieder nicht nach Herkunftsregionen differenzierten, sondern alle ortsansässigen Flüchtlinge aufnahmen. Die dann seit etwa Mitte der 1950er Jahre das Flüchtlingsorganisations-Szenario dominierenden Landsmannschaften, die ihre organisatorischen Anfänge ebenfalls in den späten 1940er Jahren hatten, unterschieden sich im Selbstverständnis und in der Rangfolge ihrer selbstgesteckten Aufgaben deutlich von den frühen Vereinigungen. Während diese mittels einer Unterstützung der materiellen Integration schließlich auch an der Beseitigung ihrer eigenen Existenzberechtigung arbeiteten, waren die Landsmannschaften in ihrem Selbstverständnis „vielmehr nach innen, auf das soziale, kulturelle und gesellige Eigenleben gerichtet" [2]). Die Dominanz der Landsmannschaften in den 1950er Jahren ist ein Indiz dafür, daß die Flüchtlingsintegration mit der Überwindung existenzieller Not und dem Erreichen einer gewissen materiellen Saturierung keineswegs abgeschlossen, sondern vielfach ein nur lebensgeschichtlich zu bewältigender Vorgang war [3]).

Vereinigungen von Migranten zur Wahrnehmung gruppenspezifischer Anliegen in der Aufnahmegesellschaft sowie institutionalisierte Aktivitäten gesellschaftlich relevanter Gruppen der Aufnahmegesellschaft zur Betreuung von Einwanderern sind allgemeine Erscheinungsformen im Gefolge von Wanderungen. Sie können ihr Aufgabenfeld in dem Maße aufbauen bzw. gehen dieser Aufgaben verlustig, in dem Probleme in der Aufnahme- oder Einwanderungssituation auftreten bzw. durch fortschreitende Bewältigung minimiert werden. Dies gilt allgemein für grenzüberschreitende Wanderungen und, wie die Erfahrung der Nachkriegszeit lehrt, auch für Wanderungen größeren Ausmaßes im selben Nationalverband.

Da durch Flucht, Vertreibung und anschließende Verteilungspraxis im Aufnahmegebiet der Besatzungszonen eine zwar von Land zu Land unterschiedliche, letztlich aber doch gravierende Dislokation ehemals zusammengehöriger Sozialgefüge vorherrschte, kann es nicht überraschen, daß die ersten Flüchtlingsvereinigungen sich zumeist organisatorisch an vorgefundenen Grenzen – z.B. Verwaltungsgrenzen – der Aufnahmeregion orientierten und nicht an den tradierten Eigenheiten der Herkunftsgebiete. Ausnahmen traten in Erscheinung, wenn in einer Aufnahmeregion entweder vorwiegend Flüchtlinge einer bestimmten Herkunftsregion eingewiesen worden waren, oder wenn die Zahl der anwesenden Flüchtlinge eine Differenzierung nach Herkunftsregionen gestattete bzw. sogar notwendig machte.

Noch bevor die in Potsdam zwischen den USA, Großbritannien und der Sowjetunion abgesprochene, organisierte Vertreibung einsetzte, hatten sich in einigen Orten Westdeutschlands die ersten Flüchtlingsgruppen gebildet. In der Forschung am bekanntesten, weil frühzeitig schriftlich belegt [4]), ist die vom ehemaligen Königsberger Rechtsanwalt und Zentrums-Lokalpolitiker, dem späteren Bundestagsabgeordneten und Vorsitzenden des „Zentralverbandes der vertriebenen Deutschen", *Linus Kather*, im Juni 1945 gegründete „Notgemeinschaft der Ostdeutschen" in Hamburg, die sich für alle im Stadtgebiet wohnenden Flüchtlinge zuständig betrachtete. Sie soll 15.000 Mitglieder umfaßt haben. In ihrer mit 14 hauptamtlichen Mitarbeitern ausgestatteten Geschäftsstelle sprachen durchschnittlich 100 Flüchtlinge pro Tag vor, weiterhin wurden täglich ca. 300 schriftliche Anfragen beantwortet. Die Mitarbeiter gaben Auskünfte über Familienangehörige, Arbeitsplätze, Wohnraum, Lebensmittelversorgung usw. Weiterhin existierten in Hamburg einige landsmannschaftlich organisierte Vereinigungen mit vorwiegend mitteldeutscher Ausrichtung: Pommern, Mecklenburger, Balten, Berliner, Brandenburger, Stettiner, Sachsen und Thüringer.

Eine der Notgemeinschaft ähnliche Organisation [5]), die „Gemeinschaft deutscher Ostflüchtlinge", versuchte Anfang 1946 in Lippstadt einen Vertretungsanspruch für alle Flüchtlinge in der Provinz Westfalen zu formulieren. Zu ihrem Aufgabenkatalog zählte sie Wohnrecht, Mieterschutz, Arbeitsplatzbeschaffung, allgemeine Vermögensansprüche sowie Forderungen aus Pensionen, Renten oder Kriegsschäden [6]). Mit dem Westfälischen Heimatbund, der sich darüber mit dem Generalreferat Wohlfahrt bei der Provinzialregierung in Münster abgesprochen hatte, wurde eine Kooperation angestrebt: Gemeinsam mit den von der Gemeinschaft deutscher Ostflüchtlinge zu gründenden Ortsvereinigungen wollte man in Absprache mit der Inneren Mission, dem Caritas-Verband, der Arbeiterwohlfahrt, dem Deutschen Roten Kreuz und anderen Wohlfahrtsorganisationen Heimatabende für Flüchtlinge und Einheimische veranstalten, um für Betreuung und Hilfeleistungen zu werben [7]).

Diese frühen Flüchtlingsvereinigungen hatten indes nicht lange Bestand. Als die Lippstädter Flüchtlingsgemeinschaft am 2. Februar 1946 mit dem Westfälischen Heimatbund Kontakt aufnahm, waren die britischen Regional Military Governor Officer bereits einer Bitte deutscher Politiker nachgekommen, alle Flüchtlingsvereinigungen zu verbieten [8]). Die Furcht vor organisatorisch gefestigten neuen Minderheiten und den damit verbundenen Problemen, die man ja gerade durch die Vertreibungen hatte beseitigen wollen, leitete Briten wie Amerikaner zu fast zeitgleichen Koalitionsverboten in ihren jeweiligen Besatzungszonen [9]). Hierin zeigt sich die latent vorhandene Befürchtung, daß politisch unkontrollierbare Flüchtlingsvereinigungen den geplanten, schrittweise zu vollziehenden Demokratisierungsprozeß stören würden.

In britischer Vorstellung hatte nur eine bedingungslose und unverzügliche Eingliederung ohne jede auch nur zeitweilige Separierung Platz: Ein Flüchtling war nur so lange Flüchtling, wie er sich „auf dem Wege der Umquartierung" befand, danach galt er als ein „gewöhnliches Mitglied der Einwohnerschaft" [10]). Dennoch, auch die britische Planung sah eine Flüchtlingspartizipation vor. Bereits Wochen vor dem Erlaß des Koalitionsverbotes wurde durch die Zonenanweisung Nr. 10, mit der einige Kompetenzen – die Errichtung von Durchgangslagern, die Verteilung der Flüchtlinge auf Kreise und Gemeinden, ihre Unterbringung am Ankunftsort und ihre wirtschaftliche Versorgung – an deutsche Verwaltungsstellen abgetreten wurden, auch die Bildung von beratenden Flüchtlingsausschüssen bei den einzelnen Verwaltungsstufen angeordnet. In diesen Ausschüssen erhielten neben einigen Flüchtlingen, die anfänglich bestellt, später gewählt wurden, Verwaltungsfachleute sowie Vertreter der Kirchen und der Wohlfahrtsverbände Sitz und Stimme [11]).

Gemeinsam mit dem Landesflüchtlingsamt im nordrhein-westfälischen Sozialministerium und den zuständigen Verwaltungsstellen der Kreise und Kommunen widmeten sich diese Ausschüsse auch den über die materielle Versorgung hinausgehenden kulturellen Betreuungsaufgaben und arrangierten Kommunikationsmöglichkeiten zwischen Einheimischen und Flüchtlingen. Vom Land finanziell unterstützte, arbeitslose Lehrer, bisweilen auch Hochschullehrer, leiteten Kulturabende, Wohltätigkeitsfeste oder Radiosendungen, Eintrittskarten oder Freikarten wurden für Vorträge, Kinos oder Theater subventioniert, Leseräume in den Kommunen mit Zeitungen, Zeitschriften und Büchern ausgestattet [12]).

Das britische Koalitionsverbot, von dem nur einige rein wirtschaftlich bzw. genossenschaftlich ausgerichtete Vereinigungen ausgespart blieben, wurde vom Frühjahr bis zum Herbst 1946 in die Tat umgesetzt. Die bestehenden Vereinigungen wurden verboten, neue durften zunächst nicht gebildet werden. Doch nach dem überaus harten Winter 1946/47, der die Ernährungs- und allgemeine Versorgungslage in ein kritisches Stadium rückte, angesichts einer geänderten Deutschlandpolitik [13]) und einer stärkeren Betonung der Vorläufigkeit der polnischen Westgrenze, tolerierten die Briten dann in der Folgezeit wieder Flüchtlingsvereinigungen und revidierten schließlich ihr Verbot im Laufe des Jahres 1948 [14]). Allerdings durften diese Vereinigungen nur Zielsetzungen „kultureller und wohlfahrtsmäßiger Art" formulieren, worunter verstanden wurde: „1. die Beschaffung von zusätzlichen materiellen Bequemlichkeiten und Einrichtungen, die für die Gesundheit und das Wohlergehen der Flüchtlingsgemeinschaft bei ihrer Unterbringung in der britischen Zone erforderlich sind, und 2. die Förderung einer Betätigung auf erzieherischem und kulturellem Gebiet, die nicht irredentistischer Natur ist" [15]). Gleichwohl bezogen die Briten in ihr Kalkül ein, daß sich diese Vereinigungen auch lautstark bezüglich einer Rückkehr in die ehemaligen Ostgebiete einsetzen würden [16]). Damit war ein Spannungsbogen zwischen einem im weitesten Sinne sozialen Engagement vor Ort und lautstarken außenpolitischen Ansprüchen angelegt, der die sich nun bildenden Vereinigungen in eine Zerreißprobe führen sollte und schließlich erst durch die Dominanz der Landsmannschaften in den 1950er Jahren abgeschwächt werden konnte, ehe er dann – unter modifizierten Vorzeichen – im Umfeld der Ostverträge neu aufbrechen sollte.

Mitentscheidend dafür, daß aus dem inhärent angelegten Konfliktpotential auch Konflikte wurden, war das Auftreten des aus Schlesien Anfang 1946 vertriebenen Geistlichen Rates *Georg Goebel* [17]), der auf einen reichlichen Erfahrungsschatz in der Organisation und Betreuung von Minoritäten zurückgreifen konnte [18]). Ausgestattet mit überzeugenden rhetorischen Fähigkeiten und umgeben von der Aura eines katholischen Priesters bereiste er u.a. als Wanderprediger für die „Katholische Osthilfe" in Lippstadt vorwiegend die Länder Nordrhein-Westfalen und Niedersachsen und rief dabei, ungeachtet des immer noch bestehenden Koalitionsverbotes, zur Gründung von Interessengemeinschaften der Flüchtlinge auf, die, wie die ehemalige Hamburger ‚Notgemeinschaft der Ostdeutschen' oder die Lippstädter ‚Gemeinschaft deutscher Ostflüchtlinge', alle ortsansässigen Flüchtlinge aufnehmen sollten. Bis 1949 entstanden in Nordrhein-Westfalen etwa 1.700 örtliche Flüchtlingsinteressengemeinschaften, die sich bald in Kreisvereinigungen zusammenschlossen [19]). Dieser offensichtliche Organisationsdrang der Flüchtlinge resultierte aus den desolaten wirtschaftlichen Verhältnissen. Er ging allerdings mit einem Desinteresse der Flüchtlinge an einem Engagement in politischen Parteien, Wohlfahrtsorganisationen oder kirchlichen Verbänden einher.

Für die Anziehungskraft der Interessengemeinschaften sprach eine Vielzahl von Gründen: 1. Arbeitslosen, gut ausgebildeten und auf berufliche Erfahrungen zurückblickenden Fachkräften (Steuer-, Finanz- und Rechtswesen, Bildungs- und Kulturbereich, Landwirtschaft usw.) bot sich die Möglichkeit einer sinnvollen Betätigung. Von diesen Kenntnissen konnten die übrigen Mitglieder profitieren. Die Gemeinschaft war Umschlagplatz für Nachrichten, Tips und Kontakte aller Art. 2. Die Flüchtlingsvereinigung bot die Chance, aus dem Stadium eines Objekts staatlicher oder karitativer Fürsorge herauszutreten und handelndes Subjekt durch aktive Partizipation an der Integration zu werden. 3. In der Interessengemeinschaft traf der einzelne Flüchtling auf ‚Schicksalsgenossen', die ähnliche Erlebnisse wie er selbst durchlebt, Heimat, Besitz und Sozialkontakte verloren hatten: Man war unter sich und wurde verstanden.

Neben den sozialen Determinanten waren es aber auch die politischen Aussagen des Geistlichen Rates *Georg Goebel,* die die Anziehungskraft der Interessengemeinschaften ausmachten. Wie kaum ein anderer Flüchtlingsfunktionär nutzte *Goebel* demagogisch die vorhandenen Rückkehrhoffnungen zur Verwirklichung seiner ehrgeizigen, aber unsteten Ziele. Von seinen Reden sind nur wenige Auszüge erhalten geblieben, die jedoch die ‚Botschaft' erkennen lassen: In bildhafter Predigtsprache erinnerte er an die Greuel der Vertreibung, schilderte den Verlust der Heimat und die Notlage in Westdeutschland, die letztlich nur durch eine Rückkehr behoben werden könne. Seinen Zuhörern vermittelte er das Gefühl, den alltäglichen Problemen nicht länger ohnmächtig gegenüberstehen zu müssen und forderte eine vollkommene Gleichstellung der Flüchtlinge mit den Einheimischen. Alles könne sich bessern, wenn die Flüchtlinge nur Vertrauen besäßen. Gespräche würden bereits zwischen ihm und der deutschen Regierung sowie mit den Alliierten geführt, die Heimkehr rücke näher, die Flüchtlinge hätten die Funktion des Zünglein an der Waage in der weltpolitischen Auseinandersetzung zwischen Ost und West [20]).

Ab 1947 versuchte *Goebel,* den Interessengemeinschaften einen organisatorischen Überbau zu verschaffen, der ihm dann auch selbst als Plattform für seine diffusen politischen Vorstellungen dienen konnte und sollte. Nach der kurzlebigen „Arbeitsgemeinschaft ostvertriebener Seelsorger" [21]) konzentrierte er seine Aktivitäten zunächst auf den Aufbau des „Hauptausschusses der Ostvertriebenen in der britischen Zone", dessen Denomination und anfängliche Konzeption er aus Bayern entlieh [22]). Mit dem Hauptausschuß versuchte er, einen von allen mit der Flüchtlingseingliederung befaßten Institutionen und Organisationen anerkannten Gesprächskreis ins Leben zu rufen und damit auch die de jure verbotenen, de facto jedoch tolerierten Interessengemeinschaften in der britischen Zone anerkennen zu lassen. Seine bloße Existenz mußte allerdings bereits Schwierigkeiten heraufbeschwören, da er unweigerlich mit dem sich etablierenden Flüchtlingsausschuß-System der britischen Zone kollidierte.

Der Aufbau des Hauptausschusses schien indes zunächst zügig voranzuschreiten. Nachdem die erste Versammlung in Lippstadt (31. März -1. April 1947) von nur 22 Flüchtlingen besucht war, konnte *Goebel* im Juli 1947 in Münster die Teilnahme von 70 Personen registrieren, darunter auch Vertreter einzelner Parteien sowie der nordrhein-westfälischen Landesregierung, die sich aber in der Mehrheit nur über *Goebels* Absichten informieren wollten [23]. Insbesondere bei der ersten Versammlung wurde massive, wenn auch nicht näher begründete Kritik an der bisherigen Flüchtlingspartizipation laut: In den Flüchtlingsausschüssen säßen zu viele Einheimische, die Flüchtlingsvertreter seien größtenteils den Flüchtlingen unbekannt und wenig aktiv. Die Flüchtlinge hätten kein Vertrauen zu ihnen, ebensowenig zu den Flüchtlingsvertretern in den Kreisen, Städten, Gemeinden, Parteien oder Wohlfahrtsorganisationen. Deshalb müsse eine eigene Organisation unter Einschluß der Interessengemeinschaften gegründet werden, die Konzepte zu den vordringlichen sozialen Anliegen ausarbeiten sollte: Effektivere Erfassung des Wohnraums, vermehrte Bereitstellung von Gartenland, berufliche Unterbringung, Steuererleichterungen, Freigabe von Sparguthaben, Regelung von Renten- und Pensionsansprüchen, Feststellung der erlittenen materiellen Verluste.

In der Folgezeit gab der Hauptausschuß eine Reihe von Broschüren heraus, die sich mehrheitlich mit den deutschen Ostgebieten befaßten [24]. Entscheidender war indes seine Funktion als Sammel- und Weitergabestelle von Informationen. Die örtlichen Interessengemeinschaften waren auf diese Arbeitsteilung angewiesen und finanzierten im Gegenzug die Arbeit des Hauptausschusses. Vermittlungsfunktionen nahm auch die seit April 1948 erscheinende „Ostvertriebenen-Korrespondenz" sowie ab Februar 1949 der „Informationsdienst" wahr. Weiterhin wurden Rundschreiben und Broschüren veröffentlicht, z.B. im Juli 1947 eine Zusammenstellung von Hinweisen bezüglich Familienzusammenführung, Wohnraum und Möbelbeschaffung, Miete, Arbeitslosenhilfe, Wohlfahrtsunterstützung, Mitarbeit in der Landwirtschaft usw. unter dem Titel „Was der Ostvertriebene wissen muß!" [25].

Die Zeit von 1948 bis 1950 verlief für die Interessengemeinschaften äußerst turbulent. Einerseits zeichnete sich bereits ein leichter Wandel ihrer Aufgaben in Richtung Hilfestellung und Ausfüllberatung bei Anträgen (z.B. für die Soforthilfe) ab, der sich im Zuge des Lastenausgleichs noch deutlich verstärken sollte. So sprach der Vorsitzende der Düsseldorfer Interessengemeinschaft, der ostpreußische Lehrer *Erich Grimoni*, nach eigenen Angaben im Geschäftsjahr 1949/50 auf 250–300 Versammlungen der Ortsteilgruppen und beriet ca. 5.000 Flüchtlinge persönlich. Die

Sprechstunden der Vereinigung wurden im gleichen Zeitraum von monatlich 500–600 Flüchtlingen besucht, 1950/51 zählte man 850–900, in den Jahren danach über 1.000 Beratungen pro Monat [26]. Andererseits wurden die Vereinigungen in überregionale Auseinandersetzungen einbezogen. Diese resultierten u. a. 1. aus dem Scheitern des Hauptausschusses bezüglich einer vom Land anerkannten Partizipation an flüchtlingspolitischen bzw. Verwaltungsaufgaben sowie 2. aus dem – nach Aufhebung des Koalitionsverbotes und Übertragung des Lizensierungsrechts für Flüchtlingsorganisationen an die Landesregierung – letztlich erfolgreichen Bemühungen von Landesflüchtlingsausschuß, Landtagsflüchtlingsausschuß und Landesflüchtlingsamt um Einführung demokratischer Vereinsstrukturen und Beachtung von Entnazifizierungsvoraussetzungen für Vereinsfunktionäre im Vorfeld der Gründung eines aus den Interessengemeinschaften gebildeten „Landesverband der Ostvertriebenen" und Gründung des Landesverbandes selbst. Sie betrafen 3. die Versuche *Goebels*, unter Hinweis auf die in den Interessengemeinschaften kummulierten Wählerstimmen, Einfluß auf die Kandidatenlisten der politischen Parteien im Vorfeld von Wahlen zu nehmen sowie 4. – nach dem Scheitern dieser Bemühungen – das Bestreben, sich in nationalistischen Gruppierungen und Parteien sowohl bei der Bundestagswahl 1949 („Notgemeinschaft des deutschen Volkes" [27]) als auch bei der nordrhein-westfälischen Landtagswahl 1950 („Deutsche Reichs-Partei") zu engagieren [28].

Die organisatorischen Auseinandersetzungen im Lande hatten die Interessengemeinschaften bereits belastet, *Goebels* politisches Engagement hingegen führte die satzungsgemäß unpolitischen bzw. parteipolitisch neutralen Vereinigungen in eine Zerreißprobe, die von einem sich vom Realitätsbezug immer weiter entfernenden *Georg Goebel*, mittlerweile Vorsitzender des Landesverbandes, kräftig gefördert wurde. „Ich werde aus den Flüchtlingsorganisationen ein Kampfinstrument machen", erklärte er im Mai 1950 [29]. Sein Aufruf zur Unterstützung der Deutschen Reichs-Partei vom Juni desselben Jahres endete mit den Sätzen: „Laßt nicht durch falsche Parolen die Front der Ostvertriebenen erschüttern, gleichviel wer sie verbreitet. Sind wir geschlossen, dann ist der Sieg unser, lassen wir uns zerreissen und uns dadurch am Erfolg behindern, dann habe ich bis jetzt umsonst Kraft und Gesundheit geopfert. Wir stehen vor ernstester Entscheidung, möge Jeder zeigen, daß er den Ernst der Stunde verstanden hat. Und nun zum Sammeln geblasen!" [30]

Nachdem *Goebel* im Laufe der Jahre mit den Flüchtlingsinstitutionen des Landes, den politischen Parteien und seinen kirchlichen Vorgesetzten in Konflikt geraten war, bedeutete sein Engagement bei der Landtagswahl

1950 auch das Ende seiner Aktivitäten im Landesverband, geriet er doch nun angesichts der von ihm heraufbeschworenen Zerreißprobe in unwiderruflichen Konflikt mit seinen Mitarbeitern und Vorstandskollegen. Insbesondere sein langjähriger Vertrauter, der schlesische Steuer- und Finanzexperte *Bernhard Geisler,* opponierte verbandsintern heftig gegen *Goebel:* „Wir haben das Beispiel des Nationalsozialismus noch lebendig vor uns. *Goebel* in seiner ganzen Art bietet eine geradezu überraschende Parallele zu der damaligen Zeit, wenngleich in entsprechender Verkleinerung des Maßstabes. Wir wollen nicht den Fehler begehen, zu gefügig zu sein, zu sehr auf unsere eigene Meinung wider besseres Wissen zu verzichten, damit wir nicht dann bei einem Zusammenbruch dieser Linie, den ich für durchaus denkbar halte, nicht wieder mit verantwortlich gemacht werden" [31]).

Bernhard Geisler, sechs Tage nach der Landtagswahl zum neuen Vorsitzenden des Landesverbandes gewählt [32]), leitete eine kurze Zeit innerverbandlicher Konsolidierung ein. Mit dem mittlerweile in „Landesvertriebenenbeirat" umbenannten ehemaligen „Landesflüchtlingsausschuß" [33]) gelangte man zu einer Kooperation. Der Landesverband sollte künftig die Rolle „des Publizisten und des Vorstoßenden" einnehmen, während der Beirat als „die Stelle angesehen wurde, die die Dinge zu realisieren" habe [34]). Das anfängliche Neben- und Gegeneinander beider Interessenvertretungssysteme wurde schließlich durch den Wahlmodus der Flüchtlingsvertreter für die Beiräte weiter entkrampft. Die zunächst direkte Wahl durch die Flüchtlinge wich einer Listennominierung, an deren Festlegung die Flüchtlingsvereinigungen zunehmend Anteil hatten [35]).

In dieser Konsolidierungs- oder auch zweiten Phase verbandlicher Partizipation an der Integration bezog der Landesverband die Stellung einer ‚pressure group'. Man wollte mittels eigener Veröffentlichungen und der Medien Druck auf Regierung und Verwaltung ausüben, die öffentliche Meinung prägen und Konzepte zu ‚Sachthemen' ausarbeiten. Entscheidend wurde diese zweite Phase durch den Lastenausgleich gezeichnet, wobei hier nicht auf die lobbyistischen Interventionen einzelner Verbandsfunktionäre eingegangen werden soll, zu denen auch *Bernhard Geisler* gehörte, der einen engen persönlichen Kontakt zum CDU-Bundestagsabgeordneten *Linus Kather* hatte [36]).

Für die Interessengemeinschaften vor Ort bedeutete der Lastenausgleich die Möglichkeit weiterer integrativer Betätigung. Im Vorfeld der Gesetzgebung wurden lokal und überregional Versammlungen abgehalten und Kundgebungen organisiert. 1950–1952 fanden Großkundgebungen in

Bonn statt [37]), für die Busse und Sonderzüge aus den einzelnen Kreisen des Landes organisiert, die Mitglieder motiviert, Transparente gestaltet, Sprechchöre verabredet und Pressekontakte gesucht werden mußten. Das Lastenausgleichsgesetz brachte den Verbänden indes nicht das erwünschte Monopol auf die Feststellungs- und Heimatprüfstellen [38]). Der Gesetzgeber schloß lediglich nicht aus, daß die Verbände Hilfestellungen beim Ausfüllen der Anträge leisten konnten, verwahrte sich indes gegen eine finanzielle Vergütung der Tätigkeit [39]). Die Flüchtlingsvereinigungen nahmen die sich bietende Chance wahr. Noch im Jahre 1952 wurden in Abstimmung mit dem Landesvertriebenenbeirat vier überregionale Schulungskurse für Fragebogen-Ausfüllhelfer organisiert, die eine Multiplikationsfunktion besaßen [40]). Mitglieder hatten für eine Ausfüllberatung eine Grundgebühr von 1,— DM zuzüglich 1,— DM pro Formularblatt zu entrichten, Nichtmitglieder den doppelten Satz [41]). Bis Juni 1954 wurden allein in Nordrhein-Westfalen über 700.000 Schadensfeststellungsanträge eingereicht, von denen ein großer Teil durch die Ausfüllberater der Vereinigungen bearbeitet worden war.

Aber auch diese praktische Arbeit konnte letztlich den bereits seit 1950 zu beobachtenden Mitgliederrückgang nicht umkehren, was sicherlich als ein Indiz fortschreitender materieller Integration zu deuten ist. Doch nicht alle Flüchtlinge, die die Interessengemeinschaften verließen, kehrten damit allen Flüchtlingsvereinigungen endgültig den Rücken. Der Trend von den Interessengemeinschaften zu den Landsmannschaften war bereits in dieser zweiten Phase deutlich spürbar. Im März 1951 schrieb der nordrhein-westfälische Landesverbandsvorsitzende *Bernhard Geisler* an *Linus Kather*: „Ich sehe hinsichtlich der Entwicklung unserer Verbände verhältnismäßig schwarz. Nach den Erfahrungen, die wir mit den Vertriebenen gemacht haben, rechne ich damit, daß nach Verabschiedung des Lastenausgleichs-Gesetzes und des Gesetzes nach Art. 131 GG ein großer Teil unserer derzeitigen Mitglieder sich aus der Organisation zurückziehen wird. Dann werden erst die Landsmannschaften ihre große Zeit haben. [...] Die Landsmannschaften werden uns den Dank des Vaterlandes nicht abstatten, sondern sie werden sich gern in das von uns bereitete Bett legen, d.h. wir werden eines schönen Tages überflüssig sein" [42]).

Die Anfänge landsmannschaftlicher Organisationen konnten zeitgleich mit denen der ersten, alle ortsansässigen Flüchtlinge aufnehmenden Flüchtlingsvereinigungen beobachtet werden, und auch sie wurden vom Koalitionsverbot betroffen [43]). Doch im Gegensatz zu den sich wenig später wieder ‚öffentlich' bildenden Interessengemeinschaften, erfolgte ihre weitere organisatorische Herausbildung zunächst vor allem innerhalb der

Kirchen, insbesondere in den Hilfskomitees der evangelischen Kirche [44]). Daneben wurden aber auch in den Interessengemeinschaften, besonders in denen größerer Städte, landsmannschaftliche Gruppen gebildet, wenn die Mitgliederzahl dies gestattete oder (z.B. aus räumlichen Gründen) notwendig machte. Diese Vorgehensweise entsprach durchaus den Wünschen der Flüchtlinge, die sich so insbesondere bei geselligen Veranstaltungen in Gruppen gleichen Dialekts und gleicher Herkunft zusammenfinden konnten [45]). Innerhalb des Landes wurde die Bildung von Landsmannschaften weiter gefördert durch landesinterne bzw. externe Versuche, die lokalen Gruppen zusammenzufassen, um dann von einem Dachverband aus weitere örtliche Gründungen initiieren zu können. Rein externe Vorgehensweisen mittels von den Bundeslandsmannschaften bestellter ‚Landesbeauftragter' waren bei den Oberschlesiern, Berlin-Mark Brandenburgern, Buchenlanddeutschen, Pommern und Westpreußen festzustellen [46]).

Ab 1949 setzte eine verstärkte landsmannschaftliche Gruppenbildung in Nordrhein-Westfalen ein, die zu einer heftigen Konkurrenz um die Gunst der Mitglieder führte und letztlich erst Anfang der 1960er Jahre mit der Bildung eines alle Flüchtlingsvereinigungen umfassenden Verbandes etwas gedämpft werden konnte. Obgleich auch die Landsmannschaften an einer materiellen Integration ihrer Mitglieder interessiert waren, galten ihre vordringlichen Aufgaben indes dem eingangs beschriebenen sozialen, kulturellen und geselligen ‚Eigenleben' der organisierten Flüchtlinge. Es erscheint angebracht, nun von einer dritten Phase der Flüchtlingspartizipation zu sprechen. Zu den landsmannschaftlichen Aufgaben gehörten: Heimatkarteien, Bundes- und Landestreffen, gesellige und kulturelle Abende, Pflege des Brauchtums, Sammlung von historischen Dokumenten und dinglichem Kulturgut wie Bücher, Bilder, Landkarten, Kunst- und Gebrauchsgegenstände, Herausgabe von Büchern, Diavorträge, Filmabende usw.

Mit diesem Angebot erfüllten und erfüllen die Landsmannschaften mentale Bedürfnisse von Flüchtlingen, die 1. mit der materiellen Integration nicht befriedigt werden konnten und die 2. anscheinend auch vor dem Generationswechsel zunächst noch nicht halt machen. Eine Mitgliedschaft in einer Landsmannschaft war zudem, im Gegensatz zu den durch *Goebels* politische Ambitionen Ende der 1940er und Anfang der 1950er Jahre torpedierten Interessengemeinschaften, lange Jahre politisch relativ unverfänglich. Die Landsmannschaften, obwohl sie kein „exklusives Verhältnis" zum Kanzler hatten, „fühlten sich als die berufenen Interpreten der Ost- und Deutschlandpolitik Adenauers" [47]). Die Unverfänglichkeit endete mit den Debatten um die Ostverträge.

Anmerkungen

1) *Hans Schuster,* Gestalt und Bedeutung der Landsmannschaften. Bemerkungen zur Frage der „Assimilation" der Heimatvertriebenen, in: Wesen und Bedeutung des landsmannschaftlichen Gedankens, hg. v. Göttinger Arbeitskreis, o.O. 1952, S. 32.

2) Ebenda, S. 29f.

3) *Klaus J. Bade,* Sozialhistorische Migrationsforschung und „Flüchtlingsintegration", in: *Rainer Schulze, Doris von der Belie-Lewien, Helga Grebing* (Hg.), Flüchtlinge und Vertriebene in der westdeutschen Nachkriegsgeschichte. Bilanzierung der Forschung und Perspektiven für die künftige Forschungsarbeit, Hildesheim 1987, S. 137.

4) *Linus Kather,* Die Entmachtung der Vertriebenen, 2 Bde., München, Wien 1964–65. Zum Folgenden Bd. 1, S. 19–27.

5) Weitere Organisationen können in der britischen Zone nachgewiesen werden in: Göttingen, Hameln, Alfeld, Lübeck, Rendsburg und Schwerte (Vgl. *Johannes-Dieter Steinert,* Vertriebenenverbände in Nordrhein-Westfalen 1945–1954, Düsseldorf 1986, S. 14f.).

6) Neue Westfälische Zeitung, 22. 2. 1946, S. 4.

7) Vermerk, 2. 2. 1946, Ministerium für Arbeit, Gesundheit und Soziales, Düsseldorf, Altregistratur, Ordner Nr. 6000.

8) Vgl. Konferenz der „Chefs der Länder und Provinzen der britischen Zone" am 25. 1. 1946 in Oldenburg, in: Akten zur Vorgeschichte der Bundesrepublik 1945–1949, hg. v. Bundesarchiv und Institut für Zeitgeschichte, München 1976ff., Bd. 1, S. 244.

9) Für die amerikanische Besatzungszone vgl. *Franz J. Bauer,* Flüchtlinge und Flüchtlingspolitik in Bayern 1945–1950, Stuttgart 1982, S. 266f.

10) 6. 6. 1946 Lieut. Col. Comd. *Morgans* (Militärregierung Dithmarschen) an die Landräte in Süder- und Norderdithmarschen, zit. nach *Bernd Sonnewald,* Die Entstehung und Entwicklung der ostdeutschen Landsmannschaften von 1947 bis 1952, Diss. Berlin 1975, S. 274.

11) Zonal Policy Instruction No. 10 vom 21. 11. 1945, Public Record Office (PRO), London, Bestand Foreign Office (FO) 1013/666.

12) Ministerium für Arbeit, Gesundheit und Soziales, Düsseldorf, Altregistratur, Ordner Nr. 6000.

13) Vgl. *Falk Pingel,* Die Russen am Rhein? Zur Wende der britischen Deutschlandpolitik im Frühjahr 1946, in: Vierteljahrshefte für Zeitgeschichte 1982, S. 98–116.

14) Das Koalitionsverbot wurde in den Ländern der britischen Zone aufgehoben: 19. 6. 1948 Schleswig-Holstein, Hauptstaatsarchiv Düsseldorf (HStAD) NW 67–913; 24. 6. 1948 Nordrhein-Westfalen, HStAD NW 179–1324; 29. 7. 1948 Hamburg (amtliche Bekanntmachung), Parlamentsarchiv Bonn, Bestand 1–219; 5. 8. 1948 Niedersachsen (zuvor in einer mündlichen Unterredung zwischen Kopf und Lingham am 14. 7. 1948), Hauptstaatsarchiv Hannover (HStAH) Nds. Z 50 Acc.

32/65 Nr. 52 III, 2; zur Lockerung des Koalitionsverbotes in der amerikanischen Besatzungszone vgl. *Bauer*, S. 280 ff.

15) 8. 9. 1948 Militärregierung Hannover an den niedersächsischen Ministerpräsidenten, HStAH Nds. Z 50 Acc. 32/65 Nr. 52 III, 2.

16) Vgl. Briefwechsel zwischen *Peter Garran* (Political Division im britischen Headquarter der Control Commission for Germany in Berlin) *Pat Dean* (German Political Department im Londoner Außenministerium), PRO FO 371/70672.

17) Zur Person vgl.: Geistlicher Rat G. *Goebel* und seine Grafschafter, hg. v. Verlag Grafschafter Bote, Lüdenscheid 1966; „Geistlicher Rat teuer", in: Der Spiegel, 1949, Nr. 11, S. 9–11; *Johannes-Dieter Steinert*, Organisierte Flüchtlingsinteressen und parlamentarische Demokratie: Westdeutschland 1945–1949, in: *Klaus J. Bade* (Hg.), Neue Heimat im Westen: Vertriebene – Flüchtlinge – Aussiedler, Münster 1990; *Steinert*, Vertriebenenverbände.

18) *Goebel* war 1931–1940 als Diözesan-Direktor für den „Reichsverband für die katholischen Auslandsdeutschen" in Czernowitz (Bukowina) tätig. Nach den Zwangsumsiedlungen im Gefolge des *Hitler-Stalin*-Pakts übernahm er die seelsorgerische Betreuung im Umsiedlerlager Kloster Leubus a. d. Oder und erhielt schließlich von Kardinal *Bertram* den Auftrag, „in den ca. 200 Auffanglagern Schlesiens eine Umsiedler-Seelsorge einzurichten". Geistlicher Rat G. Goebel und seine Grafschafter, S. 13.

19) HStAD RWN 182; vgl. *Steinert*, Vertriebenenverbände, S. 113.

20) Erhalten ist sein Referat beim 3. Parteitag der CDU Westfalen-Lippe am 20. 4. 1948, HStAD RWN 105–12, I. Einzelne Passagen wurden in Veröffentlichungen des Hauptausschusses der Ostvertriebenen in der britischen Zone sowie in Protokollen übernommen.

21) Vgl. *Steinert*, Vertriebenenverbände, S. 32–37.

22) Zum „Hauptausschuß der Vertriebenen und Ausgewiesenen in Bayern" vgl. *Bauer*, S. 280–301.

23) „Protokoll der Arbeitstagung am 31. 3. und 1. 4. 1947 in Lippstadt", Archiv Verlag Grafschafter Bote, Lüdenscheid, sowie „3. Arbeitsbesprechung des Hauptausschusses der Ostvertriebenen in Münster am 22. 7. 1947", publiziert.

24) Vgl. *Steinert*, Vertriebenenverbände, S. 46.

25) Kopien im Besitz des Verfassers.

26) Protokoll der Generalversammlung am 29. 1. 1950 sowie Protokolle der Jahresversammlungen, Archiv Kreisvereinigung Düsseldorf (BdV).

27) Vgl.: *Kurt P. Tauber*, Beyond eagle and swastica. German nationalism since 1945, Middletown (Connecticut) 1967, S. 47–63.

28) Vgl. *Steinert*, Vertriebenenverbände, S. 168–195.

29) Protokoll einer Tagung der Tatgemeinschaft freier Deutscher in Hamm am 18. 5. 1950, HStAD RWN 166.

30) Wahlrundschreiben Nr. 2, 2. 6. 1950, HStAD RWN 182–28.

31) 15. 5. 1950 *Geisler* an *Alfons Langen*, HStAD RWN 182–28.

32) Protokoll der Fortsetzung der Generalversammlung des Landesverbandes der Ostvertriebenen am 24. 6. 1950, HStAD RWN 182–25.

33) Im Jahre 1948 hatte das Land Nordrhein-Westfalen das Ausschuß- bzw. Beiratssystem der Flüchtlingsinteressenvertretung festgeschrieben. Vgl. Flüchtlingsgesetz vom 2. Juni 1948, § 13, zitiert nach: *Wilhelm Robert Zenke,* Die Flüchtlingsgesetzgebung in Nordrhein-Westfalen mit Erläuterungen zum Flüchtlingsgesetz, den Durchführungsverordnungen, Nebengesetzen und Erlassen, Stuttgart, Köln 1949, S. 56f.

34) 30. 4. 1951 Kurzprotokoll über die Sitzung des geschäftsführenden Ausschusses des Landesvertriebenenbeirats, HStAD RWN 67–1038.

35) Vor den Beiratswahlen 1954 veröffentlichte der Landesverband am 23. 2. 1954 ein Rundschreiben, in dem es u.a. hieß: „Verschiedentlich haben die Behörden durchblicken lassen, daß sie für den Fall einer Umgehung der Wahl und der damit entstehenden Kosten durch eine Einheitsliste nicht abgeneigt wären, den Verbänden für ihre sachliche Arbeit aus den ersparten Wahlkosten Zuwendungen zu machen." HStAD RWN 182–13.

36) Vgl. Briefwechsel, HStAD RWN 182.

37) 12. 2. 1950, 18. 2. 1951, 4. 5. 1952.

38) Initiativantrag *Kather* und Genossen vom 12. 7. 1950, Deutscher Bundestag, 1. Wahlperiode, Drucksache Nr. 1140.

39) Vgl. Gesetz über die Feststellung von Vertreibungsschäden und Kriegssachschäden (Feststellungsgesetz) vom 21. April 1952, hg. v. *Burchard von Klot,* Göttingen 1952, S. 174.

40) Protokoll der Gesamtvorstandssitzung des Landesverbandes vom 30. 11. 1952, HStAD RWN 182–35.

41) Rundschreiben Nr. 23/52 des Landesverbandes vom 6. 10. 1952, HStAD RWN 182–7.

42) 31. 3. 1951 *Geisler* an *Kather,* HStAD RWN 182–37.

43) *Kather,* Bd. 1, S. 25.

44) Detailliert siehe: *Hartmut Rudolph,* Evangelische Kirche und Vertriebene 1945 bis 1972, 2 Bde., Göttingen 1984/85.

45) Richtlinien zum einheitlichen Aufbau der Interessengemeinschaften, hg. v. Hauptausschuß der Ostvertriebenen in der britischen Zone, April 1948, Archiv Verlag Grafschafter Bote, Lüdenscheid.

46) Vgl. *Steinert,* Vertriebenenverbände, S. 138.

47) *Sonnewald,* S. 270.